企业所得税
汇算清缴政策解析及申报实务 | 2021年版

曹越 陈斌才 ◎ 著

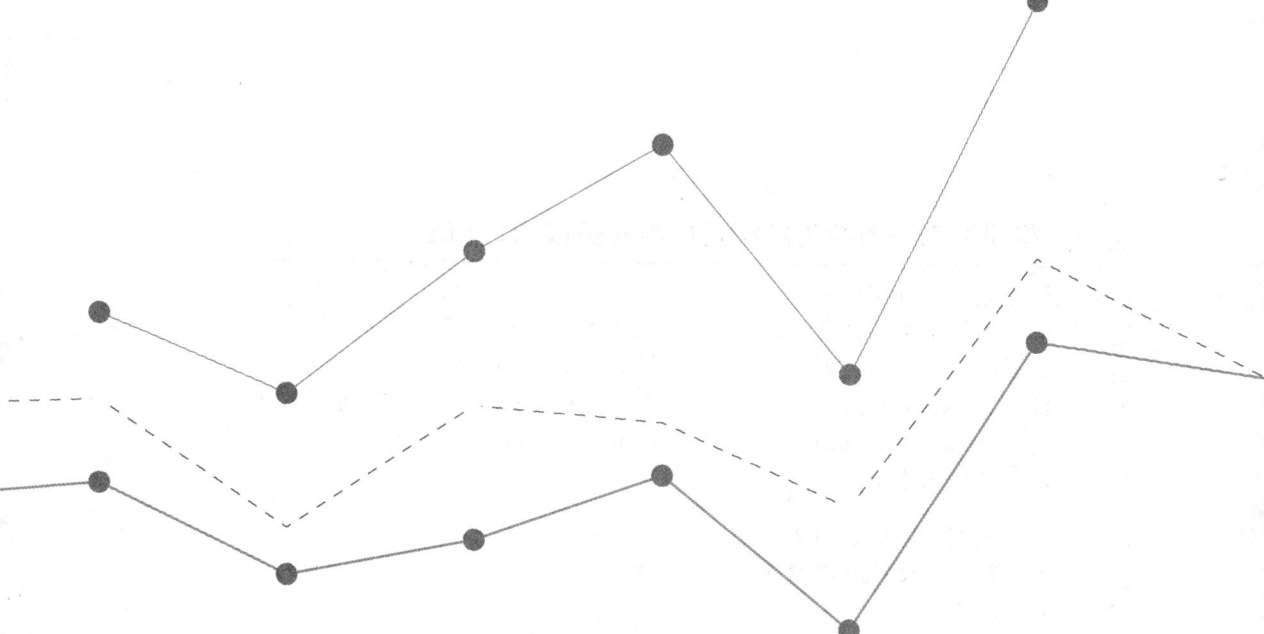

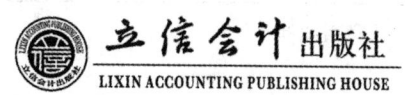

图书在版编目(CIP)数据

企业所得税汇算清缴政策解析及申报实务:2021年版/曹越,陈斌才著. —上海:立信会计出版社,2021.3
ISBN 978-7-5429-6740-4

Ⅰ.①企… Ⅱ.①曹… ②陈… Ⅲ.①企业所得税—税收管理—中国 Ⅳ.①F812.424

中国版本图书馆 CIP 数据核字(2021)第 043084 号

策划编辑　　张巧玲
责任编辑　　张巧玲

企业所得税汇算清缴政策解析及申报实务(2021年版)

出版发行	立信会计出版社			
地　　址	上海市中山西路 2230 号	邮政编码	200235	
电　　话	(021)64411389	传　　真	(021)64411325	
网　　址	www.lixinaph.com	电子邮箱	lixinaph2019@126.com	
网上书店	http://lixin.jd.com	http://lxkjcbs.tmall.com		
经　　销	各地新华书店			
印　　刷	固安华明印业有限公司			
开　　本	787 毫米×1092 毫米	1/16		
印　　张	30.25	插　　页	1	
字　　数	756 千字			
版　　次	2021 年 3 月第 1 版			
印　　次	2021 年 3 月第 1 次			
书　　号	ISBN 978-7-5429-6740-4/F			
定　　价	98.00 元			

如有印订差错,请与本社联系调换

前 言

近年来,"放管服"改革和税制改革不断深入,多项税收文件层出不穷,不断推陈出新,"减税降费"优惠力度不断升级,有效激发企业活力和市场潜力,有序促进我国产业转型与升级,有力提高国家发展动能与质效。2020年,为支持疫情防控、鼓励科技创新、促进对外开放等,财政部、国家税务总局联合多个部门出台了一系列优惠政策,另外还有一批政策明确延续执行,变化可谓颇多。

为更好完成2020年度企业所得税汇算清缴工作,给广大财务人员和税务人员提供操作性强的汇算清缴工具书,我们组织专业人员编写了《企业所得税汇算清缴政策解析及申报实务》(2021年版)。

本书具有以下三个特点:

框架方面,既有政策解析,又有申报实务。本书包含企业所得税汇算清缴涉及的各项税收政策,从《中华人民共和国企业所得税法》及其实施条例溯源,列出税收规范性文件中的具体规定,政策理解一目了然。政策解析后附有相应的申报案例解析及申报表填写,为读者提供实务操作方面的指引,申报填写一看就会。

内容方面,既面面俱到,又重点突出。本书按照纳税人填写申报表的顺序,详细讲解收入、扣除、税收优惠及其纳税调整等;同时,又重点介绍纳税人最常用的6张附表及其申报填写示例。本书内容既区分一般企业业务和特殊企业业务,也区分一般事项业务和特殊事项业务,方便读者对号入座。

使用方面,既直奔主题,又可使读者全面了解。读者既能根据汇算清缴每一部分进行按图索骥,又能直接查看税收政策及年度申报表的变化点,还能了解与汇算清缴息息相关的税前扣除凭证相关知识。

我们致力于打造一本政策全面、案例丰富、分析透彻、讲解细致的企业所得税汇算清缴工具书,希望本书能带给广大读者启迪与帮助。本书作者虽已不遗余力、精益求精,但由于水平有限、时间仓促,本书难免存在疏漏之处,敬请广大读者批评指正。

2021年2月

目 录

开篇 1　2020 年度企业所得税新政重点解析 1
开篇 2　2020 年度企业所得税年度申报表最新修订重点解析 7
第一章　企业所得税年度纳税申报表概述 12
　第一节　企业所得税纳税申报表体系 12
　　一、企业所得税纳税申报表使用对象 12
　　二、企业所得税纳税申报表体系架构 14
　第二节　新企业所得税法下的年度纳税申报表历次修订 18
　　一、2008 年的报表修订 19
　　二、2014 年的报表修订 20
　　三、2016 年的报表修订 21
　　四、2017 年的报表修订 23
　　五、2017 年版年度申报表(2018 年修订) 23
　　六、2017 年版年度申报表(2019 年修订) 24
　　七、2017 年版年度申报表(2020 年修订) 26
第二章　最常用 6 张申报表项目填报解析 31
　第一节　基础信息表填报解析 31
　　一、相关规定 31
　　二、申报表填报重点关注 31
　　三、常见涉税风险 42
　　四、申报表填报案例解析 43
　第二节　主表填报解析 44
　　一、相关规定 44
　　二、申报表填报重点关注 45
　　三、常见涉税风险 51
　　四、申报表填报案例解析 51
　第三节　纳税调整项目明细表填报解析 53
　　一、相关规定 53
　　二、申报表填报重点关注 53
　　三、常见涉税风险 63

四、申报表填报案例解析 63

第四节　职工薪酬支出及纳税调整明细表填报解析 64
　　一、工资、薪金支出 64
　　二、职工福利费支出 72
　　三、职工教育经费支出 74
　　四、工会经费支出 76
　　五、五险一金 77
　　六、补充保险 78

第五节　资产折旧、摊销及纳税调整明细表填报解析 81
　　一、固定资产折旧 81
　　二、生产性生物资产折旧 99
　　三、无形资产摊销 101
　　四、长期待摊费用摊销 104

第六节　企业所得税弥补亏损明细表填报解析 107
　　一、相关规定 107
　　二、申报表填报重点关注 109
　　三、常见涉税风险 112
　　四、申报表填报案例解析 112

第三章　收入类项目申报表填报注意事项 114
　第一节　主营业务收入 114
　　一、销售商品收入 114
　　二、提供劳务收入 120
　　三、建造合同收入 122
　　四、让渡资产使用权收入 124

　第二节　其他业务收入 125
　　一、销售材料收入 126
　　二、出租固定资产收入 126
　　三、出租无形资产收入 129
　　四、出租包装物收入 131

　第三节　营业外收入 132
　　一、非货币资产交换利得 132
　　二、政府补助利得 134
　　三、盘盈利得 137
　　四、其他 138

　第四节　投资收益 139

一、相关规定 ·· 139
　　二、申报表填报重点关注 ··· 140
　　三、常见涉税风险 ··· 145

第五节　公允价值变动损益 ·· 145
　　一、相关规定 ·· 146
　　二、申报表填报重点关注 ··· 146
　　三、常见涉税风险 ··· 146

第四章　扣除类项目申报表填报注意事项 ······························ 147
第一节　主营业务成本 ··· 147
　　一、销售商品成本 ··· 147
　　二、提供劳务成本 ··· 148
　　三、建造合同成本 ··· 149
　　四、让渡资产使用权成本 ··· 150

第二节　其他业务成本 ··· 151
　　一、材料销售成本 ··· 151
　　二、出租固定资产成本 ·· 152
　　三、出租无形资产成本 ·· 152
　　四、出租包装物成本 ··· 153

第三节　营业外支出 ·· 154
　　一、资产损失 ·· 154
　　二、捐赠支出 ·· 159
　　三、赞助支出 ·· 162
　　四、罚金、罚款和被没收财物的损失 ······························ 162
　　五、税收滞纳金 ·· 163
　　六、特别纳税调整加收利息 ··· 164
　　七、其他 ··· 164

第四节　期间费用 ·· 165
　　一、销售费用 ·· 165
　　二、管理费用 ·· 170
　　三、财务费用 ·· 173

第五章　特殊事项纳税填报注意事项 ······································ 180
第一节　视同销售 ·· 180
　　一、相关规定 ·· 180
　　二、申报表填报重点关注 ··· 181
　　三、常见涉税风险 ··· 184

第二节　非货币性资产交换 ········· 185
一、相关规定 ········· 185
二、申报表填报重点关注 ········· 185
三、常见涉税风险 ········· 186

第三节　非货币性资产对外投资 ········· 188
一、相关规定 ········· 189
二、申报表填报重点关注 ········· 190
三、常见涉税风险 ········· 190
四、申报表填报案例解析 ········· 191

第四节　企业重组 ········· 192
一、企业重组一般规定 ········· 192
二、不同种类企业重组的具体税务处理 ········· 194

第五节　政策性搬迁 ········· 204
一、相关规定 ········· 204
二、申报表填报重点关注 ········· 206
三、常见涉税风险 ········· 208
四、申报表填报案例解析 ········· 208

第六节　境外投资 ········· 210
一、相关规定 ········· 210
二、申报表填报重点关注 ········· 215
三、常见涉税风险 ········· 222
四、申报表填报案例解析 ········· 223

第七节　跨期项目 ········· 226
一、跨期收取的租金、利息、特许权使用费收入 ········· 226
二、跨期扣除项目 ········· 230

第八节　分期确认收入 ········· 233
一、相关规定 ········· 233
二、申报表填报重点关注 ········· 234
三、常见涉税风险 ········· 235
四、申报表填报案例解析 ········· 235

第九节　其他未按权责发生制原则确认收入 ········· 238
一、相关规定 ········· 238
二、申报表填报重点关注 ········· 238
三、常见涉税风险 ········· 239
四、申报表填报案例解析 ········· 239

第十节　油气勘探与开发投资 …………………………………… 240
　　　　一、相关规定 …………………………………………………… 240
　　　　二、申报表填报重点关注 ……………………………………… 241
　　　　三、常见涉税风险 ……………………………………………… 241
　　第十一节　特别纳税调整 ………………………………………… 242
　　　　一、相关规定 …………………………………………………… 242
　　　　二、申报表填报重点关注 ……………………………………… 249
　　　　三、常见涉税风险 ……………………………………………… 251
　　　　四、申报表填报案例解析 ……………………………………… 251

第六章　特定企业纳税申报需要重点关注事项 …………………… 254
　　第一节　房地产企业纳税申报需要重点关注事项 ………………… 254
　　　　一、房地产开发经营业务概述 ………………………………… 254
　　　　二、收入的税务处理 …………………………………………… 254
　　　　三、计税成本的核算 …………………………………………… 257
　　　　四、成本、费用、税金及损失扣除的税务处理 ……………… 261
　　　　五、特定事项的税务处理 ……………………………………… 265
　　第二节　建筑企业纳税申报需要重点关注事项 …………………… 266
　　　　一、建安行业概述 ……………………………………………… 266
　　　　二、建安行业税收处理 ………………………………………… 267
　　第三节　银行企业纳税申报需要重点关注事项 …………………… 271
　　　　一、相关规定 …………………………………………………… 271
　　　　二、申报表填报重点关注 ……………………………………… 273
　　　　三、常见涉税风险 ……………………………………………… 277
　　　　四、申报表填报案例解析 ……………………………………… 278
　　第四节　证券企业纳税申报需要重点关注事项 …………………… 281
　　　　一、相关规定 …………………………………………………… 281
　　　　二、申报表填报重点关注 ……………………………………… 282
　　　　三、申报表填报案例解析 ……………………………………… 282
　　第五节　保险企业纳税申报需要重点关注事项 …………………… 283
　　　　一、相关规定 …………………………………………………… 283
　　　　二、申报表填报重点关注 ……………………………………… 284
　　　　三、常见涉税风险 ……………………………………………… 285
　　　　四、申报表案例填报解析 ……………………………………… 286
　　第六节　小额贷款公司纳税申报需要重点关注事项 ……………… 286
　　　　一、相关规定 …………………………………………………… 287

二、申报表填报重点关注 287
　　三、常见涉税风险 288
　　四、申报表填报案例解析 288

第七节　事业单位纳税申报需要重点关注事项 289
　　一、相关规定 289
　　二、申报表填报重点关注 290
　　三、常见涉税风险 291
　　四、申报表案例填报解析 292

第八节　民间非营利组织纳税申报需要重点关注事项 292
　　一、相关规定 292
　　二、申报表填报重点关注 295
　　三、常见涉税风险 297
　　四、申报表案例填报解析 297

第九节　跨地区经营汇总纳税企业 299
　　一、相关规定 299
　　二、申报表填报重点关注 303
　　三、申报表案例填报解析 309
　　四、常见涉税风险 311

第十节　合伙企业法人合伙人 311
　　一、相关规定 311
　　二、申报表填报重点关注 312
　　三、申报表案例填报解析 312
　　四、常见涉税风险 313

第七章　享受优惠企业申报表填报分析 314

第一节　小型微利企业 314
　　一、相关规定 314
　　二、申报表填报重点关注 315
　　三、常见涉税风险 317

第二节　高新技术企业 318
　　一、相关规定 318
　　二、申报表填报重点关注 319
　　三、常见涉税风险 326

第三节　软件企业和集成电路企业 327
　　一、相关规定 327
　　二、申报表填报重点关注 330

三、常见涉税风险 ……………………………………………………………… 342

第四节 动漫企业 ……………………………………………………………… 342
一、相关规定 …………………………………………………………………… 343
二、申报表填报重点关注 ……………………………………………………… 344
三、常见涉税风险 ……………………………………………………………… 345

第五节 技术先进服务型企业 ………………………………………………… 345
一、相关规定 …………………………………………………………………… 345
二、申报表填报重点关注 ……………………………………………………… 346
三、常见涉税风险 ……………………………………………………………… 348

第六节 创业投资企业 ………………………………………………………… 349
一、相关规定 …………………………………………………………………… 349
二、申报表填报重点关注 ……………………………………………………… 352
三、常见涉税风险 ……………………………………………………………… 359

第七节 经营性文化事业单位改制企业 ……………………………………… 359
一、相关规定 …………………………………………………………………… 359
二、申报表填报重点关注 ……………………………………………………… 360
三、常见涉税风险 ……………………………………………………………… 361

第八节 西部大开发鼓励类企业 ……………………………………………… 361
一、相关规定 …………………………………………………………………… 362
二、申报表填报重点关注 ……………………………………………………… 362
三、常见涉税风险 ……………………………………………………………… 364

第九节 海南自贸港鼓励类企业 ……………………………………………… 364
一、相关规定 …………………………………………………………………… 364
二、申报表填报重点关注 ……………………………………………………… 365
三、常见涉税风险 ……………………………………………………………… 367

第十节 从事污染防治的第三方企业 ………………………………………… 367
一、相关规定 …………………………………………………………………… 367
二、申报表填报重点关注 ……………………………………………………… 368
三、常见涉税风险 ……………………………………………………………… 369

第十一节 非营利组织 ………………………………………………………… 369
一、相关规定 …………………………………………………………………… 369
二、申报表填报重点关注 ……………………………………………………… 371
三、常见涉税风险 ……………………………………………………………… 374

第十二节 节能服务公司 ……………………………………………………… 375
一、相关规定 …………………………………………………………………… 375

    二、申报表填报重点关注 ··· 376
    三、常见涉税风险 ·· 378
  第十三节　农产品初加工企业 ·· 378
    一、相关规定 ·· 379
    二、申报表填报重点关注 ··· 380
    三、常见涉税风险 ·· 381
  第十四节　提供涉农贷款和保险服务的金融、保险等机构 ·································· 382
    一、相关规定 ·· 382
    二、申报表填报重点关注 ··· 383
    三、常见涉税风险 ·· 384
  第十五节　为社区提供养老、托育、家政等服务的机构 ·· 385
    一、相关规定 ·· 385
    二、申报表填报重点关注 ··· 386
    三、常见涉税风险 ·· 387

第八章　重点优惠项目申报表填报分析 ··· 388
  第一节　国债利息收入 ·· 388
    一、相关规定 ·· 388
    二、申报表填报重点关注 ··· 389
    三、常见涉税风险 ·· 390
  第二节　地方政府债券利息收入 ·· 391
    一、相关规定 ·· 391
    二、申报表填报重点关注 ··· 391
    三、常见涉税风险 ·· 392
  第三节　铁路债券利息收入 ··· 392
    一、相关规定 ·· 392
    二、申报表填报重点关注 ··· 393
    三、常见涉税风险 ·· 394
  第四节　股息、红利等权益性投资收益 ··· 394
    一、相关规定 ·· 394
    二、申报表填报重点关注 ··· 397
    三、常见涉税风险 ·· 399
  第五节　资源综合利用取得的收入 ·· 399
    一、相关规定 ·· 399
    二、申报表填报重点关注 ··· 400
    三、常见涉税风险 ·· 401

第六节　取得的社区家庭服务收入 ... 401
一、相关规定 ... 401
二、申报表填报重点关注 ... 402
三、常见涉税风险 ... 402

第七节　研发费加计扣除 ... 403
一、相关规定 ... 403
二、申报表填报重点关注 ... 408
三、常见涉税风险 ... 418

第八节　安置残疾人员就业加计扣除 ... 418
一、相关规定 ... 418
二、申报表填报重点关注 ... 419
三、常见涉税风险 ... 420

第九节　安置建档立卡贫困人口就业 ... 421
一、相关规定 ... 421
二、申报表填报重点关注 ... 421
三、常见涉税风险 ... 422

第十节　安置登记失业半年以上人员就业 ... 423
一、相关规定 ... 423
二、申报表填报重点关注 ... 423
三、常见涉税风险 ... 424

第十一节　安置自主就业退役士兵就业 ... 425
一、相关规定 ... 425
二、申报表填报重点关注 ... 425
三、常见涉税风险 ... 426

第十二节　农林牧渔业项目 ... 427
一、相关规定 ... 427
二、申报表填报重点关注 ... 428
三、常见涉税风险 ... 430

第十三节　国家重点扶持的公共基础设施项目 ... 431
一、相关规定 ... 431
二、申报表填报重点关注 ... 435
三、常见涉税风险 ... 437

第十四节　符合条件的环境保护、节能节水项目 ... 438
一、相关规定 ... 438
二、申报表填报重点关注 ... 439

三、常见涉税风险 ……………………………………………………………… 441

第十五节 符合条件的技术转让项目 …………………………………………… 442
一、相关规定 …………………………………………………………………… 442
二、申报表填报重点关注 ……………………………………………………… 444
三、常见涉税风险 ……………………………………………………………… 446

第十六节 清洁发展机制项目 …………………………………………………… 447
一、相关规定 …………………………………………………………………… 447
二、申报表填报重点关注 ……………………………………………………… 448
三、常见涉税风险 ……………………………………………………………… 450

第十七节 专用设备抵免 ………………………………………………………… 450
一、相关规定 …………………………………………………………………… 450
二、申报表填报重点关注 ……………………………………………………… 452
三、常见涉税风险 ……………………………………………………………… 455

第九章 税前扣除凭证管理 ………………………………………………………… 456

第一节 基本规定 ………………………………………………………………… 456
一、会计规定 …………………………………………………………………… 456
二、税收规定 …………………………………………………………………… 459

第二节 税前扣除凭证定义与种类 ……………………………………………… 461
一、税前扣除凭证的定义 ……………………………………………………… 461
二、内部凭证的种类 …………………………………………………………… 461
三、外部凭证的种类 …………………………………………………………… 461

第三节 税前扣除凭证的管理规定 ……………………………………………… 465
一、28号公告的适用范围 ……………………………………………………… 465
二、税前扣除凭证的管理原则 ………………………………………………… 465
三、税前扣除凭证的管理要求 ………………………………………………… 465
四、一般情况税务处理 ………………………………………………………… 465
五、特殊情况税务处理 ………………………………………………………… 467

参考文献 …………………………………………………………………………… 470

开篇 1　2020 年度企业所得税新政重点解析

2020 年,根据党中央、国务院统筹推进疫情防控和经济社会发展部署,财政部、税务总局联合多部门出台了一系列惠企利企的企业所得税政策。为帮助读者更好的理解新政策,笔者从支持疫情防控、鼓励科技创新、扩大对外开放,以及原有政策延续等四个方面梳理了 2020 年发布的企业所得税重要新政,供企业办税人员、涉税专业服务人员和税务人员等利益相关方参考。

一、支持疫情防控企业所得税政策

为有效应对疫情防控、助力复工复产,财政部、税务总局发布了一系列支持疫情防控企业所得税政策。

(一)受疫情影响较大的五大行业企业亏损弥补年限由 5 年延长至 8 年

根据《财政部　税务总局关于支持新型冠状病毒感染的肺炎疫情防控有关税收政策的公告》(财政部　税务总局公告 2020 年第 8 号)、《财政部　税务总局关于电影等行业税费支持政策的公告》(财政部　税务总局公告 2020 年第 25 号)的规定,受疫情影响较大的交通运输、餐饮、住宿、旅游(指旅行社及相关服务、游览景区管理两类)困难行业企业、电影(限电影制作、发行和放映等企业)行业企业 2020 年度发生的亏损最长结转年限由 5 年延长至 8 年。其中,困难行业企业 2020 年度主营业务收入须占收入总额(剔除不征税收入和投资收益)的 50% 以上,困难行业企业的具体判断标准按照现行《国民经济行业分类》执行。

根据《国家税务总局关于支持新型冠状病毒感染的肺炎疫情防控有关税收征收管理事项的公告》(国家税务总局公告 2020 年第 4 号)的规定,受疫情影响较大的行业企业适用延长亏损结转年限政策的,应当在 2020 年度企业所得税汇算清缴时,通过电子税务局提交《适用延长亏损结转年限政策声明》。

需要注意的是,"电影行业企业"的范围限于电影制作、发行和放映等企业,不包括通过互联网、电信网、广播电视网等信息网络传播电影的企业。

(二)疫情防控重点保障物资生产企业新购置的相关设备允许一次性税前扣除

为提高防疫物资生产企业的产能,根据《财政部　税务总局关于支持新型冠状病毒感染的肺炎疫情防控有关税收政策的公告》(财政部　税务总局公告 2020 年第 8 号)的规定,对疫情防控重点保障物资生产企业为扩大产能新购置的相关设备,允许一次性计入当期成本费用在企业所得税税前扣除。疫情防控重点保障物资生产企业的具体名单由省级及以上发展改革部门、工业和信息化部门确定。

(三) 用于应对疫情的公益性捐赠支出可以全额扣除

为鼓励企业为疫情防控捐款捐物,并充分考虑到疫情的紧迫性、政策的可操作性,根据《财政部 税务总局关于支持新型冠状病毒感染的肺炎疫情防控有关捐赠税收政策的公告》(财政部 税务总局公告2020年第9号)的规定,企业通过公益性社会组织或者县级以上人民政府及其部门等国家机关捐赠用于应对疫情的现金和物品,以及直接向承担疫情防治任务的医院捐赠用于应对疫情的物品,允许在企业所得税税前全额扣除。

二、鼓励科技创新企业所得税优惠政策

为促进集成电路产业和软件产业高质量发展,加大上海自贸区和北京中关村国家自主创新示范区相关企业提高自主创新力度和形成产业集群效应,增强企业投资"耐心"与"信心",财政部、税务总局联合多部委发布了数项优惠政策。

(一) 国家鼓励的集成电路生产企业可以享受定期减免企业所得税优惠

集成电路产业和软件产业是信息产业的核心,是引领新一轮科技革命和产业变革的关键力量。为促进集成电路产业的快速发展,《财政部 税务总局 发展改革委 工业和信息化部关于促进集成电路产业和软件产业高质量发展企业所得税政策的公告》(财政部 税务总局 发展改革委 工业和信息化部公告2020年第45号,以下简称45号公告)明确,国家按照集成电路线宽大小,对线宽小于130纳米(含)的三类生产企业给予定期减免税优惠,并准予亏损结转延长。

1. "十年免征优惠"

国家鼓励的集成电路线宽小于28纳米(含),且经营期在15年以上的集成电路生产企业或项目,第一年至第十年免征企业所得税。

2. "五免五减半优惠"

国家鼓励的集成电路线宽小于65纳米(含),且经营期在15年以上的集成电路生产企业或项目,第一年至第五年免征企业所得税,第六年至第十年按照25%的法定税率减半征收企业所得税。

3. "两免三减半优惠"

国家鼓励的集成电路线宽小于130纳米(含),且经营期在10年以上的集成电路生产企业或项目,第一年至第二年免征企业所得税,第三年至第五年按照25%的法定税率减半征收企业所得税。

上述三类集成电路生产企业,其属于国家鼓励的集成电路生产企业清单年度之前5个纳税年度发生的尚未弥补完的亏损,准予向以后年度结转,结转年限最长为10年。

(二) 国家鼓励的集成电路设计、装备、材料、封装、测试企业和软件企业享受定期减免税优惠

集成电路产业链条长、技术含量高,需要上下游企业全流程、高质量的合作,方可形成优秀的产品,集成电路设计、装备、材料、封装、测试企业作为集成电路生产必不可少的配套

支撑产业链,也是完成集成电路项目不可或缺的关键环节,45 号公告对这些企业同样给予了支持政策:属于国家鼓励的集成电路设计、装备、材料、封装、测试企业和软件企业,自获利年度起,第一年至第二年免征企业所得税,第三年至第五年按照 25% 的法定税率减半征收企业所得税。

(三) 国家鼓励的重点集成电路设计企业和软件企业免税 5 年后再享受 10% 低税率优惠

为鼓励和支持集成电路企业、软件企业加强资源整合,根据 45 号公告的规定,属于国家鼓励的重点集成电路设计企业和软件企业,自获利年度起,第一年至第五年免征企业所得税,接续年度减按 10% 的税率征收企业所得税。

(四) 上海自贸试验区临港新片区重点产业企业享受 15% 低税率优惠

上海自贸试验区临港新片区作为我国集聚海内外人才开展国际创新协同的重要基地,正在积极"打造更具国际市场影响力和竞争力的特殊经济功能区"新名片。为推动临港新片区发展高端产业体系,着力破解"卡脖子"难题,财政部、税务总局联合发布《关于中国(上海)自贸试验区临港新片区重点产业企业所得税政策的通知》(财税〔2020〕38号),对中国(上海)自贸试验区临港新片区(以下简称新片区)内重点产业企业减按 15% 税率征收企业所得税:一是明确自 2020 年 1 月 1 日起,对新片区内从事集成电路、人工智能、生物医药、民用航空等关键领域核心环节相关产品(技术)业务,并开展实质性生产或研发活动的符合条件的法人企业,自设立之日起 5 年内减按 15% 的税率征收企业所得税。二是对 2019 年 12 月 31 日之前已在新片区注册登记且从事《新片区集成电路、人工智能、生物医药、民用航空关键领域核心环节目录》所列业务的实质性生产或研发活动的符合条件的法人企业,可自 2020 年至该企业设立满 5 年期限内减按 15% 的税率征收企业所得税。

(五) 中关村国家自主创新示范区开展两项企业所得税优惠政策试点

为更好地落实积极支持北京市"两区"建设的举措,国家在中关村国家自主创新示范区开展公司型创投企业所得税优惠政策试点和技术转让所得税优惠政策试点。

1. 公司型创投企业长期持有股权投资减免所得税试点

为进一步推动创业投资发展,打造创业投资集聚区,财政部、税务总局、发展改革委、证监会联合发布《关于中关村国家自主创新示范区公司型创业投资企业有关企业所得税试点政策的通知》(财税〔2020〕63 号),对符合条件的公司型创业投资企业按照企业年末个人股东持股比例免征企业所得税:一是明确自 2020 年 1 月 1 日起,对示范区内符合条件的公司型创业投资企业,转让持有 3 年以上股权的所得占年度股权转让所得总额的比例超过 50% 的,按照年末个人股东持股比例减半征收当年企业所得税;转让持有 5 年以上股权的所得占年度股权转让所得总额的比例超过 50% 的,按照年末个人股东持股比例免征当年企业所得税。二是明确 2020 年 1 月 1 日前发生的符合条件的股权转让所得,也可执行免征企业所得税政策。需要注意的是,享受优惠政策的公司型创业投资企业需要同时满足两个条件:一是在示范区内注册成立,实行查账征收的居民企业;二是符合《创业投资企业管理暂行办法》(发展改革委等 10 部门令第 39 号)或者《私募投资基金监督管理暂行办法》(证监会令第 105 号)要求,并按照规定完成备案且规范运作。

2. 技术转让所得减免所得额企业所得税优惠政策试点

为优化创业投资环境,促进创业投资持续健康发展,财政部、税务总局、科技部、知识产权局联合发布《关于中关村国家自主创新示范区特定区域技术转让企业所得税试点政策的通知》(财税〔2020〕61号),明确自2020年1月1日起,对中关村国家自主创新示范区特定区域技术转让所得给与以下企业所得税优惠政策:一是提高技术转让免征额度,对在中关村国家自主创新示范区特定区域内注册的居民企业,符合条件的技术转让所得,在一个纳税年度内不超过2 000万元的部分,免征企业所得税,超过2 000万元的部分,减半征收企业所得税。二是放宽享受优惠的技术转让条件,居民企业转让3年以上全球独占许可权和非独占许可使用权可以享受减免税优惠。三是放宽享受优惠的技术转让范围,将居民企业从直接或间接持有股权之和达到100%的关联方取得的技术转让所得纳入减免税优惠范围。

企业在享受优惠政策时需关注三点:一是"中关村国家自主创新示范区特定区域"的具体范围,包括朝阳园、海淀园、丰台园、顺义园、大兴—亦庄园、昌平园。二是"技术"的具体范围,是指专利(含国防专利)、计算机软件著作权、集成电路布图设计专有权、植物新品种权、生物医药新品种,以及财政部和国家税务总局确定的其他技术。其中,专利是权利人依法就发明创造,包括发明、实用新型、外观设计享有的专有的权利。三是技术转让应签订技术转让合同,并按财政部、税务总局联合发布的《关于居民企业技术转让有关企业所得税政策问题的通知》(财税〔2010〕111号)第三条规定进行管理。

三、扩大对外开放企业所得税优惠政策

建设海南自由贸易港,是彰显我国扩大对外开放、积极推动经济全球化决心的重大举措。为支持海南自由贸易港建设,充分发挥税收作用促进转型升级,根据《财政部 税务总局关于海南自由贸易港企业所得税优惠政策的通知》(财税〔2020〕31号)和《国家税务总局海南省税务局关于海南自由贸易港企业所得税优惠政策有关问题的公告》(国家税务总局海南省税务局公告2020年第4号)有关规定,明确了如下企业所得税新政。

(一)投资海南自由贸易港鼓励类产业的企业

对注册在海南自由贸易港并实质性运营的鼓励类产业企业,减按15%的税率征收企业所得税。

需要关注的是,享受此项税收优惠政策,需满足三个条件:一是注册在海南自由贸易港。享受该项税收优惠的主体不仅包括注册在海南自由贸易港的居民企业,还包括设立在自贸港的非居民企业机构、场所。二是属于鼓励类产业企业。对于鼓励类产业企业的界定,是以海南自由贸易港鼓励类产业目录中规定的产业项目为主营业务,且其主营业务收入占企业收入总额60%以上。三是满足实质性运营。企业的实际管理机构设在海南自由贸易港,并对企业生产经营、人员、账务、财产等实施实质性全面管理和控制。

同时规定,对总机构设在海南自由贸易港的符合条件的企业,仅就其设在海南自由贸易港的总机构和分支机构的所得,适用15%税率;对总机构设在海南自由贸易港以外的企业,仅就其设在海南自由贸易港内的符合条件的分支机构的所得,适用15%税率。

（二）设立在海南自由贸易港的旅游业、现代服务业、高新技术产业企业新增境外直接投资

2020年1月1日至2024年12月31日，对在海南自由贸易港设立的旅游业、现代服务业、高新技术产业企业新增境外直接投资取得的所得，免征企业所得税。

享受此项优惠政策需要满足三方面的条件：一是将享受优惠的所得范围限定于从境外新设分支机构取得的营业利润和从持股比例超过20%（含）的境外子公司分回的、与新增境外直接投资相对应的股息所得，其他境外所得不能适用免征企业所得税政策。二是为避免双重不征税，造成税基侵蚀和利润转移，要求被投资国（地区）的企业所得税法定税率不低于5%。三是旅游业、现代服务业、高新技术企业为海南自由贸易港鼓励类产业目录中的企业。

（三）资本性支出一次性税前扣除或加速折旧和摊销政策

2020年1月1日至2024年12月31日，对在海南自由贸易港设立的企业，新购置（含自建、自行开发）固定资产或无形资产，单位价值不超过500万元（含）的，允许一次性计入当期成本费用在计算应纳税所得额时扣除，不再分年度计算折旧和摊销；新购置（含自建、自行开发）固定资产或无形资产，单位价值超过500万元的，可以缩短折旧、摊销年限或采取加速折旧、摊销的方法。

四、原有企业所得税政策延续

除上述多项新发布的税收政策外，还有多项企业所得税优惠政策延续执行。

（一）西部大开发企业所得税优惠政策继续执行

延长西部大开发相关税收优惠政策和降低享受政策的门槛，将有助于西部地区继续在优惠政策的扶持下，更稳健地提升自身发展内生能力，夯实基础，更好实现经济的转型升级，缩小东西部差距，从而实现协调发展。根据《财政部 税务总局 国家发展改革委关于延续西部大开发企业所得税政策的公告》（财政部公告2020年第23号）有关规定，自2021年1月1日至2030年12月31日，对设在西部地区的鼓励类产业企业减按15%的税率征收企业所得税。

值得注意的是，在延续的政策中，主营业务占比限制变小进一步释放了政策红利，将鼓励类产业项目当年度主营业务收入占企业收入总额限制比例由70%降低至60%以上，可以让更多的企业享受红利，提振西部发展、促进转型升级。

（二）特定行业广告费和业务宣传费支出税前扣除政策继续执行

根据《财政部 税务总局关于广告费和业务宣传费支出税前扣除有关事项的公告》（财政部 税务总局公告2020年第43号，以下简称43号公告）的规定，三类企业广告费和业务宣传费支出税前扣除的特殊税收政策继续延续执行5年。对化妆品制造或销售、医药制造和饮料制造（不含酒类制造）企业发生的广告费和业务宣传费支出，不超过当年销售（营业）收入30%的部分，准予扣除；超过部分，准予在以后纳税年度结转扣除。

43号公告还规定：第一，对签订广告费和业务宣传费分摊协议（以下简称分摊协议）的关联企业，其中一方发生的不超过当年销售（营业）收入税前扣除限额比例内的广告费和业

务宣传费支出可以在本企业扣除,也可以将其中的部分或全部按照分摊协议归集至另一方扣除。另一方在计算本企业广告费和业务宣传费支出企业所得税税前扣除限额时,可将按照上述办法归集至本企业的广告费和业务宣传费不计算在内。第二,烟草企业的烟草广告费和业务宣传费支出,一律不得在计算应纳税所得额时扣除。

(三) 普惠金融有关企业所得税政策继续执行

为进一步支持小微企业、个体工商户和农户的普惠金融服务,财政部、税务总局制发《关于延续实施普惠金融有关税收优惠政策的公告》(财政部 税务总局公告2020年第22号),对《财政部 税务总局关于延续支持农村金融发展有关税收政策的通知》(财税〔2017〕44号)、《财政部 税务总局关于小额贷款公司有关税收政策的通知》(财税〔2017〕48号)等文件规定的普惠金融企业所得税优惠政策的执行期限延长至2023年12月31日:

(1) 对金融机构农户小额贷款的利息收入,在计算应纳税所得额时,按90%计入收入总额。

(2) 对保险公司为种植业、养殖业提供保险业务取得的保费收入,在计算应纳税所得额时,按90%计入收入总额。

(3) 对经省经金融管理部门(金融办、局等)批准成立的小额贷款公司取得的农户小额贷款利息收入,在计算应纳税所得额时,按90%计入收入总额。

(4) 对符合条件的小额贷款公司按年末贷款余额1%计提的贷款损失准备金准予在企业所得税税前扣除。

(三) 支持亚运会筹备与举办企业所得税政策

我国长期以来一直支持奥运和亚运事业发展,对奥运会亚运会筹备与举办给予税收支持。为支持筹办杭州2022年亚运会和亚残运会及其测试赛,根据《财政部 税务总局 海关总署关于杭州2022年亚运会和亚残运会税收政策的公告》(财政部 税务总局 海关总署公告2020年第18号)有关规定,对企业、社会组织和团体赞助、捐赠杭州亚运会、亚残运会及其测试赛的资金、物资、服务支出,在计算企业应纳税所得额时予以全额扣除。

值得指出的是,企业对杭州亚运会的公益性捐赠支出可以全额扣除,比2010年广州亚运会的公益性捐赠支出12%限额扣除,支持力度更大。

(四) 公益性捐赠税前扣除有关事项进一步细化

财政部、国家税务总局、民政部制发《关于公益性捐赠税前扣除有关事项的公告》(财政部 税务总局 民政部公告2020年第27号)和《关于公益性捐赠税前扣除资格确认有关衔接事项的公告》(财政部 税务总局 民政部公告2021年第3号),对公益慈善事业、公益性社会组织进行了定义,对公益性捐赠税前扣除资格取得、取消的条件进行了界定,对企业或个人发生的公益慈善事业捐赠支出的税前扣除相关细节等进行了明确,自2020年1月1日执行。此前财政部、国家税务总局、民政部制发的公益性捐赠税前扣除有关文件财税〔2008〕160号、财税〔2010〕45号、财税〔2015〕141号同时废止。

近日,为贯彻落实2020年新出台企业所得税政策,国家税务总局先后发布国家税务总局公告2020年第12号、国家税务总局公告2020年第24号,对企业所得税预缴申报表和年度纳税申报表进行了修订。企业办税人员、涉税专业服务人员、税务人员应高度关注新政策和申报表修订情况,及时了解新政变化及适用范围,顺利开展好企业所得税预缴和汇算清缴工作。

开篇 2　2020年度企业所得税年度申报表最新修订重点解析

日前,国家税务总局发布了《关于修订企业所得税年度纳税申报表的公告》(国家税务总局公告 2020 年第 24 号,以下简称 24 号公告),修订了企业所得税年度申报表的部分表单及填报说明。笔者提醒,在进行 2020 年度企业所得税汇算清缴申报时,十类不同的企业,实操层面的关注点各有侧重。

一、受疫情影响较大的五大行业企业:重点关注《企业所得税弥补亏损明细表》(A106000)的变化

2020 年,根据党中央、国务院关于支持新型冠状病毒感染的肺炎疫情防控和企业复工、复产的决策部署,财政部、税务总局积极助力受疫情影响较大的行业企业复工、复产,出台了多项企业所得税政策。《财政部　税务总局关于支持新型冠状病毒感染的肺炎疫情防控有关税收政策的公告》(财政部　税务总局公告 2020 年第 8 号,以下简称 8 号公告)、《财政部　税务总局关于电影等行业税费支持政策的公告》(财政部　税务总局公告 2020 年第 25 号)规定,受疫情影响较大的五大行业企业,即交通运输、餐饮、住宿、旅游四大类困难行业企业及电影行业企业,2020 年度发生的亏损,最长结转年限由 5 年延长至 8 年。

此次申报表修订,《企业所得税弥补亏损明细表》(A106000)新增第 5 列"合并、分立转入的亏损额——可弥补年限 8 年",同时更新"弥补亏损企业类型"代码表,增加"受疫情影响困难行业企业"和"电影行业企业"等选项。根据《国家税务总局关于支持新型冠状病毒感染的肺炎疫情防控有关税收征收管理事项的公告》(国家税务总局公告 2020 年第 4 号)第十条的规定,受疫情影响较大的困难行业企业适用延长亏损结转年限政策的,应当在 2020 年度企业所得税汇算清缴时,通过电子税务局提交《适用延长亏损结转年限政策声明》。

二、疫情防控重点保障物资生产企业:重点关注《资产折旧、摊销及纳税调整明细表》(A105080)的变化

8 号公告规定,对疫情防控重点保障物资生产企业为扩大产能新购置的相关设备,允许一次性计入当期成本费用在企业所得税税前扣除。此前,《财政部　税务总局关于设备　器具扣除有关企业所得税政策的通知》(财税〔2018〕54 号)规定,企业新购进的设备、器具,单

位价值不超过500万元的允许一次性税前扣除。在此基础上,8号公告明确,疫情防控重点保障物资生产企业新购置的单位价值超过500万元的相关设备,也允许税前一次性扣除。

本次申报表修订,《资产折旧、摊销及纳税调整明细表》(A105080)新增第12行"疫情防控重点保障物资生产企业单价500万元以上设备一次性扣除",为疫情防控重点保障物资生产企业申报提供了便利。

三、发生四类公益性捐赠支出的企业:重点关注《捐赠支出及纳税调整明细表》(A105070)的变化

第一类:用于目标脱贫地区的扶贫捐赠支出。为切实减轻企业参与脱贫攻坚事业的税收负担,坚决打赢扶贫攻坚战,财政部、税务总局、国务院扶贫办联合发布《关于企业扶贫捐赠所得税税前扣除政策的公告》(财政部 税务总局 国务院扶贫办公告2019年第49号),明确规定,自2019年1月1日至2022年12月31日,企业通过公益性社会组织或者县级(含县级)以上人民政府及其组成部门和直属机构,用于目标脱贫地区的扶贫捐赠支出,准予在计算应纳税所得额时据实扣除。

第二类:用于北京2022年冬奥会、冬残奥会、测试赛赞助、捐赠的资金、物资、服务支出。《财政部 税务总局 海关总署关于北京2022年冬奥会和冬残奥会税收政策的通知》(财税〔2017〕60号)规定,对企业、社会组织和团体赞助、捐赠北京2022年冬奥会、冬残奥会、测试赛的资金、物资、服务支出,在计算企业应纳税所得额时予以全额扣除。尽管这不是一项新政策,但这是首次在《捐赠支出及纳税调整明细表》(A105070)上作为专门项目填报。

第三类:用于杭州2022年亚运会、亚残运会及其测试赛赞助、捐赠的资金、物资、服务支出。《财政部 税务总局 海关总署关于杭州2022年亚运会和亚残运会税收政策的公告》(财政部公告2020年第18号)规定,对企业、社会组织和团体赞助、捐赠杭州2022年亚运会和亚残运会及其测试赛的资金、物资、服务支出,在计算企业应纳税所得额时予以全额扣除。

第四类:用于应对新型冠状病毒感染的肺炎疫情的公益性捐赠支出。《财政部 税务总局关于支持新型冠状病毒感染的肺炎疫情防控有关捐赠税收政策的公告》(财政部 税务总局公告2020年第9号)规定,企业通过公益性社会组织或者县级以上人民政府及其部门等国家机关,捐赠用于应对新型冠状病毒感染的肺炎疫情的现金和物品,允许在计算应纳税所得额时全额扣除;企业直接向承担疫情防治任务的医院捐赠用于应对新型冠状病毒感染的肺炎疫情的物品,允许在计算应纳税所得额时全额扣除。

本次申报表修订,优化了《捐赠支出及纳税调整明细表》(A105070)表单结构,对"全额扣除的公益性捐赠"部分,通过填报第8行至第10行"项目"代码的方式,满足"扶贫捐赠""北京2022年冬奥会、冬残奥会、测试赛捐赠""杭州2022年亚运会捐赠""支持新型冠状病毒感染的肺炎疫情防控捐赠"等全额扣除政策的填报需要。一个项目填报一行,纳税人有多个项目的,可自行增加行次填报。

需要提醒的是,"支持新型冠状病毒感染的肺炎疫情防控捐赠"分两种情况:一种为企业通过公益性社会组织或国家机关捐赠;另一种为企业直接向承担疫情防治任务的医院捐

赠。这两项支出,企业须分开填报。同时,除了直接向承担疫情防治任务的医院捐赠物资时可用医疗机构出具的捐赠接收函作为税前扣除凭证,其他类型的捐赠所取得的捐赠票据,均需满足《财政部 税务总局 民政部关于公益性捐赠税前扣除有关事项的公告》(财政部公告2020年第27号)的要求。

四、集成电路和软件企业:重点关注《企业所得税年度纳税申报基础信息表》(A000000)、《企业所得税弥补亏损明细表》(A106000)、《所得减免优惠明细表》(A107020)、《减免所得税优惠明细表》(A107040)、《软件、集成电路企业优惠情况及明细表》(A107042)的变化

为继续支持和鼓励集成电路和软件产业发展,财政部、税务总局等四部门联合发布《关于促进集成电路产业和软件产业高质量发展企业所得税政策的公告》(财政部 税务总局 发展改革委 工业和信息化部公告2020年第45号,以下简称45号公告),首次明确国家鼓励的集成电路线宽小于28纳米(含),且经营期在15年以上的集成电路生产企业或项目,第一年至第十年免征企业所得税。并根据不同线宽和经营期,明确相关主体可享受"五免五减半""两免三减半",以及"五免+接续年度10%优惠税率"等优惠。

本次申报表修订,在《企业所得税年度纳税申报基础信息表》(A000000)的"209集成电路生产项目类型"下新增"28纳米"选项,同时调整"208软件、集成电路企业类型"的填报说明。《所得减免优惠明细表》(A107020)新增第25行至第27行"线宽小于28纳米(含)的集成电路生产项目减免企业所得税"项目。《减免所得税优惠明细表》(A107040)新增第28.4行"国家鼓励的集成电路和软件企业减免企业所得税政策"及下级行次,适用于相关集成电路和软件企业填报。

同时,45号公告明确,国家鼓励的线宽小于130纳米(含)的集成电路生产企业,属于国家鼓励的集成电路生产企业清单年度之前5个纳税年度发生的尚未弥补完的亏损,准予向以后年度结转,总结转年限最长不得超过10年。对应这一政策,更新《企业所得税弥补亏损明细表》(A106000)"弥补亏损企业类型"代码表,增加"线宽小于130纳米(含)的集成电路生产企业"选项。

此外,为切实减轻纳税人填报负担,此次申报表修订,将《软件、集成电路企业优惠情况及明细表》(A107042)数据项由22项压减至11项,减少50%。

五、投资海南自由贸易港鼓励类产业的企业:重点关注《企业所得税年度纳税申报基础信息表》(A000000)、《资产折旧、摊销及纳税调整明细表》(A105080)、《减免所得税优惠明细表》(A107040)、《境外所得纳税调整后所得明细表》(A108010)的变化

《财政部 税务总局关于海南自由贸易港企业所得税优惠政策的通知》(财税〔2020〕31号,以下简称31号文件)规定,对注册在海南自由贸易港并实质性运营的鼓励类产业企业,减按15%的税率征收企业所得税。对应这一规定,新增《减免所得税优惠明细表》

（A107040）第28.3行"海南自由贸易港鼓励类企业减按15%税率征收企业所得税"。31号文件第二条规定，对在海南自由贸易港设立的旅游业、现代服务业、高新技术产业企业新增境外直接投资取得的所得，免征企业所得税。

本次申报表修订，将《企业所得税年度纳税申报基础信息表》（A000000）"203选择采用的境外所得抵免方式"修改为"203-1选择采用的境外所得抵免方式"，并新增"203-2海南自由贸易港新增境外直接投资信息"。同时，新增《境外所得纳税调整后所得明细表》（A108010）"海南自由贸易港企业新增境外直接投资所得"部分。同步修改《境外所得税收抵免明细表》（A108000）相关数据项的填报说明。

31号文件同时规定，对在海南自由贸易港设立的企业，新购置（含自建、自行开发）固定资产或无形资产，单位价值不超过500万元（含）的，允许一次性计入当期成本费用在计算应纳税所得额时扣除，不再分年度计算折旧和摊销；单位价值超过500万元的，可以缩短折旧、摊销年限或采取加速折旧、摊销的方法。

对应这一规定，《资产折旧、摊销及纳税调整明细表》（A105080）新增第10行"海南自由贸易港企业固定资产加速折旧"、第13行"海南自由贸易港企业固定资产一次性扣除"、第31行"海南自由贸易港企业无形资产加速摊销"、第32行"海南自由贸易港企业无形资产一次性摊销"。

六、上海自贸试验区临港新片区重点产业企业：重点关注《减免所得税优惠明细表》（A107040）的变化

为支持新片区发展，财政部、税务总局制发《关于中国（上海）自贸试验区临港新片区重点产业企业所得税政策的通知》（财税〔2020〕38号），明确新片区内从事集成电路、人工智能、生物医药、民用航空等关键领域核心环节相关产品（技术）业务，并开展实质性生产或研发活动的符合条件的法人企业，自设立之日起5年内减按15%的税率征收企业所得税。

本次申报表修订，《减免所得税优惠明细表》（A107040）新增第28.2行"上海自贸试验区临港新片区的重点产业企业减按15%的税率征收企业所得税"。

七、中关村国家自主创新示范区内发生技术转让和股权转让的特定类型企业：重点关注《所得减免优惠明细表》（A107020）和《减免所得税优惠明细表》（A107040）的变化

《财政部 税务总局 科技部 知识产权局关于中关村国家自主创新示范区特定区域技术转让企业所得税试点政策的通知》（财税〔2020〕61号）规定，在中关村国家自主创新示范区特定区域内注册的居民企业，符合条件的技术转让所得，不超过2 000万元的部分，免征企业所得税；超过2 000万元的部分，减半征收企业所得税。基于此，《所得减免优惠明细表》（A107020）修改了第10行至第12行"四、符合条件的技术转让项目"的填报规则，区分"一般技术转让项目"和"中关村国家自主创新示范区特定区域技术转让项目"，供纳税人进行选择填报。

《财政部 税务总局 发展改革委 证监会关于中关村国家自主创新示范区公司型创业投资企业有关企业所得税试点政策的通知》(财税〔2020〕63号)规定,符合条件的公司型创投企业,按照企业年末个人股东持股比例减免企业所得税。基于此,《减免所得税优惠明细表》(A107040)新增第32行"符合条件的公司型创投企业按照企业年末个人股东持股比例减免企业所得税(年末个人股东持股比例____％)"行次,填报免征的企业所得税额。需要注意的是,纳税人填报该行次时,需填报符合条件的年末个人股东持股比例,保留至小数点后四位,并按百分数填报。

八、发生贷款损失准备金的金融企业、小额贷款公司:重点关注《贷款损失准备金及纳税调整明细表》(A105120)的变化

根据金融企业贷款准备金业务财务核算方式,以贷款资产和准备金的"余额"为核心数据项,重新确定了表单结构和填报规则,更好地与企业财务核算方式衔接。同时,将原《特殊行业准备金及纳税调整明细表》(A105120)名称修改为《贷款损失准备金及纳税调整明细表》(A105120)。修订后的表单填报范围大幅度缩减,只有发生贷款损失准备金的金融企业、小额贷款公司,才需要填报。

九、保险公司、证券行业、期货行业、中小企业融资(信用)担保机构:重点关注《纳税调整项目明细表》(A105000)相关行次的变化

此次修订,将原《特殊行业准备金及纳税调整明细表》(A105120)中保险公司、证券行业、期货行业、中小企业融资(信用)担保机构的填报内容,调整到《纳税调整项目明细表》(A105000)填报,并在(A105000)表第39行"(三)特殊行业准备金"项目下新增保险公司、证券行业、期货行业、中小企业融资(信用)担保机构等相关行次,供以上企业发生准备金时填报。第39行"特殊行业准备金":填报特殊行业准备金调整项目第39.1行至第39.7行(不包含第39.3行)的合计金额。

十、执行《政府会计准则》的纳税人:重点关注《企业所得税年度纳税申报基础信息表》(A000000)的变化

自2019年1月1日起,政府会计准则制度在全国各级各类行政事业单位全面施行。本次申报表修订,在《会计准则或会计制度类型代码表》中新增"800 政府会计准则"。执行政府会计准则的事业单位、社会团体等在选择适用的会计制度时,请选择800编码填报。

第一章 企业所得税年度纳税申报表概述

自 2008 年《中华人民共和国企业所得税法》(以下简称《企业所得税法》)、《中华人民共和国企业所得税法实施条例》(以下简称《企业所得税法实施条例》)实施以来,企业所得税纳税申报表经历了多次的修订,不断完善,不断优化,形成了一套比较完整的企业所得税纳税申报表体系,为深化税务系统"放管服"改革、优化营商环境打下了扎实的基础。本书将在介绍企业所得税纳税申报表体系的同时,详解居民企业所得税年度纳税申报表,便于读者掌握申报表的填报,有效提高企业所得税纳税申报质量。

第一节 企业所得税纳税申报表体系

企业所得税按纳税年度计算,纳税年度自公历 1 月 1 日起至 12 月 31 日止。企业在一个纳税年度中间开业,或者终止经营活动,使该纳税年度的实际经营期间不足 12 个月的,应当以其实际经营期为一个纳税年度。企业依法清算时,以清算期间作为一个纳税年度。企业按照《企业所得税法》及其实施条例的规定,根据税务机关的要求,分月或者分季预缴企业所得税,向税务机关报送预缴企业所得税纳税申报表,预缴税款;在年度终了之日起 5 个月内,向税务机关报送年度企业所得税纳税申报表,并汇算清缴,结清应缴应退税款。

企业所得税纳税申报表是反映纳税人生产经营和计算缴纳企业所得税的有效载体,是税务机关依法征收企业所得税的基础,也是具有法律效力的涉税文书。

一、企业所得税纳税申报表使用对象

企业所得税纳税申报表使用对象为企业,即在中华人民共和国境内成立的企业和其他取得收入的组织,个人独资企业、合伙企业除外。企业分为居民企业和非居民企业。

(一) 居民企业

居民企业是指依法在中国境内成立,或者依照外国(地区)法律成立但实际管理机构在中国境内的企业。依法在中国境内成立的企业,包括依照中国法律、行政法规在中国境内成立的企业、事业单位、社会团体,以及其他取得收入的组织。居民企业应当就其来源于中国境内、境外的所得缴纳企业所得税。

对于居民企业,应当就其来源于中国境内、境外的所得缴纳企业所得税。所得包括销

售货物所得,提供劳务所得,转让财产所得,股息、红利等权益性投资所得,利息所得,租金所得,特许权使用费所得,接受捐赠所得和其他所得。来源于中国境内、境外的所得,按照以下原则确定:

(1) 销售货物所得,按照交易活动发生地确定。

(2) 提供劳务所得,按照劳务发生地确定。

(3) 转让财产所得:不动产转让所得按照不动产所在地确定;动产转让所得按照转让动产的企业或者机构、场所所在地确定;权益性投资资产转让所得按照被投资企业所在地确定。

(4) 股息、红利等权益性投资所得,按照分配所得的企业所在地确定。

(5) 利息所得、租金所得、特许权使用费所得,按照负担、支付所得的企业或者机构、场所所在地确定,或者按照负担、支付所得的个人的住所地确定。

(6) 其他所得,由国务院财政、税务主管部门确定。

(二) 非居民企业

非居民企业是指依照外国(地区)法律成立且实际管理机构不在中国境内,但在中国境内设立机构、场所的,或者在中国境内未设立机构、场所,但有来源于中国境内所得的企业,以及依照外国(地区)法律成立的企业和其他取得收入的组织。

非居民企业在中国境内设立机构、场所的,应当就其所设机构、场所取得的来源于中国境内的所得,以及发生在中国境外但与其所设机构、场所有实际联系的所得,缴纳企业所得税。实际联系,是指非居民企业在中国境内设立的机构、场所拥有据以取得所得的股权、债权,以及拥有、管理、控制据以取得所得的财产等。

非居民企业在中国境内未设立机构、场所的,或者虽设立机构、场所但取得的所得与其所设机构、场所没有实际联系的,应当就其来源于中国境内的所得缴纳企业所得税。

上述机构、场所是指在中国境内从事生产经营活动的机构、场所,包括:

(1) 管理机构、营业机构、办事机构。

(2) 工厂、农场、开采自然资源的场所。

(3) 提供劳务的场所。

(4) 从事建筑、安装、装配、修理、勘探等工程作业的场所。

(5) 其他从事生产经营活动的机构、场所。

非居民企业委托营业代理人在中国境内从事生产经营活动的,包括委托单位或者个人经常代其签订合同,或者储存、交付货物等,该营业代理人视为非居民企业在中国境内设立的机构、场所。

(三) 境外注册中资控股居民企业(非境内注册居民企业)

境外注册中资控股居民企业(简称非境内注册居民企业)是指由中国境内的企业或企业集团作为主要控股投资者,在中国内地以外国家或地区(含中国香港、中国澳门、中国台湾)注册成立的企业,且因实际管理机构在中国境内而被认定为中国居民企业的非境内注册居民企业。

非境内注册居民企业应当按照《企业所得税法》及其实施条例和相关管理规定的要求,履行居民企业所得税纳税义务,并在向非居民企业支付《企业所得税法》第三条第三款规定的款项时,依法代扣代缴企业所得税。

非境内注册居民企业从中国境内其他居民企业取得的股息、红利等权益性投资收益,按照《企业所得税法》第二十六条和《企业所得税法实施条例》第八十三条的规定,作为免税收入。非境内注册居民企业的投资者从该居民企业分得的股息、红利等权益性投资收益,根据《企业所得税法实施条例》第七条第(四)款的规定,属于来源于中国境内的所得,应当征收企业所得税;该权益性投资收益中符合《企业所得税法》第二十六条和《企业所得税法实施条例》第八十三条规定的部分,可作为收益人的免税收入。

非境内注册居民企业按照《企业所得税法》第四十五条及受控外国企业管理的有关规定,不视为受控外国企业,但其所控制的其他受控外国企业仍应按照有关规定进行税务处理。非境内注册居民企业在中国境内投资设立的企业,其外商投资企业的税收法律地位不变。

二、企业所得税纳税申报表体系架构

企业所得税纳税申报表是反映纳税人生产经营所得和计算缴纳企业所得税的有效载体,是税务机关依法征收企业所得税的基础,具有法律效力的涉税文书。现行企业所得税纳税申报表按申报期可分为月(季)度预缴纳税申报表、年度纳税申报表;按企业所得税纳税人不同可分为居民企业所得税纳税申报表、非居民企业所得税纳税申报表。此外,按照特定业务,企业所得税纳税人还需填报企业清算所得税纳税申报表、企业年度关联业务往来报告表、扣缴企业所得税报告表。具体如图1-1所示。

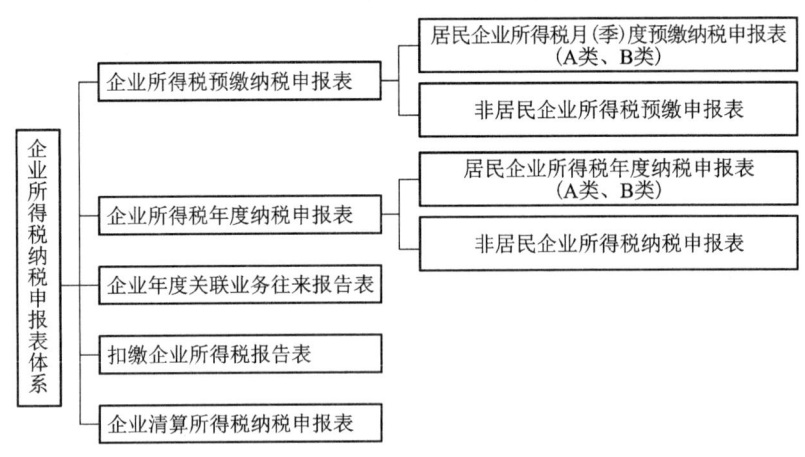

图 1-1 企业所得税纳税申报表体系

(一)企业所得税预缴纳税申报表

企业所得税预缴纳税申报表,根据纳税人不同分为居民企业所得税月(季)度预缴纳税申报表、非居民企业所得税预缴申报表。

1. 居民企业所得税预缴纳税申报表

自2008年1月1日《企业所得税法》实施以来,国家税务总局在2008年版企业所得税预缴纳税申报表的基础上,结合陆续出台的企业所得税各类政策规定,先后于2012年、2014年、2015年、2018年、2019年、2020年对企业所得税预缴纳税申报表进行了修订。现行的居民企业所得税预缴纳税申报表是按照企业所得税征收方式的不同分别设计的。

对于查账征收的居民企业,在企业所得税月(季)度预缴纳税申报时,应根据企业的月(季)度财务报表及有关的企业所得税相关规定,如实填报《中华人民共和国企业所得税月(季)度预缴纳税申报表(A类,2018年版)》(2020年修订),享受企业所得税优惠政策的,按照所享受的企业所得税优惠政策分别填报《免税收入、减计收入、所得税减免等优惠明细表》(A201010)、《固定资产加速折旧(扣除)明细表》(A201020)、《减免所得税额明细表》(A201030);跨地区经营汇总纳税企业总机构,在填报上述报表的基础上还应填报《中华人民共和国企业所得税汇总纳税分支机构所得税分配表(2018年版)》(2020年修订),交由其所属的跨地区经营二级分支机构用于分支机构企业所得税预缴纳税申报;跨地区经营汇总纳税的分支机构,在月(季)度预缴纳税申报时,除填报《中华人民共和国企业所得税月(季)度预缴纳税申报表(A类,2018年版)》,还应报送经总机构所在地主管税务机关受理的《中华人民共和国企业所得税汇总纳税分支机构所得税分配表》。

对于企业所得税征收方式为核定征收的居民企业,在企业所得税月(季)度预缴纳税申报时,根据企业的生产经营情况,如实填报《中华人民共和国企业所得税月(季)度预缴和年度纳税申报表(B类,2018年版)》。

为贯彻落实减税降费政策,促进实体经济发展,支持实施创新驱动发展战略,支持生态文明建设等方面的多项企业所得税政策,2020年6月29日,税务总局对《中华人民共和国企业所得税月(季)度预缴纳税申报表(A类,2018年版)》《中华人民共和国企业所得税月(季)度预缴和年度纳税申报表(B类,2018年版)》的部分表单和填报说明进行了修订,适用于2020年下半年及以后年度企业所得税预缴申报。

2. 非居民企业所得税预缴纳税申报表

2019年3月28日,国家税务总局发布了《中华人民共和国非居民企业所得税预缴申报表(2019年版)》及其附表《非居民企业机构、场所汇总缴纳所得税税款分配表》和《非居民企业机构、场所核定计算明细表》,适用于非居民企业预缴企业所得税税款时填报,并且自2020年度第一季度企业所得税预缴申报起启用。

修订非居民企业所得税申报表有两方面背景:一是落实法律规定。2018年12月29日,第十三届全国人民代表大会常务委员会第七次会议决定修改《企业所得税法》第五十一条第一款,取消非居民企业机构、场所汇总缴纳企业所得税审批事项。为确保此项改革措施顺利落地,需要对非居民企业所得税申报表进行修订,以满足纳税人申报和税务机关管理需要。二是深化"放管服"改革,进一步简并优化企业所得税申报表,精简表单填报,切实减轻纳税人和基层税务机关负担,优化营商环境。

修订非居民企业所得税申报表的主要思路:一是取消行政审批。为适应取消非居民企业机构、场所汇总缴纳企业所得税审批改革要求,根据《国家税务总局 财政部 中国人民银行关于非居民企业机构场所汇总缴纳企业所得税有关问题的公告》(国家税务总局公告2019年第12号)的有关规定,调整非居民企业所得税预缴申报表(以下简称预缴表)、非居民企业所得税年度纳税申报表(以下简称年报表),并比照居民企业所得税申报,设计《非居民企业机构、场所汇总缴纳企业所得税税款分配表》。二是简并优化报表。以据实申报表为基础,整合核定征收、不构成常设机构和国际运输免税申报等特殊情形,同时适当修改《中华人民共和国扣缴企业所得税报告表》(以下简称扣缴表),删除无需报送项目,调整部分申报内容。简并优化后,非居民企业所得税申报表主表由4张减少为3张,附表由9张减少为5张。

非居民企业预缴表和年报表修订的主要内容:非居民预缴根据非居民企业机构、场所企业所得税特点,通过整合查账据实征收与核定征收、不构成常设机构和国际运输免税申报信息,取消原《中华人民共和国非居民企业所得税季度和年度纳税申报表(适用于核定征收企业)/(不构成常设机构和国际运输免税申报)》。在此基础上,再对预缴表和年报表进行报表内容与结构优化:增加非居民企业信息栏,调整部分填列内容,减少财务报表中已有信息的填报,将税收优惠项目合并至主表,删除部分与主表内容、财务报表内容重复的附表,增补《非居民企业机构、场所汇总缴纳所得税税款分配表》《非居民企业机构、场所核定计算明细表》两张附表(预缴表和年报表共用)。

(二) 企业所得税年度纳税申报表

企业在年度终了之日起5个月内或者终止经营之日起60日内,应向税务机关报送年度企业所得税纳税申报表,并汇算清缴。

1. 居民企业所得税年度纳税申报表

居民企业在企业所得税汇算清缴时,应当按照《企业所得税法》及其实施条例和企业所得税的有关规定,自行计算本纳税年度应纳税所得额和应纳税额,根据当年月度或季度预缴企业所得税的数额,确定该纳税年度应补或者应退税额。查账征收企业应如实、正确填写《中华人民共和国企业所得税年度纳税申报表(A类,2017年版)》(2020年修订),核定征收企业应如实、正确填报《中华人民共和国企业所得税月(季)度预缴和年度纳税申报表(B类,2018年版)》(2020年修订),并向主管税务机关办理企业所得税年度纳税申报,完整、及时报送税务机关要求提供的有关资料,结清全年企业所得税税款。企业对纳税申报的真实性、准确性和完整性负法律责任。

另外,对于跨地区经营汇总纳税二级分支机构,在企业所得税汇算清缴时,应依据其总机构的《中华人民共和国企业所得税年度纳税申报表(A类,2017年版)》(2020年修订)中的附表《企业所得税汇总纳税分支机构所得税分配表》(A109010),填报《中华人民共和国企业所得税月(季)度预缴纳税申报表(A类,2018年版)》(2020年修订),并报送经总机构所在地主管税务机关受理的《中华人民共和国企业所得税汇总纳税分支机构所得税分配表》、分支机构的年度财务报表(或年度财务状况和营业收支情况)和分支机构参与企业年度纳税调整情况的说明,向主管税务机关办理企业所得税年度纳税申报。

2. 非居民企业所得税年度纳税申报表

非居民企业应当自年度终了之日起5个月内,向税务机关报送年度企业所得税纳税申报表,并汇算清缴,结清应缴应退税款。2019年3月28日,国家税务总局发布了《中华人民共和国非居民企业所得税年度纳税申报表(2019年版)》及其附表《纳税调整项目明细表》《企业所得税弥补亏损明细表》《对外合作开采石油企业勘探开发费用年度明细表》《非居民企业机构、场所汇总缴纳所得税税款分配表》《非居民企业机构、场所核定计算明细表》,供非居民企业2020年度及以后年度企业所得税汇算清缴时填报。

(三) 企业年度关联业务往来报告表

根据《国家税务总局关于完善关联申报和同期资料管理有关事项的公告》(国家税务总

局公告2016年第42号)的规定,企业与其他企业、组织或者个人具有下列关系之一的,构成关联关系:

(1) 一方直接或者间接持有另一方的股份总和达到25%以上;双方直接或者间接同为第三方所持有的股份达到25%以上。

如果一方通过中间方对另一方间接持有股份,只要其对中间方持股比例达到25%以上,则其对另一方的持股比例按照中间方对另一方的持股比例计算。

两个以上具有夫妻、直系血亲、兄弟姐妹及其他抚养、赡养关系的自然人共同持股同一企业,在判定关联关系时持股比例合并计算。

(2) 双方存在持股关系或者同为第三方持股,虽持股比例未达到上述第(1)项规定,但双方之间借贷资金总额占任一方实收资本比例达到50%以上,或者一方全部借贷资金总额的10%以上由另一方担保(与独立金融机构之间的借贷或者担保除外)。

借贷资金总额占实收资本比例 = 年度加权平均借贷资金 ÷ 年度加权平均实收资本

其中:

$$\text{年度加权平均借贷资金} = \frac{i\text{笔借入或者贷出}}{\text{资金账面金额}} \times \frac{i\text{笔借入或者贷出资金}}{\text{年度实际占用天数}} \div 365$$

$$\text{年度加权平均实收资本} = \frac{i\text{笔实收资本}}{\text{账面金额}} \times \frac{i\text{笔实收资本}}{\text{年度实际占用天数}} \div 365$$

(3) 双方存在持股关系或者同为第三方持股,虽持股比例未达到上述第(1)项规定,但一方的生产经营活动必须由另一方提供专利权、非专利技术、商标权、著作权等特许权才能正常进行。

(4) 双方存在持股关系或者同为第三方持股,虽持股比例未达到上述第(1)项规定,但一方的购买、销售、接受劳务、提供劳务等经营活动由另一方控制。

上述控制是指一方有权决定另一方的财务和经营政策,并能据以从另一方的经营活动中获取利益。

(5) 一方半数以上董事或者半数以上高级管理人员(包括上市公司董事会秘书、经理、副经理、财务负责人和公司章程规定的其他人员)由另一方任命或者委派,或者同时担任另一方的董事或者高级管理人员;或者双方各自半数以上董事或者半数以上高级管理人员同为第三方任命或者委派。

(6) 具有夫妻、直系血亲、兄弟姐妹及其他抚养、赡养关系的两个自然人分别与双方具有上述第(1)~(5)项关系之一。

(7) 双方在实质上具有其他共同利益。

除上述第(2)项外,上述关联关系年度内发生变化的,关联关系按照实际存续期间认定。

实行查账征收的居民企业和在中国境内设立机构、场所并据实申报缴纳企业所得税的非居民企业向税务机关报送年度企业所得税纳税申报表时,应当就其与关联方之间的业务往来进行关联申报,附送《中华人民共和国企业年度关联业务往来报告表(2016年版)》。

(四) 扣缴企业所得税报告表

2019年3月28日,国家税务总局发布了《中华人民共和国扣缴企业所得税报告表

(2019年版)》,适用于源泉扣缴和指定扣缴的扣缴义务人,以及扣缴义务人未依法扣缴或者无法履行扣缴义务情况下自行申报的纳税人,按次或按期扣缴或申报企业所得税税款时填报,该报表自2019年10月1日起启用。这次修订主要是按照《国家税务总局关于非居民企业所得税源泉扣缴有关问题的公告》(国家税务总局公告2017年第37号)的规定,调整优化扣缴表结构与内容,便于纳税遵从,主要包括区分法定源泉扣缴、指定扣缴与自行申报。

修订后的2019年版扣缴企业所得税报告表由代扣代缴或申报缴纳下列企业所得税税款的扣缴义务人或纳税人填报:

(1) 在中国境内未设立机构、场所的非居民企业取得来源于中国境内所得所应缴纳的企业所得税。

(2) 在中国境内设立机构、场所的非居民企业取得与其所设机构、场所没有实际联系,但来源于中国境内所得所应缴纳的企业所得税。

(3) 主管税务机关按照《企业所得税法》规定指定扣缴的企业所得税。

扣缴义务人申报缴纳上述前两项税款的,属于"法定源泉扣缴申报";扣缴义务人申报缴纳上述第(3)项税款的,属于"指定扣缴申报";纳税人申报缴纳上述前两项税款的,属于"自行申报"。

(五)企业清算所得税纳税申报表

《企业所得税法》第五十五条规定,企业在年度中间终止经营活动的,应当自实际经营终止之日起60日内,向税务机关办理当期企业所得税汇算清缴。企业应当在办理注销登记前,就其清算所得向税务机关申报并依法缴纳企业所得税。企业在终止经营活动、完成实际经营期企业所得税汇算清缴后的清算期间,应就处置资产、偿还债务及向所有者分配剩余资产等业务所涉及的清算所得、清算所得税、股息分配等事项进行企业所得税处理,并填报《中华人民共和国企业清算所得税申报表》,向主管税务机关报送清算所得税申报表申报。

综上所述,企业所得税预缴纳税申报表、企业所得税年度纳税申报表、企业年度关联业务往来报告表、扣缴企业所得税报告表、企业清算所得税纳税申报表构成现行的企业所得税纳税申报表体系。

本书将对《中华人民共和国企业所得税年度纳税申报表(A类,2020年修订)》所涉及的各个项目进行详细解析,并解读相关报表所涉及的企业所得税相关政策和规定,用实例讲解每张报表的填报过程。

第二节 新企业所得税法下的年度纳税申报表历次修订

企业所得税年度纳税申报表是根据《企业所得税法》及其实施条例,以及相关征收管理的规定,由国家税务总局统一制定的为处理企业所得税征管事宜所适用的具有固定格式的报表。它既是纳税人或纳税代理人履行纳税义务以规范格式申报纳税的书面报告,也是税务机关征收、分析、评估、检查企业所得税的依据。纳税人必须按照国家税收法律、行政法规和有关税收规定的要求,自行计算确定应纳税所得额和应纳所得税额,自行完成纳税申报,这是现代税收制度的一个重要特征。企业所得税规范化管理离不开规范化的纳税申报表。纳税人企业所得税年度纳税申报表填报正确与否,直接影响税务机关征管质效。因此,一份科学详尽的企业所得税申报表,准确界定征纳双方的责任义务,是企业所得税征收管理的根本。

自2008年新《企业所得税法》实施以来,居民企业适用的《企业所得税年度纳税申报表》经历了2次大的改革和4次部分修改,实现了内外资企业统一填报、不同类型企业分类申报,各项企业所得税政策得以充分体现。

一、2008年的报表修订

2008年,国家税务总局为全面贯彻落实新《企业所得税法》及其实施条例,以及相关税收政策规定的精神,积极协调新《企业所得税法》与新企业会计准则等财务会计制度的差异,简化企业所得税纳税申报表附表,降低纳税申报表填报难度,方便纳税人计算填报和税务机关分析管理,提高企业所得税纳税申报信息管理水平,推出了内外资企业统一适用的企业所得税年度纳税申报表。

(一)报表特点

1. 统一并适用于内资企业、外资企业

修订后的企业所得税年度纳税申报表,基于统一的新《企业所得税法》及其实施条例,统一的收入确认、税前扣除标准等税收政策规定,必须统一并适用于内资企业、外资企业。

2. 继续实行分类填报方法

按照纳税人执行新企业会计准则、不同的会计制度分别设计申报表,积极协调新《企业所得税法》与新会计准则等财务会计制度的差异,降低纳税人遵循税法的成本,便于纳税人计算填报,体现新形势下企业所得税分类管理的要求。

3. 强化汇算清缴

2008年版企业所得税年度纳税申报表规范详细,继续沿用主表项目相对稳定,附表可适时增减调整的设计思路,以适应未来企业所得税政策调整的要求。因此,主表基本保持不变,通过调整附表以适应新政策要求。另外,新报表的应纳税所得额和应纳所得税额的计算方式修改为在会计核算的利润总额基础上进行纳税调整的计算方法。

(二)报表结构

2008年版的《企业所得税年度纳税申报表(A类)》及其附表,由1张主表、15张附表(分为通用附表和行业附表)组成。主表和通用附表适用于所有类型的纳税人,收入、成本费用明细表按照不同类型企业分别设计。具体如下。

1. 主表和通用附表

主表、附录三《纳税调整项目明细表》、附表四《企业所得税弥补亏损明细表》、附表五《税收优惠明细表》、附表六《境外所得税收抵免计算明细表》、附表七《以公允价值计量资产纳税调整表》、附表八《广告费和业务宣传费跨年度纳税调整表》、附表九《资产折旧、摊销纳税调整明细表》、附表十《资产减值准备项目调整明细表》、附表十一《长期股权投资所得(损失)明细表》为通用表格,适用于所有纳税人填报。

2. 收入、成本费用明细表按照企业类型进行分类

一般企业填报附表《收入明细表》《成本费用明细表》;金融企业填报附表《金融企业收

入明细表》《金融企业成本费用明细表》;事业单位、社会团体、民办非企业单位填报附表《事业单位、社会团体、民办非企业单位收入明细表》《事业单位、社会团体、民办非企业单位支出明细表》。

二、2014 年的报表修订

2008 年版企业所得税年度纳税申报表实施 6 年,对于组织收入,协助纳税人履行纳税义务,强化企业所得税汇算清缴,推进企业所得税科学化、专业化、精细化管理发挥了积极作用。随着《企业所得税法》的深入落实,2008 年版申报表已不能满足纳税人和税务机关管理需求。一方面,新的政策不断出台,申报表未及时修改,纳税人很难准确履行纳税义务,导致纳税人填报差错率升高,税收风险加大。另一方面,过于简单的表格,结构的不合理,导致申报表数据采集量有限,难以满足税务机关加强企业所得税风险管理、后续管理及税收收入分析等需求,严重制约了税收管理水平的提高。此外,2014 年,国家税务总局推进便民办税春风行动,转变税务机关管理方式,减少和取消行政审批,减少进户执法,税务机关仅通过现行的申报表难以全面掌握、分析纳税人各类涉税信息。为此,国家税务总局于 2014 年对企业所得税年度纳税申报表进行了全面修订,发布了《中华人民共和国企业所得税年度纳税申报表(A 类,2014 年版)》(国家税务总局公告 2014 年第 63 号)。

(一) 总体思路

2014 年版《企业所得税年度纳税申报表(A 类)》与 2008 年版设计思路一致,即以纳税人为主体,在会计利润总额的基础上,通过调整会计处理与税法处理的差异计算应纳税所得额、应纳所得税额。此外,兼顾后续管理需要,以重要性、普遍性为原则,设置四层架构的申报表,即主表、一级附表、二级附表、三级附表。表格数据的填报方式为直接填报、表内计算填报、依据下一级附表计算填报。

(二) 报表结构

2014 年版《企业所得税年度纳税申报表(A 类)》共 41 张,1 张企业基础信息表;1 张主表;6 张收入、成本、费用明细表;15 张纳税调整表;1 张亏损弥补表;11 张税收优惠表;4 张境外所得税收抵免表;2 张汇总纳税表。与 2008 年版报表相比,虽然增加了 25 张,但由于采用选择填报,纳税人可根据实际经营情况选择填报相应的表格。从纳税人试填情况统计,平均每个纳税人填报的表格为 12 张,比 2008 年版略有下降,涉税信息量大幅提高。

1. 基础信息表

此表反映纳税人的基本信息,包括名称、注册地、行业、注册资本、从业人数、会计政策、存货办法、股东结构、对外投资情况等。这些信息,既可以替代企业备案资料(如资产情况及变化、从业人数,符合条件的小型微利企业无需再报送资料,即可据此享受税收优惠政策),也是税务机关进行管理所需要的信息。

2. 主表

主表结构与现行报表没有变化,体现应纳税所得额、应纳所得税的计算过程,即在会计利润总额的基础上,按照税法进行纳税调整,扣减税收优惠数额,计算应纳税所得额和应纳所得税额,进行境外所得税收抵免,最终计算纳税年度应补(退)所得税款。

3. 收入成本费用明细表

收入成本费用明细表主要反映企业按照会计核算规定计算所发生的收入成本、费用情况。这些表格，也是企业进行纳税调整的主要数据来源。

4. 纳税调整表

纳税调整是企业所得税管理的重点和难点。2008年版报表6张纳税调整表，不足以反映税会差异的全貌，很多事项无法完整展现纳税调整计算全过程和体现税收政策的含义，不利于税务机关后续管理的数据分析和合理性、准确性的判断。因此，本次修改，将所有的税会差异调整事项分成收入类、扣除类、资产类、特殊事项、特别纳税调整、其他六大类，设计了15张二级、三级附表，全方位反映纳税调整的计算过程，既方便纳税人理解填报，也方便税务机关纳税评估、分析。

5. 弥补亏损明细表

弥补亏损明细维持2008年版报表的格式，反映纳税人前5个纳税年度亏损情况、已弥补亏损情况、本年实际弥补以前年度亏损情况、可结转以后年度弥补的亏损情况，表格反映的计算关系比较直观，方便纳税人填报和税务机关后续管理。

6. 税收优惠表

2008年版《企业所得税年度纳税申报表》仅设1张优惠表，集聚企业所得税所有的优惠事项，全部仅以优惠结果数据反映，不利于税务机关后续管理和分析。修改后的2014年版申报表，将现行企业所得税优惠项目共39项，按照收入优惠、扣除优惠、所得减免、抵扣应纳税所得额、税额减免、税额扣减、税额抵免的各类优惠类型分别设计优惠明细表，共11张优惠明细表，据此展现税收优惠金额的计算过程，便于税务机关及时掌握企业享受各类企业所得税优惠政策情况，统计分析各类优惠的政策效应和惠及面。

7. 境外所得税收抵免表

针对2008年版《企业所得税年度纳税申报表》中的《境外所得税收抵免计算表》过于简单，不足以全部展现2009年、2010年财政部、国家税务总局相继出台的境外所得税收抵免相关规定的问题，2014年的修订是在2008年版的《境外所得税收抵免计算表》的基础上，将现行境外所得税收管理规定进行细化，增加3张二级附表予以展现境外所得亏损弥补、税收抵免的全部计算过程。

8. 汇总纳税表

依据《国家税务总局关于印发〈跨地区经营汇总纳税企业所得税征收管理办法〉的公告》（国家税务总局公告2012年第57号）的相关规定，2014年版申报表增加了《跨地区经营汇总纳税企业所得税年度分摊企业所得税明细表》，确保相关税收政策的落实。

三、2016年的报表修订

（一）修订背景

企业所得税年度纳税申报表是纳税人遵从税法、履行申报纳税义务、享受税收优惠政策的重要基础和有效途径。此次修改年度纳税申报表主要基于以下原因：

一是全面落实国务院新出台一系列重要税收政策的需要。为调整产业结构，应对经济下行,2015 年以来,国务院连续出台扩大小型微利企业优惠范围、固定资产加速折旧、技术转让所得、创业投资等多项所得税优惠政策。优惠政策必须通过填报纳税申报表才能落实到位,修订纳税申报表,确保了纳税人在汇算清缴中能够顺利享受相关税收优惠政策。

二是进一步统一固定资产加速折旧政策的季度预缴申报和年度汇缴申报要求。固定资产加速折旧政策的贯彻落实和优惠政策的统计核算工作较为复杂,填报要求高,实践中容易出错。为方便纳税人享受固定资产加速折旧政策,经多次研究,《国家税务总局关于修改企业所得税月(季)度预缴纳税申报表的公告》(国家税务总局公告 2015 年第 79 号)中公布了较为方便、易于操作的固定资产加速折旧申报表表样。之后,为保证纳税人用同一逻辑思路填报年度申报表,有必要相应修改年度申报表。

三是进一步优化申报表,满足所得税后续管理和减免税核算需要。国家税务总局出台《企业所得税优惠事项办理办法》,部分优惠政策采取"以报代备",在不增加纳税人和基层负担的前提下,在申报表中同步配套增加相应行次、细化优惠政策分类,实现系统自动核算。这样,既能够进一步加强所得税的后续管理,又能细化减免税核算工作。

(二)修订的主要内容

此次报表修改主要体现在两个层面:一是全面修改了《固定资产加速折旧、扣除明细表》(A105081)、《抵扣应纳税所得额明细表》(A107030)、《减免所得税优惠明细表》(A107040)等 3 张申报表;二是对《企业基础信息表》等部分栏次和填报说明进行了修订。具体修改内容如下。

1. 全面修改了 3 张申报表

(1)全面修改《固定资产加速折旧、扣除明细表》(A105081)。按照该政策在季度申报表的填报思路,重新设计《固定资产加速折旧、扣除明细表》,增加了行次,承担原固定资产加速折旧政策申报备案及减免税核算功能。修改后便于纳税人申报,同时优化减免税核算工作。

(2)修改《抵扣应纳税所得额明细表》(A107030)。在原表基础上,增加"有限合伙制创业投资企业法人合伙人企业所得税抵扣应纳税所得额"相应行次,并进一步完善了填报说明。

(3)进一步优化《减免所得税优惠明细表》(A107040)。主要体现在四个方面:

一是便于小型微利企业享受 2015 年第 4 季度起的减半扩围政策,从技术上解决年度中间调整所得税政策的填报问题,增加行次并修改细化了填报规则。同时设计《小型微利企业所得税优惠比例查询表》,简化年所得在 20 万元至 30 万元之间的小微企业同时享受 10%、20%两档税率的计算问题,方便纳税人查询使用,减少填报错误。

二是解决新优惠政策的填报问题。增加相应行次,满足集成电路封装测试企业及集成电路关键材料、专用设备生产企业填报减免税。

三是对部分减免税项目进行细分,提升减免税核算质量。进一步细化集成电路企业、促进就业、地震灾区三类优惠政策填报行次,方便纳税人准确申报,满足减免税核算需要。

四是进一步优化行次顺序和减免税归类,优化报表质量。对经济特区、浦东新区新设立高新技术企业与其他高新技术企业组成一类,要求同步填写高新技术企业附表,增强表间逻辑关系的牵制;根据高新技术企业认定办法调整需要,将文化支撑领域政策优惠情况并入高新技术企业相应行次,便于操作;按照特殊专项(救灾、就业)优惠、行业优惠、区域优惠的顺序将优惠政策顺序进行了调整。此外,申报表预留了部分"其他"行次,增强报表的兼容功能。

2. 个别报表项目的修改

一是修改《企业基础信息表》(A000000)个别项目,调整原"建筑业"归类问题;将原"非限制和禁止行业"表述为"限制或禁止行业",与季度申报表和大部分小微企业的理解保持一致,便于判断、定位以前年度"小型微利企业"。

二是为便于纳税人享受转让5年以上非独占许可技术使用权的优惠政策,对《所得减免优惠明细表》(A107020)填报说明作了细微改动。

三是为落实《深化国地税征管体制改革方案》,加强国税、地税征管信息互通,落实即将实施的《慈善法》,防范金融风险,掌握高新技术企业享受优惠情况。《职工薪酬纳税调整明细表》(A105050)、《捐赠支出纳税调整明细表》(A105070)、《特殊行业准备金纳税调整明细表》(A105120)、《高新技术企业优惠情况及明细表》(A107041)等报表原来由发生纳税调整和享受高新技术优惠的企业填报,改为只要发生相关支出、准备金业务,或者高新技术企业亏损年度不享受优惠的,也需填报上述报表。

因此,本次修订申报表有利于纳税人准确填报、降低纳税风险。其一,仅对原申报表进行部分调整修订,未增加新报表,未增加填报负担。其二,固定资产加速折旧表参考季度申报填报模式,便于纳税人"用同一思维填写同一类报表",提高填报准确性。其三,增加相关报表行次,满足新税收政策的需要。修改后的企业所得税年度纳税申报表,适用于纳税人2015年及以后年度纳税申报。

四、2017年的报表修订

2017年,为了贯彻落实党中央、国务院关于优化营商环境和推进"放管服"改革的系列部署,国家税务总局制发了《国家税务总局关于进一步深化税务系统"放管服"改革优化税收环境的若干意见》(税总发〔2017〕101号,以下简称《意见》),要求各级税务机关按照"放管服"的要求转变职能、充分发挥税收作用,并以此为抓手,进一步优化税收环境,减轻纳税人负担,提升税收治理能力,营造稳定公平透明、可预期的营商环境,实现税收现代化。2017年,国家税务总局根据《意见》提出的便利申报纳税,兼并优化企业所得税纳税申报表,较大幅度精简表单填报的要求,在广泛征求意见的基础上,发布了《国家税务总局关于发布〈中华人民共和国企业所得税年度纳税申报表(A类,2017年版)〉的公告》(国家税务总局公告2017年第54号,以下简称《54号公告》),对2016年度修订的《中华人民共和国企业所得税年度纳税申报表》再次进行了修订和精简,在确保原纳税申报表整体构架体系的基础上,集成优化表单设置,同时结合最新企业所得税相关规定,从原先的41张表单精简至37张,并适当调整了部分报表的指标名称和计算关系。

五、2017年版年度申报表(2018年修订)

为进一步落实《意见》有关要求,持续优化税收环境、减轻纳税人负担,改善报表填报体验,减轻纳税人申报负担,2018年总局连续发布了《国家税务总局关于修订〈中华人民共和国企业所得税年度纳税申报表(A类,2017年版)〉部分表单样式及填报说明的公告》(国家税务总局公告2018年第57号)和《国家税务总局关于简化小型微利企业所得税年度纳税申报有关措施的公告》(国家税务总局公告2018年第58号),申报表修订目标是大幅减少其年度申报表填报数量,降低其填报负担,特别针对符合条件的小型微利企业,免于填报收入明细表、成本支付明细表、期间费用明细表。另外,为落实国务院"新购进设备、器具单位价值不超过500万元一次性税前扣除政策""委托境外研究开发费用税前加计扣除有关政策""延长高新技术企业和科技型中小企业亏损结转年限"等一系列企业所得税政策,必须对《中华人民共和国企业所得税年度纳税申报表(A类,2017年版)》进行修订。

六、2017年版年度申报表(2019年修订)

为落实2019年出台的各项减税降费政策,税务总局发布了《国家税务总局关于修订企业所得税年度纳税申报表有关问题的公告》(国家税务总局公告2019年第41号,以下简称《公告》),对2017年版年度申报表再次修订。2019年修订在2018年修订的基础上,增加了2019年以来新出台的各项所得税政策的填报,用于落实新出台的所得税政策。同时,为减轻纳税人办税负担,《公告》还明确了不再填报《研发项目可加计扣除研究开发费用情况归集表》和报送《"研发支出"辅助账汇总表》。本次修订并未对申报表进行大幅修订,仍然是在2017版的基础上增加行列。

(一)修订背景

2019年以来,为降低创业创新成本、增强小微企业发展动力、促进扩大就业,财税部门相继出台了"小型微利企业所得税优惠政策""企业扶贫捐赠所得税前据实扣除""取得的社区家庭服务收入在计算应纳税所得额时减计收入"等一系列企业所得税优惠政策。为全面落实各项政策,进一步减轻纳税人的办税负担,税务总局修订了2017年版年度申报表。

(二)修订情况

本次修订共涉及11张表单。其中,7张表单对表单样式及其填报说明进行微调;4张表单仅修改填报说明。主要调整原因是财政部发布新的新财务报表表样,调整年度申报主表相关逻辑计算规则;根据佣金手续费最新政策,调整纳税明细表相关下级附表;根据最新税收优惠政策发布内容,调整税收优惠明细表相关行次,增加最新的优惠政策,便于纳税人享受优惠。

(三)调整样式及填报说明的表单具体情况

1. 年度纳税申报基础信息表

根据《关于修订印发2019年度一般企业财务报表格式的通知》(财会〔2019〕6号),调整《企业所得税年度纳税申报基础信息表》(A000000)相关内容。

2. 纳税调整项目表

(1)《纳税调整项目明细表》(A105000):根据《财政部 税务总局关于永续债企业所得税政策问题的公告》(财政部 税务总局公告2019年第64号)的规定,在"特殊事项调整项目"中新增第42行"发行永续债利息支出",用于反映企业发行永续债采取的税收处理办法与会计核算方式不一致时的纳税调整情况,之后的行次依次顺延,并调整相应的表内、表间关系。

(2)《广告费和业务宣传费等跨年度纳税调整明细表》(A105060):根据《财政部 税务总局关于保险企业手续费及佣金支出税前扣除政策的公告》(财政部 税务总局公告2019年第72号)的规定,新增了"保险企业手续费及佣金支出"列次,用于填报保险企业手续费及佣金支出会计处理、税收规定,以及跨年度纳税调整情况。

(3)《捐赠支出及纳税调整明细表》(A105070):根据《财政部 税务总局 国务院扶贫办关于企业扶贫捐赠所得税税前扣除政策的公告》(财政部 税务总局国务院扶贫办公告2019年第49号)关于企业扶贫捐赠所得税税前据实扣除的规定,在"全额扣除的公益性捐赠"项目下新增第3行"其中:扶贫捐赠",同时调整了相应的表内、表间关系。为了统计2015年至现在的公益性扶贫捐赠金额,增加了附列资料行次用于统计。

3. 优惠有关表格

(1)《免税、减计收入及加计扣除优惠明细表》(A107010):新增第4行"一般股息红利等权益性投资收益免征企业所得税",用于改善填报体验,降低纳税人理解错误的概率。根据《财政部 税务总局 证监会关于创新企业境内发行存托凭证试点阶段有关税收政策的公告》(财政部 税务总局证监会公告2019年第52号)的规定,新增第7行"居民企业持有创新企业CDR取得的股息红利所得免征企业所得税"。根据《财政部 税务总局关于永续债企业所得税政策问题的公告》(财政部 税务总局公告2019年第64号)的规定,新增第8行"符合条件的永续债利息收入免征企业所得税"。根据《财政部 税务总局 发展改革委 民政部 商务部 卫生健康委关于养老、托育、家政等社区家庭服务业税费优惠政策的公告》(财政部 税务总局 发展改革委 民政部 商务部 卫生健康委公告2019年第76号)的规定,新增第24.1行"1.取得的社区家庭服务收入在计算应纳税所得额时减计收入"。

(2)《符合条件的居民企业之间的股息、红利等权益性投资收益优惠明细表》(A107011):根据《财政部 税务总局 证监会关于创新企业境内发行存托凭证试点阶段有关税收政策的公告》(财政部 税务总局 证监会公告2019年第52号)和《财政部 税务总局关于永续债企业所得税政策问题的公告》(财政部 税务总局公告2019年第64号)的规定,新增第9行"其中:直接投资或非H股票投资"、第12行"创新企业CDR"、第13行"永续债",同时调整了相应的表内、表间关系。

(3)《减免所得税优惠明细表》(A107040):根据《财政部 税务总局 国家发展改革委 生态环境部关于从事污染防治的第三方企业所得税政策问题的公告》(财政部 税务总局 国家发展改革委 生态环境部公告2019年第60号)的规定,新增第28.1行"(一)从事污染防治的第三方企业减按15%的税率征收企业所得税"。根据《财政部 税务总局关于中国(上海)自贸试验区临港新片区重点产业企业所得税政策的通知》(财税〔2019〕81号)的规定,新增第28.2行"(二)上海自贸区临港新片区内重点产业企业减按15%的税率征收企业所得税"。根据《财政部 税务总局 人力资源社会保障部 国务院扶贫办关于进一步支持和促进重点群体创业就业有关税收政策的通知》(财税〔2019〕22号)等规定,第30.1行修改为"企业招用建档立卡贫困人口就业扣减企业所得税",第30.2行修改为"企业招用登记失业半年以上人员就业扣减企业所得税"。

(四) 仅修订填报说明的表单情况

1. 企业所得税年度纳税申报表 (A 类)

一是为与《关于修订印发 2019 年度一般企业财务报表格式的通知》(财会〔2019〕6号)规定衔接,修订第 10 行"营业利润"的填报说明。二是为解决企业实际问题,修订第 14 行"境外所得"的填报说明,明确该行包含按照税法相关规定已进行纳税调增的境外所得金额。三是根据附表修订情况,调整了相应的表内、表间关系。

2. 资产折旧、摊销及纳税调整明细表

根据《财政部 税务总局关于扩大固定资产加速折旧优惠政策适用范围的公告》(财政部 税务总局公告 2019 年第 66 号)的规定,修订第 8 行"(一)重要行业固定资产加速折旧"的填报说明,明确扩大适用范围。

3. 所得减免优惠明细表

根据《财政部 税务总局关于继续实行农村饮水安全工程税收优惠政策的公告》(财政部 税务总局公告 2019 年第 67 号)的规定,修订第 2 列"优惠事项名称"的填报说明,在"二、国家重点扶持的公共基础设施项目"对应的优惠事项中修改"7.水利项目(不含农村饮水安全工程)",新增"8.农村饮水安全工程",满足减免税统计需要。

七、2017 年版年度申报表(2020 年修订)

为落实 2020 年出台的各项减税降费政策,税务总局发布了《国家税务总局关于修订企业所得税年度纳税申报表的公告》(国家税务总局公告 2020 年第 24 号,以下简称 24 号公告),对 2017 年版年度申报表再次修订。2020 年修订在 2018 年、2019 年修订的基础上,增加了 2020 年以来新出台的各项所得税政策的填报,用于落实新出台的所得税政策。

(一) 修订背景

2020 年以来,为落实支持新型冠状病毒感染的肺炎疫情防控和企业复工、复产,支持海南自由贸易港建设,促进集成电路和软件产业高质量发展等,党中央、国务院决策部署,财政部联合税务总局及相关部门密集出台了多项企业所得税政策,主要如下。

1. 支持新型冠状病毒感染的肺炎疫情防控和企业复工、复产政策

一是财政部、税务总局发布《关于支持新型冠状病毒感染的肺炎疫情防控有关税收政策的公告》(财政部 税务总局公告 2020 年第 8 号),对疫情防控重点保障物资生产企业为扩大产能新购置的相关设备,允许一次性计入当期成本费用在企业所得税税前扣除;受疫情影响较大的困难行业企业,2020 年度发生的亏损最长结转年限由 5 年延长至 8 年。

二是财政部、税务总局发布《关于支持新型冠状病毒感染的肺炎疫情防控有关捐赠税收政策的公告》(财政部 税务总局公告 2020 年第 9 号),企业通过公益性社会组织或者县级以上人民政府及其部门等国家机关,捐赠用于应对新型冠状病毒感染的肺炎疫情的现金和物品,允许在计算应纳税所得额时全额扣除。企业直接向承担疫情防治任务的医院捐赠用于应对新型冠状病毒感染的肺炎疫情的物品,允许在计算应纳税所得额时全额扣除。

三是财政部、税务总局发布《关于电影等行业税费支持政策的公告》(财政部 税务总局公告 2020 年第 25 号),对电影行业企业 2020 年度发生的亏损,最长结转年限由 5 年延长至 8 年。

2. 支持海南自由贸易港建设政策

财政部、税务总局制发《关于海南自由贸易港企业所得税优惠政策的通知》（财税〔2020〕31号），一是对注册在海南自由贸易港并实质性运营的鼓励类产业企业，减按15%的税率征收企业所得税；二是对在海南自由贸易港设立的旅游业、现代服务业、高新技术产业企业新增境外直接投资取得的所得，免征企业所得税；三是对在海南自由贸易港设立的企业，新购置（含自建、自行开发）固定资产或无形资产，单位价值不超过500万元（含）的，允许一次性计入当期成本费用在计算应纳税所得额时扣除，不再分年度计算折旧和摊销；新购置（含自建、自行开发）固定资产或无形资产，单位价值超过500万元的，可以缩短折旧、摊销年限或采取加速折旧、摊销的方法。

3. 促进集成电路和软件产业高质量发展政策

财政部、税务总局、发展改革委、工业和信息化部联合发布《关于促进集成电路产业和软件产业高质量发展企业所得税政策的公告》（财政部 税务总局 发展改革委 工业和信息化部公告2020年第45号），一是国家鼓励的符合条件的集成电路企业和软件企业减免企业所得税；二是国家鼓励的线宽小于130纳米（含）的集成电路生产企业，属于国家鼓励的集成电路生产企业清单年度之前5个纳税年度发生的尚未弥补完的亏损，准予向以后年度结转，总结转年限最长不得超过10年。

4. 其他政策

一是财政部、税务总局、海关总署联合发布《关于杭州亚运会和亚残运会税收政策的公告》（财政部 税务总局 海关总署公告2020年第18号），对企业、社会组织和团体赞助、捐赠杭州亚运会的资金、物资、服务支出，在计算企业应纳税所得额时予以全额扣除。

二是财政部、税务总局制发《关于中国（上海）自贸试验区临港新片区重点产业企业所得税政策的通知》（财税〔2020〕38号），（上海）自由贸易试验区临港新片区内重点产业减按15%的税率征收企业所得税。

三是财政部、税务总局、科技部、知识产权局联合制发《关于中关村国家自主创新示范区特定区域技术转让企业所得税试点政策的通知》（财税〔2020〕61号），在中关村国家自主创新示范区特定区域内注册的居民企业，符合条件的技术转让所得，减免征收企业所得税。

四是财政部、税务总局、发展改革委、证监会联合制发《关于中关村国家自主创新示范区公司型创业投资企业有关企业所得税试点政策的通知》（财税〔2020〕63号），对符合条件的公司型创投企业按照企业年末个人股东持股比例减免企业所得税。

为全面落实各项政策，优化填报口径，减轻纳税人办税负担，在征求各方意见的基础上，税务总局再次修订了2017年版年度申报表。

（二）主要修订内容

本次共对13张表单进行了修订。其中，对表单样式及其填报说明进行调整的表单共11张，包括《企业所得税年度纳税申报基础信息表》（A000000）、《纳税调整项目明细表》（A105000）、《捐赠支出及纳税调整明细表》（A105070）、《资产折旧、摊销及纳税调整明细表》（A105080）、《资产损失税前扣除及纳税调整明细表》（A105090）、《贷款损失准备金及纳税调整明细表》（A105120）、《企业所得税弥补亏损明细表》（A106000）、《所得减免优惠明细表》（A107020）、《减免所得税优惠明细表》（A107040）、《软件、集成电路企业优惠情况及明细表》(A107042)、《境外所得纳税调整后所得明细表》(A108010)。仅修改填报说明的表单共 2 张,包括《中华人民共和国企业所得税年度纳税申报表(A 类)》(A100000)和《境外所得税收抵免明细表》(A108000)。具体修订如下:

1.《企业所得税年度纳税申报基础信息表》(A000000)

一是根据《财政部 税务总局关于海南自由贸易港企业所得税优惠政策的通知》(财税〔2020〕31 号),调整"203 选择采用的境外所得抵免方式"项目,将"203 选择采用的境外所得抵免方式"改为"203-1 选择采用的境外所得抵免方式",新增"203-2 海南自由贸易港新增境外直接投资信息",适用于填报享受境外所得免征企业所得税优惠政策条件的相关信息。

二是根据《财政部 税务总局 发展改革委 工业和信息化部关于促进集成电路和软件产业高质量发展企业所得税政策的公告》(财政部 税务总局 发展改革委 工业和信息化部公告 2020 年第 45 号)的规定,在"209 集成电路生产项目类型"下新增"28 纳米"选项,同时调整"208 软件、集成电路企业类型"的填报说明。

三是调整"107 适用会计准则或会计制度"的填报说明,在《会计准则或会计制度类型代码表》中新增"800 政府会计准则"。

2.《纳税调整项目明细表》(A105000)

为减轻金融企业填报负担,结合原《特殊行业准备金及纳税调整明细表》(A105120)修订情况,在第 39 行"特殊行业准备金"项目中新增保险公司、证券行业、期货行业、中小企业融资(信用)担保机构相关行次,用于填报准备金纳税调整情况。

3.《捐赠支出及纳税调整明细表》(A105070)

根据《财政部 税务总局关于支持新型冠状病毒感染的肺炎疫情防控有关捐赠税收政策的公告》(财政部 税务总局公告 2020 年第 9 号)和《财政部 税务总局 海关总署关于杭州亚运会和亚残运会税收政策的公告》(财政部 税务总局海关总署公告 2020 年第 18 号)等政策,优化表单结构。对"全额扣除的公益性捐赠"部分,通过填报事项代码的方式,满足"扶贫捐赠""北京 2022 年冬奥会、冬残奥会、测试赛捐赠""杭州 2022 年亚运会捐赠""支持新型冠状病毒感染的肺炎疫情防控捐赠"等全额扣除政策的填报需要。

4.《资产折旧、摊销及纳税调整明细表》(A105080)

根据《财政部 税务总局关于支持新型冠状病毒感染的肺炎疫情防控有关税收政策的公告》(财政部 税务总局公告 2020 年第 8 号)和《财政部 税务总局关于海南自由贸易港企业所得税优惠政策的通知》(财税〔2020〕31 号)的政策规定,新增第 10 行"海南自由贸易港企业固定资产加速折旧"、第 12 行"疫情防控重点保障物资生产企业单价 500 万元以上设备一次性扣除"、第 13 行"海南自由贸易港企业固定资产一次性扣除"、第 31 行"海南自由贸易港企业无形资产加速摊销"、第 32 行"海南自由贸易港企业无形资产一次性摊销",适用于填报上述政策涉及的资产折旧、摊销情况及优惠统计情况。

5.《资产损失税前扣除及纳税调整明细表》(A105090)

结合原《特殊行业准备金及纳税调整明细表》(A105120)修订情况,进一步明确数据项填报口径。例如,将第 1 列名称修改为"资产损失直接计入本年损益金额",新增第 2 列"资产损失准备金核销金额"和第 18 行"贷款损失"。

6.《贷款损失准备金及纳税调整明细表》（A105120）

一是为减轻金融企业填报负担，大幅度缩减了原《特殊行业准备金及纳税调整明细表》（A105120）的填报范围，仅发生贷款损失准备金的金融企业、小额贷款公司的纳税人需要填报，并将表单名称修改为《贷款损失准备金及纳税调整明细表》。同时，取消保险公司、证券行业、期货行业、中小企业融资（信用）担保机构相关行次，将相关行次简并、优化至《纳税调整项目明细表》（A105000）。

二是根据金融企业贷款准备金业务财务核算方式，以贷款资产和准备金的"余额"为核心数据项，重新确定了表单结构和填报规则，更好地与企业财务核算方式衔接。

7.《企业所得税弥补亏损明细表》（A106000）

根据《财政部 税务总局关于支持新型冠状病毒感染的肺炎疫情防控有关税收政策的公告》（财政部 税务总局公告2020年第8号）、《财政部 税务总局关于电影等行业税费支持政策的公告》（2020年第25号）、《财政部 税务总局 发展改革委 工业和信息化部关于促进集成电路和软件产业高质量发展企业所得税政策的公告》（财政部 税务总局 发展改革委 工业和信息化部公告2020年第45号）的规定，新增第5列"合并、分立转入的亏损额-可弥补年限8年"，同时更新"弥补亏损企业类型"代码表，增加"线宽小于130纳米（含）的集成电路生产企业""受疫情影响困难行业企业"和"电影行业企业"选项，纳税人可根据最新政策规定填报。

8.《所得减免优惠明细表》（A107020）

一是根据《财政部 税务总局 发展改革委 工业和信息化部关于促进集成电路和软件产业高质量发展企业所得税政策的公告》（财政部 税务总局 发展改革委 工业和信息化部公告2020年第45号）的规定，新增"线宽小于28纳米（含）的集成电路生产项目减免企业所得税"项目，纳税人可根据最新政策规定填报。

二是根据《财政部 税务总局 科技部 知识产权局关于中关村国家自主创新示范区特定区域技术转让企业所得税试点政策的通知》（财税〔2020〕61号）的规定，修改第10行至第12行"四、符合条件的技术转让项目"的填报规则，纳税人可根据最新政策规定，选择相应项目进行填报。

9.《减免所得税优惠明细表》（A107040）

一是根据《财政部 税务总局关于海南自由贸易港企业所得税优惠政策的通知》（财税〔2020〕31号）和《财政部 税务总局关于中国（上海）自贸试验区临港新片区重点产业企业所得税政策的通知》（财税〔2020〕38号），新增第28.2行"上海自贸试验区临港新片区的重点产业企业减按15%的税率征收企业所得税"和第28.3行"海南自由贸易港鼓励类企业减按15%税率征收企业所得税"，适用于填报上海自贸试验区临港新片区重点产业企业优惠政策和海南自由贸易港鼓励类企业优惠政策情况。

二是根据《财政部 税务总局 发展改革委 工业和信息化部关于促进集成电路和软件产业高质量发展企业所得税政策的公告》（财政部 税务总局 发展改革委 工业和信息化部公告2020年第45号）的规定，新增第28.4行"国家鼓励的集成电路和软件企业减免企业所得税政策"及下级行次，适用于填报集成电路和软件企业所得税优惠政策情况。

三是根据《财政部 税务总局 发展改革委 证监会关于中关村国家自主创新示范区公

司型创业投资企业有关企业所得税试点政策的通知》(财税〔2020〕63号)的规定,增加了第32行"符合条件的公司型创投企业按照企业年末个人股东持股比例减免企业所得税"行次,适用于填报公司型创投企业所得税优惠政策情况。

10.《软件、集成电路企业优惠情况及明细表》(A107042)

为减轻纳税人填报负担,根据《财政部 税务总局 发展改革委 工业和信息化部关于促进集成电路和软件产业高质量发展企业所得税政策的公告》(财政部 税务总局 发展改革委 工业和信息化部公告2020年第45号),对表单进行全面精简,数据项由22项压减至11项,纳税人可根据有关政策规定,选择相应的数据项填报。

11.《境外所得纳税调整后所得明细表》(A108010)

根据《财政部 税务总局关于海南自由贸易港企业所得税优惠政策的通知》(财税〔2020〕31号),新增"海南自由贸易港企业新增境外直接投资所得"部分,适用于填报海南自由贸易港企业新增境外直接投资所得免税政策有关情况。

此外,根据上述附表调整情况,同步对主表《中华人民共和国企业所得税年度纳税申报表(A类)》(A100000)和一级附表《境外所得税收抵免明细表》(A108000)相关数据项的填报说明进行了修改。

第二章　最常用6张申报表项目填报解析

目前的企业所得税年度纳税申报表（A类）报表中，包括基础信息表在内共37张表格，但对于大部分纳税人来说，填报或需关注频率最高的往往是其中的几张申报表，本章节主要对纳税人最常用的6张申报表展开解析，包括《企业所得税年度纳税申报基础信息表》（A000000）、《中华人民共和国企业所得税年度纳税申报表（A类）》（A100000）、《纳税调整项目明细表》（A105000）、《职工薪酬支出及纳税调整明细表》（A105050）、《资产折旧、摊销及纳税调整明细表》（A105080）、《企业所得税弥补亏损明细表》（A106000）。

第一节　基础信息表填报解析

纳税人在填报企业所得税年度纳税申报表主表和相关附表前，都必须填报基础信息表。尽管基础信息表与主表和相关附表没有钩稽关系，但其作为申报表的基础，与主表和相关附表存在关联关系，纳税人应正确填报，从而为后续申报提供指引。

一、相关规定

《国家税务总局关于修订企业所得税年度纳税申报表的公告》（国家税务总局公告2020年第24号）规定，为贯彻落实《企业所得税法》及有关税收政策，进一步优化纳税申报，对《企业所得税年度纳税申报基础信息表》（A000000）进行了表单样式及填报说明的修订，并适用于2020年度及以后年度企业所得税汇算清缴申报。

二、申报表填报重点关注

（一）基础信息表基本经营情况

该部分项目为所有纳税人的必填和必选内容。

表 2-1-1　　　　　企业所得税年度纳税申报基础信息表（A000000）（局部）

基本经营情况（必填项目）			
101 纳税申报企业类型（填写代码）		102 分支机构就地纳税比例（%）	
103 资产总额（填写平均值，单位：万元）		104 从业人数（填写平均值，单位：人）	
105 所属国民经济行业（填写代码）		106 从事国家限制或禁止行业	□是□否
107 适用会计准则或会计制度（填写代码）		108 采用一般企业财务报表格式（2019 年版）	□是□否
109 小型微利企业	□是□否	110 上市公司	是（□境内　□境外）□否

"101 纳税申报企业类型"：纳税人根据申报所属期年度的企业经营方式情况，从《跨地区经营企业类型代码表》中选择相应的代码填入本项，一般情况下，绝大部分企业选择为 100，汇总纳税企业选择为 230 或 210，极少数企业需要选择 220、311、312。

表 2-1-2　　　　　　　跨地区经营企业类型代码表

代码	类型		
	大类	中类	小类
100	非跨地区经营企业		
210	跨地区经营企业总机构	总机构（跨省）——适用《跨地区经营汇总纳税企业所得税征收管理办法》	
220		总机构（跨省）——不适用《跨地区经营汇总纳税企业所得税征收管理办法》	
230		总机构（省内）	
311	跨地区经营企业分支机构	需进行完整年度纳税申报	分支机构（须进行完整年度申报并按比例纳税）
312			分支机构（须进行完整年度申报但不就地缴纳）

代码说明：

"非跨地区经营企业"：纳税人未跨地区设立不具有法人资格分支机构的，为非跨地区经营企业。

"总机构（跨省）——适用《跨地区经营汇总纳税企业所得税征收管理办法》"：纳税人为《国家税务总局关于印发〈跨地区经营汇总纳税企业所得税征收管理办法〉的公告》（国家税务总局公告 2012 年第 57 号发布，国家税务总局公告 2018 年第 31 号修改）规定的跨省、自治区、直辖市和计划单列市设立不具有法人资格分支机构的跨地区经营汇总纳税企业的总机构。

"总机构（跨省）——不适用《跨地区经营汇总纳税企业所得税征收管理办法》"：纳税人为《国家税务总局关于印发〈跨地区经营汇总纳税企业所得税征收管理办法〉的公告》（国家税务总局公告 2012 年第 57 号发布，国家税务总局公告 2018 年第 31 号修改）第二条规定的不适用该公告的跨地区经营汇总纳税企业的总机构，如有国有邮政企业（包括中国邮政集团公司及其控股公司和直属单位）、中国工商银行股份有限公司、中国农业银行股份有限公司、中国银行股份有限公司、国家开发银行股份有限公司、中国农业发展银行、中国进出口银行、中国投资有限责任公司、中国建设银行股份有限公司、中国建银投资有限责任公司、中国信达资产管理股份有限公司、中国石油天然气股份有限公司、中国石油化工股份有限公司、海洋石油天然气企业[包括中国海洋石油总公司、中海石油（中国）有限公司、中海油田服务股份有限公司、海洋石油工程股份有限公司]、中国长江电力股份有限公司等。

"总机构（省内）"：纳税人为仅在同一省、自治区、直辖市和计划单列市内设立不具有法人资格分支机构的跨地区经营汇总纳税企业的总机构。属于该类纳税人需要根据所属省、自治区、直辖市和计划单列市税务机关的相关规定进行汇总纳税管理,并填报表 A109000 和表 A109010。

"分支机构(须进行完整年度申报并按比例纳税)":纳税人为根据相关政策规定须进行完整年度申报并按比例就地缴纳企业所得税的跨地区经营企业的分支机构。该分支机构应当同时将就地缴纳企业所得税的比例填报"102 分支机构就地缴纳比例"。

"分支机构(须进行完整年度申报但不就地缴纳)":纳税人为根据相关政策规定须进行完整年度申报但不就地缴纳所得税的跨地区经营企业的分支机构。

"102 分支机构就地纳税比例":"101 纳税申报企业类型"为"分支机构(须进行完整年度申报并按比例纳税)"需要同时填报本项。分支机构填报年度纳税申报时应当就地缴纳企业所得税的比例。

"103 资产总额":纳税人填报资产总额的全年季度平均值,单位为万元,保留小数点后 2 位。具体计算公式如下:

$$季度平均值 =(季初值 + 季末值)\div 2$$
$$全年季度平均值 = 全年各季度平均值之和 \div 4$$

年度中间开业或者终止经营活动的,以其实际经营期作为一个纳税年度确定上述相关指标。

"104 从业人数":纳税人填报从业人数的全年季度平均值,单位为人。从业人数是指与企业建立劳动关系的职工人数和企业接受的劳务派遣用工人数之和,依据和计算方法同"103 资产总额"。

"105 所属国民经济行业":按照《国民经济行业分类》标准,纳税人填报所属的国民经济行业明细代码。

一些享受相关特定行业税收优惠的纳税人应准确填报所属的行业代码。

"106 从事国家限制或禁止行业":纳税人从事行业为国家限制和禁止行业的,选择"是";其他选择"否"。

该项标志选择也关系到纳税人是否能享受小型微利企业、综合利用资源生产产品等税收优惠,因此也应该准确填报。

"107 适用会计准则或会计制度":纳税人根据会计核算采用的会计准则或会计制度从《会计准则或会计制度类型代码表》中选择相应的代码填入本项。

表 2-1-3　　　　　　　　会计准则或会计制度类型代码表

代码	类型	
	大类	小类
110	企业会计准则	一般企业
120		银行
130		证券
140		保险
150		担保

(续表)

代码	类型	
	大类	小类
200	小企业会计准则	
300	企业会计制度	
410	事业单位会计准则	事业单位会计制度
420		科学事业单位会计制度
430		医院会计制度
440		高等学校会计制度
450		中小学校会计制度
460		彩票机构会计制度
500	民间非营利组织会计制度	
600	村集体经济组织会计制度	
700	农民专业合作社财务会计制度（试行）	
800	政府会计准则	
999	其他	

"108采用一般企业财务报表格式（2019年版）"：纳税人根据《财政部关于修订印发2019年度一般企业财务报表格式的通知》（财会〔2019〕6号）和《财政部关于修订印发2018年度金融企业财务报表格式的通知》（财会〔2018〕36号）规定的格式编制财务报表的，选择"是"，其他选择"否"。采用一般企业财务报表格式2019年版的企业，申报表主表第10行"营业利润"、期间费用明细表中的"管理费用"填报方法与未采用一般企业财务报表2019年版的企业不同。纳税人应根据自己适用的财务报表格式，再判断是否勾选该项目。

"109小型微利企业"：纳税人符合小型微利企业普惠性所得税减免政策条件的，选择"是"，其他选择"否"。

"110上市公司"：纳税人在中国境内上市的选择"境内"；在中国境外上市的选择"境外"；在境内外同时上市的可同时选择；其他选择"否"。纳税人在中国香港上市的，参照境外上市相关规定选择。

（二）有关涉税事项情况

该部分项目为所有纳税人的条件必填（必选）内容，当纳税人存在或发生相关事项时，必须填报，纳税人未填报的，视同不存在或未发生相关事项。

表2-1-4　　企业所得税年度纳税申报基础信息表（A000000）（局部）

有关涉税事项情况（存在或者发生下列事项时必填）				
201 从事股权投资业务		□是	202 存在境外关联交易	□是
203 境外所得信息	203-1 选择采用的境外所得抵免方式		□分国（地区）不分项　□不分国（地区）不分项	
	203-2 海南自由贸易港新增境外直接投资信息		□是（产业类别：□旅游业　□现代服务业　□高新技术产业）	

(续表)

有关涉税事项情况(存在或者发生下列事项时必填)				
204 有限合伙制创业投资企业的法人合伙人		□是	205 创业投资企业	□是
206 技术先进型服务企业类型(填写代码)			207 非营利组织	□是
208 软件、集成电路企业类型(填写代码)			209 集成电路生产项目类型	□130 纳米 □65 纳米 □28 纳米
210 科技型中小企业	210-1 ___年(申报所属期年度)入库编号 1		210-2 入库时间 1	
	210-3 ___年(所属期下一年度)入库编号 2		210-4 入库时间 2	
211 高新技术企业申报所属期年度有效的高新技术企业证书	211-1 证书编号 1		211-2 发证时间 1	
	211-3 证书编号 2		211-4 发证时间 2	
212 重组事项税务处理方式		□一般性 □特殊性	213 重组交易类型(填写代码)	
214 重组当事方类型(填写代码)			215 政策性搬迁开始时间	___年___月
216 发生政策性搬迁且停止生产经营无所得年度		□是	217 政策性搬迁损失分期扣除年度	□是
218 发生非货币性资产对外投资递延纳税事项		□是	219 非货币性资产对外投资转让所得递延纳税年度	□是
220 发生技术成果投资入股递延纳税事项		□是	221 技术成果投资入股递延纳税年度	□是
222 发生资产(股权)划转特殊性税务处理事项		□是	223 债务重组所得递延纳税年度	□是

"201 从事股权投资业务":纳税人从事股权投资业务的(包括集团公司总部、创业投资企业等),选择"是"。

"202 存在境外关联交易":纳税人存在境外关联交易的,选择"是"。

"203 境外所得信息":填报纳税人与来源于中国境外所得的相关信息。

(1)"203-1 选择采用的境外所得抵免方式":纳税人适用境外所得税收抵免政策,且根据《财政部 国家税务总局关于企业境外所得税收抵免有关问题的通知》(财税〔2009〕125 号,以下简称财税〔2009〕125 号文件)、《财政部 税务总局关于完善企业境外所得税收抵免政策问题的通知》(财税〔2017〕84 号,以下简称财税〔2017〕84 号文件)文件规定选择按国(地区)别分别计算其来源于境外的应纳税所得额,即"分国(地区)不分项"的,选择"分国(地区)不分项";纳税人适用境外所得税收抵免政策,且根据财税〔2009〕125 号、财税〔2017〕84 号文件规定选择不按国(地区)别汇总计算其来源于境外的应纳税所得额,即"不分国(地区)不分项"的,选择"不分国(地区)不分项"。境外所得抵免方式一经选择,5 年内不得变更。

(2)"203-2 海南自由贸易港新增境外直接投资信息":填报纳税人符合享受境外所得免征企业所得税优惠政策条件的相关信息。本项目由在海南自由贸易港设立的旅游业、现代服务业、高新技术产业且新增境外直接投资的企业填报。"产业类别"填报纳税人经营的产业类别,按"旅游业""现代服务业""高新技术产业"选择填报。

"204 有限合伙制创业投资企业的法人合伙人":纳税人投资于有限合伙制创业投资企业且为其法人合伙人的,选择"是"。本项目中的有限合伙制创业投资企业的法人合伙人是指符合《中华人民共和国合伙企业法》《创业投资企业管理暂行办法》(国家发展和改革委员会令第39号)、《外商投资创业投资企业管理规定》(外经贸部 科技部 工商总局 税务总局 外汇管理局令2003年第2号发布,商务部令2015年第2号修改)、《私募投资基金监督管理暂行办法》(证监会令第105号)关于创业投资基金的特别规定等规定的创业投资企业法人合伙人。有限合伙制创业投资企业的法人合伙人无论是否享受企业所得税优惠政策,均应填报本项。

"205 创业投资企业":纳税人为创业投资企业的,选择"是"。本项目中的创业投资企业是指依照《创业投资企业管理暂行办法》(国家发展和改革委员会令第39号)和《外商投资创业投资企业管理规定》(外经贸部 科技部 工商总局 税务总局 外汇管理局令2003年第2号发布,商务部令2015年第2号修改)、《私募投资基金监督管理暂行办法》(证监会令第105号)关于创业投资基金的特别规定等规定,在中华人民共和国境内设立的专门从事创业投资活动的企业或其他经济组织。创业投资企业无论是否享受企业所得税优惠政策,均应填报本项。

"206 技术先进型服务企业类型":纳税人为经认定的技术先进型服务企业的,从《技术先进型服务企业类型代码表》中选择相应的代码填报本项。本项目中的经认定的技术先进型服务企业是指符合《财政部 税务总局 商务部 科技部 国家发展改革委关于将技术先进型服务企业所得税政策推广至全国实施的通知》(财税〔2017〕79号)、《财政部 税务总局 商务部 科技部 国家发展改革委关于将服务贸易创新发展试点地区技术先进型服务企业所得税政策推广至全国实施的通知》(财税〔2018〕44号)等文件规定的企业。经认定的技术先进型服务企业无论是否享受企业所得税优惠政策,均应填报本项。

表2-1-5　　　　　　　　技术先进型服务企业类型代码表

代码	类型	
	大类	小类
110	服务外包类	信息技术外包服务(ITO)
120		技术性业务流程外包服务(BPO)
130		技术性知识流程外包服务(KPO)
210	服务贸易类	计算机和信息服务
220		研究开发和技术服务
230		文化技术服务
240		中医药医疗服务

"207 非营利组织":纳税人为非营利组织的,选择"是"。

"208 软件、集成电路企业类型":适用纳税人根据《企业所得税年度纳税申报基础信息表》(A000000)"208 软件、集成电路企业类型"填报的企业类型和实际经营情况,从《软件、集成电路企业优惠方式代码表》"代码"列中选择相应代码填报。软件、集成电路企业若符合相关企业所得税优惠政策条件的,无论是否享受企业所得税优惠,均应填报本项,且仅可从中选择一项填列。

表2-1-6　　　　　　　　　　软件、集成电路企业类型代码表

代码	类型		
	大类	中类	小类
110	集成电路生产企业	线宽小于0.8微米（含）的企业	
120		线宽小于0.25微米的企业	
130		投资额超过80亿元的企业	
140		线宽小于130纳米（含）的企业	
150		线宽小于65纳米（含）或投资额超过150亿元的企业	
160		线宽小于28纳米（含）的企业	
210	集成电路设计企业	新办符合条件的集成电路设计企业\国家鼓励的集成电路设计企业	
220		符合规模条件的重点集成电路设计企业	
230		符合领域条件的重点集成电路设计企业	
311	软件企业	一般软件企业	符合条件的软件企业\国家鼓励的软件企业
312			符合规模条件的重点软件企业
313			符合领域条件的重点软件企业
314			符合出口条件的重点软件企业
321		嵌入式或信息系统集成软件产品企业	符合条件的软件企业\国家鼓励的软件企业
322			符合规模条件的重点软件企业
323			符合领域条件的重点软件企业
324			符合出口条件的重点软件企业
400	集成电路封装、测试（含封装测试）企业		
500	集成电路材料（含关键专用材料）企业		
600	集成电路装备（含专用设备）企业		

代码说明：

"集成电路生产企业"：符合《财政部　国家税务总局　发展改革委　工业和信息化部关于软件和集成电路产业企业所得税优惠政策有关问题的通知》（财税〔2016〕49号）、《财政部　税务总局　国家发展改革委　工业和信息化部关于集成电路生产企业有关企业所得税政策问题的通知》（财税〔2018〕27号）、《财政部　税务总局　发展改革委　工业和信息化部关于促进集成电路和软件产业高质量发展企业所得税政策的公告》（财政部　税务总局　发展改革委　工业和信息化部公告2020年第45号）等文件规定的集成电路生产企业。具体说明如下：

（1）"线宽小于0.8微米（含）的企业"是指可以享受第一年至第二年免征企业所得税，第三年至第五年按照25%的法定税率减半征收企业所得税优惠政策的集成电路线宽小于0.8微米（含）的集成电路生产企业。

（2）"线宽小于0.25微米的企业"是指可以享受第一年至第五年免征企业所得税，第六年至第十年按照25%的法定税率减半征收企业所得税优惠政策的集成电路线宽小于0.25微米的集成电路生产企业。

（3）"投资额超过80亿元的企业"是指可以享受第一年至第五年免征企业所得税，第六年至第十年按照25%的法定税率减半征收企业所得税优惠政策的投资额超过80亿元的集

成电路生产企业。

（4）"线宽小于130纳米（含）的企业"是指可以享受第一年至第二年免征企业所得税，第三年至第五年按照25%的法定税率减半征收企业所得税优惠政策的集成电路线宽小于130纳米（含）的集成电路生产企业。

（5）"线宽小于65纳米（含）或投资额超过150亿元的企业"是指可以享受第一年至第五年免征企业所得税，第六年至第十年按照25%的法定税率减半征收企业所得税优惠政策的集成电路线宽小于65纳米（含）或投资额超过150亿元的集成电路生产企业。

（6）"线宽小于28纳米（含）的企业"是指可以享受第一年至第十年免征企业所得税优惠政策的集成电路线宽小于28纳米（含）的集成电路生产企业。

"集成电路设计企业"：符合《财政部 国家税务总局 发展改革委 工业和信息化部关于软件和集成电路产业企业所得税优惠政策有关问题的通知》（财税〔2016〕49号）、《财政部 税务总局关于集成电路设计和软件产业企业所得税政策的公告》（财政部 税务总局公告2019年第68号）、《财政部 税务总局关于集成电路设计企业和软件企业2019年度企业所得税汇算清缴适用政策的公告》（财政部 税务总局公告2020年第29号）、《财政部 税务总局 发展改革委 工业和信息化部关于促进集成电路和软件产业高质量发展企业所得税政策的公告》（财政部 税务总局 发展改革委 工业和信息化部公告2020年第45号）等文件规定的集成电路设计企业、重点集成电路设计企业。具体说明如下：

（1）"新办符合条件的集成电路设计企业\国家鼓励的集成电路设计企业"是指可以享受第一年至第二年免征企业所得税，第三年至第五年按照25%的法定税率减半征收企业所得税优惠政策的集成电路设计企业。

（2）"符合规模条件的重点集成电路设计企业"是指符合相关规模条件的规定，可以享受第一年至第五年免征企业所得税、接续年度减按10%的税率征收企业所得税优惠政策的国家鼓励的重点集成电路设计企业。

（3）"符合领域条件的重点集成电路设计企业"是指符合相关领域条件的规定，可以享受第一年至第五年免征企业所得税、接续年度减按10%的税率征收企业所得税优惠政策的国家鼓励的重点集成电路设计企业。

"软件企业"：符合《财政部 国家税务总局 发展改革委 工业和信息化部关于软件和集成电路产业企业所得税优惠政策有关问题的通知》（财税〔2016〕49号）、《财政部 税务总局关于集成电路设计和软件产业企业所得税政策的公告》（财政部 税务总局公告2019年第68号）、《财政部 税务总局关于集成电路设计企业和软件企业2019年度企业所得税汇算清缴适用政策的公告》（财政部 税务总局公告2020年第29号）、《财政部 税务总局 发展改革委 工业和信息化部关于促进集成电路和软件产业高质量发展企业所得税政策的公告》（财政部 税务总局 发展改革委 工业和信息化部公告2020年第45号）等文件规定的软件企业、重点软件企业。具体说明如下：

（1）"一般软件企业——符合条件的软件企业\国家鼓励的软件企业"是指可以享受第一年至第二年免征企业所得税，第三年至第五年按照25%的法定税率减半征收企业所得税优惠政策的符合条件的软件企业。

（2）"一般软件企业——符合规模条件的重点软件企业"是指企业软件产品符合相关规

模条件的规定,可以享受第一年至第五年免征企业所得税、接续年度减按10%的税率征收企业所得税优惠政策的国家鼓励的重点软件企业。

(3)"一般软件企业——符合领域条件的重点软件企业"是指符合相关领域条件的规定,可以享受第一年至第五年免征企业所得税、接续年度减按10%的税率征收企业所得税优惠政策的国家鼓励的重点软件企业。

(4)"一般软件企业——符合出口条件的重点软件企业"是指符合相关出口条件的规定,可以享受第一年至第五年免征企业所得税、接续年度减按10%的税率征收企业所得税优惠政策的国家鼓励的重点软件企业。

(5)"嵌入式或信息系统集成软件产品企业——符合条件的软件企业\国家鼓励的软件企业"是指可以享受第一年至第二年免征企业所得税,第三年至第五年按照25%的法定税率减半征收企业所得税优惠政策的符合条件的软件企业。

(6)"嵌入式或信息系统集成软件产品企业——符合规模条件的重点软件企业"是指企业嵌入式软件产品和信息系统集成产品符合相关规模条件的规定,可以享受第一年至第五年免征企业所得税、接续年度减按10%的税率征收企业所得税优惠政策的国家鼓励的重点软件企业。

(7)"嵌入式或信息系统集成软件产品企业——符合领域条件的重点软件企业"是指企业嵌入式软件产品和信息系统集成产品符合相关领域条件的规定,可以享受第一年至第五年免征企业所得税、接续年度减按10%的税率征收企业所得税优惠政策的国家鼓励的重点软件企业。

(8)"嵌入式或信息系统集成软件产品企业——符合出口条件的重点软件企业"是指企业嵌入式软件产品和信息系统集成产品符合相关出口条件的规定,可以享受第一年至第五年免征企业所得税、接续年度减按10%的税率征收企业所得税优惠政策的国家鼓励的重点软件企业。

"集成电路封装、测试(含封装测试)企业":符合《财政部　国家税务总局　发展改革委　工业和信息化部关于进一步鼓励集成电路产业发展企业所得税政策的通知》(财税〔2015〕6号)、《财政部　税务总局　发展改革委　工业和信息化部关于促进集成电路和软件产业高质量发展企业所得税政策的公告》(财政部　税务总局　发展改革委　工业和信息化部公告2020年第45号)文件规定可以享受企业所得税优惠政策的集成电路封装、测试(含封装测试)企业。

"集成电路材料(含关键专用材料)企业":符合《财政部　国家税务总局　发展改革委　工业和信息化部关于进一步鼓励集成电路产业发展企业所得税政策的通知》(财税〔2015〕6号)、《财政部　税务总局　发展改革委　工业和信息化部关于促进集成电路和软件产业高质量发展企业所得税政策的公告》(财政部　税务总局　发展改革委　工业和信息化部公告2020年第45号)文件规定可以享受企业所得税优惠政策的材料(含集成电路关键专用材料)生产企业。

"集成电路装备(含专用设备)企业":符合《财政部　国家税务总局　发展改革委　工业和信息化部关于进一步鼓励集成电路产业发展企业所得税政策的通知》(财税〔2015〕6号)、《财政部　税务总局　发展改革委　工业和信息化部关于促进集成电路和软件产业高质量发展企业所得税政策的公告》(财政部　税务总局　发展改革委　工业和信息化部公告2020年第45号)文件规定可以享受企业所得税优惠政策的集成电路装备(含专用设备)企业。

"209集成电路生产项目类型":纳税人投资集成电路线宽小于130纳米(含)、集成电路线宽小于65纳米(含)或投资额超过150亿元、线宽小于28纳米(含)的集成电路生产项目,项目符合有关文件规定的税收优惠政策条件,且按照项目享受企业所得税优惠政策的,应填报本项。纳税人投资线宽小于130纳米(含)的集成电路生产项目的,选择"130纳米(含)",投资线宽小于65纳米(含)或投资额超过150亿元的集成电路生产项目的,选择"65纳米";投资线宽小于28纳米(含)的集成电路生产项目的,选择"28纳米";同时投资上述两类以上项目的,可同时选择。

纳税人既符合"208软件、集成电路企业类型"项目又符合"209集成电路生产项目类型"项目填报条件的,应当同时填报。

"210科技型中小企业":纳税人根据申报所属期年度和申报所属期下一年度取得的科技型中小企业入库登记编号情况,填报本项目下的"210-1""210-2""210-3""210-4"。例如,纳税人在进行2018年度企业所得税汇算清缴纳税申报时,"210-1____(申报所属期年度)入库编号"首先应当填列"2018(申报所属期年度)入库编号","210-3____(所属期下一年度)入库编号"首先应当填列"2019(所属期下一年度)入库编号"。若纳税人在2018年1月1日至2018年12月31日取得科技型中小企业入库登记编号的,将相应的"编号"及"入库时间"分别填入"210-1"和"210-2"项目中;若纳税人在2019年1月1日至2018年度汇算清缴纳税申报日之间取得科技型中小企业入库登记编号的,将相应的"编号"及"入库时间"分别填入"210-3"和"210-4"项目中。纳税人符合上述填报要求的,无论是否享受企业所得税优惠政策,均应填报本项。

"211高新技术企业申报所属期年度有效的高新技术企业证书":纳税人根据申报所属期年度拥有的有效期内的高新技术企业证书情况,填报本项目下的"211-1""211-2""211-3""211-4"。在申报所属期年度,如企业同时拥有两个高新技术企业证书,则两个证书情况均应填报。例如,纳税人2015年10月取得高新技术企业证书,有效期3年,2018年再次参加认定并于2018年11月取得新高新技术企业证书,纳税人在进行2018年度企业所得税汇算清缴纳税申报时,应将两个证书的"编号"及"发证时间"分别填入"211-1""211-2""211-3""211-4"项目中。纳税人符合上述填报要求的,无论是否享受企业所得税优惠政策,均应填报本项。

"212重组事项税务处理方式":纳税人在申报所属期年度发生重组事项的,应填报本项。纳税人重组事项按一般性税务处理的,选择"一般性";重组事项按特殊性税务处理的,选择"特殊性"。

"213重组交易类型"和"214重组当事方类型":填报"212重组事项税务处理方式"的纳税人,应当同时填报"213重组交易类型"和"214重组当事方类型"。纳税人根据重组情况从《重组交易类型和当事方类型代码表》中选择相应代码分别填入对应项目中。重组交易类型和当事方类型根据《财政部 国家税务总局关于企业重组业务企业所得税处理若干问题的通知》(财税〔2009〕59号)、《财政部 国家税务总局关于促进企业重组有关企业所得税处理问题的通知》(财税〔2014〕109号)、《国家税务总局关于企业重组业务企业所得税征收管理若干问题的公告》(国家税务总局公告2015年第48号发布,国家税务总局公告2018年第31号修改)等文件规定判断。

"215 政策性搬迁开始时间":纳税人发生政策性搬迁事项且申报所属期年度处在搬迁期内的,填报政策性搬迁开始的时间。

"216 发生政策性搬迁且停止生产经营无所得年度":纳税人的申报所属期年度处于政策性搬迁期内,且停止生产经营无所得的,选择"是"。

表 2-1-7　　　　　　　　重组交易类型和当事方类型代码表

重组交易		重组当事方	
代码	类型	代码	类型
100	法律形式改变	—	—
200	债务重组	210	债务人
		220	债权人
300	股权收购	310	收购方
		320	转让方
		330	被收购企业
400	资产收购	410	收购方
		420	转让方
500	合并	510	合并企业
		520	被合并企业
		530	被合并企业股东
600	分立	610	分立企业
		620	被分立企业
		630	被分立企业股东

"217 政策性搬迁损失分期扣除年度":纳税人发生政策性搬迁事项出现搬迁损失,按照《企业政策性搬迁所得税管理办法》(国家税务总局公告 2012 年第 40 号发布)等有关规定选择自搬迁完成年度起分 3 个年度均匀在税前扣除的,且申报所属期年度处在分期扣除期间的,选择"是"。

"218 发生非货币性资产对外投资递延纳税事项":纳税人在申报所属期年度发生非货币性资产对外投资递延纳税事项的,选择"是"。

"219 非货币性资产对外投资转让所得递延纳税年度":纳税人以非货币性资产对外投资确认的非货币性资产转让所得,按照《财政部　国家税务总局关于非货币性资产投资企业所得税政策问题的通知》(财税〔2014〕116 号)、《国家税务总局关于非货币性资产投资企业所得税有关征管问题的公告》(国家税务总局公告 2015 年第 33 号)等文件规定,在不超过 5 年期限内分期均匀计入相应年度的应纳税所得额的,且申报所属期年度处在递延纳税期间的,选择"是"。

"220 发生技术成果投资入股递延纳税事项":纳税人在申报所属期年度发生技术入股递延纳税事项的,选择"是"。

"221 技术成果投资入股递延纳税年度":纳税人发生技术入股事项,按照《财政部　国家税务总局关于完善股权激励和技术入股有关所得税政策的通知》(财税〔2016〕101 号)、《国家税务总局关于股权激励和技术入股所得税征管问题的公告》(国家税务总局公告 2016 年第 62 号)等文件规定选择适用递延纳税政策,即在投资入股当期暂不纳税,递延至转让股权时按股权转让收入减去技术成果原值和合理税费后的差额计算缴纳所得税的,且申报所属期年度为转让股权年度的,选择"是"。

"222 发生资产(股权)划转特殊性税务处理事项":纳税人在申报所属期年度发生《财政部 国家税务总局关于促进企业重组有关企业所得税处理问题的通知》(财税〔2014〕109号)、《国家税务总局关于资产(股权)划转企业所得税征管问题的公告》(国家税务总局公告2015年第40号)等文件规定的资产(股权)划转特殊性税务处理事项的,选择"是"。

"223 债务重组所得递延纳税年度":纳税人债务重组确认的应纳税所得额按照《财政部 国家税务总局关于企业重组业务企业所得税处理若干问题的通知》(财税〔2009〕59号)、《财政部 国家税务总局关于促进企业重组有关企业所得税处理问题的通知》(财税〔2014〕109号)等文件规定,在5个纳税年度的期间内,均匀计入各年度的应纳税所得额的,且申报所属期年度处在递延纳税期间的,选择"是"。

(三) 主要股东及分红情况

该部分对一般企业为必填项目,对小型微利企业为免填项目。

表 2-1-8　　　　企业所得税年度纳税申报基础信息表(A000000)(局部)

主要股东及分红情况(必填项目)					
股东名称	证件种类	证件号码	投资比例(%)	当年(决议日)分配的股息、红利等权益性投资收益金额	国籍(注册地址)
其余股东合计	—	—			

纳税人填报本企业投资比例位列前10位的股东情况。包括股东名称,证件种类(营业执照、税务登记证、组织机构代码证、身份证、护照等),证件号码(统一社会信用代码、纳税人识别号、组织机构代码号、身份证号、护照号等),投资比例,当年(决议日)分配的股息、红利等权益性投资收益金额,国籍(注册地址)。纳税人股东数量超过10位的,应将其余股东有关数据合计后填入"其余股东合计"行次。纳税人股东为非居民企业的,证件种类和证件号码可不填报。

一般建议,若企业年度中间股东变更,年报申报时之填报年末股东情况,若年中股东变更前后均有分红,将已不是股东的原股东分红情况填列在"其余股东合计"栏目中。

三、常见涉税风险

纳税人必须根据企业实际情况准确填报和勾选企业所得税年度纳税申报基础信息表

中每一项企业发生的内容,以确保后续填报中能准确对应相应附表和不同的填报逻辑。

注:资产总额和从业人数关系到小型微利企业享受减免所得税政策,纳税人应准确填报。

四、申报表填报案例解析

【案例 2-1】 A 公司为非上市公司,全面平均资产总额 2 000 万元,平均从业人数为 160 人,所属行业为其他专用仪器制造,明细代码为 4029。企业适用一般企业会计准则,尚未采用最新的财务报表格式。该公司为汇总纳税企业,名下有 B、C、D 三家分支机构,分别在北京、深圳、长沙。主要股东为小明、小李、小王、小张四人,为中国公民。

【解析】 A 公司基础信息表填报情况如表 2-1-9 所示。

表 2-1-9 企业所得税年度纳税申报基础信息表(A000000)

基本经营情况(必填项目)				
101 纳税申报企业类型(填写代码)		210	102 分支机构就地纳税比例(%)	50
103 资产总额(填写平均值,单位:万元)		2000	104 从业人数(填写平均值,单位:人)	160
105 所属国民经济行业(填写代码)		4029	106 从事国家限制或禁止行业	□是 ☑否
107 适用会计准则或会计制度(填写代码)		110	108 采用一般企业财务报表格式(2019年版)	□是 ☑否
109 小型微利企业		□是 □否	110 上市公司	是(□境内 □境外)□否
有关涉税事项情况(存在或者发生下列事项时必填)				
201 从事股权投资业务		□是	202 存在境外关联交易	□是
203 境外所得信息	203-1 选择采用的境外所得抵免方式		□分国(地区)不分项 □不分国(地区)不分项	
	203-2 海南自由贸易港新增境外直接投资信息		□是(产业类别:□旅游业 □现代服务业 □高新技术产业)	
204 有限合伙制创业投资企业的法人合伙人		□是	205 创业投资企业	□是
206 技术先进型服务企业类型(填写代码)			207 非营利组织	□是
208 软件、集成电路企业类型(填写代码)			209 集成电路生产项目类型	□130 纳米 □65 纳米 □28 纳米
210 科技型中小企业	210-1 __年(申报所属期年度)入库编号 1		210-2 入库时间 1	
	210-3 __年(所属期下一年度)入库编号 2		210-4 入库时间 2	
211 高新技术企业申报所属期年度有效的高新技术企业证书	211-1 证书编号 1		211-2 发证时间 1	
	211-3 证书编号 2		211-4 发证时间 2	
212 重组事项税务处理方式		□一般性 □特殊性	213 重组交易类型(填写代码)	
214 重组当事方类型(填写代码)			215 政策性搬迁开始时间	__年__月
216 发生政策性搬迁且停止生产经营无所得年度		□是	217 政策性搬迁损失分期扣除年度	□是
218 发生非货币性资产对外投资递延纳税事项		□是	219 非货币性资产对外投资转让所得递延纳税年度	□是
220 发生技术成果投资入股递延纳税事项		□是	221 技术成果投资入股递延纳税年度	□是
222 发生资产(股权)划转特殊性税务处理事项		□是	223 债务重组所得递延纳税年度	□是

(续表)

主要股东及分红情况(必填项目)					
股东名称	证件种类	证件号码	投资比例(%)	当年(决议日)分配的股息、红利等权益性投资收益金额	国籍(注册地址)
小明	身份证	11111111111111	40		中国
小李	身份证	22222222222222	30		中国
小王	身份证	33333333333333	20		中国
小张	身份证	44444444444444	10		中国
其余股东合计	—	—	100		—

第二节 主表填报解析

《中华人民共和国企业所得税年度纳税申报表》(A100000)作为主表,是纳税人在一个纳税年度内企业所得税纳税贡献的最终展现,在目前的企业所得税A类年报申报体系中,主表既是36张申报附表的集中体现,又是纳税人填报年度申报的基础,也是整个企业所得税年度申报的核心。

一、相关规定

《企业所得税法》第五条规定,企业每一纳税年度的收入总额,减除不征税收入、免税收入、各项扣除以及允许弥补的以前年度亏损后的余额,为应纳税所得额。

《企业所得税法》第二十二条规定,企业的应纳税所得额乘以适用税率,减除依照本法关于税收优惠的规定减免和抵免的税额后的余额,为应纳税额。

《企业所得税法实施条例》第七十六条规定,企业所得税法第二十二条规定的应纳税额的计算公式为:

$$应纳税额 = 应纳税所得额 \times 适用税率 - 减免税额 - 抵免税额$$

公式中的减免税额和抵免税额,是指依照企业所得税法和国务院的税收优惠规定减征、免征和抵免的应纳税额。

《国家税务总局关于修订企业所得税年度纳税申报表有关问题的公告》(国家税务总局公告2019年第41号)规定,纳税人应当根据《企业所得税法》及其实施条例、相关税收政策,以及国家统一会计制度(企业会计准则、小企业会计准则、企业会计制度、事业单位会计准则和民间非营利组织会计制度等)的规定,计算填报利润总额、应纳税所得额和应纳税额等有关项目。纳税人在计算企业所得税应纳税所得额及应纳税额时,会计处理与税收规定不一致的,应当按照税收规定计算。税收规定不明确的,在没有明确规定之前,暂按国家统一会计制度计算。

二、申报表填报重点关注

主表是在纳税人会计利润总额的基础上,采用间接计算法,加减纳税调整等金额后计算出"纳税调整后所得"。会计与税法的差异(包括收入类、扣除类、资产类等差异)通过《纳税调整项目明细表》(A105000)集中填报,最终形成纳税人该年度企业所得税应纳税额。

(一) 利润总额的计算填报

表2-2-1 中华人民共和国企业所得税年度纳税申报表(A类)(A100000)(局部)

行次	类别	项 目	金 额
1	利润总额计算	一、营业收入(填写 A101010\101020\103000)	
2		减:营业成本(填写 A102010\102020\103000)	
3		减:税金及附加	
4		减:销售费用(填写 A104000)	
5		减:管理费用(填写 A104000)	
6		减:财务费用(填写 A104000)	
7		减:资产减值损失	
8		加:公允价值变动收益	
9		加:投资收益	
10		二、营业利润(1-2-3-4-5-6-7+8+9)	
11		加:营业外收入(填写 A101010\101020\103000)	
12		减:营业外支出(填写 A102010\102020\103000)	
13		三、利润总额(10+11-12)	

1. 整体填报要求

"利润总额计算"中的项目,按照国家统一会计制度规定计算填报。实行企业会计准则、小企业会计准则、企业会计制度、分行业会计制度的纳税人,其数据直接取自《利润表》(另有说明的除外);实行事业单位会计准则的纳税人,其数据取自《收入支出表》;实行民间非营利组织会计制度的纳税人,其数据取自《业务活动表》;实行其他国家统一会计制度的纳税人,根据本表项目进行分析填报。

第1~13行参照国家统一会计制度规定填写。本部分未设"研发费用""其他收益""资产处置收益"等项目,对于已执行《财政部关于修订印发2019年度一般企业财务报表格式的通知》(财会〔2019〕6号)的纳税人,在《利润表》中归集的"研发费用"通过《期间费用明细表》(A104000)第19行"十九、研究费用"的管理费用相应列次填报;在《利润表》中归集的"其他收益""资产处置收益""信用减值损失""净敞口套期收益"项目则无需填报,同时第10行"二、营业利润"不执行"第10行=第1-2-3-4-5-6-7+8+9行"的表内关系,按照《利润表》"营业利润"项目直接填报。

2. 直接填报项目

第3行"税金及附加":填报纳税人经营活动发生的消费税、城市维护建设税、资源税、土地增值税和教育费附加等相关税费。本行根据纳税人相关会计科目填报。纳税人在其他会计科目核算的税金不得重复填报。

第7行"资产减值损失":填报纳税人计提各项资产准备发生的减值损失。本行根据企业"资产减值损失"科目上的数额填报。实行其他会计制度的比照填报。

第8行"公允价值变动收益":填报纳税人在初始确认时划分为以公允价值计量且其变动计入当期损益的金融资产或金融负债(包括交易性金融资产或负债,直接指定为以公允价值计量且其变动计入当期损益的金融资产或金融负债),以及采用公允价值模式计量的投资性房地产、衍生工具和套期业务中公允价值变动形成的应计入当期损益的利得或损失。本行根据企业"公允价值变动损益"科目的数额填报,损失以"－"号填列。

第9行"投资收益":填报纳税人以各种方式对外投资所取得的收益或发生的损失。根据企业"投资收益"科目的数额计算填报,实行事业单位会计准则的纳税人根据"其他收入"科目中的投资收益金额分析填报,损失以"－"号填列。实行其他会计制度的纳税人比照填报。

第10行"营业利润":填报纳税人当期的营业利润。根据上述项目和表间的逻辑规则计算填报。已执行《财政部关于修订印发2019年度一般企业财务报表格式的通知》(财会〔2019〕6号)和《财政部关于修订印发2018年度金融企业财务报表格式的通知》(财会〔2018〕36号)的纳税人,根据《利润表》对应项目填列,不执行本行计算规则。

第13行"利润总额"为此部分最终填报项目,根据第1～12行项目计算填报。

3. 归集填报项目

指需要结合利润表和附表填报数分析填列的项目。

第1行"营业收入":填报纳税人主要经营业务和其他经营业务取得的收入总额。一般企业纳税人可根据表A101010第1行取数,包括主营业务收入和其他业务收入。金融企业纳税人可根据表A101020第1行取数,包括主营业务收入、汇兑收益和其他业务收入;金融企业根据其主营业务的不同,主营业务收入有所区别,分别是银行业务收入、证券业务收入、已赚保费、其他金融业务收入等。事业单位纳税人可根据表A103000第2＋3＋4＋5＋6行取数,包括财政补助收入、事业收入、上级补助收入、附属单位上缴收入和经营收入;民间非营利组织纳税人可根据表A103000第11＋12＋13＋14＋15行取数,包括接受捐赠收入、会费收入、提供劳务收入、商品销售收入和政府补助收入。

第2行"营业成本":填报纳税人主要经营业务和其他经营业务发生的成本总额。一般企业纳税人根据《一般企业成本支出明细表》(A102010)填报;可根据表A102010第1行取数,包括主营业务成本和其他业务成本。金融企业纳税人根据《金融企业支出明细表》(A102020)填报,可根据表A102010第1行取数,包括主营业务成本和其他业务成本。企融企业纳税人根据其主营业务的不同,主营业务成本也有所区别,分别是银行业务支出、证券业务支出、保险业务支出、其他金融业务支出等。事业单位、社会团体、民办非企业单位、非营利组织等纳税人,根据《事业单位、民间非营利组织收入、支出明细表》(A103000)填报。

事业单位纳税人可根据表A103000第19＋20＋21＋22行取数,包括事业支出、上缴上级支出、对附属单位补助支出和经营支出;民间非营利组织纳税人可根据表A103000第25＋26＋27行取数,包括业务活动成本、管理费用和筹资费用。

第4行"销售费用":填报纳税人在销售商品和材料、提供劳务的过程中发生的各种费用,纳税人可根据表A104000第26行第1列取数。

第5行"管理费用":填报纳税人在销售商品和材料、提供劳务的过程中发生的各种费用。本行根据《期间费用明细表》(A104000)中对应的"销售费用"填报,根据A104000第26行第3列取数。

第6行"财务费用":报纳税人为筹集生产经营所需资金等发生的筹资费用。本行根据《期间费用明细表》(A104000)中对应的"财务费用"填报。可根据表A104000第26行第5列取数。

第11行"营业外收入":填报纳税人取得的与其经营活动无直接关系的各项收入的金额。一般企业纳税人根据《一般企业收入明细表》(A101010)填报,根据表A101010第16行取数。金融企业纳税人根据《金融企业收入明细表》(A101020)填报,根据表A101020第35行取数。实行事业单位会计准则或民间非营利组织会计制度的纳税人根据《事业单位、民间非营利组织收入、支出明细表》(A103000)填报,事业单位纳税人可根据表A103000第9行取数,民间非营利组织纳税人可根据表A103000第17行取数。

第12行"营业外支出":填报纳税人发生的与其经营活动无直接关系的各项支出的金额。一般企业纳税人根据《一般企业成本支出明细表》(A102010)填报,根据表A102010第16行取数。金融企业纳税人根据《金融企业支出明细表》(A102020)填报,根据表A102020第33行取数。实行事业单位会计准则或民间非营利组织会计制度的纳税人根据《事业单位、民间非营利组织收入、支出明细表》(A103000)填报,事业单位纳税人可根据表A103000第23行取数,民间非营利组织纳税人可根据表A103000第28行取数。

(二) 应纳税所得额的计算填报

纳税人在填报得出利润总额后,便需在利润总额的基础上通过间接法计算得出应纳税所得额,计算时分两部分:一是对利润总额进行纳税调整,计算纳税调整后所得;二是从纳税调整后所得中减去所得减免额、以前年度亏损、应纳税所得额抵扣额,从而计算得出应纳税所得额。

表2-2-2　中华人民共和国企业所得税年度纳税申报表(A类)(A100000)(局部)

行次	类别	项　　　目	金　　额
13		三、利润总额(10＋11－12)	
14	应纳税所得额计算	减:境外所得(填写A108010)	
15		加:纳税调整增加额(填写A105000)	
16		减:纳税调整减少额(填写A105000)	
17		减:免税、减计收入及加计扣除(填写A107010)	
18		加:境外应税所得抵减境内亏损(填写A108000)	
19		四、纳税调整后所得(13－14＋15－16－17＋18)	
20		减:所得减免(填写A107020)	

(续表)

行次	类别	项目	金额
21	应纳税所得额计算	减：弥补以前年度亏损(填写A106000)	
22		减：抵扣应纳税所得额(填写A107030)	
23		五、应纳税所得额(19－20－21－22)	

1. 纳税调整后所得的填报

1) 税会差异调整

主要包括第15行"加：纳税调整增加额(填写A105000)"和第16行"减：纳税调整减少额(填写A105000)"两个项目。

第15行"纳税调整增加额"：填报纳税人会计处理与税收规定不一致，进行纳税调整增加的金额。本行根据《纳税调整项目明细表》(A105000)第46行第3列"调增金额"填报。

第16行"纳税调整减少额"：填报纳税人会计处理与税收规定不一致，进行纳税调整减少的金额。本行根据《纳税调整项目明细表》(A105000)第46行第4列"调减金额"填报。

2) 税基优惠调整

第17行"免税、减计收入及加计扣除"：填报属于税收规定免税收入、减计收入、加计扣除金额。本行根据《免税、减计收入及加计扣除优惠明细表》(A107010)填报，即只反映三类税基优惠的纳税调整事项，以表A107010第31行的"合计"数进行填报。

3) 境外所得调整

第14行"境外所得"：填报已计入利润总额以及按照税法相关规定已在《纳税调整项目明细表》(A105000)进行纳税调整的境外所得金额。本行根据《境外所得纳税调整后所得明细表》(A108010)第14列合计－第11列合计填报。

第18行"境外应税所得抵减境内亏损"：当纳税人选择不用境外所得抵减境内亏损时，填报0；当纳税人选择用境外所得抵减境内亏损时，填报境外所得抵减当年度境内亏损的金额。用境外所得弥补以前年度境内亏损的，还需填报《企业所得税弥补亏损明细表》(A106000)和《境外所得税收抵免明细表》(A108000)。

在进行了上述的三项调整填报后，最终计算得出第19行"纳税调整后所得(13－14＋15－16－17＋18)"。纳税调整后所得是企业所得税意义上企业盈亏的标志，弥补以前年度亏损以纳税调整后所得为基础。

2. 应纳税所得额的填报

根据纳税调整后所得计算应纳税所得额，涉及三项调整，即减去所得减免额、减去以前年度亏损弥补额、减去可抵扣应纳税所得额。

1) 减去所得减免额

第20行"所得减免"：填报属于税收规定的所得减免金额。本行根据《所得减免优惠明细表》(A107020)填报。第20行：当第19行≤0时，第20行＝0；当第19行＞0时，具体分为两种情形：

第一种情形为第19行≥表A107020合计行第11列，则第20行＝表A107020合计行第11列；第二种情形为第19行＜表A107020合计行第11列，则第20行＝第19行。

2）减去以前年度亏损

第21行"弥补以前年度亏损"：填报纳税人按照税收规定可在税前弥补的以前年度亏损数额。本行根据《企业所得税弥补亏损明细表》(A106000)填报。金额与表A106000第11行第10列相等。该项目只反映本年度境内所得弥补以前年度境内亏损的数额，不包括用本年度境外所得弥补以前年度境内亏损的数额。

3）减去可抵扣应纳税所得额

第22行"抵扣应纳税所得额"：填报根据税收规定应抵扣的应纳税所得额。本行根据《抵扣应纳税所得额明细表》(A107030)第15行第1列填报。享受该项优惠的主要是创业投资企业和有限合伙制创业投资企业的法人合伙人。

最终根据第19－20－21－22行金额，得出第23行"应纳税所得额"金额，金额为负数的，本行按0填报。

（三）应纳税额的计算填报

主表第三部分为在应纳税所得额的基础上体现应纳税额的计算过程，以及计算得出纳税人在该汇缴年度汇算清缴时应补或应退的所得税额。

表2-2-3　中华人民共和国企业所得税年度纳税申报表(A类)(A100000)(局部)

24	应纳税额计算	税率(25%)	
25		六、应纳所得税额(23×24)	
26		减：减免所得税额(填写A107040)	
27		减：抵免所得税额(填写A107050)	
28		七、应纳税额(25－26－27)	
29		加：境外所得应纳所得税额(填写A108000)	
30		减：境外所得抵免所得税额(填写A108000)	
31		八、实际应纳所得税额(28＋29－30)	
32		减：本年累计实际已缴纳的所得税额	
33		九、本年应补(退)所得税额(31－32)	
34		其中：总机构分摊本年应补(退)所得税额(填写A109000)	
35		财政集中分配本年应补(退)所得税额(填写A109000)	
36		总机构主体生产经营部门分摊本年应补(退)所得税额(填写A109000)	

1．计算填报应纳税额

第24行"税率"：填报税收规定的税率25％。

第25行"应纳所得税额"：填报第23×24行金额。该行是纳税人本年度来源于中国境内的所得在享受税基优惠后、税额优惠(含税率优惠)前的应纳所得税额。

第26行"减免所得税额"：填报纳税人按税收规定实际减免的企业所得税额。本行根据《减免所得税优惠明细表》(A107040)填报，金额等于表A107040第33行。

第27行"抵免所得税额"：填报企业当年的应纳所得税额中抵免的金额。本行根据《税额抵免优惠明细表》(A107050)填报。填报企业本年或前五年度购置用于环境保护、节能节水、安全生产等专用设备投资额的10％在本年度应纳所得税额中抵免的数额，本行根据《税额抵免优惠明细表》(A107050)填报，金额等于表A107050第7行第11列。对照《企业所得税法实施条例》第七十六条应纳税额的计算公式,这里抵免的仅是境内所得税额。

第28行"应纳税额":填报第25－26－27行金额。含义是纳税人本年度来源于中国境内的所得在享受所有税收优惠后的应纳所得税额,这仅仅是居民企业本年度全部应纳税额的一部分。

2. 计算填报实际应纳所得税额

第29行"境外所得应纳所得税额":填报纳税人来源于中国境外的所得,按照我国税收规定计算的应纳所得税额。本行根据《境外所得税收抵免明细表》(A108000)填报,金额等于表A108000合计行第9列。

第30行"境外所得抵免所得税额":填报纳税人来源于中国境外所得依照中国境外税收法律及相关规定应缴纳并实际缴纳(包括视同已实际缴纳)的企业所得税性质的税款(准予抵免税款)。本行根据《境外所得税收抵免明细表》(A108000)填报。

第31行"实际应纳所得税额":金额等于主表第28行"应纳税额"＋第29行"境外所得应纳所得税额"－第30行"境外所得抵免所得税额"。第31行"实际应纳所得税额"的含义是纳税人本年来源于全球所得的应纳所得税额,这是居民企业本年度全部的应纳税额。其中,跨地区经营企业类型为"分支机构(须进行完整年度申报并按比例纳税)"的纳税人,填报(第28＋29－30行)×"分支机构就地纳税比例"金额。

3. 计算本年应补(退)所得税额

第32行"本年累计实际已缴纳的所得税额":填报纳税人按照税收规定本纳税年度已在月(季)度累计预缴的所得税额,包括按照税收规定的特定业务已预缴(征)的所得税额,建筑企业总机构直接管理的跨地区设立的项目部按规定向项目所在地主管税务机关预缴的所得税额。其中,建筑企业项目预缴的所得税额应在季度申报时在预缴申报主表第14行"减:特定业务预缴(征)所得税额"体现,数据无法带出或者与实际预缴金额不符的,需联系企业所在地税务机关进行人工处理。

第33行"本年应补(退)的所得税额":填报第31－32行金额,是纳税人来源于境内外所得的本年应补(退)的所得税额,也是纳税人作为法人主体在汇算清缴时应补缴或者应退还的当年度企业所得税额。

4. 汇总纳税企业总机构计算分配税款

对于实行汇总纳税管理的企业,其主表第33行"本年应补(退)的所得税额"是其总机构和分支机构本年度应补(退)的所得税额总额,也就是说包括两部分,一部分是总机构本年应补(退)的所得税额,一部分是分支机构本年应补(退)的所得税额。

1) 总机构本年应补(退)的所得税额

总机构本年应补(退)的所得税额包括"总机构分摊本年应补(退)所得税额""财政集中分配本年应补(退)所得税额"和"总机构主体生产经营部门分摊本年应补(退)所得税额"。其中,"总机构分摊本年应补(退)所得税额"就地办理缴库或退库,所缴纳税款收入由中央与总机构所在地按60∶40分享;"财政集中分配本年应补(退)所得税额"全额缴入中央国库或退库,所缴纳税款收入中60%为中央收入,40%由财政部按照规定比例定期向各省市分配;"总机构主体生产经营部门分摊本年应补(退)所得税额"就地办理缴库或退库,所缴纳税款收入由中央与分支机构所在地按60∶40分享。具体来说,包括:

(1) 第 34 行"总机构分摊本年应补(退)所得税额":填报汇总纳税的总机构按照税收规定在总机构所在地分摊本年应补(退)所得税额。本行根据《跨地区经营汇总纳税企业年度分摊企业所得税明细表》(A109000)填报,金额等于表 A109000 第 12＋16 行。由于财预〔2012〕40 号文件规定纳税人来源于中国境外的所得应补征的税款不在总机构和分支机构之间分摊,只由总机构补缴,因此,纳税人来源于中国境外的所得应补征的税款也在本行填报。

(2) 第 35 行"财政集中分配本年应补(退)所得税额":填报汇总纳税的总机构按照税收规定财政集中分配本年应补(退)所得税额,这部分税款也由总机构负责补(退)。本行根据《跨地区经营汇总纳税企业年度分摊企业所得税明细表》(A109000)填报,金额等于表 A109000 第 13 行。

(3) 第 36 行"总机构主体生产经营部门分摊本年应补(退)所得税额":填报汇总纳税的总机构所属的具有主体生产经营职能的部门按照税收规定应分摊的本年应补(退)所得税额。本行根据《跨地区经营汇总纳税企业年度分摊企业所得税明细表》(A109000)填报,金额等于表 A109000 第 15 行。《国家税务总局关于印发〈跨地区经营汇总纳税企业所得税征收管理办法〉的公告》(国家税务总局公告 2012 年第 57 号)第十六条规定,实行跨地区经营汇总纳税企业总机构设立具有主体生产经营职能的部门(不属于该公告第四条规定的领取非法人营业执照或登记证书的二级分支机构),且该部门的营业收入、职工薪酬和资产总额与管理职能部门分开核算的,可将该部门视同一个二级分支机构,按规定参与本年应补(退)所得税额的计算分摊并就地缴纳企业所得税。具有主体生产经营职能的部门与总机构一般在同一地,其分摊的本年应补(退)所得税额由总机构负责补(退)。

2) 分支机构本年应补(退)的所得税额

分支机构本年应补(退)的所得税额不在主表体现,而是通过表 A109000 第 14 行"(三)分支机构分摊本年应补(退)的所得税额"体现,最终通过《企业所得税汇总纳税分支机构所得税分配表》(A109010)体现为各个分支机构各自的应补(退)的分配所得税额。

三、常见涉税风险

对于主表中的直接填报项目,纳税人应根据财务申报信息和申报表填报规则准确填报;对于由附表填报后自动生成的数据,纳税人应准确填报相应附表。

四、申报表填报案例解析

【案例 2-2】 A 公司为长沙的汇总纳税企业,名下有两家分支机构分别位于武汉和北京,总机构不承担生产经营职能。该企业 2020 年营业收入 6 000 万元,营业成本 3 000 万元,税金及附加 10 万元,销售费用、管理费用、财务费用分别为 500 万元、1 000 万元、30 万元,资产减值损失和公允价值变动损益为 0,投资收益 16 万元,皆为国债利息收入,营业外收入 100 万元,营业外支出 5 万元,纳税调增 200 万元,纳税调减 100 万元,免税、减计收入及加计扣除 250 万元,弥补以前年度亏损 100 万元。A 公司 2020 年已按季度预缴企业所得税 30 万元,除此外 A 公司未发生适用其他优惠政策的税收事项。

【解析】 A公司2020年企业所得税年度纳税申报表填报如表2-2-4所示。

表2-2-4　中华人民共和国企业所得税年度纳税申报表(A类)(A100000)(局部)　　　　单位:元

行次	类别	项目	金额
1	利润总额计算	一、营业收入(填写A101010\101020\103000)	60 000 000
2		减:营业成本(填写A102010\102020\103000)	30 000 000
3		减:税金及附加	100 000
4		减:销售费用(填写A104000)	5 000 000
5		减:管理费用(填写A104000)	10 000 000
6		减:财务费用(填写A104000)	300 000
7		减:资产减值损失	0
8		加:公允价值变动收益	0
9		加:投资收益	160 000
10		二、营业利润(1-2-3-4-5-6-7+8+9)	14 760 000
11		加:营业外收入(填写A101010\101020\103000)	1 000 000
12		减:营业外支出(填写A102010\102020\103000)	50 000
13		三、利润总额(10+11-12)	15 710 000
14	应纳税所得额计算	减:境外所得(填写A108010)	0
15		加:纳税调整增加额(填写A105000)	2 000 000
16		减:纳税调整减少额(填写A105000)	1 000 000
17		减:免税、减计收入及加计扣除(填写A107010)	2 500 000
18		加:境外应税所得抵减境内亏损(填写A108000)	0
19		四、纳税调整后所得(13-14+15-16-17+18)	14 210 000
20		减:所得减免(填写A107020)	0
21		减:弥补以前年度亏损(填写A106000)	1 000 000
22		减:抵扣应纳税所得额(填写A107030)	0
23		五、应纳税所得额(19-20-21-22)	13 210 000
24		税率(25%)	
25		六、应纳所得税额(23×24)	3 302 500
26	应纳税额计算	减:减免所得税额(填写A107040)	0
27		减:抵免所得税额(填写A107050)	0
28		七、应纳税额(25-26-27)	3 302 500
29		加:境外所得应纳所得税额(填写A108000)	0
30		减:境外所得抵免所得税额(填写A108000)	0
31		八、实际应纳所得税额(28+29-30)	3 302 500
32		减:本年累计实际已缴纳的所得税额	300 000
33		九、本年应补(退)所得税额(31-32)	3 002 500
34		其中:总机构分摊本年应补(退)所得税额(填写A109000)	750 625
35		财政集中分配本年应补(退)所得税额(填写A109000)	750 625
36		总机构主体生产经营部门分摊本年应补(退)所得税额(填写A109000)	0

第三节 纳税调整项目明细表填报解析

《纳税调整项目明细表》(A105000)归集了12张二级附表,包括收入类纳税调整、扣除类纳税调整、资产类纳税调整、特殊事项纳税调整、特别纳税调整,以及其他类调整六大类,本节主要对前五类调整进行解析,且由于后面章节将对各调整事项进行专门讲解,本节的解析以原则性提示为主。

一、相关规定

纳税人应根据税法、相关税收规定及国家统一会计制度的规定,填报企业所得税涉税事项的会计处理、税务处理,以及纳税调整情况。

二、申报表填报重点关注

纳税人按照"收入类调整项目""扣除类调整项目""资产类调整项目""特殊事项调整项目""特别纳税调整应税所得""其他"六类分项填报,汇总计算出纳税"调增金额"和"调减金额"的合计金额。数据栏分别设置"账载金额""税收金额""调增金额""调减金额"四个栏次。"账载金额"是指纳税人按照国家统一会计制度规定核算的项目金额。"税收金额"是指纳税人按照税收规定计算的项目金额。对需填报下级明细表的纳税调整项目,其"账载金额""税收金额""调增金额""调减金额"根据相应附表进行计算填报。

(一)收入类纳税调整

表 2-3-1　　　　　　　纳税调整项目明细表(A105000)(局部)

行次	项目	账载金额	税收金额	调增金额	调减金额
		1	2	3	4
1	一、收入类调整项目(2+3+…+8+10+11)	*	*		
2	(一)视同销售收入(填写 A105010)	*			*
3	(二)未按权责发生制原则确认的收入(填写 A105020)				
4	(三)投资收益(填写 A105030)				
5	(四)按权益法核算长期股权投资对初始投资成本调整确认收益	*	*	*	
6	(五)交易性金融资产初始投资调整	*	*		*
7	(六)公允价值变动净损益		*		
8	(七)不征税收入	*	*		
9	其中:专项用途财政性资金(填写 A105040)	*	*		
10	(八)销售折扣、折让和退回				
11	(九)其他				

第1行"一、收入类调整项目":根据第2行至第11行(不含第9行)进行填报。

第2行"(一)视同销售收入":根据《视同销售和房地产开发企业特定业务纳税调整明细表》(A105010)填报。第2列"税收金额"填报表A105010第1行第1列金额。第3列"调增金额"填报表A105010第1行第2列金额。

注:税收上规定,企业将资产移送他人,包括用于市场推广或销售,用于交际应酬,用于职工奖励或福利,用于股息分配,用于对外捐赠,其他改变资产所有权属的用途等,因资产所有权属已发生改变而不属于内部处置资产,应按规定视同销售确定收入,除另有规定外,应按照被移送资产的公允价值确定销售收入。企业向境内公益性社会团体实施的股权捐赠,应按规定视同转让股权,股权转让收入额以企业所捐赠股权取得时的历史成本确定。会计上根据资产移送、处置情形的不同,采用不同的方法核算。一是会计处理与税法一致,会计上也核算确认为销售收入,如用于股息分配的资产。二是会计上不做销售处理,直接按账面价值结转,如用于职工奖励或福利、用于交际应酬的资产。第二种处理方法会计与税法上会产生差异,需通过《视同销售和房地产开发企业特定业务纳税调整明细表》(A105010)来进行纳税调整。

第3行"(二)未按权责发生制原则确认的收入":根据《未按权责发生制确认收入纳税调整明细表》(A105020)填报。第1列"账载金额"填报表A105020第14行第2列金额。第2列"税收金额"填报表A105020第14行第4列金额。若表A105020第14行第6列≥0,第3列"调增金额"填报表A105020第14行第6列金额。若表A105020第14行第6列<0,第4列"调减金额"填报表A105020第14行第6列金额的绝对值。

注:企业所得税对收入、费用的判断与会计基本保持一致,也是权责发生制,但是也有特殊的约定,常见的就是企业租金收入、利息收入及特许权使用费收入等。税收上租金收入、利息收入、特许权使用费收入按合同约定应付款项日期确认。会计核算按权责发生制,税收上未按权责发生制原则确认的收入则涉及纳税调整,需要通过填报表A105020来反映,再将合计金额填报至表A105000第3行。

第4行"(三)投资收益":根据《投资收益纳税调整明细表》(A105030)填报。第1列"账载金额"填报表A105030第10行第1+8列的合计金额。第2列"税收金额"填报表A105030第10行第2+9列的合计金额。若表A105030第10行第11列≥0,第3列"调增金额"填报表A105030第10行第11列金额。若表A105030第10行第11列<0,第4列"调减金额"填报表A105030第10行第11列金额的绝对值。

注:投资收益纳税调整事项是企业对外投资持有和处置过程中产生的收益由于税务处理和会计处理差异而形成的纳税调整事项。之所以产生税会差异,是因为投资的计税基础和会计账面价值存在差异。企业会计核算采用《企业会计准则》和《小企业会计准则》也会有差异。

第5行"(四)按权益法核算长期股权投资对初始投资成本调整确认收益":第4列"调减金额"填报纳税人采取权益法核算,初始投资成本小于取得投资时应享有被投资单位可辨认净资产公允价值份额的差额计入取得投资当期营业外收入的金额。

注:《企业会计准则第2号——长期股权投资》第十条规定,长期股权投资的初始投资成本小于投资时应享有被投资单位可辨认净资产公允价值份额的,其差额应当计入当期损

益,同时调整长期股权投资的成本。税收上,《企业所得税法实施条例》第七十一条规定,通过支付现金方式取得的投资资产,以购买价款为成本;通过支付现金以外的方式取得的投资资产,以该资产的公允价值和支付的相关税费为成本。因此,会计上计入营业外收入的当期损益,在税收上不确认为收入。

第6行"(五)交易性金融资产初始投资调整":第3列"调增金额"填报纳税人根据税收规定确认交易性金融资产初始投资金额与会计核算的交易性金融资产初始投资账面价值的差额。

注:《企业会计准则第22号——金融工具确认和计量》第三十三条规定,企业初始确认金融资产或金融负债,应当按照公允价值计量。对于以公允价值计量且其变动计入当期损益的金融资产和金融负债,相关交易费用应当直接计入当期损益。而税收上以实际支付的全部价款作为初始成本,包括买价和交易费。

第7行"(六)公允价值变动净损益":第1列"账载金额"填报纳税人会计核算的以公允价值计量的金融资产、金融负债以及投资性房地产类项目,计入当期损益的公允价值变动金额。若第1列≤0,第3列"调增金额"填报第1列金额的绝对值。若第1列＞0,第4列"调减金额"填报第1列金额。

注:《企业所得税法实施条例》第五十六条规定,企业持有各项资产期间资产增值或者减值,除国务院财政、税务主管部门规定可以确认损益外,不得调整该资产的计税基础。即税收上不认可会计上的公允价值变动,汇缴时应进行纳税调整。

第8行"(七)不征税收入":填报纳税人计入收入总额但属于税收规定不征税的财政拨款、依法收取并纳入财政管理的行政事业性收费,以及政府性基金和国务院规定的其他不征税收入。第3列"调增金额"填报纳税人以前年度取得财政性资金且已作为不征税收入处理,在5年(60个月)内未发生支出且未缴回财政部门或其他拨付资金的政府部门,应计入应税收入额的金额。第4列"调减金额"填报符合税收规定不征税收入条件并作为不征税收入处理,且已计入当期损益的金额。

第9行"专项用途财政性资金":根据《专项用途财政性资金纳税调整明细表》(A105040)填报。第3列"调增金额"填报表A105040第7行第14列金额。第4列"调减金额"填报表A105040第7行第4列金额。

注:税收上满足条件的专项用途财政性资金可做不征税收入处理,会计上确认为递延收益等,需要进行纳税调整。

第10行"(八)销售折扣、折让和退回":填报不符合税收规定的销售折扣、折让应进行纳税调整的金额和发生的销售退回因会计处理与税收规定有差异需纳税调整的金额。第1列"账载金额"填报纳税人会计核算的销售折扣、折让金额和销货退回的追溯处理的净调整额。第2列"税收金额"填报根据税收规定可以税前扣除的折扣、折让的金额和销货退回业务影响当期损益的金额。若第1列≥第2列,第3列"调增金额"填报第1-2列金额。若第1列＜第2列,第4列"调减金额"填报第1-2列金额的绝对值,第4列仅为销货退回影响损益的跨期时间性差异。

注:以销售退回为例,根据《国家税务总局关于确认企业所得税收入若干问题的通知》(国税函〔2008〕875号)的规定,发生在下一年度的销售退回无论会计怎么处理,税务处理都

是在发生当期确认冲减收入。会计处理要按照《企业会计准则第29号——资产负债表日后事项》区分是否属于资产负债日后事项,如果会计处理属于资产负债表日后事项的,会计处理需要调整上年度财务报表,而税务处理则是确认在发生年度,两者存在时间上的差异需要进行纳税调整。

第11行"(九)其他":填报其他因会计处理与税收规定有差异需纳税调整的收入类项目金额。若第2列≥第1列,第3列"调增金额"填报第2-1列金额。若第2列<第1列,第4列"调减金额"填报第2-1列金额的绝对值。

注:该项目为兜底填报项目,以上未列明的收入,发生的税会差异事项在该栏目填报。

(二)扣除类纳税调整

表2-3-2　　　　　　纳税调整项目明细表(A105000)(局部)

行次	项目	账载金额	税收金额	调增金额	调减金额
		1	2	3	4
12	二、扣除类调整项目(13+14+…+24+26+27+28+29+30)	*	*		
13	(一)视同销售成本(填写A105010)	*		*	
14	(二)职工薪酬(填写A105050)				
15	(三)业务招待费支出				*
16	(四)广告费和业务宣传费支出(填写A105060)	*	*		
17	(五)捐赠支出(填写A105070)				
18	(六)利息支出				
19	(七)罚金、罚款和被没收财物的损失			*	*
20	(八)税收滞纳金、加收利息				
21	(九)赞助支出			*	*
22	(十)与未实现融资收益相关在当期确认的财务费用				
23	(十一)佣金和手续费支出(保险企业填写A105060)				
24	(十二)不征税收入用于支出所形成的费用	*			*
25	其中:专项用途财政性资金用于支出所形成的费用(填写A105040)	*			*
26	(十三)跨期扣除项目				
27	(十四)与取得收入无关的支出			*	*
28	(十五)境外所得分摊的共同支出	*	*		*
29	(十六)党组织工作经费				
30	(十七)其他				

第12行"二、扣除类调整项目":根据第13行至第30行(不含第25行)填报。

第13行"(一)视同销售成本":根据《视同销售和房地产开发企业特定业务纳税调整明细表》(A105010)填报。第2列"税收金额"填报表A105010第11行第1列金额。第4列"调减金额"填报表A105010第11行第2列的绝对值。

注:发生视同销售业务的纳税人,在填报了视同销售收入时一定要对应进行视同销售成本的填报。

第14行"(二)职工薪酬":根据《职工薪酬支出及纳税调整明细表》(A105050)填报。第1列"账载金额"填报表A105050第13行第1列金额。第2列"税收金额"填报表A105050第13行第5列金额。若表A105050第13行第6列≥0,第3列"调增金额"填报表A105050第13行第6列金额。若表A105050第13行第6列<0,第4列"调减金额"填报表A105050第13行第6列金额的绝对值。

注:一般来说,税收上对于工资、薪金支出税前扣除,一是要求具有合理性,不合理的支出不能税前扣除,合理性具体要求参照《国家税务总局关于企业工资薪金及职工福利费扣除问题的通知》(国税函〔2009〕3号);二是要求实际发放,企业在年度汇算清缴结束前向员工实际支付的已预提汇缴年度工资、薪金,准予在汇缴年度按规定扣除。未在规定时间内发放的工资、薪金支出而且会计上已计提的,则作纳税调整。

第15行"(三)业务招待费支出":第1列"账载金额"填报纳税人会计核算计入当期损益的业务招待费金额。第2列"税收金额"填报按照税收规定允许税前扣除的业务招待费支出的金额。第3列"调增金额"填报第1—2列金额。

第16行"(四)广告费和业务宣传费支出":根据《广告费和业务宣传费等跨年度纳税调整明细表》(A105060)填报。若表A105060第12行第1列≥0,第3列"调增金额"填报表A105060第12行第1列金额。若表A105060第12行第1列<0,第4列"调减金额"填报表A105060第12行第1列金额的绝对值。

注:税收上,一般企业广告费和业务宣传费实行限额扣除,关联企业可以通过分摊协议扣除,烟草企业的烟草广告费和业务宣传费不得扣除,保险企业的佣金和手续费支出也实行限额扣除,而会计上全额进入损益,这些都涉及纳税调整。

第17行"(五)捐赠支出":根据《捐赠支出及纳税调整明细表》(A105070)填报。第1列"账载金额"填报表A105070合计行第1列金额。第2列"税收金额"填报表A105070合计行第4列金额。第3列"调增金额"填报表A105070合计行第5列金额。第4列"调减金额"填报表A105070合计行第6列金额。

注:税收上涉及非公益捐赠、一般性公益捐赠、特殊性公益捐赠(包括符合条件的扶贫捐赠、符合条件的新型冠状病毒感染的疫情捐赠等),对不同种类的捐赠税收上都有不同的规定,这些都可能涉及纳税调整。

第18行"(六)利息支出":第1列"账载金额"填报纳税人向非金融企业借款,会计核算计入当期损益的利息支出的金额。发行永续债的利息支出不在本行填报。第2列"税收金额"填报按照税收规定允许税前扣除的利息支出的金额。若第1列≥第2列,第3列"调增金额"填报第1—2列金额。若第1列<第2列,第4列"调减金额"填报第1—2列金额的绝对值。

注:税收上,非金融企业向非金融企业借款的利息支出,不超过按照金融企业同期同类贷款利率计算的数额的部分,可以理解为有限额的扣除,会计上全额计入损益,涉及纳税调整。还要注意,关联方之间的利息支出未超过按照金融企业同期同类贷款利率计算的数额,因为关联方债权性投资与其权益性投资比例超过规定比例发生的纳税调整,不在此行体现,在第44行"五、特别纳税调整应税所得"填报。

第19行"(七)罚金、罚款和被没收财物的损失":第1列"账载金额"填报纳税人会计核算计入当期损益的罚金、罚款和被没收财物的损失,不包括纳税人按照经济合同规定支付的违约金(包括银行罚息)、罚款和诉讼费。第3列"调增金额"填报第1列金额。

注:《企业所得税法》第十条规定,在计算应纳税所得额时,罚金、罚款和被没收财物的损失支出不得扣除

第20行"(八)税收滞纳金、加收利息":第1列"账载金额"填报纳税人会计核算计入当期损益的税收滞纳金、加收利息。第3列"调增金额"填报第1列金额。

注:《企业所得税法》第十条规定,在计算应纳税所得额时,税收滞纳金、加收利息不得扣除。

第21行"(九)赞助支出":第1列"账载金额"填报纳税人会计核算计入当期损益的不符合税收规定的公益性捐赠的赞助支出的金额,包括直接向受赠人的捐赠、赞助支出等(不含广告性的赞助支出,广告性的赞助支出在表A105060中填报)。第3列"调增金额"填报第1列金额。

注:《企业所得税法》第十条规定,在计算应纳税所得额时,赞助支出不得扣除。

第22行"(十)与未实现融资收益相关在当期确认的财务费用":第1列"账载金额"填报纳税人会计核算的与未实现融资收益相关并在当期确认的财务费用的金额。第2列"税收金额"填报按照税收规定允许税前扣除的金额。若第1列≥第2列,第3列"调增金额"填报第1—2列金额。若第1列<第2列,第4列"调减金额"填报第1—2列金额的绝对值。

注:在企业发生分期收款销售等业务时,会计上按折现计算当前收入,差额确认为未实现融资收益,再通过分期结转未实现融资收益冲减财务费用。而税收上以分期收款方式销售货物的,按照合同约定的收款日期确认收入的实现。在税会收入确认差异调整完之后,利息收入视为未发生,因此就需要调整处理。

第23行"(十一)佣金和手续费支出":除保险企业之外的其他企业直接填报本行,第1列"账载金额"填报纳税人会计核算计入当期损益的佣金和手续费金额,第2列"税收金额"填报按照税收规定允许税前扣除的佣金和手续费支出金额,第3列"调增金额"填报第1—2列金额,第4列"调减金额"不可填报。保险企业根据《广告费和业务宣传费等跨年度纳税调整明细表》(A105060)填报,第1列"账载金额"填报表A105060第1行第2列。若表A105060第3行第2列≥第6行第2列,第2列"税收金额"填报A105060第6行第2列的金额;若表A105060第3行第2列<第6行第2列,第2列"税收金额"填报A105060第3行第2列+第9行第2列的金额。若表A105060第12行第2列≥0,第3列"调增金额"填报表A105060第12行第2列金额。若表A105060第12行第2列<0,第4列"调减金额"填报表A105060第12行第2列金额的绝对值。

注:依据《财政部 国家税务总局关于企业手续费及佣金支出税前扣除政策的通知》(财税〔2009〕29号)的规定,企业发生与生产经营有关的手续费及佣金支出,除保险企业外的其他企业,按与具有合法经营资格中介服务机构或个人(不含交易双方及其雇员、代理人和代表人等)所签订服务协议或合同确认的收入金额的5%计算限额。文件还明确,除委托个人代理外,企业以现金等非转账方式支付的手续费及佣金不得在税前扣除,企业为发行权益性证券支付给有关证券承销机构的手续费及佣金不得在税前扣除。

第24行"(十二)不征税收入用于支出所形成的费用":第3列"调增金额"填报符合条件的不征税收入用于支出所形成的计入当期损益的费用化支出金额。

第25行"专项用途财政性资金用于支出所形成的费用":根据《专项用途财政性资金纳税调整明细表》(A105040)填报。第3列"调增金额"填报表A105040第7行第11列金额。

注:税收上作为不征税收入处理的专项用途财政资金,对应支出形成的损益也应进行相应的纳税调增,不得在税前进行扣除。

第26行"(十三)跨期扣除项目":填报维简费、安全生产费用、预提费用、预计负债等跨期扣除项目调整情况。第1列"账载金额"填报纳税人会计核算计入当期损益的跨期扣除项目金额。第2列"税收金额"填报按照税收规定允许税前扣除的金额。若第1列≥第2列,第3列"调增金额"填报第1-2列金额。若第1列<第2列,第4列"调减金额"填报第1-2列金额的绝对值。

第27行"(十四)与取得收入无关的支出":第1列"账载金额"填报纳税人会计核算计入当期损益的与取得收入无关的支出的金额。第3列"调增金额"填报第1列金额。

第28行"(十五)境外所得分摊的共同支出":根据《境外所得纳税调整后所得明细表》(A108010)填报。第3列"调增金额"填报表A108010合计行第16+17列金额。

注:根据《财政部 国家税务总局关于企业境外所得税收抵免有关问题的通知》(财税〔2009〕125号)、《国家税务总局关于发布〈企业境外所得税收抵免操作指南〉的公告》(国家税务总局公告2010年第1号)的规定,居民企业在境外投资设立不具有独立纳税地位的分支机构,其来源于境外的所得,以境外收入总额扣除与取得境外收入有关的各项合理支出后的余额为应纳税所得额。对于取得境外所得有关但未直接计入境外所得应纳税所得额的营业费用、管理费用和财务费用等共同费用,按境外每一国(地区)别数额占企业全部数额的下列一种比例或几种比例的综合比例,在每一国别的境外所得中对应调整扣除,计算来自每一国别的应纳税所得额:资产比例;收入比例;员工工资支出比例;其他合理比例。

境内外共同发生的支出,属于境外应当承担的部分,应当调增企业所得税应纳税所得额。即将应由境外分摊的部分填入《纳税调整项目明细表》(A105000)第28行"(十五)境外所得分摊的共同支出-调增金额"。同时填报《境外所得纳税调整后所得明细表》(A108010)第16列"境外分支机构调整分摊扣除的有关成本费用":填报纳税人境外分支机构应合理分摊的共同费用,相应调减境外所得。该数据填列后自动带入主表《中华人民共和国企业所得税年度纳税申报表(A类)》(A100000)第14行"减:境外所得"。

第29行"(十六)党组织工作经费":填报纳税人根据有关文件规定,为创新基层党建工作、建立稳定的经费保障制度发生的党组织工作经费及纳税调整情况。

注:纳税人按照《中共中央组织部 财政部 国家税务总局关于非公有制企业党组织工作经费问题的通知》(组通字〔2014〕42号)、《中共中央组织部 财政部 国务院国资委党委 国家税务总局关于国有企业党组织工作经费问题的通知》(组通字〔2017〕38号)两个文件执行党组织工作经费企业所得税的税前限额扣除和结转,并相应纳税调整。

第30行"(十七)其他":填报其他因会计处理与税收规定有差异需纳税调整的扣除类项目金额,企业将货物、资产、劳务用于捐赠、广告等用途时,进行视同销售纳税调整后,对应支出的会计处理与税收规定有差异需纳税调整的金额填报在本行。若第1列≥第2列,第3列"调增金额"填报第1-2列金额。若第1列<第2列,第4列"调减金额"填报第1-

2列金额的绝对值。

(三) 资产类纳税调整

表 2-3-3　　　　　　　　纳税调整项目明细表(A105000)(局部)

行次	项目	账载金额	税收金额	调增金额	调减金额
31	三、资产类调整项目(32＋33＋34＋35)	＊	＊		
32	(一)资产折旧、摊销(填写 A105080)				
33	(二)资产减值准备金		＊		
34	(三)资产损失(填写 A105090)	＊	＊		
35	(四)其他				

第31行"三、资产类调整项目"：填报资产类调整项目第32行至第35行的合计金额。

第32行"(一)资产折旧、摊销"：根据《资产折旧、摊销及纳税调整明细表》(A105080)填报。第1列"账载金额"填报表 A105080 第41行第2列金额。第2列"税收金额"填报表 A105080 第41行第5列金额。若表 A105080 第41行第9列≥0，第3列"调增金额"填报表 A105080 第41行第9列金额。若表 A105080 第41行第9列＜0，第4列"调减金额"填报表 A105080 第41行第9列金额的绝对值。

注：税收上为了满足经济发展需求，对资产折旧与摊销做了与会计处理上不同的各类规定，包括资产折旧最低年限、资产折旧方法、折旧资产范围、加速折旧(摊销)、资产一次性扣除等，这些税会差异项目调整之和最终反映在表 A105000 第32行。

第33行"(二)资产减值准备金"：填报坏账准备、存货跌价准备、理赔费用准备金等不允许税前扣除的各类资产减值准备金纳税调整情况。第1列"账载金额"填报纳税人会计核算计入当期损益的资产减值准备金金额(因价值恢复等原因转回的资产减值准备金应予以冲回)。若第1列≥0，第3列"调增金额"填报第1列金额。若第1列＜0，第4列"调减金额"填报第1列金额的绝对值。

注：《企业所得税法》第十条规定，在计算应纳税所得额时，各类准备金支出不得扣除。需要注意的是，金融企业和小额贷款公司提取的贷款损失准备金不在该行进行填报调整，在表 A105000 第39行填报调整。

第34行"(三)资产损失"：根据《资产损失税前扣除及纳税调整明细表》(A105090)填报。若表 A105090 第29行第7列≥0，第3列"调增金额"填报表 A105090 第29行第7列金额。若表 A105090 第29行第7列＜0，第4列"调减金额"填报表 A105090 第29行第7列金额的绝对值。

注：资产损失税前扣除主要执行《国家税务总局关于发布〈企业资产损失所得税税前扣除管理办法〉的公告》(国家税务总局公告2011年第25号)等文件的相关规定。

第35行"(四)其他"：填报其他因会计处理与税收规定有差异需纳税调整的资产类项目金额。若第1列≥第2列，第3列"调增金额"填报第1－2列金额。若第1列＜第2列，第4列"调减金额"填报第1－2列金额的绝对值。

注：该项目为兜底填报项目，以上未列明的扣除项目，发生的税会差异事项在该栏目填报。

(四) 特殊事项纳税调整

表 2-3-4　　　　　　纳税调整项目明细表(A105000)(局部)

行次	项　　目	账载金额	税收金额	调增金额	调减金额
		1	2	3	4
36	四、特殊事项调整项目(37+38+…+43)	*	*		
37	(一)企业重组及递延纳税事项(填写 A105100)				
38	(二)政策性搬迁(填写 A105110)	*	*		
39	(三)特殊行业准备金(39.1+39.2+39.4+39.5+39.6+39.7)	*	*		
39.1	1. 保险公司保险保障基金				
39.2	2. 保险公司准备金				
39.3	其中:已发生未报案未决赔款准备金				
39.4	3. 证券行业准备金				
39.5	4. 期货行业准备金				
39.6	5. 中小企业融资(信用)担保机构准备金				
39.7	6. 金融企业、小额贷款公司准备金(填写 A105120)	*	*		
40	(四)房地产开发企业特定业务计算的纳税调整额(填写 A105010)				
41	(五)合伙企业法人合伙人应分得的应纳税所得额				
42	(六)发行永续债利息支出				
43	(七)其他	*	*		

第36行"四、特殊事项调整项目":填报特殊事项调整项目第37行至第43行的合计金额。

第37行"(一)企业重组及递延纳税事项":根据《企业重组及递延纳税事项纳税调整明细表》(A105100)填报。第 1 列"账载金额"填报表 A105100 第 16 行第 1+4 列金额。第 2 列"税收金额"填报表 A105100 第 16 行第 2+5 列金额。若表 A105100 第 16 行第 7 列≥0,第 3 列"调增金额"填报表 A105100 第 16 行第 7 列金额。若表 A105100 第 16 行第 7 列<0,第 4 列"调减金额"填报表 A105100 第 16 行第 7 列金额的绝对值。

第 38 行"(二)政策性搬迁":根据《政策性搬迁纳税调整明细表》(A105110)填报。若表 A105110 第 24 行≥0,第 3 列"调增金额"填报表 A105110 第 24 行金额。若表 A105110 第 24 行<0,第 4 列"调减金额"填报表 A105110 第 24 行金额的绝对值。

第 39 行"(三)特殊行业准备金":填报特殊行业准备金调整项目第39.1行至第39.7行(不包含第39.3行)的合计金额。

第39.1行"1.保险公司保险保障基金":第 1 列"账载金额"填报纳税人会计核算的保险公司保险保障基金的金额。第 2 列"税收金额"填报按照税收规定允许税前扣除的金额。若第 1 列≥第 2 列,第 3 列"调增金额"填报第 1-2 列金额。若第 1 列<第 2 列,第 4 列"调减金额"填报第 1-2 列金额的绝对值。

第39.2行"2.保险公司准备金":第 1 列"账载金额"填报纳税人会计核算的保险公司准备金的金额。第 2 列"税收金额"填报按照税收规定允许税前扣除的金额。若第 1 列≥第 2 列,第 3 列"调增金额"填报第 1-2 列金额。若第 1 列<第 2 列,第 4 列"调减金额"填报

第1—2列金额的绝对值。

第39.3行"其中:已发生未报案未决赔款准备金":第1列"账载金额"填报纳税人会计核算的保险公司未决赔款准备金中已发生未报案准备金的金额。第2列"税收金额"填报按照税收规定允许税前扣除的金额。若第1列≥第2列,第3列"调增金额"填报第1—2列金额。若第1列<第2列,第4列"调减金额"填报第1—2列金额的绝对值。

第39.4行"3.证券行业准备金":第1列"账载金额"填报纳税人会计核算的证券行业准备金的金额。第2列"税收金额"填报按照税收规定允许税前扣除的金额。若第1列≥第2列,第3列"调增金额"填报第1—2列金额。若第1列<第2列,第4列"调减金额"填报第1—2列金额的绝对值。

第39.5行"4.期货行业准备金":第1列"账载金额"填报纳税人会计核算的期货行业准备金的金额。第2列"税收金额"填报按照税收规定允许税前扣除的金额。若第1列≥第2列,第3列"调增金额"填报第1—2列金额。若第1列<第2列,第4列"调减金额"填报第1—2列金额的绝对值。

第39.6行"5.中小企业融资(信用)担保机构准备金":第1列"账载金额"填报纳税人会计核算的中小企业融资(信用)担保机构准备金的金额。第2列"税收金额"填报按照税收规定允许税前扣除的金额。若第1列≥第2列,第3列"调增金额"填报第1—2列金额。若第1列<第2列,第4列"调减金额"填报第1—2列金额的绝对值。

第39.7行"6.金融企业、小额贷款公司准备金":根据《贷款损失准备金及纳税调整明细表》(A105120)填报。若表A105120第10行第11列≥0,第3列"调增金额"填报表A105120第10行第11列金额。若表A105120第10行第11列<0,第4列"调减金额"填报表A105120第10行第11列金额的绝对值。

第40行"(四)房地产开发企业特定业务计算的纳税调整额":根据《视同销售和房地产开发企业特定业务纳税调整明细表》(A105010)填报。第2列"税收金额"填报表A105010第21行第1列金额。若表A105010第21行第2列≥0,第3列"调增金额"填报表A105010第21行第2列金额。若表A105010第21行第2列<0,第4列"调减金额"填报表A105010第21行第2列金额的绝对值。

第41行"(五)合伙企业法人合伙人分得的应纳税所得额":第1列"账载金额"填报合伙企业法人合伙人本年会计核算上确认的对合伙企业的投资所得。第2列"税收金额"填报纳税人按照"先分后税"原则和《财政部 国家税务总局关于合伙企业合伙人所得税问题的通知》(财税〔2008〕159号)文件第四条规定计算的从合伙企业分得的法人合伙人应纳税所得额。若第1列≤第2列,第3列"调增金额"填报第2—1列金额。若第1列>第2列,第4列"调减金额"填报第2—1列金额的绝对值。

第42行"(六)发行永续债利息支出":本行填报企业发行永续债采取的税收处理办法与会计核算方式不一致时的纳税调整情况。当永续债发行方会计上按照债务核算,税收上适用股息、红利企业所得税政策时,第1列"账载金额"填报支付的永续债利息支出计入当期损益的金额;第2列"税收金额"填报0。永续债发行方会计上按照权益核算,税收上按照债券利息适用企业所得税政策时,第1列"账载金额"填报0;第2列"税收金额"填报永续债发行方支付的永续债利息支出准予在企业所得税税前扣除的金额。若第2列≤第1列,第3列

"调增金额"填报第1－2列金额。若第2列＞第1列,第4列"调减金额"填报第1－2列金额的绝对值。

第43行"(七)其他":填报其他因会计处理与税收规定有差异需纳税调整的特殊事项金额。

(五) 特殊纳税调整所得

表 2-3-5　　　　　　　纳税调整项目明细表(A105000)(局部)

行次	项目	账载金额	税收金额	调增金额	调减金额
		1	2	3	4
44	五、特别纳税调整应税所得	*	*		
45	六、其他	*	*		
46	合计(1+12+31+36+44+45)	*	*		

第44行"五、特别纳税调整应税所得":第3列"调增金额"填报纳税人按特别纳税调整规定自行调增的当年应税所得。第4列"调减金额"填报纳税人依据双边预约定价安排或者转让定价相应调整磋商结果的通知,需要调减的当年应税所得。

第45行"六、其他"属于兜底填报行次。填报其他会计处理与税收规定存在差异需纳税调整的项目金额,包括企业执行《企业会计准则第14号——收入》(财会〔2017〕22号发布)产生的税会差异纳税调整金额。

三、常见涉税风险

纳税人在进行年度汇算清缴时,应对照《纳税调整项目明细表》(A105000)逐条项目进行确认,是否有发生相关事项,并及时通过填报该表及其对应附表完成纳税调整事项的申报。

四、申报表填报案例解析

【案例2-3】 2020年1月1日,A公司购买B公司债券100万元,其他相关费用不考虑,2020年12月31日,该股票公允价值为90万元,不考虑相关税费。

则在资产负债表日,A公司该笔交易性金融资产会计处理为:

借:公允价值变动损益　　　　　　　　　　　　　　　　　　　100 000
　　贷:交易性金融资产——公允价值变动　　　　　　　　　　　　100 000

【解析】 该笔进入损益的公允价值变动损益按照税法规定,应进行纳税调增。A公司2020年《纳税调整项目明细表》填报如表2-3-6所示。

表 2-3-6　　　　　　　纳税调整项目明细表(A105000)(局部)　　　　　　　单位:元

行次	项目	账载金额	税收金额	调增金额	调减金额
		1	2	3	4
1	一、收入类调整项目(2+3+…8+10+11)	*	*		
7	(六)公允价值变动净损益	100 000	*	100 000	

第四节 职工薪酬支出及纳税调整明细表填报解析

本节主要对企业发生的工资、薪金支出,职工福利费支出,职工经费支出,工会经费支出,各类基本社会保障性缴款,住房公积金,补充养老保险和补充医疗保险金等与职工薪酬相关的支出进行税会差异调整。这里要注意的是,由于职工薪酬在会计上有的计入成本,有的计入了期间费用等,而在企业所得税申报调整上没有做区分,对这些支出项目的税会差异则按同一类别支出合并调整,统一体现在《职工薪酬支出及纳税调整明细表》(A105050)中。

一、工资、薪金支出

(一) 相关规定

《企业所得税法实施条例》第三十四条规定,企业发生的合理的工资、薪金支出,准予扣除。

上述所称工资、薪金,是指企业每一纳税年度支付给在本企业任职或者受雇的员工的所有现金形式或者非现金形式的劳动报酬,包括基本工资、奖金、津贴、补贴、年终加薪、加班工资,以及与员工任职或者受雇有关的其他支出。

《国家税务总局关于企业所得税应纳税所得额若干税务处理问题的公告》(国家税务总局公告2012年第15号)第一条规定,企业因雇用季节工、临时工、实习生、返聘离退休人员以及接受外部劳务派遣用工所实际发生的费用,应区分为工资、薪金支出和职工福利费支出,并按《企业所得税法》规定在企业所得税前扣除。其中属于工资、薪金支出的,准予计入企业工资、薪金总额的基数,作为计算其他各项相关费用扣除的依据。

注:根据《国家税务总局关于企业工资薪金和职工福利费等支出税前扣除问题的公告》(国家税务总局公告2015年第34号),本文第一条中有关企业接受外部劳务派遣用工的相关规定废止。

《国家税务总局关于企业工资、薪金和职工福利费等支出税前扣除问题的公告》(国家税务总局公告2015年第34号)规定如下:

列入企业员工工资、薪金制度,固定与工资、薪金一起发放的福利性补贴,符合《国家税务总局关于企业工资、薪金及职工福利费扣除问题的通知》(国税函〔2009〕3号)第一条规定的,可作为企业发生的工资、薪金支出,按规定在税前扣除。

不能同时符合上述条件的福利性补贴,应作为国税函〔2009〕3号文件第三条规定的职工福利费,按规定计算限额税前扣除。

企业在年度汇算清缴结束前向员工实际支付的已预提汇缴年度工资、薪金,准予在汇缴年度按规定扣除。

企业接受外部劳务派遣用工所实际发生的费用,应分两种情况按规定在税前扣除:按照协议(合同)约定直接支付给劳务派遣公司的费用,应作为劳务费支出;直接支付给员工个人的费用,应作为工资、薪金支出和职工福利费支出。其中属于工资、薪金的费用,准予计入企业工资薪金总额的基数,作为计算其他各项相关费用扣除的依据。

《国家税务总局关于企业工资薪金及职工福利费扣除问题的通知》(国税函〔2009〕3

号)第一条规定,关于合理工资、薪金问题:《企业所得税法实施条例》第三十四条所称的"合理工资、薪金",是指企业按照股东大会、董事会、薪酬委员会或相关管理机构制订的工资薪金制度规定实际发放给员工的工资、薪金。税务机关在对工资、薪金进行合理性确认时,可按以下原则掌握:

(1) 企业制定了较为规范的员工工资、薪金制度。
(2) 企业所制定的工资、薪金制度符合行业及地区水平。
(3) 企业在一定时期所发放的工资、薪金是相对固定的,工资、薪金的调整是有序进行的。
(4) 企业对实际发放的工资、薪金,已依法履行了代扣代缴个人所得税义务。
(5) 有关工资、薪金的安排,不以减少或逃避税款为目的。

《国家税务总局关于企业工资薪金及职工福利费扣除问题的通知》(国税函〔2009〕3号)第二条"关于工资、薪金总额问题"规定,《企业所得税法实施条例》第四十、四十一、四十二条所称的"工资、薪金总额",是指企业按照本通知第一条规定实际发放的工资、薪金总和,不包括企业的职工福利费、职工教育经费、工会经费,以及养老保险费、医疗保险费、失业保险费、工伤保险费、生育保险费等社会保险费和住房公积金。属于国有性质的企业,其工资、薪金,不得超过政府有关部门给予的限定数额;超过部分,不得计入企业工资、薪金总额,也不得在计算企业应纳税所得额时扣除。

《国家税务总局关于我国居民企业实行股权激励计划有关企业所得税处理问题的公告》(国家税务总局公告2012年第18号)第二条规定,上市公司依照《上市公司股权激励管理办法(试行)》要求建立职工股权激励计划,并按我国企业会计准则的有关规定,在股权激励计划授予激励对象时,按照该股票的公允价格及数量,计算确定作为上市公司相关年度的成本或费用,作为换取激励对象提供服务的对价。上述企业建立的职工股权激励计划,其企业所得税的处理,按以下规定执行:

(1) 对股权激励计划实行后立即可以行权的,上市公司可以根据实际行权时该股票的公允价格与激励对象实际行权支付价格的差额和数量,计算确定作为当年上市公司工资、薪金支出,依照税法规定进行税前扣除。

(2) 对股权激励计划实行后,需待一定服务年限或者达到规定业绩条件(以下简称等待期)方可行权的。上市公司等待期内会计上计算确认的相关成本费用,不得在对应年度计算缴纳企业所得税时扣除。在股权激励计划可行权后,上市公司方可根据该股票实际行权时的公允价格与当年激励对象实际行权支付价格的差额及数量,计算确定作为当年上市公司工资、薪金支出,依照税法规定进行税前扣除。

(二) 申报表填报重点关注

表 2-4-1   A105050 职工薪酬支出及纳税调整明细表(局部)

行次	项目	账载金额	实际发生额	税收规定扣除率	以前年度累计结转扣除额	税收金额	纳税调整金额	累计结转以后年度扣除额
		1	2	3	4	5	6(1−5)	7(2+4−5)
1	一、工资、薪金支出			*	*			*
2	其中:股权激励			*	*			*

(1) 第1行"一、工资薪金支出":填报纳税人本年度支付给在本企业任职或者受雇的员

工的所有现金形式或非现金形式的劳动报酬及其会计核算、纳税调整等金额,具体如下:

第1列"账载金额":填报纳税人会计核算计入成本费用的职工工资、奖金、津贴和补贴金额。

第2列"实际发生额":分析填报纳税人"应付职工薪酬"会计科目借方发生额(实际发放的工资、薪金)。

第5列"税收金额":填报纳税人按照税收规定允许税前扣除的金额,按照第1列和第2列分析填报。

第6列"纳税调整金额":填报第1-5列金额。

(2) 第2行"股权激励":适用于执行《上市公司股权激励管理办法》(中国证券监督管理委员会令第126号)的纳税人填报,具体如下:

第1列"账载金额":填报纳税人按照国家有关规定建立职工股权激励计划,会计核算计入成本费用的金额。

第2列"实际发生额":填报纳税人根据本年实际行权时股权的公允价格与激励对象实际行权支付价格的差额和数量计算确定的金额。

第5列"税收金额":填报行权时按照税收规定允许税前扣除的金额,按第2列金额填报。

第6列"纳税调整金额":填报第1-5列金额。

(三) 常见涉税风险

1. 关注税法与会计上对工资薪金支出列支的差异

税法对工资合理性的认定通常比会计上的工资列支严格,如果会计上已经列作工资、薪金支出,但不符合税法关于"合理工资、薪金"支出的部分,不允许税前扣除。如属于国有性质的企业,其工资、薪金,不得超过政府有关部门给予的限定数额;超过部分,不得计入企业工资、薪金总额,也不得在计算企业应纳税所得额时扣除。

2. 关注员工股权激励以权益结算的股份支付的税会差异

以权益结算的股份支付,是指企业为获取服务以股份或其他权益工具作为对价进行结算的交易。授予后立即可行权的股份支付,应当在授予日按照权益工具的公允价值计入相关成本或费用,相应增加资本公积。完成等待期内的服务或达到规定业绩条件才可行权的股份支付,在等待期内的每个资产负债表日,应当以对可行权权益工具数量的最佳估计为基础,按照权益工具授予日的公允价值,将当期取得的服务计入相关成本或费用和资本公积。在资产负债表日,后续表明可行权权益工具的数量与以前估计不同的,应当进行调整,并在可行权日调整至实际可行权的权益工具数量。

对于股权激励计划实行后立即行权的,税法与会计不存在确认时间上的差异。对于股权激励计划实行后,需要等待一定服务期限或达到规定的业绩条件方可行权的,税法与会计存在确认时间的差异。

3. 关注员工股权激励以现金结算的股份支付的税会差异

授予后立即可行权的以现金结算的股份支付,应当在授予日以企业承担负债的价值计入相关成本或费用,相应增加负债。完成等待期内的服务或达到规定业绩条件后才可行权的以现金结算的股份支付在等待期内的每个资产负债表日,应当以对可行权情况的最佳估计为基础,按照企业承担负债的公允价值金额,将当期取得的服务计入成本或费用和相应的负债。在资产负债表日,后续信息表明企业当期承担债务的公允值与以前估计不同的,应当进行调整,并在可行权日调整至实际可行权水平。企业应当在相关负债结算前的每个资产负债表日以及结算日,对负债的公允价值重新计量,其变动计入当期损益。

企业以现金结算的股份支付,凡支付的对象是本单位的雇员,均应作为工资、薪金支出处理。对当期计入成本、费用科目,但未实际兑现的股份支付,需调增应纳税所得额,在实际行权时,据实调减应纳税所得额。

(四) 申报表填报案例解析

【案例 2-4】 某公司 2018 年经公司薪酬委员会审定,当年财务上列入成本费用中的工资支出 2100 万元,其中 200 万元为预提的年度绩效奖,在 2019 年 6 月经考核公示后发放,其余均在 2019 年 5 月 31 日前发放。

【解析】 税务处理:根据税收相关规定,该企业 2018 年税前允许扣除的工资、薪金是 2019 年 5 月 31 日汇算清缴前实际发放的 1 900 万元,其余的 200 万元应作纳税调增。

2018 年度企业所得税纳税申报表填报如表 2-4-2、表 2-4-3 所示。

表 2-4-2　　职工薪酬支出及纳税调整明细表(A105050)(局部)　　单位:万元

行次	项目	账载金额	实际发生额	税收规定扣除率	以前年度累计结转扣除额	税收金额	纳税调整金额	累计结转以后年度扣除额
		1	2	3	4	5	6(1−5)	7(2+4−5)
1	一、工资薪金支出	2 100	1 900	*	*	1 900	200	*

表 2-4-3　　纳税调整项目明细表(A105000)(局部)　　单位:万元

行次	项目	账载金额	税收金额	调增金额	调减金额
		1	2	3	4
12	二、扣除类调整项目(13+14+…+24+26+27+28+29+30)	*	*	200	
14	(二) 职工薪酬(填写 A105050)	2 100	1 900	200	0

【案例 2-5】 A 公司 2018 年 1 月 1 日,向其 200 名管理人员每人授予 100 股股票期权,这些职员从 2018 年 1 月 1 日起在该公司连续服务 3 年,才可以每股 5 元购买 100 股 A 公司股票,公司估计该股权在授予日的公允价为 15 元。第一年有 20 名职员离开公司,公司估计 3 年中离开的职员的比例将达到 20%,第二年又有 10 名职员离开公司,公司将估计的职员离开比例修正为 15%;第三年 15 名职员离开。

(1) 费用和资本公积计算过程如表 2-4-4 所示。

表 2-4-4　　费用和资本公积计算表　　单位:万元

年份	计算	当期费用	累计费用
2018	$200 \times 100 \times (1-20\%) \times 15 \times \dfrac{1}{3} \div 10\,000$	8	8
2019	$200 \times 100 \times (1-15\%) \times 15 \times \dfrac{2}{3} \div 10\,000 - 8$	9	17
2020	$155 \times 100 \times 15 \div 10\,000 - 17$	6.25	23.25

(2) 会计处理：

2018年1月1日，授予日不做会计处理。

2018年12月31日：

借：管理费用　　　　　　　　　　　　　　　　　　　　　　80 000
　　贷：资本公积——其他资本公积　　　　　　　　　　　　　　　80 000

2019年12月31日：

借：管理费用　　　　　　　　　　　　　　　　　　　　　　90 000
　　贷：资本公积——其他资本公积　　　　　　　　　　　　　　　90 000

2020年12月31日：

借：管理费用　　　　　　　　　　　　　　　　　　　　　　62 500
　　贷：资本公积——其他资本公积　　　　　　　　　　　　　　　62 500

假设全部155名职员都在2020年12月31日行权，A公司股面值为1元：

借：银行存款　　　　　　　　　　　　　　　　　　　　　　77 500
　　资本公积——其他资本公积　　　　　　　　　　　　　　　232 500
　　贷：股本　　　　　　　　　　　　　　　　　　　　　　　15 500
　　　　资本公积——资本溢价　　　　　　　　　　　　　　　294 500

【解析】 税务处理：在股份支付的处理上，会计将应付给职工的报酬所作为一项成本费用处理；而税法上对于尚未实际行权不允许列支，应将股份支付而列支的成本费用做调增应纳税所得额处理，实际行权时准予税前扣除。因此：

2018年，应将股份支付而列支的成本费用做调增应纳税所得额处理，即调增80 000元。

2019年，调增应纳税所得额90 000元。

2020年，员工实际行权，税前扣除金额=（职工实际行权时该股票的公允价值－职工实际支付价格）×行权数量，应调减应纳税所得额，调减金额=（15－10）×155×100=77 500（元）。

2018年度企业所得税纳税申报表填报如表2-4-5、表2-4-6所示。

表2-4-5　　　　职工薪酬支出及纳税调整明细表（A105050）（局部）　　　　单位：万元

行次	项目	账载金额	实际发生额	税收规定扣除率	以前年度累计结转扣除额	税收金额	纳税调整金额	累计结转以后年度扣除额
		1	2	3	4	5	6(1-5)	7(2+4-5)
1	一、工资薪金支出	8	0	*	*	0	8	*
2	其中：股权激励	8	0	*	*	0	8	*

表 2-4-6　　　　　　　纳税调整项目明细表(A105000)(局部)　　　　　单位:万元

行次	项目	账载金额	税收金额	调增金额	调减金额
		1	2	3	4
12	二、扣除类调整项目(13+14+…+24+26+27+28+29+30)	*	*	8	
14	(二)职工薪酬(填写 A105050)	8	0	8	0

2019 年度企业所得税纳税申报表填报如表 2-4-7、表 2-4-8 所示。

表 2-4-7　　　　　职工薪酬支出及纳税调整明细表(A105050)(局部)　　　　单位:万元

行次	项目	账载金额	实际发生额	税收规定扣除率	以前年度累计结转扣除额	税收金额	纳税调整金额	累计结转以后年度扣除额
		1	2	3	4	5	6(1−5)	7(2+4−5)
1	一、工资薪金支出	9	0	*	*	0	9	*
2	其中:股权激励	9	0	*	*	0	9	*

表 2-4-8　　　　　　　纳税调整项目明细表(A105000)(局部)　　　　　单位:万元

行次	项目	账载金额	税收金额	调增金额	调减金额
		1	2	3	4
12	二、扣除类调整项目(13+14+…+24+26+27+28+29+30)	*	*	9	
14	(二)职工薪酬(填写 A105050)	9	0	9	0

2020 年度企业所得税纳税申报表填报如表 2-4-9、2-4-10 所示。

表 2-4-9　　　　　职工薪酬支出及纳税调整明细表(A105050)(局部)　　　　单位:万元

行次	项目	账载金额	实际发生额	税收规定扣除率	以前年度累计结转扣除额	税收金额	纳税调整金额	累计结转以后年度扣除额
		1	2	3	4	5	6(1−5)	7(2+4−5)
1	一、工资薪金支出	6.25		*	*	15.5	−9.25	*
2	其中:股权激励	6.25		*	*	15.5	−9.25	

表 2-4-10　　　　　　　纳税调整项目明细表(A105000)(局部)　　　　　单位:万元

行次	项目	账载金额	税收金额	调增金额	调减金额
		1	2	3	4
12	二、扣除类调整项目(13+14+…+24+26+27+28+29+30)	*	*		9.25
14	(二)职工薪酬(填写 A105050)	6.25	15.5		9.25

【案例 2-6】 甲公司为上市公司,2018 年 1 月 1 日,该公司为其 200 名中层以上职员每人授予 100 份现金股票增值权,这些职员从 2018 年 1 月 1 日起在该公司连续服务 3 年,即可按照当时股价的增长幅度获得现金,该增值权应在 2022 年 12 月 31 日之前行使。公司估计,该增值权在负债结算之前的每一资产负债表日及结算日的公允价值和可行权后的每份增值权现金支出额如表 2-4-11 所示。

表2-4-11　　　　　　　　公允价值与增值权现金支出表　　　　　　　　单位：万元

年份	公允价值	支付现金
2018	14	
2019	15	
2020	18	16
2021	21	20
2022		25

第一年有20名职员离开公司，该公司估计3年中还将有15名职员离开；第二年又有10名职员离开公司，公司估计还将有10名职员离开；第三年又有15名职员离开。第三年年末，有70人行使股份增值权取得了现金。第四年年末，有50人行使了股份增值权。第五年年末，剩余35人也行使了股份增值权。

费用和应付职工薪计算过程如表2-4-12所示。

表2-4-12　　　　　　　　费用和应付职工薪计算表　　　　　　　　单位：万元

年份	负债计算(1)	支付现金计算(2)	负债(3)	支付现金(4)	当期费用(5)
2018	$(200-35) \times 100 \times 14 \times \frac{1}{3} \div 10\,000$		7.7		7.7
2019	$(200-40) \times 100 \times 15 \times \frac{2}{3} \div 10\,000$		16		8.3
2020	$(200-45-70) \times 100 \times 18 \div 10\,000$	$70 \times 100 \times 16 \div 10\,000$	15.3	11.2	10.5
2021	$(200-45-70-50) \times 100 \times 21 \div 10\,000$	$50 \times 100 \times 20 \div 10\,000$	7.35	10	2.05
2022	0	$35 \times 100 \times 25 \div 10\,000$	0	8.75	1.4
总额				29.95	29.95

其中：(1)计算得(3)，(2)计算得(4)；当期(3)－前期(3)＋当期(4)＝当期(5)。

会计处理如下：

2018年12月31日：

借：管理费用　　　　　　　　　　　　　　　　　　　　　　　　　　77 000

　　贷：应付职工薪酬——股份支付　　　　　　　　　　　　　　　　　　　77 000

2019年12月31日：

借：管理费用　　　　　　　　　　　　　　　　　　　　　　　　　　83 000

　　贷：应付职工薪酬——股份支付　　　　　　　　　　　　　　　　　　　83 000

2020年12月31日：

借：管理费用　　　　　　　　　　　　　　　　　　　　　　　　　　105 000

　　贷：应付职工薪酬——股份支付　　　　　　　　　　　　　　　　　　　105 000

借：应付职工薪酬——股份支付　　　　　　　　　　　　　　　　　　112 000

　　贷：银行存款　　　　　　　　　　　　　　　　　　　　　　　　　　112 000

2021年12月31日：

借：公允价值变动损益　　　　　　　　　　　　　　　　　　20 500
　　贷：应付职工薪酬——股份支付　　　　　　　　　　　　　　　20 500

借：应付职工薪酬——股份支付　　　　　　　　　　　　　100 000
　　贷：银行存款　　　　　　　　　　　　　　　　　　　　　　　100 000

2022年12月31日：

借：公允价值变动损益　　　　　　　　　　　　　　　　　　14 000
　　贷：应付职工薪酬——股份支付　　　　　　　　　　　　　　　14 000

借：应付职工薪酬——股份支付　　　　　　　　　　　　　　87 500
　　贷：银行存款　　　　　　　　　　　　　　　　　　　　　　　87 500

【解析】　税务处理：以现金结算的股份支付，税法是以实际支付现金时允许列支。因此，在实际支付现金之前的因股份支付而列支的成本费用做调增应纳税所得额处理。因此：

2018年税务处理：未实际兑现的股份支付，需调增应纳税所得额，即调增应纳税所得额77 000元。

2019年税务处理：未实际兑现的股份支付，需调增应纳税所得额，即调增应纳税所得额83 000元。

2020年税务处理：实际兑现后准予扣除，调减应纳税所得额7 000元。

2021年税务处理：股份支付实际支付的可以税前扣除，调减应纳税所得额100 000元，公允价值变动损益税法不予确认，即调增应纳税所得额205 000元。

2022年税务处理：在支付现金时视同发放工资薪酬，相应调减应纳税所得额87 500元。公允价值变动损益税法不予确认，即调增应纳税所得额14 000元。

2018年度企业所得税纳税申报表填报如表2-4-13、表2-4-14所示。

表2-4-13　　　　职工薪酬支出及纳税调整明细表（A105050）（局部）　　　　单位：万元

行次	项目	账载金额	实际发生额	税收规定扣除率	以前年度累计结转扣除额	税收金额	纳税调整金额	累计结转以后年度扣除额
		1	2	3	4	5	6(1−5)	7(2+4−5)
1	一、工资薪金支出	7.7	0	*	*	0	7.7	*
2	其中：股权激励	7.7	0	*	*	0	7.7	*

表2-4-14　　　　　　纳税调整项目明细表（A105000）（局部）　　　　　　单位：万元

行次	项目	账载金额	税收金额	调增金额	调减金额
		1	2	3	4
12	二、扣除类调整项目（13＋14＋…＋24＋26＋27＋28＋29＋30）	*	*	7.7	
14	（二）职工薪酬（填写A105050）	7.7	0	7.7	

2019年度企业所得税纳税申报表填报如表2-4-15、表2-4-16所示。

表2-4-15　　　　职工薪酬支出及纳税调整明细表（A105050）（局部）　　　单位：万元

行次	项目	账载金额	实际发生额	税收规定扣除率	以前年度累计结转扣除额	税收金额	纳税调整金额	累计结转以后年度扣除额
		1	2	3	4	5	6(1-5)	7(2+4-5)
1	一、工资薪金支出	8.3	0	*	*	0	8.3	*
2	其中：股权激励	8.3	0	*	*	0	8.3	*

表2-4-16　　　　　　纳税调整项目明细表（A105000）（局部）　　　　　　单位：万元

行次	项　目	账载金额	税收金额	调增金额	调减金额
		1	2	3	4
12	二、扣除类调整项目(13+14+…+24+26+27+28+29+30)	*	*	8.3	
14	（二）职工薪酬（填写A105050)	8.3	0	8.3	

2020年度企业所得税纳税申报表填报如表2-4-17、表2-4-18所示。

表2-4-17　　　　职工薪酬支出及纳税调整明细表（A105050）（局部）　　　单位：万元

行次	项目	账载金额	实际发生额	税收规定扣除率	以前年度累计结转扣除额	税收金额	纳税调整金额	累计结转以后年度扣除额
		1	2	3	4	5	6(1-5)	7(2+4-5)
1	一、工资薪金支出	10.5	0	*	*	11.2	0.7	*
2	其中：股权激励	10.5	0	*	*	11.2	0.7	*

表2-4-18　　　　　　纳税调整项目明细表（A105000）（局部）　　　　　　单位：万元

行次	项　目	账载金额	税收金额	调增金额	调减金额
		1	2	3	4
12	二、扣除类调整项目(13+14+…+24+26+27+28+29+30)	*	*		0.7
14	（二）职工薪酬（填写A105050)	10.5	11.2		0.7

二、职工福利费支出

（一）相关规定

《企业所得税法实施条例》第四十条规定，企业发生的职工福利费支出，不超过工资、薪金总额14%的部分，准予扣除。

《国家税务总局关于企业工资薪金及职工福利费扣除问题的通知》（国税函〔2009〕3号）第三条规定，关于职工福利费扣除问题。《企业所得税法实施条例》第四十条规定的企业职工福利费，包括以下内容：

（1）尚未实行分离办社会职能的企业，其内设福利部门所发生的设备、设施和人员费用，包括职工食堂、职工浴室、理发室、医务所、托儿所、疗养院等集体福利部门的设备、设施及维修保养费用和福利部门工作人员的工资、薪金,社会保险费,住房公积金,劳务费等。

(2) 为职工卫生保健、生活、住房、交通等所发放的各项补贴和非货币性福利,包括企业向职工发放的因公外地就医费用、未实行医疗统筹企业职工医疗费用、职工供养直系亲属医疗补贴、供暖费补贴、职工防暑降温费、职工困难补贴、救济费、职工食堂经费补贴、职工交通补贴等。

(3) 按照其他规定发生的其他职工福利费,包括丧葬补助费、抚恤费、安家费、探亲假路费等。

《国家税务总局关于企业工资薪金及职工福利费扣除问题的通知》(国税函〔2009〕3号)第四条规定,企业发生的职工福利费,应该单独设置账册,进行准确核算。没有单独设置账册准确核算的,税务机关应责令企业在规定的期限内进行改正。逾期仍未改正的,税务机关可对企业发生的职工福利费进行合理的核定。

《国家税务总局关于企业工资薪金和职工福利费等支出税前扣除问题的公告》(国家税务总局公告 2015 年第 34 号)规定,列入企业员工工资、薪金制度,固定与工资、薪金一起发放的福利性补贴,符合《国家税务总局关于企业工资薪金及职工福利费扣除问题的通知》(国税函〔2009〕3 号)第一条规定的,可作为企业发生的工资、薪金支出,按规定在税前扣除。不能同时符合上述条件的福利性补贴,应作为国税函〔2009〕3 号文件第三条规定的职工福利费,按规定计算限额税前扣除。

《国家税务总局关于企业所得税若干税务事项衔接问题的通知》(国税函〔2009〕98 号)第四条规定,关于以前年度职工福利费余额的处理,根据《国家税务总局关于做好 2007 年度企业所得税汇算清缴工作的补充通知》(国税函〔2008〕264 号)的规定,企业 2008 年以前按照规定计提但尚未使用的职工福利费余额,2008 年及以后年度发生的职工福利费,应首先冲减上述的职工福利费余额,不足部分按新税法规定扣除;仍有余额的,继续留在以后年度使用。企业 2008 年以前节余的职工福利费,已在税前扣除,属于职工权益,如果改变用途的,应调整增加企业应纳税所得额。

《国家税务总局关于企业所得税若干税务事项衔接问题的通知》(国税函〔2009〕98 号)第五条规定,关于以前年度职工教育经费余额的处理。对于在 2008 年以前已经计提但尚未使用的职工教育经费余额,2008 年及以后新发生的职工教育经费应先从余额中冲减。仍有余额的,留在以后年度继续使用。

(二) 申报表填报重点关注

表 2-4-19　　　　职工薪酬支出及纳税调整明细表(A105050)(局部)

行次	项目	账载金额	实际发生额	税收规定扣除率	以前年度累计结转扣除额	税收金额	纳税调整金额	累计结转以后年度扣除额
		1	2	3	4	5	6(1-5)	7(2+4-5)
3	二、职工福利费支出			*				*

第 3 行"二、职工福利费支出":填报纳税人本年度发生的职工福利费及其会计核算、纳税调整等金额,具体如下:

第 1 列"账载金额":填报纳税人会计核算计入成本费用的职工福利费的金额。

第2列"实际发生额":分析填报纳税人"应付职工薪酬"会计科目下的职工福利费实际发生额。

第3列"税收规定扣除率":填报税收规定的扣除比例。

第5列"税收金额":填报按照税收规定允许税前扣除的金额,按第1行第5列"工资薪金支出\税收金额"×税收规定扣除率与第1列、第2列三者孰小值填报。

第6列"纳税调整金额":填报第1－5列金额。

(三) 常见涉税风险

职工福利费的税会差异主要体现在列支限额方面,超过部分必须纳税调整,且不得将超过部分结转到以后年度扣除。可以税前扣除的职工福利费必须同时符合两个条件:一是必须是实际发生的福利费;二是在工资、薪金总额14%以内的部分。

三、职工教育经费支出

(一) 相关规定

《企业所得税法实施条例》第四十二条规定,除国务院财政、税务主管部门另有规定外,企业发生的职工教育经费支出,不超过工资、薪金总额2.5%的部分,准予扣除;超过部分,准予在以后纳税年度结转扣除。

注:2018年1月1日起,扣除限额按《财政部 税务总局关于企业职工教育经费税前扣除政策的通知》(财税〔2018〕51号)执行。

《财政部 国家税务总局关于进一步鼓励软件产业和集成电路产业发展企业所得税政策的通知》(财税〔2012〕27号)第六条规定,集成电路设计企业和符合条件软件企业的职工培训费用,应单独进行核算并按实际发生额在计算应纳税所得额时扣除。

《财政部 税务总局关于企业职工教育经费税前扣除政策的通知》(财税〔2018〕51号)第一条规定,企业发生的职工教育经费支出,不超过工资薪金总额8%的部分,准予在计算企业所得税应纳税所得额时扣除;超过部分,准予在以后纳税年度结转扣除。

《财政部 税务总局关于扶持动漫产业发展有关税收政策问题的通知》(财税〔2009〕65号)第二条规定,经认定的动漫企业发生的职工培训费用,按照软件生产企业的规定在税前扣除。

《国家税务总局关于企业所得税应纳税所得额若干问题的公告》(国家税务总局公告2014年第29号)第四条规定,核力发电企业为培养核电厂操纵员发生的培养费用,可作为企业的发电成本在税前扣除。企业应将核电厂操纵员培养费与员工的职工教育经费严格区分,单独核算,员工实际发生的职工教育经费支出不得计入核电厂操纵员培养费直接扣除。

《财政部 全国总工会 国家发改委 教育部 科技部 国防科工委 人事部 劳动保障部 国务院国资委 国家税务总局 全国工商联关于印发〈关于企业职工教育经费提取与使用管理的意见〉的通知》(财建〔2006〕317号)规定,企业职工参加社会上的学历教育,以及个人为取得学位而参加的在职教育,所需费用应由个人承担,不能挤占企业的职工教育培训经费。

《教育部 国家发展改革委 工业和信息化部 财政部 人力资源社会保障部 国家税务总局关于印发〈职业学校校企合作促进办法〉的通知》(教职成〔2018〕1号)规定,矿山和建筑企业等聘用外来农民工较多的企业,以及在城市化进程中接受农村转移劳动力较多的企业,对农民工和农村转移劳动力培训所需的费用,可从职工教育培训经费中支出。企业因接收学生实习所实际发生的与取得收入有关的合理支出,以及企业发生的职工教育经费支出,依法在计算应纳税所得额时扣除。

《国家税务总局关于企业所得税若干税务事项衔接问题的通知》(国税函〔2009〕98号)规定,对于在2008年以前已经计提但尚未使用的职工教育经费余额,2008年及以后新发生的职工教育经费应先从余额中冲减。仍有余额的,留在以后年度继续使用。

(二)申报表填报重点关注

表2-4-20　　　　　职工薪酬支出及纳税调整明细表(A105050)(局部)

行次	项目	账载金额	实际发生额	税收规定扣除率	以前年度累计结转扣除额	税收金额	纳税调整金额	累计结转以后年度扣除额
		1	2	3	4	5	6(1−5)	7(2+4−5)
4	三、职工教育经费支出			*				
5	其中:按税收规定比例扣除的职工教育经费							
6	按税收规定全额扣除的职工培训费用				*			*

第4行"三、职工教育经费支出":填报第5行金额或者第5+6行金额。

第5行"按税收规定比例扣除的职工教育经费":适用于按照税收规定职工教育经费按比例税前扣除的纳税人填报,填报纳税人本年度发生的按税收规定比例扣除的职工教育经费及其会计核算、纳税调整等金额,具体如下:

第1列"账载金额"填报纳税人会计核算计入成本费用的按税收规定比例扣除的职工教育经费金额,不包括第6行"按税收规定全额扣除的职工培训费用"金额。

第2列"实际发生额":分析填报纳税人"应付职工薪酬"会计科目下的职工教育经费实际发生额,不包括第6行"按税收规定全额扣除的职工培训费用"金额。

第3列"税收规定扣除率":填报税收规定的扣除比例。

第4列"前年度累计结转扣除额":填报纳税人以前年度累计结转准予扣除的职工教育经费支出余额。

第5列"税收金额":填报纳税人按照税收规定允许税前扣除的金额(不包括第6行"按税收规定全额扣除的职工培训费用"金额),按第1行第5列"工资薪金、支出\税收金额"×税收规定扣除率与第2+4列的孰小值填报。

第6列"纳税调整金额":填报第1−5列金额。

第7列"累计结转以后年度扣除额":填报第2+4−5列金额。

第6行"按税收规定全额扣除的职工培训费用":适用于按照税收规定职工培训费用允许全额税前扣除的纳税人填报,填报纳税人本年度发生的按税收规定全额扣除的职工培训费用及其会计核算、纳税调整等金额,具体如下:

第1列"账载金额":填报纳税人会计核算计入成本费用的按税收规定全额扣除的职工培训费用金额。

第 2 列"实际发生额":分析填报纳税人"应付职工薪酬"会计科目下的职工教育经费本年实际发生额中可全额扣除的职工培训费用金额。

第 3 列"税收规定扣除率":填报税收规定的扣除比例(100%)。

第 5 列"税收金额":填报按照税收规定允许税前扣除的金额,按第 2 列金额填报。

第 6 列"纳税调整金额":填报第 1—5 列金额。

(三) 常见涉税风险

职工教育经费的税会差异体现在列支限额方面。会计实务中企业按规定提取的职工教育经费,应当在职工为其提供服务的会计期间,根据规定的计提基数和计提比例计算确定相应的"应付职工薪酬——职工教育经费"金额,并确认相应负债,计入当期损益或相关资产成本。可以税前扣除的职工教育经费必须同时符合两个条件:一是必须是实际发生的职工教育经费;二是在工资、薪金总额8%以内的部分。

四、工会经费支出

(一) 相关规定

《企业所得税法实施条例》第四十一条规定,企业拨缴的工会经费,不超过工资、薪金总额2%的部分,准予扣除。

《国家税务总局关于工会经费企业所得税税前扣除凭据问题的公告》(国家税务总局公告2010年第24号)规定,自2010年7月1日起,企业拨缴的职工工会经费,不超过工资、薪金总额2%的部分,凭工会组织开具的《工会经费收入专用收据》在企业所得税税前扣除。

《国家税务总局关于税务机关代收工会经费企业所得税税前扣除凭据问题的公告》(国家税务总局公告2011年第30号)规定,自2010年1月1日起,在委托税务机关代收工会经费的地区,企业拨缴的工会经费,也可凭合法、有效的工会经费代收凭据依法在税前扣除。

(二) 申报表填报重点关注

表 2-4-21　　职工薪酬支出及纳税调整明细表(A105050)(局部)

行次	项目	账载金额	实际发生额	税收规定扣除率	以前年度累计结转扣除额	税收金额	纳税调整金额	累计结转以后年度扣除额
		1	2	3	4	5	6(1-5)	7(2+4-5)
7	四、工会经费支出				*			*

第 7 行"四、工会经费支出":填报纳税人本年度拨缴工会经费及其会计核算、纳税调整等金额,具体如下:

第 1 列"账载金额":填报纳税人会计核算计入成本费用的工会经费支出金额。

第 2 列"实际发生额":分析填报纳税人"应付职工薪酬"会计科目下的工会经费本年实际发生额。

第 3 列"税收规定扣除率":填报税收规定的扣除比例。

第 5 列"税收金额":填报按照税收规定允许税前扣除的金额,按第 1 行第 5 列"工资薪金支出\税收金额"×税收规定扣除率与第 1 列、第 2 列三者孰小值填报。

第6列"纳税调整金额":填报第1—5列金额。

(三) 常见涉税风险

工会经费的税会差异体现在列支限额方面。会计上企业按规定提取的工会经费,应当在职工为其提供服务的会计期间,根据规定的计提基础和计提比例计算确定相应的金额,并确认相应负债,计入当期损益。可以税前扣除的工会经费必须同时符合两个条件:一是必须按规定拨缴工会经费;二是要凭合法有效凭据;三是在工资、薪金总额2%以内的部分。

五、五险一金

(一) 相关规定

《企业所得税法实施条例》第三十五条规定,企业依照国务院有关主管部门或者省级人民政府规定的范围和标准为职工缴纳的基本养老保险费、基本医疗保险费、失业保险费、工伤保险费、生育保险费等基本社会保险费和住房公积金,准予扣除。

(二) 申报表填报重点关注

表2-4-22　　职工薪酬支出及纳税调整明细表(A105050)(局部)

行次	项目	账载金额	实际发生额	税收规定扣除率	以前年度累计结转扣除额	税收金额	纳税调整金额	累计结转以后年度扣除额
		1	2	3	4	5	6(1−5)	7(2+4−5)
8	五、各类基本社会保障性缴款			*	*			*
9	六、住房公积金			*	*			*

第8行"五、各类基本社会保障性缴款":填报纳税人依照国务院有关主管部门或者省级人民政府规定的范围和标准为职工缴纳的基本社会保险费及其会计核算、纳税调整等金额,具体如下:

第1列"账载金额":填报纳税人会计核算的各类基本社会保障性缴款的金额。

第2列"实际发生额":分析填报纳税人"应付职工薪酬"会计科目下的各类基本社会保障性缴款本年实际发生额。

第5列"税收金额":填报按照税收规定允许税前扣除的各类基本社会保障性缴款的金额,按纳税人依照国务院有关主管部门或者省级人民政府规定的范围和标准计算的各类基本社会保障性缴款的金额、第1列及第2列孰小值填报。

第6列"纳税调整金额":填报第1—5列金额。

第9行"六、住房公积金":填报纳税人依照国务院有关主管部门或者省级人民政府规定的范围和标准为职工缴纳的住房公积金及其会计核算、纳税调整等金额,具体如下:

第1列"账载金额":填报纳税人会计核算的住房公积金金额。

第2列"实际发生额":分析填报纳税人"应付职工薪酬"会计科目下的住房公积金本年实际发生额。

第5列"税收金额":填报按照税收规定允许税前扣除的住房公积金金额,按纳税人依照国务院有关主管部门或者省级人民政府规定的范围和标准计算的住房公积金金额、第1列及第2列三者孰小值填报。

第6列"纳税调整金额":填报第1-5列金额。

(三) 常见涉税风险

会计实务中,企业为职工缴纳的医疗保险费、工伤保险费、生育保险费等社会保险费和住房公积金,应当在职工为其提供服务的会计期间,根据规定的计提基础和计提比例计算确定相应的金额,并确认相应负债,计入当期损益或相关资产成本。会计上已经计提计入成本费用而未实际缴纳的部分不得在税前扣除,应调增应纳税所得额,"五险一金"实际缴纳的超出规定范围和标准的部分,不得在税前扣除,应调增应纳税所得额。

六、补充保险

(一) 相关规定

《企业所得税法实施条例》第三十五条规定,企业为投资者或者职工支付的补充养老保险费、补充医疗保险费,在国务院财政、税务主管部门规定的范围和标准内,准予扣除。

《财政部 国家税务总局关于补充养老保险费 补充医疗保险费有关企业所得税政策问题的通知》(财税〔2009〕27号)规定,自2008年1月1日起,企业根据国家有关政策规定,为在本企业任职或者受雇的全体员工支付的补充养老保险费、补充医疗保险费,分别在不超过职工工资总额5%标准内的部分,在计算应纳税所得额时准予扣除;超过的部分,不予扣除。

《国家税务总局关于企业所得税有关问题的公告》(国家税务总局公告2016年第80号)规定第一条规定,关于企业差旅费中人身意外保险费支出税前扣除问题:企业职工因公出差乘坐交通工具发生的人身意外保险费支出,准予企业在计算应纳税所得额时扣除。

《国家税务总局关于责任保险费企业所得税税前扣除有关问题的公告》(国家税务总局公告2018年第52号)规定,企业参加雇主责任险、公众责任险等责任保险,按照规定缴纳的保险费,准予在企业所得税税前扣除。该规定适用于2018年度及以后年度企业所得税汇算清缴。

(二) 申报表填报重点关注

表2-4-23　　职工薪酬支出及纳税调整明细表(A105050)(局部)

行次	项目	账载金额	实际发生额	税收规定扣除率	以前年度累计结转扣除额	税收金额	纳税调整金额	累计结转以后年度扣除额
		1	2	3	4	5	6(1-5)	7(2+4-5)
10	七、补充养老保险				*			*
11	八、补充医疗保险				*			*

第10行"七、补充养老保险":填报纳税人为投资者或者职工支付的补充养老保险费及其会计核算、纳税调整等金额,具体如下:

第1列"账载金额":填报纳税人会计核算的补充养老保险金额。

第2列"实际发生额":分析填报纳税人"应付职工薪酬"会计科目下的补充养老保险本年实际发生额。

第3列"税收规定扣除率":填报税收规定的扣除比例。

第 5 列"税收金额":填报按照税收规定允许税前扣除的补充养老保险的金额,按第 1 行第 5 列"工资薪金支出\税收金额"×税收规定扣除率与第 1 列、第 2 列三者孰小值填报。

第 6 列"纳税调整金额":填报第 1—5 列金额。

第 11 行"八、补充医疗保险":填报纳税人为投资者或者职工支付的补充医疗保险费及其会计核算、纳税调整等金额,具体如下:

第 1 列"账载金额":填报纳税人会计核算的补充医疗保险金额。

第 2 列"实际发生额":分析填报纳税人"应付职工薪酬"会计科目下的补充医疗保险本年实际发生额。

第 3 列"税收规定扣除率":填报税收规定的扣除比例。

第 5 列"税收金额":填报按照税收规定允许税前扣除的补充医疗保险的金额,按第 1 行第 5 列"工资薪金支出\税收金额"×税收规定扣除率与第 1 列、第 2 列三者孰小值填报。

第 6 列"纳税调整金额":填报第 1—5 列金额。

(三)常见涉税风险

实际缴纳的补充养老保险费和补充医疗保险费,超过比例的部分不得税前扣除,应调增应纳税所得额。如果不是为全体员工缴纳补充养老保险费和补充医疗保险费的,而仅仅为部分人员缴纳,则缴纳的补充养老保险费和补充医疗保险费不能税前扣除,应调增应纳税所得额。

(四)申报表填报案例解析

【案例 2-7】 甲公司 2020 年经该公司薪酬委员会审定,当年财务上列入成本费用的工资薪金支出 12 000 万元,其中 2 000 万元为预提的年终绩效奖金,准备在 2021 年春节前发放。该企业在成本费用中列支福利费 1 670 万元,另在"管理费用——劳动保护费"列支供暖费补贴 40 万元,职工防暑降温费 90 万元。企业当年度计提并实际使用的工会经费 10 万元,企业计提了职工教育经费 300 万元列入成本费用,实际使用 230 万元,该企业上年度末结转待扣除的职工教育经费 30 万元。该企业按有关规定在成本费用中列支的"五险一金"情况如表 2-4-24 所示。

表 2-4-24　　　　　　　　　"五险一金"列支表　　　　　　　　　单位:万元

项目	本年计提数	本年发放(支付)数	期末余额
基本养老保险	2 400	2 200	200
基本医疗保险	1 200	1 100	100
失业保险费	120	110	10
工伤保险费	96	88	8
生育保险费	36	33	3
住房公积金	1 440	1 320	120
补充养老保险	600	600	0
补充医疗保险	480	480	0
合　计	6 372	5 931	441

由于近年来公司效益较好,公司管理层决定在为职工计提了"五险一金"基础上,为更好地提高职工的积极性,激发潜能,2020 年经董事会决定,为职工购买平安团体年金保险(分红型)3 800 万元。企业购买的属商业保险,列入"管理费用"科目。

【解析】 职工福利费的税务处理：职工福利费支出应包括成本费用中列支的福利费支出1 670万元，在"管理费用——劳动保护费"中列支供暖费补贴40万元、职工防暑降温费90万元，共计列支职工福利费支出1 800万元。确定税前扣除的职工福利费支出的限额，应按允许税前扣除的工资总额12 000万元的14%计算扣除限额1 680万元，应调增应纳税所得额120万元。

工会经费的税务处理：当年该公司实际使用工会经费100万元，并取得《工会经费收入专用收据》，根据税法规定的扣除限额为240万元(12 000×2%)，实际发生的工会经费能在当年度全额扣除。

职工教育经费的税务处理：当年该公司实际在管理费用中列支职工教育经费300万元，实际发生职工教育经费支出230万元，根据税法规定的扣除限额为960万元(12 000×8%)，实际发生的职工教育经费230万元可全额扣除，还可以扣除以前年度待结转扣除金额30万元。所以，账载金额300万元，本年允许税前扣除金额260万元，应作纳税调增40万元。

社会保险的税务处理：企业账面计提的社会基本保障缴款及住房公积金，是依照国务院有关主管部门或者省级人民政府规定的范围和标准列支的，但其未实际缴纳的441万元，在2020年不允许扣除，会计与税法上存在暂时性差异，应做调增应纳税所得额，留待以后实际支付年度税前扣除(调减应纳税所得额)。对于实际缴纳补充养老保险、补充医疗保险按财税〔2009〕27号文件的规定，其扣除限额均为600万元(12 000×5%)，因此企业列支的补充医疗保险可以全额扣除。

商业保险的税务处理：企业购买的平安团体年金保险(分红型)，不属于按国家有关规定为特殊工种职工支付的人身安全保险费，也不是国务院财政、税务主管部门规定可以扣除商业保险费，因此对此商业保险税前不予扣除，应调增应纳税所得额。

表2-4-25　　　　职工薪酬支出及纳税调整明细表(A105050)(局部)　　　　单位：万元

行次	项目	账载金额	实际发生额	税收规定扣除率	以前年度累计结转扣除额	税收金额	纳税调整金额	累计结转以后年度扣除额
		1	2	3	4	5	6(1-5)	7(2+4-5)
1	一、工资薪金支出	12 000	12 000	*	*	120 000	0	*
2	其中：股权激励			*	*			*
3	二、职工福利费支出	1 800	1 800	1 680	*	1 680	120	*
4	三、职工教育经费支出	300	230		30	260	40	0
5	其中：按税收规定比例扣除的职工教育经费	300	230		30	260	40	0
6	按税收规定全额扣除的职工培训费用				*			*
7	四、工会经费支出	100	100	240	*	100	0	*
8	五、各类基本社会保障性缴款	3 852	3 531	*	*	3 531	321	*
9	六、住房公积金	1 440	1 320	*	*	1 320	120	*
10	七、补充养老保险	600	600	*	*	600	0	*
11	八、补充医疗保险	480	480	*	*	480	0	*
12	九、其他	3 800	3 800			0	3 800	
13	合计(1+3+4+7+8+9+10+11+12)	24 372	23 861	*	30	19 691	4 681	0

表 2-4-26　　　　　　纳税调整项目明细表(A105000)(局部)　　　　　　单位：万元

行次	项目	账载金额 1	税收金额 2	调增金额 3	调减金额 4
12	二、扣除类调整项目(13+14+…+24+26+27+28+29+30)	*	*	4 681	
14	(二)职工薪酬(填写 A105050)	24 272	19 591	4 681	0

第五节　资产折旧、摊销及纳税调整明细表填报解析

《资产折旧、摊销及纳税调整明细表》(A105080)适用于发生资产折旧、摊销的纳税人填报。纳税人根据税法和税收规范性文件等相关规定，以及国家统一企业会计制度，填报资产折旧、摊销的会计处理、税收规定，以及纳税调整情况。纳税人只要发生相关事项，均需填报本表。

一、固定资产折旧

(一)固定资产折旧普适规定

1. 相关规定

1) 概念

《企业所得税法实施条例》第五十七条规定，企业所得税法第十一条所称固定资产，是指企业为生产产品、提供劳务、出租或者经营管理而持有的、使用时间超过 12 个月的非货币性资产，包括房屋、建筑物、机器、机械、运输工具，以及其他与生产经营活动有关的设备、器具、工具等。

2) 计税基础

《企业所得税法实施条例》第五十八条规定，固定资产按照以下方法确定计税基础：

(1) 外购的固定资产，以购买价款和支付的相关税费以及直接归属于使该资产达到预定用途发生的其他支出为计税基础。

(2) 自行建造的固定资产，以竣工结算前发生的支出为计税基础。

(3) 融资租入的固定资产，以租赁合同约定的付款总额和承租人在签订租赁合同过程中发生的相关费用为计税基础，租赁合同未约定付款总额的，以该资产的公允价值和承租人在签订租赁合同过程中发生的相关费用为计税基础。

(4) 盘盈的固定资产，以同类固定资产的重置完全价值为计税基础。

(5) 通过捐赠、投资、非货币性资产交换、债务重组等方式取得的固定资产，以该资产的公允价值和支付的相关税费为计税基础。

(6) 改建的固定资产，除企业所得税法第十三条第(一)项和第(二)项规定的支出外，以改建过程中发生的改建支出增加计税基础。

《企业所得税法实施条例》第五十六条规定，企业的各项资产，包括固定资产、生物资

产、无形资产、长期待摊费用、投资资产、存货等,以历史成本为计税基础。历史成本,是指企业取得该项资产时实际发生的支出。企业持有各项资产期间资产增值或者减值,除国务院财政、税务主管部门规定可以确认损益外,不得调整该资产的计税基础。

需要关注的是,《企业所得税法实施条例》第二十八条规定,企业的不征税收入用于支出所形成的费用或者财产,不得扣除或者计算对应的折旧、摊销扣除。

注:即不征税收入用于支出形成的资产其计税基础为零。

《财政部 国家税务总局关于企业重组业务企业所得税处理若干问题的通知》(财税〔2009〕59号)和《国家税务总局关于发布〈企业重组业务企业所得税管理办法〉的公告》(国家税务总局公告2010年第4号)规定,资产收购适用特殊性税务处理的,受让方取得转让方资产计税基础,以被转让资产的原有计税基础确定。企业合并适用特殊性税务处理的,合并企业接受被合并企业资产的计税基础,以在被合并企业的原有计税基础确定。企业分立适用特殊性税务处理的,分立企业接受被分立企业资产的计税基础,以被分立企业的原有计税基础确定。以上交易中涉及股权支付的,需要相应的调整资产的计税基础。

《国家税务总局关于融资性售后回租业务中承租方出售资产行为有关税收问题的公告》(国家税务总局公告2010年第13号)规定,根据现行企业所得税法及有关收入确定规定,融资性售后回租业务中,承租人出售资产的行为,不确认为销售收入,对融资性租赁的资产,仍按承租人出售前原账面价值作为计税基础计提折旧。

《国家税务总局关于贯彻落实企业所得税法若干税收问题的通知》(国税函〔2010〕79号)第五条规定,企业固定资产投入使用后,由于工程款项尚未结清未取得全额发票的,可暂按合同规定的金额计入固定资产计税基础计提折旧,待发票取得后进行调整。但该项调整应在固定资产投入使用后12个月内进行。

《国家税务总局关于企业所得税若干问题的公告》(国家税务总局公告2011年第34号)第四条规定,企业对房屋、建筑物固定资产在未足额提取折旧前进行改扩建的,如属于推倒重置的,该资产原值减除提取折旧后的净值,应并入重置后的固定资产计税成本,并在该固定资产投入使用后的次月起,按照税法规定的折旧年限,一并计提折旧;如属于提升功能、增加面积的,该固定资产的改扩建支出,并入该固定资产计税基础,并从改扩建完工投入使用后的次月起,重新按税法规定的该固定资产折旧年限计提折旧,如该改扩建后的固定资产尚可使用的年限低于税法规定的最低年限的,可以按尚可使用的年限计提折旧。

《国家税务总局关于煤矿企业维简费和高危行业企业安全生产费用企业所得税税前扣除问题的公告》(国家税务总局公告2011年第26号)规定,2011年5月1日起,本公告实施前,企业按照有关规定提取的、且在税前扣除的煤矿企业维简费和高危行业企业安全生产费用,已用于资产投资、并形成相关资产部分成本的,该资产成本扣除上述部分成本后的余额,作为该资产的计税基础,按照企业所得税法规定的资产折旧或摊销年限,从本公告实施之日的次月开始,就该资产剩余折旧年限计算折旧或摊销费用,并在税前扣除。

《国家税务总局关于企业维简费支出企业所得税税前扣除问题的公告》(国家税务总局公告2013年第67号)规定,除了煤矿企业外(煤矿企业执行国家税务总局公告2011年第26号),企业在本公告实施前按照有关规定提取且已经在当期税前扣除的维简费,已用于资产投资并形成相关资产全部成本的,该资产提取的折旧或费用摊销额,不得税前扣除;已用于资产投资并形成相关资产部分成本的,该资产提取的折旧或费用摊销额中与该部分成本对应的部分,不得税前扣除。

《国家税务总局关于发布〈企业政策性搬迁所得税管理办法〉的公告》(国家税务总局公告 2012 年第 40 号)第十一条规定,企业搬迁的资产,简单安装或不需要安装即可继续使用的,在该项资产重新投入使用后,就其净值按《企业所得税法》及其实施条例规定的该资产尚未折旧或摊销的年限,继续计提折旧或摊销。

《国家税务总局关于发布〈企业政策性搬迁所得税管理办法〉的公告》(国家税务总局公告 2012 年第 40 号)第十二条规定,企业搬迁的资产,需要进行大修理后才能重新使用的,应就该资产的净值,加上大修理过程所发生的支出,为该资产的计税成本。在该项资产重新投入使用后,按该资产尚可使用的年限,计提折旧或摊销。

《国家税务总局关于发布〈企业政策性搬迁所得税管理办法〉的公告》(国家税务总局公告 2012 年第 40 号)第十三条规定,企业搬迁中被征用的土地,采取土地置换的,换入土地的计税成本按被征用土地的净值,以及该换入土地投入使用前所发生的各项费用支出,为该换入土地的计税成本,在该换入土地投入使用后,按《企业所得税法》及其实施条例规定年限摊销。

《国家税务总局关于企业政策性搬迁所得税有关问题的公告》(国家税务总局公告 2013 年第 11 号)规定,企业政策性搬迁被征用的资产,采取资产置换的,其换入资产的计税成本按被征用资产的净值,加上换入资产所支付的税费(涉及补价,还应加上补价款)计算确定。

《国家税务总局关于企业所得税应纳税所得额若干问题的公告》(国家税务总局公告 2014 年第 29 号)第一条"企业接收政府划入资产的企业所得税处理"规定,县级以上人民政府(包括政府有关部门,下同)将国有资产明确以股权投资方式投入企业,企业应作为国家资本金(包括资本公积)处理。该项资产如为非货币性资产,应按政府确定的接收价值确定计税基础。

《国家税务总局关于企业所得税应纳税所得额若干问题的公告》(国家税务总局公告 2014 年第 29 号)第二条规定,企业接收股东划入资产的企业所得税处理:

(1) 企业接收股东划入资产(包括股东赠予资产、上市公司在股权分置改革过程中接收原非流通股股东和新非流通股股东赠予的资产、股东放弃本企业的股权,下同),凡合同、协议约定作为资本金(包括资本公积)且在会计上已做实际处理的,不计入企业的收入总额,企业应按公允价值确定该项资产的计税基础。

(2) 企业接收股东划入资产,凡作为收入处理的,应按公允价值计入收入总额,计算缴纳企业所得税,同时按公允价值确定该项资产的计税基础。

《国家税务总局关于全民所有制企业公司制改制企业所得税处理问题的公告》(国家税务总局公告 2017 年第 34 号)规定,全民所有制企业改制为国有独资公司或者国有全资子公司,属于财税〔2009〕59 号文件第四条规定的"企业发生其他法律形式简单改变"的,可依照以下规定进行企业所得税处理:改制中资产评估增值不计入应纳税所得额;资产的计税基础按其原有计税基础确定;资产增值部分的折旧或者摊销不得在税前扣除。

《财政部 国家税务总局关于促进企业重组有关企业所得税处理问题的通知》(财税

〔2014〕109号)规定,股权或资产适用特殊性税务处理的,划入方企业取得被划转股权或资产的计税基础,以被划转股权或资产的原账面净值确定。

注:会计上提取减值准备的固定资产,不得减少其计税基础。

3)净残值

《企业所得税法实施条例》第五十九条规定,企业应当根据固定资产的性质和使用情况,合理确定固定资产的预计净残值。固定资产的预计净残值一经确定,不得变更。

4)不得计提折旧的固定资产

《企业所得税法》第十一条规定,在计算应纳税所得额时,企业按照规定计算的固定资产折旧,准予扣除。

下列固定资产不得计算折旧扣除:

(1) 房屋、建筑物以外未投入使用的固定资产。
(2) 以经营租赁方式租入的固定资产。
(3) 以融资租赁方式租出的固定资产。
(4) 已足额提取折旧仍继续使用的固定资产。
(5) 与经营活动无关的固定资产。
(6) 单独估价作为固定资产入账的土地。
(7) 其他不得计算折旧扣除的固定资产。

《国家税务总局关于印发〈房地产开发经营业务企业所得税处理办法〉的通知》(国税发〔2009〕31号)第二十四条规定,企业开发产品转为自用的,其实际使用时间累计未超过12个月又销售的,不得在税前扣除折旧费用。

5)折旧方法

《企业所得税法实施条例》第五十九条规定,固定资产按照直线法计算的折旧,准予扣除。

企业应当自固定资产投入使用月份的次月起计算折旧;停止使用的固定资产,应当自停止使用月份的次月起停止计算折旧。

《企业所得税法实施条例》第六十一条规定,从事开采石油、天然气等矿产资源的企业,在开始商业性生产前发生的费用和有关固定资产的折耗、折旧方法,由国务院财政、税务主管部门另行规定。

《财政部 国家税务总局关于开采油(气)资源企业费用和有关固定资产折耗摊销折旧税务处理问题的通知》(财税〔2009〕49号)规定,从事开采石油、天然气(包括煤层气,下同)的矿产资源油气企业在开始商业性生产之前发生的开发支出,可不分用途,全部累计作为开发资产的成本,自对应的油(气)田开始商业性生产月份的次月起,可不留残值,按直线法计提的折旧准予扣除,其最低折旧年限为8年。

6)折旧年限一般规定

《企业所得税法实施条例》第六十条规定,除国务院财政、税务主管部门另有规定外,固定资产计算折旧的最低年限如下:

(1) 房屋、建筑物,为20年。
(2) 飞机、火车、轮船、机器、机械和其他生产设备,为10年。

(3) 与生产经营活动有关的器具、工具、家具等,为 5 年。

(4) 飞机、火车、轮船以外的运输工具,为 4 年。

(5) 电子设备,为 3 年。

《国家税务总局关于企业所得税应纳税所得额若干问题的公告》(国家税务总局公告 2014 年第 29 号)规定,企业固定资产会计折旧年限如果短于税法规定的最低折旧年限,其按会计折旧年限计提的折旧高于按税法规定的最低折旧年限计提的折旧部分,应调增当期应纳税所得额;企业固定资产会计折旧年限已期满且会计折旧已提足,但税法规定的最低折旧年限尚未到期且税收折旧尚未足额扣除,其未足额扣除的部分准予在剩余的税收折旧年限继续按规定扣除。

企业固定资产会计折旧年限如果长于税法规定的最低折旧年限,其折旧应按会计折旧年限计算扣除,税法另有规定除外。

企业按会计规定提取的固定资产减值准备,不得税前扣除,其折旧仍按税法确定的固定资产计税基础计算扣除。

石油天然气开采企业在计提油气资产折耗(折旧)时,由于会计与税法规定计算方法不同导致的折耗(折旧)差异,应按税法规定进行纳税调整。

2. 申报表填报重点关注

表 2-5-1　　　　资产折旧、摊销及纳税调整明细表(A105080)(局部)

行次	项目		账载金额			税收金额					纳税调整金额
			资产原值	本年折旧、摊销额	累计折旧、摊销额	资产计税基础	税收折旧、摊销额	享受加速折旧政策的资产按税收一般规定计算的折旧、摊销额	加速折旧、摊销统计额	累计折旧、摊销额	
			1	2	3	4	5	6	7(5-6)	8	9(2-5)
1	一、固定资产(2+3+4+5+6+7)							*		*	
2	所有固定资产	(一)房屋、建筑物						*		*	
3		(二)飞机、火车、轮船、机器、机械和其他生产设备						*		*	
4		(三)与生产经营活动有关的器具、工具、家具等						*		*	
5		(四)飞机、火车、轮船以外的运输工具						*		*	
6		(五)电子设备						*		*	
7		(六)其他						*		*	

对于不征税收入形成的资产,其折旧、摊销额不得税前扣除。第 4 列至第 8 列税收金额不包含不征税收入所形成资产的折旧、摊销额。

第 2 行至第 7 行:填报各类资产有关情况。

第 1 列"资产原值":填报纳税人会计处理计提折旧、摊销的资产原值(或历史成本)的金额。

第 2 列"本年折旧、摊销额":填报纳税人会计核算的本年资产折旧、摊销额。

第 3 列"累计折旧、摊销额":填报纳税人会计核算的累计(含本年)资产折旧、摊销额。

第 4 列"资产计税基础":填报纳税人按照税收规定据以计算折旧、摊销的资产原值(或历史成本)的金额。

第 5 列"税收折旧、摊销额":填报纳税人按照税收规定计算的允许税前扣除的本年资产折旧、摊销额。

第 7 列"加速折旧、摊销统计额":用于统计纳税人享受各类固定资产加速折旧政策的优惠金额,按第 5-6 列金额填报。

第 8 列"累计折旧、摊销额":填报纳税人按照税收规定计算的累计(含本年)资产折旧、摊销额。

第 9 列"纳税调整金额":填报第 2-5 列金额。

3. 常见涉税风险

1) 关注融资性质资产的税会差异

一是购买固定资产的价款超过正常信用条件延期支付,实质上具有融资性质的,固定资产的成本以购买价款的现值为基础确定。实际支付的价款与购买价款的现值之间的差额,除按照《企业会计准则第 17 号——借款费用》应予资本化的以外,应当在信用期间内计入当期损益。按购入固定资产所支付买价的现值,借记"固定资产"科目;按应该支付的价款,贷记"长期应付款"科目;按差额借记"未确认融资费用"科目;然后采用实际利率法计算确定当期应负担的利息费用,借记"财务费用"科目,贷记"未确认融资费用"科目。税收政策中并未规定延期、分期付款的情况。如果企业存在延期付款和分期付款取得固定资产的,会计计量和税收政策的计税基础存在差异,同时,会计核算上还存在"未确认融资费用"的摊销问题,需要进行纳税调整。

二是对于融资租入固定资产,《企业会计准则》规定承租企业应单设"融资租入固定资产"明细科目进行核算。企业应在租赁期开始日,将租赁开始日租赁资产的公允价值与最低租赁付款现值两者中较低者,加上在租赁谈判和签订租赁合同过程中发生的可直接归属于租赁项目的手续费、律师费、差旅费、印花税等初始直接费用,作为融资租入固定资产的入账价值。税法并未规定计算最低租赁付款额的现值,而是按照租赁合同约定的付款总额和签订合同过程中发生的相关费用为计税基础,导致融资租入固定资产的计税基础大于会计初始成本。这种差异与分期付款购买固定资产的处理方式相同。

2) 关注试运行收入带来的税会差异

固定资产建造完成前发生的试运行收入,会计规定冲减固定资产的成本,税法要求计入当期收入,这会导致固定资产的会计成本与计税基础存在差异。

3) 关注借款费用资产入账的税会差异

借款费用税会上可以资本化的金额不同,停止资本化的时间也不同。会计规定固定资产达到预定可使用状态前发生的借款利息,只要满足资本化条件的均可以资本化,计入固定资产成本;税法规定,非金融企业向非金融企业借款的利息支出,超过按照金融企业同期同类贷款利率计算的数额部分不可以税前扣除。如果企业计入固定资产的利息费用是向非金融企业的借款形成的,超过按照金融企业同期同类贷款利率计算的数额部分,会计核算允许计入固定资产成本,税法不允许确认,使固定资产的计税基础小于会计成本,在固定资产折旧年限内需纳税调整。

4) 关注盘盈固定资产的税会差异

《企业会计准则第 4 号——固定资产》取消了盘盈固定资产的初始计量的有关规定,但在《企业会计准则第 28 号——会计政策、会计估计变更和差错更正》中将它作为以前年度会计差错处理,按照重置完全价值确认盘盈资产的入账价值,通过"以前年度损益调整"科目核算,调整年初未分配利润。其入账价值与税法计税基础基本一致,但税法规定资产溢余收入属于当年应税收入,两者在确认损益的时间上存在差异。

注:小企业会计准则规定,盘盈固定资产的成本,应当按照同类或者类似固定资产的市场价格或评估价值,扣除按照该项固定资产新旧程度估计的折旧后的余额确定。与企业所得税法一致,一般不存在差异。

5) 关注固定资产改建支出的税会差异

对于固定资产的改建支出,税收上一般要求在原来确定的计税基础之上增加计税基础,会计则通过"在建工程"科目重新确定改建后固定资产的入账价值,致使改建后的固定资产的入账价值与计税基础会有差异。

6) 关注非货币性资产交换得到的资产的税会差异

非货币性资产交换采用成本模式计量时,会计规定一般规定以换出资产的账面价值加上支付的相关税费作为换入资产的入账价值,与税法存在差异。除非货币性资产交换采用成本模式计量外,通过捐赠、投资、非货币性资产交换、债务重组等方式取得的固定资产,入账成本采用了公允价值模式,与税法基本一致。

4. 申报表案例填报解析

【案例 2-8】 2015 年 12 月,甲公司购进一台生产用设备,价值 1 000 万元,增值税 170 万元,通过银行转账付讫。预计使用年限为 5 年(税法规定不短于 5 年),预计净残值为 50 万元,采用平均年限法计提折旧。2017 年年末,公司发现该设备发生减值,预计可回收金额为 350 万元,剩余使用年限为 2 年,预计净残值不变。

【解析】 2015 年 12 月甲公司购进设备入账价值 1 000 万元,与计税基础相同,不存在差异。

2016、2017 年各提取折旧 190 万元[(1 000−50)÷5]计入制造费用,会计处理与税务处理一致。

2017 年年末计提减值准备 270 万元(1 000−190×2−350),不得在税前扣除,应申报调增应纳税所得额 270 万元。2017 年申报表列示如表 2-5-2 所示。

表 2-5-2　　　　　　纳税调整项目明细表(A105000)(局部)　　　　　　单位:元

行次	项目	账载金额 1	税收金额 2	调增金额 3	调减金额 4
	……				
33	(二)资产减值准备金	2 700 000	*	2 700 000	
	……				
45	合计(1+12+31+36+43+44)	*	*	2 700 000	

2018年和2019年每年应提取折旧150万元[(350－50)÷2]。甲公司按税法规定每年可在税前提取折旧190万元,而实际每年提取折旧为150万元,因此应当每年申报调减应纳税所得额40万元(190－150)。2018年申报表列示如表2-5-3、表2-5-4所示。

表2-5-3　　　　　资产折旧、摊销及纳税调整明细表(A105080)(局部)　　　　　单位:元

行次	项目	账载金额			税收金额				纳税调整金额
		资产原值	本年折旧、摊销额	累计折旧、摊销额	资产计税基础	税收折旧、摊销额	…	累计折旧、摊销额	
		1	2	3	4	5		8	9(2－5)
1	一、固定资产(2+3+4+5+6+7)								
2	所有固定资产 (一)房屋、建筑物					*			
3	(二)……其他生产设备	10 000 000	1 500 000	5 300 000	10 000 000	1 900 000	*	5 700 000	－400 000
41	合计(1+18+21+33+39+40)	10 000 000	1 500 000	5 300 000	10 000 000	1 900 000	*	5 700 000	－400 000

表2-5-4　　　　　　　纳税调整项目明细表(A105000)(局部)　　　　　　　单位:元

行次	项目	账载金额	税收金额	调增金额	调减金额
		1	2	3	4
31	三、资产类调整项目(32+33+34+35)	*	*		
32	(一)资产折旧、摊销(填写A105080)	1 500 000	1 900 000		400 000

2019年,略。

2020年,甲公司按税法规定可在税前提取折旧190万元,会计实际提取的折旧为0,因此应当申报调减应纳税所得额190万元。2020年申报表列示如下表:

表2-5-5　　　　　资产折旧、摊销及纳税调整明细表(A105080)(局部)　　　　　单位:元

行次	项目	账载金额			税收金额				纳税调整金额
		资产原值	本年折旧、摊销额	累计折旧、摊销额	资产计税基础	税收折旧、摊销额	…	累计折旧、摊销额	
		1	2	3	4	5		8	9(2－5)
1	一、固定资产(2+3+4+5+6+7)								
2	所有固定资产 (一)房屋、建筑物					*			
3	(二)……其他生产设备	10 000 000	0	6 800 000	10 000 000	1 900 000	*	9 500 000	－1 900 000
14	(七)技术进步、更新换代固定资产加速折旧								*
41	合计(1+18+21+33+39+40)	10 000 000	0	6 800 000	10 000 000	1 900 000	*	9 500 000	－1 900 000

表2-5-6　　　　　　　纳税调整项目明细表(A105000)(局部)　　　　　　　单位:元

行次	项目	账载金额	税收金额	调增金额	调减金额
		1	2	3	4
31	三、资产类调整项目(32+33+34+35)	*	*		
32	(一)资产折旧、摊销(填写A105080)	0	1 900 000		1 900 000

至此,甲公司因计提减值准备而发生的暂时性差异全部转回(270－40×2－190＝0)。

【案例 2-9】 2017 年 1 月 1 日,A 公司从 B 公司购入一台需要安装的大型机械设备,安装工期一年。合同约定设备价款采用分 5 年等额支付的方式结算,设备总价款 12 000 000 元(不含税),每年年末支付 2 400 000 元;假定增值税款在交付设备并开具增值税专用发票时一次性支付。设备安装过程中另发生安装费用 500 000 元(不含税),A 公司以银行存款支付。设备至 2017 年年末安装完成投入使用,假设按照直线法计提折旧,折旧年限 10 年,预计净残值 150 000 元,A 公司采用的折现率为 8%,分析 A 公司的会计与税务处理的差异及其纳税调整。

【解析】(1)2017 年 A 公司购买设备交付安装,年底投入使用,按照《企业会计准则第 4 号——固定资产》的规定,计算固定资产的入账价值,确认分摊未确认的融资费用。

购买价款的现值＝2 400 000×(P/A,8%,5)＝2 400 000×3.993＝9 583 200(元)。

未确认融资费用＝12 000 000－9 583 200＝2 416 800(元)。

2017 年 1 月 1 日 A 公司的会计处理如下:

借:在建工程　　　　　　　　　　　　　　　　　　　　　　　　9 583 200.00
　　未确认融资费用　　　　　　　　　　　　　　　　　　　　　2 416 800.00
　　贷:长期应付款　　　　　　　　　　　　　　　　　　　　　12 000 000.00
借:应交税费——应交增值税——进项税额　　　　　　　　　　　2 040 000.00
　　贷:银行存款　　　　　　　　　　　　　　　　　　　　　　 2 040 000.00

(2)确认信用期间未确认融资费用的分摊额。

每年分摊未确认融资费用如表 2-5-7 所示。

表 2-5-7　　　　　未确认融资费用分摊表　　　　　　　单位:元

日期	分期付款额	确认的融资费用	应付本金减少额	应付本金余额
①	②	③＝期初⑤×8%	④＝②－③	期末⑤＝期初⑤－④
2017.12.31				9 583 200.00
2017.12.31	2 400 000.00	766 656.00	1 633 344.00	7 949 856.00
2018.12.31	2 400 000.00	635 988.48	1 764 011.52	6 185 844.48
2019.12.31	2 400 000.00	494 867.56	1 905 132.44	4 280 712.04
2020.12.31	2 400 000.00	342 456.96	2 057 543.04	2 223 169.00
2021.12.31	2 400 000.00	176 830.998 5(最后一年为倒挤)	2 223 169.00	0.00
合计	12 000 000.00	2 239 969.00	9 583 200.00	

2017 年 1 月 1 日至 2017 年 12 月 31 日为设备的安装期间,未确认融资费用的分摊额符合资本化条件,计入固定资产成本;当期发生的设备安装费 500 000 元也应计入固定资产成本。

发生设备安装费:

借:在建工程　　　　　　　　　　　　　　　　　　　　　　　　　500 000.00
　　应交税费——应交增值税——进项税额　　　　　　　　　　　　 55 000.00
　　贷:银行存款　　　　　　　　　　　　　　　　　　　　　　　 555 000.00

2017年12月31日A公司支付购设备款及分摊未确认融资费用的账务处理如下：

应分摊未确认融资费用＝9 583 200×8％＝766 656(元)。

即会计上认为当期支付的2 400 000元设备购置款中包含利息766 656元与本金1 633 344元(2 400 000－766 656)，利息金额符合资本化条件，计入固定资产成本：

借：在建工程　　　　　　　　　　　　　　　　766 656.00
　　贷：未确认融资费用　　　　　　　　　　　　　　766 656.00
借：长期应付款　　　　　　　　　　　　　　　2 400 000.00
　　贷：银行存款　　　　　　　　　　　　　　　　　2 400 000.00

2017年12月31日设备安装完成投入使用，固定资产的入账价值＝9 583 200＋500 000＋766 656＝10 849 856(元)。

借：固定资产　　　　　　　　　　　　　　　　10 849 856.00
　　贷：在建工程　　　　　　　　　　　　　　　　10 849 856.00

该项固定资产的税收上计税基础为12 500 000元，与入账价值10 849 856元相比，差额为1 650 144元。因为2017年分摊的未确认融资费用计入固定资产成本，不形成损益，故无需纳税调整。

2018年1月1日至2021年12月31日，该设备已经达到预定可使用状态，未确认融资费用的分摊额不再符合资本化条件，应计入当期损益。

2018年12月31日：

应分摊未确认融资费用＝[9 583 200－(2 400 000－766 656)]×8％＝7 949 856×8％＝635 988.48(元)。

借：财务费用　　　　　　　　　　　　　　　　635 988.48
　　贷：未确认融资费用　　　　　　　　　　　　　　635 988.48
借：长期应付款　　　　　　　　　　　　　　　2 400 000.00
　　贷：银行存款　　　　　　　　　　　　　　　　　2 400 000.00

从2018—2027年，每年会计上可计提折旧额＝(10 849 856－150 000)÷10＝1 069 985.6(元)。

借：制造费用　　　　　　　　　　　　　　　　1 069 985.60
　　贷：累计折旧　　　　　　　　　　　　　　　　　1 069 985.60

以后期间的账务处理与2018年12月31日相同，此略。

2018年年末，A公司确认未确认融资费用635 988.48元、计提固定资产折旧1 069 985.6元。

税收上，该项固定资产的计税基础为12 500 000万元，每年税前可以扣除的折旧额＝(12 500 000－150 000)÷10＝1 235 000(元)，会计年折旧额1 069 985.6元，两者之差165 014.4元需纳税调减。

从2018—2021年，会计将"未确认融资费用"分4年陆续确认为当期"财务费用"时，税前不可以扣除，按照每年确认的财务费用金额作纳税调增处理。2018年申报如表2-5-8、表2-5-9所示。(其余年份略)。

表 2-5-8　　　资产折旧、摊销及纳税调整明细表(A105080)(局部)　　　　单位:元

行次	项目	账载金额			税收金额				纳税调整金额
		资产原值	本年折旧摊销额	累计折旧摊销额	资产计税基础	税收折旧摊销额	…	累计折旧摊销额	
		1	2	3	4	5		8	9(2-5)
1	一、固定资产(2+3+4+5+6+7)								
2	（一）房屋、建筑物						*		
3	（二）……和其他生产设备	10 849 856.00	1 069 985.60	1 069 985.60	12 500 000.00	1 235 000.00	*	1 235 000.00	-165 014.00
14	（七）技术进步、更新换代固定资产加速折旧								*

（所有固定资产）

表 2-5-9　　　　　纳税调整项目明细表(A105000)（局部）　　　　　　单位:元

行次	项　目	账载金额	税收金额	调增金额	调减金额
		1	2	3	4
12	二、扣除类调整项目(13+14+…+24+26+27+28+29+30)	*	*		
22	（十）与未实现融资收益相关在当期确认的财务费用	635 988.48	0	635 988.48	
31	三、资产类调整项目(32+33+34+35)	*	*		
32	（一）资产折旧、摊销（填写 A105080）	1 069 985.60	1 235 000.00		165 014.40
46	合计(1+12+31+36+43+44)	*	*	635 988.48	165 014.40

在固定资产的全部使用寿命期间内,税前可以扣除的累计折旧金额为 12 350 000 元(12 500 000-150 000)。会计提取的全部折旧额为 10 699 856 元(10 849 856-150 000),累计调减 1 650 144 元;每期调增的财务费用之和也为 1 650 144 元(2 416 800-766 656),两者相等。

综上,分期付款方式购进固定资产,会计确认的入账价值与税法确认的计税基础之间的差异,通过未来折旧费用和未确认融资费用进行调整。

（二）加速折旧规定

分为一般企业加速折旧、重要行业企业加速折旧以及其他固定资产折旧。其中一般企业加速折旧对企业纳税人所属行业以及使用的固定资产用途等没有太多的现值,属于符合要求普遍适用的优惠政策。重要行业企业的加速折旧对纳税人所属行业、固定资产使用范围、固定资产支付对价金额等都做了相对的限制,只有符合条件的特定行业的纳税人才能享受政策。

1. 相关规定

1）一般企业加速折旧

《企业所得税法》第三十二条规定,企业的固定资产由于技术进步等原因,确需加速折旧的,可以缩短折旧年限或者采取加速折旧的方法。

《企业所得税法实施条例》第九十八条规定,企业所得税法第三十二条所称可以采取缩短折旧年限或者采取加速折旧的方法的固定资产,包括:

(1) 由于技术进步,产品更新换代较快的固定资产。

(2) 常年处于强震动、高腐蚀状态的固定资产。

采取缩短折旧年限方法的,最低折旧年限不得低于本条例第六十条规定折旧年限的

60%；采取加速折旧方法的，可以采取双倍余额递减法或者年数总和法。

《国家税务总局关于企业固定资产加速折旧所得税处理有关问题的通知》（国税发〔2009〕81号，以下简称国税发〔2009〕81号文件）第一条规定，根据《企业所得税法》第三十二条及《企业所得税法实施条例》第九十八条的相关规定，企业拥有并用于生产经营的主要或关键的固定资产，由于以下原因确需加速折旧的，可以缩短折旧年限或者采取加速折旧的方法：

（1）由于技术进步，产品更新换代较快的。

（2）常年处于强震动、高腐蚀状态的。

国税发〔2009〕81号文件第二条规定，企业拥有并使用的固定资产符合本通知第一条规定的，可按以下情况分别处理：

（1）企业过去没有使用过与该项固定资产功能相同或类似的固定资产，但有充分的证据证明该固定资产的预计使用年限短于《企业所得税法实施条例》规定的计算折旧最低年限的，企业可根据该固定资产的预计使用年限和本通知的规定，对该固定资产采取缩短折旧年限或者加速折旧的方法。

（2）企业在原有的固定资产未达到《企业所得税法实施条例》规定的最低折旧年限前，使用功能相同或类似的新固定资产替代旧固定资产的，企业可根据旧固定资产的实际使用年限和本通知的规定，对新替代的固定资产采取缩短折旧年限或者加速折旧的方法。

国税发〔2009〕81号文件第三条规定，企业采取缩短折旧年限方法的，对其购置的新固定资产，最低折旧年限不得低于《企业所得税法实施条例》第六十条规定的折旧年限的60%；若为购置已使用过的固定资产，其最低折旧年限不得低于《企业所得税法实施条例》规定的最低折旧年限减去已使用年限后剩余年限的60%。最低折旧年限一经确定，一般不得变更。

国税发〔2009〕81号文件第四条规定，企业拥有并使用符合本通知第一条规定条件的固定资产采取加速折旧方法的，可以采用双倍余额递减法或者年数总和法。加速折旧方法一经确定，一般不得变更。

（1）双倍余额递减法，是指在不考虑固定资产预计净残值的情况下，根据每期期初固定资产原值减去累计折旧后的金额和双倍的直线法折旧率计算固定资产折旧的一种方法。应用这种方法计算折旧额时，由于每年年初固定资产净值没有减去预计净残值，所以在计算固定资产折旧额时，应在其折旧年限到期前的两年期间，将固定资产净值减去预计净残值后的余额平均摊销。计算公式如下：

$$年折旧率 = 2 \div 预计使用寿命（年） \times 100\%$$

$$月折旧率 = 年折旧率 \div 12$$

$$月折旧额 = 月初固定资产账面净值 \times 月折旧率$$

（2）年数总和法，又称年限合计法，是指将固定资产的原值减去预计净残值后的余额，乘以一个以固定资产尚可使用寿命为分子、以预计使用寿命逐年数字之和为分母的逐年递减的分数计算每年的折旧额。计算公式如下：

$$年折旧率 = 尚可使用年限 \div 预计使用寿命的年数总和 \times 100\%$$

$$月折旧率 = 年折旧率 \div 12$$

$$月折旧额 = （固定资产原值 - 预计净残值） \times 月折旧率$$

国税发〔2009〕81号文件第六条规定,对于采取缩短折旧年限的固定资产,足额计提折旧后继续使用而未进行处置(包括报废等情形)超过12个月的,今后对其更新替代、改造改建后形成的功能相同或者类似的固定资产,不得再采取缩短折旧年限的方法。

2) 重要行业企业加速折旧

《财政部 国家税务总局关于完善固定资产加速折旧企业所得税政策的通知》(财税〔2014〕75号)、《国家税务总局关于固定资产加速折旧税收政策有关问题的公告》(国家税务总局公告2014年第64号)、《财政部 国家税务总局关于进一步完善固定资产加速折旧企业所得税政策的通知》(财税〔2015〕106号)、《国家税务总局关于进一步完善固定资产加速折旧企业所得税政策有关问题的公告》(国家税务总局公告2015年第68号)、《财政部 税务总局关于扩大固定资产加速折旧优惠政策适用范围的公告》(财政部 税务总局公告2019年第66号)规定如下:

对生物药品制造业,专用设备制造业,铁路、船舶、航空航天和其他运输设备制造业,计算机、通信和其他电子设备制造业,仪器仪表制造业,信息传输、软件和信息技术服务业六大行业(以下简称六大行业),2014年1月1日后购进的固定资产(包括自行建造),允许按不低于《企业所得税法》规定折旧年限的60%缩短折旧年限,或选择采取双倍余额递减法或年数总和法进行加速折旧。对轻工、纺织、机械、汽车四个领域重点行业企业2015年1月1日后购进的固定资产,允许按照不低于《企业所得税法》规定的折旧年限的60%缩短折旧年限,或选择双倍余额递减法或年数总和法进行加速折旧。

自2019年1月1日起,全部制造业企业均适用财税〔2014〕75号文件和财税〔2015〕106号文件规定的固定资产加速折旧优惠事项。

制造业按照国家统计局《国民经济行业分类与代码(CB/4754—2017)》确定。相关部门在以后年度更新行业分类的,从其规定。制造业企业是指以制造业行业业务为主营业务,其固定资产投入使用当年的主营业务收入占企业收入总额50%(不含)以上的企业。所称收入总额,是指《企业所得税法》第六条规定的收入总额。

企业的固定资产既符合相关文件规定的制造业领域企业加速折旧优惠政策条件,同时又符合国税发〔2009〕81号文件、财税〔2012〕27号文件中相关加速折旧政策条件的,可由企业选择其中最优惠的政策执行,且一经选择,不得改变。

对六大行业的小型微利企业2014年1月1日后购进的研发和生产经营共用的仪器、设备,对四个领域重点行业企业的小型微利企业2015年1月1日后新购进的研发和生产经营共用的仪器、设备,对全部制造业领域的小型微利企业2019年1月1日后购进的研发和生产经营共用的仪器、设备,单位价值超过100万元的,允许按不低于《企业所得税法》规定折旧年限的60%缩短折旧年限,或选择采取双倍余额递减法或年数总和法进行加速折旧。

3) 其他固定资产加速折旧

《财政部 国家税务总局关于进一步鼓励软件产业和集成电路产业发展企业所得税政策的通知》(财税〔2012〕27号)第七条规定,企业外购的软件,凡符合固定资产或无形资产确认条件的,可以按照固定资产或无形资产进行核算,其折旧或摊销年限可以适当缩短,最短可为2年(含)。

《财政部 国家税务总局关于进一步鼓励软件产业和集成电路产业发展企业所得税政

策的通知》(财税〔2012〕27号)第八条规定,集成电路生产企业的生产设备,其折旧年限可以适当缩短,最短可为3年(含)。

2. 申报表填报重点关注

表 2-5-10　　　　资产折旧、摊销及纳税调整明细表(A105080)(局部)

行次	项目	账载金额			税收金额					纳税调整金额
		资产原值	本年折旧、摊销额	累计折旧、摊销额	资产计税基础	税收折旧、摊销额	享受加速折旧政策的资产按税收一般规定计算的折旧、摊销额	加速折旧、摊销统计额	累计折旧、摊销额	
		1	2	3	4	5	6	7(5−6)	8	9(2−5)
8	其中:享受固定资产加速折旧及一次性扣除政策的资产加速折旧额大于一般折旧额的部分	(一)重要行业固定资产加速折旧(不含一次性扣除)								*
9		(二)其他行业研发设备加速折旧								
10		(三)海南自由贸易港企业固定资产加速折旧								
14		(七)技术进步、更新换代固定资产加速折旧								*
15		(八)常年强震动、高腐蚀固定资产加速折旧								*
16		(九)外购软件加速折旧								*
17		(十)集成电路企业生产设备加速折旧								*

第8行至第17行:填报纳税人享受相关加速折旧优惠政策的资产有关情况及优惠统计情况。

第8行"(一)重要行业固定资产加速折旧":适用于符合财税〔2014〕75号、财税〔2015〕106号和财政部、税务总局公告2019年第66号文件规定的制造业,信息传输、软件和信息技术服务业行业(以下简称重要行业)的企业填报,填报新购进固定资产享受加速折旧政策的有关情况及优惠统计情况。重要行业纳税人按照上述文件规定享受固定资产一次性扣除政策的资产情况在第11行"(四)500万元以下设备器具一次性扣除"中填报。

第9行"(二)其他行业研发设备加速折旧":适用于重要行业以外的其他企业填报,填报单位价值超过100万元以上专用研发设备采取缩短折旧年限或加速折旧方法的有关情况及优惠统计情况。

第10行"(三)海南自由贸易港企业固定资产加速折旧",适用于在海南自由贸易港设立的企业填报,填报新购置(含自建)500万元以上的固定资产,按照税收规定采取缩短折旧年限或加速折旧方法的有关情况及优惠统计情况。若固定资产同时符合重要行业加速折旧政策条件,纳税人自行选择在本表第8行或本行填报,但不得重复填报。

第14行"(七)技术进步、更新换代固定资产加速折旧":填报固定资产因技术进步、产品更新换代较快而按税收规定享受固定资产加速折旧政策的有关情况及优惠统计情况。

第15行"(八)常年强震动、高腐蚀固定资产加速折旧":填报常年处于强震动、高腐蚀状态的固定资产按税收规定享受固定资产加速折旧政策的有关情况及优惠统计情况。

第16行"(九)外购软件加速折旧":填报企业外购软件作为固定资产处理,按财税〔2012〕27号文件规定享受加速折旧政策的有关情况及优惠统计情况。

第 17 行"(十)集成电路企业生产设备加速折旧":填报集成电路生产企业的生产设备,按照财税〔2012〕27 号文件规定享受加速折旧政策的有关情况及优惠统计情况。

第 1 列"资产原值":填报纳税人会计处理计提折旧、摊销的资产原值(或历史成本)的金额。

第 2 列"本年折旧、摊销额":填报纳税人会计核算的本年资产折旧、摊销额。

第 3 列"累计折旧、摊销额":填报纳税人会计核算的累计(含本年)资产折旧、摊销额。

第 4 列"资产计税基础":填报纳税人按照税收规定据以计算折旧、摊销的资产原值(或历史成本)的金额。

第 5 列"税收折旧、摊销额":填报纳税人按照税收规定计算的允许税前扣除的本年资产折旧、摊销额。

第 8 行至第 17 行、第 30 行至第 32 行第 5 列"税收折旧、摊销额":填报享受相关加速折旧、摊销优惠政策的资产,采取税收加速折旧、摊销或一次性扣除方式计算的税收折旧额合计金额、摊销额合计金额。本列仅填报"税收折旧、摊销额"大于"享受加速折旧政策的资产按税收一般规定计算的折旧、摊销额"月份的金额合计。如,享受加速折旧、摊销优惠政策的资产,发生本年度某些月份其"税收折旧、摊销额"大于"享受加速折旧政策的资产按税收一般规定计算的折旧、摊销额",其余月份其"税收折旧、摊销额"小于"享受加速折旧政策的资产按税收一般规定计算的折旧、摊销额"的情形,仅填报"税收折旧、摊销额"大于"享受加速折旧政策的资产按税收一般规定计算的折旧、摊销额"月份的税收折旧额合计金额、摊销额合计金额。

第 6 列"享受加速折旧政策的资产按税收一般规定计算的折旧、摊销额":仅适用于第 8 行至第 17 行、第 30 行至第 32 行,填报纳税人享受加速折旧、摊销优惠政策的资产,按照税收一般规定计算的折旧额合计金额、摊销额合计金额。按照税收一般规定计算的折旧、摊销额,是指该资产在不享受加速折旧、摊销优惠政策情况下,按照税收规定的最低折旧年限以直线法计算的折旧额、摊销额。本列仅填报"税收折旧、摊销额"大于"享受加速折旧政策的资产按税收一般规定计算的折旧、摊销额"月份的按税收一般规定计算的折旧额合计金额、摊销额合计金额。

第 7 列"加速折旧、摊销统计额":用于统计纳税人享受各类固定资产加速折旧政策的优惠金额,按第 5—6 列金额填报。

第 8 列"累计折旧、摊销额":填报纳税人按照税收规定计算的累计(含本年)资产折旧、摊销额。

第 9 列"纳税调整金额":填报第 2—5 列金额。

3. 常见涉税风险

纳税人未准确掌握资产折旧摊销中相关的税法规定,未通过申报进行税会差异调整。

4. 申报表填报案例解析

【案例 2-10】 A 制造企业 2019 年 6 月购入甲设备一台,入账价值 324 000 元,预计净残值为 0,采用平均年限法计提折旧,会计按 6 年折旧,税收按规定不短于 10 年折旧,资产初始入账价值与计税基础相同。2018 年 2 月购入专门用于研发活动的乙设备,入账价值 1 210 000 元,与计税基础相同,会计按平均年限法计提折旧,折旧年限 10 年,净残值 10 000 元。按照税法规定,可以采用缩短折旧年限方式加速折旧,纳税申报时按照 6 年计提折旧。2020 年甲、乙设备会计处理如下:

(1) 甲设备 2020 年会计计提折旧＝324 000÷6＝54 000(元)。

(2) 乙设备 2020 年会计计提折旧＝(1 210 000－10 000)÷10＝120 000(元)。

(3) 二项设备合计金额：

设备原值＝324 000＋1 210 000＝1 534 000(元)。

2020 年会计折旧＝54 000＋120 000＝174 000(元)。

累计至 2020 年会计共折旧＝54 000×1.5＋120 000×34÷12＝421 000(元)。

【解析】 (1) 甲设备 2020 年可税前扣除折旧额＝324 000÷10＝32 400(元)，需纳税调增＝54 000－32 400＝21 600(元)。

(2) 乙设备购入时价值 100 万元以上的研发设备可缩短折旧年限，2020 年度可税前扣除折旧＝(1 210 000－10 000)÷6＝200 000(元)，2020 年度予以纳税调减额＝200 000－120 000＝80 000(元)。

(3) 二项设备合计金额。

计税基础＝324 000＋1 210 000＝1 534 000(元)。

2020 年税收折旧＝32 400＋200 000＝232 400(元)。

累计至 2020 年税收共折旧＝32 400×1.5＋200 000×34÷12＝615 266.67(元)。

2020 年共计调整＝174 000－232 400＝－58 400(元)。

2020 年申报表填报如表 2-5-11 所示。

表 2-5-11　　资产折旧、摊销及纳税调整明细表(A105080)(局部)　　　　单位：元

行次	项目		账载金额			税收金额					纳税调整金额
			资产原值	本年折旧、摊销额	累计折旧、摊销额	资产计税基础	税收折旧、摊销额	享受加速折旧政策的资产按税收一般规定计算的折旧、摊销额	加速折旧统计额	累计折旧、摊销额	
			1	2	3	4	5	6	7(5−6)	8	9(2−5)
1	一、固定资产(2+3+4+5+6+7)							*	*		
2		(一) 房屋、建筑物						*	*		
3	所有固定资产	(二) 飞机、火车、轮船、机器、机械和其他生产设备	1 534 000	174 000	421 000	1 534 000	232 400	*	*	615 266.67	−58 400
8	其中：享受固定资产加速折旧及一次性扣除政策的资产加速折旧大于一般折旧额的部分	(一) 重要行业固定资产加速折旧(不含一次性扣除)									*
9		(二) 其他行业研发设备加速折旧	1 210 000	120 000	340 000	1 210 000	200 000	120 000	80 000	566 666.67	*
10		(三) 海南自由贸易港企业固定资产加速折旧									*
11		(四) 500 万元以下设备器具一次性扣除									*

（三）一次性税前扣除

1. 相关规定

《财政部 国家税务总局关于完善固定资产加速折旧企业所得税政策的通知》（财税〔2014〕75号）、《国家税务总局关于固定资产加速折旧税收政策有关问题的公告》（国家税务总局公告2014年第64号）、《财政部 国家税务总局关于进一步完善固定资产加速折旧企业所得税政策的通知》（财税〔2015〕106号）、《国家税务总局关于进一步完善固定资产加速折旧企业所得税政策有关问题的公告》（国家税务总局公告2015年第68号）、《财政部 国家税务总局关于设备、器具扣除有关企业所得税政策的通知》（财税〔2018〕54号）和《国家税务总局关于设备、器具扣除有关企业所得税政策执行问题的公告》（税务总局公告2018年第46号）、《关于扩大固定资产加速折旧优惠政策适用范围的公告》（财政部 税务总局公告2019年第66号）、《财政部 国家税务总局关于支持新型冠状病毒感染的肺炎疫情防控有关税收政策的公告》（财政部 国家税务总局公告2020年第8号）、《财政部 税务总局关于海南自由贸易港企业所得税优惠政策的通知》（财税〔2020〕31号，以下简称财税〔2020〕31号文件）规定如下：

对所有行业企业：持有的固定资产，单位价值不超过5 000元的，可以一次性在计算应纳税所得额时扣除；2014年1月1日后购进的专门用于研发活动的仪器、设备，单位价值不超过100万元的，可以一次性在计算应纳税所得额时扣除；在2018年1月1日至2020年12月31日新购进的设备、器具，单位价值不超过500万元的，允许一次性计入当期成本费用在计算应纳税所得额是扣除。

对特定行业小型微利企业：对六大行业的小型微利企业2014年1月1日后购进的研发和生产经营共用的仪器、设备，对四大领域重点行业企业小型微利企业2015年1月1日后新购进的研发和生产经营共用的仪器、设备，对制造业领域小型微利企业2019年1月1日后购进的研发和生产经营共用的仪器、设备，单位价值不超过100万元的，可以一次性在计算应纳税所得额时扣除。

对肺炎疫情防控重点保障物资企业：自2020年1月1日起，对新型冠状病毒感染的肺炎疫情防控重点保障物资生产企业为扩大产能新购置的相关设备，允许一次性计入当期成本费用在企业所得税税前扣除，该政策执行至2020年12月31日。

对在海南自由贸易港设立的企业：自2020年1月1日起执行至2024年12月31日，对在海南自由贸易港设立的企业，新购置（含自建、自行开发）固定资产或无形资产，单位价值不超过500万元（含）的，允许一次性计入当期成本费用在计算应纳税所得额时扣除，不再分年度计算折旧和摊销；新购置（含自建、自行开发）固定资产或无形资产，单位价值超过500万元的，可以缩短折旧、摊销年限或采取加速折旧、摊销的方法。所称固定资产，是指除房屋、建筑物以外的固定资产。

2. 申报表填报重点关注

第11行"（四）500万元以下设备器具一次性扣除"：填报新购进单位价值不超过500万元的设备、器具等，按照税收规定一次性扣除的有关情况及优惠统计情况。对疫情防控重点保障物资生产企业，其为扩大产能新购置的相关设备价值不超过500万元的，其按照税收规定一次性扣除的有关情况及优惠统计情况在本行填列。

表 2-5-12　　　　　　资产折旧、摊销及纳税调整明细表（A105080）（局部）

行次	项目	账载金额			税收金额				纳税调整金额
		资产原值	本年折旧、摊销额	累计折旧、摊销额	资产计税基础	税收折旧、摊销额	享受加速折旧政策的资产按税收一般规定计算的折旧、摊销额	加速折旧、摊销统计额	累计折旧、摊销额	
		1	2	3	4	5	6	7(5-6)	8	9(2-5)
11	其中：享受固定资产加速折旧及一次性扣除政策的资产加速折旧额大于一般折旧额的部分	（四）500万元以下设备器具一次性扣除								*
12		（五）疫情防控重点保障物资生产企业单价500万元以上设备一次性扣除								*
13		（六）海南自由贸易港企业固定资产一次性扣除								*

第12行"（五）疫情防控重点保障物资生产企业单价500万元以上设备一次性扣除"，填报疫情防控重点保障物资生产企业单价500万元以上设备，按照税收规定一次性扣除的有关情况及优惠统计情况。

第13行"（六）海南自由贸易港企业固定资产一次性扣除"：填报海南自由贸易港企业新购置（含自建）固定资产，按照税收规定采取一次性摊销方法的有关情况及优惠统计情况。若固定资产同时符合"500万元以下设备器具一次性扣除"政策的，由纳税人自行选择在第11行或本行填报，但不得重复填报。

3. 常见涉税风险

纳税人未准确掌握一次性扣除相关的税法规定，未通过申报进行税会差异调整。

4. 申报表填报案例解析

【案例2-11】 A公司系增值税一般纳税人，2020年6月30日购入设备360万元（取得发票，资产投入使用），A公司采取直线法折旧，2020年计提折旧额36万元。在税收上A公司将2020年新购入的设备在税前一次性扣除。假设不考虑其他资产情况。

【解析】 企业在2020年1月1日至2022年12月31日新购进的设备、器具，单位价值不超过500万元的，允许一次性计入当期成本费用在计算应纳税所得额时扣除，不再分年度计算折旧；2020年A公司购入设备360万元，可以一次性在税前扣除。会计上对该项设备2020年计提折旧额36万元，可税前扣除360万元，在年度纳税申报时可一次性纳税调减324万元，2020年申报表填写如表2-5-13所示。

表 2-5-13　　资产折旧、摊销及纳税调整明细表（A105080）（局部）　　　　　单位：元

行次	项目		账载金额			税收金额				纳税调整金额
			资产原值	本年折旧、摊销额	累计折旧、摊销额	资产计税基础	税收折旧、摊销额	享受加速折旧政策的资产按税收一般规定计算的折旧、摊销额	加速折旧、摊销统计额	累计折旧、摊销额	
			1	2	3	4	5	6	7(5−6)	8	9(2−5)
1	一、固定资产(2+3+4+5+6+7)							*	*		
3	所有固定资产	（二）飞机、火车、轮船、机器、机械和其他生产设备	3 600 000	360 000	360 000	3 600 000	3 600 000	*	*	3 600 000	−3 240 000
10	其中：享受固定资产加速折旧及一次性扣除政策的资产加速折旧额大于一般折旧额的部分	（四）500万元以下设备器具一次性扣除	3 600 000	360 000	360 000	3 600 000	3 600 000	360 000	3 240 000	3 600 000	*

二、生产性生物资产折旧

（一）相关规定

1. 概念

《企业所得税法实施条例》第六十二条规定，生产性生物资产，是指企业为生产农产品、提供劳务或者出租等而持有的生物资产，包括经济林、薪炭林、产畜和役畜等。

2. 计税基础

《企业所得税法实施条例》第六十二条规定，生产性生物资产按照以下方法确定计税基础：

（1）外购的生产性生物资产，以购买价款和支付的相关税费为计税基础。

（2）通过捐赠、投资、非货币性资产交换、债务重组等方式取得的生产性生物资产，以该资产的公允价值和支付的相关税费为计税基础。

3. 净残值

《企业所得税法实施条例》第六十三条规定，企业应当根据生产性生物资产的性质和使用情况，合理确定生产性生物资产的预计净残值。生产性生物资产的预计净残值一经确定，不得变更。

4. 折旧方法

《企业所得税法实施条例》第六十三条规定，生产性生物资产按照直线法计算的折旧，

准予扣除。

企业应当自生产性生物资产投入使用月份的次月起计算折旧；停止使用的生产性生物资产，应当自停止使用月份的次月起停止计算折旧。

5. 折旧年限

《企业所得税法实施条例》第六十四条规定，生产性生物资产计算折旧的最低年限如下：

（1）林木类生产性生物资产，为 10 年。

（2）畜类生产性生物资产，为 3 年。

（二）申报表填报重点关注

表 2-5-14　　　　　资产折旧、摊销及纳税调整明细表（A105080）（局部）

行次	项目	账载金额			税收金额					纳税调整金额
		资产原值	本年折旧、摊销额	累计折旧、摊销额	资产计税基础	税收折旧、摊销额	享受加速折旧政策的资产按税收一般规定计算的折旧、摊销额	加速折旧、摊销统计额	累计折旧、摊销额	
		1	2	3	4	5	6	7(5-6)	8	9(2-5)
18	二、生产性生物资产(19+20)							*	*	
19	（一）林木类							*	*	
20	（二）畜类							*	*	

填报纳税人享受相关加速折旧、摊销优惠政策的资产有关情况及优惠统计情况。

（三）常见涉税风险

1. 税收上生物资产仅认可直线法折旧扣除

《企业会计准则第 5 号——生物资产》规定，企业可以选择的生产性生物资产折旧方法包括年限平均法、工作量法、产量法等。《企业所得税法》规定，生产性生物资产按照直线法计算的折旧，准予扣除。这说明企业可以根据自身的特殊情况采取其他折旧方法计提折旧，但在涉及缴纳企业所得税时，应按税法规定的直线法作纳税调整。

2. 关注生物资产折旧年限的税会差异

一是税法只规定了最低折旧年限。企业的生产性生物资产折旧年限如果不低于税法规定的最低年限，计提的折旧可以按会计处理扣除；二是企业的生产性生物资产会计折旧年限如果短于税法规定的最低折旧年限，其按会计折旧年限计提的折旧额高于按税法规定的最低折旧年限计提的折旧额，应调增当期应纳税所得额；三是企业的生产性生物资产会计折旧年限已期满且会计折旧已提足，但税法规定的最低折旧年限尚未到期且税收折旧尚未足额扣除，其未足额扣除的部分准予在剩余的税收折旧年限继续按规定扣除。

（四）申报表填报案例解析

【案例 2-12】 某农业企业 2020 年 8 月购入种猪 100 头，用于猪苗繁殖等，共支付金额 140 000 元，会计和税法上均选择折旧 3 年。

【解析】

2020 年当年该批种猪作为生物性资产共折旧 140 000÷3×4÷12＝15 555.56（元）。

表 2-5-15　　　　资产折旧、摊销及纳税调整明细表（A105080）　　　　　单位：元

行次	项目	账载金额			税收金额					纳税调整金额
		资产原值	本年折旧、摊销额	累计折旧、摊销额	资产计税基础	税收折旧、摊销额	享受加速折旧政策的资产按税收一般规定计算的折旧、摊销额	加速折旧、摊销统计额	累计折旧、摊销额	
		1	2	3	4	5	6	7(5-6)	8	9(2-5)
18	二、生产性生物资产(19+20)	140 000	15 555.56	15 555.56	140 000	15 555.56	*	*	15 555.56	0
19	（一）林木类						*	*		
20	（二）畜类	140 000	15 555.56	15 555.56	140 000	15 555.56	*	*	15 555.56	0

三、无形资产摊销

（一）相关规定

1. 概念

《企业所得税法实施条例》第六十五条规定，企业所得税法第十二条所称无形资产，是指企业为生产产品、提供劳务、出租或者经营管理而持有的、没有实物形态的非货币性长期资产，包括专利权、商标权、著作权、土地使用权、非专利技术、商誉等。

2. 计税基础

《企业所得税法实施条例》第六十六条规定，无形资产按照以下方法确定计税基础：

（1）外购的无形资产，以购买价款和支付的相关税费以及直接归属于使该资产达到预定用途发生的其他支出为计税基础。

（2）自行开发的无形资产，以开发过程中该资产符合资本化条件后至达到预定用途前发生的支出为计税基础。

（3）通过捐赠、投资、非货币性资产交换、债务重组等方式取得的无形资产，以该资产的公允价值和支付的相关税费为计税基础。

3. 不得税前摊销扣除的无形资产

《企业所得税法》第十二条规定，在计算应纳税所得额时，企业按照规定计算的无形资产摊销费用，准予扣除。

下列无形资产不得计算摊销费用扣除：

（1）自行开发的支出已在计算应纳税所得额时扣除的无形资产。

（2）自创商誉。

（3）与经营活动无关的无形资产。

（4）其他不得计算摊销费用扣除的无形资产。

4. 摊销年限

《企业所得税法实施条例》第六十七条规定，无形资产按照直线法计算的摊销费用，准予扣除。

无形资产的摊销年限不得低于10年。

作为投资或者受让的无形资产,有关法律规定或者合同约定了使用年限的,可以按照规定或者约定的使用年限分期摊销。

《财政部 国家税务总局关于开采油(气)资源企业费用和有关固定资产折耗摊销 折旧税务处理问题的通知》(财税〔2009〕49号)规定,油气企业在开始商业性生产前发生的矿区权益支出,可在发生的当期,从本企业其他油(气)田收入中扣除;或者自对应的油(气)田开始商业性生产月份的次月起,分3年按直线法计提的折耗准予扣除。

(二)申报表填报重点关注

第22行至29行:填报各类资产有关情况。

第30行"(一)企业外购软件加速摊销":填报企业外购软件作无形资产处理,按财税〔2012〕27号文件规定享受加速摊销政策的有关情况及优惠统计情况。

第31行"(二)海南自由贸易港企业无形资产加速摊销":填报海南自由贸易港企业新购置(含自行开发)无形资产,按照税收规定采取缩短摊销年限或加速摊销方法的有关情况及优惠统计情况。

第32行"(三)海南自由贸易港企业无形资产一次性摊销":填报海南自由贸易港企业新购置(含自行开发)无形资产,按照税收规定采取一次性摊销方法的有关情况及优惠统计情况。

表2-5-16 资产折旧、摊销及纳税调整明细表(A105080)(局部)

行次	项目		账载金额			税收金额					纳税调整金额
			资产原值	本年折旧、摊销额	累计折旧、摊销额	资产计税基础	税收折旧、摊销额	享受加速折旧政策的资产按税收一般规定计算的折旧、摊销额	加速折旧、摊销统计额	累计折旧、摊销额	
			1	2	3	4	5	6	7(5-6)	8	9(2-5)
21	三、无形资产(22+23+24+25+26+27+28+29)							*	*		
22	所有无形资产	(一)专利权						*	*		
23		(二)商标权						*	*		
24		(三)著作权						*	*		
25		(四)土地使用权						*	*		
26		(五)非专利技术						*	*		
27		(六)特许权使用费						*	*		
28		(七)软件						*	*		
29		(八)其他						*	*		
30	其中:享受无形资产加速摊销及一次性摊销政策的资产加速摊销额大于一般摊销额的部分	(一)企业外购软件加速摊销									*
31		(二)海南自由贸易港企业无形资产加速摊销									*
32		(三)海南自由贸易港企业无形资产一次性摊销									*

(三) 常见涉税风险

1. 关注融资性质无形资产摊销的税会差异

根据《企业会计准则第6号——无形资产》的规定,购买无形资产的价款超过正常信用条件延期支付,实质上具有融资性质的,无形资产的成本以购买价款的现值为基础确定。实际支付的价款与购买价款的现值之间的差额,除按《企业会计准则第17号——借款费用》应予资本化的以外,应当在信用期间内计入当期损益。税收政策中并未规定延期、分期付款的情况。如果企业存在延期付款和分期付款取得无形资产的情况,会计计量和计税基础存在差异,同时,会计核算上还存在"未确认融资费用"的摊销问题,需要进行纳税调整,可参照具有融资性质固定资产纳税调整处理。

2. 关注无形资产加计摊销问题

自行开发无形资产发生的研发支出,税法有加计扣除的税收优惠政策,会产生会计入账成本与税前扣除金额的差异。

3. 关注使用寿命不确定的无形资产的税会差异

《企业会计准则第6号——无形资产》规定,企业应当于取得无形资产时分析判断其使用寿命。无形资产的使用寿命为有限的,应当估计该使用寿命的年限或者构成使用寿命的产量等类似计量单位数量,其应摊销金额应当在使用寿命内合理摊销。无法预见无形资产为企业带来经济利益期限的,应当视为使用寿命不确定的无形资产,使用寿命不确定的无形资产不应摊销。对于后者,税法上仍需要进行摊销,与会计存在差异,需要进行纳税调整。

4. 关注非直线法进行会计摊销的无形资产

《企业会计准则第6号——无形资产》规定,企业选择的无形资产摊销方法,应当反映与该项无形资产有关的经济利益的预期实现方式,无法可靠确定预期实现方式的,应当采用直线法摊销。税收上无形资产均按直线法摊销,企业采用直线法以外的其他方法计算的摊销费用,要进行纳税调整。注意,适用小企业会计准则的无形资产一般不存在税会差异。

(四) 申报表填报案例解析

【案例2-13】 甲企业2020年1月18日购入一项A专利权,共支付不含税价款1 000万元。2020年3月18日,又购入B非专利技术,共支付不含税价款600万元。A专利权合同约定为5年,甲企业采用双倍余额递减法计提无形资产摊销,不考虑残值;B非专利技术由于预计使用寿命不确定,因此甲企业对其不计提无形资产摊销。A专利权和B非专利技术均在购入当月投入使用。不考虑增值税和资产减值影响:

甲企业会计分录处理如下(单位:万元):

(1) 2020年1月18日购入A专利权。

借:无形资产——A专利权　　　　　　　　　　　　　　　　　　1 000
　　贷:银行存款　　　　　　　　　　　　　　　　　　　　　　　　1 000

(2) 2020年3月18日购入B非专利技术。

借:无形资产——B非专利技术　　　　　　　　　　　　　　　　600
　　贷:银行存款　　　　　　　　　　　　　　　　　　　　　　　　　600

(3) 对 A 专利权无形资产进行摊销。

第 1 年(2020 年)摊销金额＝1 000÷5×2＝400(万元)。

借：管理费用　　　　　　　　　　　　　　　　　　　　　　400
　　贷：累计摊销　　　　　　　　　　　　　　　　　　　　　　400

【解析】 对于 A 专利权,由于合同约定使用寿命为 5 年,则在税法上按 5 年使用年限直线法进行摊销,2020 年 A 专利权累计摊销＝1 000÷5＝200(万元);对于 B 非专利技术,其会计上未进行摊销,税收规定需按最低 10 年进行摊销,假设甲企业选择 10 年期,则甲企业 B 非专利技术税法上 2020 年累计摊销＝600÷10÷12×10＝50(万元),申报表如表 2-5-17 所示。

表 2-5-17　　　　资产折旧、摊销及纳税调整明细表(A105080)　　　　单位:万元

行次	项目		账载金额			税收金额				纳税调整金额
			资产原值	本年折旧、摊销额	累计折旧、摊销额	资产计税基础	税收折旧、摊销额	享受加速折旧政策的资产按税收一般规定计算的折旧、摊销额	加速折旧、摊销统计额	累计折旧、摊销额	
			1	2	3	4	5	6	7(5－6)	8	9(2－5)
21	三、无形资产(22＋23＋24＋25＋26＋27＋28＋29)		1 600	400	400	1 600	250	*	*	250	150
22	所有无形资产	(一) 专利权	1 000	400	400	1 000	200	*	*	200	200
26		(五) 非专利技术	600	0	0	600	50	*	*	50	－50

四、长期待摊费用摊销

(一) 相关规定

1. 概念

《企业所得税法》第十三条规定,在计算应纳税所得额时,企业发生的下列支出作为长期待摊费用,按照规定摊销的,准予扣除。

(1) 已足额提取折旧的固定资产的改建支出。

(2) 租入固定资产的改建支出。

(3) 固定资产的大修理支出。

(4) 其他应当作为长期待摊费用的支出。

2. 摊销年限与摊销方法

《企业所得税法实施条例》第六十八条规定,企业所得税法第十三条第(一)项和第(二)项所称固定资产的改建支出,是指改变房屋或者建筑物结构、延长使用年限等发生的支出。

企业所得税法第十三条第(一)项规定的支出,按照固定资产预计尚可使用年限分期摊销;第(二)项规定的支出,按照合同约定的剩余租赁期限分期摊销。

改建的固定资产延长使用年限的,除企业所得税法第十三条第(一)项和第(二)项规定外,应当适当延长折旧年限。

已足额提取折旧的固定资产的改建支出,按照固定资产预计尚可使用年限分期摊销;租入固定资产的改建支出,按照合同约定的剩余租赁期限分期摊销。

《企业所得税法实施条例》第六十九条规定,固定资产的大修理支出,按照固定资产尚可使用年限分期摊销。固定资产的大修理支出,是指同时符合下列条件的支出:

(1) 修理支出达到取得固定资产时的计税基础50%以上。

(2) 修理后固定资产的使用年限延长2年以上。

《企业所得税法实施条例》第七十条规定,其他长期待摊费用支出,自支出发生月份的次月起,分期摊销,摊销年限不得低于3年。

《国家税务总局关于企业所得税若干税务事项衔接问题的通知》(国税函〔2009〕98号)第九条规定,开(筹)办费未明确列作长期待摊费用,企业可以在开始经营之日的当年一次性扣除,也可以按照税法有关长期待摊费用的处理规定处理,但一经选定,不得改变。企业在筹建期间,发生的与筹办活动有关的业务招待费支出,可按实际发生额的60%计入企业筹办费,并按有关规定在税前扣除。

(二) 申报表填报重点关注

表 2-5-18　　　　　　资产折旧、摊销及纳税调整明细表(A105080)

行次	项目	账载金额			税收金额					纳税调整金额
		资产原值	本年折旧、摊销额	累计折旧、摊销额	资产计税基础	税收折旧、摊销额	享受加速折旧政策的资产按税收一般规定计算的折旧、摊销额	加速折旧、摊销统计额	累计折旧、摊销额	
		1	2	3	4	5	6	7(5-6)	8	9(2-5)
33	四、长期待摊费用(34+35+36+37+38)						*	*		
34	(一) 已足额提取折旧的固定资产的改建支出						*	*		
35	(二) 租入固定资产的改建支出						*	*		
36	(三) 固定资产的大修理支出						*	*		
37	(四) 开办费						*	*		
38	(五) 其他						*	*		

(三) 常见涉税风险

1. 关注发生固定资产大修理支出可能存在的税会差异

会计准则规定,固定资产的日常修理费用、大修理费用等支出只是确保固定资产的正常工作状况,一般不产生未来的经济利益。因此,通常不符合固定资产的确认条件,在发生时应当计入当期损益。如果大修理后延长了固定资产的使用寿命,或使产品的质量得到实质性提高,或使产品成本实质性降低等,则应计入固定资产账面价值。所以,当企业固定资产的大修理支出资本化计入固定资产账面价值时,会计与税法基本一致。如果企业将固定资产大修理支出计入当期损益,而税法符合资本化条件分期摊销时,两者存在差异。

2. 关注筹建期间发生的业务招待费的税会差异

企业在筹建期间发生的业务招待费,会计准则规定开办费一次性计入当期损益,在管理费用中核算。税法规定,筹建期间发生的与筹办活动有关的业务招待费支出,可按实际发生额的60%计入企业筹办费,并按有关规定在税前扣除;其他开办费可以在开始生产经营的当年一次性扣除,也可以比照长期待摊费用的规定处理。若企业选择开办费一次性扣除,并且在一个纳税年度内筹建完成,则会计与税收没有差异;如果筹建期跨年度,或者企业选择摊销年限不低于3年扣除,则会计与税收之间存在差异,需通过年度纳税申报表调整。

(四) 申报表填报案例解析

【案例2-14】 2020年6月,A企业将一台设备送修,设备原值和计税基础均为23万元,最终因大修理支出支付金额12万元(不含税),延长了该设备使用年限2年,预计尚能使用4年,设备按直线法折旧,该企业财务人员基于判断将修理费进行了费用化处理,不考虑增值税和其他因素,会计处理如下:

借:管理费用　　　　　　　　　　　　　　　　　　　　　　　120 000
　　贷:银行存款　　　　　　　　　　　　　　　　　　　　　　120 000

【解析】 由于设备大修理支出已经满足《企业所得税法实施条例》第六十九条规定,因此税收上应增加计税基础,在固定资产尚可使用年限分期摊销,即按照设备预计尚能使用4年的时间摊销,存在税会差异,需要进行纳税调整。

2020年税前扣除金额=12÷4×6÷12=1.5(万元),需纳税调增12-1.5=10.5(万元)。

申报表填报如表2-5-19、表2-5-20所示。

表2-5-19　　　　纳税调整项目明细表(A105000)(局部)　　　　单位:万元

行次	项目	账载金额	税收金额	调增金额	调减金额
		1	2	3	4
12	二、扣除类调整项目(13+14+…+24+26+27+28+29+30)	*	*	12	0
30	(十七)其他	12	1.5	10.5	0
46	合计(1+12+31+36+44+45)	*	*	12	0

表2-5-20　　　资产折旧、摊销及纳税调整明细表(A105080)(局部)　　　单位:万元

行次	项目	账载金额			税收金额					纳税调整金额
		资产原值	本年折旧、摊销额	累计折旧、摊销额	资产计税基础	税收折旧、摊销额	享受加速折旧政策的资产按税收一般规定计算的折旧、摊销额	加速折旧、摊销统计额	累计折旧、摊销额	
		1	2	3	4	5	6	7(5-6)	8	9(2-5)
33	四、长期待摊费用(34+35+36+37+38)						*	*		
36	(三)固定资产的大修理支出	12	12	12	12	1.5	*		1.5	10.5

第六节　企业所得税弥补亏损明细表填报解析

《企业所得税弥补亏损明细表》(A106000)适用于发生弥补亏损、亏损结转等事项的纳税人填报。纳税人应当根据税法、《财政部　税务总局关于延长高新技术企业和科技型中小企业亏损结转年限的通知》(财税〔2018〕76号)、《国家税务总局关于延长高新技术企业和科技型中小企业亏损结转弥补年限有关企业所得税处理问题的公告》(国家税务总局公告2018年第45号)等相关规定,填报本表。

一、相关规定

(一)基本规定

《企业所得税法》第五条规定,企业每一纳税年度的收入总额,减除不征税收入、免税收入、各项扣除以及允许弥补的以前年度亏损后的余额,为应纳税所得额。

《企业所得税法》第十七条规定,企业在汇总计算缴纳企业所得税时,其境外营业机构的亏损不得抵减境内营业机构的盈利。

《企业所得税法实施条例》第十条规定,企业所得税法第五条所称亏损,是指企业依照企业所得税法和本条例的规定将每一纳税年度的收入总额减除不征税收入、免税收入和各项扣除后小于零的数额。

(二)弥补年限规定

《企业所得税法》第二十八条规定,企业纳税年度发生的亏损,准予向以后年度结转,用以后年度的所得弥补,但结转年限最长不得超过5年。

《财政部　税务总局关于延长高新技术企业和科技型中小企业亏损结转年限的通知》(财税〔2018〕76号)第一条规定,自2018年1月1日起,当年具备高新技术企业或科技型中小企业资格(以下统称资格)的企业,其具备资格年度之前5个年度发生的尚未弥补完的亏损,准予结转以后年度弥补,最长结转年限由5年延长至10年。

《国家税务总局关于延长高新技术企业和科技型中小企业亏损结转弥补年限有关企业所得税处理问题的公告》(国家税务总局公告2018年第45号)第一条规定,财税〔2018〕76号文件第一条所称当年具备高新技术企业或科技型中小企业资格(以下统称资格)的企业,其具备资格年度之前5个年度发生的尚未弥补完的亏损,是指当年具备资格的企业,其前5个年度无论是否具备资格,所发生的尚未弥补完的亏损。2018年具备资格的企业,无论2013年至2017年是否具备资格,其2013年至2017年发生的尚未弥补完的亏损,均准予结转以后年度弥补,最长结转年限为10年。2018年以后年度具备资格的企业,依此类推,进行亏损结转弥补税务处理。

《财政部　税务总局关于支持新型冠状病毒感染的肺炎疫情防控有关税收政策的公告》(财政部　税务总局公告2020年第8号)第四条规定,受疫情影响较大的困难行业企业2020年度发生的亏损,最长结转年限由5年延长至8年。

《国家税务总局关于支持新型冠状病毒感染的肺炎疫情防控有关税收征收管理事项的

公告》(国家税务总局公告2020年第4号)第十条规定,受疫情影响较大的困难行业企业按照8号公告第四条规定,适用延长亏损结转年限政策的,应当在2020年度企业所得税汇算清缴时,通过电子税务局提交《适用延长亏损结转年限政策声明》。

《财政部 税务总局关于电影等行业税费支持政策的公告》(财政部 税务总局公告2020年第25号)第二条规定,对电影行业企业2020年度发生的亏损,最长结转年限由5年延长至8年。电影行业企业限于电影制作、发行和放映等企业,不包括通过互联网、电信网、广播电视网等信息网络传播电影的企业。

《国家税务总局关于发布〈企业境外所得税收抵免操作指南〉的公告》(国家税务总局公告2010年第1号)规定,企业在同一纳税年度的境内外所得加总为正数的,其境外分支机构发生的亏损,由于上述结转弥补的限制而发生的未予弥补的部分(以下称为非实际亏损额),今后在该分支机构的结转弥补期限不受5年期限制。即:

(1) 如果企业当期境内外所得盈利额与亏损额加总后和为零或正数,则其当年度境外分支机构的非实际亏损额可无限期向后结转弥补;

(2) 如果企业当期境内外所得盈利额与亏损额加总后和为负数,则以境外分支机构的亏损额超过企业盈利额部分的实际亏损额,按企业所得税法第十八条规定的期限进行亏损弥补,未超过企业盈利额部分的非实际亏损额仍可无限期向后结转弥补。

(三) 弥补亏损特殊规定

1. 实际支出或损失追补确认的弥补亏损

《国家税务总局关于发布〈企业资产损失所得税税前扣除管理办法〉的公告》(国家税务总局公告2011年第25号)第六条规定,企业实际资产损失发生年度扣除追补确认的损失后出现亏损的,应先调整资产损失发生年度的亏损额,再按弥补亏损的原则计算以后年度多缴的企业所得税税款,并按上述办法进行税务处理。

《国家税务总局关于企业所得税应纳税所得额若干税务处理问题的公告》(国家税务总局公告2012年第15号)第六条规定,亏损企业追补确认以前年度未在企业所得税前扣除的支出,或盈利企业经过追补确认后出现亏损的,应首先调整该项支出所属年度的亏损额,然后再按照弥补亏损的原则计算以后年度多缴的企业所得税税款,并按上述规定处理。

2. 查增应纳税所得额的亏损弥补

《国家税务总局关于查增应纳税所得额弥补以前年度亏损处理问题的公告》(国家税务总局公告2010年第20号)规定,根据《企业所得税法》第五条的规定,税务机关对企业以前年度纳税情况进行检查时调增的应纳税所得额,凡企业以前年度发生亏损、且该亏损属于企业所得税法规定允许弥补的,应允许调增的应纳税所得额弥补该亏损。弥补该亏损后仍有余额的,按照企业所得税法规定计算缴纳企业所得税。

《国家税务总局关于印发〈跨地区经营汇总纳税企业所得税征收管理办法〉的公告》(国家税务总局公告2012年第57号)规定,二级分支机构所在地主管税务机关自行对其主管二级分支机构实施税务检查,可对查实项目按照《企业所得税法》的规定自行计算查增的应纳税所得额和应纳税额。计算查增的应纳税所得额时,应减除允许弥补的汇总纳税企业以前年度亏损;对于需由总机构统一计算的税前扣除项目,不得由分支机构自行计算调整。

3. 筹办期的亏损弥补

《国家税务总局关于贯彻落实企业所得税法若干税收问题的通知》(国税函〔2010〕79号)规定,企业自开始生产经营的年度,为开始计算企业损益的年度。企业从事生产经营之前进行筹办活动期间发生筹办费用支出,不得计算为当期的亏损,应按照《国家税务总局关于企业所得税若干税务事项衔接问题的通知》(国税函〔2009〕98号)第九条规定执行。

4. 政策性搬迁的亏损弥补

《国家税务总局关于发布〈企业政策性搬迁所得税管理办法〉的公告》(国家税务总局公告2012年第40号)第二十一条规定,企业以前年度发生尚未弥补的亏损的,凡企业由于搬迁停止生产经营无所得的,从搬迁年度次年起,至搬迁完成年度前一年度止,可作为停止生产经营活动年度,从法定亏损结转弥补年限中减除;企业边搬迁、边生产的,其亏损结转年度应连续计算。

5. 企业重组的亏损弥补

《财政部 国家税务总局关于企业重组业务企业所得税处理若干问题的通知》(财税〔2009〕59号)规定,在企业重组一般性税务处理下:企业合并,被合并企业的亏损不得在合并企业结转弥补;企业分立,企业分立相关企业的亏损不得相互结转弥补。

在企业重组特殊性税务处理下:企业合并,可由合并企业弥补的被合并企业亏损的限额=被合并企业净资产公允价值×截至合并业务发生当年年末国家发行的最长期限的国债利率;企业分立,被分立企业未超过法定弥补期限的亏损额可按分立资产占全部资产的比例进行分配,由分立企业继续弥补。

6. 高新技术企业或科技型中小企业适用特殊性税务处理的弥补亏损

《国家税务总局关于延长高新技术企业和科技型中小企业亏损结转弥补年限有关企业所得税处理问题的公告》(国家税务总局公告2018年第45号)第三条规定,企业发生符合特殊性税务处理规定的合并或分立重组事项的,其尚未弥补完的亏损,按照《财政部 国家税务总局关于企业重组业务企业所得税处理若干问题的通知》(财税〔2009〕59号)和国家税务总局公告2018年第45号有关规定进行税务处理:

(1) 合并企业承继被合并企业尚未弥补完的亏损的结转年限,按照被合并企业的亏损结转年限确定。

(2) 分立企业承继被分立企业尚未弥补完的亏损的结转年限,按照被分立企业的亏损结转年限确定。

(3) 合并企业或分立企业具备资格的,其承继被合并企业或被分立企业尚未弥补完的亏损的结转年限,按照财税〔2018〕76号文件第一条和国家税务总局公告2018年第45号第一条规定处理。

二、申报表填报重点关注

第1列"年度":填报公历年度。纳税人应首先填报第11行"本年度"对应的公历年度,再依次从第10行往第1行倒推填报以前年度。纳税人发生政策性搬迁事项,如停止生产经营活动年度可以从法定亏损结转弥补年限中减除,则按可弥补亏损年度进行填报。本年度是指申报所属期年度,如:纳税人在2019年5月10日进行2018年度企业所得税年度纳申报时,本年度(申报所属期年度)为2018年。

表2-6-1　　　　　　　企业所得税弥补亏损明细表(A106000)

行次	项目	年度	当年境内所得额	分立转出的亏损额	合并、分立转入的亏损额			弥补亏损企业类型	当年亏损额	当年待弥补的亏损额	用本年度所得额弥补的以前年度亏损额		当年可结转以后年度弥补的亏损额
					可弥补年限5年	可弥补年限8年	可弥补年限10年				使用境内所得弥补	使用境外所得弥补	
		1	2	3	4	5	6	7	8	9	10	11	12
1	前十年度												
2	前九年度												
3	前八年度												
4	前七年度												
5	前六年度												
6	前五年度												
7	前四年度												
8	前三年度												
9	前二年度												
10	前一年度												
11	本年度												
12								可结转以后年度弥补的亏损额合计					

＊ 纳税人弥补以前年度亏损时,应按照"先到期亏损先弥补,同时到期亏损先发生的先弥补"的原则处理。

第2列"当年境内所得额":第11行填报表A100000第19-20行金额。第1行至第10行填报以前年度主表第23行(2013年及以前纳税年度)、以前年度表A106000第6行第2列(2014至2017纳税年度)、以前年度表A106000第11行第2列的金额(亏损以负数表示)。发生查补以前年度应纳税所得额、追补以前年度未能税前扣除的实际资产损失等情况的,按照相应调整后的金额填报。

第3列"分立转出的亏损额":填报本年度企业分立按照企业重组特殊性税务处理规定转出的符合条件的亏损额。分立转出的亏损额按亏损所属年度填报,转出亏损的亏损额以正数表示。

第4列"合并、分立转入的亏损额-可弥补年限5年":填报企业符合企业重组特殊性税务处理规定,因合并或分立本年度转入的不超过5年亏损弥补年限规定的亏损额。合并、分立转入的亏损额按亏损所属年度填报,转入的亏损额以负数表示。

第5列"合并、分立转入的亏损额-可弥补年限8年":填报企业符合企业重组特殊性税务处理规定,因合并或分立本年度转入的不超过8年亏损弥补年限规定的亏损额。合并、分立转入的亏损额按亏损所属年度填报,转入的亏损额以负数表示。

第6列"合并、分立转入的亏损额-可弥补年限10年":填报企业符合企业重组特殊性税务处理规定,因合并或分立本年度转入的不超过10年亏损弥补年限规定的亏损额。合并、分立转入的亏损额按亏损所属年度填报,转入的亏损额以负数表示。

第7列"弥补亏损企业类型":纳税人根据不同年度情况从《弥补亏损企业类型代码表》

中选择相应的代码填入本项。不同类型纳税人的亏损结转年限不同,纳税人选择"一般企业"是指亏损结转年限为5年的纳税人;"符合条件的高新技术企业""符合条件的科技型中小企业"是指符合《财政部 税务总局关于延长高新技术企业和科技型中小企业亏损结转年限的通知》(财税〔2018〕76号)、《国家税务总局关于延长高新技术企业和科技型中小企业亏损结转弥补年限有关企业所得税处理问题的公告》(国家税务总局公告2018年第45号)等文件规定,亏损结转年限为10年的纳税人;"线宽小于130纳米(含)的集成电路生产企业"是指符合《财政部 税务总局 发展改革委 工业和信息化部关于促进集成电路和软件产业高质量发展企业所得税政策的公告》(财政部 税务总局 发展改革委 工业和信息化部公告2020年第45号)等文件规定,亏损结转年限为10年的纳税人;"受疫情影响困难行业企业"是指符合《财政部 税务总局关于支持新型冠状病毒感染的肺炎疫情防控有关税收政策的公告》(财政部 税务总局公告2020年第8号)等文件规定的受疫情影响较大的困难行业企业2020年度发生的亏损,最长结转年限由5年延长至8年的纳税人;"电影行业企业"是指《财政部 税务总局关于电影等行业税费支持政策的公告》(财政部 税务总局公告2020年第25号)规定的电影行业企业2020年度发生的亏损,最长结转年限由5年延长至8年的纳税人。

第8列"当年亏损额":填报纳税人各年度可弥补亏损额的合计金额。

表 2-6-2　　　　　　　　　　弥补亏损企业类型代码表

代码	类型
100	一般企业
200	符合条件的高新技术企业
300	符合条件的科技型中小企业
400	线宽小于130纳米(含)的集成电路生产企业
500	受疫情影响困难行业企业
600	电影行业企业

第9列"当年待弥补的亏损额":填报在用本年度(申报所属期年度)所得额弥补亏损前,当年度尚未被弥补的亏损额。

第10列"用本年度所得额弥补的以前年度亏损额－使用境内所得弥补":第1行至第10行,当第11行第2列本年度(申报所属期年度)的"当年境内所得额">0时,填报各年度被本年度(申报所属期年度)境内所得依次弥补的亏损额,弥补的顺序是按照亏损到期的年限优先弥补到期时间近的亏损额,亏损到期年限相同则先弥补更早发生的亏损额,弥补的亏损额以正数表示。本列第11行,填报本列第1行至第10行的合计金额,表A100000第21行填报本项金额。

第11列"用本年度所得额弥补的以前年度亏损额－使用境外所得弥补":第1行至第10行,当纳税人选择用境外所得弥补境内以前年度亏损的,填报各年度被本年度(申报所属期年度)境外所得依次弥补的亏损额,弥补的顺序是按照亏损到期的年限优先弥补到期时间近的亏损额,亏损到期年限相同则先弥补更早发生的亏损额,弥补的亏损额以正数表示。本列第11行,填报本列第1行至第10行的合计金额。

第12列"当年可结转以后年度弥补的亏损额":第1行至第11行,填报各年度尚未弥补完的且准予结转以后年度弥补的亏损额,结转以后年度弥补的亏损额以正数表示。本列第12行,填报本列第1行至第11行的合计金额。

三、常见涉税风险

(一)区分会计亏损与税收亏损

税收上的亏损是指企业依照《企业所得税法》及其实施条例的规定,将每一纳税年度的收入总额减除不征税收入、免税收入和各项扣除后小于零的数额。企业在进行企业所得税年度纳税申报时,通过《中华人民共和国企业所得税年度纳税申报表(A类,2017年版)》的表A100000计算的该表第19行"纳税调整后所得"小于零的数额,即为税收上的本年度亏损额(注:本年度亏损,在报表列时按0填报)。企业所得税年度纳税申报表上的纳税调整后所得=利润总额-境外所得+纳税调整增加额-纳税调整减少额-免税、减计收入及加计扣除+境外应税所得抵减境内亏损。

会计实务中,按国家统一会计制度计算的本年利润如果为负数,即为会计上的亏损。企业所得税法上的亏损与财务会计上的净亏损不是同一个概念。税法所指亏损的概念,不是企业财务报表中反映的亏损额,而是企业财务报表中的亏损额或利润额经按税法规定调整后的金额,即"纳税调整后所得"。

(二)准确把握弥补亏损原则

纳税人发生的以前年度亏损,先到期亏损先弥补、同时到期亏损先发生的先弥补。

(三)准确理解亏损年限延长政策

自2018年1月1日起,当年具备高新技术企业或科技型中小企业资格(以下简称资格)的企业,其具备资格年度之前5个年度发生的尚未弥补完的亏损,准予结转以后年度弥补,最长结转年限由5年延长至10年。如2018年具备资格的企业,无论2013年至2017年是否具备资格,其2013年至2017年发生的尚未弥补完的亏损,均准予结转以后年度弥补,最长结转年限为10年。2018年以后年度具备资格的企业,依此类推,进行亏损结转弥补税务处理。例如,某高新技术企业,证书注明发证时间为2018年9月17日,有效期3年。根据《国家税务总局关于延长高新技术企业和科技型中小企业亏损结转弥补年限有关企业所得税处理问题的公告》(国家税务总局公告2018年第45号)的规定,2018年、2019年、2020年、2021年为具备资格年度。

四、申报表填报案例解析

【案例2-15】 A企业为高新技术企业,2018年9月取得高新技术企业证书,2018年至2021年具备资格。2013年亏损300万元,2014年亏损200万元,2015年亏损100万元,2016年所得为0,2017年所得200万元,2018年所得50万元,2019年所得100万元。如表2-6-3所示。

表 2-6-3　　　　　　　　　各年度盈亏情况表　　　　　　　　　单位：万元

年份	A企业各年度所得	可弥补亏损年度
2013	－300	2014—2023
2014	－200	2015—2024
2015	－100	2016—2025
2016	0	
2017	200	
2018	50	
2019	100	

【解析】

表 2-6-4　　　企业所得税年度纳税申报基础信息表（A000000）（局部）

有关涉税事项情况（存在或者发生下列事项时必填）				
211 高新技术企业申报所属期年度有效的高新技术企业证书	211-1 证书编号 1	GR2018×××001	211-2 发证时间 1	2018 年 9 月
	211-3 证书编号 2		211-4 发证时间 2	

《企业所得税弥补亏损明细表》（A106000）第5行第8列"前六年度—当年待弥补的亏损额"＝2013年度亏损额＋2017年弥补亏损＋2018年弥补亏损＝－300＋200＋50＝－50（万元），第8列第6行至第11行均按此公式计算填列。第9列"用本年度所得额弥补的以前年度亏损额—使用境内所得弥补"：第1行至第10行，当第11行第2列本年度（申报所属期年度）的"当年境内所得额"＞0时，填报各年度被本年度（申报所属期年度）境内所得依次弥补的亏损额。本列第11行，填报本列第1行至第10行的合计金额，表A100000第21行填报本项金额。

表 2-6-5　　　企业所得税弥补亏损明细表（A106000）（局部）　　　　　单位：万元

行次	项目	年度	当年境内所得额	……	弥补亏损企业类型	当年亏损额	当年待弥补的亏损额	用本年度所得额弥补的以前年度亏损额		当年可结转以后年度弥补的亏损额
								使用境内所得弥补	使用境外所得弥补	
			1	2	……	7	8	9	10	11	12
……	……	……	……	……	……	……	……	……	……	……
5	前六年度	2013	－300	……	100	－300	－50	50		0
6	前五年度	2014	－200	……	100	－200	－200	50		150
7	前四年度	2015	－100	……	100	－100	－100			100
8	前三年度	2016	0	……	100	0	0			0
9	前二年度	2017	200	……	100	0	0			0
10	前一年度	2018	50	……	200	0	0			0
11	本年度	2019	100	……	200	0	0	100		0
12	可结转以后年度弥补的亏损额合计									250

注：弥补亏损企业类型代码见本书111页。

第三章 收入类项目申报表填报注意事项

会计准则规定的收入,为企业在日常活动中形成的、会导致所有者权益增加的、与所有者投入资本无关的经济利益的总流入。

《企业所得税法》规定的收入总额,为企业以货币形式和非货币形式从各种来源取得的收入。

企业所得税年度纳税申报表中,一般企业的收入组成包括营业收入和营业外收入两部分。其中,营业收入又分为主营业务收入和其他业务收入。

第一节 主营业务收入

主营业务收入是指企业经常性的、主要业务所产生的基本收入,如制造业的销售产品收入、商品流通企业的销售商品收入、旅游服务业的门票收入、建造合同取得的收入、租赁公司取得的租赁收入等等。

一、销售商品收入

一般企业销售商品收入,包括从事工业制造、商品流通、农业生产,以及其他商品销售活动取得的主营业务收入。房地产开发企业销售开发产品(销售未完工开发产品除外)取得的收入也属于销售商品收入。

(一) 相关规定

《企业所得税法》第六条规定,企业以货币形式和非货币形式从各种来源取得的收入,为收入总额。包括销售货物收入。

《企业所得税法实施条例》第十二条规定,企业所得税法第六条所称企业取得收入的货币形式,包括现金、存款、应收账款、应收票据、准备持有至到期的债券投资,以及债务的豁免等。

企业所得税法第六条所称企业取得收入的非货币形式,包括固定资产、生物资产、无形资产、股权投资、存货、不准备持有至到期的债券投资、劳务,以及有关权益等。

《企业所得税法实施条例》第十三条规定,企业所得税法第六条所称企业以非货币形式取得的收入,应当按照公允价值确定收入额。公允价值,是指按照市场价格确定的价值。

《企业所得税法实施条例》第十四条规定,企业所得税法第六条第(一)项所称销售货物收入,是指企业销售商品、产品、原材料、包装物、低值易耗品以及其他存货取得的收入。

《企业所得税法实施条例》第九条规定,企业应纳税所得额的计算,以权责发生制为原则,属于当期的收入和费用,不论款项是否收付,均作为当期的收入和费用;不属于当期的收入和费用,即使款项已经在当期收付,均不作为当期的收入和费用。本条例和国务院财政、税务主管部门另有规定的除外。

《企业所得税法实施条例》第二十三条第一款规定,企业的下列生产经营业务可以分期确认收入的实现:以分期收款方式销售货物的,按照合同约定的收款日期确认收入的实现。

《国家税务总局关于确认企业所得税收入若干问题的通知》(国税函〔2008〕875号)第一条规定,除企业所得税法及实施条例另有规定外,企业销售收入的确认,必须遵循权责发生制原则和实质重于形式原则。

(1) 企业销售商品同时满足下列条件的,应确认收入的实现:

① 商品销售合同已经签订,企业已将商品所有权相关的主要风险和报酬转移给购货方。

② 企业对已售出的商品既没有保留通常与所有权相联系的继续管理权,也没有实施有效控制。

③ 收入的金额能够可靠地计量。

④ 已发生或将发生的销售方的成本能够可靠地核算。

(2) 符合上款收入确认条件,采取下列商品销售方式的,应按以下规定确认收入实现时间:

① 销售商品采用托收承付方式的,在办妥托收手续时确认收入。

② 销售商品采取预收款方式的,在发出商品时确认收入。

③ 销售商品需要安装和检验的,在购买方接受商品以及安装和检验完毕时确认收入。如果安装程序比较简单,可在发出商品时确认收入。

④ 销售商品采用支付手续费方式委托代销的,在收到代销清单时确认收入。

(3) 采用售后回购方式销售商品的,销售的商品按售价确认收入,回购的商品作为购进商品处理。有证据表明不符合销售收入确认条件的,如以销售商品方式进行融资,收到的款项应确认为负债,回购价格大于原售价的,差额应在回购期间确认为利息费用。

(4) 销售商品以旧换新的,销售商品应当按照销售商品收入确认条件确认收入,回收的商品作为购进商品处理。

(5) 企业为促进商品销售而在商品价格上给予的价格扣除属于商业折扣,商品销售涉及商业折扣的,应当按照扣除商业折扣后的金额确定销售商品收入金额。

债权人为鼓励债务人在规定的期限内付款而向债务人提供的债务扣除属于现金折扣,销售商品涉及现金折扣的,应当按扣除现金折扣前的金额确定销售商品收入金额,现金折扣在实际发生时作为财务费用扣除。

企业因售出商品的质量不合格等原因而在售价上给的减让属于销售折让;企业因售出商品质量、品种不符合要求等原因而发生的退货属于销售退回。企业已经确认销售收入的售出商品发生销售折让和销售退回,应当在发生当期冲减当期销售商品收入。

《国家税务总局关于确认企业所得税收入若干问题的通知》(国税函〔2008〕875号)第三条规定,企业以买一赠一等方式组合销售本企业商品的,不属于捐赠,应将总的销售金额按各项商品的公允价值的比例来分摊确认各项的销售收入。

《国家税务总局关于融资性售后回租业务中承租方出售资产行为有关税收问题的公告》(国家税务总局公告2010年第13号)第二条规定,根据现行企业所得税法及有关收入确定规定,融资性售后回租业务中,承租人出售资产的行为,不确认为销售收入,对融资性租赁的资产,仍按承租人出售前原账面价值作为计税基础计提折旧。租赁期间,承租人支付的属于融资利息的部分,作为企业财务费用在税前扣除。

(二) 申报表填报重点关注

1. 税收与会计关于收入确认条件的规定存在差异举例

与会计准则确认收入条件相比,企业所得税确认收入条件中没有"与交易相关的经济利益很可能流入企业"的要求。会计处理上遵循谨慎性原则,对相关的经济利益不是很可能流入企业的,不确认为收入。所谓谨慎性原则是指在存在不确定因素的情况下做出判断时,保持必要的谨慎,既不高估资产或收益,也不低估负债或费用,在会计核算中应当对企业可能发生的损失和费用做出合理预计。

【知识链接】

《企业会计准则第14号——收入》(2006版,以下简称收入准则)[①]第四条规定,销售商品收入同时满足下列条件的,才能予以确认:

(1) 企业已将商品所有权上的主要风险和报酬转移给购货方。

(2) 企业既没有保留通常与所有权相联系的继续管理权,也没有对已售出的商品实施有效控制。

(3) 收入的金额能够可靠地计量。

(4) 相关的经济利益很可能流入企业。

(5) 相关的已发生或将发生的成本能够可靠地计量。

【案例3-1】 甲企业2020年12月10日发出商品给乙企业,市价100 000元,增值税税额13 000元,成本80 000元,款项尚未收到。如果乙企业2020年12月15日发生火灾,损失严重程度甲企业不得而知,可以判断在近半年无法收回货款,根据《企业会计准则——收入》的规定,可以暂时不确认收入,企业会计处理如下:

借:发出商品	80 000
贷:库存商品	80 000
借:应收账款	13 000
贷:应交税费——应交增值税(销项税额)	13 000

【解析】 2020年会计上未确认收入也未结转成本,但依据《企业所得税法》规定应确认收入100 000元,同时应确认成本80 000元,故应调增2020年应纳税所得额20 000元。2020年汇算清缴时通过填报下列表3-1-1所示申报表来进行调整。

[①] 此版本为旧收入准则,新收入准则自2021年全面施行。

表 3-1-1　　　　　　　　纳税调整项目明细表（A105000）（局部）　　　　　　单位：元

行次	项目	账载金额	税收金额	调增金额	调减金额
		1	2	3	4
1	一、收入类调整项目（2+3+…+8+10+11）	*	*		
11	（九）其他	0	100 000	100 000	
12	二、扣除类调整项目（13+14+…+24+26+27+28+29+30）	*	*		
30	（十七）其他	0	80 000		80 000

如果企业2021年收到货款时，会计处理如下：

借：银行存款　　　　　　　　　　　　　　　　　　　　113 000
　　贷：主营业务收入　　　　　　　　　　　　　　　　　　100 000
　　　　应收账款　　　　　　　　　　　　　　　　　　　　 13 000

借：主营业务成本　　　　　　　　　　　　　　　　　　 80 000
　　贷：发出商品　　　　　　　　　　　　　　　　　　　　 80 000

由于会计上做正常作销售处理，而依据《企业所得税法》不再确认所得额，企业需要纳税调减20 000元。2021年汇算清缴时通过填报表3-1-2所示申报表来进行调整。

表 3-1-2　　　　　　　　纳税调整项目明细表（A105000）（局部）　　　　　　单位：元

行次	项目	账载金额	税收金额	调增金额	调减金额
		1	2	3	4
1	一、收入类调整项目（2+3+…+8+10+11）	*	*		
11	（九）其他	100 000	0		100 000
12	二、扣除类调整项目（13+14+…+24+26+27+28+29+30）	*	*		
30	（十七）其他	80 000	0	80 000	

如果最后确实收不到货款，企业可以依据所得税法规定，作资产损失申报税前扣除。

2. 税收与会计关于收入确认时点的规定存在差异举例

税法规定，企业因售出商品的质量不合格等原因而在售价上给予的减让属于销售折让；企业因售出商品质量、品种不符合要求等原因而发生的退货属于销售退回。企业已经确认销售收入的售出商品发生销售折让和销售退回，应当在发生当期冲减当期销售商品收入。

根据收入准则，企业销售商品发生销售退回和折让时，其收入、成本等一般应直接冲减销售退回和销售折让当期的销售收入和成本。如果属于资产负债表日后事项涉及的报告年度所属期间的销售退回和销售折让，应当作为资产负债表日后调整事项，调整报告年度的相关收入、成本等。

借：以前年度损益调整
　　应交税费——应交增值税（销项税额）
　　贷：应收账款或银行存款

借：库存商品
　　贷：以前年度损益调整

因此,对于企业日常发生的销售退回和折让,会计和税务处理一致,不存在纳税调整。但是,对于资产负债表日后事项的销售退回和折让,会计与税法的处理存在明显差异,会计上冲减报告年度的收入,税法上冲减销售退回和折让当期的收入。

【案例3-2】 甲公司执行《企业会计准则》。2020年12月20日,甲公司销售一批商品给乙公司,取得收入100 000元(不含税,增值税税率为13%)。甲公司发出商品后,按照正常情况已确认收入,并结转成本80 000元。此笔货款到年末尚未收到,未对该应收账款计提坏账准备。2021年2月24日,由于产品质量问题,本批货物被退回。4月25日财务报告被批准报出。甲公司于2021年5月12日完成2020年度企业所得税汇算清缴。

【解析】 2021年2月24日,发生销售退回,退回发生在资产负债表日后事项涵盖期间内,应属于资产负债表日后调整事项,会计上调整报告年度的销售收入。

借：以前年度损益调整　　　　　　　　　　　　　　　　　　　100 000
　　应交税费——应交增值税(销项税额)　　　　　　　　　　　　13 000
　　贷：应收账款　　　　　　　　　　　　　　　　　　　　　　113 000

调整报告年度的销售成本。

借：库存商品　　　　　　　　　　　　　　　　　　　　　　　　80 000
　　贷：以前年度损益调整　　　　　　　　　　　　　　　　　　80 000

同时调整报告年度的相关财务报表,其中调减利润表中营业收入100 000元、营业成本80 000元。

根据税法的规定,甲公司在2021年2月发生的销售退回,虽然属于资产负债表日后事项,但仍应调整退回年度(2021年度)的收入和成本。因此,甲公司在2020年度企业所得税汇算清缴时应调增应纳税所得额20 000元,通过填报表3-1-3所示申报表来进行调整。

表3-1-3　　　　　　　纳税调整项目明细表(A105000)(局部)　　　　　　单位:元

行次	项目	账载金额	税收金额	调增金额	调减金额
		1	2	3	4
1	一、收入类调整项目(2+3+…+8+10+11)	*	*		
10	(八)销售折扣、折让和退回	20 000	0	20 000	

2021年会计上不再反映该笔业务,但企业所得税上应冲减相应收入和成本,汇算清缴时应调减应纳税所得额20 000元,通过填报表3-1-4所示申报表来进行调整。

表3-1-4　　　　　　　纳税调整项目明细表(A105000)(局部)　　　　　　单位:元

行次	项目	账载金额	税收金额	调增金额	调减金额
		1	2	3	4
1	一、收入类调整项目(2+3+…+8+10+11)	*	*		
10	(八)销售折扣、折让和退回	0	20 000		20 000

📎 【知识链接】

修订《企业会计准则第 14 号——收入》。

为了适应社会主义市场经济发展需要,规范收入的会计处理,提高会计信息质量,财政部对《企业会计准则第 14 号——收入》进行了修订,以财会〔2017〕22 号文发布。

在境内外同时上市的企业,以及在境外上市并采用国际财务报告准则或企业会计准则编制财务报表的企业,自 2018 年 1 月 1 日起施行;其他境内上市企业,自 2020 年 1 月 1 日起施行;执行企业会计准则的非上市企业,自 2021 年 1 月 1 日起施行。同时,允许企业提前执行。

本次修订的主要内容如下:

(1) 将现行收入和建造合同两项准则纳入统一的收入确认模型。

收入准则(2006 年版)和建造合同准则在某些情形下边界不够清晰,可能导致类似的交易采用不同的收入确认方法,从而对企业财务状况和经营成果产生重大影响。新收入准则要求采用统一的收入确认模型来规范所有与客户之间的合同产生的收入,并且就"在某一时段内"还是"在某一时点"确认收入提供具体指引,有助于更好地解决目前收入确认时点的问题,提高会计信息可比性。

(2) 以控制权转移替代风险报酬转移作为收入确认时点的判断标准。

收入准则(2006 年版)要求区分销售商品收入和提供劳务收入,并且强调在将商品所有权上的主要风险和报酬转移给购买方时确认销售商品收入,实务中有时难以判断。新收入准则打破商品和劳务的界限,要求企业在履行合同中的履约义务,即客户取得相关商品(或服务)控制权时确认收入,从而能够更加科学合理地反映企业的收入确认过程。

(3) 对于包含多重交易安排的合同的会计处理提供更明确的指引。

收入准则(2006 年版)对于包含多重交易安排的合同仅提供了非常有限的指引,具体体现在收入准则第十五条及企业会计准则讲解中有关奖励积分的会计处理规定。这些规定远远不能满足当前实务需要。新收入准则对包含多重交易安排的合同的会计处理提供了更明确的指引,要求企业在合同开始日对合同进行评估,识别合同所包含的各单项履约义务,按照各单项履约义务所承诺商品(或服务)的单独售价的相对比例将交易价格分摊至各单项履约义务,进而在履行各单项履约义务时确认相应的收入,有助于解决此类合同的收入确认问题。

(4) 对于某些特定交易(或事项)的收入确认和计量给出了明确规定。

新收入准则对于某些特定交易(或事项)的收入确认和计量给出了明确规定。例如,区分总额和净额确认收入、附有质量保证条款的销售、附有客户额外购买选择权的销售、向客户授予知识产权许可、售后回购、无需退还的初始费等,这些规定将有助于更好地指导实务操作,从而提高会计信息的可比性。

(三) 常见涉税风险

(1) 未确认收入风险。企业发生经济业务,符合税法规定的收入确认条件,但企业在会计上未确认收入且纳税申报时未进行纳税调整。

(2) 延迟确认收入风险。企业发生经济业务,符合税法规定的收入确认条件,但企业未在当期确认收入,而是推迟到以后期间再确认收入。

(3) 收入不匹配风险一。一般企业填报的表 A101010 中的营业收入与利润表中的营业收入不一致的风险。

(4) 收入不匹配风险二。一般企业营业收入、营业外收入与视同销售收入之和小于增值税纳税申报表本年累计货物及劳务，以及服务、不动产和无形资产销售收入的风险。

(5) 收入不匹配风险三。一般企业的年报营业收入小于最后一次预缴申报营业收入累计金额的风险。

(6) 收入成本不匹配风险。一般企业纳税申报表有收入无成本，或有成本无收入，或收入成本严重不匹配。

二、提供劳务收入

提供劳务收入是指企业从事建筑安装、修理修配、交通运输、仓储租赁、金融保险、邮电通信、咨询经纪、文化体育、科学研究、技术服务、教育培训、餐饮住宿、中介代理、卫生保健、社区服务、旅游、娱乐、加工，以及其他劳务服务活动取得的收入。

（一）相关规定

《企业所得税法》第六条第二项规定，企业以货币形式和非货币形式从各种来源取得的收入，为收入总额。包括提供劳务收入。

《企业所得税法实施条例》第十二条规定，企业所得税法第六条所称企业取得收入的货币形式，包括现金、存款、应收账款、应收票据、准备持有至到期的债券投资，以及债务的豁免等。

企业所得税法第六条所称企业取得收入的非货币形式，包括固定资产、生物资产、无形资产、股权投资、存货、不准备持有至到期的债券投资、劳务，以及有关权益等。

《企业所得税法实施条例》第十三条规定，企业所得税法第六条所称企业以非货币形式取得的收入，应当按照公允价值确定收入额。公允价值，是指按照市场价格确定的价值。

《企业所得税法实施条例》第十五条规定，企业所得税法第六条第（二）项所称提供劳务收入，是指企业从事建筑安装、修理修配、交通运输、仓储租赁、金融保险、邮电通信、咨询经纪、文化体育、科学研究、技术服务、教育培训、餐饮住宿、中介代理、卫生保健、社区服务、旅游、娱乐、加工，以及其他劳务服务活动取得的收入。

《企业所得税法实施条例》第九条规定，企业应纳税所得额的计算，以权责发生制为原则，属于当期的收入和费用，不论款项是否收付，均作为当期的收入和费用；不属于当期的收入和费用，即使款项已经在当期收付，均不作为当期的收入和费用。本条例和国务院财政、税务主管部门另有规定的除外。

《企业所得税法实施条例》第二十三条第二项规定，企业的下列生产经营业务可以分期确认收入的实现：企业受托加工制造大型机械设备、船舶、飞机，以及从事建筑、安装、装配工程业务或者提供其他劳务等，持续时间超过 12 个月的，按照纳税年度内完工进度或者完成的工作量确认收入的实现。

《国家税务总局关于确认企业所得税收入若干问题的通知》（国税函〔2008〕875 号）第二条规定，企业在各个纳税期末，提供劳务交易的结果能够可靠估计的，应采用完工进度（完工百分比）法确认提供劳务收入。

(1) 提供劳务交易的结果能够可靠估计,是指同时满足下列条件:
① 收入的金额能够可靠地计量。
② 交易的完工进度能够可靠地确定。
③ 交易中已发生和将发生的成本能够可靠地核算。
(2) 企业提供劳务完工进度的确定,可选用下列方法:
① 已完工作的测量。
② 已提供劳务占劳务总量的比例。
③ 发生成本占总成本的比例。
(3) 企业应按照从接受劳务方已收或应收的合同或协议价款确定劳务收入总额,根据纳税期末提供劳务收入总额乘以完工进度扣除以前纳税年度累计已确认提供劳务收入后的金额,确认为当期劳务收入;同时,按照提供劳务估计总成本乘以完工进度扣除以前纳税期间累计已确认劳务成本后的金额,结转为当期劳务成本。
(4) 下列提供劳务满足收入确认条件的,应按规定确认收入:
① 安装费。应根据安装完工进度确认收入。安装工作是商品销售附带条件的,安装费在确认商品销售实现时确认收入。
② 宣传媒介的收费。应在相关的广告或商业行为出现于公众面前时确认收入。广告的制作费,应根据制作广告的完工进度确认收入。
③ 软件费。为特定客户开发软件的收费,应根据开发的完工进度确认收入。
④ 服务费。包含在商品售价内可区分的服务费,在提供服务的期间分期确认收入。
⑤ 艺术表演、招待宴会和其他特殊活动的收费。在相关活动发生时确认收入。收费涉及几项活动的,预收的款项应合理分配给每项活动,分别确认收入。
⑥ 会员费。申请入会或加入会员,只允许取得会籍,所有其他服务或商品都要另行收费的,在取得该会员费时确认收入。申请入会或加入会员后,会员在会员期内不再付费就可得到各种服务或商品,或者以低于非会员的价格销售商品或提供服务的,该会员费应在整个受益期内分期确认收入。
⑦ 特许权费。属于提供设备和其他有形资产的特许权费,在交付资产或转移资产所有权时确认收入;属于提供初始及后续服务的特许权费,在提供服务时确认收入。
⑧ 劳务费。长期为客户提供重复的劳务收取的劳务费,在相关劳务活动发生时确认收入。

(二) 申报表填报重点关注

【案例3-3】 2020年5月1日,A公司提供企业咨询服务并收取费用,增值税发票不含税金额1 000 000元。

【解析】 2020年汇算清缴时,填报如表3-1-5所示。

表3-1-5　　　　　　　　一般企业收入明细表(A101010)(局部)　　　　　　单位:元

行次	项目	金额
1	一、营业收入(2+9)	
2	（一）主营业务收入(3+5+6+7+8)	
5	2.提供劳务收入	1 000 000

(三)常见涉税风险

(1)未确认收入风险。企业发生经济业务,符合税法规定的收入确认条件,但企业在会计上未确认收入且纳税申报时未进行纳税调整。

(2)延迟确认收入风险。企业发生经济业务,符合税法规定的收入确认条件,但企业未在当期确认收入,而是推迟到以后期间再确认收入。

(3)收入不匹配风险一。一般企业填报的表A101010中的营业收入与会计报表利润表中的营业收入不一致的风险。

(4)收入不匹配风险二。一般企业营业收入、营业外收入与视同销售收入之和小于增值税纳税申报表本年累计货物及劳务,以及服务、不动产和无形资产销售收入的风险。

(5)收入不匹配风险三。一般企业的年报营业收入小于最后一次预缴申报营业收入累计金额的风险。

(6)收入成本不匹配风险。一般企业纳税申报表有收入无成本,或有成本无收入,或收入成本严重不匹配。

三、建造合同收入

建造合同收入是指纳税人建造房屋、道路、桥梁、水坝等建筑物,以及生产船舶、飞机、大型机械设备等取得的收入。

(一)相关规定

《企业所得税法》第六条第二项规定,企业以货币形式和非货币形式从各种来源取得的收入,为收入总额。包括提供劳务收入。

《企业所得税法实施条例》第十五条规定,企业所得税法第六条第(二)项所称提供劳务收入,是指企业从事建筑安装、修理修配、交通运输、仓储租赁、金融保险、邮电通信、咨询经纪、文化体育、科学研究、技术服务、教育培训、餐饮住宿、中介代理、卫生保健、社区服务、旅游、娱乐、加工,以及其他劳务服务活动取得的收入。

《企业所得税法实施条例》第二十三条第二项规定,企业的下列生产经营业务可以分期确认收入的实现:企业受托加工制造大型机械设备、船舶、飞机,以及从事建筑、安装、装配工程业务或者提供其他劳务等,持续时间超过12个月的,按照纳税年度内完工进度或者完成的工作量确认收入的实现。

《企业所得税法实施条例》第二十四条规定,采取产品分成方式取得收入的,按照企业分得产品的日期确认收入的实现,其收入额按照产品的公允价值确定。

《企业所得税法实施条例》第二十五条规定,企业发生非货币性资产交换,以及将货物、财产、劳务用于捐赠、偿债、赞助、集资、广告、样品、职工福利或者利润分配等用途的,应当视同销售货物、转让财产或者提供劳务,但国务院财政、税务主管部门另有规定的除外。

《国家税务总局关于跨地区经营建筑企业所得税征收管理问题的通知》(国税函〔2010〕156号)第三条规定,建筑企业总机构直接管理的跨地区设立的项目部,应按项目实际经营收入的0.2%按月或按季由总机构向项目所在地预分企业所得税,并由项目部向所在地主管税务机关预缴。

(二) 申报表填报重点关注

会计上确认收入需要相关的经济利益很可能流入企业,企业所得税确认收入条件中没有这一要求。

按照税法,企业应按照从接受劳务方已收或应收的合同或协议价款确定劳务收入总额,根据纳税期末提供劳务收入总额乘以完工进度扣除以前纳税年度累计已确认提供劳务收入后的金额,确认为当期劳务收入;同时,按照提供劳务估计总成本乘以完工进度扣除以前纳税期间累计已确认劳务成本后的金额,结转为当期劳务成本。

企业受托加工制造大型机械设备、船舶、飞机,以及从事建筑、安装、装配工程业务或者提供其他劳务等,持续时间超过12个月的,按照纳税年度内完工进度或者完成的工作量确认收入的实现。

【案例3-4】 甲公司为乙公司提供大型机械安装工程,约定工期2年,合同额3 000 000元,第一年完成60%,第二年40%,按进度付款。劳务估计总成本为2 600 000元。假定甲公司第一年按约定完成任务,但乙公司无力支付1 800 000元,只支付1 500 000元,剩余的工程是否继续完成不可预知。

【解析】 会计上:确认1 500 000元收入,会计上按完工进度确认成本2 600 000×60%=1 560 000(元)。

税收上:按完成工作量确认收入1 800 000元(3 000 000×60%),确认成本1 560 000元。当年汇算清缴时通过填报表3-1-6来进行调整。

表3-1-6　　　　　　纳税调整项目明细表(A105000)(局部)　　　　　　单位:元

行次	项目	账载金额	税收金额	调增金额	调减金额
		1	2	3	4
1	一、收入类调整项目(2+3+…+8+10+11)	*	*		
11	（九）其他	1 500 000	1 800 000	300 000	

【案例3-5】 甲公司跨省建造房屋,并在工程所在地税务机关按照0.2%预缴税款20 000元,甲公司2020年营业收入10 000 000元,营业成本8 000 000元,税会之间无差异,企业不符合税收优惠政策条件。

【解析】 如表3-1-7和表3-1-8所示。

表3-1-7　　　中华人民共和国企业所得税年度纳税申报表(A类)(A100000)(局部)　　　单位:元

行次	类别	项目	金额
1	利润总额计算	一、营业收入(填写A101010\101020\103 000)	10 000 000
2		减:营业成本(填写A102010\102020\103 000)	8 000 000
24		税率(25%)	
31	应纳税额计算	八、实际应纳所得税额(28+29-30)	500 000
32		减:本年累计实际已缴纳的所得税额	20 000
33		九、本年应补(退)所得税额(31-32)	480 000

表3-1-8　　　　　　一般企业收入明细表(A101010)(局部)　　　　　　单位:元

行次	项目	金额
1	一、营业收入(2+9)	10 000 000
6	3.建造合同收入	10 000 000

(三) 常见涉税风险

(1) 未确认收入风险。企业发生经济业务,符合税法规定的收入确认条件,但企业在会计上未确认收入且纳税申报时未进行纳税调整。

(2) 延迟确认收入风险。企业发生经济业务,符合税法规定的收入确认条件,但企业未在当期确认收入,而是推迟到以后期间再确认收入。

(3) 收入不匹配风险一。一般企业填报的表 A101010 中的营业收入与会计报表利润表中的营业收入不一致的风险。

(4) 收入不匹配风险二。一般企业营业收入、营业外收入与视同销售收入之和小于增值税纳税申报表本年累计货物及劳务,以及服务、不动产和无形资产销售收入的风险。

(5) 收入不匹配风险三。一般企业的年报营业收入小于最后一次预缴申报营业收入累计金额的风险。

(6) 收入成本不匹配风险。一般企业纳税申报表有收入无成本,或有成本无收入,或收入成本严重不匹配。

四、让渡资产使用权收入

让渡资产使用权收入是指纳税人在主营业务收入核算的,让渡无形资产使用权而取得的使用费收入及出租固定资产、无形资产、投资性房地产取得的租金收入。

(一) 相关规定

《企业所得税法》第六条规定,企业以货币形式和非货币形式从各种来源取得的收入,为收入总额。包括:转让财产收入;股息、红利等权益性投资收益;利息收入;租金收入;特许权使用费收入。

《企业所得税法实施条例》第六条规定,企业所得税法第三条所称所得,包括销售货物所得、提供劳务所得、转让财产所得、股息红利等权益性投资所得、利息所得、租金所得、特许权使用费所得、接受捐赠所得和其他所得。

《企业所得税法实施条例》第五十七条规定,企业所得税法第十一条所称固定资产,是指企业为生产产品、提供劳务、出租或者经营管理而持有的、使用时间超过 12 个月的非货币性资产,包括房屋、建筑物、机器、机械、运输工具,以及其他与生产经营活动有关的设备、器具、工具等。

《企业所得税法实施条例》第六十五条规定,企业所得税法第十二条所称无形资产,是指企业为生产产品、提供劳务、出租或者经营管理而持有的、没有实物形态的非货币性长期资产,包括专利权、商标权、著作权、土地使用权、非专利技术、商誉等。

《国家税务总局关于企业所得税若干税务事项衔接问题的通知》(国税函〔2009〕98号)第三条规定,新税法实施前已按其他方式计入当期收入的利息收入、租金收入、特许权使用费收入,在新税法实施后,凡与合同约定支付时间确认的收入额发生变化的,应将该收入额减去以前年度已按照其他方式确认的收入额后的差额,确认为当期收入。

《国家税务总局关于贯彻落实企业所得税法若干税收问题的通知》(国税函〔2010〕79号)第一条规定,根据《企业所得税法实施条例》第十九条的规定,企业提供固定资产、包装物或者其他有形资产的使用权取得的租金收入,应按交易合同或协议规定的承租人应付租金的日期确认收入的实现。其中,如果交易合同或协议中规定租赁期限跨年度,且租金提前一次性支付的,根据《企业所得税法实施条例》第九条规定的收入与费用配比原则,出租人可对上述已确认的收入,在租赁期内,分期均匀计入相关年度收入。

出租方如为在我国境内设有机构场所、且采取据实申报缴纳企业所得的非居民企业,也按本条规定执行。

(二)申报表填报重点关注

【案例 3-6】 2020 年 5 月 1 日,A 公司提供企业品牌使用特许权并收取费用,增值税发票不含税金额 1 000 000 元。

【解析】 2020 年汇算清缴时填报如表 3-1-9 所示。

表 3-1-9　　　　一般企业收入明细表(A101010)(局部)　　　　单位:元

行次	项目	金额
1	一、营业收入(2+9)	
2	(一)主营业务收入(3+5+6+7+8)	
7	4. 让渡资产使用权收入	1 000 000

(三)常见涉税风险

(1)未确认收入风险。企业发生经济业务,符合税法规定的收入确认条件,但企业在会计上未确认收入且纳税申报时未进行纳税调整。

(2)未及时确认收入风险。股息、红利等权益性投资受益在被投资企业股东会或股东大会作出利润分配或转股决定的日期便要确认收入的实现,当会计上并未确认收入时,需要纳税申报进行纳税调整增加。

(3)收入不匹配风险一。一般企业填报的表 A101010 中的营业收入与会计报表利润表中的营业收入不一致的风险。

(4)收入不匹配风险二。一般企业营业收入、营业外收入与视同销售收入之和小于增值税纳税申报表本年累计货物及劳务,以及服务、不动产和无形资产销售收入的风险。

(5)收入不匹配风险三。一般企业的年报营业收入小于最后一次预缴申报营业收入累计金额的风险。

(6)收入成本不匹配风险。一般企业纳税申报表有收入无成本,或有成本无收入,或收入成本严重不匹配。

(7)纳税调整不匹配风险。税法可以分期确认收入的,前期纳税申报进行纳税调整减少后,后期纳税申报时需要同步进行纳税调整增加。

第二节　其他业务收入

企业所处行业的业务性质不同,会计核算的其他业务收入也有所区别,一般包括销售材料收入、出租固定资产收入、出租无形资产收入,以及出租包装物和商品收入等。

一、销售材料收入

销售材料收入是指纳税人销售材料、下脚料、废料、废旧物资等取得的收入。

（一）相关规定

《企业所得税法》第六条规定，企业以货币形式和非货币形式从各种来源取得的收入，为收入总额。包括：销售货物收入。

《企业所得税法实施条例》第十四条规定，企业所得税法第六条第（一）项所称销售货物收入，是指企业销售商品、产品、原材料、包装物、低值易耗品，以及其他存货取得的收入。

（二）申报表填报重点关注

【案例3-7】 2020年5月1日，A公司销售材料一批并收取费用，增值税发票不含税金额1 000 000元，材料成本800 000元。

【解析】 2020年汇算清缴时填报如表3-2-1所示。

表3-2-1　　　　　一般企业收入明细表（A101010）（局部）　　　　　单位：元

行次	项目	金额
9	（二）其他业务收入（10+12+13+14+15）	
10	1.销售材料收入	1 000 000

（三）常见涉税风险

（1）未确认收入风险。企业发生经济业务，符合税法规定的收入确认条件，但企业在会计上未确认收入且纳税申报时未进行纳税调整。

（2）延迟确认收入风险。企业发生经济业务，符合税法规定的收入确认条件，但企业未在当期确认收入，而是推迟到以后期间再确认收入。

（3）收入不匹配风险一。一般企业填报的表A101010中的营业收入与会计报表利润表中的营业收入不一致的风险。

（4）收入不匹配风险二。一般企业营业收入、营业外收入与视同销售收入之和小于增值税纳税申报表本年累计货物及劳务，以及服务、不动产和无形资产销售收入的风险。

（5）收入不匹配风险三。一般企业的年报营业收入小于最后一次预缴申报营业收入累计金额的风险。

（6）收入成本不匹配风险。一般企业纳税申报表有收入无成本，或有成本无收入，或收入成本严重不匹配。

二、出租固定资产收入

出租固定资产收入是指纳税人将固定资产使用权让与承租人获取的其他业务收入。

（一）相关规定

《企业所得税法》第六条规定，企业以货币形式和非货币形式从各种来源取得的收入，为收入总额。包括租金收入。

《企业所得税法实施条例》第十九条规定,企业所得税法第六条第(六)项所称租金收入,是指企业提供固定资产、包装物或者其他有形资产的使用权取得的收入。

租金收入,按照合同约定的承租人应付租金的日期确认收入的实现。

《国家税务总局关于企业所得税若干税务事项衔接问题的通知》(国税函〔2009〕98号)第三条规定,新税法实施前已按其他方式计入当期收入的利息收入、租金收入、特许权使用费收入,在新税法实施后,凡与按合同约定支付时间确认的收入额发生变化的,应将该收入额减去以前年度已按照其他方式确认的收入额后的差额,确认为当期收入。

《国家税务总局关于贯彻落实企业所得税法若干税收问题的通知》(国税函〔2010〕79号)第一条规定,根据《企业所得税法实施条例》第十九条的规定,企业提供固定资产、包装物或者其他有形资产的使用权取得的租金收入,应按交易合同或协议规定的承租人应付租金的日期确认收入的实现。其中,如果交易合同或协议中规定租赁期限跨年度,且租金提前一次性支付的,根据《企业所得税法实施条例》第九条规定的收入与费用配比原则,出租人可对上述已确认的收入,在租赁期内,分期均匀计入相关年度收入。

出租方如为在我国境内设有机构场所、且采取据实申报缴纳企业所得的非居民企业,也按本条规定执行。

《国家税务总局关于印发〈房地产开发经营业务企业所得税处理办法〉的通知》(国税发〔2009〕31号)第十条规定,企业新建的开发产品在尚未完工或办理房地产初始登记、取得产权证前,与承租人签订租赁预约协议的,自开发产品交付承租人使用之日起,出租方取得的预租价款按租金确认收入的实现。

(二)申报表填报重点关注

租金收入,按照合同约定的承租人应付租金的日期确认收入的实现。如果交易合同或协议中规定租赁期限跨年度,且租金提前一次性支付的,根据《企业所得税法实施条例》第九条规定的收入与费用配比原则,出租人可对上述已确认的收入,在租赁期内,分期均匀计入相关年度收入。

《企业会计准则》对经营性租赁租金收入的确认采用权责发生制原则,税法对租金收入的确认更接近于收付实现制,从而产生会计与税法差异。但租赁期限跨年度且提前一次性支付的租金收入,税法上允许在租赁期内分期均匀计入相关年度收入,与会计处理没有差异。

租金收入的差异调整在《未按权责发生制确认收入纳税调整明细表》(A105020)和《纳税调整项目明细表》(A105000)第3行"未按权责发生制确认的收入"填报。

【案例3-8】 甲企业于2020年10月1日向A公司出租一台精密仪器,期限为1年,每月租金100 000元(不含税),合同约定2020年10月收取租金600 000元,2021年6月1日收取租金600 000元。会计处理如下:

(1)2020年10月1日收款时:

借:银行存款	678 000
贷:预收账款	600 000
应交税费——应交增值税(销项税额)	78 000

(2) 2020 年 10~12 月确认收入时：

借：预收账款   300 000
　　贷：其他业务收入   300 000

【解析】 按照税法规定,2020 年应确认租金收入 600 000 元,但会计上只确认了 300 000 元,需纳税调增 300 000 元。2020 年汇算清缴时通过填报表 3-2-2 和表 3-2-3 所示申报表来进行调整。

表 3-2-2　　未按权责发生制确认收入纳税调整明细表(A105020)(局部)　　单位:元

行次	项目	合同金额 (交易金额)	账载金额		税收金额		纳税调整 金额
			本年	累计	本年	累计	
		1	2	3	4	5	6(4-2)
1	一、跨期收取的租金、利息、特许权使用费收入(2+3+4)						
2	(一)租金	1 200 000	300 000	300 000	600 000	600 000	300 000
3	(二)利息						
4	(三)特许权使用费						

表 3-2-3　　纳税调整项目明细表(A105000)(局部)　　单位:元

行次	项目	账载金额	税收金额	调增金额	调减金额
		1	2	3	4
1	一、收入类调整项目(2+3+…+8+10+11)	*	*		
3	(二)未按权责发生制原则确认的收入(填写A105020)	300 000	600 000	300 000	

2021 年会计上确认收入 900 000 元,而税收上按照合同的约定确认收入 600 000 元,需纳税调减 300 000 元。申报表填报省略。

(三) 常见涉税风险

(1) 未确认收入风险。企业发生经济业务,符合税法规定的收入确认条件,但企业在会计上未确认收入且纳税申报时未进行纳税调整。

(2) 延迟确认收入风险。企业发生经济业务,符合税法规定的收入确认条件,但企业未在当期确认收入,而是推迟到以后期间再确认收入。

(3) 收入不匹配风险一。一般企业填报的表 A101010 中的营业收入与会计报表利润表中的营业收入不一致的风险。

(4) 收入不匹配风险二。一般企业营业收入、营业外收入与视同销售收入之和小于增值税纳税申报表本年累计货物及劳务,以及服务、不动产和无形资产销售收入的风险。

(5) 收入不匹配风险三。一般企业的年报营业收入小于最后一次预缴申报营业收入累计金额的风险。

(6) 收入成本不匹配风险。一般企业纳税申报表有收入无成本,或有成本无收入,或收入成本严重不匹配。

三、出租无形资产收入

出租无形资产收入是指纳税人让渡无形资产使用权取得的其他业务收入。一般为特许权使用费收入，包括企业提供专利权、非专利技术、商标权、著作权，以及其他特许权的使用权取得的收入。

（一）相关规定

《企业所得税法》第六条规定，企业以货币形式和非货币形式从各种来源取得的收入，为收入总额。包括租金收入；特许权使用费收入。

《企业所得税法实施条例》第二十条规定，企业所得税法第六条第（七）项所称特许权使用费收入，是指企业提供专利权、非专利技术、商标权、著作权，以及其他特许权的使用权取得的收入。

特许权使用费收入，按照合同约定的特许权使用人应付特许权使用费的日期确认收入的实现。

《国家税务总局关于企业所得税若干税务事项衔接问题的通知》（国税函〔2009〕98号）第三条规定，新税法实施前已按其他方式计入当期收入的利息收入、租金收入、特许权使用费收入，在新税法实施后，凡与按合同约定支付时间确认的收入额发生变化的，应将该收入额减去以前年度已按照其他方式确认的收入额后的差额，确认为当期收入。

《国家税务总局关于贯彻落实企业所得税法若干税收问题的通知》（国税函〔2010〕79号）第一条规定，根据《企业所得税法实施条例》第十九条的规定，企业提供固定资产、包装物或者其他有形资产的使用权取得的租金收入，应按交易合同或协议规定的承租人应付租金的日期确认收入的实现。其中，如果交易合同或协议中规定租赁期限跨年度，且租金提前一次性支付的，根据《企业所得税法实施条例》第九条规定的收入与费用配比原则，出租人可对上述已确认的收入，在租赁期内，分期均匀计入相关年度收入。

出租方如为在我国境内设有机构场所、且采取据实申报缴纳企业所得的非居民企业，也按本条规定执行。

（二）申报表填报重点关注

税法规定，特许权使用费收入，按照合同约定的特许权使用人应付特许权使用费的日期确认收入的实现。

会计按权责发生制确认收入，税法按合同约定的付息日期确认收入，这产生了会计与税法确认收入的差异。

特许权使用费收入的差异调整在《未按权责发生制确认收入纳税调整明细表》（A105020）和《纳税调整项目明细表》（A105000）第3行"未按权责发生制确认的收入"填报。

【案例3-9】 甲企业于2020年10月1日向A公司特许使用一专利技术，租金1 200 000元（不含增值税），期限为1年，当日一次性收取租金。

【解析】 会计处理如下：

(1) 2020年10月1日收款时：

借：银行存款　　　　　　　　　　　　　　　　　　　　　　1 272 000
　　贷：预收账款　　　　　　　　　　　　　　　　　　　　　1 200 000
　　　　应交税费——应交增值税(销项税额)　　　　　　　　　　72 000

(2) 2020年10~12月确认收入时：

借：预收账款　　　　　　　　　　　　　　　　　　　　　　　300 000
　　贷：其他业务收入　　　　　　　　　　　　　　　　　　　　300 000

2020年税收上应确认收入1 200 000元，纳税调增900 000元。2020年汇算清缴时通过填报表3-2-4和表3-2-5所示申报表来进行调整。

表3-2-4　　　未按权责发生制确认收入纳税调整明细表(A105020)(局部)　　　单位：元

行次	项目	合同金额(交易金额)	账载金额		税收金额		纳税调整金额
			本年	累计	本年	累计	
		1	2	3	4	5	6(4-2)
1	一、跨期收取的租金、利息、特许权使用费收入(2+3+4)						
4	(三)特许权使用费	1 200 000	300 000	300 000	1 200 000	1 200 000	900 000

表3-2-5　　　　　　纳税调整项目明细表(A105000)(局部)　　　　　　单位：元

行次	项目	账载金额	税收金额	调增金额	调减金额
		1	2	3	4
1	一、收入类调整项目(2+3+…+8+10+11)	*	*		
3	(二)未按权责发生制原则确认的收入(填写A105020)	300 000	1 200 000	900 000	

(三) 常见涉税风险

(1) 未确认收入风险。企业发生经济业务，符合税法规定的收入确认条件，但企业在会计上未确认收入且纳税申报时未进行纳税调整。

(2) 延迟确认收入风险。企业发生经济业务，符合税法规定的收入确认条件，但企业未在当期确认收入，而是推迟到以后期间再确认收入。

(3) 收入不匹配风险一。一般企业填报的表A101010中的营业收入与利润表中的营业收入不一致的风险。

(4) 收入不匹配风险二。一般企业营业收入、营业外收入与视同销售收入之和小于增值税纳税申报表本年累计货物及劳务，以及服务、不动产和无形资产销售收入的风险。

(5) 收入不匹配风险三。一般企业的年报营业收入小于最后一次预缴申报营业收入累计金额的风险。

(6) 收入成本不匹配风险。一般企业纳税申报表有收入无成本，或有成本无收入，或收入成本严重不匹配。

四、出租包装物收入

出租包装物和商品收入是指纳税人出租、出借包装物和商品取得的其他业务收入。

(一) 相关规定

《企业所得税法》第六条规定,企业以货币形式和非货币形式从各种来源取得的收入,为收入总额。包括租金收入。

《企业所得税法实施条例》第十九条规定,企业所得税法第六条第(六)项所称租金收入,是指企业提供固定资产、包装物或者其他有形资产的使用权取得的收入。

租金收入,按照合同约定的承租人应付租金的日期确认收入的实现。

《国家税务总局关于企业所得税若干税务事项衔接问题的通知》(国税函〔2009〕98号)第三条规定,新税法实施前已按其他方式计入当期收入的利息收入、租金收入、特许权使用费收入,在新税法实施后,凡以按合同约定支付时间确认的收入额发生变化的,应将该收入额减去以前年度已按照其他方式确认的收入额后的差额,确认为当期收入。

《国家税务总局关于贯彻落实企业所得税法若干税收问题的通知》(国税函〔2010〕79号)第一条规定,根据《企业所得税法实施条例》第十九条的规定,企业提供固定资产、包装物或者其他有形资产的使用权取得的租金收入,应按交易合同或协议规定的承租人应付租金的日期确认收入的实现。其中,如果交易合同或协议中规定租赁期限跨年度,且租金提前一次性支付的,根据《企业所得税法实施条例》第九条规定的收入与费用配比原则,出租人可对上述已确认的收入,在租赁期内,分期均匀计入相关年度收入。

出租方如为在我国境内设有机构场所、且采取据实申报缴纳企业所得的非居民企业,也按本条规定执行。

(二) 申报表填报重点关注

【案例 3-10】 2020 年 5 月 1 日,A 公司出租包装物并收取费用,增值税发票不含税金额 1 000 000 元,相关成本 800 000 元。

【解析】 2020 年汇算清缴时填报表 3-2-6 所示申报表。

表 3-2-6　　　　　一般企业收入明细表(A101010)(局部)　　　　　单位:元

行次	项　目	金额
9	(二) 其他业务收入(10+12+13+14+15)	
14	4.出租包装物和商品收入	1 000 000

(三) 常见涉税风险

(1) 未确认收入风险。企业发生经济业务,符合税法规定的收入确认条件,但企业在会计上未确认收入且纳税申报时未进行纳税调整。

(2) 延迟确认收入风险。企业发生经济业务,符合税法规定的收入确认条件,但企业未在当期确认收入,而是推迟到以后期间再确认收入。

（3）收入不匹配风险一。一般企业填报的表 A101010 中的营业收入与会计报表利润表中的营业收入不一致的风险。

（4）收入不匹配风险二。一般企业营业收入、营业外收入与视同销售收入之和小于增值税纳税申报表本年累计货物及劳务，以及服务、不动产和无形资产销售收入的风险。

（5）收入不匹配风险三。一般企业的年报营业收入小于最后一次预缴申报营业收入累计金额的风险。

（6）收入成本不匹配风险。一般企业纳税申报表有收入无成本，或有成本无收入，或收入成本严重不匹配。

第三节　营业外收入

营业外收入为纳税人核算的与生产经营无直接关系的各项收入，一般包括非货币性资产交换利得、政府补助利得、盘盈利得等。

一、非货币资产交换利得

非货币性资产交换利得是指纳税人发生非货币性资产交换应确认的净收益。

（一）相关规定

《企业所得税法》第六条规定，企业以货币形式和非货币形式从各种来源取得的收入，为收入总额。包括其他收入。

《企业所得税法实施条例》第二十五条规定，企业发生非货币性资产交换，以及将货物、财产、劳务用于捐赠、偿债、赞助、集资、广告、样品、职工福利或者利润分配等用途的，应当视同销售货物、转让财产或者提供劳务，但国务院财政、税务主管部门另有规定的除外。

《国家税务总局关于企业处置资产所得税处理问题的通知》（国税函〔2008〕828号）第二条规定，企业将资产移送他人的下列情形，因资产所有权属已发生改变而不属于内部处置资产，应按规定视同销售确定收入。

《国家税务总局关于企业取得财产转让等所得企业所得税处理问题的公告》（国家税务总局公告2010年第19号）第一条规定，企业取得财产（包括各类资产、股权、债权等）转让收入、债务重组收入、接受捐赠收入、无法偿付的应付款收入等，不论是以货币形式，还是非货币形式体现，除另有规定外，均应一次性计入确认收入的年度计算缴纳企业所得税。

（二）申报表填报重点关注

税法规定，通过非货币性资产交换方式取得的固定资产，以该资产的公允价值和支付的相关税费为计税基础。

企业会计准则规定：

（1）企业以存货换取客户的非货币性资产的，换出存货适用《企业会计准则第14号——收入》。

（2）非货币性资产交换中涉及企业合并的，适用《企业会计准则第20号——企业合并》《企业会计准则第2号——长期股权投资》和《企业会计准则第33号——合并财务报表》。

(3) 非货币性资产交换中涉及由《企业会计准则第 22 号——金融工具确认和计量》规范的金融资产的,金融资产的确认、终止确认和计量适用《企业会计准则第 22 号——金融工具确认和计量》和《企业会计准则第 23 号——金融资产转移》。

(4) 非货币性资产交换中涉及由《企业会计准则第 21 号——租赁》规范的使用权资产或应收融资租赁款等的,相关资产的确认、终止确认和计量适用《企业会计准则第 21 号——租赁》。

(5) 非货币性资产交换的一方直接或间接对另一方持股且以股东身份进行交易的,或者非货币性资产交换的双方均受同一方或相同的多方最终控制,且该非货币性资产交换的交易实质是交换的一方向另一方进行了权益性分配或交换的一方接受了另一方权益性投入的,适用权益性交易的有关会计处理规定。

【案例 3-11】 2020 年 10 月,甲公司以其生产的一批钢材换入乙公司使用中的一台设备,该设备原价为 1 000 000 元,累计折旧为 130 000 元,已计提减值准备 20 000 元,钢材的账面价值为 800 000 元。甲公司换入设备作为固定资产管理,乙公司换入钢材作为原材料用于生产产品。设备的公允价值为 1 200 000 元,钢材的公允价值为 1 000 000 元,甲公司另支付 226 000 元补价给乙公司,甲公司和乙公司均为增值税一般纳税人,适用的增值税税率均为 13%,计税价格等于公允价值。

【解析】 甲公司支付的补价占换入资产公允价值及补价之和的比例 = 226 000 ÷ (1 000 000 + 226 000) = 18.43% < 25%,符合非货币性资产交换的判断标准,该业务属于非货币性资产交换。

则甲公司会计处理:

借:固定资产   1 200 000
    应交税费——应交增值税(进项税额)   156 000
  贷:主营业务收入   1 000 000
    应交税费——应交增值税(销项税额)   130 000
    银行存款   226 000

借:主营业务成本   800 000
  贷:库存商品   800 000

该项交易在会计中已采用收入准则,且在收入确认上不存在税会差异,该项业务通过填报相关收入申报表申报纳税,不再通过视同销售和房地产开发企业特定业务纳税调整明细表进行视同销售收入的调整。

(三) 常见涉税风险

(1) 未确认收入风险。企业发生经济业务,符合税法规定的收入确认条件,但企业在会计上未确认收入且纳税申报时未进行纳税调整。

(2) 延迟确认收入风险。企业发生经济业务,符合税法规定的收入确认条件,但企业未在当期确认收入,而是推迟到以后期间再确认收入。

(3) 收入不匹配的风险。一般企业填报的表 A101010 中的营业外收入与会计报表利润表中的营业外收入不一致的风险。

二、政府补助利得

政府补助利得是指纳税人从政府无偿取得货币性资产或非货币性资产应确认的净收益。

（一）相关规定

《企业所得税法》第六条规定，企业以货币形式和非货币形式从各种来源取得的收入，为收入总额。包括其他收入。

《企业所得税法》第七条规定，收入总额中的下列收入为不征税收入：

（1）财政拨款。

（2）依法收取并纳入财政管理的行政事业性收费、政府性基金。

（3）国务院规定的其他不征税收入。

《企业所得税法实施条例》第二十六条规定，企业所得税法第七条第（一）项所称财政拨款，是指各级人民政府对纳入预算管理的事业单位、社会团体等组织拨付的财政资金，但国务院和国务院财政、税务主管部门另有规定的除外。

企业所得税法第七条第（三）项所称国务院规定的其他不征税收入，是指企业取得的，由国务院财政、税务主管部门规定专项用途并经国务院批准的财政性资金。

《财政部 国家税务总局关于财政性资金 行政事业性收费 政府性基金有关企业所得税政策问题的通知》（财税〔2008〕151号）第一条规定如下：

（1）企业取得的各类财政性资金，除属于国家投资和资金使用后要求归还本金的以外，均应计入企业当年收入总额。

（2）对企业取得的由国务院财政、税务主管部门规定专项用途并经国务院批准的财政性资金，准予作为不征税收入，在计算应纳税所得额时从收入总额中减除。

（3）纳入预算管理的事业单位、社会团体等组织按照核定的预算和经费报领关系收到的由财政部门或上级单位拨入的财政补助收入，准予作为不征税收入，在计算应纳税所得额时从收入总额中减除，但国务院和国务院财政、税务主管部门另有规定的除外。

本条所称财政性资金，是指企业取得的来源于政府及其有关部门的财政补助、补贴、贷款贴息，以及其他各类财政专项资金，包括直接减免的增值税和即征即退、先征后退、先征后返的各种税收，但不包括企业按规定取得的出口退税款；所称国家投资，是指国家以投资者身份投入企业、并按有关规定相应增加企业实收资本（股本）的直接投资。

《财政部 国家税务总局关于专项用途财政性资金企业所得税处理问题的通知》（财税〔2011〕70号）第一条规定，企业从县级以上各级人民政府财政部门及其他部门取得的应计入收入总额的财政性资金，凡同时符合以下条件的，可以作为不征税收入，在计算应纳税所得额时从收入总额中减除：

（1）企业能够提供规定资金专项用途的资金拨付文件。

（2）财政部门或其他拨付资金的政府部门对该资金有专门的资金管理办法或具体管理要求。

（3）企业对该资金以及以该资金发生的支出单独进行核算。

《财政部 国家税务总局关于专项用途财政性资金企业所得税处理问题的通知》（财税〔2011〕70号）第二条规定，根据《企业所得税法实施条例》第二十八条的规定，上述不征税收入用于支出所形成的费用,不得在计算应纳税所得额时扣除;用于支出所形成的资产,其计算的折旧、摊销不得在计算应纳税所得额时扣除。

《财政部 国家税务总局关于专项用途财政性资金企业所得税处理问题的通知》(财税〔2011〕70号)第三条规定,企业将符合本通知第一条规定条件的财政性资金作不征税收入处理后,在5年(60个月)内未发生支出且未缴回财政部门或其他拨付资金的政府部门的部分,应计入取得该资金第六年的应税收入总额;计入应税收入总额的财政性资金发生的支出,允许在计算应纳税所得额时扣除。

《国家税务总局关于企业所得税应纳税所得额若干税务处理问题的公告》(国家税务总局公告2012年第15号)第七条规定,企业取得的不征税收入,应按照《财政部 国家税务总局关于专项用途财政性资金企业所得税处理问题的通知》(财税〔2011〕70号,以下简称《通知》)的规定进行处理。凡未按照《通知》规定进行管理的,应作为企业应税收入计入应纳税所得额,依法缴纳企业所得税。

《财政部 国家税务总局关于进一步鼓励软件产业和集成电路产业发展企业所得税政策的通知》(财税〔2012〕27号)第五条规定,符合条件的软件企业按照《财政部 国家税务总局关于软件产品增值税政策的通知》(财税〔2011〕100号)规定取得的即征即退增值税款,由企业专项用于软件产品研发和扩大再生产并单独进行核算,可以作为不征税收入,在计算应纳税所得额时从收入总额中减除。

《财政部 国家税务总局 关于核电行业税收政策有关问题的通知》(财税〔2008〕38号)第二条规定,自2008年1月1日起,核力发电企业取得的增值税退税款,专项用于还本付息,不征收企业所得税。

(二)申报表填报重点关注

企业取得的各类财政性资金,除属于国家投资和资金使用后要求归还本金的以外,均应计入企业当年收入总额。

会计上,企业取得的财政性资金,未来需要归还的,计入负债类科目;属于国家投资的,计入资本公积,待以后转增国家资本金。如果不属于上述两种情况的,则属于政府补助。企业应当根据其政策效应划分为与资产相关的政府补助和与收益相关的政府补助两类。

与资产相关的政府补助,应当冲减相关资产的账面价值或确认为递延收益。与资产相关的政府补助确认为递延收益的,应当在相关资产使用寿命内按照合理、系统的方法分期计入损益。

与收益相关的政府补助,用于补偿企业以后期间的相关成本费用或损失的,确认为递延收益,并在确认相关成本费用或损失的期间,计入当期损益或冲减相关成本;用于补偿企业已发生的相关成本费用或损失的,直接计入当期损益或冲减相关成本。

与企业日常活动相关的政府补助,应当按照经济业务实质,计入其他收益或冲减相关成本费用。与企业日常活动无关的政府补助,应当计入营业外收支。

而企业所得税对补贴收入一般按收付实现制确认收益,除税法规定国务院、财政部和国家税务总局规定不计入损益外,应一律并入实际收到补助收入年度的应税所得额,征收企业所得税。

因此,当会计上将收到补贴收入确认为递延收益时,税收上确认为补贴收入,在当期填报企业所得税纳税申报表时,对当期未确认收益部分进行纳税调增的处理;在以后年度,当会计上将递延收益确认为营业外收入时,企业所得税纳税申报时应调减应纳税所得额。

【案例3-12】 A公司2020年1月申请某科技补贴。科技部门批准了A公司的申报,于1月10日签订的补贴协议规定:批准A公司补贴申请,共补贴款项1 200 000元(不符合不征税收入条件),补偿科技项目为期2年的相关费用,合同签订日拨付1 200 000元。

【解析】 此项科技补贴属于与收益有关的政府补助,而且是补偿企业以后期间的相关费用。A公司的会计处理如下:

(1) 2020年1月10日,实际收到拨款1 200 000元:

借:银行存款　　　　　　　　　　　　　　　　　　　　　　　　1 200 000
　　贷:递延收益　　　　　　　　　　　　　　　　　　　　　　　　　1 200 000

(2) 2020年12月31日,分配递延收益(假设按年分配):

借:递延收益　　　　　　　　　　　　　　　　　　　　　　　　　600 000
　　贷:其他收益　　　　　　　　　　　　　　　　　　　　　　　　　　600 000

(3) 2021年12月31日,分配递延收益:

借:递延收益　　　　　　　　　　　　　　　　　　　　　　　　　600 000
　　贷:其他收益　　　　　　　　　　　　　　　　　　　　　　　　　　600 000

税收处理上,2020年应确认1 200 000元收入,因此需纳税调增600 000元,2021年确认收入,需纳税调减600 000元。2020年度汇算清缴时通过填报表3-3-1所示申报表来进行调整。

表3-3-1　　未按权责发生制确认收入纳税调整明细表(A105020)(局部)　　单位:元

行次	项目	合同金额(交易金额)	账载金额		税收金额		纳税调整金额
			本年	累计	本年	累计	
		1	2	3	4	5	6(4−2)
9	三、政府补助递延收入(10+11+12)						
10	(一)与收益相关的政府补助	1 200 000	600 000	600 000	1 200 000	1 200 000	600 000
11	(二)与资产相关的政府补助						
12	(三)其他						

2021年汇算清缴时通过填报表3-3-2所示申报表来进行调整。

表3-3-2　　未按权责发生制确认收入纳税调整明细表(A105020)(局部)　　单位:元

行次	项目	合同金额(交易金额)	账载金额		税收金额		纳税调整金额
			本年	累计	本年	累计	
		1	2	3	4	5	6(4−2)
9	三、政府补助递延收入(10+11+12)						
10	(一)与收益相关的政府补助	1 200 000	600 000	1 200 000	0	1 200 000	−600 000
11	(二)与资产相关的政府补助						
12	(三)其他						

(三)常见涉税风险

(1)不符合不征税收入条件的风险。企业取得财政补助不同时符合财税〔2011〕70号第一条规定的三个条件,但企业将其作为不征税收入在收入总额中扣除的风险。

(2)未确认收入风险。企业发生经济业务,符合税法规定的收入确认条件,但企业在会计上未确认收入且纳税申报时未进行纳税调整。

(3)延迟确认收入风险。企业发生经济业务,符合税法规定的收入确认条件,但企业未在当期确认收入,而是推迟到以后期间再确认收入。

(4)收入不匹配的风险。一般企业填报的表A101010中的营业外收入与利润表中的营业外收入不一致的风险。

三、盘盈利得

盘盈利得是指纳税人在清查财产过程中查明的各种财产盘盈应确认的净收益。

(一)相关规定

《企业所得税法》第六条第(九)项规定,企业以货币形式和非货币形式从各种来源取得的收入,为收入总额。包括其他收入。

《企业所得税法实施条例》第二十二条规定,企业所得税法第六条第(九)项所称其他收入,是指企业取得的除企业所得税法第六条第(一)项至第(八)项规定的收入外的其他收入,包括企业资产溢余收入、逾期未退包装物押金收入、确实无法偿付的应付款项、已作坏账损失处理后又收回的应收款项、债务重组收入、补贴收入、违约金收入、汇兑收益等。

《企业所得税法实施条例》第五十八条第(四)项规定,固定资产按照以下方法确定计税基础:盘盈的固定资产,以同类固定资产的重置完全价值为计税基础。

(二)申报表填报重点关注

【案例3-13】 2020年5月1日,A公司盘点库存,发现多出两批商品,公允价值1 130 000元。

【解析】 2020年汇算清缴时填报表3-3-3所示申报表。

表3-3-3 　　　　　　一般企业收入明细表(A101010)(局部) 　　　　　单位:元

行次	项目	金额
16	二、营业外收入(17+18+19+20+21+22+23+24+25+26)	
21	(五)盘盈利得	1 130 000

(三)常见涉税风险

(1)未确认收入风险。企业发生经济业务,符合税法规定的收入确认条件,但企业在会计上未确认收入且纳税申报时未进行纳税调整。

(2)延迟确认收入风险。企业发生经济业务,符合税法规定的收入确认条件,但企业未在当期确认收入,而是推迟到以后期间再确认收入。

(3) 收入不匹配的风险。一般企业填报的表A101010中的营业外收入与会计报表利润表中的营业外收入不一致的风险。

四、其他

"其他"为申报表未列举的其他营业外收入,包括执行企业会计准则纳税人按权益法核算长期股权投资对初始投资成本调整确认的收益,执行小企业会计准则纳税人取得的出租包装物和商品的租金收入、逾期未退包装物押金收益等。

(一) 相关规定

《企业所得税法》第六条第(九)项规定,企业以货币形式和非货币形式从各种来源取得的收入,为收入总额。包括其他收入。

《企业所得税法实施条例》第二十二条规定,企业所得税法第六条第(九)项所称其他收入,是指企业取得的除企业所得税法第六条第(一)项至第(八)项规定的收入外的其他收入,包括企业资产溢余收入、逾期未退包装物押金收入、确实无法偿付的应付款项、已作坏账损失处理后又收回的应收款项、债务重组收入、补贴收入、违约金收入、汇兑收益等。

《国家税务总局关于企业取得财产转让等所得企业所得税处理问题的公告》(国家税务总局公告2010年第19号)第一条规定,企业取得财产(包括各类资产、股权、债权等)转让收入、债务重组收入、接受捐赠收入、无法偿付的应付款收入等,不论是以货币形式、还是非货币形式体现,除另有规定外,均应一次性计入确认收入的年度计算缴纳企业所得税。

(二) 申报表填报重点关注

【案例3-14】 2020年5月1日,A公司确认逾期未退包装物押金收益1 130元(含增值税)。

【解析】 2020年度汇算清缴时填报表3-3-4所示申报表。

表3-3-4　　　　　一般企业收入明细表(A101010)(局部)　　　　　单位:元

行次	项　目	金额
16	二、营业外收入(17+18+19+20+21+22+23+24+25+26)	
26	(十) 其他	1 130

(三) 常见涉税风险

(1) 未确认收入风险。企业发生经济业务,符合税法规定的收入确认条件,但企业在会计上未确认收入且纳税申报时未进行纳税调整。

(2) 延迟确认收入风险。企业发生经济业务,符合税法规定的收入确认条件,但企业未在当期确认收入,而是推迟到以后期间再确认收入。

(3) 收入不匹配的风险。一般企业填报的表A101010中的营业外收入与会计报表利润表中的营业外收入不一致的风险。

第四节　投资收益

投资收益为纳税人以各种方式对外投资所取得的收益或发生的损失。

一、相关规定

《企业所得税法》第六条规定，企业以货币形式和非货币形式从各种来源取得的收入，为收入总额。包括转让财产收入；股息、红利等权益性投资收益。

《企业所得税法实施条例》第十一条规定，企业所得税法第五十五条所称清算所得，是指企业的全部资产可变现价值或者交易价格减除资产净值、清算费用及相关税费等后的余额。

投资方企业从被清算企业分得的剩余资产，其中相当于从被清算企业累计未分配利润和累计盈余公积中应当分得的部分，应当确认为股息所得；剩余资产减除上述股息所得后的余额，超过或者低于投资成本的部分，应当确认为投资资产转让所得或者损失。

《企业所得税法实施条例》第十七条规定，企业所得税法第六条第（四）项所称股息、红利等权益性投资收益，是指企业因权益性投资从被投资方取得的收入。

股息、红利等权益性投资收益，除国务院财政、税务主管部门另有规定外，按照被投资方作出利润分配决定的日期确认收入的实现。

《国家税务总局关于贯彻落实企业所得税法若干税收问题的通知》（国税函〔2010〕79号）第四条规定，企业权益性投资取得股息、红利等收入，应以被投资企业股东会或股东大会作出利润分配或转股决定的日期，确定收入的实现。

被投资企业将股权（票）溢价所形成的资本公积转为股本的，不作为投资方企业的股息、红利收入，投资方企业也不得增加该项长期投资的计税基础。

《国家税务总局关于企业所得税若干问题的公告》（国家税务总局公告2011年第34号）第五条规定，投资企业从被投资企业撤回或减少投资，其取得的资产中，相当于初始出资的部分，应确认为投资收回；相当于被投资企业累计未分配利润和累计盈余公积按减少实收资本比例计算的部分，应确认为股息所得；其余部分确认为投资资产转让所得。

被投资企业发生的经营亏损，由被投资企业按规定结转弥补；投资企业不得调整减低其投资成本，也不得将其确认为投资损失。

《财政部　国家税务总局关于企业清算业务企业所得税处理若干问题的通知》（财税〔2009〕60号）第五条规定，企业全部资产的可变现价值或交易价格减除清算费用，职工的工资、社会保险费用和法定补偿金，结清清算所得税、以前年度欠税等税款，清偿企业债务，按规定计算可以向所有者分配的剩余资产。

被清算企业的股东分得的剩余资产的金额，其中相当于被清算企业累计未分配利润和累计盈余公积中按该股东所占股份比例计算的部分，应确认为股息所得；剩余资产减除股息所得后的余额，超过或低于股东投资成本的部分，应确认为股东的投资转让所得或损失。

被清算企业的股东从被清算企业分得的资产应按可变现价值或实际交易价格确定计

税基础。

《国家税务总局关于企业取得财产转让等所得企业所得税处理问题的公告》(国家税务总局公告2010年第19号)第一条规定,企业取得财产(包括各类资产、股权、债权等)转让收入、债务重组收入、接受捐赠收入、无法偿付的应付款收入等,不论是以货币形式、还是非货币形式体现,除另有规定外,均应一次性计入确认收入的年度计算缴纳企业所得税。

二、申报表填报重点关注

投资收益用于核算投资资产相关业务。会计准则按照投资目的不同,将投资活动形成的资产划分为四大类,包括交易性金融资产、持有至到期投资、可供出售金融资产和长期股权投资。关于投资收益的申报表填报,需重点关注税法与会计之间的差异,并进行正确的纳税调整。

1) 投资初始成本的确认,会计与税法的差异

(1) 交易性金融资产的初始成本应该按照取得时的公允价值确定,交易费用计入当期损益,不计入交易性金融资产的成本。对于交易费用的处理税法与会计存在差异。

(2) 长期股权投资采用成本法核算时,会计核算与税法规定一致,不存在差异问题;长期股权投资采用权益法核算时,初始投资成本根据情况可能需要调整,涉及损益确认及长期股权投资账面价值调整问题,而税法规定资产的计税基础为历史成本,该项业务税法与会计的处理存在差异。

2) 持有收益,会计与税法的差异

(1) 按照会计准则的规定,交易性金融资产应按照公允价值计量。期末,对公允价值变动带来的损益进行确认,并计入当期损益。按照税法规定,所有资产均按照历史成本确认其计税基础,会计与税法存在差异。

(2) 长期股权投资采用权益法核算时,投资企业期末要根据被投资单位的盈利或亏损情况确认相应的收益或损失,从而调整长期股权投资的账面价值;实际收到分回的股息、红利时,则冲减投资成本。税法规定,企业权益性投资取得股息、红利等收入,应以被投资企业股东会或股东大会作出利润分配或转股决定的日期,确定收入的实现。并且投资方不承担被投资企业的经营亏损。会计与税法存在差异,需要纳税调整。

(3) 股票股利的处理不同。会计上对持有期间从被投资企业取得的股票股利不做账务处理,但应于除权日注明所增加的股票数量,以反映股份的变化情况。企业所得税税务处理则将股票股利确认为持有期间的股息、红利计入收入总额,同时增加相应股权投资的计税基础。

(4) 债券的付息方式为分期付息到期一次还本的,并且债券发行是按照面值发行的,不会产生会计与税法差异。债券的付息方式为到期一次性还本付息的,或者存在溢价或者折价情况下,会计按照权责发生制原则,每期期末计算利息收益;税法则按照合同约定到期时一次性确认利息收入的实现。此时利息收入的确认会存在会计与税法的差异。

(5) 按照会计准则的规定,可供出售金融资产应按照公允价值计量。期末,对公允价值变动形成的利得或损失,直接计入所有者权益,即"其他综合收益"科目。按照税法规定,所

有资产均按照历史成本确认其计税基础。会计与税法对可供出售金融资产的计量存在差异。但是,由于会计核算将公允价值变动带来的损益直接计入了所有者权益,未计入当期利润,而且在可供出售金融资产终止确认时要将曾经计入所有者权益(其他综合收益)的金额确认为当期损益,致使会计与税法对可供出售金融资产计量时产生的差异,在可供出售金融资产终止确认时消除。所以,该差异不会产生纳税调整要求,无需进行调整。

3)处置收益,会计与税法的差异

(1)交易性金融资产账面价值与计税基础存在的差异主要是公允价值变动损益的确认不同。这也导致交易性金融资产转让收益存在税会差异。交易性金融资产取得时支付的交易费用和公允价值变动时纳税调整的金额,在交易性金融资产转让时应作相反方向调整。

(2)可供出售金融资产的初始成本与计税基础是一致的。处置可供出售金融资产时,应将取得的价款与该金融资产账面价值之间的差额,记入"投资收益"科目。同时,将原直接计入所有者权益(即"其他综合收益"科目)的公允价值变动累计额对应处置部分的金额转出,记入"投资收益"科目。税务处理上,"可供出售金融资产"属于《企业所得税法》第十四条规定的投资资产,企业在转让或者处置投资资产时,投资资产的成本(计税基础)准予扣除。这样,导致会计与税法对可供出售金融资产持有期间产生的计量差异,在可供出售金融资产终止确认时消除。所以,该差异无需进行调整。

(3)持有至到期投资初始入账价值与计税基础一致,转让时一般不存在差异。如果持有至到期投资和可供出售金融资产在持有期间计提减值准备,当期需纳税调增,处置时纳税调减。

(4)会计与税法确认股权转让所得时存在差异,主要体现为会计账面价值与计税基础的差异,包括:

① 转让所得计算的差异。
② 因为享受税收优惠(符合免税条件)产生的差异。
③ 发生转让损失时,会计与税法确认条件不同产生的差异等。

对这些差异,应该比较会计计算的结果与税法计算的结果及税法规定的条件,分别纳税调增或调减。不论会计采用什么核算方法,会计成本如何变化,税法确认的转让所得都是转让收入减除该项资产的计税基础。

(5)根据《企业会计准则解释第1号》,企业在股权分置改革过程中持有对被投资单位在重大影响以上的股权,应当作为长期股权投资,视对被投资单位的影响程度分别采用成本法或权益法核算。企业在股权分置改革过程中持有对被投资单位不具有控制、共同控制或重大影响的股权,应当划分为可供出售金融资产,其公允价值与账面价值的差额,在首次执行日应当追溯调整,计入资本公积。

(6)根据《企业会计准则解释第3号》,企业持有上市公司限售股权(不包括股权分置改革中持有的限售股权),对上市公司不具有控制、共同控制或重大影响的,应当按照《企业会计准则第22号——金融工具确认和计量》的规定,将该限售股权划分为可供出售金融资产或以公允价值计量且其变动计入当期损益的金融资产。

企业在确定上市公司限售股权公允价值时,应当按照金融工具确认和计量准则有关公允价值确定的规定执行,不得改变企业会计准则规定的公允价值确定原则和方法。

🔧【案例 3-15】 M 公司 2019 年 5 月 10 日从证券交易所购入甲公司发行的价值为 910 000 元的股票 10 万股,准备短期持有,相关交易费用 6 000 元,均以银行存款支付。2020 年 9 月 10 日,甲公司宣告发放现金股利 8 000 元(已收到),2020 年 12 月 31 日该股票的市价为 10 元/股。该项投资的初始入账价值、持有收益分别如何确认?与税法的差异如何进行调整?

【解析】(1) 2019 年 5 月 10 日,做如下会计处理:

借:交易性金融资产——成本　　　　　　　　　　　　　　　　　　910 000
　　投资收益　　　　　　　　　　　　　　　　　　　　　　　　　　6 000
　　贷:银行存款　　　　　　　　　　　　　　　　　　　　　　　　　　916 000

2019 年度 M 公司企业所得税汇算清缴时,6 000 元的交易费用应计入交易性金融资产的计税基础,需要纳税调整。

(2) 2020 年 9 月 10 日,做如下会计处理:

借:应收股利　　　　　　　　　　　　　　　　　　　　　　　　　8 000
　　贷:投资收益　　　　　　　　　　　　　　　　　　　　　　　　　　8 000
借:银行存款　　　　　　　　　　　　　　　　　　　　　　　　　8 000
　　贷:应收股利　　　　　　　　　　　　　　　　　　　　　　　　　　8 000

(3) 2020 年 12 月 31 日,做如下会计处理:

借:交易性金融资产——公允价值变动　　　　　　　　　　　　　　90 000
　　贷:公允价值变动损益　　　　　　　　　　　　　　　　　　　　　90 000

税务处理:2020 年度 M 公司所得税汇算清缴时,甲公司当年分配的利润 8 000 元,符合免税收入条件;按照税法的规定,公允价值变动损益 90 000 元不确认损益,故需纳税调减,申报表填列如表 3-4-1、表 3-4-2、表 3-4-3 所示。

表 3-4-1　　　　　　　纳税调整项目明细表(A105000)(局部)　　　　　单位:元

行次	项目	账载金额	税收金额	调增金额	调减金额
		1	2	3	4
1	一、收入类调整项目(2+3+…+8+10+11)	*	*		
5	(六)公允价值变动净损益	90 000	*		90 000

表 3-4-2　　符合条件的居民企业之间的股息、红利等权益性投资
　　　　　　　　　　收益优惠明细表(A107011)(局部)　　　　　　单位:元

行次	被投资企业	投资性质	投资成本	投资比例	被投资企业利润分配确认金额		合计
					被投资企业做出利润分配或转股决定时间	依决定归属于本公司的股息、红利等权益性投资收益金额	
	1	3	4	5	6	7	17(7+10+16)
1	甲公司	股票投资	916 000		2020 年 9 月 10 日	8 000	8 000

表 3-4-3　　　　免税、减计收入及加计扣除优惠明细表(107010)(局部)　　　　单位:元

行次	项　　　目	金　额
1	一、免税收入(2＋3＋9＋…＋16)	
2	(一)国债利息收入免征企业所得税	
3	(二)符合条件的居民企业之间的股息、红利等权益性投资收益免征企业所得税(4＋5＋6＋7＋8)	8 000
4	1. 一般股息红利等权益性投资收益免征企业所得税(填写 A107011)	8 000

【案例 3-16】 A 公司于 2018 年 1 月,以 1 025 090 元溢价购入了当日发行的 3 年期 B 公司债券 500 张,每张面值 2 000 元,票面利率为 5％,另外支付相关交易税费 1 510 元,债券到期一次性还本付息。发行时的市场利率为 4％。A 公司执行企业会计准则。请做出 A 公司的会计与税务处理及其纳税调整。

【解析】 购入债券时,A 公司应编制会计分录。

借:持有至到期投资——本金　　　　　　　　　　　　　　　1 000 000
　　持有至到期投资——利息调整(溢价)　　　　　　　　　　　　26 600
　　贷:银行存款　　　　　　　　　　　　　　　　　　　　　1 026 600

会计按照权责发生制原则,每年年末确认利息收入,并按实际利率法进行溢价摊销,计算如表 3-4-4 所示。

表 3-4-4　　　　　　持有至到期投资溢价摊销表(实际利率法)　　　　　　单位:元

付息日期	应收利息 (1)＝面值×5％	实际利息 (2)＝上期(4)× 实际利率4％	溢价摊销 (3)＝(1)－(2)	摊余成本 (4)＝上期(4)－(3)
2018.1.1				1 026 600
2018.12.31	50 000	41 064	8 936	1 017 664
2019.12.31	50 000	40 706.56	9 293.44	1 008 370.56
2020.12.31	50 000	41 629.44(注)	8 370.56	1 000 000
合计	150 000	123 400	26 600	—

注:含尾数调整。溢价摊销＝26 600－8 936－9 293.44＝8 370.56(元),实际利息＝50 000－8 370.56＝41 629.44(元)。

债券持有期间,根据税法规定不需要确认利息收入,债券到期时一次性确认利息收入。所得税纳税申报时,2018 年调减 41 064 元,申报表填列如表 3-4-5、表 3-4-6 所示。

表 3-4-5　　　　　投资收益纳税调整明细表(A105030)(局部)　　　　　单位:元

行次	项　　目	持有收益			纳税调整金额
		账载金额	税收金额	纳税调整金额	
		1	2	3(2－1)	11(3＋10)
3	三、持有至到期投资	41 064	0	－41 064	－41 064

表 3-4-6　　　　　　　　纳税调整项目明细表(A105000)(局部)　　　　　　　单位:元

行次	项　目	账载金额	税收金额	调增金额	调减金额
		1	2	3	4
1	一、收入类调整项目(2+3+…+8+10+11)	*	*		
4	（三）投资收益(填写 A105030)	41 064	0		41 064

2019 年调减 40 706.56 元,两年合计调减 81 770.56 元。申报表填列如表 3-4-7,表 3-4-8 所示。

表 3-4-7　　　　　　投资收益纳税调整明细表(A105030)(局部)　　　　　　单位:元

行次	项　目	持有收益			纳税调整金额
		账载金额	税收金额	纳税调整金额	
		1	2	3(2-1)	11(3+10)
3	三、持有至到期投资	40 706.56	0	-40 706.56	-40 706.56

表 3-4-8　　　　　　　　纳税调整项目明细表(A105000)(局部)　　　　　　　单位:元

行次	项　目	账载金额	税收金额	调增金额	调减金额
		1	2	3	4
1	一、收入类调整项目(2+3+…+8+10+11)	*	*		
4	（三）投资收益(填写 A105030)	40 706.56	0		40 706.56

2020 年会计核算确认利息收入 41 629.44 元,按照税法规定 2020 年应确认 3 年全部的利息收入 123 400 元,纳税调增 81 770.56 元。前两年纳税调减合计与 2020 年纳税调增金额相等,这说明利息收入确认过程中形成的会计与税法差异属于暂时性差异,仅仅是确认时间先后不同而已。申报表填列如表 3-4-9、表 3-4-10 所示。

表 3-4-9　　　　　　投资收益纳税调整明细表(A105030)(局部)　　　　　　单位:元

行次	项　目	持有收益			纳税调整金额
		账载金额	税收金额	纳税调整金额	
		1	2	3(2-1)	11(3+10)
3	三、持有至到期投资	41 629.44	123 400	81 770.56	81 770.56

表 3-4-10　　　　　　　纳税调整项目明细表(A105000)(局部)　　　　　　　单位:元

行次	项　目	账载金额	税收金额	调增金额	调减金额
		1	2	3	4
1	一、收入类调整项目(2+3+…+8+10+11)	*	*		
4	（三）投资收益(填写 A105030)	41 629.44	123 400	81 770.56	

【知识链接】

小企业会计准则对短期投资、长期股权投资和长期债券投资的核算规定:

(1) 小企业会计准则对短期投资的核算规定:

① 以支付现金取得的短期投资,应当按照购买价款和相关税费作为成本进行计量。

实际支付价款中包含的已宣告但尚未发放的现金股利或已到付息期但尚未领取的债券利息,应当单独确认为应收股利或应收利息,不计入短期投资的成本。

② 在短期投资持有期间,被投资单位宣告分派的现金股利或在债务人应付利息日按照分期付息、一次还本债券投资的票面利率计算的利息收入,应当计入投资收益。

③ 出售短期投资,出售价款扣除其账面余额、相关税费后的净额,应当计入投资收益。

(2) 小企业会计准则对长期股权投资的核算规定:

① 长期股权投资应当采用成本法进行会计处理。

② 在长期股权投资持有期间,被投资单位宣告分派的现金股利或利润,应当按照应分得的金额确认为投资收益。

③ 处置长期股权投资,处置价款扣除其成本、相关税费后的净额,应当计入投资收益。

对此,除持有期间分得的现金股利或利润符合税法免税规定产生差异外,均与企业所得税法一致,不存在差异。

(3) 小企业会计准则对长期债券投资的核算规定:

① 长期债券投资应当按照购买价款和相关税费作为成本进行计量。

实际支付价款中包含的已到付息期但尚未领取的债券利息,应当单独确认为应收利息,不计入长期债券投资的成本。

② 长期债券投资在持有期间发生的应收利息应当确认为投资收益。

a. 分期付息、一次还本的长期债券投资,在债务人应付利息日按照票面利率计算的应收未收利息收入应当确认为应收利息,不增加长期债券投资的账面余额。

b. 一次还本付息的长期债券投资,在债务人应付利息日按照票面利率计算的应收未收利息收入应当增加长期债券投资的账面余额。

c. 债券的折价或者溢价在债券存续期间内于确认相关债券利息收入时,采用直线法进行摊销。

③ 长期债券投资到期,小企业收回长期债券投资,应当冲减其账面余额。处置长期债券投资,处置价款扣除其账面余额、相关税费后的净额,应当计入投资收益。

小企业会计准则对长期债券投资的处理与税法规定基本一致,不存在差异。

三、常见涉税风险

未正确纳税调整风险。企业未正确将会计确认的投资收益按照税法规定进行纳税调整。

第五节 公允价值变动损益

公允价值变动收益为纳税人在初始确认时划分为以公允价值计量且其变动计入当期损益的金融资产或金融负债(包括交易性金融资产或负债,直接指定为以公允价值计量且其变动计入当期损益的金融资产或金融负债),以及采用公允价值模式计量的投资性房地产、衍生工具和套期业务中公允价值变动形成的应计入当期损益的利得或损失。

一、相关规定

《企业所得税法实施条例》第五十六条规定，企业的各项资产，包括固定资产、生物资产、无形资产、长期待摊费用、投资资产、存货等，以历史成本为计税基础。

上述所称历史成本，是指企业取得该项资产时实际发生的支出。

企业持有各项资产期间资产增值或者减值，除国务院财政、税务主管部门规定可以确认损益外，不得调整该资产的计税基础。

二、申报表填报重点关注

公允价值变动收益，是指那些以公允价值计量的资产，其公允价值的变动产生的直接影响损益的金额。根据目前的会计准则规定，以公允价值计量且其变动计入当期损益的金融资产和金融负债、按照公允价值模式进行后续计量的投资性房地产，其每期的公允价值变动，都会反映在利润表的公允价值变动收益项目中。

税法上，对资产的成本，是按照历史成本法来确定的。即资产的计税基础，是在企业自建或购置过程中已经支付的对价及相关税费，资产一经确定，其计税基础不会随着其公允价值的变动而变动。所以，税法上并不认可公允价值变动而产生的损益。

如果企业在当期的利润表中，公允价值变动收益有非零的数字，那么无论正负，在年度企业所得税纳税申报时，均需要进行相反的纳税调整。即公允价值变动收益为正数，做纳税调减；公允价值变动收益为负数，做纳税调增。

公允价值变动收益填报在《中华人民共和国企业所得税年度纳税申报表（A类）》（A100000）第 8 行"加：公允价值变动收益"，本行根据企业财务报表"公允价值变动损益"科目的数额填报，损失以"－"号填列。

【案例 3-17】 A 公司会计确认公允价值变动净损益 50 000 元。

【解析】 2020 年汇算清缴时填报如表 3-5-1 所示。

表 3-5-1　　　　纳税调整项目明细表（A105000）（局部）　　　　单位：元

行次	项目	账载金额	税收金额	调增金额	调减金额
		1	2	3	4
1	一、收入类调整项目（2+3+…+8+10+11）	*	*		
7	（六）公允价值变动净损益	50 000	*		50 000

三、常见涉税风险

未进行纳税调整风险。企业未对税法上并不认可的公允价值变动而产生的损益进行纳税调整。

第四章 扣除类项目申报表填报注意事项

营业成本为纳税人主要经营业务和其他经营业务发生的成本总额。包括主营业务成本和其他业务成本。

第一节 主营业务成本

主营业务成本需要纳税人根据自身所属行业的业务性质进行核算填报,一般包括销售商品成本、提供劳务成本、建造合同成本、让渡资产使用权成本等。

一、销售商品成本

纳税人从事工业制造、商品流通、农业生产,以及其他商品销售活动发生的主营业务成本为销售商品成本。房地产开发企业销售开发产品(销售未完工开发产品除外)发生的成本也属于销售商品成本。

(一)相关规定

《企业所得税法》第八条规定,企业实际发生的与取得收入有关的、合理的支出,包括成本、费用、税金、损失和其他支出,准予在计算应纳税所得额时扣除。

《企业所得税法实施条例》第二十九条规定,企业所得税法第八条所称成本,是指企业在生产经营活动中发生的销售成本、销货成本、业务支出,以及其他耗费。

《企业所得税法实施条例》第五十六条规定,企业的各项资产,包括固定资产、生物资产、无形资产、长期待摊费用、投资资产、存货等,以历史成本为计税基础。历史成本,是指企业取得该项资产时实际发生的支出。

企业持有各项资产期间资产增值或者减值,除国务院财政、税务主管部门规定可以确认损益外,不得调整该资产的计税基础。

(二)申报表填报重点关注

【案例4-1】 2020年5月1日,A公司销售一批空调并收取费用,增值税发票不含税金额1 000 000元,成本600 000元。

【解析】 2020年汇算清缴时填报如表4-1-1所示。

表4-1-1　　　　　一般企业成本支出明细表(A102010)(局部)　　　　单位:元

行次	项目	金额
1	一、营业成本(2+9)	
2	（一）主营业务成本(3+5+6+7+8)	
3	1. 销售商品成本	600 000

（三）常见涉税风险

成本不匹配的风险。表A102010第1行次"营业成本"与利润表中的营业成本不一致。

二、提供劳务成本

纳税人从事建筑安装、修理修配、交通运输、仓储租赁、邮电通信、咨询经纪、文化体育、科学研究、技术服务、教育培训、餐饮住宿、中介代理、卫生保健、社区服务、旅游、娱乐、加工,以及其他劳务活动发生的主营业务成本为提供劳务成本。

（一）相关规定

《企业所得税法》第八条规定,企业实际发生的与取得收入有关的、合理的支出,包括成本、费用、税金、损失和其他支出,准予在计算应纳税所得额时扣除。

《企业所得税法实施条例》第二十九条规定,企业所得税法第八条所称成本,是指企业在生产经营活动中发生的销售成本、销货成本、业务支出以及其他耗费。

《企业所得税法实施条例》第五十六条规定,企业的各项资产,包括固定资产、生物资产、无形资产、长期待摊费用、投资资产、存货等,以历史成本为计税基础。历史成本,是指企业取得该项资产时实际发生的支出。

企业持有各项资产期间资产增值或者减值,除国务院财政、税务主管部门规定可以确认损益外,不得调整该资产的计税基础。

《国家税务总局关于确认企业所得税收入若干问题的通知》（国税函〔2008〕875号）第二条第三款规定,企业应按照从接受劳务方已收或应收的合同或协议价款确定劳务收入总额,根据纳税期末提供劳务收入总额乘以完工进度扣除以前纳税年度累计已确认提供劳务收入后的金额,确认为当期劳务收入;同时,按照提供劳务估计总成本乘以完工进度扣除以前纳税期间累计已确认劳务成本后的金额,结转为当期劳务成本。

《国家税务总局关于确认企业所得税收入若干问题的通知》（国税函〔2008〕875号）第二条第二款规定,企业提供劳务完工进度的确定,可选用下列方法：

（1）已完工作的测量。

（2）已提供劳务占劳务总量的比例。

（3）发生成本占总成本的比例。

（二）申报表填报重点关注

【案例 4-2】 2020 年 5 月 1 日，A 公司提供企业咨询服务并收取费用，增值税发票不含税金额 1 000 000 元，成本 600 000 元。

【解析】 2020 年汇算清缴时填报如表 4-1-2 所示。

表 4-1-2　　　　　一般企业成本支出明细表（A102010）（局部）　　　　　单位：元

行次	项　　目	金额
1	一、营业成本(2+9)	
2	（一）主营业务成本(3+5+6+7+8)	
5	2.提供劳务成本	600 000

（三）常见涉税风险

成本不匹配的风险。表 A102010 第 1 行次"营业成本"与利润表中的营业成本不一致。

三、建造合同成本

纳税人建造房屋、道路、桥梁、水坝等建筑物，以及生产船舶、飞机、大型机械设备等发生的主营业务成本为建造合同成本。

（一）相关规定

《企业所得税法》第八条规定，企业实际发生的与取得收入有关的、合理的支出，包括成本、费用、税金、损失和其他支出，准予在计算应纳税所得额时扣除。

《企业所得税法实施条例》第二十九条规定，企业所得税法第八条所称成本，是指企业在生产经营活动中发生的销售成本、销货成本、业务支出，以及其他耗费。

《企业所得税法实施条例》第五十六条规定，企业的各项资产，包括固定资产、生物资产、无形资产、长期待摊费用、投资资产、存货等，以历史成本为计税基础。历史成本，是指企业取得该项资产时实际发生的支出。

企业持有各项资产期间资产增值或者减值，除国务院财政、税务主管部门规定可以确认损益外，不得调整该资产的计税基础。

《国家税务总局关于确认企业所得税收入若干问题的通知》（国税函〔2008〕875 号）第二条第三款规定，企业应按照从接受劳务方已收或应收的合同或协议价款确定劳务收入总额，根据纳税期末提供劳务收入总额乘以完工进度扣除以前纳税年度累计已确认提供劳务收入后的金额，确认为当期劳务收入；同时，按照提供劳务估计总成本乘以完工进度扣除以前纳税期间累计已确认劳务成本后的金额，结转为当期劳务成本。

《国家税务总局关于确认企业所得税收入若干问题的通知》（国税函〔2008〕875 号）第二条第二款规定，企业提供劳务完工进度的确定，可选用下列方法：

(1) 已完工作的测量。

(2) 已提供劳务占劳务总量的比例。

(3) 发生成本占总成本的比例。

（二）申报表填报重点关注

【案例4-3】 甲建筑公司2020年营业收入10 000 000元，营业成本8 000 000元，税会之间无差异，企业不符合税收优惠政策条件。

【解析】 2020年汇算清缴时填报如表4-1-3所示。

表4-1-3　　　　　一般企业成本支出明细表（A102010）（局部）　　　　　单位：元

行次	项目	金额
1	一、营业成本（2+9）	
2	（一）主营业务成本（3+5+6+7+8）	
6	3.建造合同成本	8 000 000

（三）常见涉税风险

成本不匹配的风险。表A102010第1行次"营业成本"与利润表中的营业成本不一致。

四、让渡资产使用权成本

纳税人在主营业务成本核算的，让渡无形资产使用权而发生的使用费成本，以及出租固定资产、无形资产、投资性房地产发生的租金成本为让渡资产使用权成本。

（一）相关规定

《企业所得税法》第八条规定，企业实际发生的与取得收入有关的、合理的支出，包括成本、费用、税金、损失和其他支出，准予在计算应纳税所得额时扣除。

《企业所得税法实施条例》第二十九条规定，企业所得税法第八条所称成本，是指企业在生产经营活动中发生的销售成本、销货成本、业务支出，以及其他耗费。

《企业所得税法实施条例》第五十六条规定，企业的各项资产，包括固定资产、生物资产、无形资产、长期待摊费用、投资资产、存货等，以历史成本为计税基础。历史成本，是指企业取得该项资产时实际发生的支出。

企业持有各项资产期间资产增值或者减值，除国务院财政、税务主管部门规定可以确认损益外，不得调整该资产的计税基础。

（二）申报表填报重点关注

【案例4-4】 甲企业于2020年10月1日将一非专利技术使用权让渡给乙企业，收取费用10 000元，为取得该非专利技术，一共发生相关支出3 000元。

【解析】 2020年汇算清缴时填报如表4-1-4所示。

表4-1-4　　　　　一般企业成本支出明细表（A102010）（局部）　　　　　单位：元

行次	项目	金额
1	一、营业成本（2+9）	
2	（一）主营业务成本（3+5+6+7+8）	
7	4.让渡资产使用权成本	3 000

(三)常见涉税风险

成本不匹配的风险。表 A102010 第 1 行次"营业成本"与利润表中的营业成本不一致。

第二节 其他业务成本

其他业务成本是指企业确认的除主营业务活动以外的其他日常经营活动所发生的支出。其他业务成本包括销售材料的成本、出租固定资产的折旧额、出租无形资产的摊销额、出租包装物的成本或摊销额等。

一、材料销售成本

纳税人销售材料、下脚料、废料、废旧物资等发生的成本为销售材料成本。

(一)相关规定

《企业所得税法》第八条规定,企业实际发生的与取得收入有关的、合理的支出,包括成本、费用、税金、损失和其他支出,准予在计算应纳税所得额时扣除。

《企业所得税法实施条例》第二十九条规定,企业所得税法第八条所称成本,是指企业在生产经营活动中发生的销售成本、销货成本、业务支出,以及其他耗费。

《企业所得税法实施条例》第五十六条规定,企业的各项资产,包括固定资产、生物资产、无形资产、长期待摊费用、投资资产、存货等,以历史成本为计税基础。

历史成本,是指企业取得该项资产时实际发生的支出。

企业持有各项资产期间资产增值或者减值,除国务院财政、税务主管部门规定可以确认损益外,不得调整该资产的计税基础。

(二)申报表填报重点关注

【案例 4-5】 2020 年 5 月 1 日,A 公司销售材料一批并收取费用,增值税发票不含税金额 1 000 000 元,材料成本 800 000 元。

【解析】 2020 年汇算清缴时填报如表 4-2-1 所示。

表 4-2-1　　　　　一般企业成本支出明细表(A102010)(局部)　　　　　单位:元

行次	项目	金额
9	(二)其他业务成本(10+12+13+14+15)	
10	1.销售材料成本	800 000

(三)常见涉税风险

成本不匹配的风险。表 A102010 第 1 行次"营业成本"与利润表中的营业成本不一致。

二、出租固定资产成本

出租固定资产成本为纳税人将固定资产进行出租而发生的成本。

(一)相关规定

《企业所得税法》第八条规定,企业实际发生的与取得收入有关的、合理的支出,包括成本、费用、税金、损失和其他支出,准予在计算应纳税所得额时扣除。

《企业所得税法实施条例》第二十九条规定,企业所得税法第八条所称成本,是指企业在生产经营活动中发生的销售成本、销货成本、业务支出,以及其他耗费。

《企业所得税法实施条例》第四十七条规定,企业根据生产经营活动的需要租入固定资产支付的租赁费,按照以下方法扣除:

(1) 以经营租赁方式租入固定资产发生的租赁费支出,按照租赁期限均匀扣除。

(2) 以融资租赁方式租入固定资产发生的租赁费支出,按照规定构成融资租入固定资产价值的部分应当提取折旧费用,分期扣除。

《企业所得税法实施条例》第五十六条规定,企业的各项资产,包括固定资产、生物资产、无形资产、长期待摊费用、投资资产、存货等,以历史成本为计税基础。历史成本,是指企业取得该项资产时实际发生的支出。

企业持有各项资产期间资产增值或者减值,除国务院财政、税务主管部门规定可以确认损益外,不得调整该资产的计税基础。

(二)申报表填报重点关注

【案例 4-6】 2020 年 5 月 1 日,A 公司出租固定资产并收取费用,增值税发票不含税金额 1 000 000 元,相关成本 800 000 元。

【解析】 2020 年汇算清缴时填报如表 4-2-2 所示。

表 4-2-2　　　　一般企业成本支出明细表(A102010)(局部)　　　　单位:元

行次	项　目	金额
9	(二)其他业务成本(10+12+13+14+15)	
12	2.出租固定资产成本	800 000

(三)常见涉税风险

成本不匹配的风险。表 A102010 第 1 行次"营业成本"与利润表中的营业成本不一致。

三、出租无形资产成本

出租无形资产成本为纳税人将无形资产进行出租而发生的成本。

(一)相关规定

《企业所得税法》第八条规定,企业实际发生的与取得收入有关的、合理的支出,包括成本、费用、税金、损失和其他支出,准予在计算应纳税所得额时扣除。

《企业所得税法实施条例》第二十九条规定,企业所得税法第八条所称成本,是指企业在生产经营活动中发生的销售成本、销货成本、业务支出以及其他耗费。

《企业所得税法实施条例》第五十六条规定,企业的各项资产,包括固定资产、生物资产、无形资产、长期待摊费用、投资资产、存货等,以历史成本为计税基础。历史成本,是指企业取得该项资产时实际发生的支出。

企业持有各项资产期间资产增值或者减值,除国务院财政、税务主管部门规定可以确认损益外,不得调整该资产的计税基础。

(二)申报表填报重点关注

【案例4-7】 2020年5月1日,A公司出租无形资产并收取费用,增值税发票不含税金额1 000 000元,相关成本800 000元。

【解析】 2020年汇算清缴时填报如表4-2-3所示。

表4-2-3　　　　　一般企业成本支出明细表(A102010)(局部)　　　　　单位:元

行次	项 目	金额
9	(二)其他业务成本(10+12+13+14+15)	
13	3.出租无形资产成本	800 000

(三)常见涉税风险

成本不匹配的风险。表A102010第1行次"营业成本"与利润表中的营业成本不一致。

四、出租包装物成本

出租包装物成本为纳税人将包装物进行出租而发生的成本。

(一)相关规定

《企业所得税法》第八条规定,企业实际发生的与取得收入有关的、合理的支出,包括成本、费用、税金、损失和其他支出,准予在计算应纳税所得额时扣除。

《企业所得税法实施条例》第二十九条规定,企业所得税法第八条所称成本,是指企业在生产经营活动中发生的销售成本、销货成本、业务支出,以及其他耗费。

《企业所得税法实施条例》第五十六条规定,企业的各项资产,包括固定资产、生物资产、无形资产、长期待摊费用、投资资产、存货等,以历史成本为计税基础。历史成本,是指企业取得该项资产时实际发生的支出。

企业持有各项资产期间资产增值或者减值,除国务院财政、税务主管部门规定可以确认损益外,不得调整该资产的计税基础。

（二）申报表填报重点关注

【案例4-8】 2020年5月1日，A公司出租包装物并收取费用，增值税发票不含税金额1 000 000元，相关成本800 000元。

【解析】 2020年汇算清缴时填报如表4-2-4所示。

表4-2-4　　　　　一般企业成本支出明细表（A102010）（局部）　　　　　单位：元

行次	项　目	金额
9	（二）其他业务成本（10＋12＋13＋14＋15）	
14	4.包装物出租成本	800 000

（三）常见涉税风险

成本不匹配的风险。表A102010第1行次"营业成本"与利润表中的营业成本不一致。

第三节　营业外支出

纳税人计入营业外支出科目核算的与生产经营无直接关系的各项支出为营业外支出。

一、资产损失

资产损失，是指企业在生产经营活动中实际发生的、与取得应税收入有关的资产损失，包括现金损失，存款损失，坏账损失，贷款损失，股权投资损失，固定资产和存货的盘亏、毁损、报废、被盗损失，自然灾害等不可抗力因素造成的损失，以及其他损失。

（一）相关规定

《企业所得税法》第八条规定，企业实际发生的与取得收入有关的、合理的支出，包括成本、费用、税金、损失和其他支出，准予在计算应纳税所得额时扣除。

《企业所得税法实施条例》第三十二条规定，企业所得税法第八条所称损失，是指企业在生产经营活动中发生的固定资产和存货的盘亏、毁损、报废损失，转让财产损失，呆账损失，坏账损失，自然灾害等不可抗力因素造成的损失，以及其他损失。

企业发生的损失，减除责任人赔偿和保险赔款后的余额，依照国务院财政、税务主管部门的规定扣除。

企业已经作为损失处理的资产，在以后纳税年度又全部收回或者部分收回时，应当计入当期收入。

《企业所得税法实施条例》第三十九条规定，企业在货币交易中，以及纳税年度终了时将人民币以外的货币性资产、负债按照期末即期人民币汇率中间价折算为人民币时产生的汇兑损失，除已经计入有关资产成本以及与向所有者进行利润分配相关的部分外，准予扣除。

《财政部 国家税务总局关于企业资产损失税前扣除政策的通知》(财税〔2009〕57号,以下简称财税〔2009〕57号文件)第一条规定,本通知所称资产损失,是指企业在生产经营活动中实际发生的、与取得应税收入有关的资产损失,包括现金损失,存款损失,坏账损失,贷款损失,股权投资损失,固定资产和存货的盘亏、毁损、报废、被盗损失,自然灾害等不可抗力因素造成的损失,以及其他损失。

财税〔2009〕57号文件第二条规定,企业清查出的现金短缺减除责任人赔偿后的余额,作为现金损失在计算应纳税所得额时扣除。

财税〔2009〕57号文件第三条规定,企业将货币性资金存入法定具有吸收存款职能的机构,因该机构依法破产、清算,或者政府责令停业、关闭等原因,确实不能收回的部分,作为存款损失在计算应纳税所得额时扣除。

财税〔2009〕57号文件第四条规定,企业除贷款类债权外的应收、预付账款符合下列条件之一的,减除可收回金额后确认的无法收回的应收、预付款项,可以作为坏账损失在计算应纳税所得额时扣除:

(1) 债务人依法宣告破产、关闭、解散、被撤销,或者被依法注销、吊销营业执照,其清算财产不足清偿的。

(2) 债务人死亡,或者依法被宣告失踪、死亡,其财产或者遗产不足清偿的。

(3) 债务人逾期3年以上未清偿,且有确凿证据证明已无力清偿债务的。

(4) 与债务人达成债务重组协议或法院批准破产重整计划后,无法追偿的。

(5) 因自然灾害、战争等不可抗力导致无法收回的。

(6) 国务院财政、税务主管部门规定的其他条件。

财税〔2009〕57号文件第五条规定,企业经采取所有可能的措施和实施必要的程序之后,符合下列条件之一的贷款类债权,可以作为贷款损失在计算应纳税所得额时扣除:

(1) 借款人和担保人依法宣告破产、关闭、解散、被撤销,并终止法人资格,或者已完全停止经营活动,被依法注销、吊销营业执照,对借款人和担保人进行追偿后,未能收回的债权。

(2) 借款人死亡,或者依法被宣告失踪、死亡,依法对其财产或者遗产进行清偿,并对担保人进行追偿后,未能收回的债权。

(3) 借款人遭受重大自然灾害或者意外事故,损失巨大且不能获得保险补偿,或者以保险赔偿后,确实无力偿还部分或者全部债务,对借款人财产进行清偿和对担保人进行追偿后,未能收回的债权。

(4) 借款人触犯刑律,依法受到制裁,其财产不足归还所借债务,又无其他债务承担者,经追偿后确实无法收回的债权。

(5) 由于借款人和担保人不能偿还到期债务,企业诉诸法律,经法院对借款人和担保人强制执行,借款人和担保人均无财产可执行,法院裁定执行程序终结或终止(中止)后,仍无法收回的债权。

(6) 由于借款人和担保人不能偿还到期债务,企业诉诸法律后,经法院调解或经债权人会议通过,与借款人和担保人达成和解协议或重整协议,在借款人和担保人履行完还款义务后,无法追偿的剩余债权。

（7）由于上述（1）至（6）项原因借款人不能偿还到期债务，企业依法取得抵债资产，抵债金额小于贷款本息的差额，经追偿后仍无法收回的债权。

（8）开立信用证、办理承兑汇票、开具保函等发生垫款时，凡开证申请人和保证人由于上述（1）至（7）项原因，无法偿还垫款，金融企业经追偿后仍无法收回的垫款。

（9）银行卡持卡人和担保人由于上述（1）至（7）项原因，未能还清透支款项，金融企业经追偿后仍无法收回的透支款项。

（10）助学贷款逾期后，在金融企业确定的有效追索期限内，依法处置助学贷款抵押物（质押物），并向担保人追索连带责任后，仍无法收回的贷款。

（11）经国务院专案批准核销的贷款类债权。

（12）国务院财政、税务主管部门规定的其他条件。

财税〔2009〕57号文件第六条规定，企业的股权投资符合下列条件之一的，减除可收回金额后确认的无法收回的股权投资，可以作为股权投资损失在计算应纳税所得额时扣除：

（1）被投资方依法宣告破产、关闭、解散、被撤销，或者被依法注销、吊销营业执照的。

（2）被投资方财务状况严重恶化，累计发生巨额亏损，已连续停止经营3年以上，且无重新恢复经营改组计划的。

（3）对被投资方不具有控制权，投资期限届满或者投资期限已超过10年，且被投资单位因连续3年经营亏损导致资不抵债的。

（4）被投资方财务状况严重恶化，累计发生巨额亏损，已完成清算或清算期超过3年以上的。

（5）国务院财政、税务主管部门规定的其他条件。

财税〔2009〕57号文件第七条规定，对企业盘亏的固定资产或存货，以该固定资产的账面净值或存货的成本减除责任人赔偿后的余额，作为固定资产或存货盘亏损失在计算应纳税所得额时扣除。

财税〔2009〕57号文件第八条规定，对企业毁损、报废的固定资产或存货，以该固定资产的账面净值或存货的成本减除残值、保险赔款和责任人赔偿后的余额，作为固定资产或存货毁损、报废损失在计算应纳税所得额时扣除。

财税〔2009〕57号文件第九条规定，对企业被盗的固定资产或存货，以该固定资产的账面净值或存货的成本减除保险赔款和责任人赔偿后的余额，作为固定资产或存货被盗损失在计算应纳税所得额时扣除。

财税〔2009〕57号文件第十条规定，企业因存货盘亏、毁损、报废、被盗等原因不得从增值税销项税额中抵扣的进项税额，可以与存货损失一起在计算应纳税所得额时扣除。

财税〔2009〕57号文件第十一条规定，企业在计算应纳税所得额时已经扣除的资产损失，在以后纳税年度全部或者部分收回时，其收回部分应当作为收入计入收回当期的应纳税所得额。

财税〔2009〕57号文件第十二条规定，企业境内、境外营业机构发生的资产损失应分开核算，对境外营业机构由于发生资产损失而产生的亏损，不得在计算境内应纳税所得额时扣除。

财税〔2009〕57号第十三条规定，企业对其扣除的各项资产损失，应当提供能够证明资产损失确属已实际发生的合法证据，包括具有法律效力的外部证据、具有法定资质的中介机构的经济鉴证证明、具有法定资质的专业机构的技术鉴定证明等。

《国家税务总局关于企业股权投资损失所得税处理问题的公告》（国家税务总局公告2010年第6号）第一条规定，企业对外进行权益性（以下简称股权）投资所发生的损失，在经确认的损失发生年度，作为企业损失在计算企业应纳税所得额时一次性扣除。

《国家税务总局关于电网企业输电线路部分报废损失税前扣除问题的公告》（国家税务总局公告2010年第30号）第一条规定，由于加大水电送出和增强电网抵御冰雪能力需要等原因，电网企业对原有输电线路进行改造，部分铁塔和线路拆除报废，形成部分固定资产损失。考虑到该部分资产已形成实质性损失，可以按照有关税收规定作为企业固定资产损失允许税前扣除。

《国家税务总局关于电网企业输电线路部分报废损失税前扣除问题的公告》（国家税务总局公告2010年第30号）第二条规定，上述部分固定资产损失，应按照该固定资产的总计税价格，计算每基铁塔和每公里线路的计税价格后，根据报废的铁塔数量和线路长度，以及已计提折旧情况确定。

《国家税务总局关于电网企业输电线路部分报废损失税前扣除问题的公告》（国家税务总局公告2010年第30号）第三条规定，上述报废的部分固定资产，其中部分能够重新利用的，应合理计算价格，冲减当年度固定资产损失。

《国家税务总局关于发布〈企业资产损失所得税税前扣除管理办法〉的公告》（国家税务总局公告2011年第25号）第三条规定，准予在企业所得税税前扣除的资产损失，是指企业在实际处置、转让上述资产过程中发生的合理损失（以下简称实际资产损失），以及企业虽未实际处置、转让上述资产，但符合财税〔2009〕57号文件和本办法规定条件计算确认的损失（以下简称法定资产损失）。

《国家税务总局关于发布〈企业资产损失所得税税前扣除管理办法〉的公告》（国家税务总局公告2011年第25号）第六条规定，企业以前年度发生的资产损失未能在当年税前扣除的，可以按照本办法的规定，向税务机关说明并进行专项申报扣除。其中，属于实际资产损失，准予追补至该项损失发生年度扣除，其追补确认期限一般不得超过5年，但因计划经济体制转轨过程中遗留的资产损失、企业重组上市过程中因权属不清出现争议而未能及时扣除的资产损失、因承担国家政策性任务而形成的资产损失，以及政策定性不明确而形成资产损失等特殊原因形成的资产损失，其追补确认期限经国家税务总局批准后可适当延长。属于法定资产损失，应在申报年度扣除。

企业因以前年度实际资产损失未在税前扣除而多缴的企业所得税税款，可在追补确认年度企业所得税应纳税款中予以抵扣，不足抵扣的，向以后年度递延抵扣。

企业实际资产损失发生年度扣除追补确认的损失后出现亏损的，应先调整资产损失发生年度的亏损额，再按弥补亏损的原则计算以后年度多缴的企业所得税税款，并按上述办法进行税务处理。

《国家税务总局关于发布〈企业资产损失所得税税前扣除管理办法〉的公告》（国家税务总局公告2011年第25号）第二十三条规定，企业逾期3年以上的应收款项在会计上已作为损失处理的,可以作为坏账损失,但应说明情况,并出具专项报告。

《国家税务总局关于发布〈企业资产损失所得税税前扣除管理办法〉的公告》(国家税务总局公告 2011 年第 25 号)第二十四条规定,企业逾期一年以上,单笔数额不超过 5 万或者不超过企业年度收入总额万分之一的应收款项,会计上已经作为损失处理的,可以作为坏账损失,但应说明情况,并出具专项报告。

《国家税务总局关于金融企业涉农贷款和中小企业贷款损失税前扣除问题的公告》(国家税务总局公告 2015 年第 25 号)第一条规定,金融企业涉农贷款、中小企业贷款逾期一年以上,经追索无法收回,应依据涉农贷款、中小企业贷款分类证明,按下列规定计算确认贷款损失进行税前扣除:

(1) 单户贷款余额不超过 300 万元(含 300 万元)的,应依据向借款人和担保人的有关原始追索记录(包括司法追索、电话追索、信件追索和上门追索等原始记录之一,并由经办人和负责人共同签章确认),计算确认损失进行税前扣除。

(2) 单户贷款余额超过 300 万元至 1 000 万元(含 1 000 万元)的,应依据有关原始追索记录(应当包括司法追索记录,并由经办人和负责人共同签章确认),计算确认损失进行税前扣除。

(3) 单户贷款余额超过 1 000 万元的,仍按《国家税务总局关于发布〈企业资产损失所得税税前扣除管理办法〉的公告》(国家税务总局公告 2011 年第 25 号)有关规定计算确认损失进行税前扣除。

(二) 申报表填报重点关注

会计核算资产损失,一般计入当期损益,税法规定,只有符合条件的资产损失才能税前扣除。由于会计初始计量与税法计税基础及摊销、折旧、准备金等方面存在的差异必然导致资产净损失的差异,企业所得税汇算清缴时应进行纳税调整。

会计与税法对资产损失追补确认期限也存在差异。《企业会计准则第 28 号——会计政策、会计估计变更和差错更正》第十二条规定,企业应当采用追溯重述法更正重要的前期差错,但确定前期差错累积影响数不切实可行的除外。可见,会计上不强调以前年度未确认的资产损失必须追溯到所属年度重新计算损益。《国家税务总局关于发布〈企业资产损失所得税税前扣除管理办法〉的公告》(国家税务总局公告 2011 年第 25 号)规定,企业以前年度发生的资产损失未能在当年税前扣除的,属于实际资产损失,准予追补至该项损失发生年度扣除,其追补确认期限一般不得超过 5 年。

【案例 4-9】 A 公司 2020 年甲库存商品因管理不善盘亏损失账面成本 26 万元,相应的增值税进项税额为 3.38 万元,该存货累计计提跌价准备 3 万元,责任人赔偿 1 万元,上述净损失 25.38 万元会计上已计入 2020 年"管理费用"科目。

【解析】 在企业所得税汇算清缴时:允许扣除的损失金额等于账面成本 26 万元,加上进项税额转出 3.38 万元,为损失存货的计税基础 29.38 万元,将"计税基础"扣除责任人赔偿 1 万元后的余额 28.38 万元为允许扣除的损失金额。会计与税法有差异,主要是会计上计提了 3 万元的存货跌价准备。

2020 年汇算清缴时,申报表填列如表 4-3-1 和表 4-3-2 所示。

表 4-3-1　　　　资产损失税前扣除及纳税调整明细表(A105090)(局部)　　　　单位:元

行次	项目	资产损失直接计入本年损益金额	资产损失准备金核销金额	资产处置收入	赔偿收入	资产计税基础	资产损失的税收金额	纳税调整金额
		1	2	3	4	5	6(5-3-4)	7
5	三、存货损失							
6	其中:存货盘亏、报废、损毁、变质或被盗损失	253 800	30 000	0	10 000	293 800	283 800	−30 000

表 4-3-2　　　　　　纳税调整项目明细表(A105000)(局部)　　　　　　单位:元

行次	项目	账载金额	税收金额	调增金额	调减金额
		1	2	3	4
31	三、资产类调整项目(32+33+34+35)	*	*		
34	(三)资产损失(填写 A105090)	*	*		30 000

(三) 常见涉税风险

成本不匹配的风险。表 A102010 第 16 行次"营业外支出"与利润表中的营业外支出不一致。

二、捐赠支出

纳税人无偿给予其他企业、组织或个人的货币性资产、非货币性资产的捐赠支出。

(一) 相关规定

《企业所得税法》第九条规定,企业发生的公益性捐赠支出,在年度利润总额 12% 以内的部分,准予在计算应纳税所得额时扣除;超过年度利润总额 12% 的部分,准予结转以后 3 年内在计算应纳税所得额时扣除。

《企业所得税法》第十条第(五)项规定,在计算应纳税所得额时,下列支出不得扣除:本法第九条规定以外的捐赠支出。

《企业所得税法实施条例》第五十一条规定,企业所得税法第九条所称公益性捐赠,是指企业通过公益性社会组织或者县级以上人民政府及其部门,用于符合法律规定的慈善活动、公益事业的捐赠。

《企业所得税法实施条例》第五十三条规定,企业当年发生以及以前年度结转的公益性捐赠支出,不超过年度利润总额 12% 的部分,准予扣除。

年度利润总额,是指企业依照国家统一会计制度的规定计算的年度会计利润。

《财政部　税务总局民政部关于公益性捐赠税前扣除有关事项的公告》(财政部　税务总局　民政部公告 2020 年第 27 号)第十五条规定,本公告自 2020 年 1 月 1 日起执行。《财政部　国家税务总局　民政部关于公益性捐赠税前扣除有关问题的通知》(财税〔2008〕160 号)、《财政部　国家税务总局　民政部关于公益性捐赠税前扣除有关问题的补充通知》(财税〔2010〕45 号)、《财政部　国家税务总局　民政部关于公益性捐赠税前扣除资格确认审批有关调整事项的通知》(财税〔2015〕141 号)同时废止。

《财政部　税务总局关于支持新型冠状病毒感染的肺炎疫情防控有关捐赠税收政策的公告》(财政部　税务总局公告2020年第9号)[1]第一条规定,企业和个人通过公益性社会组织或者县级以上人民政府及其部门等国家机关,捐赠用于应对新型冠状病毒感染的肺炎疫情的现金和物品,允许在计算应纳税所得额时全额扣除。

《财政部　税务总局关于支持新型冠状病毒感染的肺炎疫情防控有关捐赠税收政策的公告》(财政部　税务总局公告2020年第9号)第二条规定,企业和个人直接向承担疫情防治任务的医院捐赠用于应对新型冠状病毒感染的肺炎疫情的物品,允许在计算应纳税所得额时全额扣除。

捐赠人凭承担疫情防治任务的医院开具的捐赠接收函办理税前扣除事宜。

《财政部　税务总局　国务院扶贫办关于企业扶贫捐赠所得税税前扣除政策的公告》(财政部　税务总局　国务院扶贫办公告2019年第49号)第一条规定,自2019年1月1日至2022年12月31日,企业通过公益性社会组织或者县级(含县级)以上人民政府及其组成部门和直属机构,用于目标脱贫地区的扶贫捐赠支出,准予在计算企业所得税应纳税所得额时据实扣除。在政策执行期限内,目标脱贫地区实现脱贫的,可继续适用上述政策。

"目标脱贫地区"包括832个国家扶贫开发工作重点县、集中连片特困地区县(新疆阿克苏地区6县1市享受片区政策)和建档立卡贫困村。

《财政部　税务总局　国务院扶贫办关于企业扶贫捐赠所得税税前扣除政策的公告》(财政部　税务总局　国务院扶贫办公告2019年第49号)第二条规定,企业同时发生扶贫捐赠支出和其他公益性捐赠支出,在计算公益性捐赠支出年度扣除限额时,符合上述条件的扶贫捐赠支出不计算在内。

《财政部　税务总局　国务院扶贫办关于企业扶贫捐赠所得税税前扣除政策的公告》(财政部　税务总局　国务院扶贫办公告2019年第49号)第三条规定,企业在2015年1月1日至2018年12月31日已发生的符合上述条件的扶贫捐赠支出,尚未在计算企业所得税应纳税所得额时扣除的部分,可执行上述企业所得税政策。

(二) 申报表填报重点关注

企业捐赠支出,会计处理一般作为营业外支出,计入当期损益。税法规定,除财政、税务主管部门另有规定外,公益性捐赠支出在企业所得税税前限额扣除,非公益性捐赠不得税前扣除。两者存在差异,需进行纳税调整。

【案例4-10】 某企业2020年实际发生的符合限额扣除条件的公益性捐赠支出为75万元,其中符合条件的扶贫捐赠10万元,符合条件的防控疫情捐赠50万元(20万元现金捐赠给民政部门,30万元的防疫物资捐赠给承担疫情防治任务的医院)。另外,企业2019年结转的公益性捐赠支出为8万元,2020年利润总额为200万元。

【解析】 2020年公益性捐赠支出扣除限额=200×12%=24(万元)。

以前年度结转的公益性捐赠支出加上当年发生公益性捐赠支出:8+15=23(万元),小于企业当年年度利润总额的12%,准予在当年税前扣除的公益性捐赠支出为以前年度结转的公益性捐赠支出+当年发生公益性捐赠支出即23万元。

---

[1] 根据《财政部　税务总局关于支持疫情防控保供等税费政策实施期限的公告》(财政部　税务总局公告2020年第28号),本公告执行至2020年12月31日。

发生符合条件的扶贫捐赠和防控疫情捐赠均可以在税前全额扣除。

2020年汇算清缴时填表示例如表4-3-3、表4-3-4和表4-3-5所示。

表4-3-3　　　　　　一般企业成本支出明细表（A102010）（局部）　　　　　　单位：元

行次	项目	金额
16	二、营业外支出（17＋18＋19＋20＋21＋22＋23＋24＋25＋26）	
21	（五）捐赠支出	750 000

表4-3-4　　　　　　捐赠支出及纳税调整明细表（A105070）（局部）　　　　　　单位：元

行次	项目	账载金额	以前年度结转可扣除的捐赠额	按税收规定计算的扣除限额	税收金额	纳税调增金额	纳税调减金额	可结转以后年度扣除的捐赠额
		1	2	3	4	5	6	7
1	一、非公益性捐赠		*	*	*		*	*
2	二、限额扣除的公益性捐赠（3＋4＋5＋6）	150 000	80 000	240 000	230 000		80 000	
3	前三年度（2017年）	*		*	*		*	
4	前二年度（2018年）	*		*	*		*	
5	前一年度（2019年）	*	80 000	*	*		80 000	
6	本年（2020年）	150 000	*	240 000	230 000		*	
7	三、全额扣除的公益性捐赠	600 000	*	*	600 000		*	*
8	1. 扶贫捐赠	100 000	*	*	100 000		*	*
9	2. 支持新型冠状病毒感染的肺炎疫情防控捐赠（通过公益性社会组织或国家机关捐赠）	200 000	*	*	200 000		*	*
10	3. 支持新型冠状病毒感染的肺炎疫情防控捐赠（直接向承担疫情防治任务的医院捐赠）	300 000	*	*	300 000		*	*
11	合计（1＋2＋7）	750 000	80 000	240 000	290 000		80 000	0
附列资料	2015年度至本年发生的公益性扶贫捐赠合计金额	100 000	*	*	100 000		*	*

表4-3-5　　　　　　纳税调整项目明细表（A105000）（局部）　　　　　　单位：元

行次	项目	账载金额	税收金额	调增金额	调减金额
		1	2	3	4
12	二、扣除类调整项目（13＋14＋…＋24＋26＋27＋28＋29＋30）	*	*		
17	（五）捐赠支出（填写A105070）	150 000	230 000		80 000

（三）常见涉税风险

（1）成本不匹配的风险。表A102010第16行次"营业外支出"与利润表中的营业外支出不一致。

(2) 捐赠支出金额不一致风险。表 A105000 第 17 行第 1 列"捐赠支出"账载金额不等于表 A102010 第 21 行第 1 列"捐赠支出"。

三、赞助支出

纳税人发生的货币性资产、非货币性资产赞助支出。

(一) 相关规定

《企业所得税法》第十条第(六)项规定,在计算应纳税所得额时,下列支出不得扣除:赞助支出。

《企业所得税法实施条例》第五十四条规定,企业所得税法第十条第(六)项所称赞助支出,是指企业发生的与生产经营活动无关的各种非广告性质支出。

(二) 申报表填报重点关注

【案例 4-11】 2020 年 5 月 1 日,A 公司对外进行赞助支出现金 1 000 000 元。

【解析】 2020 年汇算清缴时填报如表 4-3-6 所示。

表 4-3-6　　　　　一般企业成本支出明细表(A102010)(局部)　　　　　单位:元

行次	项　目	金额
16	二、营业外支出(17+18+19+20+21+22+23+24+25+26)	
22	(六)赞助支出	1 000 000

(三) 常见涉税风险

(1) 成本不匹配的风险。表 A102010 第 16 行次"营业外支出"与利润表中的营业外支出不一致。

(2) 未进行纳税调整的风险。企业支出了与生产经营无关的赞助支出,但纳税申报时并未进行纳税调整风险。

(3) 赞助支出金额不匹配的风险。表 A105000 第 21 行第 1 列"赞助支出"账载金额不等于表 A102010 第 22 行"赞助支出"。

四、罚金、罚款和被没收财物的损失

罚没支出为纳税人在日常经营管理活动中对外支付的各项罚款、没收收入的支出。

(一) 相关规定

《企业所得税法》第十条第(四)项规定,在计算应纳税所得额时,下列支出不得扣除:罚金、罚款和被没收财物的损失。

(二) 申报表填报重点关注

【案例 4-12】 2020 年 5 月 1 日,A 公司因污水排放超标被环境保护部门除以罚款 1 000 000 元。

【解析】2020年汇算清缴时填报如表4-3-7和表4-3-8所示。

表4-3-7　　　　　一般企业成本支出明细表（A102010）（局部）　　　　　单位：元

行次	项目	金额
16	二、营业外支出（17+18+19+20+21+22+23+24+25+26）	
23	（七）罚没支出	1 000 000

表4-3-8　　　　　纳税调整项目明细表（A105000）（局部）　　　　　单位：元

行次	项目	账载金额 1	税收金额 2	调增金额 3	调减金额 4
12	二、扣除类调整项目（13+14+…+24+26+27+28+29+30）	*	*		
19	（七）罚金、罚款和被没收财物的损失		*	1 000 000	*

（三）常见涉税风险

（1）成本不匹配的风险。表A102010第16行次"营业外支出"与利润表中的营业外支出不一致。

（2）罚没支出金额不一致风险。表A102010第23行"罚没支出"填列金额不等于表A105000第19行"罚金、罚款和被没收财物的损失"填报金额。

（3）应调整未调整风险。企业发生了罚金、罚款支出，或发生财务被没收的情形，但纳税申报时并未进行纳税调整。

五、税收滞纳金

（一）相关规定

《企业所得税法》第十条第（三）项规定，在计算应纳税所得额时，下列支出不得扣除：税收滞纳金。

（二）申报表填报重点关注

【案例4-13】2020年5月1日，A公司因超过法定征期进行纳税申报，缴纳税款，同时缴纳滞纳金50 000元。

【解析】2020年汇算清缴时填报下列表4-3-9所示申报表。

表4-3-9　　　　　纳税调整项目明细表（A105000）（局部）　　　　　单位：元

行次	项目	账载金额 1	税收金额 2	调增金额 3	调减金额 4
12	二、扣除类调整项目（13+14+…+24+26+27+28+29+30）	*	*		
20	（八）税收滞纳金、加收利息	50 000	*	50 000	*

（三）常见涉税风险

（1）成本不匹配的风险。表A102010第16行次"营业外支出"与利润表中的营业外支出不一致。

(2) 未进行纳税调整的风险。企业支出了税收滞纳金,但纳税申报时并未进行纳税调整。

六、特别纳税调整加收利息

(一) 相关规定

《企业所得税法》第四十八条规定,税务机关依照本章规定作出纳税调整,需要补征税款的,应当补征税款,并按照国务院规定加收利息。

《企业所得税法实施条例》第一百二十一条规定,税务机关根据税收法律、行政法规的规定,对企业作出特别纳税调整的,应当对补征的税款,自税款所属纳税年度的次年6月1日起至补缴税款之日止的期间,按日加收利息。

上述规定加收的利息,不得在计算应纳税所得额时扣除。

《企业所得税法实施条例》第一百二十二条规定,企业所得税法第四十八条所称利息,应当按照税款所属纳税年度中国人民银行公布的与补税期间同期的人民币贷款基准利率加5个百分点计算。

企业依照企业所得税法第四十三条和本条例的规定提供有关资料的,可以只按前款规定的人民币贷款基准利率计算利息。

(二) 申报表填报重点关注

【案例 4-14】 2020年5月1日,A公司因涉税事项被税务机关进行特别纳税调整,同时加收利息10 000元。

【解析】 2020年汇算清缴时填报如表4-3-10所示。

表4-3-10　　　　　纳税调整项目明细表(A105000)(局部)　　　　　单位:元

行次	项目	账载金额	税收金额	调增金额	调减金额
		1	2	3	4
12	二、扣除类调整项目(13+14+…+24+26+27+28+29+30)	*	*		
20	(八) 税收滞纳金、加收利息	10 000	*	10 000	*

(三) 常见涉税风险

(1) 成本不匹配的风险。表A102010第16行次"营业外支出"与利润表中的营业外支出不一致。

(2) 未进行纳税调整的风险。企业支出了特别纳税调整加收利息,但纳税申报时并未进行纳税调整。

七、其他

纳税人本期实际发生的在营业外支出核算的其他损失及支出。

(一) 相关规定

《企业所得税法》第八条规定,企业实际发生的与取得收入有关的、合理的支出,包括成

本、费用、税金、损失和其他支出,准予在计算应纳税所得额时扣除。

《企业所得税法》第十条规定,在计算应纳税所得额时,下列支出不得扣除:未经核定的准备金支出;与取得收入无关的其他支出。

《企业所得税法实施条例》第三十三条规定,企业所得税法第八条所称其他支出,是指除成本、费用、税金、损失外,企业在生产经营活动中发生的与生产经营活动有关的、合理的支出。

(二)申报表填报重点关注

【案例 4-15】 2020 年 5 月 1 日,A 公司法定代表人因个人事项赔付 10 000 元,公司会计列支在营业外支出科目。

【解析】 2020 年度汇算清缴时填报如表 4-3-11 和表 4-3-12 所示。

表 4-3-11　　　　一般企业成本支出明细表(A102010)(局部)　　　　　单位:元

行次	项目	金额
16	二、营业外支出(17+18+19+20+21+22+23+24+25+26)	
26	(十)其他	10 000

表 4-3-12　　　　纳税调整项目明细表(A105000)(局部)　　　　　单位:元

行次	项目	账载金额	税收金额	调增金额	调减金额
		1	2	3	4
12	二、扣除类调整项目(13+14+…+24+26+27+28+29+30)	*	*		
27	(十四)与取得收入无关的支出	10 000	*	10 000	*

(三)常见涉税风险

(1)成本不匹配的风险。表 A102010 第 16 行次"营业外支出"与利润表中的营业外支出不一致。

(2)未进行纳税调整的风险。企业支出了特别纳税调整加收利息,但纳税申报时并未进行纳税调整。

第四节　期间费用

一、销售费用

一般企业填报在销售费用科目进行核算的相关明细项目的金额,其中金融企业填报在业务及管理费科目进行核算的相关明细项目的金额。

(一)佣金和手续费支出

1. 相关规定

《企业所得税法》第八条规定,企业实际发生的与取得收入有关的、合理的支出,包括成

本、费用、税金、损失和其他支出,准予在计算应纳税所得额时扣除。

《企业所得税法实施条例》第九条规定,企业应纳税所得额的计算,以权责发生制为原则,属于当期的收入和费用,不论款项是否收付,均作为当期的收入和费用;不属于当期的收入和费用,即使款项已经在当期收付,均不作为当期的收入和费用。本条例和国务院财政、税务主管部门另有规定的除外。

《企业所得税法实施条例》第三十条规定,企业所得税法第八条所称费用,是指企业在生产经营活动中发生的销售费用、管理费用和财务费用,已经计入成本的有关费用除外。

《财政部 税务总局关于保险企业手续费及佣金支出税前扣除政策的公告》(财政部税务总局公告2019年第72号)第一条规定,保险企业发生与其经营活动有关的手续费及佣金支出,不超过当年全部保费收入扣除退保金等后余额的18%(含本数)的部分,在计算应纳税所得额时准予扣除;超过部分,允许结转以后年度扣除。

《财政部 国家税务总局关于企业手续费及佣金支出税前扣除政策的通知》(财税〔2009〕29号)第一条规定,企业发生与生产经营有关的手续费及佣金支出,不超过以下规定计算限额以内的部分,准予扣除;超过部分,不得扣除。其他企业:按与具有合法经营资格中介服务机构或个人(不含交易双方及其雇员、代理人和代表人等)所签订服务协议或合同确认的收入金额的5%计算限额。

《国家税务总局关于企业所得税应纳税所得额若干税务处理问题的公告》(国家税务总局公告2012年第15号)第三条规定,从事代理服务、主营业务收入为手续费、佣金的企业(如证券、期货、保险代理等企业),其为取得该类收入而实际发生的营业成本(包括手续费及佣金支出),准予在企业所得税前据实扣除。

《国家税务总局关于企业所得税应纳税所得额若干税务处理问题的公告》(国家税务总局公告2012年第15号)第四条规定,电信企业在发展客户、拓展业务等过程中(如委托销售电话入网卡、电话充值卡等),需向经纪人、代办商支付手续费及佣金的,其实际发生的相关手续费及佣金支出,不超过企业当年收入总额5%的部分,准予在企业所得税前据实扣除。

《国家税务总局关于电信企业手续费及佣金支出税前扣除问题的公告》(国家税务总局公告2013年第59号)规定,国家税务总局公告2012年第15号第四条所称电信企业手续费及佣金支出,仅限于电信企业在发展客户、拓展业务等过程中因委托销售电话入网卡、电话充值卡所发生的手续费及佣金支出。

《国家税务总局关于中国邮政储蓄银行支付邮政企业代理费企业所得税处理问题的通知》(国税函〔2012〕564号)第一条规定,邮储银行和邮政企业经营模式和分配模式,是经国务院及国家有关部门批准进行的,其支付的上述"代理费",不属于《财政部 国家税务总局关于企业手续费及佣金支出税前扣除政策的通知》(财税〔2009〕29号)中所规定的"手续费及佣金"范围。

《国家税务总局关于印发〈房地产开发经营业务企业所得税处理办法〉的通知》(国税发〔2009〕31号)第二十条规定,企业委托境外机构销售开发产品的,其支付境外机构的销售费用(含佣金或手续费)不超过委托销售收入10%的部分,准予据实扣除。

2. 申报表填报重点关注

企业会计准则没有规定企业发生的手续费及佣金支出作为成本、费用列支的限额,而税法上对手续费及佣金支出规定了明确的税前扣除标准,因此在企业所得税汇算清缴时对超标准的部分,需进行纳税调整。

【案例 4-16】 A 商贸企业,2020 年度营业收入 2 000 万元,分别与 2 家代理公司签订了代理销售合同,其中甲代理公司完成销售 1 000 万元,支付服务佣金 60 万元;乙代理公司完成销售 500 万元,支付服务佣金 20 万元。上述业务均取得了合法有效的发票。

【解析】 2020 年度汇算清缴时,该企业允许税前扣除的手续费及佣金为:

支付给甲公司手续费及佣金允许税前扣除的限额为 1 000×5%＝50(万元),实际支付 60 万元,应调增应纳税所得 10 万元。

支付给乙公司手续费及佣金允许税前扣除的限额为 500×5%＝25(万元),实际支付 20 万元,可以全额税前扣除。

因此,该企业手续费及佣金实际支付 80 万元,允许税前扣除金额为 70 万元,应调增应纳税所得 10 万元。

汇算清缴时填表示例如表 4-4-1 所示。

表 4-4-1 　　　　　纳税调整项目明细表(A105000)(局部) 　　　　　　　单位:元

行次	项　　目	账载金额	税收金额	调增金额	调减金额
		1	2	3	4
12	二、扣除类调整项目(13＋14＋…＋24＋26＋27＋28＋29＋30)	*	*		
23	(十一)佣金和手续费支出(保险企业填写 A105060)	800 000	700 000	100 000	

3. 常见涉税风险

佣金与手续费填报金额不一致风险。《期间费用明细表》(A104000)第 6 行"佣金和手续费"不等于《纳税调整项目明细表》(A105000)第 23 行"佣金和手续费支出"账载金额。

(二)广告费和业务宣传费支出

1. 相关规定

《企业所得税法》第八条规定,企业实际发生的与取得收入有关的、合理的支出,包括成本、费用、税金、损失和其他支出,准予在计算应纳税所得额时扣除。

《企业所得税法实施条例》第九条规定,企业应纳税所得额的计算,以权责发生制为原则,属于当期的收入和费用,不论款项是否收付,均作为当期的收入和费用;不属于当期的收入和费用,即使款项已经在当期收付,均不作为当期的收入和费用。本条例和国务院财政、税务主管部门另有规定的除外。

《企业所得税法实施条例》第三十条规定,企业所得税法第八条所称费用,是指企业在生产经营活动中发生的销售费用、管理费用和财务费用,已经计入成本的有关费用除外。

《企业所得税法实施条例》第四十四条规定,企业发生的符合条件的广告费和业务宣传费支出,除国务院财政、税务主管部门另有规定外,不超过当年销售(营业)收入 15% 的部分,准予扣除;超过部分,准予在以后纳税年度结转扣除。

《财政部　税务总局关于广告费和业务宣传费支出税前扣除有关事项的公告》(财政部　税务总局公告 2020 年第 43 号)第一条规定,对化妆品制造或销售、医药制造和饮料制造(不含酒类制造)企业发生的广告费和业务宣传费支出,不超过当年销售(营业)收入30%的部分,准予扣除;超过部分,准予在以后纳税年度结转扣除。

《财政部 税务总局关于广告费和业务宣传费支出税前扣除有关事项的公告》(财政部税务总局公告2020年第43号)第二条规定,对签订广告费和业务宣传费分摊协议(以下简称分摊协议)的关联企业,其中一方发生的不超过当年销售(营业)收入税前扣除限额比例内的广告费和业务宣传费支出可以在本企业扣除,也可以将其中的部分或全部按照分摊协议归集至另一方扣除。另一方在计算本企业广告费和业务宣传费支出企业所得税税前扣除限额时,可将按照上述办法归集至本企业的广告费和业务宣传费不计算在内。

《财政部 税务总局关于广告费和业务宣传费支出税前扣除有关事项的公告》(财政部税务总局公告2020年第43号)第三条规定,烟草企业的烟草广告费和业务宣传费支出,一律不得在计算应纳税所得额时扣除。

《国家税务总局关于企业所得税应纳税所得额若干税务处理问题的公告》(国家税务总局公告2012年第15号)第五条规定,企业在筹建期间,发生的与筹办活动有关的业务招待费支出,可按实际发生额的60%计入企业筹办费,并按有关规定在税前扣除;发生的广告费和业务宣传费,可按实际发生额计入企业筹办费,并按有关规定在税前扣除。

《国家税务总局关于企业所得税执行中若干税务处理问题的通知》(国税函〔2009〕202号)第一条规定,企业在计算业务招待费、广告费和业务宣传费等费用扣除限额时,其销售(营业)收入额应包括《企业所得税法实施条例》第二十五条规定的视同销售(营业)收入额。

《国家税务总局关于企业所得税若干税务事项衔接问题的通知》(国税函〔2009〕98号)第七条规定,企业在2008年以前按照原政策规定已发生但尚未扣除的广告费,2008年实行新税法后,其尚未扣除的余额,加上当年度新发生的广告费和业务宣传费后,按照新税法规定的比例计算扣除。

2. 申报表填报重点关注

会计实务中,企业发生的广告费和业务宣传费据实在销售费用中列支;而企业所得税实务中,则对广告费和业务宣传费支出规定了明确的税前扣除标准,同时规定超过扣除限额的部分可无限期向以后纳税年度结转扣除,所以企业在企业所得税年度申报时,应按规定调整应纳税所得额。

【案例4-17】 某医药制造有限公司2020年"主营业务收入"科目贷方发生额为2 000万元;"其他业务收入"科目贷方发生额为700万元;以自产产品换取生产用设备,该产品成本240万元,同类产品售价300万元(税收上作为"视同销售收入")。已知该业务不具有商业实质,且公允价值不能可靠计量;"营业外收入"中非货币性资产交换收益100万元、债务重组收益50万元;"销售费用"账面金额1 000万元,其中列支广告业务宣传费支出940万元。假设该公司广告业务宣传费以前年度累计结转扣除额30万元。

【解析】 税务处理:该医药制造有限公司2020年广告业务费计算扣除限额基数=主营收入+其他业务收入+视同销售收入=2 000+700+300=3 000(万元)。"营业外收入"中的非货币性资产交换收益100万元和债务重组收益50万元不属于销售(营业)收入额,因此不计入计提基数。

医药制造企业广告业务宣传费扣除比例为销售(营业)收入的30%,扣除限额为900万元(3 000×30%),实际发生940万元,2020年允许扣除900万元,超过的40万元当年不得扣除,可以向以后年度结转扣除。

2020年度企业所得税汇算清缴填表如表4-4-2、表4-4-3和表4-4-4所示。

表4-4-2　　　　　期间费用明细表(A104000)(局部)　　　　　单位:元

行次	项目	销售费用	其中:境外支付	管理费用	其中:境外支付	财务费用	其中:境外支付
		1	2	3	4	5	6
5	五、广告费和业务宣传费	9 400 000	*	*	*	*	*

表4-4-3　　广告费和业务宣传费等跨年度纳税调整明细表(A105060)(局部)　　单位:元

行次	项目	广告费和业务宣传费	保险企业手续费及佣金支出
		1	2
1	一、本年支出	9 400 000	
2	减:不允许扣除的支出		
3	二、本年符合条件的支出(1-2)	9 400 000	
4	三、本年计算扣除限额的基数	30 000 000	
5	乘:税收规定扣除率	30%	
6	四、本企业计算的扣除限额(4×5)	9 000 000	
7	五、本年结转以后年度扣除额(3>6,本行=3-6;3≤6,本行=0)	400 000	
8	加:以前年度累计结转扣除额	300 000	
9	减:本年扣除的以前年度结转额[3>6,本行=0;3≤6,本行=8与(6-3)孰小值]		
10	六、按照分摊协议归集至其他关联方的金额(10≤3与6孰小值)		*
11	按照分摊协议从其他关联方归集至本企业的金额		*
12	七、本年支出纳税调整金额(3>6,本行=2+3-6+10-11;3≤6,本行=2+10-11-9)	400 000	
13	八、累计结转以后年度扣除额(7+8-9)	700 000	

表4-4-4　　　　　纳税调整项目明细表(A105000)(局部)　　　　　单位:元

行次	项目	账载金额	税收金额	调增金额	调减金额
		1	2	3	4
12	二、扣除类调整项目(13+14+…+24+26+27+28+29+30)	*	*	400 000	
16	(四)广告费和业务宣传费支出(填写A105060)	*	*	400 000	

主表《中华人民共和国企业所得税年度纳税申报表(A类)》(A100000)相关行次数据自动生成。

3. 常见涉税风险

广告和业务宣传费填报金额不一致风险。《期间费用明细表》(A104000)第5行"广告和业务宣传费"不等于《广告费和业务宣传费跨年度纳税调整明细表》(A105060)第16行"广告和业务宣传费支出"金额。

（三）非广告性质的赞助支出

1. 相关规定

《企业所得税法》第八条规定，企业实际发生的与取得收入有关的、合理的支出，包括成本、费用、税金、损失和其他支出，准予在计算应纳税所得额时扣除。

《企业所得税法实施条例》第五十四条规定，企业所得税法第十条第（六）项所称赞助支出，是指企业发生的与生产经营活动无关的各种非广告性质支出。

2. 申报表填报重点关注

【案例4-18】 2020年5月1日，A公司为某偏远山区小学进行了非广告性质的赞助，赞助现金100 000元。

【解析】 2020年汇算清缴时填报如表4-4-5和表4-4-6所示。

表4-4-5　　　　　　一般企业成本支出明细表(A102010)（局部）　　　　　　单位：元

行次	项目	金额
16	二、营业外支出(17+18+19+20+21+22+23+24+25+26)	
22	（六）赞助支出	100 000

表4-4-6　　　　　　纳税调整项目明细表(A105000)（局部）　　　　　　单位：元

行次	项目	账载金额	税收金额	调增金额	调减金额
		1	2	3	4
12	二、扣除类调整项目(13+14+…+24+26+27+28+29+30)	*	*		
21	（九）赞助支出	100 000	*	100 000	*

3. 常见涉税风险

应调整未调整风险。企业发生了非广告性质的赞助支出，但纳税申报时并未进行纳税调整风险。

二、管理费用

纳税人填报在管理费用科目进行核算的相关明细项目的金额。

（一）业务招待费支出

1. 相关规定

《企业所得税法》第八条规定，企业实际发生的与取得收入有关的、合理的支出，包括成本、费用、税金、损失和其他支出，准予在计算应纳税所得额时扣除。

《企业所得税法实施条例》第四十三条规定，企业发生的与生产经营活动有关的业务招待费支出,按照发生额的60%扣除,但最高不得超过当年销售(营业)收入的5‰。

《国家税务总局关于贯彻落实企业所得税法若干税收问题的通知》(国税函〔2010〕79号)第八条规定,对从事股权投资业务的企业(包括集团公司总部、创业投资企业等),其从被投资企业所分配的股息、红利,以及股权转让收入,可以按规定的比例计算业务招待费扣除限额。

《国家税务总局关于企业所得税应纳税所得额若干税务处理问题的公告》(国家税务总局公告2012年第15号)第五条规定,企业在筹建期间,发生的与筹办活动有关的业务招待费支出,可按实际发生额的60%计入企业筹办费,并按有关规定在税前扣除;发生的广告费和业务宣传费,可按实际发生额计入企业筹办费,并按有关规定在税前扣除。

《国家税务总局关于企业所得税执行中若干税务处理问题的通知》(国税函〔2009〕202号)第一条规定,企业在计算业务招待费、广告费和业务宣传费等费用扣除限额时,其销售(营业)收入额应包括《企业所得税法实施条例》第二十五条规定的视同销售(营业)收入额。

2. 申报表填报重点关注

会计实务中,企业发生的业务招待费在"管理费用"科目中据实列支,不得采取预提或待摊的办法。税法则对业务招待费支出规定了明确的税前扣除标准,即根据实际发生额的60%与当年销售(营业)收入的5‰孰低原则进行税前扣除,扣除限额与实际发生额的差额应进行纳税调整,属于永久性差异。同时纳税人列支业务招待费时,税务机关要求提供证明资料的,纳税人应能提供证明其真实性的有效凭证,否则,不得扣除。

【案例4-19】 某企业2020年度实现主营业务收入20 000万元,其他业务收入2 000万元,营业外收入200万元,股息、红利收入300万元。本年度在管理费用中列支与企业生产经营活动有关的业务招待费400万元,在销售费用中列支与企业生产经营活动有关的业务招待费300万元。

【解析】 税务处理:企业发生的与生产经营活动有关的业务招待费支出,按照发生额的60%扣除,但最高不得超过当年销售(营业)收入的5‰。

业务招待费按照发生额的60%扣除,扣除额为420万元(700×60%)。

业务招待费扣除限额计算基数为:20 000+2 000+300=22 300(万元)。

按销售收入5‰计算,业务招待费税前扣除数额为111.5万元(22 300×5‰),由于111.5万元<420万元,则业务招待费企业所得税税前扣除限额为111.5万元,应纳税调增588.5万元(700−111.5)。

2020年度企业所得税汇算清缴填表如表4-4-7、表4-4-8、表4-4-9所示。

表4-4-7	企业所得税年度纳税申报基础信息表(A000000)(局部)		单位:元
有关涉税事项情况(存在或者发生下列事项时必填)			
201 从事股权投资业务	☑是	202 存在境外关联交易	□是

表4-4-8		期间费用明细表(A104000)(局部)			单位:元	
行次	项目	销售费用	管理费用	其中:境外支付	财务费用	其中:境外支付
		1	3	4	5	6
4	四、业务招待费	3 000 000	4 000 000	*	*	*

表 4-4-9　　　　　　　纳税调整项目明细表（A105000）（局部）　　　　　单位：元

行次	项目	账载金额	税收金额	调增金额	调减金额
		1	2	3	4
12	二、扣除类调整项目（13＋14＋…＋24＋26＋27＋28＋29＋30）	*	*	5 885 000	
15	（三）业务招待费支出	7 000 000	1 115 000	5 885 000	*

主表《中华人民共和国企业所得税年度纳税申报表（A类）》（A100000）相关行次数据自动生成。

3. 常见涉税风险

业务招待费填报金额不一致风险。《期间费用明细表》（A104000）第4行"业务招待费"不等于《纳税调整项目明细表》（A105000）第15行"业务招待费支出"账载金额。

（二）党组织工作经费

1. 相关规定

《企业所得税法》第八条规定，企业实际发生的与取得收入有关的、合理的支出，包括成本、费用、税金、损失和其他支出，准予在计算应纳税所得额时扣除。

《企业所得税法实施条例》第九条规定，企业应纳税所得额的计算，以权责发生制为原则，属于当期的收入和费用，不论款项是否收付，均作为当期的收入和费用；不属于当期的收入和费用，即使款项已经在当期收付，均不作为当期的收入和费用。本条例和国务院财政、税务主管部门另有规定的除外。

《企业所得税法实施条例》第三十条规定，企业所得税法第八条所称费用，是指企业在生产经营活动中发生的销售费用、管理费用和财务费用，已经计入成本的有关费用除外。

《中共中央组织部　财政部　国家税务总局关于非公有制企业党组织工作经费问题的通知》（组通字〔2014〕42号）第二条规定，非公有制企业党组织工作经费纳入企业管理费列支，不超过职工年度工资、薪金总额1%的部分，可以据实在企业所得税前扣除。

《中共中央组织部　财政部　国务院国资委党委　国家税务总局关于国有企业党组织工作经费问题的通知》（组通字〔2017〕38号）第一条规定，国有企业（包括国有独资、全资和国有资本绝对控股、相对控股企业）党组织工作经费主要通过纳入管理费用、党费留存等渠道予以解决。纳入管理费用的部分，一般按照企业上年度职工工资总额1%的比例安排，每年年初由企业党组织本着节约的原则编制经费使用计划，由企业纳入年度预算。

《中共中央组织部　财政部　国务院国资委党委　国家税务总局关于国有企业党组织工作经费问题的通知》（组通字〔2017〕38号）第二条规定，纳入管理费用的党组织工作经费，实际支出不超过职工年度工资、薪金总额1%的部分，可以据实在企业所得税前扣除。年末如有结余，结转下一年度使用。累计结转超过上一年度职工工资总额2%的，当年不再从管理费用中安排。

2. 申报表填报重点关注

【案例4-20】 2020年5月1日，A公司新成立，当年发生党组织工作经费9 000元，当年共支付1 000 000元的工资、薪金。2020年汇算清缴时填报表4-4-10所示申报表。

【解析】 企业当年汇缴可以税前扣除的党组织经费限额为 1 000 000×1‰＝10 000(元),企业实际发生支出 9 000 元小于扣除限额,其发生额允许在税前全额扣除。

表 4-4-10　　　　　　　　期间费用明细表(A104000)(局部)　　　　　　　　单位:元

行次	项目	销售费用	其中:境外支付	管理费用	其中:境外支付	财务费用	其中:境外支付
		1	2	3	4	5	6
24	二十四、党组织工作经费	*	*	9 000	*	*	*
26	合计(1+2+3+…+25)						

表 4-4-11　　　　　　　　纳税调整项目明细表(A105000)(局部)　　　　　　　　单位:元

行次	项目	账载金额	税收金额	调增金额	调减金额
		1	2	3	4
12	二、扣除类调整项目(13+14+…+24+26+27+28+29+30)	*	*		
29	(十六)党组织工作经费	9 000	9 000	0	

3. 常见涉税风险

党组织经费未实际支出但税前扣除风险。纳入管理费用的党组织工作经费,企业未实际支出,但在企业所得税前进行了扣除。

三、财务费用

财务费用科目进行核算的有关明细项目的金额。

(一) 利息支出

1. 相关规定

《企业所得税法》第八条规定,企业实际发生的与取得收入有关的、合理的支出,包括成本、费用、税金、损失和其他支出,准予在计算应纳税所得额时扣除。

《企业所得税法》第四十六条规定,企业从其关联方接受的债权性投资与权益性投资的比例超过规定标准而发生的利息支出,不得在计算应纳税所得额时扣除。

《企业所得税法实施条例》第三十七条规定,企业在生产经营活动中发生的合理的不需要资本化的借款费用,准予扣除。

企业为购置、建造固定资产、无形资产和经过 12 个月以上的建造才能达到预定可销售状态的存货发生借款的,在有关资产购置、建造期间发生的合理的借款费用,应当作为资本性支出计入有关资产的成本,并依照本条例的规定扣除。

《企业所得税法实施条例》第三十八条规定,企业在生产经营活动中发生的下列利息支出,准予扣除:

(1) 非金融企业向金融企业借款的利息支出、金融企业的各项存款利息支出和同业拆借利息支出、企业经批准发行债券的利息支出。

(2) 非金融企业向非金融企业借款的利息支出,不超过按照金融企业同期同类贷款利率计算的数额的部分。

《企业所得税法实施条例》第四十九条规定,企业之间支付的管理费、企业内营业机构之间支付的租金和特许权使用费,以及非银行企业内营业机构之间支付的利息,不得扣除。

《国家税务总局关于企业所得税应纳税所得额若干税务处理问题的公告》(国家税务总局公告2012年第15号)第二条规定,企业通过发行债券、取得贷款、吸收保户储金等方式融资而发生的合理的费用支出,符合资本化条件的,应计入相关资产成本;不符合资本化条件的,应作为财务费用,准予在企业所得税前据实扣除。

《国家税务总局关于融资性售后回租业务中承租方出售资产行为有关税收问题的公告》(国家税务总局公告2010年第13号)第二条规定,根据现行企业所得税法及有关收入确定规定,融资性售后回租业务中,承租人出售资产的行为,不确认为销售收入,对融资性租赁的资产,仍按承租人出售前原账面价值作为计税基础计提折旧。租赁期间,承租人支付的属于融资利息的部分,作为企业财务费用在税前扣除。

《企业投资者投资未到位而发生的利息支出企业所得税前扣除问题的批复》(国税函〔2009〕312号)规定,关于企业由于投资者投资未到位而发生的利息支出扣除问题,根据《企业所得税法实施条例》第二十七条的规定,凡企业投资者在规定期限内未缴足其应缴资本额的,该企业对外借款所发生的利息,相当于投资者实缴资本额与在规定期限内应缴资本额的差额应计付的利息,其不属于企业合理的支出,应由企业投资者负担,不得在计算企业应纳税所得额时扣除。

《财政部 国家税务总局关于企业关联方利息支出税前扣除标准有关税收政策问题的通知》(财税〔2008〕121号)第一条规定,在计算应纳税所得额时,企业实际支付给关联方的利息支出,不超过以下规定比例和《企业所得税法》及其实施条例有关规定计算的部分,准予扣除,超过的部分不得在发生当期和以后年度扣除。

企业实际支付给关联方的利息支出,符合本通知第二条规定外,其接受关联方债权性投资与其权益性投资比例为:

(1) 金融企业,为5∶1。

(2) 其他企业,为2∶1。

《财政部 国家税务总局关于企业关联方利息支出税前扣除标准有关税收政策问题的通知》(财税〔2008〕121号)第二条规定,企业如果能够按照《企业所得税法》及其实施条例的有关规定提供相关资料,并证明相关交易活动符合独立交易原则的;或者该企业的实际税负不高于境内关联方的,其实际支付给境内关联方的利息支出,在计算应纳税所得额时准予扣除。

《国家税务总局关于企业向自然人借款的利息支出企业所得税税前扣除问题的通知》(国税函〔2009〕777号)第一条规定,企业向股东或其他与企业有关联关系的自然人借款的利息支出,应根据《企业所得税法》第四十六条及《财政部 国家税务总局关于企业关联方利息支出税前扣除标准有关税收政策问题的通知》(财税〔2008〕121号)规定的条件,计算企业所得税扣除额。

《国家税务总局关于企业向自然人借款的利息支出企业所得税税前扣除问题的通知》(国税函〔2009〕777号)第二条规定,企业向除第一条规定以外的内部职工或其他人员借款的利息支出,其借款情况同时符合以下条件的,其利息支出在不超过按照金融企业同期同类贷款利率计算的数额的部分,根据《企业所得税法》第八条和《企业所得税法实施条例》第二十七条的规定,准予扣除。

《国家税务总局关于企业所得税若干问题的公告》(国家税务总局公告 2011 年第 34 号)第一条规定,"同期同类贷款利率"是指在贷款期限、贷款金额、贷款担保,以及企业信誉等条件基本相同下,金融企业提供贷款的利率。既可以是金融企业公布的同期同类平均利率,也可以是金融企业对某些企业提供的实际贷款利率。

2. 申报表填报重点关注

【案例 4-21】 2020 年 5 月 1 日,A 贸易公司向中国工商银行申请一笔贷款,贷款时间 3 个月,共支付利息费用 10 000 元。

【解析】 2020 年度汇算清缴时填报如表 4-4-12、表 4-4-13 所示。

表 4-4-12　　　　期间费用明细表(A104000)(局部)　　　　单位:元

行次	项目	销售费用	其中:境外支付	管理费用	其中:境外支付	财务费用	其中:境外支付
		1	2	3	4	5	6
21	二十一、利息收支	*	*	*	*	10 000	
26	合计(1+2+3+…+25)						

表 4-4-13　　　　纳税调整项目明细表(A105000)(局部)　　　　单位:元

行次	项目	账载金额	税收金额	调增金额	调减金额
		1	2	3	4
12	二、扣除类调整项目(13+14+…+24+26+27+28+29+30)	*	*		
18	(六)利息支出	10 000	10 000	0	0

3. 常见涉税风险

企业发生不符合税法规定的利息支出部分,纳税申报未对其进行纳税调整的风险。

(二)汇兑差额

1. 相关规定

《企业所得税法》第八条规定,企业实际发生的与取得收入有关的、合理的支出,包括成本、费用、税金、损失和其他支出,准予在计算应纳税所得额时扣除。

《企业所得税法实施条例》第三十九条规定,企业在货币交易中,以及纳税年度终了时将人民币以外的货币性资产、负债按照期末即期人民币汇率中间价折算为人民币时产生的汇兑损失,除已经计入有关资产成本以及与向所有者进行利润分配相关的部分外,准予扣除。

2. 申报表填报重点关注

汇兑差额在年度纳税申报表相关表单及填报行次如下。

1) 一般企业收入明细表

表 4-4-14　　　　　一般企业收入明细表(A101010)(局部)　　　　　单位:元

行次	项　目	金额
16	二、营业外收入(17+18+19+20+21+22+23+24+25+26)	
25	(九)汇兑收益	

《一般企业收入明细表》(A101010)第 25 行"汇兑收益":填报纳税人取得企业外币货币性项目因汇率变动形成的收益应确认的收入。(该项目为执行小企业会计准则企业填报)

2) 金融企业收入明细表

表 4-4-15　　　　　金融企业收入明细表(A101020)(局部)　　　　　单位:元

行次	项　目	金额
1	一、营业收入(2+18+27+32+33+34)	
33	(五)汇兑收益(损失以"-"号填列)	

《金融企业收入明细表》(A101020)第 33 行"汇兑收益":填报纳税人发生的外币交易因汇率变动而产生的汇兑损益,损失以"-"号填列。

3) 事业单位、民间非营利组织收入、支出明细表

表 4-4-16　　事业单位、民间非营利组织收入、支出明细表(A103000)(局部)　　单位:元

行次	项　目	金额
24	四、民间非营利组织支出(25+26+27+28)	
27	(三)筹资费用	

《事业单位、民间非营利组织收入、支出明细表》(A103000)第 27 行"筹资费用":填报民间非营利组织为筹集业务活动所需资金而发生的费用,包括民间非营利组织获得捐赠资产而发生的费用,以及应当计入当期费用的借款费用、汇兑损失(减汇兑收益)等。民间非营利组织为了获得捐赠资产而发生的费用包括举办募款活动费,准备、印刷和发放募款宣传资料费,以及其他与募款或者争取捐赠有关的费用。

【案例 4-22】 A 公司 2020 年发生汇兑业务,汇兑收益 20 000 元。

【解析】 2020 年汇算清缴时填报下列表 4-4-17 所示申报表。

表 4-4-17　　　　　期间费用明细表(A104000)(局部)　　　　　单位:元

行次	项　目	销售费用	其中:境外支付	管理费用	其中:境外支付	财务费用	其中:境外支付
		1	2	3	4	5	6
22	二十二、汇兑差额	*	*	*	*	-20 000	

3. 常见涉税风险

汇兑收益未计入营业外收入风险。纳税人未将汇兑相关收益计入营业外收入,纳税申报时也未进行相应纳税调整。

(三) 与未实现融资收益相关在当期确认的财务费用

与未实现融资收益相关在当期确认的财务费用为纳税人会计核算的与未实现融资收益相关并在当期确认的财务费用的金额。

1. 相关规定

《企业所得税法》第八条规定,企业实际发生的与取得收入有关的、合理的支出,包括成本、费用、税金、损失和其他支出,准予在计算应纳税所得额时扣除。

《企业所得税法实施条例》第九条规定,企业应纳税所得额的计算,以权责发生制为原则,属于当期的收入和费用,不论款项是否收付,均作为当期的收入和费用;不属于当期的收入和费用,即使款项已经在当期收付,均不作为当期的收入和费用。本条例和国务院财政、税务主管部门另有规定的除外。

《企业所得税法实施条例》第三十条规定,企业所得税法第八条所称费用,是指企业在生产经营活动中发生的销售费用、管理费用和财务费用,已经计入成本的有关费用除外。

《企业所得税法实施条例》第二十三条第(一)项规定,企业以分期收款方式销售货物的,按照合同约定的收款日期确认收入的实现。

2. 申报表填报重点关注

【案例4-23】 A公司2020年1月1日销售设备一批,总销售价格为72万元(不含增值税),采取分期收款方式分3年收取货款,每年收取销售价款24万元(不含增值税),收取货款时间都为每年的12月31日,设备成本为42万元(不含增值税),现销价款为50万元,假设依据实际利率法计算出3年的"未实现融资收益"分别为11万元、7万元、4万元。2020年汇算清缴时填报下列表4-4-18、表4-4-19所示申报表。(本案例不考虑增值税)

【解析】 关于分期收款业务涉及财务费用的财税处理有所区别。《企业会计准则》规定,合同或协议明确规定销售商品需要延期收取价款,实质上是有融资性质。应当按照合同或协议的约定价款的现值确定其现价值。应收的合同或协议价款与其现价值之间的差额,应当在合同或协议期间内,按照应收款项的摊余成本和实际利率计算确定的摊销金额,冲减财务费用。而税务规定,企业以分期收款方式销售货物的,按照合同约定的收款日期确认收入的实现。税法对分期收款业务采取了"收付实现制"确定纳税义务发生时间,而会计处理按照"权责发生制"及"实质重于形式"的原则确认收入,两者之间产生了差异。

1. 2020年度的会计处理:

(1) 2020年1月1日的会计处理:

借:长期应收款　　　　　　　　　　　　　　　　　　　　　720 000
　　贷:主营业务收入　　　　　　　　　　　　　　　　　　　500 000
　　　　未实现融资收益　　　　　　　　　　　　　　　　　　220 000
借:主营业务成本　　　　　　　　　　　　　　　　　　　　　420 000
　　贷:库存商品　　　　　　　　　　　　　　　　　　　　　420 000

(2) 2020年12月31日收到24万元货款时的会计处理:

借:未实现融资收益　　　　　　　　　　　　　　　　　　　　110 000
　　贷:财务费用　　　　　　　　　　　　　　　　　　　　　110 000

借：银行存款   240 000
　　贷：长期应收款   240 000

2. 2020年度的税务处理：

该企业2020年度应确认企业所得税收入24万元,确认成本14万元,2020年第一季度按照8万元(50－42)预缴了企业所得税(会计上的收入为50万元,主营业务成本为42万元),会计与税法发生差异。

3. 有关申报表的填写：

2020年度对分期收款方式销售货物税收上应确认销售收入24万元,会计核算的销售收入为50万元,应调减所得26万元。在《未按权责发生制确认收入纳税调整明细表》(A105020)的填写如表4-4-18所示。

表4-4-18　　　未按权责发生制确认收入纳税调整明细表(A105020)(局部)　　　单位:元

行次	项目	合同金额（交易金额）	账载金额		税收金额		纳税调整金额
			本年	累计	本年	累计	
		1	2	3	4	5	6(4－2)
1	一、跨期收取的租金、利息、特许权使用费收入(2+3+4)						
5	二、分期确认收入(6+7+8)						
6	(一)分期收款方式销售货物收入	720 000	500 000	500 000	240 000	240 000	－260 000

企业对主营业务成本还要通过表A105000第26行"跨期扣除项目"进行纳税调整,本年要调增所得28万元。对抵减财务费用的未确认融资收益要通过表A105000第22行"与未实现融资收益相关在当期确认的财务费用"进行纳税调整,本年要调减所得11万元。在《纳税调整明细表》(A105000)的填写如表4-4-19所示。

表4-4-19　　　纳税调整项目明细表(A105000)(局部)　　　单位:元

行次	项目	账载金额	税收金额	调增金额	调减金额
		1	2	3	4
12	二、扣除类调整项目(13+14+…+24+26+27+28+29+30)	*	*		
22	(十)与未实现融资收益相关在当期确认的财务费用	－110 000	0	0	110 000
26	(十三)跨期扣除项目	420 000	140 000	280 000	

3. 常见涉税风险

应调整未调整风险。企业发生未实现融资收益,存在未进行纳税调整的风险。

(四)现金折扣

1. 相关规定

《企业所得税法》第八条规定,企业实际发生的与取得收入有关的、合理的支出,包括成本、费用、税金、损失和其他支出,准予在计算应纳税所得额时扣除。

《企业所得税法实施条例》第九条规定,企业应纳税所得额的计算,以权责发生制为原则,属于当期的收入和费用,不论款项是否收付,均作为当期的收入和费用;不属于当期的收入和费用,即使款项已经在当期收付,均不作为当期的收入和费用。本条例和国务院财政、税务主管部门另有规定的除外。

《企业所得税法实施条例》第三十条规定,企业所得税法第八条所称费用,是指企业在生产经营活动中发生的销售费用、管理费用和财务费用,已经计入成本的有关费用除外。

《国家税务总局关于确认企业所得税收入若干问题的通知》(国税函〔2008〕875号)第一条规定,除《企业所得税法》及实施条例另有规定外,企业销售收入的确认,必须遵循权责发生制原则和实质重于形式原则。

企业为促进商品销售而在商品价格上给予的价格扣除属于商业折扣,商品销售涉及商业折扣的,应当按照扣除商业折扣后的金额确定销售商品收入金额。

债权人为鼓励债务人在规定的期限内付款而向债务人提供的债务扣除属于现金折扣,销售商品涉及现金折扣的,应当按扣除现金折扣前的金额确定销售商品收入金额,现金折扣在实际发生时作为财务费用扣除。

2. 申报表填报重点关注

【案例4-24】 2020年5月1日,A贸易公司销售货物一批,购买方在规定时间内及时支付全款,A贸易公司给予现金折扣20 000元。2020年汇算清缴时填报表4-4-20所示申报表。

【解析】 销售商品涉及现金折扣,应当按扣除现金折扣前的金额确定销售商品收入金额,现金折扣在实际发生时作为财务费用扣除。因此,销售商品所发生的现金折扣在会计与税法上是没有差异的,不需要进行纳税调整。

表4-4-20　　　　　　　期间费用明细表(A104000)(局部)　　　　　单位:元

行次	项　目	销售费用	其中:境外支付	管理费用	其中:境外支付	财务费用	其中:境外支付
		1	2	3	4	5	6
1	一、职工薪酬				*		*
23	二十三、现金折扣	*	*	*	*	20 000	*

3. 常见涉税风险

应调整未调整风险。企业发生不符合税法规定的相关支出,以现金折扣的名义进行扣除,存在未进行纳税调整的风险。

第五章 特殊事项纳税填报注意事项

本章所分析的特殊事项,与《纳税调整项目明细表》(A105000)中第36行"四、特殊事项调整项目"有所不同,而是指对于一般企业来说并不经常发生或者需要特别予以关注的纳税调整事项,包括视同销售、非货币性资产交换(对外投资)、企业重组、政策性搬迁、境外投资、跨期确认收入与跨期扣除项目、油气勘探与开发投资业务,以及特别纳税调整事项等。

第一节 视同销售

本节主要分析会计处理上不确认销售收入,而税收规定确认为应税收入的经营业务。

一、相关规定

(一)视同销售概念与范围

《企业所得税法实施条例》第二十五条规定,企业发生非货币性资产交换,以及将货物、财产、劳务用于捐赠、偿债、赞助、集资、广告、样品、职工福利或者利润分配等用途的,应当视同销售货物、转让财产或者提供劳务,但国务院财政、税务主管部门另有规定的除外。

《国家税务总局关于企业处置资产所得税处理问题的通知》(国税函〔2008〕828号)第一条规定,企业发生下列情形的处置资产,除将资产转移至境外以外,由于资产所有权属在形式和实质上均不发生改变,可作为内部处置资产,不视同销售确认收入,相关资产的计税基础延续计算。

(1)将资产用于生产、制造、加工另一产品。
(2)改变资产形状、结构或性能。
(3)改变资产用途(如自建商品房转为自用或经营)。
(4)将资产在总机构及其分支机构之间转移。
(5)上述两种或两种以上情形的混合。
(6)其他不改变资产所有权属的用途。

《国家税务总局关于企业处置资产所得税处理问题的通知》(国税函〔2008〕828号)第二条规定,企业将资产移送他人的下列情形,因资产所有权属已发生改变而不属于内部处置资产,应按规定视同销售确定收入。

(1) 用于市场推广或销售。
(2) 用于交际应酬。
(3) 用于职工奖励或福利。
(4) 用于股息分配。
(5) 用于对外捐赠。
(6) 其他改变资产所有权属的用途。

《国家税务总局关于印发〈房地产开发经营业务企业所得税处理办法〉的通知》(国税发〔2009〕31号)第七条规定,企业将开发产品用于捐赠、赞助、职工福利、奖励、对外投资、分配给股东或投资人、抵偿债务、换取其他企事业单位和个人的非货币性资产等行为,应视同销售,于开发产品所有权或使用权转移,或于实际取得利益权利时确认收入(或利润)的实现。

(二) 收入确认时间

《国家税务总局关于企业处置资产所得税处理问题的通知》(国税函〔2008〕828号)规定,对于资产,应在资产所有权属发生转移时确认视同销售收入。

《国家税务总局关于印发〈房地产开发经营业务企业所得税处理办法〉的通知》(国税发〔2009〕31号)规定,对于企业开发产品,于开发产品所有权或使用权转移,或于实际取得利益权利时确认收入(或利润)的实现。

(三) 收入确认金额

《国家税务总局关于企业所得税有关问题的公告》(国家税务总局公告2016年第80号)规定,企业发生《国家税务总局关于企业处置资产所得税处理问题的通知》(国税函〔2008〕828号)第二条规定情形的,除另有规定外,应按照被移送资产的公允价值确定销售收入。

《国家税务总局关于印发〈房地产开发经营业务企业所得税处理办法〉的通知》(国税发〔2009〕31号)规定,关于开发产品视同销售确认收入(或利润)的方法和顺序为:

(1) 按本企业近期或本年度最近月份同类开发产品市场销售价格确定。
(2) 由主管税务机关参照当地同类开发产品市场公允价值确定。
(3) 按开发产品的成本利润率确定。开发产品的成本利润率不得低于15%,具体比例由主管税务机关确定。

《财政部 国家税务总局关于公益股权捐赠企业所得税政策问题的通知》(财税〔2016〕45号)规定,企业向公益性社会团体实施的股权捐赠,应按规定视同转让股权,股权转让收入额以企业所捐赠股权取得时的历史成本确定。股权,是指企业持有的其他企业的股权、上市公司股票等股权。捐赠行为,是指企业向中华人民共和国境内公益性社会团体实施的股权捐赠行为。企业向中华人民共和国境外的社会组织或团体实施的股权捐赠行为不适用本通知规定。

二、申报表填报重点关注

第1行"一、视同销售收入":填报会计处理不确认销售收入,而税收规定确认为应税收入的金额,本行为第2行至第10行小计数。第1列"税收金额"填报税收确认的应税收入金额;第2列"纳税调整金额"等于第1列"税收金额"。

表 5-1-1　视同销售和房地产开发企业特定业务纳税调整明细表(A105010)(局部)

行次	项目	税收金额 1	纳税调整金额 2
1	一、视同销售(营业)收入(2+3+4+5+6+7+8+9+10)		
2	(一)非货币性资产交换视同销售收入		
3	(二)用于市场推广或销售视同销售收入		
4	(三)用于交际应酬视同销售收入		
5	(四)用于职工奖励或福利视同销售收入		
6	(五)用于股息分配视同销售收入		
7	(六)用于对外捐赠视同销售收入		
8	(七)用于对外投资项目视同销售收入		
9	(八)提供劳务视同销售收入		
10	(九)其他		
11	二、视同销售(营业)成本(12+13+14+15+16+17+18+19+20)		
12	(一)非货币性资产交换视同销售成本		
13	(二)用于市场推广或销售视同销售成本		
14	(三)用于交际应酬视同销售成本		
15	(四)用于职工奖励或福利视同销售成本		
16	(五)用于股息分配视同销售成本		
17	(六)用于对外捐赠视同销售成本		
18	(七)用于对外投资项目视同销售成本		
19	(八)提供劳务视同销售成本		
20	(九)其他		

第2行"(一)非货币性资产交换视同销售收入"：填报发生非货币性资产交换业务，会计处理不确认销售收入，而税收规定确认为应税收入的金额。第1列"税收金额"填报税收确认的应税收入金额；第2列"纳税调整金额"等于第1列"税收金额"。

第3行"(二)用于市场推广或销售视同销售收入"：填报发生将货物、财产用于市场推广、广告、样品、集资、销售等，会计处理不确认销售收入，而税收规定确认为应税收入的金额。填列方法同第2行。

第4行"(三)用于交际应酬视同销售收入"：填报发生将货物、财产用于交际应酬，会计处理不确认销售收入，而税收规定确认为应税收入的金额。填列方法同第2行。

第5行"(四)用于职工奖励或福利视同销售收入"：填报发生将货物、财产用于职工奖励或福利，会计处理不确认销售收入，而税收规定确认为应税收入的金额。企业外购资产或服务不以销售为目的，用于替代职工福利费用支出，且购置后在一个纳税年度内处置的，以公允价值确定视同销售收入。填列方法同第2行。

第6行"(五)用于股息分配视同销售收入":填报发生将货物、财产用于股息分配,会计处理不确认销售收入,而税收规定确认为应税收入的金额。填列方法同第2行。

第7行"(六)用于对外捐赠视同销售收入":填报发生将货物、财产用于对外捐赠或赞助,会计处理不确认销售收入,而税收规定确认为应税收入的金额。填列方法同第2行。

第8行"(七)用于对外投资项目视同销售收入":填报发生将货物、财产用于对外投资,会计处理不确认销售收入,而税收规定确认为应税收入的金额。填列方法同第2行。

第9行"(八)提供劳务视同销售收入":填报发生对外提供劳务,会计处理不确认销售收入,而税收规定确认为应税收入的金额。填列方法同第2行。

第10行"(九)其他":填报发生除上述列举情形外,会计处理不作为销售收入核算,而税收规定确认为应税收入的金额。填列方法同第2行。

第11行"一、视同销售成本":填报会计处理不确认销售收入,税收规定确认为应税收入对应的视同销售成本金额。本行为第12行至第20行小计数。第1列"税收金额"填报予以税前扣除的视同销售成本金额;将第1列税收金额以负数形式填报第2列"纳税调整金额"。

第12行"(一)非货币性资产交换视同销售成本":填报发生非货币性资产交换业务,会计处理不确认销售收入,税收规定确认为应税收入所对应的应予以税前扣除的视同销售成本金额。第1列"税收金额"填报予以扣除的视同销售成本金额;将第1列税收金额以负数形式填报第2列"纳税调整金额"。

第13行"(二)用于市场推广或销售视同销售成本":填报发生将货物、财产用于市场推广、广告、样品、集资、销售等,会计处理不确认销售收入,税收规定确认为应税收入时,其对应的应予以税前扣除的视同销售成本金额。填列方法同第12行。

第14行"(三)用于交际应酬视同销售成本":填报发生将货物、财产用于交际应酬,会计处理不确认销售收入,税收规定确认为应税收入时,其对应的应予以税前扣除的视同销售成本金额。填列方法同第12行。

第15行"(四)用于职工奖励或福利视同销售成本":填报发生将货物、财产用于职工奖励或福利,会计处理不确认销售收入,税收规定确认为应税收入时,其对应的应予以税前扣除的视同销售成本金额。填列方法同第12行。

第16行"(五)用于股息分配视同销售成本":填报发生将货物、财产用于股息分配,会计处理不确认销售收入,税收规定确认为应税收入时,其对应的应予以税前扣除的视同销售成本金额。填列方法同第12行。

第17行"(六)用于对外捐赠视同销售成本":填报发生将货物、财产用于对外捐赠或赞助,会计处理不确认销售收入,税收规定确认为应税收入时,其对应的应予以税前扣除的视同销售成本金额。填列方法同第12行。

第18行"(七)用于对外投资项目视同销售成本":填报会计处理发生将货物、财产用于对外投资,会计处理不确认销售收入,税收规定确认为应税收入时,其对应的应予以税前扣除的视同销售成本金额。填列方法同第12行。

第19行"(八)提供劳务视同销售成本":填报会计处理发生对外提供劳务,会计处理不确认销售收入,税收规定确认为应税收入时,其对应的应予以税前扣除视同销售成本金额。

填列方法同第 12 行。

第 20 行"(九)其他":填报发生除上述列举情形外,会计处理不确认销售收入,税收规定确认为应税收入的同时,予以税前扣除视同销售成本金额。填列方法同第 12 行。

三、常见涉税风险

在一般情况下,视同销售业务在会计上不做收入核算,仅在企业所得税的计算中确认为应税收入。但由于目前的会计核算体系相对较为复杂,企业有的适用企业会计准则,有的适用小企业会计准则,有的还适用会计制度等,对于税收上将资产所有权属发生改变而视同销售的资产移送、处置情形,会计上根据资产移送、处置情形的不同,纳税人会采用不同的会计方法核算。

因此,纳税人在发生税收规定的视同销售业务时要进行区分,若在会计上未做收入核算,则应该在《视同销售和房地产开发企业特定业务纳税调整明细表》(A105010)进行视同销售收入的填报调整;若会计上已经按照相关会计规定进行了收入核算处理,且收入金额符合税收相关规定的,纳税人在《一般收入明细表》《金融企业收入明细表》《事业单位、民间非营利组织收入、支出明细表》中填报即可,不需再在纳税调整表中进行申报调整。常见非货币性资产视同销售行为的会计处理如表 5-1-2 所示。

表 5-1-2　　　　　　非货币性资产视同销售行为的会计处理

用途	企业会计准则	小企业会计准则
用于非货币性资产交换	(1) 非货币性资产交换具有商业实质且公允价值能够可靠计量的,确认损益 (2) 非货币性资产交换不具备商业实质,或者虽然具备商业实质但换入和换出的资产的公允价值均不能可靠计量的,不确认损益	确认换出资产的损益
用于市场推广	不确认损益	确认损益
用于交际应酬	不确认损益	确认损益
用于职工奖励或福利	(1) 自产或委托加工货物需确认损益 (2) 外购货物不确认损益	确认损益
用于股息分配	确认损益	确认损益
用于对外捐赠	不确认损益	确认损益
用于对外投资项目	确认损益	确认损益

【案例 5-1】 2020 年 10 月,某企业购买了 1 000 元(不含税)礼品赠送客户,计入业务招待费,会计处理如下:

借:管理费用——业务招待费　　　　　　　　　　　　　　　　　　1 130
　　贷:库存商品　　　　　　　　　　　　　　　　　　　　　　　　1 000
　　　　应交税费——应交增值税(销项税额)　　　　　　　　　　　　130

【解析】 该笔业务在税收上应作为视同销售收入处理,2020 年申报表填报如表 5-1-3 所示。

表 5-1-3　视同销售和房地产开发企业特定业务纳税调整明细表（A105010）（局部）　　单位：元

行次	项目	税收金额 1	纳税调整金额 2
1	一、视同销售（营业）收入（2+3+4+5+6+7+8+9+10）		
2	（一）非货币性资产交换视同销售收入		
3	（二）用于市场推广或销售视同销售收入		
4	（三）用于交际应酬视同销售收入	1 000	1 000
11	二、视同销售（营业）成本（12+13+14+15+16+17+18+19+20）		
12	（一）非货币性资产交换视同销售成本		
13	（二）用于市场推广或销售视同销售成本		
14	（三）用于交际应酬视同销售成本	1 000	1 000

第二节　非货币性资产交换

本节解析的非货币性资产交换，不涉及以非货币性资产进行对外投资。一般来说，非货币性资产交换涉及企业所得税视同销售业务申报调整，换入资产折旧税会差异申报调整，以及资产损失纳税调整。

一、相关规定

《企业所得法实施条例》规定，企业发生非货币性资产交换，以及将货物、财产、劳务用于捐赠、偿债、赞助、集资、广告、样品、职工福利或者利润分配等用途的，应当视同销售货物、转让财产或者提供劳务，但国务院财政、税务主管部门另有规定的除外。

非货币性资产交换方式取得的固定资产、生产性生物资产、无形资产、存货、投资资产，以该资产的公允价值和支付的相关税费为计税基础。

二、申报表填报重点关注

表 5-2-1　视同销售和房地产开发企业特定业务纳税调整明细表（A105010）（局部）

行次	项目	税收金额 1	纳税调整金额 2
1	一、视同销售（营业）收入（2+3+4+5+6+7+8+9+10）		
2	（一）非货币性资产交换视同销售收入		
3	（二）用于市场推广或销售视同销售收入		
4	（三）用于交际应酬视同销售收入		

(续表)

行次	项目	税收金额 1	纳税调整金额 2
5	（四）用于职工奖励或福利视同销售收入		
6	（五）用于股息分配视同销售收入		
7	（六）用于对外捐赠视同销售收入		
8	（七）用于对外投资项目视同销售收入		
9	（八）提供劳务视同销售收入		
10	（九）其他		
11	二、视同销售（营业）成本(12+13+14+15+16+17+18+19+20)		
12	（一）非货币性资产交换视同销售成本		
13	（二）用于市场推广或销售视同销售成本		
14	（三）用于交际应酬视同销售成本		
15	（四）用于职工奖励或福利视同销售成本		
16	（五）用于股息分配视同销售成本		
17	（六）用于对外捐赠视同销售成本		
18	（七）用于对外投资项目视同销售成本		
19	（八）提供劳务视同销售成本		
20	（九）其他		

三、常见涉税风险

（一）关注不具有商业实质的非货币性资产交换的税会差异

该类非货币性资产交换，换出资产在会计上按账面价值结转，不确认损益。《企业所得税法实施条例》第二十五条规定，除税收法律、行政法规另有规定外，企业以非货币资产与其他企业的资产相互交换，应当视同销售货物、转让财产，按照公允价值确定收入。相应地，换出资产的计税基础允许在税前扣除。则资产转让所得＝换出资产的公允价值－换出资产的计税基础－允许在当期扣除的相关税费。而换入资产的会计成本以换出资产的账面价值为基础确定。依据《企业所得税法实施条例》的规定，以非货币性资产交换方式取得的非现金资产的计税基础，按照该项资产的公允价值和应支付的相关税费确定。申报纳税调整中，一般通过填报《视同销售和房地产开发企业特定业务纳税调整明细表》（A105010）确认视同销售收入和视同销售成本，填报《资产折旧、摊销及纳税调整明细表》（A105080）调整换入资产计税基础与会计入账成本的折旧差异。

（二）关注具有商业实质的非货币性资产交换的税会差异

该类资产交换以公允价值和应支付的相关税费作为换入资产的成本，公允价值与换出资产账面价值的差额计入当期损益。换入资产和换出资产公允价值均能够可靠计量的，应当以换出资产公允价值作为确定换入资产成本的基础，但有确凿证据表明换入资产公允价值更加可靠的除外。一般情况下，该类非货币性资产交换如果换出资产的账面价值与计税基础存在差异,必然会导致当期会计损益与资产转让所得存在差异,申报所得税时需要进行相应的纳税调整。如资产减值时,税法规定不得税前扣除;又如新的会计准则要求停止使用的固定资产仍计提折旧,但《企业所得税法实施条例》第五十九条规定,停止使用的固定资产,应当自停止适用月份的次月起停止计算折旧,以上均会导致税会差异。申报纳税调整中,填报《资产折旧、摊销及纳税调整明细表》(A105080)调整换入资产计税基础与会计入账成本的折旧差异,填报《资产损失税前扣除及纳税人调整明细表》(A105090)反映资产处置损益的税会差异。

(三)关注换出物为存货的具有商业实质的非货币性资产交换

企业以存货换取客户的固定资产、无形资产等的,按照《企业会计准则第14号——收入》的规定进行会计处理;其他非货币性资产交换,按照《企业会计准则第7号——非货币性资产交换》的规定进行会计处理。由于纳税人已经就该笔非货币性资产交换会计上确认收入,则纳税人发生的收入调整事项不需在《视同销售和房地产开发企业特定业务纳税调整明细表》(A105010)反映,而是通过填报相关的收入明细表和纳税调整表予以反映和调整。

【案例5-2】 甲公司2020年12月,以其A汽车换取乙公司B产品作为固定资产。A账面余额28 000元,公允价值30 000元,B产品账面余额27 000元,公允价值30 000元。不考虑增值税问题,计税价格为30 000元。假设该项交换不具有商业实质。

甲公司会计处理:

借:固定资产——B   28 000
　　贷:库存商品——A汽车   28 000

【解析】 税收上甲公司应确认视同销售收入30 000元,视同销售成本28 000元。

表5-2-2 视同销售和房地产开发企业特定业务纳税调整明细表(A105010)(局部)　　单位:元

行次	项目	税收金额	纳税调整金额
		1	2
2	(一)非货币性资产交换视同销售收入	30 000	30 000
12	(一)非货币性资产交换视同销售成本	28 000	−28 000

【案例5-3】 甲公司以其原价1 000 000元,累计折旧150 000元,计提减值准备20 000元的机器设备换取乙公司的一批钢材,钢材账面价值为400 000元。甲公司换入钢材作为原材料用于生产产品,乙公司换入设备作为固定资产管理,设备公允价值为1 000 000元,钢材的公允价值为1 000 000元,不考虑增值税,固定资产原值与折旧与税务处理一致。假定甲乙双方不具有关联关系,交易具有商业实质。

甲公司会计处理:

假设甲公司换入钢材的公允价值比换出设备的公允价值更加可靠,甲公司以换入的钢材作为入账成本。

借：原材料	1 000 000
累计折旧	150 000
固定资产减值准备	20 000
贷：固定资产	1 000 000
资产处置损益	170 000

【解析】 税收上由于固定资产减值准备不得在税前扣除,因此固定资产计税基础为:1 000 000－150 000＝850 000(元),资产转让所得＝1 000 000－850 000＝150 000(元),应调减20 000元。由于会计上以作为损益进行了会计处理,此时不作为视同销售单独进行纳税申报的调整,税会差异应在《资产损失税前扣除及纳税人调整明细表》(A105090)体现。

【案例5-4】 2020年10月,甲公司以其生产的一批钢材换入乙公司使用中的一台设备,该设备原价为1 000 000元,累计折旧为130 000元,已计提减值准备20 000元,钢材的账面价值为800 000元。甲公司换入设备作为固定资产管理,乙公司换入钢材作为原材料用于生产产品。设备的公允价值为1 200 000元,钢材的公允价值为1 000 000元,甲公司另支付226 000元补价给乙公司。甲公司和乙公司均为增值税一般纳税人,适用的增值税税率均为13%,计税价格等于公允价值。

【解析】 甲公司支付的补价占换入资产公允价值及补价之和的比例＝226 000÷(1 000 000＋226 000)＝18.43%＜25%,符合非货币性资产交换的判断标准,该业务属于非货币性资产交换,且该交易具有商业实质。

则甲公司会计处理:

借：固定资产	1 200 000
应交税费——应交增值税(进项税额)	156 000
贷：主营业务收入	1 000 000
应交税费——应交增值税(销项税额)	130 000
银行存款	226 000
借：主营业务成本	800 000
贷：库存商品	800 000

该项交易在会计中已采用收入准则,且在收入确认上不存在税会差异,该项业务通过填报相关收入申报表申报纳税,不再通过视同销售和房地产开发企业特定业务纳税调整明细表进行视同销售收入的调整。

第三节　非货币性资产对外投资

非货币性资产对外投资指纳税人用存货、固定资产、无形资产和长期股权投资取得被投资企业股权。本节主要对该项经济业务进行税务处理解析与纳税填报分析。

一、相关规定

（一）概念

《财政部 国家税务总局关于非货币性资产投资企业所得税政策问题的通知》（财税〔2014〕116号）规定，非货币性资产，是指现金、银行存款、应收账款、应收票据，以及准备持有至到期的债券投资等货币性资产以外的资产。非货币性资产投资，限于以非货币性资产出资设立新的居民企业，或将非货币性资产注入现存的居民企业。

《财政部 国家税务总局关于完善股权激励和技术入股有关所得税政策的通知》（财税〔2016〕101号）规定，技术成果是指专利技术（含国防专利）、计算机软件著作权、集成电路布图设计专有权、植物新品种权、生物医药新品种，以及科技部、财政部、国家税务总局确定的其他技术成果。技术成果投资入股，是指纳税人将技术成果所有权让渡给被投资企业、取得该企业股票（权）的行为。

（二）收入确认时间

《财政部 国家税务总局关于非货币性资产投资企业所得税政策问题的通知》（财税〔2014〕116号）规定，企业以非货币性资产对外投资，应于投资协议生效并办理股权登记手续时，确认非货币性资产转让收入的实现。

《国家税务总局关于非货币性资产投资企业所得税有关征管问题的公告》（国家税务总局公告2015年第33号）规定，关联企业之间发生的非货币性资产投资行为，投资协议生效后12个月内尚未完成股权变更登记手续的，于投资协议生效时，确认非货币性资产转让收入的实现。

（三）计税基础

《财政部 国家税务总局关于非货币性资产投资企业所得税政策问题的通知》（财税〔2014〕116号）规定，企业以非货币性资产对外投资而取得被投资企业的股权，应以非货币性资产的原计税成本为计税基础，加上每年确认的非货币性资产转让所得，逐年进行调整。

被投资企业取得非货币性资产的计税基础，应按非货币性资产的公允价值确定。

（四）所得额计算与处理

《财政部 国家税务总局关于非货币性资产投资企业所得税政策问题的通知》（财税〔2014〕116号）规定，企业以非货币性资产对外投资，应对非货币性资产进行评估并按评估后的公允价值扣除计税基础后的余额，计算确认非货币性资产转让所得。

居民企业（以下简称企业）以非货币性资产对外投资确认的非货币性资产转让所得，可在不超过5年期限内，分期均匀计入相应年度的应纳税所得额，按规定计算缴纳企业所得税。

企业在对外投资5年内转让上述股权或投资收回的，应停止执行递延纳税政策，并就递延期内尚未确认的非货币性资产转让所得，在转让股权或投资收回当年的企业所得税年度汇算清缴时，一次性计算缴纳企业所得税；企业在计算股权转让所得时，可按本通知第三条第一款规定将股权的计税基础一次调整到位。

企业在对外投资5年内注销的，应停止执行递延纳税政策，并就递延期内尚未确认的非货币性资产转让所得,在注销当年的企业所得税年度汇算清缴时,一次性计算缴纳企业所得税。

《国家税务总局关于非货币性资产投资企业所得税有关征管问题的公告》(国家税务总局公告2015年第33号)规定,实行查账征收的居民企业以非货币性资产对外投资确认的非货币性资产转让所得,可自确认非货币性资产转让收入年度起不超过连续5个纳税年度的期间内,分期均匀计入相应年度的应纳税所得额,按规定计算缴纳企业所得税。

符合财税〔2014〕116号文件规定的企业非货币性资产投资行为,同时又符合《财政部 国家税务总局关于企业重组业务企业所得税处理若干问题的通知》(财税〔2009〕59号)、《财政部 国家税务总局关于促进企业重组有关企业所得税处理问题的通知》(财税〔2014〕109号)等文件规定的特殊性税务处理条件的,可由企业选择其中一项政策执行,且一经选择,不得改变。

《财政部 国家税务总局关于完善股权激励和技术入股有关所得税政策的通知》(财税〔2016〕101号)规定,符合条件的技术成果投资入股,除了适用企业重组特殊性税务处理外,还可适用以下处理:

投资入股当期可暂不纳税,允许递延至转让股权时,按股权转让收入减去技术成果原值和合理税费后的差额计算缴纳所得税。

被投资企业按技术成果投资入股时的评估值入账并在企业所得税前摊销扣除。

二、申报表填报重点关注

表5-3-1　　企业重组及递延纳税事项纳税调整明细表(A105100)(局部)

行次	项目	一般性税务处理			特殊性税务处理(递延纳税)			纳税调整金额
		账载金额	税收金额	纳税调整金额	账载金额	税收金额	纳税调整金额	
		1	2	3(2-1)	4	5	6(5-4)	7(3+6)
12	六、非货币性资产对外投资							

第12行"六、非货币性资产对外投资":填报企业发生非货币性资产对外投资的相关金额,符合《财政部 国家税务总局关于非货币性资产投资企业所得税政策问题的通知》(财税〔2014〕116号)和《国家税务总局关于非货币性资产投资企业所得税有关征管问题的公告》(国家税务总局公告2015年第33号)规定执行递延纳税政策的填写"特殊性税务处理(递延纳税)"相关列次。

三、常见涉税风险

(一)关注税会差异

非货币性资产投资,会计按《企业会计准则第7号——非货币性资产交换》进行处理。满足规定条件的,取得股权按公允价值入账,公允价值与换出资产账面价值的差额,计入当期损益。因此,对非货币性资产转让所得的确定有差异。

(二)关注其他类型非货币性资产投资

本节所提到的非货币性资产对外投资,仅限于居民企业以非货币性资产出资设立新的居民企业,或将非货币性资产注入现存的居民企业,是居民企业之间的非货币性资产对外投资。居民企业以其拥有的资产或股权向其100%直接控股的非居民企业进行投资应根据《财政部 国家税务总局关于企业重组业务企业所得税处理若干问题的通知》(财税〔2009〕59号)第二条规定:"居民企业以其拥有的资产或股权向其100%直接控股关系的非居民企业进行投资,其资产或股权转让收益如选择特殊性税务处理,可以在10个纳税年度内均匀计入各年度应纳税所得额"。

四、申报表填报案例解析

🔧【案例5-5】 2020年甲公司以公允价值为8 500万元,计税基础为4 200万元(账面价值3 800万元)的技术成果所有权对乙公司投资,取得乙公司15%的股权(公允价值8 500万元)。甲公司的会计处理:

借:长期股权投资——乙公司　　　　　　　　　　　　　　　　85 000 000
　　贷:无形资产　　　　　　　　　　　　　　　　　　　　　38 000 000
　　　　营业外收入　　　　　　　　　　　　　　　　　　　　47 000 000

【解析】 甲公司税收上确认技术成果转让所得4 300万元(8 500—4 200),可在不超过5年期限内,分期均匀计入相应年度的应纳税所得额,按规定计算缴纳企业所得税,若选择分5年确认,则每年确认所得860万元;取得股权的计税基础应以4 200万元,加上每年确认的技术成果转让所得,逐年调整;乙公司取得技术成果的计税基础8 500万元。2020年投资方甲公司企业所得税申报时,应在《企业重组及递延纳税事项纳税调整明细表》(A105100)中反映会计与税法差异的调整。

表5-3-2　　　企业重组及递延纳税事项纳税调整明细表(A105100)(局部)　　　单位:元

行次	项目	一般性税务处理			特殊性税务处理(递延纳税)			纳税调整金额
		账载金额	税收金额	纳税调整金额	账载金额	税收金额	纳税调整金额	
		1	2	3(2-1)	4	5	6(5-4)	7(3+6)
12	六、非货币性资产对外投资				47 000 000	8 600 000	-38 400 000	-38 400 000

🔧【案例5-6】 接[案例5-5],[案例5-5]中的技术成果投资入股,公司决定按财税〔2016〕101号文件规定进行特殊税务处理。

【解析】 甲公司投资入股当期可暂不纳税;取得股权的计税基础4 200万元,乙公司取得技术成果的计税基础8 500万元。

2018年投资方甲公司企业所得税申报时,应在《企业重组及递延纳税事项纳税调整明细表》(A105100)中反映会计与税法差异的调整。

表 5-3-3　　企业重组及递延纳税事项纳税调整明细表(A105100)(局部)　　单位:元

行次	项目	一般性税务处理			特殊性税务处理(递延纳税)			纳税调整金额
		账载金额	税收金额	纳税调整金额	账载金额	税收金额	纳税调整金额	
		1	2	3(2-1)	4	5	6(5-4)	7(3+6)
13	七、技术入股				47 000 000	0	-47 000 000	-47 000 000

第四节　企业重组

企业重组,是指企业在日常经营活动以外发生的法律结构或经济结构重大改变的交易,包括企业法律形式改变、债务重组、股权收购、资产收购、合并、分立等。本节主要对企业发生上述事项进行税收分析与填报分析。

一、企业重组一般规定

(一) 相关规定

1. 企业重组概念

《财政部　国家税务总局关于企业重组业务企业所得税处理若干问题的通知》(财税〔2009〕59号)规定,企业重组,是指企业在日常经营活动以外发生的法律结构或经济结构重大改变的交易,包括企业法律形式改变、债务重组、股权收购、资产收购、合并、分立等。

企业法律形式改变,是指企业注册名称、住所,以及企业组织形式等的简单改变,但符合本通知规定其他重组的类型除外。

债务重组,是指在债务人发生财务困难的情况下,债权人按照其与债务人达成的书面协议或者法院裁定书,就其债务人的债务作出让步的事项。

股权收购,是指一家企业(以下称为收购企业)购买另一家企业(以下称为被收购企业)的股权,以实现对被收购企业控制的交易。收购企业支付对价的形式包括股权支付、非股权支付或两者的组合。

资产收购,是指一家企业(以下称为受让企业)购买另一家企业(以下称为转让企业)实质经营性资产的交易。受让企业支付对价的形式包括股权支付、非股权支付或两者的组合。

合并,是指一家或多家企业(以下称为被合并企业)将其全部资产和负债转让给另一家现存或新设企业(以下称为合并企业),被合并企业股东换取合并企业的股权或非股权支付,实现两个或两个以上企业的依法合并。

分立,是指一家企业(以下称为被分立企业)将部分或全部资产分离转让给现存或新设的企业(以下称为分立企业),被分立企业股东换取分立企业的股权或非股权支付,实现企业的依法分立。

2. 企业重组日规定

《国家税务总局关于企业重组业务企业所得税征收管理若干问题的公告》(国家税务总局公告2015年第48号)规定,财税〔2009〕59号文件第十一条所称重组业务完成当年,是指重组日所属的企业所得税纳税年度。

企业重组日的确定,按以下规定处理:

(1)债务重组,以债务重组合同(协议)或法院裁定书生效日为重组日。

(2)股权收购,以转让合同(协议)生效且完成股权变更手续日为重组日。关联企业之间发生股权收购,转让合同(协议)生效后12个月内尚未完成股权变更手续的,应以转让合同(协议)生效日为重组日。

(3)资产收购,以转让合同(协议)生效且当事各方已进行会计处理的日期为重组日。

(4)合并,以合并合同(协议)生效、当事各方已进行会计处理且完成工商新设登记或变更登记日为重组日。按规定不需要办理工商新设或变更登记的合并,以合并合同(协议)生效且当事各方已进行会计处理的日期为重组日。

(5)分立,以分立合同(协议)生效、当事各方已进行会计处理且完成工商新设登记或变更登记日为重组日。

3. 企业重组对价支付规定

《财政部 国家税务总局关于企业重组业务企业所得税处理若干问题的通知》(财税〔2009〕59号)规定,股权支付,是指企业重组中购买、换取资产的一方支付的对价中,以本企业或其控股企业的股权、股份作为支付的形式;非股权支付,是指以本企业的现金、银行存款、应收款项、本企业或其控股企业股权和股份以外的有价证券、存货、固定资产、其他资产以及承担债务等作为支付的形式。

4. 企业重组适用特殊性处理条件

《财政部 国家税务总局关于企业重组业务企业所得税处理若干问题的通知》(财税〔2009〕59号)规定,企业重组同时符合下列条件的,适用特殊性税务处理规定:具有合理的商业目的,且不以减少、免除或者推迟缴纳税款为主要目的;被收购、合并或分立部分的资产或股权比例符合本通知规定的比例;企业重组后的连续12个月内不改变重组资产原来的实质性经营活动;重组交易对价中涉及股权支付金额符合本通知规定比例;企业重组中取得股权支付的原主要股东,在重组后连续12个月内,不得转让所取得的股权。

5. 企业特殊性税务处理重组主导方规定

《国家税务总局关于企业重组业务企业所得税征收管理若干问题的公告》(国家税务总局公告2015年第48号)规定,重组各方适用特殊性税务处理的,应该按照以下规定确定重组主导方:

(1)债务重组,主导方为债务人。

(2)股权收购,主导方为股权转让方,涉及两个或两个以上股权转让方,由转让被收购企业股权比例最大的一方作为主导方(转让股权比例相同的可协商确定主导方)。

(3)资产收购,主导方为资产转让方。

(4)合并,主导方为被合并企业,涉及同一控制下多家被合并企业的,以净资产最大的一方为主导方。

(5)分立,主导方为被分立企业。

二、不同种类企业重组的具体税务处理

(一)债务重组

1. 一般性税务处理规定

1)相关规定

《财政部 国家税务总局关于企业重组业务企业所得税处理若干问题的通知》(财税〔2009〕59号)规定,以非货币资产清偿债务,应当分解为转让相关非货币性资产、按非货币性资产公允价值清偿债务两项业务,确认相关资产的所得或损失。

发生债权转股权的,应当分解为债务清偿和股权投资两项业务,确认有关债务清偿所得或损失。

债务人应当按照支付的债务清偿额低于债务计税基础的差额,确认债务重组所得;债权人应当按照收到的债务清偿额低于债权计税基础的差额,确认债务重组损失。

债务人的相关所得税纳税事项原则上保持不变。

2)申报表填报重点关注

表5-4-1　　企业重组及递延纳税事项纳税调整明细表(A105100)(局部)

行次	项目	一般性税务处理			特殊性税务处理(递延纳税)			纳税调整金额
		账载金额	税收金额	纳税调整金额	账载金额	税收金额	纳税调整金额	
		1	2	3(2-1)	4	5	6(5-4)	7(3+6)
1	一、债务重组							
2	其中:以非货币性资产清偿债务							
3	债转股							

第1行"一、债务重组":填报企业发生债务重组业务的相关金额。

第2行"其中:以非货币性资产清偿债务":填报企业发生以非货币性资产清偿债务的债务重组业务的相关金额。

第3行"债转股":填报企业发生债权转股权的债务重组业务的相关金额。

3)常见涉税风险

在一般性税务处理下:会计上债务人按支付的债务清偿额与债务账面价值的差额,确认当期收益,债权人按收到的债务清偿额与债权账面价值的差额,确认当期损失。税法和会计在债务重组当期债务人和债权人均要确认损益,没有差异。但在计税基础与账面价值不一致时,税法与会计确认损益的金额有差异,需进行纳税调整。

4)申报表案例填报解析

【案例 5-7】 甲公司欠乙公司货款 300 万元。由于甲公司财务发生困难,2020 年双方协商约定债务重组,债务重组协议约定:甲公司向乙公司定向发行 100 万面值 1 元,每股市价 2.1 元普通股偿还债务。该项业务适用一般性税务处理,甲公司的会计处理:

借:应付账款　　　　　　　　　　　　　　　　　　　　　3 000 000
　　贷:实收资本　　　　　　　　　　　　　　　　　　　　1 000 000
　　　　资本公积　　　　　　　　　　　　　　　　　　　　1 100 000
　　　　营业外收入——债务重组利得　　　　　　　　　　　　900 000

【解析】 债务人甲公司应确认债务重组所得 300－210＝90(万元)。

债权人乙公司应确认债务重组损失 210－300＝－90(万元),取得甲公司股权计税基础 210 万元。2020 年债务人甲公司确认的所得,税法和会计一致,无需纳税调整,申报表如下表 5-4-2 所示。

表 5-4-2　　企业重组及递延纳税事项纳税调整明细表(A105100)(局部)　　　单位:元

行次	项目	一般性税务处理			特殊性税务处理(递延纳税)			纳税调整金额
		账载金额	税收金额	纳税调整金额	账载金额	税收金额	纳税调整金额	
		1	2	3(2－1)	4	5	6(5－4)	7(3＋6)
1	一、债务重组	900 000	900 000					

2. 特殊性税务处理

1) 相关规定

《财政部　国家税务总局关于企业重组业务企业所得税处理若干问题的通知》(财税〔2009〕59 号)规定,企业债务重组确认的应纳税所得额占该企业当年应纳税所得额 50% 以上,可以在 5 个纳税年度的期间内,均匀计入各年度的应纳税所得额。

企业发生债权转股权业务,对债务清偿和股权投资两项业务暂不确认有关债务清偿所得或损失,股权投资的计税基础以原债权的计税基础确定。企业的其他相关所得税事项保持不变。

对交易中股权支付暂不确认有关资产的转让所得或损失,但对其非股权支付仍应在交易当期确认相应的资产转让所得或损失,并调整相应资产的计税基础。非股权支付对应的资产转让所得或损失＝(被转让资产的公允价值－被转让资产的计税基础)×(非股权支付金额÷被转让资产的公允价值)。

2) 申报表填报重点关注

表 5-4-3　　企业重组及递延纳税事项纳税调整明细表(A105100)(局部)

行次	项目	一般性税务处理			特殊性税务处理(递延纳税)			纳税调整金额
		账载金额	税收金额	纳税调整金额	账载金额	税收金额	纳税调整金额	
		1	2	3(2－1)	4	5	6(5－4)	7(3＋6)
1	一、债务重组							
2	其中:以非货币性资产清偿债务							
3	债转股							

第1行"一、债务重组"：填报企业发生债务重组业务的相关金额。

第2行"其中：以非货币性资产清偿债务"：填报企业发生以非货币性资产清偿债务的债务重组业务的相关金额。

第3行"债转股"：填报企业发生债权转股权的债务重组业务的相关金额。

3）常见涉税风险

在特殊性税务处理下：会计上，债务人按支付的债务清偿额与债务账面价值的差额，确认当期收益，债权人按收到的债务清偿额与债权账面价值的差额，确认当期损失。债务重组在损益确认方面，税法与会计有差异。

4）申报表填报案例解析

【案例5-8】 接[案例5-7]，若该项业务符合特殊性税务处理条件。

【解析】 债务人甲公司债务重组所得暂不确认；债权人乙公司债务重组损失暂不确认，取得甲公司股权计税基础300万元。2020年债务人甲公司企业所得税申报时，应在《企业重组及递延纳税事项纳税调整明细表》(A105100)中反映会计与税法差异的调整。

表5-4-4　　　企业重组及递延纳税事项纳税调整明细表(A105100)（局部）　　单位：万元

行次	项目	一般性税务处理			特殊性税务处理（递延纳税）			纳税调整金额
		账载金额	税收金额	纳税调整金额	账载金额	税收金额	纳税调整金额	
		1	2	3(2−1)	4	5	6(5−4)	7(3+6)
1	一、债务重组							
2	其中：以非货币性资产清偿债务							
3	债转股				90	0	−90	−90

（二）股权与资产收购

1. 一般性税务处理

1）相关规定

《财政部　国家税务总局关于企业重组业务企业所得税处理若干问题的通知》(财税〔2009〕59号)规定，企业股权收购、资产收购重组交易，相关交易应按以下规定处理：

（1）被收购方应确认股权、资产转让所得或损失。

（2）收购方取得股权或资产的计税基础应以公允价值为基础确定。

（3）被收购企业的相关所得税事项原则上保持不变。

2）申报表填报重点关注

表5-4-5　企业重组及递延纳税事项纳税调整明细表(A105100)（局部）

行次	项目	一般性税务处理			特殊性税务处理（递延纳税）			纳税调整金额
		账载金额	税收金额	纳税调整金额	账载金额	税收金额	纳税调整金额	
		1	2	3(2−1)	4	5	6(5−4)	7(3+6)
4	二、股权收购							
5	其中：涉及跨境重组的股权收购							
6	三、资产收购							
7	其中：涉及跨境重组的资产收购							

第 4 行"二、股权收购":填报企业发生股权收购重组业务的相关金额。

第 5 行"其中:涉及跨境重组的股权收购":填报企业发生涉及中国境内与境外之间、内地与中国港澳之间、大陆与中国台湾地区之间的股权收购交易重组业务的相关金额。

第 6 行"三、资产收购":填报企业发生资产收购重组业务的相关金额。

第 7 行"其中:涉及跨境重组的资产收购":填报企业发生涉及中国境内与境外之间、内地与中国港澳之间、大陆与中国台湾地区之间的资产收购交易重组业务的相关金额。

3) 常见涉税风险

资产收购和股权收购,符合《企业会计准则第 20 号——企业合并》条件的,应按企业合并会计处理,合并分非同一控制下的企业合并和同一控制下的企业合并会计处理。非同一控制下的企业合并,按资产公允价值确认损益;同一控制下的企业合并,合并前后实际控制的经济资源并没有发生变化,因此有关交易事项不应视为购买。

4) 申报表填报案例解析

【案例 5-9】 2020 年,乙公司将持有的 A 公司 70％股权转让给甲公司,该股权公允价值 20 000 万元,计税基础 8 500 万元(账面价值 9 200 万元),甲公司同意向乙公司发行 10 000 万股(每股面值 1 元),市价为每股 2 元,作为支付的对价。该业务适用一般性税务处理。乙公司的会计处理为:

借:长期股权投资——甲公司 200 000 000
　　贷:长期股权投资——A 公司 92 000 000
　　　　投资收益 108 000 000

【解析】 收购方甲公司取得 A 公司股权的计税基础 20 000 万元。

被收购方乙公司应确认股权转让所得 20 000－8 500＝11 500(万元);取得甲公司股权的计税基础 20 000 万元。

2020 年被收购方乙公司企业所得税申报时,应在《企业重组及递延纳税事项纳税调整明细表》(A105100)中反映会计与税法差异的调整。

表 5-4-6　　企业重组及递延纳税事项纳税调整明细表(A105100)(局部)　　单位:元

行次	项目	一般性税务处理			特殊性税务处理(递延纳税)			纳税调整金额
		账载金额	税收金额	纳税调整金额	账载金额	税收金额	纳税调整金额	
		1	2	3(2－1)	4	5	6(5－4)	7(3＋6)
4	二、股权收购	108 000 000	115 000 000	7 000 000				7 000 000
5	其中:涉及跨境重组的股权收购							

2. 特殊性税务处理

1) 相关规定

《财政部　国家税务总局关于企业重组业务企业所得税处理若干问题的通知》(财税〔2009〕59 号)规定,符合条件的资产收购,受让企业收购的资产不低于转让企业全部资产的 50％,且受让企业在该资产收购发生时的股权支付金额不低于其交易支付总额的 85％,可以选择按以下规定处理:

(1) 转让企业取得受让企业股权的计税基础,以被转让资产的原有计税基础确定。

(2) 受让企业取得转让企业资产的计税基础,以被转让资产的原有计税基础确定。

对交易中股权支付暂不确认有关资产的转让所得或损失,但对其非股权支付仍应在交易当期确认相应的资产转让所得或损失,并调整相应资产的计税基础。非股权支付对应的资产转让所得或损失=(被转让资产的公允价值-被转让资产的计税基础)×(非股权支付金额÷被转让资产的公允价值)。

《财政部 国家税务总局关于企业重组业务企业所得税处理若干问题的通知》(财税〔2009〕59号)规定,符合条件的股权收购,收购企业购买的股权不低于被收购企业全部股权的50%,且收购企业在该股权收购发生时的股权支付金额不低于其交易支付总额的85%,可以选择按以下规定处理:

(1) 被收购企业的股东取得收购企业股权的计税基础,以被收购股权的原有计税基础确定。

(2) 收购企业取得被收购企业股权的计税基础,以被收购股权的原有计税基础确定。

(3) 收购企业、被收购企业的原有各项资产和负债的计税基础和其他相关所得税事项保持不变。

对交易中股权支付暂不确认有关资产的转让所得或损失,但对其非股权支付仍应在交易当期确认相应的资产转让所得或损失,并调整相应资产的计税基础。非股权支付对应的资产转让所得或损失=(被转让资产的公允价值-被转让资产的计税基础)×(非股权支付金额÷被转让资产的公允价值)。

2) 申报表填报重点关注

表 5-4-7　　企业重组及递延纳税事项纳税调整明细表(A105100)(局部)

行次	项目	一般性税务处理			特殊性税务处理(递延纳税)			纳税调整金额
		账载金额	税收金额	纳税调整金额	账载金额	税收金额	纳税调整金额	
		1	2	3(2-1)	4	5	6(5-4)	7(3+6)
4	二、股权收购							
5	其中:涉及跨境重组的股权收购							
6	三、资产收购							
7	其中:涉及跨境重组的资产收购							

第4行"二、股权收购":填报企业发生股权收购重组业务的相关金额。

第5行"其中:涉及跨境重组的股权收购":填报企业发生涉及中国境内与境外之间、内地与中国港澳之间、大陆与中国台湾地区之间的股权收购交易重组业务的相关金额。

第6行"三、资产收购":填报企业发生资产收购重组业务的相关金额。

第7行"其中:涉及跨境重组的资产收购":填报企业发生涉及中国境内与境外之间、内地与中国港澳之间、大陆与中国台湾地区之间的资产收购交易重组业务的相关金额。

3) 常见涉税风险

纳税人应在《企业重组及递延纳税事项纳税调整明细表》(A105100)中反映会计与税法

差异的调整。

4) 申报表填报案例解析

【案例 5-10】 接[案例 5-9]，若业务符合特殊性税务重组条件。

【解析】 转让方乙公司股权转让所得暂不确认；取得甲公司股权的计税基础 8 500 万元。收购方甲公司取得 A 公司股权的计税基础 8 500 万元。2020 年被收购方乙公司企业所得税申报时，应在《企业重组及递延纳税事项纳税调整明细表》(A105100)中反映会计与税法差异的调整。

表 5-4-8　企业重组及递延纳税事项纳税调整明细表(A105100)(局部)　　　单位：元

行次	项目	一般性税务处理			特殊性税务处理(递延纳税)			纳税调整金额
		账载金额	税收金额	纳税调整金额	账载金额	税收金额	纳税调整金额	
		1	2	3(2−1)	4	5	6(5−4)	7(3+6)
4	二、股权收购				108 000 000	0		−108 000 000
5	其中：涉及跨境重组的股权收购							

(三) 合并

1. 一般性税务处理

1) 相关规定

《财政部　国家税务总局关于企业重组业务企业所得税处理若干问题的通知》(财税〔2009〕59 号)规定，企业合并，当事各方应按下列规定处理：

(1) 合并企业应按公允价值确定接受被合并企业各项资产和负债的计税基础。

(2) 被合并企业及其股东都应按清算进行所得税处理。

(3) 被合并企业的亏损不得在合并企业结转弥补。

2) 申报表填报重点关注

表 5-4-9　企业重组及递延纳税事项纳税调整明细表(A105100)(局部)

行次	项目	一般性税务处理			特殊性税务处理(递延纳税)			纳税调整金额
		账载金额	税收金额	纳税调整金额	账载金额	税收金额	纳税调整金额	
		1	2	3(2−1)	4	5	6(5−4)	7(3+6)
8	四、企业合并(9+10)							
9	(一) 同一控制下企业合并							
10	(二) 非同一控制下企业合并							

第 8 行"四、企业合并"：填报第 9 行和第 10 行的合计金额。

第 9 行"(一) 同一控制下企业合并"：填报企业发生同一控制下企业合并重组业务的相关金额。

第 10 行"(二) 非同一控制下企业合并"：填报企业发生非同一控制下企业合并重组业务的相关金额。

3) 常见涉税风险

企业合并包括吸收合并和新设合并,会计要按《企业会计准则第20号——企业合并》进行处理。合并分为非同一控制下的企业合并和同一控制下的企业合并会计处理。非同一控制下的企业合并,被合并方按资产公允价值作为销售处理,确认损益;合并方取得的资产、负债按公允价值入账。同一控制下的企业合并,被合并方不作销售处理;合并方取得的资产、负债按原账面价值入账。纳税人应注意会计处理与税收处理上的差异。

4) 申报表填报案例解析

【案例5-11】 2020年,无关联关系的甲公司以定向增发普通股1 000万股,每股面值1元,市价4.00元的对价,吸收合并乙公司(其股东为A公司),A公司对乙公司投资的计税基础1 500万元。合并时,乙公司资产、负债的公允价值分别为4 500万元、500万元;计税基础分别为3 400万元、500万元;账面价值分别为3 100万、500万元。该项业务在税收上适用企业重组一般性税务处理。(假设清算的其他因素不考虑)

甲公司的会计处理(单位:万元):

借:资产类账　　　　　　　　　　　　　　　4 500
　　贷:负债类账　　　　　　　　　　　　　　500
　　　　实收资本　　　　　　　　　　　　　1 000
　　　　资本公积　　　　　　　　　　　　　3 000

【解析】 被合并企业乙公司应进行企业所得税清算。被合并企业股东A公司应进行股权清算,取得甲公司股权计税基础4 000万元。合并企业甲公司接受乙公司资产、负债的计税基础分别为4 500万元、500万元。

该项业务合并企业甲公司税法和会计均没有损益确认,所以,2020年合并企业甲公司企业所得税申报时,针对该项业务没有纳税调整。

2. 特殊性税务处理

1) 相关规定

《财政部 国家税务总局关于企业重组业务企业所得税处理若干问题的通知》(财税〔2009〕59号)规定,企业股东在该企业合并发生时取得的股权支付金额不低于其交易支付总额的85%,以及同一控制下且不需要支付对价的企业合并,可以选择按以下规定处理:

(1) 合并企业接受被合并企业资产和负债的计税基础,以被合并企业的原有计税基础确定。

(2) 被合并企业合并前的相关所得税事项由合并企业承继。

(3) 可由合并企业弥补的被合并企业亏损的限额=被合并企业净资产公允价值×截至合并业务发生当年年末国家发行的最长期限的国债利率。

(4) 被合并企业股东取得合并企业股权的计税基础,以其原持有的被合并企业股权的计税基础确定。

对交易中股权支付暂不确认有关资产的转让所得或损失,但对其非股权支付仍应在交易当期确认相应的资产转让所得或损失,并调整相应资产的计税基础。

$$\begin{matrix}\text{非股权支付对应的资产}\\\text{转让所得或损失}\end{matrix} = \left(\begin{matrix}\text{被转让资产}\\\text{的公允价值}\end{matrix} - \begin{matrix}\text{被转让资产}\\\text{的计税基础}\end{matrix}\right) \times \left(\begin{matrix}\text{非股权}\\\text{支付金额}\end{matrix} \div \begin{matrix}\text{被转让资产}\\\text{的公允价值}\end{matrix}\right)$$

在企业吸收合并中,合并后的存续企业性质及适用税收优惠的条件未发生改变的,可以继续享受合并前该企业剩余期限的税收优惠,其优惠金额按存续企业合并前一年的应纳税所得额(亏损计为零)计算。

2) 申报表填报重点关注

表 5-4-10　　企业重组及递延纳税事项纳税调整明细表(A105100)(局部)

行次	项目	一般性税务处理			特殊性税务处理(递延纳税)			纳税调整金额
		账载金额	税收金额	纳税调整金额	账载金额	税收金额	纳税调整金额	
		1	2	3(2−1)	4	5	6(5−4)	7(3+6)
8	四、企业合并(9+10)							
9	(一)同一控制下企业合并							
10	(二)非同一控制下企业合并							

第8行"四、企业合并":填报第9行和第10行的合计金额。

第9行"(一)同一控制下企业合并":填报企业发生同一控制下企业合并重组业务的相关金额。

第10行"(二)非同一控制下企业合并":填报企业发生非同一控制下企业合并重组业务的相关金额。

3) 常见涉税风险

企业合并包括吸收合并和新设合并,会计要按《企业会计准则第20号——企业合并》进行处理。合并分为非同一控制下的企业合并和同一控制下的企业合并会计处理。非同一控制下的企业合并,被合并方按资产公允价值作为销售处理,确认损益;合并方取得的资产、负债按公允价值入账。同一控制下的企业合并,被合并方不作销售处理;合并方取得的资产、负债按原账面价值入账。纳税人应注意会计处理与税收处理上的差异。

4) 申报表填报案例解析

【案例 5-12】 接[案例 5-11]。若符合特殊性税务处理条件。

【解析】 被合并企业乙公司不进行企业所得税清算。被合并企业股东A公司取得甲公司股权计税基础1 500万元。合并企业甲公司接受乙公司资产、负债的计税基础分别为3 400万元、500万元。该项业务合并企业甲公司税法和会计均没有损益确认,所以,2020年合并企业甲公司企业所得税申报时,针对该项业务没有纳税调整。接受资产的计税成本与会计成本的差异,在资产折旧、摊销年份,在《资产折旧、摊销及纳税调整明细表》(A105080)中进行纳税调整。

(四)分立

1. 一般性税务处理

1) 相关规定

《财政部　国家税务总局关于企业重组业务企业所得税处理若干问题的通知》(财税

〔2009〕59号)规定,企业分立,当事各方应按下列规定处理:

(1) 被分立企业对分立出去资产应按公允价值确认资产转让所得或损失。
(2) 分立企业应按公允价值确认接受资产的计税基础。
(3) 被分立企业继续存在时,其股东取得的对价应视同被分立企业分配进行处理。
(4) 被分立企业不再继续存在时,被分立企业及其股东都应按清算进行所得税处理。
(5) 企业分立相关企业的亏损不得相互结转弥补。

2) 申报表填报重点关注

表 5-4-11　　企业重组及递延纳税事项纳税调整明细表(A105100)(局部)

行次	项目	一般性税务处理			特殊性税务处理(递延纳税)			纳税调整金额
		账载金额	税收金额	纳税调整金额	账载金额	税收金额	纳税调整金额	
		1	2	3(2-1)	4	5	6(5-4)	7(3+6)
11	五、企业分立							

第11行"五、企业分立":填报企业发生非同一控制下企业分立重组业务的相关金额。

3) 申报表填报案例解析

【案例 5-13】 A 公司系由甲公司投资设立的一家有限责任公司,2020年拟将 A 公司的一个分部设立为 B 公司,A 公司存续经营且股东不变,甲公司同时持有 A、B 公司股权。A 公司分立时资产、负债的公允价值分别为 22 000 万元、8 500 万元;计税基础分别为 12 800 万元、8 500 万元;账面价值分别为 12 200 万元、8 500 万元。其中:分立出去的资产、负债公允价值分别为 8 200 万元、3 500 万元;计税基础分别为 6 200 万元、3 500 万元;账面价值分别为 5 900 万元、3 500 万元。该项业务在税收上适用一般性税务处理。

A 公司的会计处理为(单位:万元):

借:实收资本　　　　　　　　　　　　　　　　　　　　　2 400
　　负债类账　　　　　　　　　　　　　　　　　　　　　3 500
　　贷:资产类账　　　　　　　　　　　　　　　　　　　　　5 900

【解析】 被分立企业 A 公司应确认资产转让所得 8 200-6 200=2 000(万元);分立企业 B 公司接受资产、负债的计税基础分别为 8 200 万元、负债 3 500 万元;被分立企业 A 公司继续存在,则被分立企业股东甲公司取得 B 公司股权视同 A 公司分配进行企业所得税处理;2020年被分立企业 A 公司企业所得税申报时,应在《企业重组及递延纳税事项纳税调整明细表》(A105100)中反映会计与税法差异的调整。

表 5-4-12　　企业重组及递延纳税事项纳税调整明细表(A105100)(局部)　　　单位:元

行次	项目	一般性税务处理			特殊性税务处理(递延纳税)			纳税调整金额
		账载金额	税收金额	纳税调整金额	账载金额	税收金额	纳税调整金额	
		1	2	3(2-1)	4	5	6(5-4)	7(3+6)
11	五、企业分立	0	20 000 000	20 000 000				20 000 000

2. 特殊性税务处理

1) 相关规定

《财政部 国家税务总局关于企业重组业务企业所得税处理若干问题的通知》(财税〔2009〕59号)规定,企业分立,被分立企业所有股东按原持股比例取得分立企业的股权,分立企业和被分立企业均不改变原来的实质经营活动,且被分立企业股东在该企业分立发生时取得的股权支付金额不低于其交易支付总额的85%,可以选择按以下规定处理:

(1) 分立企业接受被分立企业资产和负债的计税基础,以被分立企业的原有计税基础确定。

(2) 被分立企业已分立出去资产相应的所得税事项由分立企业承继。

(3) 被分立企业未超过法定弥补期限的亏损额可按分立资产占全部资产的比例进行分配,由分立企业继续弥补。

(4) 被分立企业的股东取得分立企业的股权(以下简称"新股"),如需部分或全部放弃原持有的被分立企业的股权(以下简称"旧股"),"新股"的计税基础应以放弃"旧股"的计税基础确定。如不需放弃"旧股",则其取得"新股"的计税基础可从以下两种方法中选择确定:直接将"新股"的计税基础确定为零;或者以被分立企业分立出去的净资产占被分立企业全部净资产的比例先调减原持有的"旧股"的计税基础,再将调减的计税基础平均分配到"新股"上。

在企业存续分立中,分立后的存续企业性质及适用税收优惠的条件未发生改变的,可以继续享受分立前该企业剩余期限的税收优惠,其优惠金额按该企业分立前一年的应纳税所得额(亏损计为零)乘以分立后存续企业资产占分立前该企业全部资产的比例计算。

2) 申报表填报重点关注

表5-4-13 企业重组及递延纳税事项纳税调整明细表(A105100)(局部)

行次	项目	一般性税务处理			特殊性税务处理(递延纳税)			纳税调整金额
		账载金额	税收金额	纳税调整金额	账载金额	税收金额	纳税调整金额	
		1	2	3(2−1)	4	5	6(5−4)	7(3+6)
11	五、企业分立							

第11行"五、企业分立":填报企业发生非同一控制下企业分立重组业务的相关金额。

3) 申报表填报案例解析

【案例5-14】 接[案例5-13],若企业符合特殊性税务处理的所有条件。

【解析】 被分立企业A公司不确认资产转让所得。分立企业B公司接受资产的计税基础6 200万元、负债3 500万元。被分立企业的股东甲公司取得B公司股权计税基础为0万元。(因被分立企业的股东甲公司不需放弃A公司股权)被分立企业A公司税法和会计均不确认损益,所以,2018年被分立企业A公司企业所得税申报时,针对该项业务没有纳税调整。

第五节 政策性搬迁

企业政策性搬迁,是指由于社会公共利益的需要,在政府主导下企业进行整体搬迁或部分搬迁。

一、相关规定

(一)政策性搬迁适用范围

《国家税务总局关于发布〈企业政策性搬迁所得税管理办法〉的公告》(国家税务总局公告2012年第40号)规定,企业政策性搬迁,是指由于社会公共利益的需要,在政府主导下企业进行整体搬迁或部分搬迁。企业由于下列需要之一,提供相关文件证明资料的,属于政策性搬迁:

(1)国防和外交的需要。

(2)由政府组织实施的能源、交通、水利等基础设施的需要。

(3)由政府组织实施的科技、教育、文化、卫生、体育、环境和资源保护、防灾减灾、文物保护、社会福利、市政公用等公共事业的需要。

(4)由政府组织实施的保障性安居工程建设的需要;

(5)由政府依照《中华人民共和国城乡规划法》有关规定组织实施的对危房集中、基础设施落后等地段进行旧城区改建的需要。

(6)法律、行政法规规定的其他公共利益的需要。

企业应就政策性搬迁过程中涉及的搬迁收入、搬迁支出、搬迁资产税务处理、搬迁所得等所得税征收管理事项,单独进行税务管理和核算。不能单独进行税务管理和核算的,应视为企业自行搬迁或商业性搬迁等非政策性搬迁进行所得税处理。

(二)搬迁收入

《国家税务总局关于发布〈企业政策性搬迁所得税管理办法〉的公告》(国家税务总局公告2012年第40号)规定,企业的搬迁收入,是指企业搬迁过程中取得的收入。具体包括搬迁补偿收入和搬迁资产处置收入。

搬迁补偿收入,是指企业搬迁过程中从本企业以外(包括政府或其他单位)取得的搬迁补偿收入,包括由于搬迁取得的货币性和非货币性补偿收入。具体包括:

(1)对被征用资产价值的补偿。

(2)因搬迁、安置而给予的补偿。

(3)对停产停业形成的损失而给予的补偿。

(4)资产搬迁过程中遭到毁损而取得的保险赔款。

(5)其他补偿收入。

搬迁资产处置收入,是指企业由于搬迁而处置企业各类资产所取得的收入。企业由于搬迁处置存货而取得的收入,应按正常经营活动取得的收入进行所得税处理,不作为企业搬迁资产处置收入。

(三) 搬迁支出

《国家税务总局关于发布〈企业政策性搬迁所得税管理办法〉的公告》(国家税务总局公告 2012 年第 40 号)规定,企业的搬迁支出,包括搬迁费用支出及由于搬迁所发生的企业资产处置支出。

搬迁费用支出,是指企业搬迁期间所发生的各项费用,包括安置职工实际发生的费用、停工期间支付给职工的工资及福利费、临时存放搬迁资产而发生的费用、各类资产搬迁安装费用,以及其他与搬迁相关的费用。

资产处置支出,是指企业由于搬迁而处置各类资产所发生的支出,包括变卖及处置各类资产的净值、处置过程中所发生的税费等支出。企业由于搬迁而报废的资产,如无转让价值,其净值作为企业的资产处置支出。

《国家税务总局关于企业政策性搬迁所得税有关问题的公告》(国家税务总局公告 2013 年第 11 号)规定,凡在国家税务总局 2012 年第 40 号公告生效前已经签订搬迁协议且尚未完成搬迁清算的企业政策性搬迁项目,企业在重建或恢复生产过程中购置的各类资产,可以作为搬迁支出,从搬迁收入中扣除。

(四) 搬迁所得或损失

《国家税务总局关于发布〈企业政策性搬迁所得税管理办法〉的公告》(国家税务总局公告 2012 年第 40 号)规定,企业的搬迁收入,扣除搬迁支出后的余额,为企业的搬迁所得。企业搬迁收入扣除搬迁支出后为负数的,为搬迁损失。

企业在搬迁期间发生的搬迁收入和搬迁支出,可以暂不计入当期应纳税所得额,而在完成搬迁的年度,对搬迁收入和支出进行汇总清算。

搬迁损失可在下列方法中选择其一进行税务处理:

(1) 在搬迁完成年度,一次性作为损失进行扣除。

(2) 自搬迁完成年度起分 3 个年度,均匀在税前扣除。

上述方法由企业自行选择,但一经选定,不得改变。

下列情形之一的,为搬迁完成年度,企业应进行搬迁清算,计算搬迁所得:

(1) 从搬迁开始,5 年内(包括搬迁当年度)任何一年完成搬迁的。

(2) 从搬迁开始,搬迁时间满 5 年(包括搬迁当年度)的年度。

可见,企业搬迁汇算年度最长 5 年,如果 5 年尚未完成搬迁的,第 5 年也作为税收上的搬迁完成年度看待。企业搬迁规划已基本完成且当年生产经营收入占规划搬迁前年度生产经营收入 50% 以上,视为已经完成搬迁。企业边搬迁、边生产的,搬迁年度应从实际开始搬迁的年度计算。

(五) 亏损弥补

《国家税务总局关于发布〈企业政策性搬迁所得税管理办法〉的公告》(国家税务总局公告 2012 年第 40 号)规定,企业以前年度发生尚未弥补的亏损的,凡企业由于搬迁停止生产经营无所得的,从搬迁年度次年起,至搬迁完成年度前一年度止,可作为停止生产经营活动年度,从法定亏损结转弥补年限中减除;企业边搬迁、边生产的,其亏损结转年度应连续计算。

二、申报表填报重点关注

表 5-5-1　　　　　　政策性搬迁纳税调整明细表（A105110）

行次	项　　目	金额
1	一、搬迁收入(2+8)	
2	（一）搬迁补偿收入(3+4+5+6+7)	
3	1.对被征用资产价值的补偿	
4	2.因搬迁、安置而给予的补偿	
5	3.对停产停业形成的损失而给予的补偿	
6	4.资产搬迁过程中遭到毁损而取得的保险赔款	
7	5.其他补偿收入	
8	（二）搬迁资产处置收入	
9	二、搬迁支出(10+16)	
10	（一）搬迁费用支出(11+12+13+14+15)	
11	1.安置职工实际发生的费用	
12	2.停工期间支付给职工的工资及福利费	
13	3.临时存放搬迁资产而发生的费用	
14	4.各类资产搬迁安装费用	
15	5.其他与搬迁相关的费用	
16	（二）搬迁资产处置支出	
17	三、搬迁所得或损失(1-9)	
18	四、应计入本年应纳税所得额的搬迁所得或损失(19+20+21)	
19	其中：搬迁所得	
20	搬迁损失一次性扣除	
21	搬迁损失分期扣除	
22	五、计入当期损益的搬迁收益或损失	
23	六、以前年度搬迁损失当期扣除金额	
24	七、纳税调整金额(18-22-23)	

本表第1行"一、搬迁收入"至第21行"搬迁损失分期扣除"的金额，按照税收规定确认的政策性搬迁清算累计数填报。

第1行"一、搬迁收入"：填报第2+8行的合计金额。

第2行"(一)搬迁补偿收入"：填报按税收规定确认的，纳税人从本企业以外取得的搬迁补偿收入金额，此行为第3行至第7行的合计金额。

第3行"1.对被征用资产价值的补偿"：填报按税收规定确认的，纳税人被征用资产价值补偿收入累计金额。

第4行"2.因搬迁、安置而给予的补偿":填报按税收规定确认的,纳税人因搬迁、安置而取得的补偿收入累计金额。

第5行"3.对停产停业形成的损失而给予的补偿":填报按税收规定确认的,纳税人停产停业形成损失而取得的补偿收入累计金额。

第6行"4.资产搬迁过程中遭到毁损而取得的保险赔款":填报按税收规定确认,纳税人资产搬迁过程中遭到毁损而取得的保险赔款收入累计金额。

第7行"5.其他补偿收入":填报按税收规定确认,纳税人其他补偿收入累计金额。

第8行"(二)搬迁资产处置收入":填报按税收规定确认,纳税人由于搬迁而处置各类资产所取得的收入累计金额。

第9行"二、搬迁支出":填报第10+16行的合计金额。

第10行"(一)搬迁费用支出":填报按税收规定确认,纳税人搬迁过程中发生的费用支出累计金额,为第11行至第15行的合计金额。

第11行"1.安置职工实际发生的费用":填报按税收规定确认,纳税人安置职工实际发生费用支出的累计金额。

第12行"2.停工期间支付给职工的工资及福利费":填报按税收规定确认,纳税人因停工支付给职工的工资及福利费支出累计金额。

第13行"3.临时存放搬迁资产而发生的费用":填报按税收规定确认,纳税人临时存放搬迁资产发生的费用支出累计金额。

第14行"4.各类资产搬迁安装费用":填报按税收规定确认,纳税人各类资产搬迁安装费用支出累计金额。

第15行"5.其他与搬迁相关的费用":填报按税收规定确认,纳税人其他与搬迁相关的费用支出累计金额。

第16行"(二)搬迁资产处置支出":填报按税收规定确认的,纳税人搬迁资产处置支出累计金额。符合《国家税务总局关于企业政策性搬迁所得税有关问题的公告》(国家税务总局公告2013年第11号)规定的资产购置支出,填报在本行。

第17行"三、搬迁所得或损失":填报政策性搬迁所得或损失,填报第1－9行的余额,损失以"－"号填列。

第18行"四、应计入本年应纳税所得额的搬迁所得或损失":填报政策性搬迁所得或损失按照税收规定计入本年应纳税所得额的金额,填报第19行至第21行的合计金额,损失以"－"号填列。

第19行"其中:搬迁所得":填报按税法相关规定,搬迁完成年度政策性搬迁所得的金额。

第20行"搬迁损失一次性扣除":由选择一次性扣除搬迁损失的纳税人填报,填报搬迁完成年度按照税收规定计算的搬迁损失金额,损失以"－"号填列。

第21行"搬迁损失分期扣除":由选择分期扣除搬迁损失的纳税人填报,填报搬迁完成年度按照税收规定计算的搬迁损失在本年扣除的金额,损失以"－"号填列。

第22行"五、计入当期损益的搬迁收益或损失":填报政策性搬迁项目会计核算计入当期损益的金额,损失以"—"号填列。

第 23 行"六、以前年度搬迁损失当期扣除金额":以前年度完成搬迁形成的损失,按照税收规定在当期扣除的金额。

第 24 行"七、纳税调整金额":填报第 18－22－23 行的余额。

三、常见涉税风险

(1) 企业应当自搬迁开始年度,至次年 5 月 31 日前,向主管税务机关(包括迁出地和迁入地)报送政策性搬迁依据、搬迁规划等相关材料。逾期未报的,除特殊原因并经主管税务机关认可外,按非政策性搬迁处理,不得执行国家税务总局公告 2012 年第 40 号的规定。

企业应向主管税务机关报送的政策性搬迁依据、搬迁规划等相关材料,包括:
① 政府搬迁文件或公告。
② 搬迁重置总体规划。
③ 拆迁补偿协议。
④ 资产处置计划。
⑤ 其他与搬迁相关的事项。

(2) 企业搬迁完成当年,其向主管税务机关报送企业所得税年度纳税申报表时,应同时报送《企业政策性搬迁清算损益表》(国家税务总局公告 2012 年第 40 号附件)及相关材料。

四、申报表填报案例解析

【案例 5-15】 甲公司由于市政规划,由市内迁至城郊,甲公司 2019 年 2 月 1 日签订搬迁协议开始搬迁。2019 年,取得政府搬迁补偿款 2 000 万元;搬迁处置固定资产收入 1 500 万元,处置固定资产的原值 1 200 万元,已提折旧 140 万元,处置固定资产发生的支出 150 万元;处置存货收入 820 万元,处置存货成本及税费 750 万元;2020 年,取得政府搬迁补偿款 1 000 万元,购置新固定资产支出 2 600 万元;支付职工安置费 500 万元,其他与搬迁相关的费用 360 万元。2018 年搬迁完毕。甲公司 2020 年会计处理:

(1) 取得政府搬迁补偿款:

借:银行存款		10 000 000
贷:专项应付款		10 000 000

(2) 购置新固定资产:

借:固定资产		26 000 000
贷:银行存款		26 000 000
借:专项应付款		26 000 000
贷:递延收益		26 000 000
借:递延收益(在相关固定资产使用寿命内分期计入损益)		1 820 000
贷:其他收益		1 820 000

(3) 支付职工安置费和其他与搬迁相关的费用：

借：管理费用　　　　　　　　　　　　　　　　　　8 600 000
　　贷：银行存款　　　　　　　　　　　　　　　　　　8 600 000

借：专项应付款　　　　　　　　　　　　　　　　　　8 600 000
　　贷：递延收益　　　　　　　　　　　　　　　　　　8 600 000

借：递延收益　　　　　　　　　　　　　　　　　　　4 000 000
　　贷：管理费用　　　　　　　　　　　　　　　　　　4 000 000

【解析】 甲公司应当自2019年搬迁开始年度至2020年5月31日前,向主管税务机关(包括迁出地和迁入地)报送政策性搬迁依据、搬迁规划等相关材料。逾期未报的,除特殊原因并经主管税务机关认可外,按非政策性搬迁处理。应在向主管税务机关报送2020年(搬迁完成年度)企业所得税年度纳税申报表时,应同时报送《企业政策性搬迁清算损益表》及相关材料。2020年政策性搬迁业务会计核算计入当期损益的金额与税法确定的损益有差异,甲公司在企业所得税申报时,应在《政策性搬迁纳税调整明细表》(A105100)中反映会计与税法差异的调整。

表5-5-2　　　　　　政策性搬迁纳税调整明细表(A105110)(局部)　　　　　　单位：元

行次	项目	金额
1	一、搬迁收入(2+8)	45 000 000
2	（一）搬迁补偿收入(3+4+5+6+7)	30 000 000
3	1.对被征用资产价值的补偿	
4	2.因搬迁、安置而给予的补偿	30 000 000
5	3.对停产停业形成的损失而给予的补偿	
6	4.资产搬迁过程中遭到毁损而取得的保险赔款	
7	5.其他补偿收入	
8	（二）搬迁资产处置收入	15 000 000
9	二、搬迁支出(10+16)	20 700 000
10	（一）搬迁费用支出(11+12+13+14+15)	8 600 000
11	1.安置职工实际发生的费用	5 000 000
12	2.停工期间支付给职工的工资及福利费	
13	3.临时存放搬迁资产而发生的费用	
14	4.各类资产搬迁安装费用	
15	5.其他与搬迁相关的费用	3 600 000
16	（二）搬迁资产处置支出	12 100 000
17	三、搬迁所得或损失(1−9)	24 300 000
18	四、应计入本年应纳税所得额的搬迁所得或损失(19+20+21)	24 300 000

（续表）

行次	项目	金额
19	其中：搬迁所得	24 300 000
20	搬迁损失一次性扣除	
21	搬迁损失分期扣除	
22	五、计入当期损益的搬迁收益或损失	−2 780 000
23	六、以前年度搬迁损失当期扣除金额	
24	七、纳税调整金额(18−22−23)	27 080 000

第六节 境外投资

对于境外投资企业，应重点关注境外缴纳所得税抵免的问题，本节重点对此进行填报解析。

一、相关规定

《企业所得税法》第二十三条规定，企业取得的下列所得已在境外缴纳的所得税税额，可以从其当期应纳税额中抵免，抵免限额为该项所得依照本法规定计算的应纳税额；超过抵免限额的部分，可以在以后5个年度内，用每年度抵免限额抵免当年应抵税额后的余额进行抵补：

（1）居民企业来源于中国境外的应税所得。

（2）非居民企业在中国境内设立机构、场所，取得发生在中国境外但与该机构、场所有实际联系的应税所得。

《企业所得税法》第二十四条规定，居民企业从其直接或者间接控制的外国企业分得的来源于中国境外的股息、红利等权益性投资收益，外国企业在境外实际缴纳的所得税税额中属于该项所得负担的部分，可以作为该居民企业的可抵免境外所得税税额，在本法第二十三条规定的抵免限额内抵免。

《企业所得税法实施条例》第七十七条规定，企业所得税法第二十三条所称已在境外缴纳的所得税税额，是指企业来源于中国境外的所得依照中国境外税收法律及相关规定应当缴纳并已经实际缴纳的企业所得税性质的税款。

《企业所得税法实施条例》第七十八条规定，企业所得税法第二十三条所称抵免限额，是指企业来源于中国境外的所得，依照企业所得税法和本条例的规定计算的应纳税额。除国务院财政、税务主管部门另有规定外，该抵免限额应当分国（地区）不分项计算，计算公式如下：

$$抵免限额 = \frac{中国境内、境外所得依照企业所得税法和本条例的规定计算的应纳税总额 \times 来源于某国（地区）的应纳税所得额}{中国境内、境外应纳税所得总额}$$

《企业所得税法实施条例》第七十九条规定，企业所得税法第二十三条所称5个年度，是指从企业取得的来源于中国境外的所得，已经在中国境外缴纳的企业所得税性质的税额超过抵免限额的当年的次年起连续5个纳税年度。

《企业所得税法实施条例》第八十条规定，企业所得税法第二十四条所称直接控制，是指居民企业直接持有外国企业20%以上股份。

企业所得税法第二十四条所称间接控制，是指居民企业以间接持股方式持有外国企业20%以上股份，具体认定办法由国务院财政、税务主管部门另行制定。

《财政部　国家税务总局关于企业境外所得税收抵免有关问题的通知》（财税〔2009〕125号，以下简称财税〔2009〕125号文件）第一条规定，居民企业以及非居民企业在中国境内设立的机构、场所（以下统称企业）依照《企业所得税法》第二十三条、第二十四条的有关规定，应在其应纳税额中抵免在境外缴纳的所得税额的，适用本通知。

财税〔2009〕125号文件第二条规定，企业应按照企业所得税法及其实施条例、税收协定，以及本通知的规定，准确计算下列当期与抵免境外所得税有关的项目后，确定当期实际可抵免分国（地区）别的境外所得税税额和抵免限额：

（1）境内所得的应纳税所得额（以下简称境内应纳税所得额）和分国（地区）别的境外所得的应纳税所得额（以下简称境外应纳税所得额）。

（2）分国（地区）别的可抵免境外所得税税额。

（3）分国（地区）别的境外所得税的抵免限额。

企业不能准确计算上述项目实际可抵免分国（地区）别的境外所得税税额的，在相应国家（地区）缴纳的税收均不得在该企业当期应纳税额中抵免，也不得结转以后年度抵免。

财税〔2009〕125号文件第三条规定，企业应就其按照《企业所得税法实施条例》第七条规定确定的中国境外所得（境外税前所得），按以下规定计算《企业所得税法实施条例》第七十八条规定的境外应纳税所得额：

（1）居民企业在境外投资设立不具有独立纳税地位的分支机构，其来源于境外的所得，以境外收入总额扣除与取得境外收入有关的各项合理支出后的余额为应纳税所得额。各项收入、支出按《企业所得税法》及实施条例的有关规定确定。

居民企业在境外设立不具有独立纳税地位的分支机构取得的各项境外所得，无论是否汇回中国境内，均应计入该企业所属纳税年度的境外应纳税所得额。

（2）居民企业应就其来源于境外的股息、红利等权益性投资收益，以及利息、租金、特许权使用费、转让财产等收入，扣除按照《企业所得税法》及实施条例等规定计算的与取得该项收入有关的各项合理支出后的余额为应纳税所得额。来源于境外的股息、红利等权益性投资收益，应按被投资方作出利润分配决定的日期确认收入实现；来源于境外的利息、租金、特许权使用费、转让财产等收入，应按有关合同约定应付交易对价款的日期确认收入实现。

（3）非居民企业在境内设立机构、场所的，应就其发生在境外但与境内所设机构、场所有实际联系的各项应税所得，比照上述第（2）项的规定计算相应的应纳税所得额。

（4）在计算境外应纳税所得额时，企业为取得境内、外所得而在境内、境外发生的共同支出，与取得境外应税所得有关的、合理的部分，应在境内、境外〔分国（地区）别，下同〕应税所得之间,按照合理比例进行分摊后扣除。

(5) 在汇总计算境外应纳税所得额时,企业在境外同一国家(地区)设立不具有独立纳税地位的分支机构,按照《企业所得税法》及实施条例的有关规定计算的亏损,不得抵减其境内或他国(地区)的应纳税所得额,但可以用同一国家(地区)其他项目或以后年度的所得按规定弥补。

财税〔2009〕125号文件第四条规定,可抵免境外所得税税额,是指企业来源于中国境外的所得依照中国境外税收法律及相关规定应当缴纳并已实际缴纳的企业所得税性质的税款。但不包括:

(1) 按照境外所得税法律及相关规定属于错缴或错征的境外所得税税款。

(2) 按照税收协定规定不应征收的境外所得税税款。

(3) 因少缴或迟缴境外所得税而追加的利息、滞纳金或罚款。

(4) 境外所得税纳税人或者其利害关系人从境外征税主体得到实际返还或补偿的境外所得税税款。

(5) 按照我国《企业所得税法》及其实施条例的规定,已经免征我国企业所得税的境外所得负担的境外所得税税款。

(6) 按照国务院财政、税务主管部门有关规定已经从企业境外应纳税所得额中扣除的境外所得税税款。

财税〔2009〕125号文件第五条规定,居民企业在按照《企业所得税法》第二十四条规定用境外所得间接负担的税额进行税收抵免时,其取得的境外投资收益实际间接负担的税额,是指根据直接或者间接持股方式合计持股20%以上(含20%,下同)的规定层级的外国企业股份,由此应分得的股息、红利等权益性投资收益中,从最低一层外国企业起逐层计算的属于由上一层企业负担的税额,其计算公式如下:

$$\begin{aligned}&\text{本层企业所纳税额属于由}\\&\text{一家上一层企业负担的税额}\end{aligned} = \left(\begin{aligned}&\text{本层企业就利润和投资收益}\\&\text{所实际缴纳的税额}\end{aligned} + \begin{aligned}&\text{符合本通知规定的由本层}\\&\text{企业间接负担的税额}\end{aligned}\right)$$

$$\times \frac{\text{本层企业向一家上一层}}{\text{企业分配的股息(红利)}} \div \frac{\text{本层企业所得}}{\text{税后利润额}}$$

财税〔2009〕125号文件第六条规定,除国务院财政、税务主管部门另有规定外,按照《企业所得税法实施条例》第八十条规定由居民企业直接或者间接持有20%以上股份的外国企业,限于符合以下持股方式的三层外国企业:

第一层:单一居民企业直接持有20%以上股份的外国企业。

第二层:单一第一层外国企业直接持有20%以上股份,且由单一居民企业直接持有或通过一个或多个符合本条规定持股条件的外国企业间接持有总和达到20%以上股份的外国企业。

第三层:单一第二层外国企业直接持有20%以上股份,且由单一居民企业直接持有或通过一个或多个符合本条规定持股条件的外国企业间接持有总和达到20%以上股份的外国企业。

财税〔2009〕125号文件第七条规定,居民企业从与我国政府订立税收协定(或安排)的国家(地区)取得的所得,按照该国(地区)税收法律享受了免税或减税待遇,且该免税或减税的数额按照税收协定规定应视同已缴税额在中国的应纳税额中抵免的,该免税或减税数额可作为企业实际缴纳的境外所得税额用于办理税收抵免。

财税〔2009〕125号文件第八条规定,企业应按照《企业所得税法》及其实施条例和本通知的有关规定分国(地区)别计算境外税额的抵免限额。

$$\text{某国(地区)所得税抵免限额} = \text{中国境内、境外所得依照《企业所得税法》及实施条例的规定计算的应纳税总额} \times \text{来源于某国(地区)的应纳税所得额} \div \text{中国境内、境外应纳税所得总额}$$

据以计算上述公式中"中国境内、境外所得依照《企业所得税法》及实施条例的规定计算的应纳税总额"的税率,除国务院财政、税务主管部门另有规定外,应为《企业所得税法》第四条第一款规定的税率。

企业按照《企业所得税法》及其实施条例和本通知的有关规定计算的当期境内、境外应纳税所得总额小于零的,应以零计算当期境内、境外应纳税所得总额,其当期境外所得税的抵免限额也为零。

财税〔2009〕125号文件第九条规定,在计算实际应抵免的境外已缴纳和间接负担的所得税税额时,企业在境外一国(地区)当年缴纳和间接负担的符合规定的所得税税额低于所计算的该国(地区)抵免限额的,应以该项税额作为境外所得税抵免额从企业应纳税总额中据实抵免;超过抵免限额的,当年应以抵免限额作为境外所得税抵免额进行抵免,超过抵免限额的余额允许从次年起在连续5个纳税年度内,用每年度抵免限额抵免当年应抵税额后的余额进行抵补。

财税〔2009〕125号文件第十条规定,属于下列情形的,<u>经企业申请,主管税务机关核准</u>,可以采取简易办法对境外所得已纳税额计算抵免:

(1)企业从境外取得营业利润所得及符合境外税额间接抵免条件的股息所得,虽有所得来源国(地区)政府机关核发的具有纳税性质的凭证或证明,但因客观原因无法真实、准确地确认应当缴纳并已经实际缴纳的境外所得税税额的,除就该所得直接缴纳及间接负担的税额在所得来源国(地区)的实际有效税率低于我国《企业所得税法》第四条第一款规定税率50%以上的外,可按境外应纳税所得额的12.5%作为抵免限额,企业按该国(地区)税务机关或政府机关核发具有纳税性质凭证或证明的金额,其不超过抵免限额的部分,准予抵免;超过的部分不得抵免。

属于本款规定以外的股息、利息、租金、特许权使用费、转让财产等投资性所得,均应按本通知的其他规定计算境外税额抵免。

(2)企业从境外取得营业利润所得及符合境外税额间接抵免条件的股息所得,凡就该所得缴纳及间接负担的税额在所得来源国(地区)的法定税率且其实际有效税率明显高于我国的,可直接以按本通知规定计算的境外应纳税所得额和我国《企业所得税法》规定的税率计算的抵免限额作为可抵免的已在境外实际缴纳的企业所得税税额。

属于本款规定以外的股息、利息、租金、特许权使用费、转让财产等投资性所得,均应按本通知的其他规定计算境外税额抵免。

注:依据《国家税务总局关于企业境外所得适用简易征收和饶让抵免的核准事项取消后有关后续管理问题的公告》(国家税务总局公告2015年第70号),自2015年10月10日起,企业境外所得符合本法规第十条第(一)项和第(二)项规定情形的,可以采取简易办法

对境外所得已纳税额计算抵免。企业在年度汇算清缴期内,应向主管税务机关报送备案资料,备案资料的具体内容按照《国家税务总局关于发布〈企业境外所得税收抵免操作指南〉的公告》(国家税务总局公告2010年第1号)第三十条的规定执行。本法规第十条中"经企业申请,主管税务机关核准"的规定同时废止。

财税〔2009〕125号文件第十一条规定,企业在境外投资设立不具有独立纳税地位的分支机构,其计算生产、经营所得的纳税年度与我国规定的纳税年度不一致的,与我国纳税年度当年度相对应的境外纳税年度,应为在我国有关纳税年度中任何一日结束的境外纳税年度。

企业取得上述以外的境外所得实际缴纳或间接负担的境外所得税,应在该项境外所得实现日所在的我国对应纳税年度的应纳税额中计算抵免。

财税〔2009〕125号文件第十二条规定,企业抵免境外所得税额后实际应纳所得税额的计算公式为:

$$\text{企业实际应纳所得税额} = \text{企业境内外所得应纳税总额} - \text{企业所得税减免、抵免优惠税额} - \text{境外所得税抵免额}$$

财税〔2009〕125号文件第十三条规定,本通知所称不具有独立纳税地位,是指根据企业设立地法律不具有独立法人地位或者按照税收协定规定不认定为对方国家(地区)的税收居民。

财税〔2009〕125号文件第十四条规定,企业取得来源于中国香港、中国澳门、中国台湾地区的应税所得,参照本通知执行。

财税〔2009〕125号文件第十五条规定,中华人民共和国政府同外国政府订立的有关税收的协定与本通知有不同规定的,依照协定的规定办理。

财税〔2009〕125号文件第十六条规定,本通知自2008年1月1日起执行。

《财政部 税务总局关于完善企业境外所得税收抵免政策问题的通知》(财税〔2017〕84号)规定,自2017年1月1日起,企业可以选择按国(地区)别分别计算〔即"分国(地区)不分项"〕,或者不按国(地区)别汇总计算〔即"不分国(地区)不分项"〕其来源于境外的应纳税所得额,并按照财税〔2009〕125号文件第八条规定的税率,分别计算其可抵免境外所得税税额和抵免限额。上述方式一经选择,5年内不得改变。

企业选择采用不同于以前年度的方式(以下简称新方式)计算可抵免境外所得税税额和抵免限额时,对该企业以前年度按照财税〔2009〕125号文件规定没有抵免完的余额,可在税法规定结转的剩余年限内,按新方式计算的抵免限额中继续结转抵免。

企业在境外取得的股息所得,在按规定计算该企业境外股息所得的可抵免所得税额和抵免限额时,由该企业直接或者间接持有20%以上股份的外国企业,限于按照财税〔2009〕125号文件第六条规定的持股方式确定的五层外国企业,即:

第一层:企业直接持有20%以上股份的外国企业。

第二层至第五层:单一上一层外国企业直接持有20%以上股份,且由该企业直接持有或通过一个或多个符合财税〔2009〕125号文件第六条规定持股方式的外国企业间接持有总和达到20%以上股份的外国企业。

《财政部 国家税务总局关于企业重组业务企业所得税处理若干问题的通知》(财税

〔2009〕59号)规定,居民企业以其拥有的资产或股权向其100%直接控股的非居民企业进行投资,其资产或股权转让收益如符合该项文件中第五条特殊性税务处理的规定,可以在10个纳税年度内均匀计入各年度应纳税所得额。

《财政部 税务总局关于海南自由贸易港企业所得税优惠政策的通知财税》(财税〔2020〕31号)第二条规定,自2020年1月1日至2024年12月31日,对在海南自由贸易港设立的旅游业、现代服务业、高新技术产业企业新增境外直接投资取得的所得,免征企业所得税。

上述所称新增境外直接投资所得应当符合以下条件:

(1)从境外新设分支机构取得的营业利润;或从持股比例超过20%(含)的境外子公司分回的,与新增境外直接投资相对应的股息所得。

(2)被投资国(地区)的企业所得税法定税率不低于5%。

上述所称旅游业、现代服务业、高新技术产业,按照海南自由贸易港鼓励类产业目录执行。

二、申报表填报重点关注

(一)企业所得税年度纳税申报基础信息表

表5-6-1　　企业所得税年度纳税申报基础信息表(A000000)(局部)

有关涉税事项情况(存在或者发生下列事项时必填)			
201 从事股权投资业务		□是　　202 存在境外关联交易	□是
203 境外所得信息	203-1 选择采用的境外所得抵免方式	□分国(地区)不分项　□不分国(地区)不分项	
	203-2 海南自由贸易港新增境外直接投资信息	□是(产业类别:□旅游业　□现代服务业 □高新技术产业)	

"203 境外所得信息":填报纳税人与来源于中国境外所得的相关信息:

(1)"203-1 选择采用的境外所得抵免方式":纳税人适用境外所得税收抵免政策,且根据《财政部 国家税务总局关于企业境外所得税收抵免有关问题的通知》(财税〔2009〕125号)、《财政部 税务总局关于完善企业境外所得税收抵免政策问题的通知》(财税〔2017〕84号)文件规定选择按国(地区)别分别计算其来源于境外的应纳税所得额,即"分国(地区)不分项"的,选择"分国(地区)不分项";纳税人适用境外所得税收抵免政策,且根据财税〔2009〕125号、财税〔2017〕84号文件规定选择不按国(地区)别汇总计算其来源于境外的应纳税所得额,即"不分国(地区)不分项"的,选择"不分国(地区)不分项"。境外所得抵免方式一经选择,5年内不得变更。

(2)"203-2 海南自由贸易港新增境外直接投资信息":填报纳税人符合享受境外所得免征企业所得税优惠政策条件的相关信息。本项目由在海南自由贸易港设立的旅游业、现代服务业、高新技术产业且新增境外直接投资的企业填报。"产业类别"填报纳税人经营的产业类别,按"旅游业""现代服务业""高新技术产业"选择填报。

(二)境外所得税收抵免明细表

境外所得税收抵免明细表如表5-6-2所示。

纳税人若选择"分国(地区)不分项"的境外所得抵免方式,应根据《境外所得纳税调整后所得明细表》(A108010)、《境外分支机构弥补亏损明细表》(A108020)、《跨年度结转抵免境外所得税明细表》(A108030)分国(地区)别逐行填报本表;纳税人若选择"不分国(地区)不分项"的境外所得抵免方式,应按照税收规定计算可抵免境外所得税税额和抵免限额,并根据表A108010、表A108020、表A108030的合计金额填报本表第1行。

第1列"国家(地区)":纳税人若选择"分国(地区)不分项"的境外所得抵免方式,填报纳税人境外所得来源的国家(地区)名称,来源于同一国家(地区)的境外所得合并到一行填报;纳税人若选择"不分国(地区)不分项"的境外所得抵免方式,无需填报。

第2列"境外税前所得":填报表A108010第14列－第19列－第24列的金额。

第3列"境外所得纳税调整后所得":填报表A108010第18列－第26列的金额。

第4列"弥补境外以前年度亏损":填报表A108020第4+8列的合计金额。

第5列"境外应纳税所得额":填报第3－4列的余额。当第3－4列<0时,本列填报0。

第6列"抵减境内亏损":当纳税人选择用境外所得抵减弥补境内亏损时,填报纳税人境外所得按照税收规定抵减境内的亏损额(包括抵减的当年度境内亏损额和弥补的以前年度境内亏损额);当纳税人选择不用境外所得抵减弥补境内亏损时,填报0。

第7列"抵减境内亏损后的境外应纳税所得额":填报第5－6列金额。

第8列"税率":填报法定税率25%。符合《财政部 国家税务总局关于高新技术企业境外所得适用税率及税收抵免问题的通知》(财税〔2011〕47号)第一条规定的高新技术企业填报15%。

第9列"境外所得应纳税额":填报第7×8列金额。

第10列"境外所得可抵免税额":填报表A108010第13列－第23列－第25列金额。

第11列"境外所得抵免限额":境外所得抵免限额按以下公式计算:

$$抵免限额 = 中国境内、境外所得依照企业所得税法和条例的规定计算的应纳税总额 \times 来源于某国(地区)的应纳税所得额 \div 中国境内、境外应纳税所得总额$$

第12列"本年可抵免境外所得税额":填报纳税人本年来源于境外的所得已缴纳所得税在本年度允许抵免的金额。按第10列、第11列孰小值填报。

第13列"未超过境外所得税抵免限额的余额":填报纳税人本年在抵免限额内抵免完境外所得税后有余额的,可用于抵免以前年度结转的待抵免的所得税额。按第11－12列金额填报。

第14列"本年可抵免以前年度未抵免境外所得税额":填报纳税人本年可抵免以前年度未抵免、结转到本年度抵免的境外所得税额,按表A108030第13列金额填报。

第15列至第18列由选择简易办法计算抵免额的纳税人填报。

(1)第15列"按低于12.5%的实际税率计算的抵免额":纳税人从境外取得营业利润所得及符合境外税额间接抵免条件的股息所得,所得来源国(地区)的实际有效税率低于12.5%的,填报按照实际有效税率计算的抵免额。

(2)第16列"按12.5%计算的抵免额":纳税人从境外取得营业利润所得及符合境外

表 5-6-2 境外所得税收抵免明细表（A108000）（局部）

行次	国家（地区）	境外税前所得	境外所得纳税调整后所得	弥补境外以前年度亏损	境外应纳税所得额	抵减境内亏损	抵减境内亏损后的境外应纳税所得额	税率	境外所得应纳税额	境外所得可抵免税额	境外所得税抵免限额	本年可抵免境外所得税额	未超过境外所得税抵免限额的余额	本年可抵免以前年度未抵免境外所得税额	按简易办法计算			小计	境外所得抵免所得税额合计
															按低于12.5%的实际税率计算的抵免额	按12.5%计算的抵免额	按25%计算的抵免额		
		1	2	3	4	5(3−4)	6	7(5−6)	8	9(7×8)	10	11	12	13(11−12)	14	15	16	17	18(15+16+17)	19(12+14+18)
1																				
2																				
10	合计																			

表 5-6-3 境外所得纳税调整后所得明细表（A108010）（局部）

行次	国家（地区）	境外税后所得						小计	境外所得可抵免的所得税额			小计	境外税前所得	境外分支机构收入与支出纳税调整额	境外分支机构调整摊扣除的有关成本费用	境外所得对应的调整相关成本费用支出	境外所得纳税调整后所得	其中：海南自由贸易港企业新增境外直接投资所得				新增境外直接投资相对应的股息所得		境外享受免税政策的所得小计
		分支机构营业利润所得	股息、红利等权益性投资所得	利息所得	租金所得	特许权使用费所得	财产转让所得	其他所得		直接缴纳的所得税额	间接负担的所得税额	享受税收饶让抵免税额							新设境外分支机构所得				对应的股息所得	对应的股息境外所得税额	
																		营业利润	调整摊扣除的有关成本费用	纳税调整额	纳税调整后所得	境外所得税额			
		1	2	3	4	5	6	7	8	9(2+…+8)	10	11	12	13(10+11+12)	14(9+10+11)	15	16	17	18(14+15−16−17)	19	20	21	22(19−20+21)	23	24	25	26(22+24)
1																										
2																										
10	合计																									

税额间接抵免条件的股息所得,除第 15 列情形外,填报按照 12.5% 计算的抵免额。

(3) 第 17 列"按 25% 计算的抵免额":纳税人从境外取得营业利润所得及符合境外税额间接抵免条件的股息所得,所得来源国(地区)的实际有效税率高于 25% 的,填报按照 25% 计算的抵免额。

第 19 列"境外所得抵免所得税额合计":填报第 12+14+18 列金额。

(三) 境外所得纳税调整后所得明细表

境外所得纳税调整后所得明细表如表 5-6-3 所示。

本表适用于取得境外所得的纳税人填报。纳税人应根据税法、《财政部 国家税务总局关于企业境外所得税收抵免有关问题的通知》(财税〔2009〕125 号)和《国家税务总局关于发布〈企业境外所得税收抵免操作指南〉的公告》(国家税务总局公告 2010 年第 1 号)、《财政部 国家税务总局关于我国石油企业从事油(气)资源开采所得税收抵免有关问题的通知》(财税〔2011〕23 号)、《财政部 税务总局关于完善企业境外所得税收抵免政策问题的通知》(财税〔2017〕84 号)、《财政部 税务总局关于海南自由贸易港企业所得税优惠政策的通知》(财税〔2020〕31 号)等规定,填报本年来源于或发生于不同国家、地区的所得按照税收规定计算的境外所得纳税调整后所得。对于境外所得税收抵免方式选择"不分国(地区)不分项"的纳税人,也应按照规定计算可抵免境外所得税税额,并按国(地区)别逐行填报。

第 1 列"国家(地区)":填报纳税人境外所得来源的国家(地区)名称,来源于同一个国家(地区)的境外所得可合并到一行填报。

第 2 列至第 9 列"境外税后所得":填报纳税人取得的来源于境外的税后所得,包含已计入利润总额及按照税法相关规定已在《纳税调整项目明细表》(A105000)进行纳税调整的境外税后所得。

第 10 列"直接缴纳的所得税额":填报纳税人来源于境外的营业利润所得在境外所缴纳的企业所得税,以及就来源于或发生于境外的股息、红利等权益性投资所得、利息、租金、特许权使用费、财产转让等所得在境外被源泉扣缴的预提所得税。

第 11 列"间接负担的所得税额":填报纳税人从其直接或者间接控制的外国企业分得的来源于中国境外的股息、红利等权益性投资收益,外国企业在境外实际缴纳的所得税额中属于该项所得负担的部分。

第 12 列"享受税收饶让抵免税额":填报纳税人从与我国政府订立税收协定(或安排)的国家(地区)取得的所得,按照该国(地区)税收法律享受了免税或减税待遇,且该免税或减税的数额按照税收协定应视同已缴税额的金额。

第 15 列"境外分支机构收入与支出纳税调整额":填报纳税人境外分支机构收入、支出按照税收规定计算的纳税调整额。

第 16 列"境外分支机构调整分摊扣除的有关成本费用":填报纳税人境外分支机构应合理分摊的总部管理费等有关成本费用,同时在《纳税调整项目明细表》(A105000)进行纳税调增。

第 17 列"境外所得对应调整的相关成本费用支出":填报纳税人实际发生与取得境外所得有关但未直接计入境外所得应纳税所得的成本费用支出,同时在《纳税调整项目明细表》(A105000)进行纳税调增。

第 18 列"境外所得纳税调整后所得":填报第 14+15-16-17 列的金额。

第19列至第26列"其中：海南自由贸易港企业新增境外直接投资所得"：填报在海南自由贸易港设立的旅游业、现代服务业、高新技术产业企业新增境外直接投资取得的所得。本表"新增投资"是指2020年1月1日以后新设境外分支机构、对境外子公司持股比例超过20%的新增投资。

第19列"营业利润"：填报纳税人已计入本年利润总额的新设立境外分支机构营业利润。

第20列"调整分摊扣除的有关成本费用"：填报纳税人境外新设立分支机构本年应合理分摊的总部管理费等有关成本费用。

第21列"纳税调整额"：填报纳税人境外新设立分支机构收入、扣除等按照税收规定计算的纳税调整额。

第22列"纳税调整后所得"：填报第19－20＋21列的金额，若为负数则填0。

第23列"境外所得税额"：填报纳税人新设立的境外分支机构本年营业利润按照中国境外税收法律及相关规定应当缴纳并已实际缴纳的企业所得税性质的税款，包括从与我国政府订立税收协定（或安排）的国家（地区）取得的新设立的境外分支机构的营业利润按照该国（地区）税收法律享受了免税或减税待遇的税额，且该免税或减税的数额按照税收协定应视同已缴税额的金额。

第24列"对应的股息所得"：填报纳税人本年从其持股比例超过20%（含）的境外子公司分回的来源于中国境外的股息、红利等权益性投资收益中，属于新增直接投资所对应的股息、红利等权益性投资收益，包括按照税法规定进行纳税调整的股息、红利等权益性投资收益。

第25列"对应的股息境外所得税额"：填报纳税人本年从其持股比例超过20%（含）的境外子公司分回的来源于中国境外的股息、红利等权益性投资收益中，属于新增直接投资所对应的股息、红利等权益性投资收益已缴境外所得税，包含如下：

一是在境外被源泉扣缴的预提所得税。

二是间接负担的境外所得税。

三是享受了与我国政府订立税收协定（或安排）的国家（地区）给予的免税或减税待遇，且该免税或减税的数额按照税收协定应视同已缴税额的金额。

第26列"境外享受免税政策的所得小计"：填报纳税人按照财税〔2020〕31号规定享受免税的境外所得金额，金额等于第22＋24列。

（四）境外分支机构弥补亏损明细表

表5-6-4　　　　　　境外分支机构弥补亏损明细表（A108020）（局部）

行次	国家（地区）	非实际亏损额的弥补				实际亏损额的弥补			
		以前年度结转尚未弥补的非实际亏损额	本年发生的非实际亏损额	本年弥补的以前年度非实际亏损额	结转以后年度弥补的非实际亏损额	以前年度结转尚未弥补的实际亏损额	本年发生的实际亏损额	本年弥补的以前年度实际亏损额	结转以后年度弥补的实际亏损额
	1	2	3	4	5(2+3－4)	6	7	8	9
1									
2									
10	合计								

本表适用于取得境外所得的纳税人填报。纳税人应根据税法、《财政部 国家税务总局关于企业境外所得税收抵免有关问题的通知》(财税〔2009〕125号)、《国家税务总局关于发布〈企业境外所得税收抵免操作指南〉的公告》(国家税务总局公告2010年第1号)、《财政部 国家税务总局关于我国石油企业从事油(气)资源开采所得税收抵免有关问题的通知》(财税〔2011〕23号)、《财政部 税务总局关于完善企业境外所得税收抵免政策问题的通知》(财税〔2017〕84号)、《财政部 税务总局关于延长高新技术企业和科技型中小企业亏损结转年限的通知》(财税〔2018〕76号)、《国家税务总局关于延长高新技术企业和科技型中小企业亏损结转弥补年限有关企业所得税处理问题的公告》(国家税务总局公告2018年第45号)的规定,填报境外分支机构本年及以前年度发生的税前尚未弥补的非实际亏损额和实际亏损额、结转以后年度弥补的非实际亏损额和实际亏损额,并按国(地区)别逐行填报。

纳税人选择"分国(地区)不分项"的境外所得抵免方式,在汇总计算境外应纳税所得额时,企业在境外同一国家(地区)设立不具有独立纳税地位的分支机构,按照《企业所得税法》及实施条例的有关规定计算的亏损,不得抵减其境内或他国(地区)的应纳税所得额,但可以用同一国家(地区)其他项目或以后年度的所得按规定弥补。纳税人选择"不分国(地区)不分项"的境外所得抵免方式,按照财税〔2017〕84号规定按国(地区)别逐行填报。在填报本表时,应按照国家税务总局公告2010年第1号第三条等有关规定,分析填报企业的境外分支机构发生的实际亏损额和非实际亏损额及其弥补、结转的金额。

第1列"国家(地区)":填报纳税人境外所得来源的国家(地区)名称,来源于同一国家(地区)的境外所得合并到一行填报。

第2列至第5列"非实际亏损额的弥补":填报纳税人境外分支机构非实际亏损额未弥补金额、本年发生的金额、本年弥补的金额、结转以后年度弥补的金额。

第6列至第9列"实际亏损额的弥补":填报纳税人境外分支机构实际亏损额弥补金额。

表间关系为:若选择"分国不分项"的境外所得抵免方式,第4列各行+第8列各行=表A108000第4列"弥补境外以前年度亏损"相应行次;若选择"不分国不分项"的境外所得抵免方式,第4列合计+第8列合计=表A108000第1行第4列。

(五) 跨年度结转抵免境外所得税明细表

表 5-6-5　　跨年度结转抵免境外所得税明细表(A108030)(局部)

行次	国家(地区)	前五年境外所得已缴所得税未抵免余额						本年实际抵免以前年度未抵免的境外已缴所得税额						结转以后年度抵免的境外所得已缴所得税额					
		前五年	前四年	前三年	前二年	前一年	小计	前五年	前四年	前三年	前二年	前一年	小计	前四年	前三年	前二年	前一年	本年	小计
	1	2	3	4	5	6	7(2+…+6)	8	9	10	11	12	13(8+…+12)	14(3-9)	15(4-10)	16(5-11)	17(6-12)	18	19(14+…+18)
1																			
2																			
10	合计																		

本表适用于取得境外所得的纳税人填报。纳税人应根据税法、《财政部 国家税务总局关于企业境外所得税收抵免有关问题的通知》（财税〔2009〕125号）、《国家税务总局关于发布〈企业境外所得税收抵免操作指南〉的公告》（国家税务总局公告2010年第1号）、《财政部 国家税务总局关于我国石油企业从事油（气）资源开采所得税收抵免有关问题的通知》（财税〔2011〕23号）、《财政部 税务总局关于完善企业境外所得税收抵免政策问题的通知》（财税〔2017〕84号）的规定，填报本年发生的来源于不同国家或地区的境外所得按照我国税收法律、法规的规定可以抵免的所得税额，并按国（地区）别逐行填报。

第2列至第7列"前五年境外所得已缴所得税未抵免余额"：填报纳税人前五年境外所得已缴纳的企业所得税尚未抵免的余额。

第8列至第13列"本年实际抵免以前年度未抵免的境外已缴所得税额"：填报纳税人用本年未超过境外所得税款抵免限额的余额抵免以前年度未抵免的境外已缴所得税额。

第14列至第19列"结转以后年度抵免的境外所得已缴所得税额"：填报纳税人以前年度和本年未能抵免并结转以后年度抵免的境外所得已缴所得税额。

三、常见涉税风险

（一）企业抵免方式选择时应关注的内容

无论是"分国不分项"或是"不分国不分项"，计算企业应纳企业所得税的"税率"，除国务院财政、税务主管部门另有规定外，应为25%。选择"不分国不分项"方式计算时，企业全部的可抵免境外所得税税额需全部合并计算。

可抵免境外所得税税额，是指企业来源于中国境外的所得依照中国境外税收法律及相关规定应当缴纳并已实际缴纳的企业所得税性质的税款。但不包括按照境外所得税法律及相关规定属于错缴或错征的境外所得税税款；按照税收协定规定不应征收的境外所得税税款；因少缴或迟缴境外所得税而追加的利息、滞纳金或罚款。境外所得税纳税人或者其利害关系人从境外征税主体得到实际返还或补偿的境外所得税税款；按照我国《企业所得税法》及其实施条例规定，已经免征我国企业所得税的境外所得负担的境外所得税税款；按照国务院财政、税务主管部门有关规定已经从企业境外应纳税所得额中扣除的境外所得税税款。

对企业不能准确计算实际可抵免分国别（地区）的境外所得税税额的，在相应国家（地区）缴纳的税收均不得在该企业当期应纳税额中抵免，也不得结转以后年度抵免。

（二）企业结转抵免时应关注的内容

一是选择"不分国不分项"方式的，可抵免以前年度未抵免完税额不分国；二是最远上溯5个纳税年度抵免；三是按照应该按照从远到近的年度顺序抵免。

（三）判定居民企业是否符合持股方式时应关注的内容

一是居民企业对某外国企业总持股比例（直接持股+间接持股）要超过20%（含）；二是每一个层的持股企业，对下一层级的外国企业直接持有的股份比例要超过20%（含）；三是从第一层到第五层，单一居民企业直接持有或通过一个或多个符合规定持股条件的外国企业间接持有某外国企业的股份总和达到20%以上。四是居民企业对某外国企业的持股比例的分析,要通过不同的持股层面逐层分析,不能直接合并计算。

居民企业可抵免的境外所得间接负担的税额计算,要从符合持股方式的最低一层外国企业起逐层计算的属于由上一层企业负担的税额,其计算公式如下:

$$\begin{array}{c}\text{本层企业所纳税额属于由}\\\text{一家上一层企业负担的税额}\end{array} = \left(\begin{array}{c}\text{本层企业就利润和投资}\\\text{收益所实际缴纳的税额}\end{array} + \begin{array}{c}\text{符合规定的由本层}\\\text{企业间接负担的税额}\end{array}\right)$$

$$\times \begin{array}{c}\text{本层企业向一家上一层}\\\text{企业分配的股息(红利)}\end{array} \div \begin{array}{c}\text{本层企业所得}\\\text{税后利润额}\end{array}$$

(四)境外已缴纳税款应关注的内容

抵免企业所得税税额时,应当提供中国境外税务机关出具的税款所属年度的有关纳税凭证。企业在境外错缴或多缴或应缴未缴的所得税,不得列入抵免税额。

四、申报表填报案例解析

【案例 5-16】 中国居民甲企业 2020 年度境内外净所得为 50 万元。其中,境内所得的应纳税所得额为 300 万元,设在 A 国的分支机构当年度应纳税所得额为 50 万元,设在 B 国的分支机构当年度应纳税所得额为一350 万元,甲企业当年度从 B 国取得利息所得的应纳税所得额为 50 万元。请计算调整甲企业 2020 年度境内、外所得,并填报申报表。

【解析】 1. 按分国不分项计算调整。

(1) 甲企业当年度境内外净所得为 50 万元,但如选择分国不分项抵免,其发生在 B 国分支机构的当年度亏损额 350 万元,仅可以用从该国取得的利息 50 万元弥补,未能弥补的非实际亏损额 300 万元,不得从当年度企业其他盈利中弥补。因此,相应调整后甲企业当年境内、外应纳税所得额为:

境内应纳税所得额为 300 万元。

A 国应纳税所得额为 50 万元。

B 国应纳税所得额为一300 万元。

甲企业当年度应纳税所得总额为 350 万元。

(2) 甲企业当年度境外 B 国未弥补的非实际亏损共 300 万元,允许甲企业以其来自 B 国以后年度的所得无限期结转弥补。

2. 按不分国不分项计算调整。

(1) 甲企业当年度境内外净所得为 50 万元,如选择不分国不分项抵免,其发生在 B 国分支机构的当年度亏损额 350 万元,可以用从 AB 两国取得的所得 100 万元弥补,未能弥补的非实际亏损额 250 万元,不得从当年度企业其他盈利中弥补。因此,相应调整后甲企业当年境内、外应纳税所得额为:

境内应纳税所得额为 300 万元。

A 国应纳税所得额为 0。

B 国应纳税所得额为一250 万元。

甲企业当年度应纳税所得总额为 300 万元。

(2) 甲企业当年度境外 B 国未弥补的非实际亏损共 250 万元,允许 A 企业以其来自 AB 两国以后年度的所得无限期结转弥补。

企业在申报表填报时,境外所得税收抵免方式可自行选择。境外所得税收抵免由固定采取"分国不分项"抵免,改变成企业自行选择"分国不分项"或是"不分国不分项"抵免。

若企业选择分国不分项,相关申报表填报如表 5-6-6、表 5-6-7 所示。

表 5-6-6　　　　企业所得税年度纳税申报基础信息表(A000000)(局部)

有关涉税事项情况(存在或者发生下列事项时必填)				
201 从事股权投资业务		□是	202 存在境外关联交易	□是
203 境外所得信息	203-1 选择采用的境外所得抵免方式		☑分国(地区)不分项　□不分国(地区)不分项	
	203-2 海南自由贸易港新增境外直接投资信息		□是(产业类别:□旅游业□现代服务业□高新技术产业)	

表 5-6-7　　　　境外分支机构弥补亏损明细表(A108020)　　　　单位:元

行次	国家(地区)	非实际亏损额的弥补				实际亏损额的弥补			
		以前年度结转尚未弥补的非实际亏损额	本年发生的非实际亏损额	本年弥补的以前年度非实际亏损额	结转以后年度弥补的非实际亏损额	以前年度结转尚未弥补的实际亏损额	本年发生的实际亏损额	本年弥补的以前年度实际亏损额	结转以后年度弥补的实际亏损额
	1	2	3	4	5(2+3-4)	6	7	8	9
1	B 国	0	3 000 000	0	3 000 000	0	0	0	0
2	A 国	0	0	0	0	0	0	0	0
10	合计	0	3 000 000	0	3 000 000	0	0	0	0

若企业选择不分国不分项,相关申报表填报如表 5-6-8、表 5-6-9 所示。

表 5-6-8　　　　企业所得税年度纳税申报基础信息表(A000000)(局部)

有关涉税事项情况(存在或者发生下列事项时必填)				
201 从事股权投资业务		□是	202 存在境外关联交易	□是
203 境外所得信息	203-1 选择采用的境外所得抵免方式		□分国(地区)不分项 ☑不分国(地区)不分项	
	203-2 海南自由贸易港新增境外直接投资信息		□是(产业类别:□旅游业□现代服务业 □高新技术产业)	

表 5-6-9　　　　境外分支机构弥补亏损明细表(A108020)(局部)　　　　单位:元

行次	国家(地区)	非实际亏损额的弥补				实际亏损额的弥补			
		以前年度结转尚未弥补的非实际亏损额	本年发生的非实际亏损额	本年弥补的以前年度非实际亏损额	结转以后年度弥补的非实际亏损额	以前年度结转尚未弥补的实际亏损额	本年发生的实际亏损额	本年弥补的以前年度实际亏损额	结转以后年度弥补的实际亏损额
	1	2	3	4	5(2+3-4)	6	7	8	9
1	B 国	0	2 500 000	0	2 500 000	0	0	0	0
2	A 国	0	0	0	0	0	0	0	0
10	合计	0	2 500 000	0	2 500 000	0	0	0	0

【案例 5-17】 某企业 2020 年度境内应纳税所得额为 200 万元,适用 25% 的企业所得税税率。另外,该企业分别在 A、B 两国设有分支机构(已缔结避免双重征税协定)。2020 年,按照我国《企业所得税法》计算的两国分支机构应纳税所得额分别为 50 万元、30 万元。2020 年,该企业两国分支机构分别依据 A 国、B 国的税法计算并缴纳所得税 10 万元和 9 万元。企业历年来只有这两处境外所得,且以前年度均为盈利。该企业以前年度尚有结转以后年度抵免的当年未抵免完的余额,情况如表 5-6-10 所示,该企业 2020 年选择采取"不分国不分项"抵免境外所得税。

表 5-6-10　　　　　企业境外分支机构未抵免余额表　　　　　单位:万元

年度	A 国分公司结转以后年度抵免的当年未抵免完的余额	B 国分公司结转以后年度抵免的当年未抵免完的余额	余额合计
2015	0	0	0
2016	0	0	0
2017	0.5	0	0.5
2018	2	2	4
2019	0	1	1

【解析】 该企业依据我国税法计算的企业境内、境外所得应纳企业所得税额 = (200+50+30)×25% = 70(万元)。

"不分国不分项"下,企业全部境外所得扣除限额 = (50+30)×25% = 20(万元)。

企业在 A 国、B 国实际缴纳企业所得税 19 万元,小于"不分国不分项"方式计算的境外可抵免扣除限额 20 万元,可全额抵免。此外尚有抵免后限额余额 20-19=1(万元),可以用于抵免该企业以前年度按照财税〔2009〕125 号文件规定计算的当年没有抵免完的余额。对照企业以前年度结转未抵免完的境外所得税额台账如表 5-6-10 所示,该余额应抵免企业 2017 年"未抵免完的余额"0.5 万元,抵免企业 2018 年"未抵免完的余额"0.5 万元。则 2020 年抵免后,剩余未抵免完的余额包括 2018 年 3.5 万元和 2019 年的 1 万元。

2020 年企业相关业务申报表填报如表 5-6-11、表 5-6-12 所示。

表 5-6-11　　　　　企业所得税年度纳税申报基础信息表(A000000)(局部)

有关涉税事项情况(存在或者发生下列事项时必填)				
	201 从事股权投资业务	□是	202 存在境外关联交易	□是
203 境外所得信息	203-1 选择采用的境外所得抵免方式	□分国(地区)不分项　☑不分国(地区)不分项		
	203-2 海南自由贸易港新增境外直接投资信息	□是(产业类别:□旅游业　□现代服务业　□高新技术产业)		

表 5-6-12　　跨年度结转抵免境外所得税明细表(A108030)(局部)　　　　单位：元

行次	国家(地区)	前五年境外所得已缴所得税未抵免余额						本年实际抵免以前年度未抵免的境外已缴所得税额						结转以后年度抵免的境外所得已缴所得税额					
		前五年	前四年	前三年	前二年	前一年	小计	前五年	前四年	前三年	前二年	前一年	小计	前四年	前三年	前二年	前一年	本年	小计
1		2	3	4	5	6	7(2+…+6)	8	9	10	11	12	13(8+…+12)	14(3−9)	15(4−10)	16(5−11)	17(6−12)	18	19(14+…+18)
1	A国																		
2	B国																		
10	合计	0	0	5 000	40 000	10 000	55 000	0	0	5 000	5 000	0	10 000	0	0	35 000	10 000	0	45 000

第七节　跨期项目

本节填报解析包括两部分：一是针对跨期收取的租金、利息、特许权使用费收入的纳税调整；二是针对特殊行业预提费用及会计上允许计入当期损益的实际未发生费用等跨期扣除项目而进行的纳税调整。

一、跨期收取的租金、利息、特许权使用费收入

(一) 相关规定

1. 租金收入

《企业所得税法实施条例》第十九条规定，企业所得税法第六条第(六)项所称租金收入，是指企业提供固定资产、包装物或者其他有形资产的使用权取得的收入。

租金收入，按照合同约定的承租人应付租金的日期确认收入的实现。

《国家税务总局关于贯彻落实企业所得税法若干税收问题的通知》(国税函〔2010〕79号)规定，根据《企业所得税法实施条例》第十九条的规定，企业提供固定资产、包装物或者其他有形资产的使用权取得的租金收入，应按交易合同或协议规定的承租人应付租金的日期确认收入的实现。其中，如果交易合同或协议中规定租赁期限跨年度，且租金提前一次性支付的，根据《企业所得税法实施条例》第九条规定的收入与费用配比原则，出租人可对上述已确认的收入，在租赁期内，分期均匀计入相关年度收入。

2. 利息收入

《企业所得税法实施条例》第十八条规定，企业所得税法第六条第(五)项所称利息收入，是指企业将资金提供他人使用但不构成权益性投资，或者因他人占用本企业资金取得的收入，包括存款利息、贷款利息、债券利息、欠款利息等收入。

利息收入,按照合同约定的债务人应付利息的日期确认收入的实现。

《国家税务总局关于金融企业贷款利息收入确认问题的公告》(国家税务总局公告 2010 年第 23 号)第一条规定,金融企业按规定发放的贷款,属于未逾期贷款(含展期,下同),应根据先收利息后收本金的原则,按贷款合同确认的利率和结算利息的期限计算利息,并于债务人应付利息的日期确认收入的实现;属于逾期贷款,其逾期后发生的应收利息,应于实际收到的日期,或者虽未实际收到,但会计上确认为利息收入的日期,确认收入的实现。

《国家税务总局关于金融企业贷款利息收入确认问题的公告》(国家税务总局公告 2010 年第 23 号)第二条规定,金融企业已确认为利息收入的应收利息,逾期 90 天仍未收回,且会计上已冲减了当期利息收入的,准予抵扣当期应纳税所得额。

《国家税务总局关于金融企业贷款利息收入确认问题的公告》(国家税务总局公告 2010 年第 23 号)第三条规定,金融企业已冲减了利息收入的应收未收利息,以后年度收回时,应计入当期应纳税所得额计算纳税。

《国家税务总局关于企业混合性投资业务企业所得税处理问题的公告》(国家税务总局公告 2013 年第 41 号)规定,兼具权益和债权双重特性的混合性投资业务中,同时符合下列条件的,投资企业应于被投资企业应付利息的日期,确认收入的实现并计入当期应纳税所得额。

(1) 被投资企业接受投资后,需要按投资合同或协议约定的利率定期支付利息(或定期支付保底利息、固定利润、固定股息)。

(2) 有明确的投资期限或特定的投资条件,并在投资期满或者满足特定投资条件后,被投资企业需要赎回投资或偿还本金。

(3) 投资企业对被投资企业净资产不拥有所有权。

(4) 投资企业不具有选举权和被选举权。

(5) 投资企业不参与被投资企业日常生产经营活动。

3. 特许权使用费收入

《企业所得税法实施条例》第二十条规定,企业所得税法第六条第(七)项所称特许权使用费收入,是指企业提供专利权、非专利技术、商标权、著作权以及其他特许权的使用权取得的收入。

特许权使用费收入,按照合同约定的特许权使用人应付特许权使用费的日期确认收入的实现。

《国家税务总局关于确认企业所得税收入若干问题的通知》(国税函〔2008〕875 号)规定,对于特许权使用费。属于提供设备和其他有形资产的特许权费,在交付资产或转移资产所有权时确认收入;属于提供初始及后续服务的特许权费,在提供服务时确认收入。

(二)申报表填报重点关注

第 1 列"合同金额或交易金额":填报会计处理按照权责发生制确认收入、税收规定未按权责发生制确认收入的项目的合同总额或交易总额。

第 2 列"账载金额——本年":填报纳税人会计处理按权责发生制在本期确认金额。

表 5-7-1　　未按权责发生制确认收入纳税调整明细表（A105020）（局部）

行次	项　目	合同金额（交易金额）	账载金额		税收金额		纳税调整金额
			本年	累计	本年	累计	
		1	2	3	4	5	6(4−2)
1	一、跨期收取的租金、利息、特许权使用费收入（2+3+4）						
2	（一）租金						
3	（二）利息						
4	（三）特许权使用费						

第3列"账载金额——累计"：填报纳税人会计处理按权责发生制累计确认金额（含本年）。

第4列"税收金额——本年"：填报纳税人按税收规定未按权责发生制在本期确认金额。

第5列"税收金额——累计"：填报纳税人按税收规定未按权责发生制累计确认金额（含本年）。

第6列"纳税调整金额"：填报纳税人会计处理按权责发生制确认收入、税收规定未按权责发生制确认收入的差异需纳税调整金额，为第4−2列的余额。

（三）常见涉税风险

纳税人实际发生跨期收取的租金、利息、特许权使用费收入等业务时，必须对税法上对应的收入确认规定予以关注，及时做好税会差异的纳税调整。

（四）申报表填报案例解析

【案例5-18】　甲企业于2020年10月1日向A公司出租一台精密仪器，期限为1年，每月租金100 000元（不含税），合同约定2020年10月收取租金600 000元，2021年6月1日收取租金600 000元。会计处理如下：

（1）2020年10月1日收款时：

借：银行存款　　　　　　　　　　　　　　　　　　　　　　　678 000

　　贷：其他应收款　　　　　　　　　　　　　　　　　　　　　600 000

　　　　应交税费——应交增值税（销项税额）　　　　　　　　　 78 000

（2）2020年10~12月确认收入时：

借：其他应收款　　　　　　　　　　　　　　　　　　　　　　300 000

　　贷：其他业务收入　　　　　　　　　　　　　　　　　　　　300 000

【解析】　按照税法规定，2020年应确认租金收入600 000元，但会计上只确认了300 000元，需纳税调增300 000元。2020年汇算清缴时通过填报《未按权责发生制确认收入纳税调整明细表》（A105020）和《纳税调整项目明细表》（A105000）进行纳税调整。

表 5-7-2　　　　未按权责发生制确认收入纳税调整明细表(A105020)(局部)　　　　单位：元

行次	项目	合同金额(交易金额)	账载金额		税收金额		纳税调整金额
			本年	累计	本年	累计	
		1	2	3	4	5	6(4-2)
1	一、跨期收取的租金、利息、特许权使用费收入(2+3+4)						
2	（一）租金	1 200 000	300 000	300 000	600 000	600 000	300 000
3	（二）利息						
4	（三）特许权使用费						

表 5-7-3　　　　　　　纳税调整项目明细表(A105000)(局部)　　　　　　　单位：元

行次	项目	账载金额	税收金额	调增金额	调减金额
		1	2	3	4
1	一、收入类调整项目(2+3+…8+10+11)	*	*		
3	（二）未按权责发生制原则确认的收入(填写 A105020)	300 000	600 000		300 000

2021 年会计上确认收入 900 000 元，而税收上按照合同的约定确认收入 600 000 元，需纳税调减 300 000 元。申报表填报省略。

【案例 5-19】　甲公司 2020 年 1 月 1 日购入乙公司当日发行的 3 年期公司债券，作为持有至到期投资。该债券票面金额为 1 000 000 元，票面利率为 10%，到期一次还本付息。甲公司实际支付 1 060 000 元。甲公司按照实际利率法计算该债券的利息收入，假定经计算实际利率为 7.688 9%，按年计算利息。

相关会计处理如下：

(1) 2020 年 1 月初购入时：

借：持有至到期投资——成本　　　　　　　　　　　　　　　　1 000 000.00
　　　　　　　　　　——利息调整　　　　　　　　　　　　　　　　60 000.00
　　贷：银行存款　　　　　　　　　　　　　　　　　　　　　　1 060 000.00

(2) 2020 年年末计算应收利息和确认利息收入：

借：持有至到期投资——应计利息(1 000 000×10%)　　　　　　100 000.00
　　贷：投资收益(1 060 000×7.688 9%)　　　　　　　　　　　　81 502.34
　　　　持有至到期投资——利息调整(差额)　　　　　　　　　　18 497.66

【解析】　税法上 2020 年不确认收入，应在 3 年到期时一次性确认收入。

表 5-7-4　　　　未按权责发生制确认收入纳税调整明细表(A105020)(局部)　　　　单位：元

行次	项目	合同金额(交易金额)	账载金额		税收金额		纳税调整金额
			本年	累计	本年	累计	
		1	2	3	4	5	6(4-2)
1	一、跨期收取的租金、利息、特许权使用费收入(2+3+4)						
2	（一）租金						
3	（二）利息		81 502.34	81 502.34	0	0	-81 502.34

也可以通过填报表 A105000 第 3 行来调整。

表5-7-5　　　　　　　　纳税调整项目明细表(A105000)(局部)　　　　　　　　单位:元

行次	项　目	账载金额 1	税收金额 2	调增金额 3	调减金额 4
1	一、收入类调整项目(2+3+…8+10+11)	*	*		
3	(二)未按权责发生制原则确认的收入(填写 A105020)	81 502.34	0		81 502.34

【案例5-20】 甲企业于2020年10月1日向 A 公司特许使用一专利技术,租金 1 200 000 元(不含增值税),期限为1年,当日一次性收取租金。

会计处理如下:

(1) 2020年10月1日收款时:

借:银行存款　　　　　　　　　　　　　　　　　　　　1 272 000
　　贷:预收账款　　　　　　　　　　　　　　　　　　　1 200 000
　　　　应交税费——应交增值税(销项税额)　　　　　　　　72 000

(2) 2020年10~12月确认收入时:

借:预收账款　　　　　　　　　　　　　　　　　　　　　300 000
　　贷:其他业务收入　　　　　　　　　　　　　　　　　　300 000

【解析】 2020年税收上应确认收入 1 200 000 元,纳税调增 900 000 元。

表5-7-6　　　未按权责发生制确认收入纳税调整明细表(A105020)(局部)　　　单位:元

行次	项　目	合同金额(交易金额) 1	账载金额 本年 2	账载金额 累计 3	税收金额 本年 4	税收金额 累计 5	纳税调整金额 6(4-2)
1	一、跨期收取的租金、利息、特许权使用费收入(2+3+4)						
4	(三)特许权使用费	1 200 000	300 000	300 000	1 200 000	1 200 000	900 000

表5-7-7　　　　　　　　纳税调整项目明细表(A105000)(局部)　　　　　　　　单位:元

行次	项　目	账载金额 1	税收金额 2	调增金额 3	调减金额 4
1	一、收入类调整项目(2+3+…+8+10+11)	*	*		
3	(二)未按权责发生制原则确认的收入(填写 A105020)	300 000	1 200 000	900 000	

二、跨期扣除项目

(一)相关规定

《企业所得税法》第八条规定,企业实际发生的与取得收入有关的、合理的支出,包括成

本、费用、税金、损失和其他支出,准予在计算应纳税所得额时扣除。

《企业所得税法实施条例》第九条规定,企业应纳税所得额的计算,以权责发生制为原则,属于当期的收入和费用,不论款项是否收付,均作为当期的收入和费用;不属于当期的收入和费用,即使款项已经在当期收付,均不作为当期的收入和费用。本条例和国务院财政、税务主管部门另有规定的除外。

《企业所得税法实施条例》第四十五条规定,企业依照法律、行政法规有关规定提取的用于环境保护、生态恢复等方面的专项资金,准予扣除,上述专项资金提取后改变用途的,不得扣除。

(二)申报表填报重点关注

表 5-7-8　　　　　　　　纳税调整项目明细表(A105000)(局部)

行次	项　目	账载金额	税收金额	调增金额	调减金额
		1	2	3	4
12	二、扣除类调整项目(13+14+…+24+26+27+28+29+30)	*	*		
26	(十三)跨期扣除项目				

第 26 行"(十三)跨期扣除项目":填报维简费、安全生产费用、预提费用、预计负债等跨期扣除项目调整情况。第 1 列"账载金额"填报纳税人会计核算计入当期损益的跨期扣除项目金额。第 2 列"税收金额"填报按照税收规定允许税前扣除的金额。若第 1 列≥第 2 列,第 3 列"调增金额"填报第 1-2 列金额。若第 1 列<第 2 列,第 4 列"调减金额"填报第 1-2 列金额的绝对值。

(三)常见涉税风险

在实践中,企业按照会计准则对某些费用进行计提,由于费用未实际发生,不允许在企业所得税前扣除,应做纳税调增;但未来费用实际发生时,允许在企业所得税前扣除,应做纳税调减。上述项目称之为跨期调整项目,属于税法中的暂时性差异,纳税人应关注常见的一些跨期扣除项目,如维简费、安全生产费用、预提费用、预计负债等跨期扣除项目,做好税会差异的纳税调整。

(四)申报表填报案例解析

【案例 5-21】 某矿山企业 2019 年计提维简费 5 000 万元,安全生产费 2 000 万元。2020 年,该企业实际支出 3 000 万元维简费、1 000 万元安全生产费。

2019 年:

借:生产成本　　　　　　　　　　　　　　　　　　　　　　　　70 000 000
　　贷:专项储备　　　　　　　　　　　　　　　　　　　　　　　　70 000 000

2020 年:

借:专项储备　　　　　　　　　　　　　　　　　　　　　　　　40 000 000
　　贷:银行存款　　　　　　　　　　　　　　　　　　　　　　　　40 000 000

【解析】 2019年度,企业计提维简费和安全生产费时,由于费用尚未实际发生,不允许在企业所得税前扣除,应做纳税调增7 000万元;2020年度,企业实际支出维简费和安全生产费时,允许在企业所得税前扣除,应做纳税调减4 000万元。

2019年汇算清算时,申报表填列如表5-7-9所示。

表5-7-9　　　　　　纳税调整项目明细表(A105000)(局部)　　　　　　单位:元

行次	项目	账载金额	税收金额	调增金额	调减金额
		1	2	3	4
12	二、扣除类调整项目(13＋14＋…24＋26＋27＋28＋29＋30)	*	*		
26	(十三)跨期扣除项目	70 000 000	0	70 000 000	

2020年汇算清算时,申报表填列如表5-7-10所示。

表5-7-10　　　　　　纳税调整项目明细表(A105000)(局部)　　　　　　单位:元

行次	项目	账载金额	税收金额	调增金额	调减金额
		1	2	3	4
12	二、扣除类调整项目(13＋14＋…24＋26＋27＋28＋29＋30)	*	*		
26	(十三)跨期扣除项目	0	40 000 000		40 000 000

【案例5-22】 矿山企业2020年计提维简费1 500万元,本年度使用1 200万元,其中450万元用于维简费支出,750万元用于购置生产用固定资产。该固定资产于2020年6月购入,不需要安装。假设净残值为零,折旧年限为10年,直线法折旧,会计折旧政策与税法一致。会计处理如下:

(1)计提维简费时:

借:制造费用　　　　　　　　　　　　　　　　　　　　　　　　　15 000 000
　　贷:专项储备　　　　　　　　　　　　　　　　　　　　　　　　　15 000 000

(2)450万元用于维简费用支出时:

借:专项储备　　　　　　　　　　　　　　　　　　　　　　　　　4 500 000
　　贷:银行存款　　　　　　　　　　　　　　　　　　　　　　　　　4 500 000

(3)750万元用于购买固定资产时:

借:固定资产　　　　　　　　　　　　　　　　　　　　　　　　　7 500 000
　　贷:银行存款　　　　　　　　　　　　　　　　　　　　　　　　　7 500 000

借:专项储备　　　　　　　　　　　　　　　　　　　　　　　　　7 500 000
　　贷:累计折旧　　　　　　　　　　　　　　　　　　　　　　　　　7 500 000

【解析】 计提维简费 1 500 万元,本年使用 1 200 万元,其中已使用的费用支出 450 万元,可以在企业所得税税前扣除;资本化支出 750 万元,本年度按照税法规定,可以税前扣除的折旧额=750÷10÷2=37.5(万元)。

计提维简费 1 500 万元,实际使用 1 200 万元(450+750),未使用部分需要调增 300 万元(1 500-1 200);固定资产折旧额应纳税调增 750-37.5=712.5(万元),合计应纳税调增 1 500-487.5=1 012.5(万元),或 300+712.5=1 012.5(万元)。

表 5-7-11　　　　　纳税调整项目明细表(A105000)(局部)　　　　　单位:元

行次	项目	账载金额 1	税收金额 2	调增金额 3	调减金额 4
12	二、扣除类调整项目(13+14+…24+26+27+28+29+30)	*	*		
26	(十三)跨期扣除项目	15 000 000	12 000 000	3 000 000	0
31	三、资产类调整项目(32+33+34+35)	*	*		
32	(一)资产折旧、摊销(填写 A105080)				

表 5-7-12　　　资产折旧、摊销及纳税调整明细表(A105080)(局部)　　　单位:元

行次	项目	账载金额			税收金额				纳税调整金额
		资产原值	本年折旧、摊销额	累计折旧、摊销额	资产计税基础	税收折旧、摊销额	…	累计折旧、摊销额	
		1	2	3	4	5		8	9(2-5)
1	一、固定资产(2+3+4+5+6+7)	所有固定资产							
2	(二)飞机、火车、轮船、机器、机械和其他生产设备	7 500 000	7 500 000	7 500 000	7 500 000	375 000	*	375 000	7 125 000

第八节　分期确认收入

本节主要对会计上按权责发生制确认收入,而税收上未按权责发生制确认收入,并按照相关规定分期确认的纳税调整事项进行分析。

一、相关规定

《企业所得税法实施条例》第二十三条规定,企业的下列生产经营业务可以分期确认收入的实现:

(1)以分期收款方式销售货物的,按照合同约定的收款日期确认收入的实现;

(2)企业受托加工制造大型机械设备、船舶、飞机,以及从事建筑、安装、装配工程业务或者提供其他劳务等,持续时间超过 12 个月的,按照纳税年度内完工进度或者完成的工作量确认收入的实现。

《国家税务总局关于确认企业所得税收入若干问题的通知》(国税函〔2008〕875号)第二条规定,企业在各个纳税期末,提供劳务交易的结果能够可靠估计的,应采用完工进度(完工百分比)法确认提供劳务收入。

(1) 提供劳务交易的结果能够可靠估计,是指同时满足下列条件:

① 收入的金额能够可靠地计量。

② 交易的完工进度能够可靠地确定。

③ 交易中已发生和将发生的成本能够可靠地核算。

(2) 企业提供劳务完工进度的确定,可选用下列方法:

① 已完工作的测量。

② 已提供劳务占劳务总量的比例。

③ 发生成本占总成本的比例。

(3) 企业应按照从接受劳务方已收或应收的合同或协议价款确定劳务收入总额,根据纳税期末提供劳务收入总额乘以完工进度扣除以前纳税年度累计已确认提供劳务收入后的金额,确认为当期劳务收入;同时,按照提供劳务估计总成本乘以完工进度扣除以前纳税期间累计已确认劳务成本后的金额,结转为当期劳务成本。

二、申报表填报重点关注

表5-8-1　　未按权责发生制确认收入纳税调整明细表(A105020)(局部)

行次	项　目	合同金额(交易金额)	账载金额		税收金额		纳税调整金额
			本年	累计	本年	累计	
		1	2	3	4	5	6(4−2)
5	二、分期确认收入(6+7+8)						
6	(一) 分期收款方式销售货物收入						
7	(二) 持续时间超过12个月的建造合同收入						
8	(三) 其他分期确认收入						

第1列"合同金额或交易金额":填报会计处理按照权责发生制确认收入、税收规定未按权责发生制确认收入的项目的合同总额或交易总额。

第2列"账载金额——本年":填报纳税人会计处理按权责发生制在本期确认金额。

第3列"账载金额——累计":填报纳税人会计处理按权责发生制累计确认金额(含本年)。

第4列"税收金额——本年":填报纳税人按税收规定未按权责发生制在本期确认金额。

第5列"税收金额——累计":填报纳税人按税收规定未按权责发生制累计确认金额(含本年)。

第6列"纳税调整金额":填报纳税人会计处理按权责发生制确认收入、税收规定未按权责发生制确认收入的差异需纳税调整金额,为第4−2列的余额。

三、常见涉税风险

依据收入准则,合同或协议价款的收取采用递延方式,实质上具有融资性质的,应当按照应收的合同或协议价款的公允价值确定销售商品收入金额。应收的合同或协议价款与其公允价值之间的差额,应当在合同或协议期间内采用实际利率法进行摊销,计入当期损益,这完全符合"权责发生制"原则。而企业所得税法则是按照合同约定的收款日期将价款分期确认收益,不对应收款项的实质内容进行分解,不考虑未实现融资收益,"合同约定"不属于权责发生制标准,也不是收付实现制原则的要求。对于这类销售业务,在销售当期需要进行纳税调减处理,以后各期要进行纳税调增处理。

《企业所得税法实施条例》第二十三条规定,企业受托加工制造大型机械设备、船舶、飞机,以及从事建筑、安装、装配工程业务或者提供其他劳务等,持续时间超过12个月的,按照纳税年度内完工进度或者完成的工作量确认收入的实现。根据该条规定,企业提供的劳务如果持续时间不超过12个月,即使跨年度也不需要确认收入,而会计准则要求对安装费收入等在资产负债表日按照完工进度确认收入。纳税人在开展相关业务时也应注意该项差异。

四、申报表填报案例解析

【案例5-23】 2018年1月1日,A公司采用分期收款方式向B公司销售商品,双方签订分期收款销售合同,合同约定价格900 000元(不含税,增值税税率16%),分三次于每年12月31日等额收取,商品成本600 000元,在现销方式下,该商品售价817 000元。折现率为5%。

(1) 2018年会计处理:

```
借:长期应收款                              900 000
    贷:主营业务收入                              817 000
        未实现融资收益                             83 000

借:主营业务成本                              600 000
    贷:库存商品                                 600 000
```

《增值税暂行条例实施细则》第三十八条第三款规定,以赊销或分期收款方式销售货物为书面合同约定的收款日期的当天,无书面合同的,为货物发出的当天。可见应于合同约定当日确认应交增值税销项税额。

```
借:银行存款                                348 000
    贷:长期应收款                                300 000
        应交税费——应交增值税(销项税额)                48 000
```

按实际利率法摊销未实现融资收益,每年摊销未实现融资收益如表5-8-2所示。

表 5-8-2　　　　　　　　　未实现融资收益摊销表　　　　　　　　单位：元

日期	分期收款额	分摊的融资收益	应收本金减少额	应收本金余额
①	②	③＝期初⑤×5%	④＝②－③	期末⑤＝期初⑤－④
2018.1.1				817 000
2018.12.31	300 000	40 850	259 150	557 850
2019.12.31	300 000	27 892.5	272 107.5	285 742.5
2020.12.31	300 000	14 257.5（最后一年为倒挤）	285 742.5	0
合计	900 000	83 000	817 000	

借：未实现融资收益　　　　　　　　　　　　　　　　　　40 850
　　贷：财务费用　　　　　　　　　　　　　　　　　　　　　40 850

此笔业务对2018年会计利润的影响金额＝817 000－60 000＋40 850＝257 850(元)。

(2) 2019年会计处理如下(增值税税率调整为13%)：

借：银行存款　　　　　　　　　　　　　　　　　　　　339 000.0
　　贷：长期应收款　　　　　　　　　　　　　　　　　　　300 000.0
　　　　应交税费——应交增值税(销项税额)　　　　　　　　39 000.0

按照实际利率法摊销未实现融资收益：

借：未实现融资收益　　　　　　　　　　　　　　　　　27 892.5
　　贷：财务费用　　　　　　　　　　　　　　　　　　　　27 892.5

此笔业务对2019年会计利润的影响金额为27 892.5元。

(3) 2020年12月31日会计处理如下：

借：银行存款　　　　　　　　　　　　　　　　　　　　339 000
　　贷：长期应收款　　　　　　　　　　　　　　　　　　　300 000
　　　　应交税费——应交增值税(销项税额)　　　　　　　　39 000

按照实际利率法摊销未实现融资收益：

借：未实现融资收益　　　　　　　　　　　　　　　　　14 257.5
　　贷：财务费用　　　　　　　　　　　　　　　　　　　　14 257.5

此笔业务对2020年会计利润的影响金额为14 257.5元。

【解析】 2018年，按照合同约定的收款日期确认收入300 000元，结转成本200 000元(600 000÷3)，按照企业所得税法规定应确认应纳税所得额＝300 000－200 000＝100 000(元)，因此，此笔业务应调减2018年应纳税所得额＝257 850－100 000＝157 850(元)。

表 5-8-3　　未按权责发生制确认收入纳税调整明细表（A105020）（局部）　　单位：元

行次	项目	合同金额（交易金额）	账载金额		税收金额		纳税调整金额
			本年	累计	本年	累计	
		1	2	3	4	5	6(4−2)
5	二、分期确认收入(6+7+8)						
6	（一）分期收款方式销售货物收入	900 000	817 000	817 000	300 000	3 000 000	−517 000

表 5-8-4　　　　纳税调整项目明细表（A105000）（局部）　　　　单位：元

行次	项目	账载金额	税收金额	调增金额	调减金额
		1	2	3	4
1	一、收入类调整项目(2+3+…8+10+11)	*	*		
3	（二）未按权责发生制原则确认的收入（填写A105020）	817 000	300 000		517 000
12	二、扣除类调整项目(13+14+…24+26+27+28+29+30)	*	*		
22	（十）与未实现融资收益相关在当期确认的财务费用	−40 850	0		40 850
30	（十七）其他	600 000	200 000		400 000

2019年，按照合同约定的收款日期确认收入300 000元，结转成本200 000元（600 000÷3），按照企业所得税法规定应确认应纳税所得额＝300 000−200 000＝100 000（元）；此笔业务调增2019年应纳税所得额＝100 000−27 892.5＝72 107.5（元）。

表 5-8-5　　未按权责发生制确认收入纳税调整明细表（A105020）（局部）　　单位：元

行次	项目	合同金额（交易金额）	账载金额		税收金额		纳税调整金额
			本年	累计	本年	累计	
		1	2	3	4	5	6(4−2)
5	二、分期确认收入(6+7+8)						
6	（一）分期收款方式销售货物收入	900 000	0	817 000	300 000	600 000	300 000

表 5-8-6　　　　纳税调整项目明细表（A105000）（局部）　　　　单位：元

行次	项目	账载金额	税收金额	调增金额	调减金额
		1	2	3	4
1	一、收入类调整项目(2+3+…8+10+11)	*	*		
3	（二）未按权责发生制原则确认的收入（填写A105020）	0	300 000	300 000	
12	二、扣除类调整项目(13+14+…24+26+27+28+29+30)	*	*		
22	（十）与未实现融资收益相关在当期确认的财务费用	−27 892.5	0		27 892.5
30	（十七）其他	0	200 000	200 000	

2020年,按照合同约定的收款日期确认收入300 000元,结转成本200 000元(600 000÷3),按照企业所得税法规定应确认应纳税所得额=300 000-200 000=100 000(元),此笔业务调增2020年应纳税所得额=100 000-14 257.5=85 742.5(元),2020年汇算清缴时通过填报表5-8-7和表5-8-8所示申报表来进行调整。

表5-8-7　　未按权责发生制确认收入纳税调整明细表(A105020)(局部)　　单位:元

行次	项目	合同金额(交易金额)	账载金额		税收金额		纳税调整金额
			本年	累计	本年	累计	
		1	2	3	4	5	6(4-2)
5	二、分期确认收入(6+7+8)						
6	（一）分期收款方式销售货物收入	900 000	0	817 000	300 000	900 000	300 000

表5-8-8　　　纳税调整项目明细表(A105000)(局部)　　　单位:元

行次	项目	账载金额	税收金额	调增金额	调减金额
		1	2	3	4
1	一、收入类调整项目(2+3+…8+10+11)	*	*		
3	（二）未按权责发生制原则确认的收入(填写A105020)	0	300 000	300 000	
12	二、扣除类调整项目(13+14+…24+26+27+28+29+30)	*	*		
22	（十）与未实现融资收益相关在当期确认的财务费用	-14 257.5	0		14 257.5
30	（十七）其他	0	200 000		200 000

第九节　其他未按权责发生制原则确认收入

本节主要对产品分成收入进行申报填报分析。

一、相关规定

《企业所得税法实施条例》第二十四条规定,采取产品分成方式取得收入的,按照企业分得产品的日期确认收入的实现。

二、申报表填报重点关注

表5-9-1　　未按权责发生制确认收入纳税调整明细表(A105020)(局部)

行次	项目	合同金额(交易金额)	账载金额		税收金额		纳税调整金额
			本年	累计	本年	累计	
		1	2	3	4	5	6(4-2)
13	四、其他未按权责发生制确认收入						
14	合计(1+5+9+13)						

第 1 列"合同金额或交易金额"：填报会计处理按照权责发生制确认收入、税收规定未按权责发生制确认收入的项目的合同总额或交易总额。

第 2 列"账载金额——本年"：填报纳税人会计处理按权责发生制在本期确认金额。

第 3 列"账载金额——累计"：填报纳税人会计处理按权责发生制累计确认金额（含本年）。

第 4 列"税收金额——本年"：填报纳税人按税收规定未按权责发生制在本期确认金额。

第 5 列"税收金额——累计"：填报纳税人按税收规定未按权责发生制累计确认金额（含本年）。

第 6 列"纳税调整金额"：填报纳税人会计处理按权责发生制确认收入、税收规定未按权责发生制确认收入的差异需纳税调整金额，为第 4－2 列的余额。

三、常见涉税风险

纳税人发生相关业务的，应准确填报《未按权责发生制确认收入纳税调整明细表》进行纳税调整。

四、申报表填报案例解析

【案例 5-24】 甲、乙两家企业 2020 年 1 月开始合作开发一种研发设备，甲企业支付开发费用共 500 000 元，12 月合作开发出两台研发设备，分给甲、乙企业各一台，设备公允价值为 1 000 000 元。不考虑增值税。就该笔业务合作开发业务甲公司的会计处理如下：

借：生产成本　　　　　　　　　　　　　　　　　　　　　　500 000
　　贷：银行存款　　　　　　　　　　　　　　　　　　　　　　500 000

借：固定资产　　　　　　　　　　　　　　　　　　　　　　1 000 000
　　贷：生产成本　　　　　　　　　　　　　　　　　　　　　　1 000 000

【解析】 税收上，由于《企业所得税法实施条例》第二十四条规定，采取产品分成方式取得收入的，按照企业分得产品的日期确认收入的实现，企业应在 12 月确认企业所得税收入 1 000 000 元，当年度纳税调增 1 000 000 元，申报表如表 5-9-2 所示。

表 5-9-2　　未按权责发生制确认收入纳税调整明细表（A105020）(局部)　　　　单位：元

行次	项目	合同金额（交易金额）	账载金额		税收金额		纳税调整金额
			本年	累计	本年	累计	
		1	2	3	4	5	6(4－2)
13	四、其他未按权责发生制确认收入	1 000 000	0	0	1 000 000	1 000 000	1 000 000
14	合计(1+5+9+13)						

第十节 油气勘探与开发投资

本节主要针对特定的油气企业的相关税收政策进行填报分析。

一、相关规定

(一) 概念

《财政部 国家税务总局关于开采油(气)资源企业费用和有关固定资产折耗摊销 折旧税务处理问题的通知》(财税〔2009〕49号)规定,从事开采石油、天然气(包括煤层气,下同)的矿产资源油气企业(以下简称油气企业)在开始商业性生产前发生的费用和有关固定资产是指油气企业在开始商业性生产前取得矿区权益和勘探、开发的支出所形成的费用和固定资产。

商业性生产,是指油(气)田(井)经过勘探、开发、稳定生产并商业销售石油、天然气的阶段。

矿区权益支出,是指油气企业为了取得在矿区内的探矿权、采矿权、土地或海域使用权等所发生的各项支出,包括有偿取得各类矿区权益的使用费、相关中介费或其他可直接归属于矿区权益的合理支出。

勘探支出,是指油气企业为了识别勘探区域或探明油气储量而进行的地质调查、地球物理勘探、钻井勘探活动以及其他相关活动所发生的各项支出。

开发支出,是指油气企业为了取得已探明矿区中的油气而建造或更新井及相关设施活动所发生的各项支出。

(二) 矿区权益支出的折耗

《财政部 国家税务总局关于开采油(气)资源企业费用和有关固定资产折耗摊销 折旧税务处理问题的通知》(财税〔2009〕49号)规定,油气企业在开始商业性生产前发生的矿区权益支出,可在发生的当期,从本企业其他油(气)田收入中扣除;或者自对应的油(气)田开始商业性生产月份的次月起,分3年按直线法计提的折耗准予扣除。

油气企业对其发生的矿区权益支出未选择在发生的当期扣除的,由于未发现商业性油(气)构造而终止作业,其尚未计提折耗的剩余部分,可在终止作业的当年作为损失扣除。

(三) 勘探支出的摊销

《财政部 国家税务总局关于开采油(气)资源企业费用和有关固定资产折耗摊销 折旧税务处理问题的通知》(财税〔2009〕49号)规定,油气企业在开始商业性生产前发生的勘探支出(不包括预计可形成资产的钻井勘探支出),可在发生的当期,从本企业其他油(气)田收入中扣除;或者自对应的油(气)田开始商业性生产月份的次月起,分3年按直线法计提的摊销准予扣除。

油气企业对其发生的勘探支出未选择在发生的当期扣除的,由于未发现商业性油(气)构造而终止作业,其尚未摊销的剩余部分,可在终止作业的当年作为损失扣除。

油气企业的钻井勘探支出,凡确定该井可作商业性生产,且该钻井勘探支出形成的资产符合《企业所得税法实施条例》第五十七条规定条件的,应当将该钻井勘探支出结转为开发资产的成本,按照开发资产的折旧的相关规定处理。

(四) 开发资产的折旧

《财政部 国家税务总局关于开采油(气)资源企业费用和有关固定资产折耗摊销 折旧税务处理问题的通知》(财税〔2009〕49号)规定,油气企业在开始商业性生产之前发生的开发支出,可不分用途,全部累计作为开发资产的成本,自对应的油(气)田开始商业性生产月份的次月起,可不留残值,按直线法计提的折旧准予扣除,其最低折旧年限为8年。

油气企业终止本油(气)田生产的,其开发资产尚未计提折旧的剩余部分可在该油(气)田终止生产的当年作为损失扣除。

油气企业选择有关费用和资产的折耗、摊销、折旧方法和年限,一经确定,不得变更。

(五) 其他规定

《财政部 国家税务总局关于开采油(气)资源企业费用和有关固定资产折耗摊销 折旧税务处理问题的通知》(财税〔2009〕49号)规定,油气企业在本油(气)田进入商业性生产之后对本油(气)田新发生的矿区权益、勘探支出、开发支出,按照本通知规定处理。

《企业所得税法实施条例》实施之日至财税〔2009〕49号发布之日前,油气企业矿区权益、勘探、开发等费用和固定资产的折耗、摊销、折旧方法和年限事项按本通知规定处理。

《企业所得税法实施条例》实施之日前,油气企业矿区权益、勘探、开发等费用和固定资产已发生且开始摊销或计提的折耗、折旧,不做调整。对没有摊销完的费用和继续使用的矿区权益和有关固定资产,可以就其尚未摊销或计提折耗、折旧的余额,按财税〔2009〕49号规定处理。

二、申报表填报重点关注

表 5-10-1　　　　资产折旧、摊销及纳税调整明细表(A105080)(局部)

行次	项目	账载金额			税收金额					纳税调整金额
		资产原值	本年折旧、摊销额	累计折旧、摊销额	资产计税基础	税收折旧额、摊销	享受加速折旧政策的资产按税收一般规定计算的折旧、摊销额	加速折旧、摊销统计额	累计折旧、摊销额	
		1	2	3	4	5	6	7=5-6	8	9(2-5)
39	五、油气勘探投资						＊	＊		
40	六、油气开发投资						＊	＊		

纳税人应根据对应的资产按表填报有关情况。

三、常见涉税风险

油气企业的开发资产的折旧及勘探支出的摊销等不同于一般的折旧与摊销,有其特殊的规定,纳税人应关注对应的税收规定,做好纳税申报。

【案例 5-25】 A 公司是一家从事开采石油、天然气(包括煤层气)的矿产资源油气企业。公司于 2020 年 1 月开始商业性生产,生产前发生的勘探支出费用(不包括预计可形成资产的钻井勘探支出)共计 2 500 万元。

【解析】 A 公司按照相关税收政策规定,选择按照直线法分 3 年进行税前摊销扣除。2019 年,A 公司对企业已计损益的勘探支出费用进行纳税调增处理。

2020 年,A 公司可税前摊销金额 $=2\,500 \div 3 \times \dfrac{11}{12} = 763.89$(万元),相关申报表填报如表 5-10-2 所示。

表 5-10-2　　　　资产折旧、摊销及纳税调整明细表(A105080)　　　　单位:元

行次	项目	账载金额			税收金额					纳税调整金额
		资产原值	本年折旧、摊销额	累计折旧、摊销额	资产计税基础	税收折旧额、摊销	享受加速折旧政策的资产按税收一般规定计算的折旧、摊销额	加速折旧、摊销统计额	累计折旧、摊销额	
		1	2	3	4	5	6	7=5-6	8	9(2-5)
39	五、油气勘探投资	0	0	0	25 000 000	7 638 900	*	*	7 638 900	-7 638 900

第十一节　特别纳税调整

特别纳税调整不同于税务与会计差异导致的一般纳税调整,它不是由于税务与会计差异产生,而是出于反避税目的而需要对纳税人特定的纳税事项所作的纳税调整,包括针对纳税人转让定价、资本弱化、受控外国企业及其他避税情况所进行的税务调整。纳税人按特别纳税调整规定自行调整所得的,需要在表 A105000 第 44 行"特别纳税调整所得"填报反映,本节主要讲解该行次的填报要点和注意事项。

一、相关规定

《企业所得税法》第四十一条规定,企业与其关联方之间的业务往来,不符合独立交易原则而减少企业或者其关联方应纳税收入或者所得额的,税务机关有权按照合理方法调整。

企业与其关联方共同开发、受让无形资产,或者共同提供、接受劳务发生的成本,在计算应纳税所得额时应当按照独立交易原则进行分摊。

《企业所得税法》第四十二条规定,企业可以向税务机关提出与其关联方之间业务往来的定价原则和计算方法,税务机关与企业协商、确认后,达成预约定价安排。

《企业所得税法》第四十三条规定,企业向税务机关报送年度企业所得税纳税申报表时,应当就其与关联方之间的业务往来,附送年度关联业务往来报告表。

税务机关在进行关联业务调查时,企业及其关联方,以及与关联业务调查有关的其他企业,应当按照规定提供相关资料。

《企业所得税法》第四十四条规定,企业不提供与其关联方之间业务往来资料,或者提供虚假、不完整资料,未能真实反映其关联业务往来情况的,税务机关有权依法核定其应纳税所得额。

《企业所得税法》第四十五条规定,由居民企业,或者由居民企业和中国居民控制的设立在实际税负明显低于本法第四条第一款规定税率水平的国家(地区)的企业,并非由于合理的经营需要而对利润不作分配或者减少分配的,上述利润中应归属于该居民企业的部分,应当计入该居民企业的当期收入。

《企业所得税法》第四十六条规定,企业从其关联方接受的债权性投资与权益性投资的比例超过规定标准而发生的利息支出,不得在计算应纳税所得额时扣除。

《企业所得税法》第四十七条规定,企业实施其他不具有合理商业目的的安排而减少其应纳税收入或者所得额的,税务机关有权按照合理方法调整。

《企业所得税法》第四十八条规定,税务机关依照本章规定作出纳税调整,需要补征税款的,应当补征税款,并按照国务院规定加收利息。

《企业所得税法实施条例》第一百零九条规定,企业所得税法第四十一条所称关联方,是指与企业有下列关联关系之一的企业、其他组织或者个人:

(1)在资金、经营、购销等方面存在直接或者间接的控制关系。

(2)直接或者间接地同为第三者控制。

(3)在利益上具有相关联的其他关系。

《企业所得税法实施条例》第一百一十条规定,企业所得税法第四十一条所称独立交易原则,是指没有关联关系的交易各方,按照公平成交价格和营业常规进行业务往来遵循的原则。

《企业所得税法实施条例》第一百一十一条规定,企业所得税法第四十一条所称合理方法,包括:

(1)可比非受控价格法,是指按照没有关联关系的交易各方进行相同或者类似业务往来的价格进行定价的方法。

(2)再销售价格法,是指按照从关联方购进商品再销售给没有关联关系的交易方的价格,减除相同或者类似业务的销售毛利进行定价的方法。

(3)成本加成法,是指按照成本加合理的费用和利润进行定价的方法。

(4)交易净利润法,是指按照没有关联关系的交易各方进行相同或者类似业务往来取得的净利润水平确定利润的方法。

(5)利润分割法,是指将企业与其关联方的合并利润或者亏损在各方之间采用合理标准进行分配的方法。

(6)其他符合独立交易原则的方法。

《企业所得税法实施条例》第一百一十二条规定,企业可以依照企业所得税法第四十一条第二款的规定,按照独立交易原则与其关联方分摊共同发生的成本,达成成本分摊协议。

企业与其关联方分摊成本时,应当按照成本与预期收益相配比的原则进行分摊,并在税务机关规定的期限内,按照税务机关的要求报送有关资料。

企业与其关联方分摊成本时违反本条第一款、第二款规定的,其自行分摊的成本不得在计算应纳税所得额时扣除。

《企业所得税法实施条例》第一百一十三条规定,企业所得税法第四十二条所称预约定价安排,是指企业就其未来年度关联交易的定价原则和计算方法,向税务机关提出申请,与税务机关按照独立交易原则协商、确认后达成的协议。

《企业所得税法实施条例》第一百一十四条规定,企业所得税法第四十三条所称相关资料,包括:

(1)与关联业务往来有关的价格、费用的制定标准、计算方法和说明等同期资料。

(2)关联业务往来所涉及的财产、财产使用权、劳务等的再销售(转让)价格或者最终销售(转让)价格的相关资料。

(3)与关联业务调查有关的其他企业应当提供的与被调查企业可比的产品价格、定价方式,以及利润水平等资料。

(4)其他与关联业务往来有关的资料。

企业所得税法第四十三条所称与关联业务调查有关的其他企业,是指与被调查企业在生产经营内容和方式上相类似的企业。

企业应当在税务机关规定的期限内提供与关联业务往来有关的价格、费用的制定标准、计算方法和说明等资料。关联方及与关联业务调查有关的其他企业应当在税务机关与其约定的期限内提供相关资料。

《企业所得税法实施条例》第一百一十五条规定,税务机关依照企业所得税法第四十四条的规定核定企业的应纳税所得额时,可以采用下列方法:

(1)参照同类或者类似企业的利润率水平核定。

(2)按照企业成本加合理的费用和利润的方法核定。

(3)按照关联企业集团整体利润的合理比例核定。

(4)按照其他合理方法核定。

企业对税务机关按照上述规定的方法核定的应纳税所得额有异议的,应当提供相关证据,经税务机关认定后,调整核定的应纳税所得额。

《企业所得税法实施条例》第一百一十六条规定,企业所得税法第四十五条所称中国居民,是指根据《中华人民共和国个人所得税法》的规定,就其从中国境内、境外取得的所得在中国缴纳个人所得税的个人。

《企业所得税法实施条例》第一百一十七条规定,企业所得税法第四十五条所称控制,包括:

(1)居民企业或者中国居民直接或者间接单一持有外国企业10%以上有表决权股份,且由其共同持有该外国企业50%以上股份。

(2)居民企业,或者居民企业和中国居民持股比例没有达到第(1)项规定的标准,但在股份、资金、经营、购销等方面对该外国企业构成实质控制。

《企业所得税法实施条例》第一百一十八条规定,企业所得税法第四十五条所称实际税负明显低于企业所得税法第四条第一款规定税率水平,是指低于企业所得税法第四条第一款规定税率的50%。

《企业所得税法实施条例》第一百一十九条规定,企业所得税法第四十六条所称债权性投资,是指企业直接或者间接从关联方获得的,需要偿还本金和支付利息或者需要以其他具有支付利息性质的方式予以补偿的融资。

企业间接从关联方获得的债权性投资,包括:

(1) 关联方通过无关联第三方提供的债权性投资。

(2) 无关联第三方提供的、由关联方担保且负有连带责任的债权性投资。

(3) 其他间接从关联方获得的具有负债实质的债权性投资。

企业所得税法第四十六条所称权益性投资,是指企业接受的不需要偿还本金和支付利息,投资人对企业净资产拥有所有权的投资。

企业所得税法第四十六条所称标准,由国务院财政、税务主管部门另行规定。

《企业所得税法实施条例》第一百二十条规定,企业所得税法第四十七条所称不具有合理商业目的,是指以减少、免除或者推迟缴纳税款为主要目的。

《企业所得税法实施条例》第一百二十一条规定,税务机关根据税收法律、行政法规的规定,对企业作出特别纳税调整的,应当对补征的税款,自税款所属纳税年度的次年6月1日起至补缴税款之日止的期间,按日加收利息。

上述规定加收的利息,不得在计算应纳税所得额时扣除。

《企业所得税法实施条例》第一百二十二条规定,企业所得税法第四十八条所称利息,应当按照税款所属纳税年度中国人民银行公布的与补税期间同期的人民币贷款基准利率加5个百分点计算。

企业依照企业所得税法第四十三条和本条例的规定提供有关资料的,可以只按上述规定的人民币贷款基准利率计算利息。

《企业所得税法实施条例》第一百二十三条规定,企业与其关联方之间的业务往来,不符合独立交易原则,或者企业实施其他不具有合理商业目的安排的,税务机关有权在该业务发生的纳税年度起10年内,进行纳税调整。

《国家税务总局关于印发〈特别纳税调整实施办法(试行)〉的通知》(国税发〔2009〕2号,以下简称国税发〔2009〕2号文件)第六十四条规定,根据《企业所得税法》第四十一条第二款及《企业所得税法实施条例》第一百一十二条的规定,企业与其关联方签署成本分摊协议,共同开发、受让无形资产,或者共同提供、接受劳务,应符合本章规定。

国税发〔2009〕2号文件第六十五条规定,成本分摊协议的参与方对开发、受让的无形资产或参与的劳务活动享有受益权,并承担相应的活动成本。关联方承担的成本应与非关联方在可比条件下为获得上述受益权而支付的成本相一致。

参与方使用成本分摊协议所开发或受让的无形资产不需另支付特许权使用费。

国税发〔2009〕2号文件第六十六条规定,企业对成本分摊协议所涉及无形资产或劳务的受益权应有合理的、可计量的预期收益,且以合理商业假设和营业常规为基础。

国税发〔2009〕2号文件第六十七条规定,涉及劳务的成本分摊协议一般适用于集团采购和集团营销策划。

国税发〔2009〕2号文件第六十八条规定,成本分摊协议主要包括以下内容:

(1) 参与方的名称、所在国家(地区)、关联关系、在协议中的权利和义务。

(2) 成本分摊协议所涉及的无形资产或劳务的内容、范围,协议涉及研发或劳务活动的具体承担者及其职责、任务。

(3) 协议期限。

(4) 参与方预期收益的计算方法和假设。

(5) 参与方初始投入和后续成本支付的金额、形式、价值确认的方法,以及符合独立交易原则的说明。

(6) 参与方会计方法的运用及变更说明。

(7) 参与方加入或退出协议的程序及处理规定。

(8) 参与方之间补偿支付的条件及处理规定。

(9) 协议变更或终止的条件及处理规定。

(10) 非参与方使用协议成果的规定。

国税发〔2009〕2号文件第七十条规定,已经执行并形成一定资产的成本分摊协议,参与方发生变更或协议终止执行,应根据独立交易原则做如下处理:

(1) 加入支付,即新参与方为获得已有协议成果的受益权应做出合理的支付。

(2) 退出补偿,即原参与方退出协议安排,将已有协议成果的受益权转让给其他参与方应获得合理的补偿。

(3) 参与方变更后,应对各方受益和成本分摊情况做出相应调整。

(4) 协议终止时,各参与方应对已有协议成果做出合理分配。

企业不按独立交易原则对上述情况做出处理而减少其应纳税所得额的,税务机关有权做出调整。

国税发〔2009〕2号文件第七十一条规定,成本分摊协议执行期间,参与方实际分享的收益与分摊的成本不相配比的,应根据实际情况做出补偿调整。

国税发〔2009〕2号文件第七十二条规定,于符合独立交易原则的成本分摊协议,有关税务处理如下:

(1) 企业按照协议分摊的成本,应在协议规定的各年度税前扣除。

(2) 涉及补偿调整的,应在补偿调整的年度计入应纳税所得额。

(3) 涉及无形资产的成本分摊协议,加入支付、退出补偿或终止协议时对协议成果分配的,应按资产购置或处置的有关规定处理。

国税发〔2009〕2号文件第七十三条规定,企业可根据本办法第六章的规定采取预约定价安排的方式达成成本分摊协议。

国税发〔2009〕2号文件第七十五条规定,企业与其关联方签署成本分摊协议,有下列情形之一的,其自行分摊的成本不得税前扣除:

(1) 不具有合理商业目的和经济实质。

(2) 不符合独立交易原则。

(3) 没有遵循成本与收益配比原则。

(4) 未按本办法有关规定备案或准备、保存和提供有关成本分摊协议的同期资料。

(5)自签署成本分摊协议之日起经营期限少于20年。

国税发〔2009〕2号文件第七十六条规定,受控外国企业是指根据《企业所得税法》第四十五条的规定,由居民企业,或者由居民企业和居民个人(以下统称中国居民股东,包括中国居民企业股东和中国居民个人股东)控制的设立在实际税负低于《企业所得税法》第四条第一款规定税率水平50%的国家(地区),并非出于合理经营需要对利润不作分配或减少分配的外国企业。

国税发〔2009〕2号文件第七十七条规定,本办法第七十六条所称控制,是指在股份、资金、经营、购销等方面构成实质控制。其中,股份控制是指由中国居民股东在纳税年度任何一天单层直接或多层间接单一持有外国企业10%以上有表决权股份,且共同持有该外国企业50%以上股份。

中国居民股东多层间接持有股份按各层持股比例相乘计算,中间层持有股份超过50%的,按100%计算。

国税发〔2009〕2号文件第七十八条规定,中国居民企业股东应在年度企业所得税纳税申报时提供对外投资信息,附送《对外投资情况表》。

国税发〔2009〕2号文件第七十九条规定,税务机关应汇总、审核中国居民企业股东申报的对外投资信息,向受控外国企业的中国居民企业股东送达《受控外国企业中国居民股东确认通知书》。中国居民企业股东符合《企业所得税法》第四十五条征税条件的,按照有关规定征税。

国税发〔2009〕2号文件第八十条规定,计入中国居民企业股东当期的视同受控外国企业股息分配的所得,应按以下公式计算:

$$\text{中国居民企业股东当期所得} = \text{视同股息分配额} \times \text{实际持股天数} \div \text{纳税年度天数} \times \text{受控外国企业股东持股比例}$$

中国居民股东多层间接持有股份的,股东持股比例按各层持股比例相乘计算。

国税发〔2009〕2号文件第八十一条规定,受控外国企业与中国居民企业股东纳税年度存在差异的,应将视同股息分配所得计入受控外国企业纳税年度终止日所属的中国居民企业股东的纳税年度。

国税发〔2009〕2号文件第八十二条规定,计入中国居民企业股东当期所得已在境外缴纳的企业所得税税款,可按照《企业所得税法》或税收协定的有关规定抵免。

国税发〔2009〕2号文件第八十三条规定,受控外国企业实际分配的利润已根据《企业所得税法》第四十五条规定征税的,不再计入中国居民企业股东的当期所得。

国税发〔2009〕2号文件第八十四条规定,中国居民企业股东能够提供资料证明其控制的外国企业满足以下条件之一的,可免于将外国企业不作分配或减少分配的利润视同股息分配额,计入中国居民企业股东的当期所得:

(1)设立在国家税务总局指定的非低税率国家(地区)。

(2)主要取得积极经营活动所得。

(3)年度利润总额低于500万元人民币。

国税发〔2009〕2号文件第八十五条规定,《企业所得税法》第四十六条所称不得在计算应纳税所得额时扣除的利息支出应按以下公式计算:

$$\text{不得扣除利息支出} = \text{年度实际支付的全部关联方利息} \times \left(1 - \frac{\text{标准比例}}{\text{关联债资比例}}\right)$$

其中：

标准比例是指《财政部 国家税务总局关于企业关联方利息支出税前扣除标准有关税收政策问题的通知》(财税〔2008〕121号)规定的比例。

关联债资比例是指根据《企业所得税法》第四十六条及《企业所得税法实施条例》第一百一十九的规定，企业从其全部关联方接受的债权性投资(以下简称关联债权投资)占企业接受的权益性投资(以下简称权益投资)的比例，关联债权投资包括关联方以各种形式提供担保的债权性投资。

国税发〔2009〕2号文件第八十六条规定，关联债资比例的具体计算方法如下：

$$\text{关联债资比例} = \frac{\text{年度各月平均关联债权投资之和}}{\text{年度各月平均权益投资之和}}$$

其中：

$$\text{各月平均关联债权投资} = \frac{\text{关联债权投资月初账面余额} + \text{月末账面余额}}{2}$$

$$\text{各月平均权益投资} = \frac{\text{权益投资月初账面余额} + \text{月末账面余额}}{2}$$

权益投资为企业资产负债表所列示的所有者权益金额。如果所有者权益小于实收资本(股本)与资本公积之和，则权益投资为实收资本(股本)与资本公积之和；如果实收资本(股本)与资本公积之和小于实收资本(股本)金额，则权益投资为实收资本(股本)金额。

国税发〔2009〕2号文件第八十七条规定，《企业所得税法》第四十六条所称的利息支出包括直接或间接关联债权投资实际支付的利息、担保费、抵押费和其他具有利息性质的费用。

国税发〔2009〕2号文件第八十八条规定，《企业所得税法》第四十六条规定不得在计算应纳税所得额时扣除的利息支出，不得结转到以后纳税年度；应按照实际支付给各关联方利息占关联方利息总额的比例，在各关联方之间进行分配，其中，分配给实际税负高于企业的境内关联方的利息准予扣除；直接或间接实际支付给境外关联方的利息应视同分配的股息，按照股息和利息分别适用的所得税税率差补征企业所得税，如已扣缴的所得税税款多于按股息计算应征所得税税款，多出的部分不予退税。

国税发〔2009〕2号文件第九十条规定，企业未按规定准备、保存和提供同期资料证明关联债权投资金额、利率、期限、融资条件及债资比例等符合独立交易原则的，其超过标准比例的关联方利息支出，不得在计算应纳税所得额时扣除。

国税发〔2009〕2号文件第九十一条规定，本章所称"实际支付利息"是指企业按照权责发生制原则计入相关成本、费用的利息。

企业实际支付关联方利息存在转让定价问题的，税务机关应首先按照本办法第五章的有关规定实施转让定价调查调整。

《国家税务总局关于规范成本分摊协议管理的公告》(国家税务总局公告2015年第45号)规定，企业应自与关联方签订(变更)成本分摊协议之日起30日内，向主管税务机关报送成本分摊协议副本,并在年度企业所得税纳税申报时,附送《中华人民共和国企业年度关联业务往来报告表》。企业执行成本分摊协议期间,参与方实际分享的收益与分摊的成本不配比的,应当根据实际情况做出补偿调整。参与方未做补偿调整的,税务机关应当实施特别纳税调查调整。

《财政部 税务总局关于企业关联方利息支出税前扣除标准有关税收政策问题的通知》(财税〔2008〕121号)规定,在计算应纳税所得额时,企业实际支付给关联方的利息支出,不超过以下规定比例和《企业所得税法》及其实施条例有关规定计算的部分,准予扣除,超过的部分不得在发生当期和以后年度扣除。

企业实际支付给关联方的利息支出,除符合本通知第二条规定外,其接受关联方债权性投资与其权益性投资比例为:金融企业,为5∶1;其他企业,为2∶1。

企业如果能够按照《企业所得税法》及其实施条例的有关规定提供相关资料,并证明相关交易活动符合独立交易原则的;或者该企业的实际税负不高于境内关联方的,其实际支付给境内关联方的利息支出,在计算应纳税所得额时准予扣除。

企业同时从事金融业务和非金融业务,其实际支付给关联方的利息支出,应按照合理方法分开计算;没有按照合理方法分开计算的,一律按本通知第一条有关其他企业的比例计算准予税前扣除的利息支出。

二、申报表填报重点关注

表 5-11-1　　　　　　　纳税调整项目明细表(A105000)(局部)

行次	项目	账载金额	税收金额	调增金额	调减金额
		1	2	3	4
44	五、特别纳税调整应税所得	*	*		

《纳税调整项目明细表》(A105000)第44行"五、特别纳税调整应税所得",根据填报说明:该行第3列"调增金额"填报纳税人按特别纳税调整规定自行调增的当年应税所得。第4列"调减金额"填报纳税人依据双边预约定价安排或者转让定价相应调整磋商结果的通知,需要调减的当年应税所得。

(一)填报主要内容

一是纳税人与其关联方之间的业务往来,不符合独立交易原则而减少企业或者其关联方应纳税收入或者所得额的,纳税人或者其关联企业按照独立交易原则进行的纳税调整。此类业务主要是企业与其关联方之间的业务往来进行转让定价的调整、成本分摊的调整。

二是为了弱化资本控制,对关联方之间的借款利息作出的特殊规定,纳税人因此对实际发生的关联方利息进行的纳税调整。

三是居民企业,或者由居民企业和中国居民控制的设立在实际税负低于《企业所得税法》第四条第一款规定税率水平50%的国家(地区)的受控外国企业,出于非合理经营需要对利润不作分配或减少分配,税法对居民企业作出了计入中国居民股东当期视同受控外国企业股息分配的规定,纳税人因此发生的对境外所得的纳税调整。

（二）常见几项申报关注点

1. 视同分配股息纳税调整

当期视同受控外国企业分配的股息，由于是视同分配，因此企业会计核算时并未计入当期损益。在填写年度纳税申报表时，主表中的会计利润并不包括视同分配的股息，而主表 14 行扣减境外所得时，该行境外所得包含了视同分配的股息。因此《纳税调整明细表》（A105000）第 44 行"五、特别纳税调整应税所得"，必须对视同分配的股息进行纳税调增。中国居民企业股东能够提供资料证明其控制的外国企业满足以下条件之一的，可免予将外国企业不作分配或减少分配的利润视同股息分配额，计入中国居民企业股东的当期所得：

（1）设立在国家税务总局指定的非低税率国家（地区）。

（2）主要取得积极经营活动所得。

（3）年度利润总额低于 500 万元人民币。

2. 关联企业利息支出纳税调整

纳税人在计算应纳税所得额时，纳税人实际支付给关联方的利息支出，不超过以下规定比例和《企业所得税法》及其实施条例有关规定计算的部分；准予扣除，超过的部分不得在发生当期和以后年度扣除。与《纳税调整明细表》（A105000）第 18 行"（六）利息支出"的纳税调整内容不同，18 行"（六）利息"调整内容是非金融企业向非金融企业借款的利息支出超过按照金融企业同期同类贷款利率计算的数额的部分，也包括关联方之间的利息支出超过按照金融企业同期同类贷款利率计算的数额的部分；而第 44 行"五、特别纳税调整应税所得"的填报内容是关联方之间的利息支出未超过按照金融企业同期同类贷款利率计算的数额，因为关联方债权性投资与其权益性投资比例超过规定比例发生的纳税调整。

企业实际支付给关联方的利息支出，除符合《财政部 国家税务总局关于企业关联方利息支出税前扣除标准有关税收政策问题的通知》（财税〔2008〕121 号，以下简称财税〔2008〕121 号文件）第二条规定外，其接受关联方债权性投资与其权益性投资比例为：金融企业，为 5∶1；其他企业，为 2∶1。

企业同时从事金融业务和非金融业务，其实际支付给关联方的利息支出，应按照合理方法分开计算；没有按照合理方法分开计算的，一律按财税〔2008〕121 号文件第一条有关其他企业的比例计算准予税前扣除的利息支出。

3. 成本分摊业务纳税调整

纳税人与其关联方共同开发、受让无形资产，或者共同提供、接受劳务发生的成本，在计算应纳税所得额时应当按照独立交易原则进行分摊。企业集团采取合理分摊研究开发费的，企业集团集中研究开发项目实际发生的研究开发费，应当按照权利和义务、费用支出和收益分享一致的原则，合理确定研究开发费用的分摊方法。

对于符合独立交易原则的成本分摊协议，有关税务处理如下：

（1）企业按照协议分摊的成本，应在协议规定的各年度税前扣除。

（2）涉及补偿调整的，应在补偿调整的年度计入应纳税所得额。

（3）涉及无形资产的成本分摊协议，加入支付、退出补偿或终止协议时对协议成果分配的，应按资产购置或处置的有关规定处理。

企业与其关联方签署成本分摊协议，有下列情形之一的，其自行分摊的成本不得税前扣除：
(1) 不具有合理商业目的和经济实质。
(2) 不符合独立交易原则。
(3) 没有遵循成本与收益配比原则。
(4) 未按本办法有关规定备案或准备、保存和提供有关成本分摊协议的同期资料。
(5) 自签署成本分摊协议之日起经营期限少于 20 年。

三、常见涉税风险

企业应依据相关的政策文件，对发生的可能存在特别纳税调整事项的业务做到尽责判断，并通过填报《纳税调整项目明细表》(A105000)第 44 行"特别纳税调整应税所得"进行纳税调整。事项未调整的，税务机关有权根据《中华人民共和国税收征收管理法》(以下简称《税收征收管理法》)，以及《国家税务总局关于印发〈特别纳税调整实施办法(试行)〉的通知》(国税发〔2009〕2 号)的相关规定进行处理。

四、申报表填报案例解析

【案例 5-26】 A 公司是一家制造企业，所有者权益为 2 000 万元。2020 年为扩大经营规模，专门向 4 位非金融企业关联方(甲、乙、丙和丁)借款用于企业日常生产经营和自建固定资产。其中 40% 用于日常生产经营，60% 用于自建固定资产(未完工)。

A 公司和甲、乙、丙和丁的税负率如表 5-11-2 所示。

表 5-11-2　　　　A 公司和甲、乙、丙和丁的税负率

A	甲	乙	丙	丁
25%	25%	24%	15%	15%

A 公司借款情况如表 5-11-3 所示，其向丁企业借款符合独立交易原则，其他三家不符合独立交易原则。

表 5-11-3　　　　　A 公司借款情况表　　　　　　单位：万元

债权人	借款金额	年利率	年利息
甲公司	1 000	6%	60
乙公司	2 000	7%	140
丙公司	3 000	5%	150
丁公司	5 000	8%	400
合计	11 000	—	750

假设同期银行贷款年利率为6%。请问：A公司2020年支付的关联方利息如何在企业所得税汇算清缴中纳税调整？

【解析】 第一步：将关联方利息中利率高于银行贷款利率部分进行调整，剔除此部分永久性不可扣除的关联方利息。

(1) 向乙企业借款利率7%超过银行利率6%，须调增的金额为20万元[2 000×(7%－6%)]。

(2) 向丁企业借款利率8%超过银行利率6%，需纳税调增的金额100万元[5 000×(8%－6%)]。

借款利率超过银行贷款利率部分需纳税调增的金额为120万元(20+100)。

第二步：计算关联方借款利息因关联债资比超过标准不能扣除的利息。

(1) 支付全部关联方利息：60+(140－20)+150+(400－100)=630(万元)。

(2) 关联方借款总金额：1 000+2 000+3 000+5 000=11 000(万元)。

(3) 暂时不能扣除的关联方借款利息：630×[1－2÷(11 000÷2 000)]=400.91(万元)。

第三步：将暂时性不能扣的关联方借利息在各关联方之间分配。

(1) 支付甲企业利息应分配的金额：400.91×60÷630=38.18(万元)。

(2) 支付乙企业利息应分配的金额：400.91×120÷630=76.36(万元)。

(3) 支付丙企业利息应分配的金额：400.91×150÷630=95.45(万元)。

(4) 支付丁企业利息应分配的金额：400.91×300÷630=190.91(万元)。

第四步：根据关联方之间的实际税负率和关联方借款交易的独立性判断上述暂时性不可扣除利息中永久不可扣除的关联方借款利息。

(1) 甲企业税负率和A公司的税负率相同，不存在因超比例发生的永久性不可扣除的关联方借款利息。

(2) 乙企业税负率低于A公司且该借款不符合独立性交易原则，乙公司分配出的暂时性不可扣除关联方利息支出76.36万元就是永久性不可扣除的利息支出。

(3) 丙企业的情况和乙类似，丙公司分配出的暂时性不可扣除关联方利息支出95.45万元就是永久性不可扣除的利息支出。

(4) 丁企业税负率低于A公司但符合独立交易原则，不存在因超比例发生的永久性不可扣除的关联方借款利息。

永久性不可扣除的关联方借款利息：76.36+95.45=171.81(万元)。

综上所述，通过第一步与第四步总共产生永久性不可扣除的关联方借款利息291.81万元(171.81+120)。

2020年度企业所得税汇算清缴时，A公司在税法上应将上述不可扣除的关联方利息在费用化与资本化之间分推。其中费用化不可扣除及资本化不可扣除的金额计算如下：

(1) 费用化不可扣除的金额=291.81×40%=116.72(万元)。

《纳税调整项目明细表》(A105000)申报表填报：第44行"五、特别纳税调整应税所得"：第3列"调增金额"填报纳税人按特别纳税调整规定自行调增的当年应税所得116.72万元。

表 5-11-4　　　　　纳税调整项目明细表(A105000)(局部)　　　　　　单位：元

行次	项目	账载金额 1	税收金额 2	调增金额 3	调减金额 4
44	五、特别纳税调整应税所得	*	*	1 167 200	

(2) 资本化不可扣除的金额=291.81-116.72=175.09(万元)，A公司应在备查簿中登记此金额，在建工程的计税基础(利息支出)金额=750×60%-175.09=274.91(万元)，待在建工程转为固定资产后，企业须对该固定资产的账面价值与计税基础不同产生的永久性差异进行纳税调整。

第六章 特定企业纳税申报需要重点关注事项

特定企业包括房地产企业、建筑企业、银行企业、证券企业、保险企业、小额贷款公司、事业单位、非营利组织、跨地区经营汇总纳税企业、合伙企业法人合伙人。

第一节 房地产企业纳税申报需要重点关注事项

房地产开发企业允许预售房产,因此其在收入的确认等方面具有非常鲜明的行业特性。

一、房地产开发经营业务概述

房地产开发经营业务包括土地的开发,建造、销售住宅、商业用房,以及其他建筑物、附着物、配套设施等。

房地产开发的方式分自行开发、合作(合资)开发等。

开发产品包括土地、住宅(商品房、经济适用房、危改房等)、商业用房、配套设施等。

房地产开发经营业务分开工准备期、组织施工期、预售(销售)等阶段,具有开发审批多、开发方式多样、开发产品固定、开发周期跨年度、资金运作密集等特点。

二、收入的税务处理

开发产品销售收入的范围为销售开发产品过程中取得的全部价款,包括现金、现金等价物及其他经济利益。企业代有关部门、单位和企业收取的各种基金、费用和附加等,凡纳入开发产品价内或由企业开具发票的,应按规定全部确认为销售收入;未纳入开发产品价内并由企业之外的其他收取部门、单位开具发票的,可作为代收代缴款项进行管理。

(一)开发产品销售收入税法确认的一般规定

(1)企业通过正式签订《房地产销售合同》或《房地产预售合同》所取得的收入,应确认为销售收入的实现,具体按以下规定确认:

① 采取一次性全额收款方式销售开发产品的,应于实际收讫价款或取得索取价款凭证(权利)之日,确认收入的实现。

② 采取分期收款方式销售开发产品的,应按销售合同或协议约定的价款和付款日确认

收入的实现。付款方提前付款的,在实际付款日确认收入的实现。

③ 采取银行按揭方式销售开发产品的,应按销售合同或协议约定的价款确定收入额,其首付款应于实际收到日确认收入的实现,余款在银行按揭贷款办理转账之日确认收入的实现。

④ 采取委托方式销售开发产品的,应按以下原则确认收入的实现:

采取支付手续费方式委托销售开发产品的,应按销售合同或协议中约定的价款于收到受托方已销开发产品清单之日确认收入的实现。

采取视同买断方式委托销售开发产品的,属于企业与购买方签订销售合同或协议,或企业、受托方、购买方三方共同签订销售合同或协议的,如果销售合同或协议中约定的价格高于买断价格,则应按销售合同或协议中约定的价格计算的价款于收到受托方已销开发产品清单之日确认收入的实现;如果属于前两种情况中销售合同或协议中约定的价格低于买断价格,以及属于受托方与购买方签订销售合同或协议的,则应按买断价格计算的价款于收到受托方已销开发产品清单之日确认收入的实现。

采取基价(保底价)并实行超基价双方分成方式委托销售开发产品的,属于由企业与购买方签订销售合同或协议,或企业、受托方、购买方三方共同签订销售合同或协议的,如果销售合同或协议中约定的价格高于基价,则应按销售合同或协议中约定的价格计算的价款于收到受托方已销开发产品清单之日确认收入的实现,企业按规定支付受托方的分成额,不得直接从销售收入中减除;如果销售合同或协议约定的价格低于基价的,则应按基价计算的价款于收到受托方已销开发产品清单之日确认收入的实现。属于由受托方与购买方直接签订销售合同的,则应按基价加上按规定取得的分成额于收到受托方已销开发产品清单之日确认收入的实现。

采取包销方式委托销售开发产品的,包销期内可根据包销合同的有关约定,参照上述①至③项规定确认收入的实现;包销期满后尚未出售的开发产品,企业应根据包销合同或协议约定的价款和付款方式确认收入的实现。

(2) 除土地开发之外,其他开发产品符合下列条件之一的,应视为已经完工:

① 开发产品竣工证明材料已报房地产管理部门备案。

② 开发产品已开始投入使用。无论工程质量是否通过验收合格,或是否办理完工(竣工)备案手续及会计决算手续,当企业开始办理开发产品交付手续(包括入住手续)、或已开始实际投入使用时,为开发产品开始投入使用。

③ 开发产品已取得了初始产权证明。

开发产品完工以后,企业可在完工年度企业所得税汇算清缴前选择确定计税成本核算的终止日,不得滞后。凡已完工开发产品在完工年度未按规定结算计税成本,主管税务机关有权确定或核定其计税成本,据此进行纳税调整,并按《税收征收管理法》的有关规定对其进行处理。

【案例 6-1】 A 房地产开发公司与 B 公司签订委托销售协议,协议规定:B 公司负责销售 A 房地产开发公司开发的房屋,A 房地产开发公司按 12 000 元/平方米收取销售款,实际销售价格由 B 公司自定。实际销售时,由 A 房地产开发公司与购买方签订销售合同,由 A 房地产开发公司开票给购买方。某月,A 房地产开发公司收到 B 公司已销房屋的清单如表 6-1-1 所示。

表 6-1-1　　　　　　　　　　已销房屋清单

房屋名称	实际单价（元/平方米）	建筑面积（平方米）	实际价款（元）	应付价款（元）
A	15 000	100.2	1 503 000	1 202 400
B	14 500	115.3	1 671 850	1 383 600
C	11 000	100.6	1 106 600	1 207 200

【解析】　A 房地产开发公司应确认的企业所得税应税收入为 1 503 000＋1 671 850＋1 207 200＝4 382 050(元)。

(二) 税法销售未完工开发产品的规定

税法规定对通过正式签订《房地产预售合同》所取得的收入,应确认为销售收入的实现。即销售未完工产品取得的收入,应确认为收入的实现。这是为了保证财政收入入库的均衡性,税法要确认收入,但此时开发产品尚未完工,开发成本无法确定,故税法采取预计计税毛利额的办法,计入当期应纳税所得额。具体规定如下：

企业销售未完工开发产品取得的收入,应先按预计计税毛利率分季(或月)计算出预计毛利额,计入当期应纳税所得额。

企业销售未完工开发产品的计税毛利率由各省、自治、直辖市税务局按下列规定进行确定：

(1) 开发项目位于省、自治区、直辖市和计划单列市人民政府所在地城市城区和郊区的,不得低于 15%。

(2) 开发项目位于地及地级市城区及郊区的,不得低于 10%。

(3) 开发项目位于其他地区的,不得低于 5%。

(4) 属于经济适用房、限价房和危改房的,不得低于 3%。

开发产品完工后,企业应及时结算其计税成本并计算此前未完工产品销售收入的实际毛利额,同时将其实际毛利额与其对应的预计毛利额之间的差额,计入当年度企业本项目与其他项目合并计算的应纳税所得额。

在年度纳税申报时,企业须出具对该项开发产品实际毛利额与预计毛利额之间差异调整情况的报告及税务机关需要的其他相关资料。

【案例 6-2】　某房地产企业(一般纳税人)取得一块土地,开发住宅楼及配套设施,该项目为 2018 年 4 月 30 日前的房地产项目,增值税按简易计税方法计税。2020 年取得未完工开发产品收入 4 200 万元,当地规定的计税毛利率 10%。

【解析】　应计入 2020 年应纳税所得额的预计毛利额为 4 200÷(1＋5%)×10%＝400 (万元)。

(三) 税法视同销售的规定

企业将开发产品用于捐赠、赞助、职工福利、奖励、对外投资、分配给股东或投资人、抵偿债务、换取其他企事业单位和个人的非货币性资产等行为,应视同销售,于开发产品所有

权或使用权转移,或于实际取得利益权利时确认收入(或利润)的实现。确认收入(或利润)的方法和顺序为:

(1) 按本企业近期或本年度最近月份同类开发产品市场销售价格确定。

(2) 由主管税务机关参照当地同类开发产品市场公允价值确定。

(3) 按开发产品的成本利润率确定。开发产品的成本利润率不得低于15%,具体比例由主管税务机关确定。

【案例6-3】 甲房地产开发企业欠工程款1 200万元,双方商定以建筑面积为350.84平方米的开发产品抵债,同类开发产品成本为24 000元/平方米,同类开发产品市场销售价格为38 000元/平方米(不含增值税价格)。

【解析】 甲房地产开发企业以开发产品抵债,开发产品应视同销售,确认企业所得税应税收入为38 000×350.84=13 331 920(元)。

(四) 税法与会计差异的纳税调整

会计销售商品要同时满足收入实现的五个条件才能予以确认收入。开发产品销售收入税法与会计的差异主要表现如下方面:

(1) 销售未完工产品收入,即预收款,税法要确认收入;因不符合会计收入实现的条件,会计不确认收入。

(2) 开发产品用于非销售的用途,只要开发产品离开了企业,不再属企业拥有,税法就要视同销售,确认收入;但税法要视同销售的行为中,有些不符合会计收入实现的条件,会计不确认收入。例如,开发产品用于捐赠,不满足相关的经济利益很可能流入企业这个收入实现的条件,会计不确认收入。

(3) 税法按销售合同或协议约定的价款和付款日确认收入的实现,但如果对方无法支付款项,会计可以根据相关的经济利益难以流入企业而不确认收入。

三、计税成本的核算

(一) 计税成本对象的确定原则

成本对象是指为归集和分配开发产品开发、建造过程中的各项耗费而确定的费用承担项目。计税成本对象的确定原则如下。

1. 可否销售原则

开发产品能够对外经营销售的,应作为独立的计税成本对象进行成本核算;不能对外经营销售的,可先作为过渡性成本对象进行归集,然后再将其相关成本摊入能够对外经营销售的成本对象。

2. 分类归集原则

对同一开发地点、竣工时间相近、产品结构类型没有明显差异的群体开发的项目,可作为一个成本对象进行核算。

3. 功能区分原则

开发项目某组成部分相对独立,且具有不同使用功能时,可以作为独立的成本对象进行核算。

4. 定价差异原则

开发产品因其产品类型或功能不同等而导致其预期售价存在较大差异的,应分别作为成本对象进行核算。

5. 成本差异原则

开发产品因建筑上存在明显差异可能导致其建造成本出现较大差异的,要分别作为成本对象进行核算。

6. 权益区分原则

开发项目属于受托代建的或多方合作开发的,应结合上述原则分别划分成本对象进行核算。

企业应依据计税成本对象确定原则确定已完工开发产品的成本对象,并就确定原则、依据,共同成本分配原则、方法,以及开发项目基本情况、开发计划等出具专项报告,在开发产品完工当年企业所得税年度纳税申报时,随同《企业所得税年度纳税申报表》一并报送主管税务机关。企业将已确定的成本对象报送主管税务机关后,不得随意调整或相互混淆。如确需调整成本对象的,应就调整的原因、依据和调整前后成本变化情况等出具专项报告,在调整当年企业所得税年度纳税申报时报送主管税务机关。

企业单独建造的停车场所,应作为成本对象单独核算。利用地下基础设施形成的停车场所,作为公共配套设施进行处理。

(二) 计税成本支出的内容及要求

1. 开发产品计税成本支出的内容

(1) 土地征用费及拆迁补偿费。指为取得土地开发使用权(或开发权)而发生的各项费用,主要包括土地买价或出让金、大市政配套费、契税、耕地占用税、土地使用费、土地闲置费、土地变更用途和超面积补交的地价及相关税费、拆迁补偿支出、安置及动迁支出、回迁房建造支出、农作物补偿费、危房补偿费等。

(2) 前期工程费。指项目开发前期发生的水文地质勘察、测绘、规划、设计、可行性研究、筹建、场地通平等前期费用。

(3) 建筑安装工程费。指开发项目开发过程中发生的各项建筑安装费用。主要包括开发项目建筑工程费和开发项目安装工程费等。

(4) 基础设施建设费。指开发项目在开发过程中所发生的各项基础设施支出,主要包括开发项目内道路、供水、供电、供气、排污、排洪、通讯、照明等社区管网工程费和环境卫生、园林绿化等园林环境工程费。

(5) 公共配套设施费:指开发项目内发生的、独立的、非营利性的,且产权属于全体业主的,或无偿赠与地方政府、政府公用事业单位的公共配套设施支出。

(6) 开发间接费。指企业为直接组织和管理开发项目所发生的,且不能将其归属于特定成本对象的成本费用性支出。主要包括管理人员工资、职工福利费、折旧费、修理费、办公费、水电费、劳动保护费、工程管理费、周转房摊销,以及项目营销设施建造费等。

2. 计税成本支出预提(应付)费用的处理

除以下几项预提(应付)费用外,计税成本均应为实际发生的成本。

(1) 出包工程未最终办理结算而未取得全额发票的,在证明资料充分的前提下,其发票不足金额可以预提,但最高不得超过合同总金额的10%。

(2) 公共配套设施尚未建造或尚未完工的,可按预算造价合理预提建造费用。此类公共配套设施必须符合已在售房合同、协议或广告、模型中明确承诺建造且不可撤销,或按照法律法规规定必须配套建造的条件。

(3) 应向政府上交但尚未上交的报批报建费用、物业完善费用可以按规定预提。物业完善费用是指按规定应由企业承担的物业管理基金、公建维修基金或其他专项基金。

(三) 计税成本核算程序

企业计税成本核算的一般程序如下:

(1) 对当期实际发生的各项支出,按其性质、经济用途及发生的地点、时间区进行整理、归类,并将其区分为应计入成本对象的成本和应在当期税前扣除的期间费用。同时还应按规定对在有关预提费用和待摊费用进行计量与确认。

(2) 对应计入成本对象中的各项实际支出、预提费用、待摊费用等合理的划分为直接成本、间接成本和共同成本,并按规定将其合理的归集、分配至已完工成本对象、在建成本对象和未建成本对象。

(3) 对前期已完工成本对象应负担的成本费用按已销开发产品、未销开发产品和固定资产进行分配,其中应由已销开发产品负担的部分,在当期纳税申报时进行扣除,未销开发产品应负担的成本费用待其实际销售时再予扣除。

(4) 对本期已完工成本对象分类为开发产品和固定资产并对其计税成本进行结算。其中属于开发产品的,应按可售面积计算其单位工程成本,据此再计算已销开发产品计税成本和未销开发产品计税成本。对本期已销开发产品的计税成本,准予在当期扣除,未销开发产品计税成本待其实际销售时再予扣除。

(5) 对本期未完工和尚未建造的成本对象应当负担的成本费用,应按分别建立明细台账,待开发产品完工后再予结算。

(四) 共同成本和间接成本的分配

企业开发、建造的开发产品应按制造成本法进行计量与核算。其中,应计入开发产品成本中的费用属于直接成本和能够分清成本对象的间接成本,直接计入成本对象,共同成本和不能分清负担对象的间接成本,应按受益的原则和配比的原则分配至各成本对象。具体分配方法可在占地面积法、建筑面积法、直接成本法和预算造价法中选择其一。

税法规定企业下列成本应按以下方法进行分配:

(1) 土地成本,一般按占地面积法进行分配。占地面积法,指按已动工开发成本对象占地面积占开发用地总面积的比例进行分配。

① 一次性开发的,按某一成本对象占地面积占全部成本对象占地总面积的比例进行分配。

② 分期开发的,首先按本期全部成本对象占地面积占开发用地总面积的比例进行分配,然后再按某一成本对象占地面积占期内全部成本对象占地总面积的比例进行分配。期内全部成本对象应负担的占地面积为期内开发用地占地面积减除应由各期成本对象共同负担的占地面积。

土地成本,如果确需结合其他方法进行分配的,应商税务机关同意。

土地开发同时联结房地产开发的,属于一次性取得土地分期开发房地产的情况,其土地开发成本经商税务机关同意后可先按土地整体预算成本进行分配,待土地整体开发完毕再行调整。

(2) 单独作为过渡性成本对象核算的公共配套设施开发成本,应按建筑面积法进行分配。建筑面积法,指按已动工开发成本对象建筑面积占开发用地总建筑面积的比例进行分配。

① 一次性开发的,按某一成本对象建筑面积占全部成本对象建筑面积的比例进行分配。

② 分期开发的,首先按期内成本对象建筑面积占开发用地计划建筑面积的比例进行分配,然后再按某一成本对象建筑面积占期内成本对象总建筑面积的比例进行分配。

(3) 借款费用属于不同成本对象共同负担的,按直接成本法或按预算造价法进行分配。

(4) 其他成本项目的分配法由企业自行确定。

(五) 企业在开发区内建造的配套设施

企业在开发区内建造的会所、物业管理场所、电站、热力站、水厂、文体场馆、幼儿园等配套设施,按以下规定进行处理:

(1) 属于非营利性且产权属于全体业主的,或无偿赠与地方政府、公用事业单位的,可将其视为公共配套设施,其建造费用按公共配套设施费的有关规定进行处理。

(2) 属于营利性的,或产权归企业所有的,或未明确产权归属的,或无偿赠与地方政府、公用事业单位以外其他单位的,应当单独核算其成本。除企业自用应按建造固定资产进行处理外,其他一律按建造开发产品进行处理。

企业在开发区内建造的邮电通讯、学校、医疗设施应单独核算成本,其中,由企业与国家有关业务管理部门、单位合资建设,完工后有偿移交的,国家有关业务管理部门、单位给予的经济补偿可直接抵扣该项目的建造成本,抵扣后的差额应调整当期应纳税所得额。

(六) 计税成本与会计成本差异的纳税调整

房地产企业会计成本项目与税法基本相同,都包括土地征用费及拆迁补偿费、前期工程费、建筑安装工程费、基础设施建设费、公共配套设施费、开发间接费等项目,且每个成本项目的内容也没有本质的区别。计税成本与会计成本的差异主要表现为开发产品完工的条件、成本核算的终止日规定不同,导致完工产品成本的结算会计和税法存在差异。

1. 开发产品的完工条件不同

会计判定开发产品完工的条件,是开发产品已经竣工并通过有关部门验收,且开发产品成本能够可靠计量。因与税法开发产品完工的条件不同,会存在按税法规定开发产品到达了完工条件,而会计不认为已完工的情况。

2. 成本核算终止日规定不同

会计成本核算终止于开发产品完工期的资产负债表日,税法可以在开发产品完工次年5月31日前任一时点为核算终止日。因成本核算的终止日不同,可能存在完工产品计税成本结算的金额与会计成本结算金额不同。

四、成本、费用、税金及损失扣除的税务处理

企业在进行成本、费用的核算与扣除时,必须按规定区分期间费用和开发产品计税成本、已销开发产品计税成本与未销开发产品计税成本。企业发生的期间费用、已销开发产品计税成本、税金及附加、损失及其他支出,准予在计算应纳税所得额时扣除。

(一) 已销开发产品计税成本

已销开发产品的计税成本,按当期已实现销售的可售面积和可售面积单位工程成本确认。可售面积单位工程成本和已销开发产品的计税成本按下列公式计算确定:

可售面积单位工程成本＝成本对象总成本÷成本对象总可售面积

已销开发产品的计税成本＝当期已实现销售的可售面积×可售面积单位工程成本

(二) 期间费用

企业发生的销售费用、财务费用和管理费用,准予当期按规定扣除。针对房地产开发企业期间费用特定的规定有以下几点。

1. 维修费用

企业对尚未出售的已完工开发产品和按照有关法律、法规或合同规定对已售开发产品(包括共用部位、共用设施设备)进行日常维护、保养、修理等实际发生的维修费用,准予在当期据实扣除。

企业将已计入销售收入的共用部位、共用设施设备维修基金按规定移交给有关部门、单位的,应于移交时扣除。

2. 保证金(担保金)

企业采取银行按揭方式销售开发产品的,凡约定企业为购买方的按揭贷款提供担保的,其销售开发产品时向银行提供的保证金(担保金)不得从销售收入中减除,也不得作为费用在当期税前扣除,但实际发生损失时可据实扣除。

3. 委托境外机构销售开发产品的费用

企业委托境外机构销售开发产品的,其支付境外机构的销售费用(含佣金或手续费)不超过委托销售收入10%的部分,准予据实扣除。

4. 折旧费用

企业开发产品转为自用的,其实际使用时间累计未超过12个月又销售的,不得在税前扣除折旧费用。

5. 利息

企业的利息支出按以下规定进行处理:

(1) 企业为建造开发产品借入资金而发生的符合税收规定的借款费用,可按企业会计准则的规定进行归集和分配,其中属于财务费用性质的借款费用,可直接在税前扣除。

(2) 企业集团或其成员企业统一向金融机构借款分摊集团内部其他成员企业使用的,借入方凡能出具从金融机构取得借款的证明文件,可以在使用借款的企业间合理的分摊利

息费用,使用借款的企业分摊的合理利息准予在税前扣除。

(三) 税金及附加

1. 一般规定

企业发生的除企业所得税和允许抵扣的增值税以外的各项税金及附加,准予在计算应纳税所得额时扣除。

开发产品采取预售方式,按取得的预售收入计算缴纳的土地增值税、城建税及教育费附加,准予在预计计税毛利额中扣除。

2. 企业由于土地增值税清算,导致多缴企业所得税的处理

(1) 企业按规定对开发项目进行土地增值税清算后,当年企业所得税汇算清缴出现亏损且有其他后续开发项目的,该亏损应按照税法规定向以后年度结转,用以后年度所得弥补。后续开发项目,是指正在开发以及中标的项目。

(2) 企业按规定对开发项目进行土地增值税清算后,当年企业所得税汇算清缴出现亏损,且没有后续开发项目的,可以按照以下方法,计算出该项目由于土地增值税原因导致的项目开发各年度多缴企业所得税税款,并申请退税:

① 该项目缴纳的土地增值税总额,应按照该项目开发各年度实现的项目销售收入占整个项目销售收入总额的比例,在项目开发各年度进行分摊,具体按以下公式计算:

$$各年度应分摊的土地增值税 = 土地增值税总额 \times (项目年度销售收入 \div 整个项目销售收入总额)$$

上述所称销售收入包括视同销售房地产的收入,但不包括企业销售的增值额未超过扣除项目金额20%的普通标准住宅的销售收入。

② 该项目开发各年度应分摊的土地增值税减去该年度已经在企业所得税税前扣除的土地增值税后,余额属于当年应补充扣除的土地增值税;企业应调整当年度的应纳税所得额,并按规定计算当年度应退的企业所得税税款;当年度已缴纳的企业所得税税款不足退税的,应作为亏损向以后年度结转,并调整以后年度的应纳税所得额。

按照上述方法进行土地增值税分摊调整后,导致相应年度应纳税所得额出现正数的,应按规定计算缴纳企业所得税。

企业按上述方法计算的累计退税额,不得超过其在该项目开发各年度累计实际缴纳的企业所得税;超过部分作为项目清算年度产生的亏损,向以后年度结转。

【案例6-4】 某房地产开发企业2018年1月开始开发某房地产项目,2020年10月项目全部竣工并销售完毕,12月进行土地增值税清算,整个项目共缴纳土地增值税1 100万元,其中2018—2020年预缴土地增值税分别为240万元、300万元、60万元;2020年清算后补缴土地增值税500万元。2018—2020年实现的项目销售收入分别为12 000万元、15 000万元、3 000万元,缴纳的企业所得税分别为45万元、82万元、0。该企业2020年度汇算清缴出现亏损,应纳税所得额为-400万元。企业没有后续开发项目,拟申请退税,具体计算详如表6-1-2所示。

表 6-1-2　　　　　　　　　应退企业所得税计算表　　　　　　　单位：万元

	2018 年	2019 年	2020 年
预缴土地增值税	240	300	60
清算补缴土地增值税			500
分摊土地增值税	440 [1 100×(12 000÷30 000)]	550 [1 100×(15 000÷30 000)]	110 [1 100×(3 000÷30 000)]
应纳税所得额调整	−200　（240−440）	−270　（300−550−20注）	450　（60＋500−110）
调整后应纳税所得额			50 （450−400）
应退（补）税额	−50　（−200×25％）	−67.5　（−270×25％）	12.5
已缴纳所得税	45	82	0
实际应退（补）税额	−45	−67.5	12.5
累计应退税额			−100　（−45−67.5＋12.5）

注：20 为 2018 年度已缴纳的企业所得税税款不足退税的，作为亏损向 2019 年结转数。

（四）损失及其他支出

企业因国家无偿收回土地使用权而形成的损失，可作为财产损失按有关规定在税前扣除。

企业开发产品(以成本对象为计量单位)整体报废或毁损，其净损失按有关规定审核确认后准予在税前扣除。

（五）税法与会计差异的纳税调整

只要是实际发生的支出，会计没有限额扣除的规定，税法对有些支出的扣除有限额的规定。

对按取得的预售收入计算缴纳的土地增值税、城市维护建设税及教育费附加，准予在预计计税毛利额中扣除，因预售收入会计不符合收入确认的条件，按照收入与支出配比的原则，会计计算利润时，不得在取得预售收入当年扣除，应在预售收入转收入的年度扣除。

【案例 6-5】 某房地产企业，2020 年取得销售开发产品预收款 2 940 万元，按预收款缴纳的城市维护建设税及教育费附加、土地增值税分别为 9.8 万元、4.2 万元和 2.8 万元。以前年度未完工产品已取得初始产权，该产品以前年度取得预收款 27 300 万元，已缴城市维护建设税及教育费附加、土地增值税 156 万元，计税成本 21 000 万元(假设与会计成本一致)，增值税按简易计税方法征收，当地规定的计税毛利率 10％。企业会计处理如下：

1. 取得预收款：

借：银行存款　　　　　　　　　　　　　　　　　　　　　　　　　29 400 000
　　贷：预收账款　　　　　　　　　　　　　　　　　　　　　　　　　　29 400 000

2. 取得预收款缴纳的城市维护建设税及教育费附加、土地增值税：

借：待转税金 168 000
　　贷：应交税费——应交城市维护建设税 98 000
　　　　应交税费——应交教育费附加 42 000
　　　　应交税费——应交土地增值税 28 000

3. 以前年度预收款转销售开发产品收入：

借：预收账款 273 000 000
　　贷：主营业务收入 260 000 000
　　　　应交税费——简易计税 13 000 000

4. 以前年度预收款缴纳的城建税及教育费附加、土地增值税结转：

借：税金及附加 1 560 000
　　贷：待转税金 1 560 000

【解析】 2020年取得销售开发产品预收款，应计算出预计毛利额 2 800×10%＝280（万元），计入当年应纳税所得额，按预收款缴纳的城市维护建设税及教育费附加、土增税16.8万元，应在当年企业所得税前扣除，但不得在计算当年利润时扣除，应在会计对取得的预收款转实现销售收入的年度计算利润时扣除。2020年以前年度未完工产品已取得初始产权，税法认定为完工，企业应将实际毛利额 26 000－21 000＝5 000（万元）与预计毛利额 26 000×10%＝2 600（万元）的差额 2 400 万元，应计入当年应纳税所得额。因会计在2020年将以前年度预收款转销售收入，以前年度预收款缴纳的城市维护建设税及教育费附加、土地增值税156万元，应在当年计算利润时扣除，但该税金已在取得预收款年度企业所得税前扣除，不得再在当年扣除。税法与会计存在的差异，在《视同销售和房地产开发企业特定业务纳税调整明细表》（A105010）中调整。如表6-1-3所示。

表6-1-3　视同销售和房地产开发企业特定业务纳税调整明细表（A105010）（局部）　单位：元

行次	项目	税收金额	纳税调整金额
		1	2
21	三、房地产开发企业特定业务计算的纳税调整额（22—26）	－21 808 000	－21 808 000
22	（一）房地产企业销售未完工开发产品特定业务计算的纳税调整额（24—25）	2 632 000	2 632 000
23	1. 销售未完工产品的收入	28 000 000	*
24	2. 销售未完工产品预计毛利额	2 800 000	2 800 000
25	3. 实际发生的税金及附加、土地增值税	168 000	168 000
26	（二）房地产企业销售的未完工产品转完工产品特定业务计算的纳税调整额（28—29）	24 440 000	24 440 000
27	1. 销售未完工产品转完工产品确认的销售收入		*
28	2. 转回的销售未完工产品预计毛利额	26 000 000	26 000 000
29	3. 转回实际发生的税金及附加、土地增值税	1 560 000	1 560 000

五、特定事项的税务处理

（一）企业以非货币交易方式取得土地使用权，土地使用权成本的确定

企业以非货币交易方式取得土地使用权的，应按下列规定确定其成本：

（1）企业、单位以换取开发产品为目的，将土地使用权投资企业的，按下列规定进行处理：

① 换取的开发产品如为该项土地开发、建造的，接受投资的企业在接受土地使用权时暂不确认其成本，待首次分出开发产品时，再按应分出开发产品（包括首次分出的和以后应分出的）的市场公允价值和土地使用权转移过程中应支付的相关税费计算确认该项土地使用权的成本。如涉及补价，土地使用权的取得成本还应加上应支付的补价款或减除应收到的补价款。

② 换取的开发产品如为其他土地开发、建造的，接受投资的企业在投资交易发生时，按应付出开发产品市场公允价值和土地使用权转移过程中应支付的相关税费计算确认该项土地使用权的成本。如涉及补价，土地使用权的取得成本还应加上应支付的补价款或减除应收到的补价款。

（2）企业、单位以股权的形式，将土地使用权投资企业的，接受投资的企业应在投资交易发生时，按该项土地使用权的市场公允价值和土地使用权转移过程中应支付的相关税费计算确认该项土地使用权的取得成本。如涉及补价，土地使用权的取得成本还应加上应支付的补价款或减除应收到的补价款。

（二）企业与其他企业、单位和个人联合开发房地产项目

（1）企业以本企业为主体联合其他企业、单位、个人合作或合资开发房地产项目，且该项目未成立独立法人公司的，按下列规定进行处理：

① 凡开发合同或协议中约定向投资各方（即合作、合资方，下同）分配开发产品的，企业在首次分配开发产品时，如该项目已经结算计税成本，其应分配给投资方开发产品的计税成本与其投资额之间的差额计入当期应纳税所得额；如未结算计税成本，则将投资方的投资额视同销售收入进行相关的税务处理。

② 凡开发合同或协议中约定分配项目利润的，应按以下规定进行处理：

A. 企业应将该项目形成的营业利润额并入当期应纳税所得额统一申报缴纳企业所得税，不得在税前分配该项目的利润。同时不能因接受投资方投资额而在成本中摊销或在税前扣除相关的利息支出。

B. 投资方取得该项目的营业利润应视同股息、红利进行相关的税务处理。

（2）企业以换取开发产品为目的，将土地使用权投资其他企业房地产开发项目的，按以下规定进行处理：企业应在首次取得开发产品时，将其分解为转让土地使用权和购入开发产品两项经济业务进行所得税处理，并按应从该项目取得的开发产品（包括首次取得的和以后应取得的）的市场公允价值计算确认土地使用权转让所得或损失。

第二节　建筑企业纳税申报需要重点关注事项

建筑安装企业与房地产企业紧密相关,其经济业务的开展及税收处理均具有一定的独特性。

一、建安行业概述

(一)建筑业的概念及分类

建筑业是国民经济的重要物质生产部门。主要从事建筑安装工程的生产活动,为国民经济各部门建造房屋和构筑物,并安装机器设备。建筑安装工程主要由建筑安装企业承担进行,也可由建设单位(即工程所有者)自行组织力量进行。

根据国家统计局公布的国民经济行业分类(GB/T 4754—2017),建筑业可分为房屋建筑业、土木工程建筑业、建筑安装业、建筑装饰装修和其他建筑业四大类。

(二)建筑业的特点

建筑行业主要经营方式是建设单位与建筑企业签订施工合同,通过不同形式建立承发包关系,按合同要求组织施工。最常见的工程承包方式分为包工包料、包工部分包料及包工不包料三种。与其他行业相比,建筑行业有其鲜明的特征,主要包含以下几点:

(1)生产的流动性。表现在两个方面,一是生产人员和机具,甚至整个施工机构,都要随施工对象坐落位置的变化而迁徙流动,转移区域或地点;二是在一个产品的生产过程中,施工人员和机具又要随施工部位的不同而沿着施工对象上、下、左、右流动,不断地变换操作场所。为了适应施工条件的经常变化,施工机具多是比较小型或便于移动的,手工操作较多。

(2)生产的单件性。由于建筑物或构筑物的功能要求不同,所处的自然条件和社会经济条件各异,每个工程都有独特的工程设计和施工组织设计,产品价格也必须个别确定并单独进行成本核算。

(3)生产周期长。较大工程的工期常以年计,施工准备也需要较长时间。因此,在生产中往往要长期占用大量的人力、物力和资金,不可能在短期内提供有用的产品。

(4)露天和高空作业多,受自然气候条件的影响大。建筑施工绝大多数为露天作业,一栋建筑物从基础、主体结构、屋面工程到室外装修等,露天作业约占整个工程的70%。大多数工种仍以手工操作为主,劳动繁重、体力消耗大。

(三)建筑业企业及其生产经营流程

建筑业企业,是指从事土木工程、建筑工程、线路管道设备安装工程的新建、扩建、改建等施工活动的企业。根据《建筑业企业资质管理规定》,国家对建筑施工企业实施资质等级管理制度,将建筑业企业资质分为施工总承包、专业承包和劳务分包三大序列:

(1)施工总承包序列企业,是指对工程实行施工全过程承包或主体工程施工承包的建筑业企业。施工总承包序列企业资质设特级、一、二、三共四个等级,划分为12个资质类别。

(2) 专业承包序列企业,是指具有专业化施工技术能力,主要在专业分包市场上承接专业施工任务的建筑业企业。专业承包序列资质设 2~3 个等级,划分为 60 个资质类别。

(3) 劳务分包序列企业,是指具有一定数量的技术工人和工程管理人员、专门在建筑劳务分包市场上承接任务的建筑业企业。劳务分包序列资质设 1~2 个等级,划分为 13 个资质类别。

建筑业企业在承接各项工程作业时,基本都把项目部作为基本实施单位,生产经营的整个流程也都围绕项目部展开。较为规范的建筑企业主要生产经营流程包括 7 个阶段:项目考察、公司投标、成立项目部、编制成本计划、项目实施、项目完工、项目部解散。

二、建安行业税收处理

(一) 相关规定

《企业所得税法》第十三条规定,在计算应纳税所得额时,企业发生的下列支出作为长期待摊费用,按照规定摊销的,准予扣除:

(1) 已足额提取折旧的固定资产的改建支出。

(2) 租入固定资产的改建支出。

(3) 固定资产的大修理支出。

(4) 其他应当作为长期待摊费用的支出。

《企业所得税法实施条例》第十五条规定,企业所得税法第六条第(二)项所称提供劳务收入,是指企业从事建筑安装、修理修配、交通运输、仓储租赁、金融保险、邮电通信、咨询经纪、文化体育、科学研究、技术服务、教育培训、餐饮住宿、中介代理、卫生保健、社区服务、旅游、娱乐、加工,以及其他劳务服务活动取得的收入。

《企业所得税法实施条例》第二十三条规定,企业的下列生产经营业务可以分期确认收入的实现:

(1) 以分期收款方式销售货物的,按照合同约定的收款日期确认收入的实现。

(2) 企业受托加工制造大型机械设备、船舶、飞机,以及从事建筑、安装、装配工程业务或者提供其他劳务等,持续时间超过 12 个月的,按照纳税年度内完工进度或者完成的工作量确认收入的实现。

《企业所得税法实施条例》第三十七条规定,企业在生产经营活动中发生的合理的不需要资本化的借款费用,准予扣除。

企业为购置、建造固定资产、无形资产和经过 12 个月以上的建造才能达到预定可销售状态的存货发生借款的,在有关资产购置、建造期间发生的合理的借款费用,应当作为资本性支出计入有关资产的成本,并依照本条例的规定扣除。

《企业所得税法实施条例》第五十八条规定,固定资产按照以下方法确定计税基础:

(1) 外购的固定资产,以购买价款和支付的相关税费及直接归属于使该资产达到预定用途发生的其他支出为计税基础。

(2) 自行建造的固定资产,以竣工结算前发生的支出为计税基础。

(3) 融资租入的固定资产,以租赁合同约定的付款总额和承租人在签订租赁合同过程中发生的相关费用为计税基础,租赁合同未约定付款总额的,以该资产的公允价值和承租人在签订租赁合同过程中发生的相关费用为计税基础。

(4)盘盈的固定资产,以同类固定资产的重置完全价值为计税基础。

(5)通过捐赠、投资、非货币性资产交换、债务重组等方式取得的固定资产,以该资产的公允价值和支付的相关税费为计税基础。

(6)改建的固定资产,除企业所得税法第十三条第(一)项和第(二)项规定的支出外,以改建过程中发生的改建支出增加计税基础。

《企业所得税法实施条例》第六十八条规定,企业所得税法第十三条第(一)项和第(二)项所称固定资产的改建支出,是指改变房屋或者建筑物结构、延长使用年限等发生的支出。

企业所得税法第十三条第(一)项规定的支出,按照固定资产预计尚可使用年限分期摊销;第(二)项规定的支出,按照合同约定的剩余租赁期限分期摊销。

改建的固定资产延长使用年限的,除企业所得税法第十三条第(一)项和第(二)项规定外,应当适当延长折旧年限。

《国家税务总局关于跨地区经营建筑企业所得税征收管理问题的通知》(国税函〔2010〕156号)第二条规定,建筑企业所属二级或二级以下分支机构直接管理的项目部(包括与项目部性质相同的工程指挥部、合同段等,下同)不就地预缴企业所得税,其经营收入、职工工资和资产总额应汇总到二级分支机构统一核算,由二级分支机构按照国税发〔2008〕28号文件规定的办法预缴企业所得税。

《国家税务总局关于跨地区经营建筑企业所得税征收管理问题的通知》(国税函〔2010〕156号)第三条规定,建筑企业总机构直接管理的跨地区设立的项目部,应按项目实际经营收入的0.2%按月或按季由总机构向项目所在地预分企业所得税,并由项目部向所在地主管税务机关预缴。

《国家税务总局关于跨地区经营建筑企业所得税征收管理问题的通知》(国税函〔2010〕156号)第四条规定,建筑企业总机构应汇总计算企业应纳所得税,按照以下方法进行预缴:

(1)总机构只设跨地区项目部的,扣除已由项目部预缴的企业所得税后,按照其余额就地缴纳。

(2)总机构只设二级分支机构的,按照国税发〔2008〕28号文件规定计算总、分支机构应缴纳的税款。

(3)总机构既有直接管理的跨地区项目部,又有跨地区二级分支机构的,先扣除已由项目部预缴的企业所得税后,再按照国税发〔2008〕28号文件规定计算总、分支机构应缴纳的税款。

(二)申报表填报重点关注

【案例6-6】 甲公司跨省建造房屋,并在工程所在地税务机关按照0.2%预缴税款20 000元,甲公司2020年营业收入10 000 000元,营业成本8 000 000元,税会之间无差异,企业不符合税收优惠政策条件。汇缴申报如表6-2-1、表6-2-2所示。

表 6-2-1　　中华人民共和国企业所得税年度纳税申报表(A 类)(A100000)(局部)　　　单位：元

行次	类别	项目	金额
1	利润总额计算	一、营业收入(填写 A101010\101020\103000)	10 000 000
2		减：营业成本(填写 A102010\102020\103000)	8 000 000
24		税率(25%)	
31	应纳税额计算	八、实际应纳所得税额(28+29-30)	500 000
32		减：本年累计实际已缴纳的所得税额	20 000
33		九、本年应补(退)所得税额(31-32)	480 000

表 6-2-2　　　　　　　一般企业收入明细表(A101010)(局部)　　　　　　单位：元

行次	项目	金额
1	一、营业收入(2+9)	10 000 000
6	3.建造合同收入	10 000 000

(三) 常见涉税风险

1. 收入类涉税风险点

1) 未按完工进度确认收入

由于建筑产品施工期长、工程结算速度较慢等原因，部分建筑安装企业出于各种考虑，未对其工程项目按企业所得税政策规定的完工进度法(完工百分比法)及时结转收入、成本，导致申报不实。

2) 未按规定申报主体工程款之外的收入

因合同变更、索赔、奖励等方式形成的收入通过账外经营或者计入往来账。

3) 未按规定申报工程价款以外的各项收入

(1) 收取与工程相关的价外费用未确认收入，比如向甲方收取的临时设施费、施工机构迁移费、劳动保险费、安全施工费等收入未计入收入。

(2) 将钢模板、木模板、脚手架、机械设备出租取得租金未计入收入。

(3) 在项目竞标阶段收取的陪标费未计入收入。

(4) 随着建筑业技术含量的提高，规模较大的建筑企业通过提供专利权、非专利技术的使用权取得收入已经成为常态，企业未将其计入收入。

(5) 处置残余物资、边角废料取得的收益未计入收入。

4) 接受甲方抵债资产未按规定确认收入

由于建筑企业经常垫资施工，在发包方拖欠工程款后，建筑企业接收发包方以非货币性资产偿还债务的情况较为常见。由于部分抵债资产公允价值的确认缺乏相关证明或证据材料，可能存在公允价值认定偏低或不确认收入的风险。

5) 异地施工取得收入未按规定申报

(1) 有的建筑企业总机构在预缴申报和汇算清缴申报时，抵减了异地预缴税款，但是对应的工程进度款未纳入收入总额进行申报。

(2) 有的建筑企业对增值税进行了预缴申报，而相应的企业所得税收入没有按规定预缴申报。

2. 成本类涉税风险点

重点关注成本结转的配比性、成本构成的合理性以及成本发生的真实性。

1）未按规定结转成本

（1）企业为延迟缴纳当期企业所得税，混淆成本归属期，提前结转工程成本。

（2）将购进原材料不通过"原材料"等科目核算而直接在"工程施工"等科目一次性列支，导致企业毛利率低于行业正常水平，甚至出现收入和成本倒挂。

（3）企业临时设施按施工期计提固定资产折旧，导致折旧费超标准计入成本。

2）虚列材料成本风险

（1）非法取得建筑主材发票。

建筑企业虚列材料成本，现象较为常见。一是从水泥生产企业、富余票较多的钢材等建筑主材批发企业取得虚开发票；二是通过办税服务厅代开材料发票；三是冒用他人身份证办理税务登记，利用普惠性税收政策虚开材料发票。

（2）用其他材料发票代替砂石等原材料成本。

建筑企业购入砂石等原材料难以正常取得发票，企业通常将无法取得发票的原材料成本通过其他发票进行税前扣除。

3）虚列人工成本风险

（1）虚列员工工资、薪金。

企业通过虚假劳动合同构建雇佣关系，增加员工数量，增大职工薪酬的支付金额，减少企业所得税应纳税所得额。

（2）取得虚开劳务发票。

企业通过多取得劳务发票虚增劳务成本或者将其他与生产经营活动无关的费用以劳务项目进行列支，造成企业少缴企业所得税。

4）其他未按规定核算成本风险

（1）暂估入账成本税前未做纳税调整的风险。

企业支付了工程款、原材料采购款和劳务款，未及时取得发票，成本暂按合同或者预算暂估入账，在汇算清缴前未取得发票，未按规定进行纳税调整。

（2）未取得符合规定税前扣除凭证。

应当取得而未取得发票或者取得不合规发票作为税前扣除凭证。

3. 费用类涉税风险点

（1）通过虚假业务列支费用。例如，利用虚假业务增加运输费、装卸费、会议费、办公费、差旅费或者公司名下没有且未租赁汽车和工程机械，列支燃油费、修理费、过桥过路费等。

（2）根据计提费用税前扣除，存在只计提不缴纳或者多提少缴纳的情况，长期挂往来科目中，不作纳税调整。

4. 其他涉税风险点

建安企业到异地施工未及时申报企业所得税。

外地建安企业总机构直接管理的项目部未按规定办理《跨区域涉税事项报验登记》，以及开工后 6 个月内无企业所得税申报信息,可能存在未按规定向项目所在地申报企业所得税的风险。

第三节　银行企业纳税申报需要重点关注事项

为防范化解金融风险,提高金融企业抵御风险的能力,保障金融机构和金融市场平稳运行,同时为了继续助力金融服务实体经济,引导信贷资金向"三农"领域和中小企业流动,促进产业结构优化升级。财政部、税务总局相继联合发布《关于金融企业贷款损失准备金企业所得税税前扣除有关政策的公告》(财政部　税务总局公告 2019 年第 86 号)、《关于金融企业涉农贷款和中小企业贷款损失准备金税前扣除有关政策的公告》(财政部　税务总局公告 2019 年第 85 号),两项政策执行期自 2019 年 1 月 1 日起至 2023 年 12 月 31 日,为金融企业贷款损失准备金税前扣除的重要依据。本节主要解读金融企业贷款损失准备金的填报。

一、相关规定

《财政部　税务总局关于金融企业涉农贷款和中小企业贷款损失准备金税前扣除有关政策的公告》(财政部　税务总局公告 2019 年第 85 号,以下简称 85 号公告)第一条规定,金融企业根据《贷款风险分类指引》(银监发〔2007〕54 号),对其涉农贷款和中小企业贷款进行风险分类后,按照以下比例计提的贷款损失准备金,准予在计算应纳税所得额时扣除:

(1) 关注类贷款,计提比例为 2%。
(2) 次级类贷款,计提比例为 25%。
(3) 可疑类贷款,计提比例为 50%。
(4) 损失类贷款,计提比例为 100%。

85 号公告第二条规定,本公告所称涉农贷款,是指《涉农贷款专项统计制度》(银发〔2007〕246 号)统计的以下贷款:

(1) 农户贷款。
(2) 农村企业及各类组织贷款。

上述所称农户贷款,是指金融企业发放给农户的所有贷款。农户贷款的判定应以贷款发放时的承贷主体是否属于农户为准。农户,是指长期(一年以上)居住在乡镇(不包括城关镇)行政管理区域内的住户,还包括长期居住在城关镇所辖行政村范围内的住户和户口不在本地而在本地居住一年以上的住户,国有农场的职工和农村个体工商户。位于乡镇(不包括城关镇)行政管理区域内和在城关镇所辖行政村范围内的国有经济的机关、团体、学校、企事业单位的集体户;有本地户口,但举家外出谋生一年以上的住户,无论是否保留承包耕地均不属于农户。农户以户为统计单位,既可以从事农业生产经营,也可以从事非农业生产经营。

上述所称农村企业及各类组织贷款,是指金融企业发放给注册地位于农村区域的企业及各类组织的所有贷款。农村区域,是指除地级及以上城市的城市行政区及其市辖建制镇之外的区域。

85号公告第三条规定,本公告所称中小企业贷款,是指金融企业对年销售额和资产总额均不超过2亿元的企业的贷款。

85号公告第四条规定,金融企业发生的符合条件的涉农贷款和中小企业贷款损失,应先冲减已在税前扣除的贷款损失准备金,不足冲减部分可据实在计算应纳税所得额时扣除。

85号公告第五条规定,本公告自2019年1月1日起执行至2023年12月31日。

《财政部 税务总局关于金融企业贷款损失准备金企业所得税税前扣除有关政策的公告》(财政部 税务总局公告2019年第86号,以下简称86号公告)第一条规定,金融企业准予税前提取贷款损失准备金的贷款资产范围包括:

(1)贷款(含抵押、质押、保证、信用等贷款)。

(2)银行卡透支、贴现、信用垫款(含银行承兑汇票垫款、信用证垫款、担保垫款等)、进出口押汇、同业拆出、应收融资租赁款等具有贷款特征的风险资产。

(3)由金融企业转贷并承担对外还款责任的国外贷款,包括国际金融组织贷款、外国买方信贷、外国政府贷款、日本国际协力银行不附条件贷款和外国政府混合贷款等资产。

86号公告第二条规定,金融企业准予当年税前扣除的贷款损失准备金计算公式如下:

$$\text{准予当年税前扣除的贷款损失准备金} = \text{本年年末准予提取贷款损失准备金的贷款资产余额} \times 1\% - \text{截至上年年末已在税前扣除的贷款损失准备金的余额}$$

金融企业按上述公式计算的数额如为负数,应当相应调增当年应纳税所得额。

86号公告第三条规定,金融企业的委托贷款、代理贷款、国债投资、应收股利、上交央行准备金,以及金融企业剥离的债权和股权、应收财政贴息、央行款项等不承担风险和损失的资产,以及除本公告第一条列举资产之外的其他风险资产,不得提取贷款损失准备金在税前扣除。

86号公告第四条规定,金融企业发生的符合条件的贷款损失,应先冲减已在税前扣除的贷款损失准备金,不足冲减部分可据实在计算当年应纳税所得额时扣除。

86号公告第五条规定,金融企业涉农贷款和中小企业贷款损失准备金的税前扣除政策,凡按照《财政部 税务总局关于金融企业涉农贷款和中小企业贷款损失准备金税前扣除有关政策的公告》(财政部 税务总局公告2019年第85号)的规定执行的,不再适用本公告第一条至第四条的规定。

86号公告第六条规定,本公告自2019年1月1日起执行至2023年12月31日。

《国家税务总局关于发布〈企业资产损失所得税税前扣除管理办法〉的公告》(国家税务总局公告2011年第25号)第四十条规定,企业债权投资损失应依据投资的原始凭证、合同或协议、会计核算资料等相关证据材料确认。下列情况债权投资损失的,还应出具相关证据材料:

(1)债务人或担保人依法被宣告破产、关闭、被解散或撤销、被吊销营业执照、失踪或者死亡等,应出具资产清偿证明或者遗产清偿证明。无法出具资产清偿证明或者遗产清偿证明,且上述事项超过3年以上的,或债权投资(包括信用卡透支和助学贷款)余额在300万元以下的,应出具对应的债务人和担保人破产、关闭、解散证明、撤销文件、工商行政管理部门注销证明或查询证明以及追索记录等(包括司法追索、电话追索、信件追索和上门追索等原始记录)。

(2) 债务人遭受重大自然灾害或意外事故,企业对其资产进行清偿和对担保人进行追偿后,未能收回的债权,应出具债务人遭受重大自然灾害或意外事故证明、保险赔偿证明、资产清偿证明等。

(3) 债务人因承担法律责任,其资产不足归还所借债务,又无其他债务承担者的,应出具法院裁定证明和资产清偿证明。

(4) 债务人和担保人不能偿还到期债务,企业提出诉讼或仲裁的,经人民法院对债务人和担保人强制执行,债务人和担保人均无资产可执行,人民法院裁定终结或终止(中止)执行的,应出具人民法院裁定文书。

(5) 债务人和担保人不能偿还到期债务,企业提出诉讼后被驳回起诉的、人民法院不予受理或不予支持的,或经仲裁机构裁决免除(或部分免除)债务人责任,经追偿后无法收回的债权,应提交法院驳回起诉的证明,或法院不予受理或不予支持证明,或仲裁机构裁决免除债务人责任的文书。

(6) 经国务院专案批准核销的债权,应提供国务院批准文件或经国务院同意后由国务院有关部门批准的文件。

二、申报表填报重点关注

(一) 资产损失税前扣除及纳税调整明细表

表 6-3-1　　　　资产损失税前扣除及纳税调整明细表(A105090)(局部)

行次	项目	资产损失直接计入本年损益金额	资产损失准备金核销金额	资产处置收入	赔偿收入	资产计税基础	资产损失的税收金额	纳税调整金额
		1	2	3	4	5	6(5-3-4)	7
16	八、债权性投资损失(17+23)							
17	(一) 金融企业债权性投资损失(18+22)							
18	1. 贷款损失							
19	其中:符合条件的涉农和中小企业贷款损失							
20	其中:单户贷款余额 300 万(含)以下的贷款损失							
21	单户贷款余额 300 万元至 1 000 万元(含)的贷款损失							
22	2. 其他债权性投资损失							
29	合计(1+2+5+7+9+12+14+16+24+26+27+28)							
30	其中:分支机构留存备查的资产损失							

第 16 行"八、债权性投资损失"：填报纳税人当年发生的债权性投资损失的账载金额、资产损失准备金核销金额、资产处置收入、赔偿收入、资产计税基础、资产损失的税收金额及纳税调整金额。

第 17 行"（一）金融企业债权性投资损失"：填报金融企业当年发生的债权性投资损失的账载金额、资产损失准备金核销金额、资产处置收入、赔偿收入、资产计税基础、资产损失的税收金额及纳税调整金额。

第 18 行"1.贷款损失"：填报金融企业当年发生的贷款损失的账载金额、资产损失准备金核销金额、资产处置收入、赔偿收入、资产计税基础、资产损失的税收金额及纳税调整金额。

第 19 行"符合条件的涉农和中小企业贷款损失"：填报金融企业当年发生的，符合规定条件的涉农和中小企业贷款形成的资产损失的账载金额、资产损失准备金核销金额、资产处置收入、赔偿收入、资产计税基础、资产损失的税收金额及纳税调整金额。

第 20 行"单户贷款余额 300 万（含）以下的贷款损失"：填报金融企业当年发生的符合条件的涉农和中小企业贷款损失中，单户贷款余额 300 万（含）以下的资产损失的账载金额、资产损失准备金核销金额、资产处置收入、赔偿收入、资产计税基础、资产损失的税收金额及纳税调整金额。

第 21 行"单户贷款余额 300 万元至 1 000 万元（含）的贷款损失"：填报金融企业当年发生的符合条件的涉农和中小企业贷款损失中，单户余额 300 万元至 1 000 万元（含）的资产损失的账载金额、资产损失准备金核销金额、资产处置收入、赔偿收入、资产计税基础、资产损失的税收金额及纳税调整金额。

第 22 行"2.其他债权性投资损失"：填报金融企业当年发生的，除贷款损失以外的其他债权性投资损失的账载金额、资产损失准备金核销金额、资产处置收入、赔偿收入、资产计税基础、资产损失的税收金额及纳税调整金额。

第 1 列"资产损失直接计入本年损益金额"：填报纳税人会计核算计入当期损益的对应项目的资产损失金额，不包含当年度通过准备金项目核销的资产损失金额。

第 2 列"资产损失准备金核销金额"：填报纳税人会计核算当年度通过准备金项目核销的资产损失金额。

第 3 列"资产处置收入"：填报纳税人处置发生损失的资产可收回的残值或处置收益。

第 4 列"赔偿收入"：填报纳税人发生的资产损失，取得的相关责任人、保险公司赔偿的金额。

第 5 列"资产计税基础"：填报纳税人按税收规定计算的发生损失时资产的计税基础，含损失资产涉及的不得抵扣增值税进项税额。

第 6 列"资产损失的税收金额"：填报按税收规定允许当期税前扣除的资产损失金额，按第 5－3－4 列金额填报。

第 7 列"纳税调整金额"：政策性银行、商业银行、财务公司、城乡信用社、金融租赁公司以及经省级金融管理部门（金融办、局等）批准成立的小额贷款公司第 1 至 15 行、第 24 至 26 行、第 28 行填报第 1－6 列金额；第 17 至 22 行、第 27 行填报第 1＋2－6 列金额。其他企业填报第 1－6 列金额。

(二) 资产损失准备金及纳税调整明细表

表 6-3-2　　　　贷款损失准备金及纳税调整明细表(A105120)(局部)

行次	项目	账载金额				税收金额						纳税调整金额
		上年末贷款资产余额	本年末贷款资产余额	上年末贷款损失准备金余额	本年末贷款损失准备金余额	上年末准予提取贷款损失准备金的贷款资产余额	本年末准予提取贷款损失准备金的贷款资产余额	计提比例	按本年末准予提取贷款损失准备金的贷款资产余额与计提比例计算的准备金额	截至上年末已在税前扣除的贷款损失准备金的余额	准予当年税前扣除的贷款损失准备金	
		1	2	3	4	5	6	7	8 (6×7)	9	10(4与8的孰小值－9)	11(4－3－10)
1	一、金融企业(2+3)							*				
2	（一）贷款损失准备金			*	*			1%		*	*	*
3	（二）涉农和中小企业贷款损失准备金					*	*	*				
4	其中：关注类贷款			*	*			2%		*	*	*
5	次级类贷款							25%		*	*	*
6	可疑类贷款							50%				
7	损失类贷款			*	*			100%		*	*	*
8	二、小额贷款公司							1%				
9	三、其他											
10	合计(1+8+9)							*				

本表适用于发生贷款损失准备金的金融企业、小额贷款公司纳税人填报。纳税人根据税法、《财政部　税务总局关于金融企业贷款损失准备金企业所得税税前扣除有关政策的公告》(财政部　税务总局公告2019年第86号)、《财政部　税务总局关于金融企业涉农贷款和中小企业贷款损失准备金税前扣除有关政策的公告》(财政部　税务总局公告2019年第85号)、《财政部　税务总局关于延续实施普惠金融有关税收优惠政策的公告》(财政部　税务总局公告2020年第22号)等相关规定，以及国家统一企业会计制度，填报贷款损失准备金会计处理、税收规定及纳税调整情况。只要会计上发生贷款损失准备金，不论是否纳税调整，均需填报。

第1列"上年末贷款资产余额"：填报纳税人会计核算的上年末贷款资产余额。

第2列"本年末贷款资产余额"：填报纳税人会计核算的本年末贷款资产余额。

第3列"上年末贷款损失准备金余额"：填报纳税人会计核算的上年末贷款损失准备金余额。

第4列"本年末贷款损失准备金余额"：填报纳税人会计核算的本年末贷款损失准备金余额。

第5列"上年末准予提取贷款损失准备金的贷款资产余额"：填报纳税人按照税收规定上年末准予提取贷款损失准备金的贷款资产余额。

第6列"本年末准予提取贷款损失准备金的贷款资产余额"：填报纳税人按照税收规定本年末准予提取贷款损失准备金的贷款资产余额。

第7列"计提比例":填报纳税人对应贷款按照税收规定准予计提贷款损失准备金的比例。

第8列"按本年末准予提取贷款损失准备金的贷款资产余额与计提比例计算的准备金额":填报纳税人按照税收规定根据按本年末准予提取贷款损失准备金的贷款资产余额与计提比例计算的准备金额。

第9列"截至上年末已在税前扣除的贷款损失准备金的余额":填报纳税人按照税收规定截至上年末已在税前扣除的贷款损失准备金的余额。

第10列"准予当年税前扣除的贷款损失准备金":填报第4列与第8列的孰小值-第9列金额。

第11列:"纳税调整金额":填报第4-3-10列金额。

第1行"一、金融企业":填报金融企业贷款损失准备金的纳税调整情况。

第2行"(一)贷款损失准备金":填报金融企业执行《财政部 税务总局关于金融企业贷款损失准备金企业所得税税前扣除有关政策的公告》(财政部 税务总局公告2019年第86号)规定的贷款资产的情况。

第3行"(二)涉农和中小企业贷款损失准备金":填报金融企业执行《财政部 税务总局关于金融企业涉农贷款和中小企业贷款损失准备金税前扣除有关政策的公告》(财政部 税务总局公告2019年第85号)规定的涉农和中小企业贷款资产的情况。

第4行"其中:关注类贷款":填报涉农和中小企业贷款中关注类贷款资产的情况。

第5行"次级类贷款":填报涉农和中小企业贷款中次级类贷款资产的情况。

第6行"可疑类贷款":填报涉农和中小企业贷款中可疑类贷款资产的情况。

第7行"损失类贷款":填报涉农和中小企业贷款中损失类贷款资产的情况。

第8行"二、小额贷款公司":填报经省级金融管理部门批准成立的小额贷款公司贷款损失准备金的纳税调整情况。

第9行"三、其他":填报除上述列举情形外的贷款损失准备金的纳税调整情况。

第10行"合计":填报第1+8+9行的合计金额。

(三)纳税调整项目明细表

表6-3-3　　　　　　　　纳税调整项目明细表(A105000)(局部)

行次	项目	账载金额	税收金额	调增金额	调减金额
		1	2	3	4
1	一、收入类调整项目(2+3+…8+10+11)	*	*		
11	(九)其他				
31	三、资产类调整项目(32+33+34+35)	*	*		
34	(三)资产损失(填写A105090)	*	*		
36	四、特殊事项调整项目(37+38+…+43)	*	*		
39	(三)特殊行业准备金(39.1+39.2+39.4+39.5+39.6+39.7)	*	*		
39.7	6.金融企业、小额贷款公司准备金(填写A105120)	*	*		
46	合计(1+12+31+36+44+45)	*	*		

第 11 行"(九)其他":填报其他因会计处理与税收规定有差异需纳税调整的收入类项目金额。若第 2 列≥第 1 列,第 3 列"调增金额"填报第 2－1 列金额。若第 2 列＜第 1 列,第 4 列"调减金额"填报第 2－1 列金额的绝对值。

第 34 行"(三)资产损失":根据《资产损失税前扣除及纳税调整明细表》(A105090)填报。若表 A105090 第 29 行第 7 列≥0,第 3 列"调增金额"填报表 A105090 第 29 行第 7 列金额。若表 A105090 第 29 行第 7 列＜0,第 4 列"调减金额"填报表 A105090 第 29 行第 7 列金额的绝对值。

第 39.7 行"6.金融企业、小额贷款公司准备金":根据《贷款损失准备金及纳税调整明细表》(A105120)填报。若表 A105120 第 10 行第 11 列≥0,第 3 列"调增金额"填报表 A105120 第 10 行第 11 列金额。若表 A105120 第 10 行第 11 列＜0,第 4 列"调减金额"填报表 A105120 第 10 行第 11 列金额的绝对值。

三、常见涉税风险

(一)关于贷款资产税前扣除计提比例选择适用问题

在贷款资产税前扣除比例的选择适用上,银行企业应注意以下问题:一是如果企业选择适用财政部、税务总局公告 2019 年第 85 号文件,则应该按照关注类贷款计提比例 2%、次级类贷款计提比例 25%、可疑类贷款计提比例 50%、损失类贷款计提比例 100%对涉农贷款和中小企业贷款进行税前扣除比例计提,同时正常类涉农和中小企业贷款,以及其他可税前计提准备金的贷款风险资产则按照财政部、税务总局公告 2019 年第 86 号文件规定,按照 1%进行计提并税前扣除;二是如果企业只选择适用财政部、税务总局公告 2019 年第 86 号文件,则所有可税前计提准备金的贷款风险资产按照 1%比例进行税前计提扣除。

(二)怎样理解"金融企业发生的符合条件的贷款损失,应先冲减已在税前扣除的贷款损失准备金"

这里的先冲减已在税前扣除的贷款损失准备金应理解为冲减已在上年度末累计进行税前扣除的贷款损失准备金。即企业所得税上的业务逻辑和会计处理逻辑保持一致,会计上在计算贷款损失时,本年度末账面计提或冲销的贷款损失准备 A＝按会计规定本年度末允许计提贷款损失准备的资产余额×计提比率－(期初贷款损失准备账面余额－本年度账务已核销的贷款损失＋本年度收回以前年度已核销的贷款损失);在税收处理上,本年度允许扣除的贷款损失准备 B＝按税法规定本年末允许计提贷款损失准备的资产余额×扣除比率－(截至上年度末累计扣除的贷款损失准备－本年度允许税前扣除的贷款损失＋本年度收回以前年度已获得扣除的贷款损失),即和会计处理一样,冲减本年发生的符合条件的贷款损失在前,再计提准予当年税前扣除的贷款损失准备金。值得注意的是,当 A＞B 时,应调增所得额 A－B,A＜B 时,应调减所得额 B－A,纳税人应通过上述前例案例填报方法对该项业务进行纳税调整。

注:在此次修订的年度申报表中,对金融企业贷款损失准备金的填报做出了重大的调整,对"本年度末账面计提或冲销的贷款损失准备 A"按照计算逻辑,拆解成了三部分,再对应税法部分进行税会差异调整。

四、申报表填报案例解析

【案例6-7】(1)假设A银行在2019年年末应计提贷款损失准备的贷款资产余额100亿元,按会计比例应计提准备金1亿元,账面贷方余额0.5亿元,则年终补提贷款损失准备:

借:信用减值损失　　　　　　　　　　　　　　　　　　　　　50 000 000
　　贷:贷款损失准备　　　　　　　　　　　　　　　　　　　　　50 000 000

此时,银行2019年年末会计上贷款损失准备金期末账面余额(贷方)为1亿元,即2020年期初余额1亿元。

(2)2020年年度中间,银行发生贷款资产核销时企业冲减贷款减值准备2 000万元:

借:贷款损失准备　　　　　　　　　　　　　　　　　　　　　20 000 000
　　贷:贷款　　　　　　　　　　　　　　　　　　　　　　　　　20 000 000

(3)2020年度中间,银行收回以前年度已核销的贷款1 000万元:

借:贷款　　　　　　　　　　　　　　　　　　　　　　　　　10 000 000
　　贷:贷款损失准备　　　　　　　　　　　　　　　　　　　　　10 000 000

借:吸收存款　　　　　　　　　　　　　　　　　　　　　　　10 000 000
　　贷:贷款　　　　　　　　　　　　　　　　　　　　　　　　　10 000 000

(4)2020年年末,该银行会计上需要计提贷款损失准备金的贷款资产总额为200亿元,按计提比例计算出年末贷款损失准备金余额为2.5亿元,则2020年年末银行需补提贷款损失准备金为2.5−(1−0.2+0.1)=1.6(亿元),会计处理:

借:信用减值损失　　　　　　　　　　　　　　　　　　　　　160 000 000
　　贷:贷款损失准备　　　　　　　　　　　　　　　　　　　　　160 000 000

即当年度会计上计提贷款损失准备金而进入损益的金额为(2.5−1)+0.2−0.1=1.6(亿元)。

【解析】 假设该企业2019年已在税前扣除的贷款损失准备金为1亿元,2020年年末贷款按照税法1%比例计算的贷款资产准备金为2亿元,则当年准予税前扣除的贷款损失准备金为2−1=1(亿元);另假设A银行2020年发生的0.2亿元贷款损失中有0.18亿元符合税前扣除条件,2020年收回的以前年度已核销资产0.1亿元中有0.05亿元已税前扣除,另0.05亿元在2019年不符合税前扣除条件未税前扣除。

假设A银行不涉及涉农和中小企业贷款,税收上贷款损失准备金按本年年末准予提取贷款损失准备金的贷款资产余额的1%计算。则A银行年度纳税申报时,申报表如表6-3-4所示。

(1)准备金纳税调整。

第六章 特定企业纳税申报需要重点关注事项

表6-3-4 贷款损失准备金及纳税调整明细表（A105120）

单位：元

行次	项目	账载金额			税收金额						
		上年末贷款资产余额	本年末贷款资产余额	上年末贷款损失准备金余额	本年末贷款损失准备金余额	上年末准予提取损失准备金的贷款资产余额	本年末准予提取损失准备金的贷款资产余额	计提比例	按本年末准予提取贷款损失准备金的贷款资产余额与计提比例计算的准备金额	截至上年末已在税前扣除的贷款损失准备金的余额	准予当年税前扣除的贷款损失准备金	纳税调整金额
		1	2	3	4	5	6	7	8(6×7)	9	10(4与8的款小值-9)	11(4-3-10)
1	一、金融企业(2+3)	10 000 000 000	20 000 000 000	100 000 000	250 000 000	10 000 000 000	20 000 000 000	*	200 000 000	100 000 000	100 000 000	50 000 000
2	（一）贷款损失准备金	10 000 000 000	20 000 000 000	*	*	10 000 000 000	20 000 000 000	1%	200 000 000	*	*	*
3	（二）涉农和中小企业贷款损失准备金			*	*			*		*	*	*
4	其中：关注类贷款			*	*			2%		*	*	*
5	次级类贷款			*	*			25%		*	*	*
6	可疑类贷款			*	*			50%		*	*	*
7	损失类贷款			*	*			100%		*	*	*
8	二、小额贷款公司							1%				
9	三、其他							*				
10	合计(1+8+9)	10 000 000 000	20 000 000 000	100 000 000	250 000 000	10 000 000 000	20 000 000 000	*	200 000 000	100 000 000	100 000 000	50 000 000

(2) 已核销贷款损失调整。

表 6-3-5　　　　　　　资产损失税前扣除及纳税调整明细表(A105090)(局部)　　　　　　单位：元

行次	项目	资产损失直接计入本年损益金额	资产损失准备金核销金额	资产处置收入	赔偿收入	资产计税基础	资产损失的税收金额	纳税调整金额
		1	2	3	4	5	6(5-3-4)	7
16	八、债权性投资损失(17+23)	0	20 000 000	0	0	18 000 000	18 000 000	2 000 000
17	(一)金融企业债权性投资损失(18+22)	0	20 000 000	0	0	18 000 000	18 000 000	2 000 000
18	1. 贷款损失	0	20 000 000	0	0	18 000 000	18 000 000	2 000 000
19	其中：符合条件的涉农和中小企业贷款损失							
20	其中：单户贷款余额 300 万(含)以下的贷款损失							
21	单户贷款余额 300 万元至 1 000 万元(含)的贷款损失							
22	2. 其他债权性投资损失							
29	合计(1+2+5+7+9+12+14+16+24+26+27+28)	0	20 000 000	0	0	18 000 000	18 000 000	2 000 000
30	其中：分支机构留存备查的资产损失							

(3) 收回已核销贷款损失纳税调整。

表 6-3-6　　　　　　　纳税调整项目明细表(A105000)(局部)　　　　　　单位：元

行次	项目	账载金额	税收金额	调增金额	调减金额
		1	2	3	4
1	一、收入类调整项目(2+3+…8+10+11)	*	*		
11	(九)其他	10 000 000	5 000 000		5 000 000
31	三、资产类调整项目(32+33+34+35)	*	*		
34	(三)资产损失(填写 A105090)	*	*		
36	四、特殊事项调整项目(37+38+…+43)				
39	(三)特殊行业准备金(39.1+39.2+39.4+39.5+39.6+39.7)	*	*		
39.7	6. 金融企业、小额贷款公司准备金(填写 A105120)	*	*		
46	合计(1+12+31+36+44+45)	*	*		

注：已核销贷款损失，在会计处理上，其在核销当年相当于冲减了损益，收回时相当于冲减损益的转回，即增加了营业利润，因此，对于其中一部分在以前年度未税前扣除的已核销贷款损失，由于其不符合税法扣除条件，在会计核销当年即进行了纳税调增，收回时由于会计上增加损益而再一次参与应纳所得税额的计算，因此需进行相应的纳税调减[一般建议在表 A105000 纳税调整表的第 11 行"(九)其他"栏次进行调整]；对于其中另一部分在以前年度已税前扣除的已核销贷款损失，其核销时冲减损益，收回时冲减损益转回，因此不需进行纳税调整。

(4) 合计调整。

表 6-3-7　　　　　　纳税调整项目明细表(A105000)(局部)　　　　　　单位：亿元

行次	项　目	账载金额 1	税收金额 2	调增金额 3	调减金额 4
1	一、收入类调整项目(2+3+…8+10+11)	*	*		5 000 000
11	（九）其他	10 000 000	5 000 000		5 000 000
31	三、资产类调整项目(32+33+34+35)	*	*	2 000 000	
34	（三）资产损失(填写 A105090)	*	*	2 000 000	
36	四、特殊事项调整项目(37+38+…+43)	*	*	50 000 000	
39	（三）特殊行业准备金(39.1+39.2+39.4+39.5+39.6+39.7)	*	*	50 000 000	
39.7	6.金融企业、小额贷款公司准备金(填写 A105120)	*	*	50 000 000	
46	合计(1+12+31+36+44+45)	*	*	52 000 000	5 000 000

综上，该银行贷款损失准备金合计纳税调增金额＝0.52－0.05＝0.47(亿元)。即本年度末账面计提或冲销的贷款损失准备 A＝按会计规定本年度末允许计提贷款损失准备的资产余额×计提比率－(期初贷款损失准备账面余额－本年度账务已核销的贷款损失＋本年度收回以前年度已核销的贷款损失)＝2.5－(1－0.2＋0.1)＝1.6(亿元)；本年度允许扣除的贷款损失准备 B＝按税法规定本年末允许计提贷款损失准备的资产余额×扣除比率－(截至上年度末累计扣除的贷款损失准备－本年度允许税前扣除的贷款损失＋本年度收回以前年度已获得扣除的贷款损失)＝2－(1－0.18＋0.05)＝1.13(亿元)，A－B＝0.47(亿元)，纳税调增 0.47 亿元。

第四节　证券企业纳税申报需要重点关注事项

证券企业的企业所得税纳税申报应重点关注证券行业准备金支出的税前扣除问题。

一、相关规定

《关于证券行业准备金支出企业所得税税前扣除有关政策问题的通知》(财税〔2017〕23号)规定如下。

1) 证券交易所风险基金

上海、深圳证券交易所依据《证券交易所风险基金管理暂行办法》(证监发〔2000〕22号)的有关规定，按证券交易所交易收取经手费的 20%、会员年费的 10% 提取的证券交易所风险基金，在各基金净资产不超过 10 亿元的额度内，准予在企业所得税税前扣除。

2) 证券结算风险基金

(1) 中国证券登记结算公司所属上海分公司、深圳分公司依据《证券结算风险基金管理办法》(证监发〔2006〕65号)的有关规定，按证券登记结算公司业务收入的 20% 提取的证券结算风险基金,在各基金净资产不超过 30 亿元的额度内,准予在企业所得税税前扣除。

(2) 证券公司依据《证券结算风险基金管理办法》(证监发〔2006〕65 号)的有关规定,作为结算会员按人民币普通股和基金成交金额的十万分之三、国债现货成交金额的十万分之一、1 天期国债回购成交额的千万分之五、2 天期国债回购成交额的千万分之十、3 天期国债回购成交额的千万分之十五、4 天期国债回购成交额的千万分之二十、7 天期国债回购成交额的千万分之五十、14 天期国债回购成交额的十万分之一、28 天期国债回购成交额的十万分之二、91 天期国债回购成交额的十万分之六、182 天期国债回购成交额的十万分之十二逐日交纳的证券结算风险基金,准予在企业所得税税前扣除。

3) 证券投资者保护基金

(1) 上海、深圳证券交易所依据《证券投资者保护基金管理办法》(证监会令第 27 号、第 124 号)的有关规定,在风险基金分别达到规定的上限后,按交易经手费的 20%缴纳的证券投资者保护基金,准予在企业所得税税前扣除。

(2) 证券公司依据《证券投资者保护基金管理办法》(证监会令第 27 号、第 124 号)的有关规定,按其营业收入 0.5%~5%缴纳的证券投资者保护基金,准予在企业所得税税前扣除。

二、申报表填报重点关注

表 6-4-1　　　　　　　　　纳税调整项目明细表(A105000)(局部)

行次	项　　目	账载金额	税收金额	调增金额	调减金额
		1	2	3	4
36	四、特殊事项调整项目(37+38+…+43)	*	*		
39.4	3.证券行业准备金				
46	合计(1+12+31+36+44+45)	*	*		

第 39.4 行"3.证券行业准备金":第 1 列"账载金额"填报纳税人会计核算的证券行业准备金的金额。第 2 列"税收金额"填报按照税收规定允许税前扣除的金额。若第 1 列≥第 2 列,第 3 列"调增金额"填报第 1-2 列金额。若第 1 列<第 2 列,第 4 列"调减金额"填报第 1-2 列金额的绝对值。

三、申报表填报案例解析

【案例 6-8】 A 证券公司 2020 年度营业收入 20 亿元,按人民币普通股和基金成交金额的十万分之三缴纳证券结算风险基金 5 000 万元,按 0.5%的比例缴纳证券投资者保护基金。

则相应会计处理为(单位:万元):

借:管理费用——投资者保护基金　　　　　　　　　　　　　　　10 000
　　　　　　——结算风险基金　　　　　　　　　　　　　　　　 5 000
　　贷:银行存款　　　　　　　　　　　　　　　　　　　　　　15 000

【解析】 该证券公司按照规定缴纳的证券投资者保护基金和证券结算风险基金允许税前扣除,不论是否纳税调整,均需填报表A105000。申报表填报如6-4-2所示。

表 6-4-2　　　　　　纳税调整项目明细表(A105000)(局部)　　　　　　单位:元

行次	项　目	账载金额	税收金额	调增金额	调减金额
		1	2	3	4
36	四、特殊事项调整项目(37+38+…+43)	*	*		
39.4	3.证券行业准备金	150 000 000	150 000 000	0	0
46	合计(1+12+31+36+44+45)	*	*		

第五节　保险企业纳税申报需要重点关注事项

随着银行保险及其他专业保险代理渠道的快速发现,保险中介已经成为我国保险产品的主要渠道。手续费及佣金支出作为保险企业向保险中介支付的销售费用,成为目前保险公司重要的成本费用项目之一。因此,本节主要对保险企业佣金及手续费支出税前扣除政策规定与填报进行解析。

一、相关规定

《财政部　税务总局关于保险企业手续费及佣金支出税前扣除政策的公告》(财政部税务总局公告2019年第72号)规定,保险企业发生与其经营活动有关的手续费及佣金支出,不超过当年全部保费收入扣除退保金等后余额的18%(含本数)的部分,在计算应纳税所得额时准予扣除;超过部分,允许结转以后年度扣除。

保险企业发生的手续费及佣金支出税前扣除的其他事项继续按照《财政部　国家税务总局关于企业手续费及佣金支出税前扣除政策的通知》(财税〔2009〕29号)中第二条至第五条相关规定处理。保险企业应建立健全手续费及佣金的相关管理制度,并加强手续费及佣金结转扣除的台账管理。

《财政部　国家税务总局关于企业手续费及佣金支出税前扣除政策的通知》(财税〔2009〕29号)第二条规定,企业应与具有合法经营资格中介服务企业或个人签订代办协议或合同,并按国家有关规定支付手续费及佣金。除委托个人代理外,企业以现金等非转账方式支付的手续费及佣金不得在税前扣除。企业为发行权益性证券支付给有关证券承销机构的手续费及佣金不得在税前扣除。

《财政部　国家税务总局关于企业手续费及佣金支出税前扣除政策的通知》(财税〔2009〕29号)第三条规定,企业不得将手续费及佣金支出计入回扣、业务提成、返利、进场费等费用。

《财政部　国家税务总局关于企业手续费及佣金支出税前扣除政策的通知》(财税〔2009〕29号)第四条规定,企业已计入固定资产、无形资产等相关资产的手续费及佣金支出,应当通过折旧、摊销等方式分期扣除,不得在发生当期直接扣除。

《财政部 国家税务总局关于企业手续费及佣金支出税前扣除政策的通知》(财税〔2009〕29号)第五条规定,企业支付的手续费及佣金不得直接冲减服务协议或合同金额,并如实入账。

二、申报表填报重点关注

表6-5-1　　广告费和业务宣传费等跨年度纳税调整明细表(A105060)

行次	项目	广告费和业务宣传费	保险企业手续费及佣金支出
		1	2
1	一、本年支出		
2	减:不允许扣除的支出		
3	二、本年符合条件的支出(1−2)		
4	三、本年计算扣除限额的基数		
5	乘:税收规定扣除率		
6	四、本企业计算的扣除限额(4×5)		
7	五、本年结转以后年度扣除额 (3＞6,本行=3−6;3≤6,本行=0)		
8	加:以前年度累计结转扣除额		
9	减:本年扣除的以前年度结转额 〔3＞6,本行=0;3≤6,本行=8与(6−3)孰小值〕		
10	六、按照分摊协议归集至其他关联方的金额(10≤3与6孰小值)		*
11	按照分摊协议从其他关联方归集至本企业的金额		*
12	七、本年支出纳税调整金额 (3＞6,本行=2+3−6+10−11;3≤6,本行=2+10−11−9)		
13	八、累计结转以后年度扣除额(7+8−9)		

第1列"广告费和业务宣传费":填报广告费和业务宣传费会计处理、税收规定,以及跨年度纳税调整情况。

第2列"保险企业手续费及佣金支出":填报保险企业手续费及佣金支出会计处理、税收规定,以及跨年度纳税调整情况。

第1行"一、本年支出":填报纳税人计入本年损益的支出金额。

第2行"减:不允许扣除的支出":填报税收规定不允许扣除的支出金额。

第3行"二、本年符合条件的支出":填报第1−2行的余额。

注:第1至3行主要是计算符合税法规定的手续费及佣金支出:以会计核算计入当期损益的手续费及佣金支出,扣减按照税收规定不允许税前扣除的手续费及佣金支出金额,得出"本年符合条件的支出"。"符合条件"不考虑扣除限额的问题,主要指计算出的保险企

业发生的手续费及佣金支出,要符合实际发生、与其经营活动直接相关、合理性等税前扣除的一般原则,且取得的扣除凭证符合真实性、合法性和关联性要求。

第4行"三、本年计算扣除限额的基数":填报按照税收规定计算扣除限额的基数。"广告费和业务宣传费"列次填写计算扣除限额的当年销售（营业）收入。"保险企业手续费及佣金支出"列次填报当年保险企业全部保费收入扣除退保金等后余额。

第5行"税收规定扣除率":填报税收规定的扣除比例。

第6行"四、本企业计算的扣除限额":填报第4×5行的金额。

注：第4至6行计算扣除限额,保险企业当年全部保费收入扣除退保金等后余额,乘以税收规定的扣除比例,得出本企业当年度手续费及佣金的扣除限额。

第7行"五、本年结转以后年度扣除额":若第3行＞第6行,填报第3－6行的余额;若第3行≤第6行,填报0。

第8行"加:以前年度累计结转扣除额":填报以前年度允许税前扣除但超过扣除限额未扣除、结转扣除的支出金额。

第9行"减:本年扣除的以前年度结转额":若第3行＞第6行,填0;若第3行≤第6行,填报第6－3行与第8行的孰小值。

第12行"七、本年支出纳税调整金额":若第3行＞第6行,填报第2＋3－6＋10－11行的金额;若第3行≤第6行,填报第2＋10－11－9行的金额。

第13行"八、累计结转以后年度扣除额":填报第7＋8－9行的金额。

注：第7至第9行,第12至第13行计算本年支出纳税调整金额及累计结转以后年度扣除额,若符合条件的支出大于扣除限额,则本年度手续费及佣金支出的跨年度结转扣除,以前年度结转的扣除额只能继续往后结转,此时第9行"本年扣除的以前年度结转额"填报0。以会计核算计入当期损益的手续费及佣金支出,减去扣除限额,即为本年手续费及佣金支出的纳税调整金额,填入第12行,进行纳税调增。同时,将本年度符合条件的支出减去当年计算的扣除限额后的余额,即本年结转以后年度扣除额,加上以前年度累计结转扣除额,填入第13行"累计结转以后年度扣除额"。若符合条件的支出小于等于扣除限额,则本年度符合条件的支出可全部于当年扣除,此时第7行"本年结转以后年度扣除额"填报0;扣除限额超出当年允许扣除的支出部分,可用于扣除以前年度结转额。这里需要首先比较"以前年度累计结转扣除额"与"符合条件的支出减去扣除限额"孰小,较小者填入第9行。再以第2行"不允许扣除的支出"减去第9行的金额,计算出"本年支出纳税调整金额",填入第12行,结果可能为正数,也可能是负数或零。最后,计算"累计结转以后年度扣除额"。用历年累计结转扣除额,减去第9行后的余额,填入第13行。即本年扣除限额超出实际发生的符合条件支出的部分,先用于消化以前年度符合条件的应扣未扣的结转余额。

三、常见涉税风险

纳税人应重点关注财税〔2009〕29号文件规定的关于保险手续费及佣金支出核算的规范性要求,做好规范管理,纳税人会计核算上与税法规定有差异的,应及时通过年度申报进行纳税调整。

四、申报表案例填报解析

【案例 6-9】 某保险企业 2020 年全年剔除退保金后的保费收入为 20 亿元,当年度支付保险手续费及佣金 3.8 亿元,其中符合税收扣除条件的支出 3.7 亿元,尚存上年度结转尚未扣除的手续费及佣金支出 0.1 亿元。

【解析】 一般会计处理上,企业发生的手续费、佣金等支出,借记"手续费及佣金支出",贷记"银行存款""存放中央银行款项""存放同业""现金""应付账款"等科目。期末"手续费及佣金支出"余额转入"本年利润"科目进入当年度损益。而根据税收相关规定,保险企业发生与其经营活动有关的手续费及佣金支出,不超过当年全部保费收入扣除退保金等后余额的 18%(含本数)的部分,在计算应纳税所得额时准予扣除;超过部分,允许结转以后年度扣除。该企业保险手续费及佣金支出申报表填报如表 6-5-2 所示。

表 6-5-2　　广告费和业务宣传费等跨年度纳税调整明细表(A105060)　　单位:元

行次	项目	广告费和业务宣传费	保险企业手续费及佣金支出
		1	2
1	一、本年支出		380 000 000
2	减:不允许扣除的支出		10 000 000
3	二、本年符合条件的支出(1-2)		370 000 000
4	三、本年计算扣除限额的基数		2 000 000 000
5	乘:税收规定扣除率		18%
6	四、本企业计算的扣除限额(4×5)		360 000 000
7	五、本年结转以后年度扣除额 (3>6,本行=3-6;3≤6,本行=0)		10 000 000
8	加:以前年度累计结转扣除额		10 000 000
9	减:本年扣除的以前年度结转额 [3>6,本行=0;3≤6,本行=8 与(6-3)孰小值]		0
10	六、按照分摊协议归集至其他关联方的金额(10≤3 与 6 孰小值)		*
11	按照分摊协议从其他关联方归集至本企业的金额		*
12	七、本年支出纳税调整金额 (3>6,本行=2+3-6+10-11;3≤6,本行=2+10-11-9)		20 000 000
13	八、累计结转以后年度扣除额(7+8-9)		20 000 000

第六节　小额贷款公司纳税申报需要重点关注事项

自 2008 年 5 月银监会与人民银行联合发布小额贷款公司试点意见以来,小额贷款公司作为解决中小企业融资难的重要渠道在全国各地开始布局。为促进小额贷款公司健康发展，在企业所得税上具有针对性的税收政策主要有两个：一是小额贷款公司贷款损失准备金税前扣除（具体内容详见本章第三节"银行企业纳税申报需要重点关注事项"）；二是小额贷款公司农户小额贷款利息收入减计收入，本节主要对此进行解析。

一、相关规定

《财政部 税务总局关于延续实施普惠金融有关税收优惠政策的公告》（财政部 税务总局公告 2020 年第 22 号）规定，《财政部 税务总局关于小额贷款公司有关税收政策的通知》（财税〔2017〕48 号）中规定于 2019 年 12 月 31 日执行到期的税收优惠政策，实施期限延长至 2023 年 12 月 31 日。

《财政部 税务总局关于小额贷款公司有关税收政策的通知》（财税〔2017〕48 号，以下简称财税〔2017〕48 号文件）第二条规定，自 2017 年 1 月 1 日至 2019 年 12 月 31 日，对经省级金融管理部门（金融办、局等）批准成立的小额贷款公司取得的农户小额贷款利息收入，在计算应纳税所得额时，按 90% 计入收入总额。

财税〔2017〕48 号文件第三条规定，自 2017 年 1 月 1 日至 2019 年 12 月 31 日，对经省级金融管理部门（金融办、局等）批准成立的小额贷款公司按年末贷款余额的 1% 计提的贷款损失准备金准予在企业所得税税前扣除。具体政策口径按照《财政部 国家税务总局关于金融企业贷款损失准备金企业所得税税前扣除有关政策的通知》（财税〔2015〕9 号）执行。

财税〔2017〕48 号文件第四条规定，本通知所称农户，是指长期（一年以上）居住在乡镇（不包括城关镇）行政管理区域内的住户，还包括长期居住在城关镇所辖行政村范围内的住户和户口不在本地而在本地居住一年以上的住户，国有农场的职工和农村个体工商户。位于乡镇（不包括城关镇）行政管理区域内和在城关镇所辖行政村范围内的国有经济的机关、团体、学校、企事业单位的集体户；有本地户口，但举家外出谋生一年以上的住户，无论是否保留承包耕地均不属于农户。农户以户为统计单位，既可以从事农业生产经营，也可以从事非农业生产经营。农户贷款的判定应以贷款发放时的承贷主体是否属于农户为准。本通知所称小额贷款，是指单笔且该农户贷款余额总额在 10 万元（含本数）以下的贷款。

二、申报表填报重点关注

（一）金融企业收入明细表

表 6-6-1　　　　　　　金融企业收入明细表（A101020）（局部）

行次	项　目	金　额
1	一、营业收入(2+18+27+32+33+34)	
32	（四）其他金融业务收入	

第 32 行"其他金融业务收入"：填报纳税人提供除银行业、保险业、证券业以外的金融商品服务取得的收入。

（二）免税、减计收入及加计扣除优惠明细表

表 6-6-2　　　　　免税、减计收入及加计扣除优惠明细表（A107010）（局部）

行次	项　目	金　额
17	二、减计收入（18＋19＋23＋24）	
18	（一）综合利用资源生产产品取得的收入在计算应纳税所得额时减计收入	
19	（二）金融、保险等机构取得的涉农利息、保费减计收入（20＋21＋22）	
20	1.金融机构取得的涉农贷款利息收入在计算应纳税所得额时减计收入	
21	2.保险机构取得的涉农保费收入在计算应纳税所得额时减计收入	
22	3.小额贷款公司取得的农户小额贷款利息收入在计算应纳税所得额时减计收入	
23	（三）取得铁路债券利息收入减半征收企业所得税	
24	（四）其他（24.1＋24.2）	
24.1	1.取得的社区家庭服务收入在计算应纳税所得额时减计收入	
24.2	2.其他	
31	合计（1＋17＋25）	

第 22 行"3.小额贷款公司取得的农户小额贷款利息收入在计算应纳税所得额时减计收入"：填报根据《财政部　税务总局关于小额贷款公司有关税收政策的通知》（财税〔2017〕48号）等相关税收政策规定，经省级金融管理部门（金融办、局等）批准成立的小额贷款公司取得的农户小额贷款利息收入乘以 10％的金额。

三、常见涉税风险

小额贷款公司享受减计收入和贷款损失准备金税前扣除税收优惠政策时，应重点关注其享受条件的前提，即必须是经省级金融管理部门批准成立的小额贷款公司，按照国民经济行业分类（GB/T 4754—2017）分类为小额贷款公司服务企业。若公司成立并未取得相关部门的批准，则不能享受以上两项税收政策，所取得的农户小额贷款利息收入应全额计算并缴纳企业所得税。贷款损失准备金税前扣除不能适用财政部、税务总局公告 2020 年第 22 号的规定，发生的贷款损失应参照国家税务总局公告 2011 年第 25 号的规定进行税前扣除。

四、申报表填报案例解析

【案例 6-10】　A 公司为经省金融管理部门批准成立的小额贷款公司，2020 年共取得小额贷款利息收入 16 亿元，其中取得农户贷款利息收入 3 亿元，农户单笔贷款金额和该农户贷款余额总额均在 10 万元（含 10 万元）以下的贷款利息收入为 1.4 亿元，且符合财税〔2017〕48 号文件规定的关于农户贷款的要求。

【解析】　A 小额贷款公司符合小额农户贷款利息收入减计收入的税收优惠政策条件，相关收入情况填报如表 6-6-3、表 6-6-4 所示。

表 6-6-3	金融企业收入明细表（A101020）	单位：元
行次	项　目	金　额
1	一、营业收入（2＋18＋27＋32＋33＋34）	1 600 000 000
32	（四）其他金融业务收入	1 600 000 000

表 6-6-4	免税、减计收入及加计扣除优惠明细表（A107010）	单位：元
行次	项　目	金　额
17	二、减计收入（18＋19＋23＋24）	14 000 000
18	（一）综合利用资源生产产品取得的收入在计算应纳税所得额时减计收入	
19	（二）金融、保险等机构取得的涉农利息、保费减计收入（20＋21＋22）	
20	1. 金融机构取得的涉农贷款利息收入在计算应纳税所得额时减计收入	
21	2. 保险机构取得的涉农保费收入在计算应纳税所得额时减计收入	
22	3. 小额贷款公司取得的农户小额贷款利息收入在计算应纳税所得额时减计收入	14 000 000
23	（三）取得铁路债券利息收入减半征收企业所得税	
24	（四）其他（24.1＋24.2）	
24.1	1. 取得的社区家庭服务收入在计算应纳税所得额时减计收入	
24.2	2. 其他	
31	合计（1＋17＋25）	

第七节　事业单位纳税申报需要重点关注事项

按照税法相关规定，事业单位为我国企业所得税纳税人，需依法履行纳税义务，并按照规定申报征收企业所得税。本节主要解析事业单位收入和支出的企业所得税申报填列。

一、相关规定

《企业所得税法》第二条规定，企业分为居民企业和非居民企业。本法所称居民企业，是指依法在中国境内成立，或者依照外国（地区）法律成立但实际管理机构在中国境内的企业。

《企业所得税法》第三条规定，居民企业应当就其来源于中国境内、境外的所得缴纳企业所得税。

《企业所得税法》第六条规定，企业以货币形式和非货币形式从各种来源取得的收入，为收入总额。

《企业所得税法》第七条规定，收入总额中的下列收入为不征税收入：

（1）财政拨款。

（2）依法收取并纳入财政管理的行政事业性收费、政府性基金。

(3)国务院规定的其他不征税收入。

《企业所得税法》第八条规定,企业实际发生的与取得收入有关的、合理的支出,包括成本、费用、税金、损失和其他支出,准予在计算应纳税所得额时扣除。

《企业所得税法实施条例》第三条规定,企业所得税法第二条所称依法在中国境内成立的企业,包括依照中国法律、行政法规在中国境内成立的企业、事业单位、社会团体,以及其他取得收入的组织。

二、申报表填报重点关注

表6-7-1　　事业单位、民间非营利组织收入、支出明细表(A103000)(局部)

行次	项　　目	金　　额
1	一、事业单位收入(2+3+4+5+6+7)	
2	(一)财政补助收入	
3	(二)事业收入	
4	(三)上级补助收入	
5	(四)附属单位上缴收入	
6	(五)经营收入	
7	(六)其他收入(8+9)	500 000
8	其中:投资收益	
9	其他	
18	三、事业单位支出(19+20+21+22+23)	
19	(一)事业支出	
20	(二)上缴上级支出	
21	(三)对附属单位补助支出	
22	(四)经营支出	
23	(五)其他支出	

纳税人应根据事业单位会计准则的规定,填报"事业单位收入""事业单位支出"等。

第1行"事业单位收入":填报纳税人取得的所有收入的金额(包括不征税收入和免税收入),按照会计核算口径填报。

第2行"财政补助收入":填报纳税人直接从同级财政部门取得的各类财政拨款,包括基本支出补助和项目支出补助。

第3行"事业收入":填报纳税人通过开展专业业务活动及辅助活动所取得的收入。

第4行"上级补助收入":填报纳税人从主管部门和上级单位取得的非财政补助收入。

第5行"附属单位上缴收入":填报纳税人附属独立核算单位按有关规定上缴的收入。包括附属事业单位上缴的收入和附属企业上缴的利润等。

第6行"经营收入":填报纳税人开展专业业务活动及其辅助活动之外开展非独立核算

经营活动取得的收入。

第7行"其他收入"：填报纳税人取得的除本表第2行至第6行项目以外的收入，包括投资收益、银行存款利息收入、租金收入、捐赠收入、现金盘盈收入、存货盘盈收入、收回已核销应收及预付款项、无法偿付的应付及预收款项等。

第8行"其中：投资收益"：填报在"其他收入"科目中核算的各项短期投资、长期债券投资、长期股权投资取得的投资收益。

第9行"其他"：填报在"其他收入"科目中核算的除投资收益以外的收入。

第18行"事业单位支出"：填报纳税人发生的所有支出总额（含不征税收入形成的支出），按照会计核算口径填报。

第19行"事业支出"：填报纳税人开展专业业务活动及其辅助活动发生的支出，包括工资、补助工资、职工福利费、社会保障费、助学金、公务费、业务费、设备购置费、修缮费和其他费用。

第20行"上缴上级支出"：填报纳税人按照财政部门和主管部门的规定上缴上级单位的支出。

第21行"对附属单位补助支出"：填报纳税人用财政补助收入之外的收入对附属单位补助发生的支出。

第22行"经营支出"：填报纳税人在专业业务活动及其辅助活动之外开展非独立核算经营活动发生的支出。

第23行"其他支出"：填报纳税人除本表第19行至第22行项目以外的支出，包括利息支出、捐赠支出、现金盘亏损失、资产处置损失、接受捐赠（调入）非流动资产发生的税费支出等。

三、常见涉税风险

事业单位应准确把握企业所得税中关于不征税收入的规定与填报：

如事业单位取得的纳入预算管理的财政拨款收入，企业所得税上作为不征税收入处理，对应收入所形成的支出也应进行纳税调增。即通过填报《纳税调整项目明细表》（A105000）第8行"（七）不征税收入"进行收入的调减，填报第24行"（十二）不征税收入用于支出所形成的费用"进行纳税调增。

如事业单位取得一笔财政补助资金，如果该笔资金符合《财政部 国家税务总局关于专项用途财政性资金企业所得税处理问题的通知》（财税〔2011〕70号）第一条的规定，即企业从县级以上各级人民政府财政部门及其他部门取得的应计入收入总额的财政性资金，且企业能够提供规定资金专项用途的资金拨付文件，财政部门或其他拨付资金的政府部门对该资金有专门的资金管理办法或具体管理要求，企业对该资金及以该资金发生的支出单独进行核算的，才能作为不征税收入处理，通过填报《专项用途财政性资金纳税调整明细表》（A105040）进行纳税调整。

事业单位取得的其他政府补助收入，账务处理与税法规定的收入确认有差异的，通过《未按权责发生制确认收入纳税调整明细表》（A105020）进行纳税调整。

四、申报表案例填报解析

【案例6-11】 某企业发展中心为事业单位,2020年收到财政补助收入2 200万元,上级补助收入300万元,广告经营收入550万元,接受赞助收入50万元。事业支出共计1 000万元,对下级附属单位和组织的支出为600万元,广告经营性支出为300万元。

【解析】 该企业发展中心收入和支出情况填报如表6-7-2所示。

表6-7-2　　事业单位、民间非营利组织收入、支出明细表(A103000)(局部)　　单位:元

行次	项目	金额
1	一、事业单位收入(2+3+4+5+6+7)	31 000 000
2	（一）财政补助收入	22 000 000
3	（二）事业收入	0
4	（三）上级补助收入	3 000 000
5	（四）附属单位上缴收入	0
6	（五）经营收入	5 500 000
7	（六）其他收入(8+9)	500 000
8	其中：投资收益	0
9	其他	500 000
18	三、事业单位支出(19+20+21+22+23)	19 000 000
19	（一）事业支出	10 000 000
20	（二）上缴上级支出	0
21	（三）对附属单位补助支出	6 000 000
22	（四）经营支出	3 000 000
23	（五）其他支出	0

第八节　民间非营利组织纳税申报需要重点关注事项

本节主要解析民间非营利组织一般收入与支出的汇缴申报表,以及获得免税资格认定的非营利组织相关政策规定与申报表填报。

一、相关规定

(一) 非营利组织企业所得税的一般规定

《企业所得税法》第二条规定,企业分为居民企业和非居民企业。本法所称居民企业,是指依法在中国境内成立,或者依照外国(地区)法律成立但实际管理机构在中国境内的

企业。

《企业所得税法》第三条规定,居民企业应当就其来源于中国境内、境外的所得缴纳企业所得税。

《企业所得税法实施条例》第三条规定,企业所得税法第二条所称依法在中国境内成立的企业,包括依照中国法律、行政法规在中国境内成立的企业、事业单位、社会团体,以及其他取得收入的组织。

（二）非营利组织免税资格认定的规定

1. 非营利组织免税认定

《企业所得税法实施条例》规定,企业所得税法第二十六条第(四)项所称符合条件的非营利组织,是指同时符合下列条件的组织：

（1）依法履行非营利组织登记手续。

（2）从事公益性或者非营利性活动。

（3）取得的收入除用于与该组织有关的、合理的支出外,全部用于登记核定或者章程规定的公益性或者非营利性事业。

（4）财产及其孳息不用于分配。

（5）按照登记核定或者章程规定,该组织注销后的剩余财产用于公益性或者非营利性目的,或者由登记管理机关转赠给与该组织性质、宗旨相同的组织,并向社会公告。

（6）投入人对投入该组织的财产不保留或者享有任何财产权利。

（7）工作人员工资福利开支控制在规定的比例内,不变相分配该组织的财产。

上述规定的非营利组织的认定管理办法由国务院财政、税务主管部门会同国务院有关部门制定。

企业所得税法第二十六条第(四)项所称符合条件的非营利组织的收入,不包括非营利组织从事营利性活动取得的收入,但国务院财政、税务主管部门另有规定的除外。

《财政部　税务总局关于非营利组织免税资格认定管理有关问题的通知》(财税〔2018〕13号)第一条规定,依据本通知认定的符合条件的非营利组织,必须同时满足以下条件：

（1）依照国家有关法律法规设立或登记的事业单位、社会团体、基金会、社会服务机构、宗教活动场所、宗教院校,以及财政部、税务总局认定的其他非营利组织。

（2）从事公益性或者非营利性活动。

（3）取得的收入除用于与该组织有关的、合理的支出外,全部用于登记核定或者章程规定的公益性或者非营利性事业。

（4）财产及其孳息不用于分配,但不包括合理的工资、薪金支出。

（5）按照登记核定或者章程规定,该组织注销后的剩余财产用于公益性或者非营利性目的,或者由登记管理机关采取转赠给与该组织性质、宗旨相同的组织等处置方式,并向社会公告。

（6）投入人对投入该组织的财产不保留或者享有任何财产权利,本款所称投入人是指除各级人民政府及其部门外的法人、自然人和其他组织。

（7）工作人员工资福利开支控制在规定的比例内,不变相分配该组织的财产,其中,工作人员平均工资、薪金水平不得超过税务登记所在地的地市级(含地市级)以上地区的同行业同类组织平均工资水平的两倍,工作人员福利按照国家有关规定执行。

(8)对取得的应纳税收入及其有关的成本、费用、损失应与免税收入及其有关的成本、费用、损失分别核算。

《财政部　税务总局关于非营利组织免税资格认定管理有关问题的通知》(财税〔2018〕13号)第二条规定,经省级(含省级)以上登记管理机关批准设立或登记的非营利组织,凡符合规定条件的,应向其所在地省级税务主管机关提出免税资格申请,并提供本通知规定的相关材料;经地市级或县级登记管理机关批准设立或登记的非营利组织,凡符合规定条件的,分别向其所在地的地市级或县级税务主管机关提出免税资格申请,并提供本通知规定的相关材料。

财政、税务部门按照上述管理权限,对非营利组织享受免税的资格联合进行审核确认,并定期予以公布。

《财政部　税务总局关于非营利组织免税资格认定管理有关问题的通知》(财税〔2018〕13号)第三条规定,申请享受免税资格的非营利组织,需报送以下材料:

(1)申请报告。

(2)事业单位、社会团体、基金会、社会服务机构的组织章程或宗教活动场所、宗教院校的管理制度。

(3)非营利组织注册登记证件的复印件。

(4)上一年度的资金来源及使用情况、公益活动和非营利活动的明细情况。

(5)上一年度的工资、薪金情况专项报告,包括薪酬制度、工作人员整体平均工资、薪金水平,工资福利占总支出比例,重要人员工资、薪金信息(至少包括工资、薪金水平排名前10的人员)。

(6)具有资质的中介机构鉴证的上一年度财务报表和审计报告。

(7)登记管理机关出具的事业单位、社会团体、基金会、社会服务机构、宗教活动场所、宗教院校上一年度符合相关法律法规和国家政策的事业发展情况或非营利活动的材料。

(8)财政、税务部门要求提供的其他材料。

当年新设立或登记的非营利组织需提供上述第(1)项至第(3)项规定的材料及本条第(4)项、第(5)项规定的申请当年的材料,不需提供本条第(6)项、第(7)项规定的材料。

《财政部　税务总局关于非营利组织免税资格认定管理有关问题的通知》(财税〔2018〕13号)第四条规定,非营利组织免税优惠资格的有效期为5年。非营利组织应在免税优惠资格期满后6个月内提出复审申请,不提出复审申请或复审不合格的,其享受免税优惠的资格到期自动失效。

非营利组织免税资格复审,按照初次申请免税优惠资格的规定办理。

《财政部　税务总局关于非营利组织免税资格认定管理有关问题的通知》(财税〔2018〕13号)第五条规定,非营利组织必须按照《税收征收管理法》及《税收征收管理法实施细则》等有关规定,办理税务登记,按期进行纳税申报。取得免税资格的非营利组织应按照规定向主管税务机关办理免税手续,免税条件发生变化的,应当自发生变化之日起15日内向主管税务机关报告;不再符合免税条件的,应当依法履行纳税义务;未依法纳税的,主管税务机关应当予以追缴。取得免税资格的非营利组织注销时,剩余财产处置违反本通知第一条第五项规定的,主管税务机关应追缴其应纳企业所得税款。

2. 非营利组织免税收入

《企业所得税法》第二十六条规定,符合条件的非营利组织的收入为免税收入。

《财政部 国家税务总局关于非营利组织企业所得税免税收入问题的通知》(财税〔2009〕122号)第一条规定,非营利组织的下列收入为免税收入:

(1)接受其他单位或者个人捐赠的收入。

(2)除《企业所得税法》第七条规定的财政拨款以外的其他政府补助收入,但不包括因政府购买服务取得的收入。

(3)按照省级以上民政、财政部门规定收取的会费。

(4)不征税收入和免税收入孳生的银行存款利息收入。

二、申报表填报重点关注

(一)企业所得税年度纳税申报基础信息表

表6-8-1　　　　企业所得税年度纳税申报基础信息表(A000000)(局部)

有关涉税事项情况(存在或者发生下列事项时必填)			
204 有限合伙制创业投资企业的法人合伙人	□是	205 创业投资企业	□是
206 技术先进型服务企业类型(填写代码)		207 非营利组织	□是

"207非营利组织":纳税人为非营利组织的,选择"是"。

(二)事业单位、民间非营利组织收入、支出明细表

表6-8-2　　　　事业单位、民间非营利组织收入、支出明细表(A103000)(局部)

行次	项目	金额
10	二、民间非营利组织收入(11+12+13+14+15+16+17)	
11	(一)接受捐赠收入	
12	(二)会费收入	
13	(三)提供劳务收入	
14	(四)商品销售收入	
15	(五)政府补助收入	
16	(六)投资收益	
17	(七)其他收入	
24	四、民间非营利组织支出(25+26+27+28)	
25	(一)业务活动成本	
26	(二)管理费用	
27	(三)筹资费用	
28	(四)其他费用	

第10行至第17行由执行民间非营利组织会计制度的纳税人填报。

第10行"民间非营利组织收入":填报纳税人开展业务活动取得的收入,应当包括接受

捐赠收入、会费收入、提供劳务收入、政府补助收入、投资收益、商品销售收入等主要业务活动收入和其他收入等。

第11行"接受捐赠收入":填报纳税人接受其他单位或者个人捐赠所取得的收入。

第12行"会费收入":填报纳税人根据章程等规定向会员收取的会费收入。

第13行"提供劳务收入":填报纳税人根据章程等规定向其服务对象提供服务取得的收入,包括学费收入、医疗费收入、培训收入等。

第14行"商品销售收入":填报纳税人销售商品(如出版物、药品等)所形成的收入。

第15行"政府补助收入":填报纳税人接受政府拨款或者政府机构给予的补助而取得的收入。

第16行"投资收益":填报纳税人因对外投资取得的投资净收益。

第17行"其他收入":填报纳税人除上述主要业务活动收入以外的其他收入,如固定资产处置净收入、无形资产处置净收入等。

第24行至第28行由执行民间非营利组织会计制度的纳税人填报。

第24行"民间非营利组织支出":填报纳税人发生的所有支出总额。按照会计核算口径填报。

第25行"业务活动成本":填报民间非营利组织为了实现其业务活动目标、开展某项目活动或者提供劳务所发生的费用。

第26行"管理费用":填报民间非营利组织为组织和管理其业务活动所发生的各项费用,包括民间非营利组织董事会(或者理事会或者类似权力机构)经费和行政管理人员的工资、奖金、津贴、福利费、住房公积金、住房补贴、社会保障费、离退休人员工资与补助,以及办公费、水电费、邮电费、物业管理费、差旅费、折旧费、修理费、无形资产摊销费、存货盘亏损失、资产减值损失、因预计负债所产生的损失、聘请中介机构费和应偿还的受赠资产等。

第27行"筹资费用":填报民间非营利组织为筹集业务活动所需资金而发生的费用,包括民间非营利组织获得捐赠资产而发生的费用,以及应当计入当期费用的借款费用、汇兑损失(减汇兑收益)等。民间非营利组织为了获得捐赠资产而发生的费用包括举办募款活动费,准备、印刷和发放募款宣传资料费,以及其他与募款或者争取捐赠有关的费用。

第28行"其他费用":填报民间非营利组织发生的、无法归属到上述业务活动成本、管理费用或者筹资费用中的费用,包括固定资产处置净损失、无形资产处置净损失等。

(三)免税、减计收入及加计扣除优惠明细表

表6-8-3 免税、减计收入及加计扣除优惠明细表(A107010)(局部)

行次	项目	金额
1	一、免税收入(2+3+9+…+16)	30
9	(三)符合条件的非营利组织的收入免征企业所得税	30
31	合计(1+17+25)	

第9行"(三)符合条件的非营利组织的收入免征企业所得税":填报纳税人根据税法、《财政部 国家税务总局关于非营利组织企业所得税免税收入问题的通知》(财税〔2009〕122号)、《财政部 税务总局关于非营利组织免税资格认定管理有关问题的通知》(财税〔2018〕

13号)等相关税收政策规定,认定的符合条件的非营利组织,取得的捐赠收入等免税收入,但不包括从事营利性活动所取得的收入。当表A000000"207非营利组织"选择"是"时,本行可以填报,否则不得填报。

三、常见涉税风险

并不是所有的非营利组织都是所谓的企业所得税"免税组织"。只有符合《企业所得税法实施条例》第八十四条及《财政部 税务总局关于非营利组织免税资格认定管理有关问题的通知》(财税〔2018〕13号)第一条规定的组织才属于企业所得税上认可的非营利组织。

符合条件的非营利组织需要进行非营利组织免税资格认定。只有按照《财政部 税务总局关于非营利组织免税资格认定管理有关问题的通知》(财税〔2018〕13号)第二条规定认定通过的非营利组织,才能获得免税资格。

经过认定获得免税资格的非营利组织,其取得的收入,只有在《财政部 国家税务总局关于非营利组织企业所得税免税收入问题的通知》(财税〔2009〕122号)第一条的范围内才属于免税收入,能享受"免税待遇",其他从事营利性活动取得的收入,应申报并缴纳企业所得税。

四、申报表案例填报解析

【案例6-12】 某公益服务中心为民办非企业单位,主要从事相关的老年人关爱等非营利性活动。2019年该中心获得社会捐赠的防寒物资等共计20万元,未取得其他收入,2019年共发生组织老年关爱活动支出15万元,发生工作人员职工薪酬支出3万元。2020年该中心向所在地税务机关提交了关于认定非营利组织免税资格认定的相关资料,并于2020年11月通过认定并公示。2020年发生接受捐赠收入30万元,业务活动支出10万元,员工职工薪酬支出4万元。假设2019年和2020年纳税人未发生其他收入和支出项目,职工薪酬均能全额税前扣除,则该纳税人2019年、2020年申报时申报表如何填报?

【解析】 2019年主要申报表填报如表6-8-4、表6-8-5所示。

表6-8-4　　　企业所得税年度纳税申报基础信息表(A000000)(局部)

有关涉税事项情况(存在或者发生下列事项时必填)			
204 有限合伙制创业投资企业的法人合伙人	□是	205 创业投资企业	□是
206 技术先进型服务企业类型(填写代码)		207 非营利组织	☑是

表6-8-5　　事业单位、民间非营利组织收入、支出明细表(A103000)(局部)　　单位:元

行次	项目	金额
10	二、民间非营利组织收入(11+12+13+14+15+16+17)	200 000
11	(一)接受捐赠收入	200 000
12	(二)会费收入	
13	(三)提供劳务收入	

(续表)

行次	项目	金额
14	（四）商品销售收入	
15	（五）政府补助收入	
16	（六）投资收益	
17	（七）其他收入	
24	四、民间非营利组织支出(25＋26＋27＋28)	180 000
25	（一）业务活动成本	150 000
26	（二）管理费用	30 000
27	（三）筹资费用	
28	（四）其他费用	

若该纳税人以前年度无亏损事项，则2019年纳税人应就20－18＝2(万元)的应纳税所得额计算并缴纳企业所得税。

2020年主要申报表填报如表6-8-6、表6-8-7、表6-8-8所示。

表6-8-6　　　　企业所得税年度纳税申报基础信息表(A000000)(局部)

有关涉税事项情况(存在或者发生下列事项时必填)			
204 有限合伙制创业投资企业的法人合伙人	□是	205 创业投资企业	□是
206 技术先进型服务企业类型(填写代码)		207 非营利组织	☑是

表6-8-7　　　免税、减计收入及加计扣除优惠明细表(A107010)(局部)　　　单位：元

行次	项目	金额
1	一、免税收入(2＋3＋9＋…＋16)	300 000
9	（三）符合条件的非营利组织的收入免征企业所得税	300 000
31	合计(1＋17＋25)	

表6-8-8　　事业单位、民间非营利组织收入、支出明细表(A103000)(局部)　　单位：元

行次	项目	金额
10	二、民间非营利组织收入(11＋12＋13＋14＋15＋16＋17)	300 000
11	（一）接受捐赠收入	300 000
12	（二）会费收入	
13	（三）提供劳务收入	
14	（四）商品销售收入	
15	（五）政府补助收入	
16	（六）投资收益	
17	（七）其他收入	
24	四、民间非营利组织支出(25＋26＋27＋28)	140 000
25	（一）业务活动成本	100 000
26	（二）管理费用	40 000
27	（三）筹资费用	
28	（四）其他费用	

2020年,由于该纳税人申请了非营利组织免税资格认定,且取得的收入属于符合条件的非营利组织免税收入,2020年纳税人通过填报相关的申报表栏次,免征企业所得税。

第九节　跨地区经营汇总纳税企业

居民企业在中国境内跨地区设立不具有法人资格分支机构的,该居民企业为跨地区经营汇总纳税企业,汇总纳税企业实行"统一计算、分级管理、就地预缴、汇总清算、财政调库"的企业所得税征收管理办法。

一、相关规定

《企业所得税法》第五十条规定,除税收法律、行政法规另有规定外,居民企业以企业登记注册地为纳税地点;但登记注册地在境外的,以实际管理机构所在地为纳税地点。居民企业在中国境内设立不具有法人资格的营业机构的,应当汇总计算并缴纳企业所得税。

《企业所得税法实施条例》第一百二十四条规定,企业所得税法第五十条所称企业登记注册地,是指企业依照国家有关规定登记注册的住所地。

《国家税务总局关于印发〈跨地区经营汇总纳税企业所得税征收管理办法〉的公告》(国家税务总局公告2012年第57号)第三条规定,汇总纳税企业实行"统一计算、分级管理、就地预缴、汇总清算、财政调库"的企业所得税征收管理办法:

(1)统一计算,是指总机构统一计算包括汇总纳税企业所属各个不具有法人资格分支机构在内的全部应纳税所得额、应纳税额。

(2)分级管理,是指总机构、分支机构所在地的主管税务机关都有对当地机构进行企业所得税管理的责任,总机构和分支机构应分别接受机构所在地主管税务机关的管理。

(3)就地预缴,是指总机构、分支机构应按本办法的规定,分月或分季分别向所在地主管税务机关申报预缴企业所得税。

(4)汇总清算,是指在年度终了后,总机构统一计算汇总纳税企业的年度应纳税所得额、应纳所得税额,抵减总机构、分支机构当年已就地分期预缴的企业所得税款后,多退少补。

《国家税务总局关于印发〈跨地区经营汇总纳税企业所得税征收管理办法〉的公告》(国家税务总局公告2012年第57号)第十条规定,汇总纳税企业应当自年度终了之日起5个月内,由总机构汇总计算企业年度应纳所得税额,扣除总机构和各分支机构已预缴的税款,计算出应缴应退税款,按照本办法规定的税款分摊方法计算总机构和分支机构的企业所得税应缴应退税款,分别由总机构和分支机构就地办理税款缴库或退库。

汇总纳税企业在纳税年度内预缴企业所得税税款少于全年应缴企业所得税税款的,应在汇算清缴期内由总、分机构分别结清应缴的企业所得税款;预缴税款超过应缴税款的,主管税务机关应及时按有关规定分别办理退税,或者经总、分机构同意后分别抵缴其下一年度应缴企业所得税税款。

《国家税务总局关于印发〈跨地区经营汇总纳税企业所得税征收管理办法〉的公告》（国家税务总局公告 2012 年第 57 号）第十八条规定，对于按照税收法律、法规和其他规定，总机构和分支机构处于不同税率地区的，先由总机构统一计算全部应纳税所得额，然后按本办法第六条规定的比例和按第十五条计算的分摊比例，计算划分不同税率地区机构的应纳税所得额，再分别按各自的适用税率计算应纳税额后加总计算出汇总纳税企业的应纳所得税总额，最后按本办法第六条规定的比例和按第十五条计算的分摊比例，向总机构和分支机构分摊就地缴纳的企业所得税款。

《国家税务总局关于印发〈跨地区经营汇总纳税企业所得税征收管理办法〉的公告》（国家税务总局公告 2012 年第 57 号）第十一条规定，汇总纳税企业汇算清缴时，总机构除报送企业所得税年度纳税申报表和年度财务报表外，还应报送汇总纳税企业分支机构所得税分配表、各分支机构的年度财务报表和各分支机构参与企业年度纳税调整情况的说明；分支机构除报送企业所得税年度纳税申报表（只填列部分项目）外，还应报送经总机构所在地主管税务机关受理的汇总纳税企业分支机构所得税分配表、分支机构的年度财务报表（或年度财务状况和营业收支情况）和分支机构参与企业年度纳税调整情况的说明。

分支机构参与企业年度纳税调整情况的说明，可参照企业所得税年度纳税申报表附表《纳税调整项目明细表》中列明的项目进行说明，涉及需由总机构统一计算调整的项目不进行说明。

《国家税务总局关于印发〈跨地区经营汇总纳税企业所得税征收管理办法〉的公告》（国家税务总局公告 2012 年第 57 号）第四条规定，总机构和具有主体生产经营职能的二级分支机构，就地分摊缴纳企业所得税。

二级分支机构，是指汇总纳税企业依法设立并领取非法人营业执照（登记证书），且总机构对其财务、业务、人员等直接进行统一核算和管理的分支机构。

《国家税务总局关于印发〈跨地区经营汇总纳税企业所得税征收管理办法〉的公告》（国家税务总局公告 2012 年第 57 号）第五条规定，以下二级分支机构不就地分摊缴纳企业所得税：

（1）不具有主体生产经营职能，且在当地不缴纳增值税、营业税[①]的产品售后服务、内部研发、仓储等汇总纳税企业内部辅助性的二级分支机构，不就地分摊缴纳企业所得税。

（2）上年度认定为小型微利企业的，其二级分支机构不就地分摊缴纳企业所得税。

（3）新设立的二级分支机构，设立当年不就地分摊缴纳企业所得税。

（4）当年撤销的二级分支机构，自办理注销税务登记之日所属企业所得税预缴期间起，不就地分摊缴纳企业所得税。

（5）汇总纳税企业在中国境外设立的不具有法人资格的二级分支机构，不就地分摊缴纳企业所得税。

《国家税务总局关于印发〈跨地区经营汇总纳税企业所得税征收管理办法〉的公告》（国家税务总局公告 2012 年第 57 号）第十三条规定，总机构按以下公式计算分摊税款：

总机构分摊税款＝汇总纳税企业当期应纳所得税额×50％

---

① 营业税改征增值税后，现已不缴纳营业税。

《国家税务总局关于印发〈跨地区经营汇总纳税企业所得税征收管理办法〉的公告》(国家税务总局公告 2012 年第 57 号)第十四条规定,分支机构按以下公式计算分摊税款:

所有分支机构分摊税款总额＝汇总纳税企业当期应纳所得税额×50%

某分支机构分摊税款＝所有分支机构分摊税款总额×该分支机构分摊比例

《国家税务总局关于印发〈跨地区经营汇总纳税企业所得税征收管理办法〉的公告》(国家税务总局公告 2012 年第 57 号)第十五条规定,总机构应按照上年度分支机构的营业收入、职工薪酬和资产总额三个因素计算各分支机构分摊所得税款的比例;三级及以下分支机构,其营业收入、职工薪酬和资产总额统一计入二级分支机构;三因素的权重依次为0.35、0.35、0.30。

计算公式如下:

$$某分支机构分摊比例 = \frac{该分支机构营业收入}{各分支机构营业收入之和} \times 0.35 + \frac{该分支机构职工薪酬}{各分支机构职工薪酬之和} \times 0.35 + \frac{该分支机构资产总额}{各分支机构资产总额之和} \times 0.30$$

分支机构分摊比例按上述方法一经确定后,除出现本办法第五条第(四)项和第十六条第二、三款情形外,当年不作调整。

《国家税务总局关于印发〈跨地区经营汇总纳税企业所得税征收管理办法〉的公告》(国家税务总局公告 2012 年第 57 号)第十六条规定,总机构设立具有主体生产经营职能的部门(非本办法第四条规定的二级分支机构),且该部门的营业收入、职工薪酬和资产总额与管理职能部门分开核算的,可将该部门视同一个二级分支机构,按本办法规定计算分摊并就地缴纳企业所得税;该部门与管理职能部门的营业收入、职工薪酬和资产总额不能分开核算的,该部门不得视同一个二级分支机构,不得按本办法规定计算分摊并就地缴纳企业所得税。

汇总纳税企业当年由于重组等原因从其他企业取得重组当年之前已存在的二级分支机构,并作为本企业二级分支机构管理的,该二级分支机构不视同当年新设立的二级分支机构,按本办法规定计算分摊并就地缴纳企业所得税。

汇总纳税企业内就地分摊缴纳企业所得税的总机构、二级分支机构之间,发生合并、分立、管理层级变更等形成的新设或存续的二级分支机构,不视同当年新设立的二级分支机构,按本办法规定计算分摊并就地缴纳企业所得税。

《国家税务总局关于印发〈跨地区经营汇总纳税企业所得税征收管理办法〉的公告》(国家税务总局公告 2012 年第 57 号)第十七条规定,本办法所称分支机构营业收入,是指分支机构销售商品、提供劳务、让渡资产使用权等日常经营活动实现的全部收入。其中,生产经营企业分支机构营业收入是指生产经营企业分支机构销售商品、提供劳务、让渡资产使用权等取得的全部收入。金融企业分支机构营业收入是指金融企业分支机构取得的利息、手续费、佣金等全部收入。保险企业分支机构营业收入是指保险企业分支机构取得的保费等全部收入。

本办法所称分支机构职工薪酬,是指分支机构为获得职工提供的服务而给予各种形式的报酬以及其他相关支出。

本办法所称分支机构资产总额,是指分支机构在经营活动中实际使用的应归属于该分支机构的资产合计额。

本办法所称上年度分支机构的营业收入、职工薪酬和资产总额,是指分支机构上年度全年的营业收入、职工薪酬数据和上年度12月31日的资产总额数据,是依照国家统一会计制度的规定核算的数据。

一个纳税年度内,总机构首次计算分摊税款时采用的分支机构营业收入、职工薪酬和资产总额数据,与此后经过中国注册会计师审计确认的数据不一致的,不作调整。

《国家税务总局关于印发〈跨地区经营汇总纳税企业所得税征收管理办法〉的公告》(国家税务总局公告2012年第57号)第二十条规定,汇总纳税企业未按照规定准确计算分摊税款,造成总机构与分支机构之间同时存在一方(或几方)多缴另一方(或几方)少缴税款的,其总机构或分支机构分摊缴纳的企业所得税低于按本办法规定计算分摊的数额的,应在下一税款缴纳期内,由总机构将按本办法规定计算分摊的税款差额分摊到总机构或分支机构补缴;其总机构或分支机构就地缴纳的企业所得税高于按本办法规定计算分摊的数额的,应在下一税款缴纳期内,由总机构将按本办法规定计算分摊的税款差额从总机构或分支机构的分摊税款中扣减。

《国家税务总局关于印发〈跨地区经营汇总纳税企业所得税征收管理办法〉的公告》(国家税务总局公告2012年第57号)第二十四条规定,以总机构名义进行生产经营的非法人分支机构,无法提供汇总纳税企业分支机构所得税分配表,也无法提供本办法第二十三条规定相关证据证明其二级及以下分支机构身份的,应视同独立纳税人计算并就地缴纳企业所得税,不执行本办法的相关规定。

按上述规定视同独立纳税人的分支机构,其独立纳税人身份一个年度内不得变更。

《国家税务总局关于印发〈跨地区经营汇总纳税企业所得税征收管理办法〉的公告》(国家税务总局公告2012年第57号)第二十五条规定,汇总纳税企业发生的资产损失,应按以下规定申报扣除:

(1)总机构及二级分支机构发生的资产损失,除应按专项申报和清单申报的有关规定各自向所在地主管税务机关申报外,二级分支机构还应同时上报总机构;三级及以下分支机构发生的资产损失不需向所在地主管税务机关申报,应并入二级分支机构,由二级分支机构统一申报。

(2)总机构对各分支机构上报的资产损失,除税务机关另有规定外,应以清单申报的形式向所在地主管税务机关申报。

(3)总机构将分支机构所属资产捆绑打包转让所发生的资产损失,由总机构向所在地主管税务机关专项申报。

二级分支机构所在地主管税务机关应对二级分支机构申报扣除的资产损失强化后续管理。

《国家税务总局关于印发〈跨地区经营汇总纳税企业所得税征收管理办法〉的公告》(国家税务总局公告2012年第57号)第三十一条规定,汇总纳税企业不得核定征收企业所得税。

《湖南省财政厅湖南省国家税务局湖南省地方税务局中国人民银行长沙中心支行关于财政收入预算管理有关问题的通知》(湘财预〔2010〕107号)规定:

省内跨市州、跨县市总分机构企业,统一计算的当期应纳所得税额,分别由总机构、二级、三级分支机构按月或按季就地预缴(二级、三级分支机构分别计算预缴,三级以下并入三级)。

分支机构分摊预缴的企业所得税。总机构在每月或每季终了之后起10日内,按照以前年度各市州、县市分支机构的经营收入、职工工资和资产总额三个因素,将统一计算的企业当期应纳税额的60%在各分支机构之间进行分摊,各分支机构根据分摊税款,按中央、省、市州或县市分享比例,就地分别缴入中央、省、市州或县市国库。

各分支机构间按其经营收入、职工工资和资产总额三个因素进行分摊预缴,权重依次为0.35、0.35、0.30。当年新设立的分支机构第二年起参与分摊,当年撤销的分支机构第二年起不参与分摊。

二、申报表填报重点关注

(一)企业所得税年度纳税申报基础信息表

表6-9-1　　　　企业所得税年度纳税申报基础信息表(A000000)(局部)

基本经营情况(必填项目)			
101 纳税申报企业类型(填写代码)		102 分支机构就地纳税比例(%)	
103 资产总额(填写平均值,单位:万元)		104 从业人数(填写平均值,单位:人)	
105 所属国民经济行业(填写代码)		106 从事国家限制或禁止行业	□是□否
107 适用会计准则或会计制度(填写代码)		108 采用一般企业财务报表格式(2019年版)	□是□否
109 小型微利企业	□是□否	110 上市公司	是(□境内□境外)□否

(1)"101 纳税申报企业类型":纳税人根据申报所属期年度的企业经营方式情况,从《跨地区经营企业类型代码表》中选择相应的代码填入本项。

表6-9-2　　　　跨地区经营企业类型代码表

代码	类型		
	大类	中类	小类
100	非跨地区经营企业		
210	跨地区经营企业总机构	总机构(跨省)——适用《跨地区经营汇总纳税企业所得税征收管理办法》	
220		总机构(跨省)——不适用《跨地区经营汇总纳税企业所得税征收管理办法》	
230		总机构(省内)	
311	跨地区经营企业分支机构	需进行完整年度纳税申报	分支机构(须进行完整年度申报并按比例纳税)
312			分支机构(须进行完整年度申报但不就地缴纳)

代码说明:

"非跨地区经营企业":纳税人未跨地区设立不具有法人资格分支机构的,为非跨地区经营企业。

"总机构(跨省)——适用《跨地区经营汇总纳税企业所得税征收管理办法》":纳税人为

《国家税务总局关于印发〈跨地区经营汇总纳税企业所得税征收管理办法〉的公告》(国家税务总局公告2012年第57号发布,国家税务总局公告2018年第31号修改)规定的跨省、自治区、直辖市和计划单列市设立不具有法人资格分支机构的跨地区经营汇总纳税企业的总机构。

"总机构(跨省)——不适用《跨地区经营汇总纳税企业所得税征收管理办法》":纳税人为《国家税务总局关于印发〈跨地区经营汇总纳税企业所得税征收管理办法〉的公告》(国家税务总局公告2012年第57号发布,国家税务总局公告2018年第31号修改)第二条规定的不适用该公告的跨地区经营汇总纳税企业的总机构。

"总机构(省内)":纳税人为仅在同一省、自治区、直辖市和计划单列市内设立不具有法人资格分支机构的跨地区经营汇总纳税企业的总机构。

"分支机构(须进行完整年度申报并按比例纳税)":纳税人为根据相关政策规定须进行完整年度申报并按比例就地缴纳企业所得税的跨地区经营企业的分支机构。

"分支机构(须进行完整年度申报但不就地缴纳)":纳税人为根据相关政策规定须进行完整年度申报但不就地缴纳所得税的跨地区经营企业的分支机构。

(2)"102分支机构就地纳税比例":"101纳税申报企业类型"为"分支机构(须进行完整年度申报并按比例纳税)"需要同时填报本项。分支机构填报年度纳税申报时应当就地缴纳企业所得税的比例。

(二)中华人民共和国企业所得税年度纳税申报表(A类)

表6-9-3 中华人民共和国企业所得税年度纳税申报表(A类)(A100000)(局部)

行次	类别	项目	金额
31	应纳税额计算	八、实际应纳所得税额(28+29-30)	
32		减:本年累计实际已缴纳的所得税额	
33		九、本年应补(退)所得税额(31-32)	
34		其中:总机构分摊本年应补(退)所得税额(填写A109000)	
35		财政集中分配本年应补(退)所得税额(填写A109000)	
36		总机构主体生产经营部门分摊本年应补(退)所得税额(填写A109000)	

(1)第31行"实际应纳所得税额":填报第28+29-30行金额。其中,跨地区经营企业类型为"分支机构(须进行完整年度申报并按比例纳税)"的纳税人,填报(第28+29-30行)×"分支机构就地纳税比例"金额。

(2)第32行"本年累计实际已缴纳的所得税额":填报纳税人按照税收规定本纳税年度已在月(季)度累计预缴的所得税额,包括按照税收规定的特定业务已预缴(征)的所得税额,建筑企业总机构直接管理的跨地区设立的项目部按规定向项目所在地主管税务机关预缴的所得税额。

(3)第33行"本年应补(退)的所得税额":填报第31-32行金额。

(4)第34行"总机构分摊本年应补(退)所得税额":填报汇总纳税的总机构按照税收规定在总机构所在地分摊本年应补(退)所得税额。本行根据《跨地区经营汇总纳税企业年度分摊企业所得税明细表》(A109000)填报。

(5) 第35行"财政集中分配本年应补(退)所得税额":填报汇总纳税的总机构按照税收规定财政集中分配本年应补(退)所得税款。本行根据《跨地区经营汇总纳税企业年度分摊企业所得税明细表》(A109000)填报。

(6) 第36行"总机构主体生产经营部门分摊本年应补(退)所得税额":填报汇总纳税的总机构所属的具有主体生产经营职能的部门按照税收规定应分摊的本年应补(退)所得税额。本行根据《跨地区经营汇总纳税企业年度分摊企业所得税明细表》(A109000)填报。

(三)减免所得税优惠明细表

表6-9-4　　　　　　　　减免所得税优惠明细表(A107040)(局部)

行次	项　目	金　额
21	二十一、设在西部地区的鼓励类产业企业减按15%的税率征收企业所得税(主营业务收入占比_____%)	
22	二十二、新疆困难地区新办企业定期减免企业所得税	

第21行"二十一、设在西部地区的鼓励类产业企业减按15%的税率征收企业所得税(主营业务收入占比_____%)":根据《财政部　海关总署　国家税务总局关于深入实施西部大开发战略有关税收政策问题的通知》(财税〔2011〕58号)、《国家税务总局关于深入实施西部大开发战略有关企业所得税问题的公告》(国家税务总局公告2012年第12号)、《财政部　海关总署　国家税务总局关于赣州市执行西部大开发税收政策问题的通知》(财税〔2013〕4号)、《西部地区鼓励类产业目录》(中华人民共和国国家发展和改革委员会令第15号)、《国家税务总局关于执行〈西部地区鼓励类产业目录〉有关企业所得税问题的公告》(国家税务总局公告2015年第14号)、《财政部　税务总局　国家发展改革委关于延续西部大开发企业所得税政策的公告》(财政部　税务总局　国家发展改革委公告2020年第23号)等规定,对设在西部地区的鼓励类产业企业减按15%的税率征收企业所得税;对设在赣州市的鼓励类产业的内资和外商投资企业减按15%税率征收企业所得税。本行填报根据表A100000第23行计算的减征企业所得税金额。

跨地区经营汇总纳税企业总机构和分支机构因享受该项优惠政策适用不同税率的,本行填报按照《国家税务总局关于印发〈跨地区经营汇总纳税企业所得税征收管理办法〉的公告》(国家税务总局公告2012年第57号)第十八条规定计算的减免税额。

纳税人填报该行次时,需填报符合《西部地区鼓励类产业目录》的主营业务收入占比,保留至小数点后四位,并按百分数填报。

(四)跨地区经营汇总纳税企业年度分摊企业所得税明细表

表6-9-5　　　跨地区经营汇总纳税企业年度分摊企业所得税明细表(A109000)

行次	项　目	金额
1	一、实际应纳所得税额	
2	减:境外所得应纳所得税额	
3	加:境外所得抵免所得税额	
4	二、用于分摊的本年实际应纳所得税额(1-2+3)	

(续表)

行次	项 目	金额
5	三、本年累计已预分、已分摊所得税额(6+7+8+9)	
6	（一）总机构直接管理建筑项目部已预分所得税额	
7	（二）总机构已分摊所得税额	
8	（三）财政集中已分配所得税额	
9	（四）分支机构已分摊所得税额	
10	其中：总机构主体生产经营部门已分摊所得税额	
11	四、本年度应分摊的应补(退)的所得税额(4-5)	
12	（一）总机构分摊本年应补(退)的所得税额(11×总机构分摊比例)	
13	（二）财政集中分配本年应补(退)的所得税额(11×财政集中分配比例)	
14	（三）分支机构分摊本年应补(退)的所得税额(11×分支机构分摊比例)	
15	其中：总机构主体生产经营部门分摊本年应补(退)的所得税额(11×总机构主体生产经营部门分摊比例)	
16	五、境外所得抵免后的应纳所得税额(2-3)	
17	六、总机构本年应补(退)所得税额(12+13+15+16)	

本表适用于跨地区经营汇总纳税的纳税人填报。纳税人应根据税法、《财政部 国家税务总局 中国人民银行关于印发〈跨省市总分机构企业所得税分配及预算管理办法〉的通知》(财预〔2012〕40号)、《国家税务总局关于印发〈跨地区经营汇总纳税企业所得税征收管理办法〉的公告》(国家税务总局公告2012年第57号)规定计算企业每一纳税年度应缴的企业所得税、总机构和分支机构应分摊的企业所得税。仅在同一省(自治区、直辖市和计划单列市)内设立不具有法人资格分支机构的汇总纳税企业，省(自治区、直辖市和计划单列市)参照上述文件规定制定企业所得税分配管理办法的，按照其规定填报本表。

(1) 第1行"实际应纳所得税额"：填报表A100000第31行的金额。

(2) 第2行"境外所得应纳所得税额"：填报表A100000第29行的金额。

(3) 第3行"境外所得抵免所得税额"：填报表A100000第30行的金额。

(4) 第4行"用于分摊的本年实际应纳所得税额"：填报第1-2+3行的金额。

(5) 第5行"本年累计已预分、已分摊所得税额"：填报企业按照税收规定计算的分支机构本年累计已分摊的所得税额、建筑企业总机构直接管理的跨地区项目部本年累计已预分并就地预缴的所得税额。填报第6+7+8+9行的合计金额。

(6) 第6行"总机构直接管理建筑项目部已预分所得税额"：填报建筑企业总机构按照规定在预缴纳税申报时，向其总机构直接管理的项目部所在地按照项目收入的0.2%预分的所得税额。

(7) 第7行"总机构已分摊所得税额"：填报企业在预缴申报时已按照规定比例计算缴纳的由总机构分摊的所得税额。

(8) 第8行"财政集中已分配所得税额"：填报企业在预缴申报时已按照规定比例计算缴纳的由财政集中分配的所得税额。

(9) 第9行"分支机构已分摊所得税额"：填报企业在预缴申报时已按照规定比例计算

缴纳的由所属分支机构分摊的所得税额。

（10）第10行"其中：总机构主体生产经营部门已分摊所得税额"：填报企业在预缴申报时已按照规定比例计算缴纳的由总机构主体生产经营部门分摊的所得税额。

（11）第11行"本年度应分摊的应补（退）的所得税额"：填报企业本年度应补（退）的所得税额，不包括境外所得应纳所得税额。填报第4—5行的余额。

（12）第12行"总机构分摊本年应补（退）的所得税额"：填报第11行×总机构分摊比例后的金额。

（13）第13行"财政集中分配本年应补（退）的所得税额"：填报第11行×财政集中分配比例后的金额。

（14）第14行"分支机构分摊本年应补（退）的所得税额"：填报第11行×分支机构分摊比例后的金额。

（15）第15行"其中：总机构主体生产经营部门分摊本年应补（退）的所得税额"：填报第11行×总机构主体生产经营部门分摊比例后的金额。

（16）第16行"境外所得抵免后的应纳所得税额"：填报第2—3行的余额。

（17）第17行"总机构本年应补（退）所得税额"：填报第12+13+15+16行的合计金额。

（五）企业所得税汇总纳税分支机构所得税分配表

表6-9-6　　企业所得税汇总纳税分支机构所得税分配表（A109010）

税款所属期间：　　年　月　日至　　年　月　日

总机构名称（盖章）：

总机构统一社会信用代码（纳税人识别号）：　　　　　　　　　　金额单位：元（列至角分）

	应纳所得税额	总机构分摊所得税额	总机构财政集中分配所得税额				分支机构分摊所得税额	
分支机构情况	分支机构统一社会信用代码（纳税人识别号）	分支机构名称	三项因素			分配比例	分配所得税额	
			营业收入	职工薪酬	资产总额			
		合计						

本表适用于跨地区经营汇总纳税的总机构填报。纳税人应根据税法、《财政部 国家税务总局 中国人民银行关于印发〈跨省市总分机构企业所得税分配及预算管理办法〉的通知》(财预〔2012〕40号)、《国家税务总局关于印发〈跨地区经营汇总纳税企业所得税征收管理办法〉的公告》(国家税务总局公告2012年第57号)规定计算总分机构每一纳税年度应缴的企业所得税额、总机构和分支机构应分摊的企业所得税额。对于仅在同一省(自治区、直辖市和计划单列市)内设立不具有法人资格分支机构的企业,根据本省(自治区、直辖市和计划单列市)汇总纳税分配办法在总机构和各分支机构分配企业所得税额的,填报本表。

(1)"税款所属时期":填报公历1月1日至12月31日。

(2)"总机构名称""分支机构名称":填报营业执照、税务登记证等证件载明的纳税人名称。

(3)"总机构统一社会信用代码(纳税人识别号)""分支机构统一社会信用代码(纳税人识别号)":填报工商等部门核发的纳税人统一社会信用代码。未取得统一社会信用代码的,填报税务机关核发的纳税人识别号。

(4)"应纳所得税额":填报企业汇总计算的、且不包括境外所得应纳所得税额的本年应补(退)的所得税额。数据来源于《跨地区经营汇总纳税企业年度分摊企业所得税明细表》(A109000)第11行"本年度应分摊的应补(退)所得税额"。

(5)"总机构分摊所得税额":对于跨省(自治区、直辖市、计划单列市)经营汇总纳税企业,填报企业本年应补(退)所得税额×25%后的金额;对于同一省(自治区、直辖市、计划单列市)内跨地区经营汇总纳税企业,填报企业本年应补(退)所得税额×规定比例后的金额。

(6)"总机构财政集中分配所得税额":对于跨省(自治区、直辖市、计划单列市)经营汇总纳税企业,填报企业本年应补(退)所得税额×25%后的金额;对于同一省(自治区、直辖市、计划单列市)内跨地区经营汇总纳税企业,填报企业本年应补(退)所得税额×规定比例后的金额。

(7)"分支机构分摊所得税额":对于跨省(自治区、直辖市、计划单列市)经营汇总纳税企业,填报企业本年应补(退)的所得税额×50%后的金额;对于同一省(自治区、直辖市、计划单列市)内跨地区经营汇总纳税企业,填报企业本年应补(退)所得税额×规定比例后的金额。

(8)"营业收入":填报上一年度各分支机构销售商品、提供劳务、让渡资产使用权等日常经营活动实现的全部收入的合计额。

(9)"职工薪酬":填报上一年度各分支机构为获得职工提供的服务而给予各种形式的报酬以及其他相关支出的合计额。

(10)"资产总额":填报上一年度各分支机构在经营活动中实际使用的应归属于该分支机构的资产合计额。

(11)"分配比例":填报经总机构所在地主管税务机关审核确认的各分支机构分配比例,分配比例应保留小数点后十位。

(12)"分配所得税额":填报分支机构按照分支机构分摊所得税额乘以相应的分配比例的金额。

(13)"合计":填报上一年度各分支机构的营业收入总额、职工薪酬总额和资产总额三

项因素的合计金额及本年各分支机构分配比例和分配税额的合计金额

三、申报表案例填报解析

【案例 6-13】 甲公司从事电子产品生产、销售,在省外分别设立了 A 分公司、B 分公司,总分公司均不享受税率优惠。2020 年,甲公司 4 季度累计预缴申报实际利润额为 12 000 万元,2020 年汇算清缴时,甲公司汇算清缴实际应纳所得税额为 4 000 万元。2019 年度甲总公司及甲总公司具有主体生产经营职能的部门、A 分公司、B 分公司的营业收入、职工薪酬、资产总额如表 6-9-7 所示,不考虑税收优惠和异地施工项目预缴的情况,请问上述事项应该如何进行 2020 年度汇缴申报?

表 6-9-7 　　　2019 年甲公司及分支机构营业收入、职工薪酬、资产总额　　　单位:元

机构名称	营业收入	职工薪酬	资产总额
甲总公司	2 500 000 000	7 000 000	320 000 000
其中:甲总公司主体生产经营部门	150 000 000	3 500 000	200 000 000
A 分公司	60 000 000	1 500 000	50 000 000
B 分公司	40 000 000	500 000	10 000 000
分支机构小计	250 000 000	5 500 000	260 000 000

【解析】 第一步:根据 2019 年度三项因素数值和规定占比计算总分机构企业所得税分摊比例。

主体生产经营职能部门的分摊比例 =(150 000 000÷250 000 000)×0.35＋(3 500 000÷5 500 000)×0.35＋(200 000 000÷260 000 000)×0.3＝0.663 5

A 分公司的分摊比例 =(60 000 000÷250 000 000)×0.35＋(1 500 000÷5 500 000)×0.35＋(50 000 000÷260 000 000)×0.3＝0.237 1

B 分公司的分摊比例 =(40 000 000÷250 000 000)×0.35＋(500 000÷5 500 000)×0.35＋(10 000 000÷260 000 000)×0.3＝0.099 4

第二步:根据预缴申报表得出本年度已预缴税额。

甲总机构已预缴税额＝12 000×25%×50%＝1 500(万元)。

其中,总机构已分摊所得税额为 750 万元,财政集中已分配所得税额为 750 万元。

主体生产经营职能部门本年预缴税额＝12 000×25%×50%×0.663 5＝995.25(万元)。

A 分公司的分摊比例本年预缴税额＝12 000×25%×50%×0.237 1＝355.65(万元)。

B 分公司的分摊比例本年预缴税额＝12 000×25%×50%×0.099 4＝149.1(万元)。

第三步:计算总分机构应补(退)企业所得税。

甲总机构应补企业所得税额＝4 000×50%－1 500＝500(万元)。

其中,总机构应补企业所得税额为 250 万元,财政集中应补企业所得税额为 250 万元。

主体生产经营职能部门应补企业所得税额＝4 000×50%×0.663 5－995.25＝331.75(万元)。

A分公司应补企业所得税额＝4 000×50％×0.237 1－355.65＝118.55（万元）。

B分公司应补企业所得税额＝4 000×50％×0.099 4－149.1＝49.7（万元）。

具体申报如表6-9-8、表6-9-9所示。

表6-9-8　　　　企业所得税汇总纳税分支机构所得税分配表(A109000)　　　　单位：元

行次	项目	金额
1	一、实际应纳所得税额	40 000 000
2	减：境外所得应纳所得税额	0
3	加：境外所得抵免所得税额	0
4	二、用于分摊的本年实际应纳所得税额(1－2＋3)	40 000 000
5	三、本年累计已预分、已分摊所得税额(6＋7＋8＋9)	30 000 000
6	(一)总机构直接管理建筑项目部已预分所得税额	0
7	(二)总机构已分摊所得税额	7 500 000
8	(三)财政集中已分配所得税额	7 500 000
9	(四)分支机构已分摊所得税额	15 000 000
10	其中：总机构主体生产经营部门已分摊所得税额	9 952 500
11	四、本年度应分摊的应补(退)的所得税额(4－5)	10 000 000
12	(一)总机构分摊本年应补(退)的所得税额(11×总机构分摊比例)	2 500 000
13	(二)财政集中分配本年应补(退)的所得税额(11×财政集中分配比例)	2 500 000
14	(三)分支机构分摊本年应补(退)的所得税额(11×分支机构分摊比例)	5 000 000
15	其中：总机构主体生产经营部门分摊本年应补(退)的所得税额(11×总机构主体生产经营部门分摊比例)	3 317 500
16	五、境外所得抵免后的应纳所得税额(2－3)	0
17	六、总机构本年应补(退)所得税额(12＋13＋15＋16)	8 317 500

表6-9-9　　跨地区经营汇总纳税企业年度分摊企业所得税明细表(A109010)

税款所属期间：2020年1月1日至2020年12月31日

总机构名称(盖章)：甲

总机构统一社会信用代码(纳税人识别号)：＊＊＊＊＊　　　　　　　　　　　金额单位：元(列至角分)

应纳所得税额		总机构分摊所得税额	总机构财政集中分配所得税额			分支机构分摊所得税额	
10 000 000		2 500 000	2 500 000			5 000 000	
分支机构情况	分支机构统一社会信用代码(纳税人识别号)	分支机构名称	三项因素			分配比例	分配所得税额
			营业收入	职工薪酬	资产总额		
	＊＊＊＊＊＊	主体生产经营职能部门	150 000 000	3 500 000	200 000 000	0.663 5	3 317 500
	＊＊＊＊＊＊	A分公司	60 000 000	1 500 000	50 000 000	0.237 1	1 185 500
	＊＊＊＊＊＊	B分公司	40 000 000	500 000	10 000 000	0.099 4	497 000
	合计		250 000 000	5 500 000	260 000 000	1	5 000 000

四、常见涉税风险

（1）视同独立纳税人的分支机构能够享受小微企业税收优惠。分支机构不能享受小微企业优惠税率，按照25％的基本税率进行纳税申报。分支机构在电子税务局系统，不论选择为非汇总还是独立核算，都不能以各自分支机构的从业人数、资产总额、应纳税所得额作为判断小微企业享受所得税的优惠的依据，因为分支机构本身不是法人纳税人，不是核算企业所得税的主体。

（2）总分机构之间领用的存货误以为要视同销售。根据《国家税务总局关于企业处置资产所得税处理问题的通知》（国税函〔2008〕828号）第一条的规定，企业发生下列情形的处置资产，除将资产转移至境外以外，由于资产所有权属在形式和实质上均不发生改变，可作为内部处置资产，不视同销售确认收入，相关资产的计税基础延续计算。

① 将资产用于生产、制造、加工另一产品。
② 改变资产形状、结构或性能。
③ 改变资产用途（如自建商品房转为自用或经营）。
④ 将资产在总机构及其分支机构之间转移。
⑤ 上述两种或两种以上情形的混合。
⑥ 其他不改变资产所有权属的用途。

因此，根据上述规定总分机构之间领用的存货不要视同销售。

（3）分支机构错误的采用核定征收方式征收企业所得税。根据《国家税务总局关于印发〈企业所得税核定征收办法（试行）〉的通知》（国税函〔2008〕30号）、《国家税务总局关于企业所得税核定征收若干问题的通知》（国税函〔2009〕377号）、《国家税务总局关于印发〈跨地区经营汇总纳税企业所得税征收管理办法〉的公告》（国家税务总局公告2012年第57号）文件规定，汇总纳税企业不能进行核定征收。

第十节　合伙企业法人合伙人

企业或事业单位作为合伙企业的参与方，与其他参与方订立合伙协议，共同出资、共同经营、共享收益、共担风险，这种企业或事业单位称为合伙企业法人合伙人。

一、相关规定

《财政部　国家税务总局关于合伙企业合伙人所得税问题的通知》（财税〔2008〕159号，以下简称财税〔2008〕159号文件）第二条规定，合伙企业以每一个合伙人为纳税义务人。合伙企业合伙人是自然人的，缴纳个人所得税；合伙人是法人和其他组织的，缴纳企业所得税。

财税〔2008〕159号文件第三条规定，合伙企业生产经营所得和其他所得采取"先分后税"的原则。

具体应纳税所得额的计算按照《财政部　国家税务总局关于个人独资企业和合伙企业

投资者征收个人所得税的规定》（财税〔2009〕91号）及《财政部 国家税务总局关于调整个体工商户个人独资企业和合伙企业个人所得税税前扣除标准有关问题的通知》（财税〔2009〕65号）的有关规定执行。

上述所称生产经营所得和其他所得，包括合伙企业分配给所有合伙人的所得和企业当年留存的所得（利润）。

财税〔2008〕159号文件第四条规定，合伙企业的合伙人按照下列原则确定应纳税所得额：

（1）合伙企业的合伙人以合伙企业的生产经营所得和其他所得，按照合伙协议约定的分配比例确定应纳税所得额。

（2）合伙协议未约定或者约定不明确的，以全部生产经营所得和其他所得，按照合伙人协商决定的分配比例确定应纳税所得额。

（3）协商不成的，以全部生产经营所得和其他所得，按照合伙人实缴出资比例确定应纳税所得额。

（4）无法确定出资比例的，以全部生产经营所得和其他所得，按照合伙人数量平均计算每个合伙人的应纳税所得额。

合伙协议不得约定将全部利润分配给部分合伙人。

财税〔2008〕159号文件第五条规定，合伙企业的合伙人是法人和其他组织的，合伙人在计算其缴纳企业所得税时，不得用合伙企业的亏损抵减其盈利。

二、申报表填报重点关注

表6-10-1　　　　　　　纳税调整项目明细表（A105000）（局部）

行次	项　目	账载金额	税收金额	调增金额	调减金额
		1	2	3	4
36	四、特殊事项调整项目（37＋38＋…＋43）	*	*		
41	（五）合伙企业法人合伙人应分得的应纳税所得额				
42	（六）发行永续债利息支出				

第41行"（五）合伙企业法人合伙人分得的应纳税所得额"：第1列"账载金额"填报合伙企业法人合伙人本年会计核算上确认的对合伙企业的投资所得。第2列"税收金额"填报纳税人按照"先分后税"原则和《财政部 国家税务总局关于合伙企业合伙人所得税问题的通知》（财税〔2008〕159号）文件第四条规定计算的从合伙企业分得的法人合伙人应纳税所得额。若第1列≤第2列，第3列"调增金额"填报第2－1列金额。若第1列＞第2列，第4列"调减金额"填报第2－1列金额的绝对值。

三、申报表案例填报解析

【案例6-14】 甲公司为乙合伙企业的法人合伙人，合伙协议约定乙合伙企业对甲公司的分配比例为55%。乙合伙企业2020年度生产经营所得为800万元、对其他公司投资取得的股息、红利所得为300万元。乙合伙企业2020年4月分配2019年度的利润500万元。请问该项业务税收和会计上应该怎么处理。

【解析】 2019年4月乙合伙企业利润分配时。

会计处理为：

借：银行存款　　　　　　　　　　　　　　　　　　　　　2 750 000
　　贷：投资收益　　　　　　　　　　　　　　　　　　　　　　2 750 000

税务处理：对合伙企业的所得，税收规定是"先分后税"，但会计处理一般是年度终了后分配。乙合伙企业2019年4月分配2018年度的利润500万元，甲公司分得275万元，这不属于甲公司分得的乙合伙企业2019年度的利润，甲公司在2018年度汇算清缴时，已就应分得乙合伙企业2018年度的应纳税所得额申报纳税。因此，甲公司分得的乙合伙企业2018年度的利润，不应填报2019年度的表A105000第41行第1列"账载金额"，换句话说，本例中，甲公司2019年度的表A105000第41行第1列"账载金额"应填报0，税收金额"填报550万元。甲公司2019年表A105000第41行的填报见表6-10-2所示。

具体申报如下：

表6-10-2　　　　　　　　　　纳税调整项目明细表(A105000)(局部)　　　　　　　　单位：元

行次	项　目	账载金额	税收金额	调增金额	调减金额
		1	2	3	4
36	四、特殊事项调整项目(37+38+…+43)	*	*	5 500 000	0
41	(五)合伙企业法人合伙人应分得的应纳税所得额	0	5 500 000	5 500 000	0
42	(六)发行永续债利息支出				

四、常见涉税风险

(1) 企业用合伙企业的亏损抵减其盈利。根据《财政部　国家税务总局关于合伙企业合伙人所得税问题的通知》(财税〔2008〕159号)的规定，伙企业的合伙人是法人和其他组织的，合伙人在计算其缴纳企业所得税时，不得用合伙企业的亏损抵减其盈利。因此在申报的时候填写了调减金额尤其要重点注意。

(2) 合伙企业未进行利润分配，合伙企业法人合伙人不申报应分得的应纳税所得额。根据《财政部　国家税务总局关于合伙企业合伙人所得税问题的通知》(财税〔2008〕159号)的规定，合伙企业生产经营所得和其他所得采取"先分后税"的原则。上述所称生产经营所得和其他所得，包括合伙企业分配给所有合伙人的所得和企业当年留存的所得(利润)。因此，无论合伙企业是否进行利润分配，合伙企业法人合伙人都必须将分的经营所得和其他所得计入应纳税所得进行申报。

第七章 享受优惠企业申报表填报分析

本章主要讲述不同类型企业享受的所得税优惠内容、适用范围和条件,以及各项优惠政策的税收处理规定和企业所得税年度申报表填报。

第一节 小型微利企业

小型微利企业的创立和发展对于创造大量自我就业机会、扶助弱势群体、促进经济发展和保持社会稳定都具有积极作用。国家对小型微利企业实行低税率和减计应纳税所得额优惠。

一、相关规定

《企业所得税法》第二十八条规定,符合条件的小型微利企业,减按20%的税率征收企业所得税。

《企业所得税法实施条例》第九十二条规定,企业所得税法第二十八条第一款所称符合条件的小型微利企业,是指从事国家非限制和禁止行业,并符合下列条件的企业:

(1) 工业企业,年度应纳税所得额不超过30万元,从业人数不超过100人,资产总额不超过3 000万元。

(2) 其他企业,年度应纳税所得额不超过30万元,从业人数不超过80人,资产总额不超过1 000万元。

《财政部 税务总局关于实施小微企业普惠性税收减免政策的通知》(财税〔2019〕13号)第二条规定,对小型微利企业年应纳税所得额不超过100万元的部分,减按25%计入应纳税所得额,按20%的税率缴纳企业所得税;对年应纳税所得额超过100万元但不超过300万元的部分,减按50%计入应纳税所得额,按20%的税率缴纳企业所得税。

上述小型微利企业是指从事国家非限制和禁止行业,且同时符合年度应纳税所得额不超过300万元、从业人数不超过300人、资产总额不超过5 000万元等三个条件的企业。

从业人数,包括与企业建立劳动关系的职工人数和企业接受的劳务派遣用工人数。所称从业人数和资产总额指标,应按企业全年的季度平均值确定。具体计算公式如下:

$$季度平均值＝(季初值＋季末值)÷2$$
$$全年季度平均值＝全年各季度平均值之和÷4$$

年度中间开业或者终止经营活动的,以其实际经营期作为一个纳税年度确定上述相关指标。

二、申报表填报重点关注

(一)企业所得税年度纳税申报基础信息表

表 7-1-1　　　　企业所得税年度纳税申报基础信息表(A000000)(局部)

基本经营情况(必填项目)			
103 资产总额(填写平均值,单位:万元)		104 从业人数(填写平均值,单位:人)	
105 所属国民经济行业(填写代码)		106 从事国家限制或禁止行业	□是□否
109 小型微利企业	□是□否	110 上市公司	是(□境内□境外)□否

(1)"103 资产总额":纳税人填报资产总额的全年季度平均值,单位为万元,保留小数点后 2 位。具体计算公式如下:

$$季度平均值＝(季初值＋季末值)÷2$$
$$全年季度平均值＝全年各季度平均值之和÷4$$

年度中间开业或者终止经营活动的,以其实际经营期作为一个纳税年度确定上述相关指标。

在实际填报过程中,企业需要注意资产总额单位是万元,同时,填报金额应考虑与资产负债表的资产总额相匹配。

(2)"104 从业人数":纳税人填报从业人数的全年季度平均值,单位为人。从业人数是指与企业建立劳动关系的职工人数和企业接受的劳务派遣用工人数之和,依据和计算方法同"103 资产总额"。

劳务派遣单位在计算从业人数时,鉴于劳务派遣用工已计入接受劳务派遣企业从业人数,为避免再重复计算,不包含已派出人员。

(3)"106 从事国家限制或禁止行业":纳税人从事行业为国家限制和禁止行业的,选择"是";其他选择"否"。

在企业申报过程中,往往存在符合小型微利企业条件的企业,由于财务人员误选"否",造成企业不能享受小型微利企业所得税优惠。

(4)"109 小型微利企业":纳税人符合小型微利企业普惠性所得税减免政策条件的,选择"是",其他选择"否"。

注意:《企业所得税年度纳税申报基础信息表》(A000000)中的"基本经营情况"为小型微利企业必填项目;"有关涉税事项情况"为选填项目,存在或者发生相关事项时小型微利企业必须填报;"主要股东及分红情况"为小型微利企业免填项目。

（二）中华人民共和国企业所得税年度纳税申报表（A 类）

表 7-1-2　　中华人民共和国企业所得税年度纳税申报表（A 类）（A100000）（局部）

行次	类别	项　　目	金　　额
1	利润总额计算	一、营业收入（填写 A101010\101020\103000）	
2		减：营业成本（填写 A102010\102020\103000）	
3		减：税金及附加	
24	应纳税额计算	税率（25%）	
25		六、应纳所得税额（23×24）	
26		减：减免所得税额（填写 A107040）	
27		减：抵免所得税额（填写 A107050）	

（1）第 3 行"税金及附加"：填报纳税人经营活动发生的消费税、城市维护建设税、资源税、土地增值税和教育费附加等相关税费。本行根据纳税人相关会计科目填报。纳税人在其他会计科目核算的税金不得重复填报。

根据财会〔2016〕22 号文件的规定，房产税、车船税、土地使用税、印花税由"管理费用"科目调整到"税金及附加"科目中进行核算。

（2）第 26 行"减免所得税额"：填报纳税人按税收规定实际减免的企业所得税额。本行根据《减免所得税优惠明细表》（A107040）填报。

小型微利企业所得税优惠最终将会通过本行反映出来。

注意：小型微利企业免于填报《一般企业收入明细表》（A101010）、《金融企业收入明细表》（A101020）、《一般企业成本支出明细表》（A102010）、《金融企业支出明细表》（A102020）、《事业单位、民间非营利组织收入、支出明细表》（A103000）、《期间费用明细表》（A104000）。

上述表单相关数据应当在《中华人民共和国企业所得税年度纳税申报表（A 类）》（A100000）中直接填写。

（三）减免所得税优惠明细表

表 7-1-3　　　　减免所得税优惠明细表（A107040）（局部）

行次	项　　目	金　　额
1	一、符合条件的小型微利企业减免企业所得税	
2	二、国家需要重点扶持的高新技术企业减按 15% 的税率征收企业所得税（填写 A107041）	

第 1 行"一、符合条件的小型微利企业减免所得税"：填报享受小型微利企业普惠性所得税减免政策减免企业所得税的金额。本行填报根据本期《中华人民共和国企业所得税年度纳税申报表（A 类）》（A100000）第 23 行计算的减免企业所得税的本年金额。

符合条件的小型微利企业，在年度汇算清缴企业所得税时，通过填写本行内容，即可享受小型微利企业所得税税收优惠政策，无需进行专项备案。

【案例7-1】 A企业2016成立，从事国家非限制和禁止行业，2020年各季度的从业人数、资产总额情况如表7-1-4所示。

表7-1-4　　　　　A企业各季度从业人数、资产总额情况统计表

季度	从业人数（人）	资产总额（万元）
第一季度	150	3 000
第二季度	430	4 150
第三季度	250	5 010
第四季度	222	4 930

假设A企业全年应纳税所得额为280万元，采用查账征收方式，分析A企业汇算清缴申报表应该如何填报。

【解析】 2020年度，A企业所得税具体计算过程如下：

从业人数全年季度平均值＝(150＋430＋250＋222)÷4＝263(人)。

资产全年季度平均值＝(3 000＋4 150＋5 010＋4 930)÷4＝4 272.5(万元)。

符合小型微利企业标准，故应纳企业所得税额＝100×25%×20%＋(280－100)×50%×20%＝23(万元)。

减免的所得税额＝280×25%－23＝70－23＝47(万元)。

申报表填报如表7-1-5、表7-1-6所示。

表7-1-5　　　　企业所得税年度纳税申报基础信息表(A000000)(局部)

基本经营情况(必填项目)			
103 资产总额(填写平均值,单位：万元)	4 272.50	104 从业人数(填写平均值,单位：人)	263
105 所属国民经济行业(填写代码)		106 从事国家限制或禁止行业	□是☑否
109 小型微利企业	☑是□否	110 上市公司	是(□境内□境外)☑否

表7-1-6　　　　　减免所得税优惠明细表(A107040)(局部)　　　　　单位：元

行次	项目	金额
1	一、符合条件的小型微利企业减免企业所得税	470 000

三、常见涉税风险

（1）总分机构中的分支机构错误享受小型微利企业优惠。现行企业所得税实行法人税制，企业应以法人为主体，计算并缴纳企业所得税。《企业所得税法》第五十条第二款规定，居民企业在中国境内设立不具有法人资格的营业机构的，应当汇总计算并缴纳企业所得税。由于分支机构不具有法人资格，其经营情况应并入企业总机构，由企业总机构汇总计算应纳税款，并享受相关优惠政策。

所以，对于分支机构，应当并入总机构汇总缴纳企业所得税，汇总后的数据如果符合小

型微利企业的条件,可以整体享受小型微利企业的优惠政策。如果分支机构不并入总机构汇总纳税,而选择按照独立纳税人单独纳税,不能享受小型微利企业的优惠政策,只能按照25％的基本税率进行纳税申报。

(2) 企业填报错误造成优惠无法享受。一是基础信息表资产总额填报错误,企业资产总额应按万元为单位填报,有的企业按元进行申报,造成资产总额超过5 000万元,不能享受小微企业优惠;二是错选"从事国家限制或禁止行业"为"是",造成企业无法享受小微企业优惠。

(3) 各税种申报数据存在明细差异。一是企业所得税收入远小于企业增值税申报收入或者是企业的开票收入,存在隐瞒收入的风险;二是企业所得税工资、薪金申报情况远大于个人所得税申报数据,存在虚增工资、薪金加大企业所得税税前扣除金额的风险;三是企业所得税成本费用类税前扣除金额远小于企业取得的成本费用发票金额。

(4) 申报数据明显失真。一是企业申报出现销售倒挂情况,主营业务收入明显远低于主营业务成本;二是员工人数、员工工资、资产规模等情况与公司的销售收入明显不相匹配。

第二节　高新技术企业

国家重视高新技术企业发展,加大了对科技企业的支持力度,激励市场主体增加研发投入,有力推动"双创",培育创造新技术、新业态和提供新供给的生力军,促进经济升级发展。国家对高新技术企业实行低税率优惠,并给予延长亏损弥补期限优待。

一、相关规定

《企业所得税法》第二十八条规定,国家需要重点扶持的高新技术企业,减按15％的税率征收企业所得税。

《企业所得税法实施条例》第九十三条规定,企业所得税法第二十八条第二款所称国家需要重点扶持的高新技术企业,是指拥有核心自主知识产权,并同时符合下列条件的企业:

(1) 产品(服务)属于《国家重点支持的高新技术领域》规定的范围。
(2) 研究开发费用占销售收入的比例不低于规定比例。
(3) 高新技术产品(服务)收入占企业总收入的比例不低于规定比例。
(4) 科技人员占企业职工总数的比例不低于规定比例。
(5) 高新技术企业认定管理办法规定的其他条件。

《国家重点支持的高新技术领域》和高新技术企业认定管理办法由国务院科技、财政、税务主管部门商国务院有关部门制订,报国务院批准后公布施行。

《财政部　国家税务总局关于高新技术企业境外所得适用税率及税收抵免问题的通知》(财税〔2011〕47号)规定,以境内、境外全部生产经营活动有关的研究开发费用总额、总收入、销售收入总额、高新技术产品(服务)收入等指标申请并经认定的高新技术企业,其来源于境外的所得可以享受高新技术企业所得税优惠政策,即对其来源于境外所得可以按照

15%的优惠税率缴纳企业所得税,在计算境外抵免限额时,可按照15%的优惠税率计算境内外应纳税总额。

《财政部 税务总局关于延长高新技术企业和科技型中小企业亏损结转年限的通知》(财税〔2018〕76号)规定,自2018年1月1日起,当年具备高新技术企业或科技型中小企业资格(以下统称资格)的企业,其具备资格年度之前5个年度发生的尚未弥补完的亏损,准予结转以后年度弥补,最长结转年限由5年延长至10年。

《科技部 财政部 国家税务总局关于修订印发〈高新技术企业认定管理工作指引〉的通知》(国科发火〔2016〕32号)规定,国家需要重点扶持的高新技术企业,是指拥有核心自主知识产权,并同时符合下列条件的企业:

(1)企业申请认定时须注册成立一年以上。

(2)企业通过自主研发、受让、受赠、并购等方式,获得对其主要产品(服务)在技术上发挥核心支持作用的知识产权的所有权。

(3)对企业主要产品(服务)发挥核心支持作用的技术属于《国家重点支持的高新技术领域》规定的范围。

(4)企业从事研发和相关技术创新活动的科技人员占企业当年职工总数的比例不低于10%。

(5)企业近三个会计年度(实际经营期不满三年的按实际经营时间计算,下同)的研究开发费用总额占同期销售收入总额的比例符合如下要求:

最近一年销售收入小于5 000万元(含)的企业,比例不低于5%。

最近一年销售收入在5 000万元至2亿元(含)的企业,比例不低于4%。

最近一年销售收入在2亿元以上的企业,比例不低于3%。

其中,企业在中国境内发生的研究开发费用总额占全部研究开发费用总额的比例不低于60%。

(6)近一年高新技术产品(服务)收入占企业同期总收入的比例不低于60%。

(7)企业创新能力评价应达到相应要求。

(8)企业申请认定前一年内未发生重大安全、重大质量事故或严重环境违法行为。

二、申报表填报重点关注

(一)企业所得税年度纳税申报基础信息表

表7-2-1　　　企业所得税年度纳税申报基础信息表(A000000)(局部)

211 高新技术企业申报所属期年度有效的高新技术企业证书	211-1 证书编号1	211-2 发证时间1
	211-3 证书编号2	211-4 发证时间2

(1)"211高新技术企业申报所属期年度有效的高新技术企业证书":纳税人根据申报所属期年度拥有的有效期内的高新技术企业证书情况,填报本项目下的"211-1""211-2""211-3""211-4"。在申报所属期年度,如企业同时拥有两个高新技术企业证书,则两个证书情况均应填报。例如,纳税人2015年10月取得高新技术企业证书,有效期3年,2018年

再次参加认定并于2018年11月取得新高新技术企业证书,纳税人在进行2018年度企业所得税汇算清缴纳税申报时,应将两个证书的"编号"及"发证时间"分别填入"211-1""211-2""211-3""211-4"项目中。纳税人符合上述填报要求的,无论是否享受企业所得税优惠政策,均应填报本项。

需要注意两个点:一是不论企业是否享受优惠政策,高新技术企业资格在有效期内的纳税人均需填报《企业所得税年度纳税申报基础信息表》(A000000)"211高新技术企业申报所属期年度有效的高新技术企业证书"相关栏次;二是在申报所属期年度,如企业同时拥有两个时间接续的高新技术企业证书,则两个证书情况均应填报。

(二) 中华人民共和国企业所得税年度纳税申报表(A类)

表7-2-2　　中华人民共和国企业所得税年度纳税申报表(A类)(A100000)(局部)

行次	类别	项目	金额
1	利润总额计算	一、营业收入(填写A101010\101020\103000)	
2		减:营业成本(填写A102010\102020\103000)	
3		减:税金及附加	
24	应纳税额计算	税率(25%)	
25		六、应纳所得税额(23×24)	
26		减:减免所得税额(填写A107040)	
27		减:抵免所得税额(填写A107050)	

(1) 第3行"税金及附加":填报纳税人经营活动发生的消费税、城市维护建设税、资源税、土地增值税和教育费附加等相关税费。本行根据纳税人相关会计科目填报。纳税人在其他会计科目核算的税金不得重复填报。

根据财会〔2016〕22号文规定,房产税、车船税、土地使用税、印花税由"管理费用"科目调整到"税金及附加"科目中进行核算。

(2) 第26行"减免所得税额":填报纳税人按税收规定实际减免的企业所得税额。本行根据《减免所得税优惠明细表》(A107040)填报。

高新技术企业所得税优惠最终将会通过本行反映出来。

(三) 减免所得税优惠明细表

表7-2-3　　　　　　　减免所得税优惠明细表(A107040)(局部)

行次	项目	金额
1	一、符合条件的小型微利企业减免企业所得税	
2	二、国家需要重点扶持的高新技术企业减按15%的税率征收企业所得税(填写A107041)	

第2行"二、国家需要重点扶持的高新技术企业减按15%的税率征收企业所得税":根据税法、《国家税务总局关于实施高新技术企业所得税优惠政策有关问题的公告》(国家税务总局公告2017年第24号)等规定,国家需要重点扶持的高新技术企业减按15%的税率征收企业所得税。本行填报表A107041第31行金额。

(四)高新技术企业优惠情况及明细表

表 7-2-4　　　　　高新技术企业优惠情况及明细表(A107041)

	税收优惠基本信息			
1	企业主要产品(服务)发挥核心支持作用的技术所属范围	国家重点支持的高新技术领域	一级领域	
2			二级领域	
3			三级领域	

	税收优惠有关情况					
4	收入指标	一、本年高新技术产品(服务)收入(5+6)				
5		其中:产品(服务)收入				
6		技术性收入				
7		二、本年企业总收入(8-9)				
8		其中:收入总额				
9		不征税收入				
10		三、本年高新技术产品(服务)收入占企业总收入的比例(4÷7)				
11	人员指标	四、本年科技人员数				
12		五、本年职工总数				
13		六、本年科技人员占企业当年职工总数的比例(11÷12)				
14		高新研发费用归集年度	本年度	前一年度	前二年度	合计
			1	2	3	4
15	研发费用指标	七、归集的高新研发费用金额(16+25)				
16		(一)内部研究开发投入(17+…+22+24)				
17		1. 人员人工费用				
18		2. 直接投入费用				
19		3. 折旧费用与长期待摊费用				
20		4. 无形资产摊销费用				
21		5. 设计费用				
22		6. 装备调试费与实验费用				
23		7. 其他费用				
24		其中:可计入研发费用的其他费用				
25		(二)委托外部研发费用[(26+28)×80%]				
26		1. 境内的外部研发费				
27		2. 境外的外部研发费				
28		其中:可计入研发费用的境外的外部研发费				
29		八、销售(营业)收入				
30		九、三年研发费用占销售(营业)收入的比例(15行4列÷29行4列)				
31	减免税额	十、国家需要重点扶持的高新技术企业减征企业所得税				
32		十一、经济特区和上海浦东新区新设立的高新技术企业定期减免税额				

(1)第1行至第3行:"企业主要产品(服务)发挥核心支持作用的技术所属范围":填报

对企业主要产品(服务)发挥核心支持作用的技术属于《国家重点支持的高新技术领域》规定的具体范围,填报至三级明细领域,如"一、电子信息技术(一)软件 1.系统软件"。

(2) 第 4 行"一、本年高新技术产品(服务)收入":填报第 5+6 行金额。

(3) 第 5 行"产品(服务)收入":填报纳税人本年发挥核心支持作用的技术属于《国家重点支持的高新技术领域》规定范围的产品(服务)收入。

(4) 第 6 行"技术性收入":包括技术转让收入、技术服务收入和接受委托研究开发收入。

(5) 第 7 行"二、本年企业总收入":填报第 8-9 行金额。

(6) 第 8 行"(一)收入总额":填报纳税人本年以货币形式和非货币形式从各种来源取得的收入总额。包括:销售货物收入,提供劳务收入,转让财产收入,股息、红利等权益性投资收益,利息收入,租金收入,特许权使用费收入,接受捐赠收入,其他收入。

(7) 第 9 行"不征税收入":填报纳税人本年符合相关政策规定的不征税收入。

(8) 第 10 行"三、本年高新技术产品(服务)收入占企业总收入的比例":填报第 4÷7 行计算后的比例。

(9) 第 11 行"四、本年科技人员数":填报纳税人直接从事研发和相关技术创新活动,以及专门从事上述活动的管理和提供直接技术服务的,累计实际工作时间在 183 天以上的人员,包括在职、兼职和临时聘用人员。

(10) 第 12 行"五、本年职工总数":填报纳税人本年在职、兼职和临时聘用人员。在职人员可以通过企业是否签订劳动合同或缴纳社会保险费来判断。兼职、临时聘用人员全年须在企业累计工作 183 天以上。

(11) 第 13 行"六、本年科技人员占企业当年职工总数的比例":填报第 11÷12 行的比例。

(12) 第 14 行"高新研发费用归集年度":本行无填报事项。

与计算研发费比例相关的第 15 行至第 29 行需填报 3 年数据,实际经营不满 3 年的按实际经营时间填报。

(13) 第 15 行"七、本年归集的高新研发费用金额":填报第 16+25 行金额。

(14) 第 16 行"(一)内部研究开发投入":填报第 17+18+19+20+21+22+24 行金额。

(15) 第 17 行"1.人员人工费用":填报纳税人科技人员的工资、薪金,基本养老保险费,基本医疗保险费、失业保险费、工伤保险费、生育保险费和住房公积金,以及外聘科技人员的劳务费用。

(16) 第 18 行"2.直接投入费用":填报纳税人为实施研究开发活动而实际发生的相关支出。包括:直接消耗的材料、燃料和动力费用;用于中间试验和产品试制的模具、工艺装备开发及制造费,不构成固定资产的样品、样机及一般测试手段购置费,试制产品的检验费;用于研究开发活动的仪器、设备的运行维护、调整、检验、检测、维修等费用,以及通过经营租赁方式租入的用于研发活动的固定资产租赁费。

(17) 第 19 行"3.折旧费用与长期待摊费用":填报纳税人用于研究开发活动的仪器、设备和在用建筑物的折旧费;研发设施的改建、改造、装修和修理过程中发生的长期待摊费用。

（18）第20行"4.无形资产摊销费用"：填报纳税人用于研究开发活动的软件、知识产权、非专利技术（专有技术、许可证、设计和计算方法等）的摊销费用。

（19）第21行"5.设计费用"：填报纳税人为新产品和新工艺进行构思、开发和制造，进行工序、技术规范、规程制定、操作特性方面的设计等发生的费用，包括为获得创新性、创意性、突破性产品进行的创意设计活动发生的相关费用。

（20）第22行"6.装备调试费与实验费用"：填报纳税人工装准备过程中研究开发活动所发生的费用，包括研制特殊、专用的生产机器，改变生产和质量控制程序，或制定新方法及标准等活动所发生的费用。

（21）第23行"7.其他费用"：填报纳税人与研究开发活动直接相关的其他费用，包括技术图书资料费、资料翻译费、专家咨询费、高新科技研发保险费、研发成果的检索、论证、评审、鉴定、验收费用，知识产权的申请费、注册费、代理费、会议费、差旅费、通讯费等。

（22）第24行"可计入研发费用的其他费用"：填报纳税人为研究开发活动所发生的其他费用中不超过研究开发总费用的20%的金额，按第17行至第22行之和×20%÷（1－20%）与第23行的孰小值填报。

（23）第25行"（二）委托外部研发费用"：填报纳税人委托境内外其他机构或个人进行研究开发活动所发生的费用（研究开发活动成果为委托方企业拥有，且与该企业的主要经营业务紧密相关）。委托外部研发费用的实际发生额应按照独立交易原则确定，实际发生额的80%可计入委托方研发费用总额。本行填报（第26+28行）×80%的金额。

（24）第26行"1.境内的外部研发费用"：填报纳税人委托境内其他机构或个人进行的研究开发活动所支出的费用。本行填报实际发生境内的外部研发费用。

（25）第27行"2.境外的外部研发费用"：填报纳税人委托境外机构或个人完成的研究开发活动所发生的费用。受托研发的境外机构是指依照外国（地区）及港澳台法律成立的企业和其他取得收入的组织；受托研发的境外个人是指外籍及港澳台个人。本行填报实际发生境外的外部研发费用。

（26）第28行"可计入研发费用的境外的外部研发费用"：根据《高新技术企业认定管理办法》等规定，纳税人在中国境内发生的研发费用总额占全部研发费用总额的比例不低于60%，即境外发生的研发费用总额占全部研发费用总额的比例不超过40%。本行填报（第17＋18＋…＋22＋23＋26行）×40%÷（1－40%）与第27行的孰小值。

（27）第29行"八、销售（营业）收入"：填报纳税人主营业务收入与其他业务收入之和。

（28）第30行"九、三年研发费用占销售（营业）收入的比例"：填报第15行4列÷第29行4列的比例。

（29）第31行"十、国家需要重点扶持的高新技术企业减征企业所得税"：本行填报经济特区和上海浦东新区外的高新技术企业或虽是经济特区和上海浦东新区新设的高新技术企业但取得区外所得的减免税金额。经济特区和上海浦东新区新设的高新技术企业定期减免政策期满后，只享受15%税率优惠政策的，减免税金额也在本行填报。

（30）第32行"十一、经济特区和上海浦东新区新设立的高新技术企业定期减免"：本行填报在经济特区和上海浦东新区新设的高新技术企业区内所得的减免税金额。

在填写《高新技术企业优惠情况及明细表》（A107041）时，需要注意以下几点：

(1) 不论是否享受优惠政策,高新技术企业资格在有效期内的纳税人均需填报《高新技术企业优惠情况及明细表》(A107041)。

(2) 高新技术产品(服务)收入占企业同期总收入的比例不低于60%,填列《高新技术企业优惠情况及明细表》(A107041)第10行。

(3) 企业从事研发和相关技术创新活动的科技人员占企业当年职工总数的比例不低于10%,填列《高新技术企业优惠情况及明细表》(A107041)第13行。

(4) 企业近3个会计年度(实际经营期不满3年的按实际经营时间计算,下同)的研究开发费用总额占同期销售收入总额的比例符合如下要求:

① 最近一年销售收入小于5 000万元(含)的企业,比例不低于5%。

② 最近一年销售收入在5 000万元至2亿元(含)的企业,比例不低于4%。

③ 最近一年销售收入在2亿元以上的企业,比例不低于3%。

其中,企业在中国境内发生的研究开发费用总额占全部研究开发费用总额的比例不低于60%。

【案例7-2】 某企业于2018年2月17日成立。在2018年,销售高技术产品的收入1 500万元、技术转让收入200万元、技术服务收入100万元、接受委托研究开发收入300万元,符合要求的研发费用300万元(包含境外研发费用100万元);2019年,该企业销售高技术产品的收入4 000万元、技术转让收入600万元、技术服务收入800万元,符合要求的研发费用500万元(包含境外研发费用100万元)。假如该企业在2020年3月申请高新技术企业认定,其研发费用是否符合高新技术企业标准?

【解析】 最近一年销售收入=4 000+600+800=5 400(万元),研发费用不低于销售收入的4%

研发费用/销售收入=(500+300)÷(1 500+200+100+300+4 000+600+800)=10.67%>4%

境内研发费用/总研发费用=(300-100+500-100)÷(300+500)=75%>60%

综合考虑研发费用/销售收入、境内研发费用/总研发费用的占比情况,该企业的研发费用列支符合高新技术企业标准。

【案例7-3】 某企业于2018年被认定为高新技术企业。2020年度应纳税所得额为2 000万元,不涉及以前年度亏损弥补。企业本年总收入10 000万元,其中销售(营业)收入为8 000万元,高新技术领域为高新技术改造传统产业,本年未发生重大安全、质量事故,未因环境等违法、违规行为受到有关部门处罚,未发生偷骗税行为。

各项指标如下:本年高新技术产品(服务)收入7 000万元,其中产品(服务)收入4 000万元,技术性收入3 000万元。具有大学专科以上学历的科技人员50人,研发人员60人,本年职工总数100人。本年按照高新技术企业研发费用归集口径,内部研究开发投入达到400万元,人员人工279万元、直接投入9万元、折旧费用与长期费用摊销3万元、设计费用3万元、装备调试费3万元、无形资产摊销3万元、其他费用100万元;委托外部研究开发费用250万元,其中境内的外部研发费为175万元,境外的外部研发费为75万元。

前一年度销售(营业)收入为8 000万元,归集的高新研发费用金额为360万元,均为科技人员人工费用;前二年度销售(营业)收入为6 000万元,归集的高新研发费用金额为320万元,均为科技人员人工费用。

【解析】 境内的外部研发费＝175(万元)。

境外的外部研发费＝75(万元),第28行"其中:可计入研发费用的境外的外部研发费用":根据《高新技术企业认定管理办法》等规定,纳税人在中国境内发生的研发费用总额占全部研发费用总额的比例不低于60%,即境外发生的研发费用总额占全部研发费用总额的比例低于40%。本行填报:(第17＋18＋…＋22＋23＋26行)×40%÷(1－40%)＝575×40%÷(1－40%)＝383.33(万元),与第27行75万元的孰小值,填写75(万元)。

委托外部研究开发费用＝境内的外部研发费＋境外的外部研发费＝250(万元)。可计入研发费用的境外的其他费用＝(人员人工＋直接投入＋折旧费用与长期费用摊销＋设计费用＋装备调试费＋无形资产摊销)×20%÷(1－20%)＝(279＋9＋3＋3＋3＋3)×20%÷(1－20%)＝75(万元)。

内部研究开发投入＝(279＋9＋3＋3＋3＋3＋75)＝375(万元)。

减免税金额＝2 000×10%＝200(万元)。

申报表填报如表7-2-5、表7-2-6、表7-2-7所示。

表7-2-5 高新技术企业优惠情况及明细表(A107041)　　　　　　　　单位:元

税收优惠基本信息					
1	企业主要产品(服务)发挥核心支持作用的技术所属范围	国家重点支持的高新技术领域	一级领域		
2			二级领域		
3			三级领域		
税收优惠有关情况					
4	收入指标	一、本年高新技术产品(服务)收入(5＋6)			70 000 000
5		其中:产品(服务)收入			40 000 000
6		技术性收入			30 000 000
7		二、本年企业总收入(8－9)			100 000 000
8		其中:收入总额			100 000 000
9		不征税收入			0
10		三、本年高新技术产品(服务)收入占企业总收入的比例(4÷7)			70%
11	人员指标	四、本年科技人员数			60
12		五、本年职工总数			100
13		六、本年科技人员占企业当年职工总数的比例(11÷12)			60%
14	研发费用指标	高新研发费用归集年度	本年度	前一年度	前二年度	合计
			1	2	3	4
15		七、归集的高新研发费用金额(16＋25)	5 750 000	3 600 000	3 200 000	12 550 000
16		(一)内部研究开发投入(17＋…＋22＋24)	3 750 000	3 600 000	3 200 000	10 550 000
17		1.人员人工费用	2 790 000	3 600 000	3 200 000	9 590 000
18		2.直接投入费用	90 000			90 000

(续表)

		高新研发费用归集年度	本年度	前一年度	前二年度	合计
			1	2	3	4
19	研发费用指标	3.折旧费用与长期待摊费用	30 000			30 000
20		4.无形资产摊销费用	30 000			30 000
21		5.设计费用	30 000			30 000
22		6.装备调试费与实验费用	30 000			30 000
23		7.其他费用	1 000 000			100 000
24		其中:可计入研发费用的其他费用	750 000			750 000
25		(二)委托外部研发费用[(26+28)×80%]	2 000 000			2 000 000
26		1.境内的外部研发费	1 750 000			1 750 000
27		2.境外的外部研发费	750 000			750 000
28		其中:可计入研发费用的境外的外部研发费	750 000			750 000
29		八、销售(营业)收入	100 000 000	80 000 000	60 000 000	240 000 000
30		九、三年研发费用占销售(营业)收入的比例(15行4列÷29行4列)				5.23%
31	减免税额	十、国家需要重点扶持的高新技术企业减征企业所得税				2 000 000
32		十一、经济特区和上海浦东新区新设立的高新技术企业定期减免税额				

表7-2-6　　　企业所得税年度纳税申报基础信息表(A000000)(局部)

211 高新技术企业申报所属期年度有效的高新技术企业证书	211—1 证书编号 1	******	211—2 发证时间 1	2018
	211—3 证书编号 2		211—4 发证时间 2	

表7-2-7　　　减免所得税优惠明细表(A107040)(局部)　　　　单位:元

行次	项　　目	金　　额
2	二、国家需要重点扶持的高新技术企业减按15%的税率征收企业所得税(填写A107041)	2 000 000

三、常见涉税风险

(1) 收入、成本、费用的处理不规范,存在涉税风险。会计核算不规范,未单独设立"研发支出"科目,不能准确划分资本化与费用化支出的金额。按规定,如不设立专账管理费用,费用归集不准确,将无法享受研发费用加计扣除的所得税优惠,存在一定涉税风险。

(2) 研发费用未按项目准确归集。高新技术企业存在多个研发项目的情况下,如果把其他项目的费用分配给创新性项目,这样就导致了高新技术企业的创新项目研发费用增加,从而增加了加计扣除的基数,产生了涉税风险。

(3) 研发支出资本化不及时。高新技术产品研发支出中符合资本化的部分,按规定应及时进行资本化核算,转入无形资产分期摊销。如果直接计入当期费用,将增加营业成本,少计利润,存在少缴税款的风险。

(4) 在复核和复审过程中,过分追求认定指标影响会计确认,存在涉税风险。对研发人员的确认不清晰;研发费用占管理费用比重不合理;高新技术产品销售收入确认不规范。

第三节 软件企业和集成电路企业

软件产业和集成电路产业是信息产业的核心,是引领新一轮科技革命和产业变革的关键力量,实施软件企业和集成电路企业企业所得税优惠,有利于加快集成电路产业和软件产业发展,有力支撑国家信息化建设,进一步促进国民经济和社会持续健康发展。国家对软件企业和集成电路企业实行低税率优惠,并对集成电路生产企业给予延长亏损弥补年限优待。

一、相关规定

《财政部 国家税务总局关于集成电路设计和软件产业企业所得税政策的公告》(财政部 税务总局公告2019年第68号)规定,我国境内符合条件的软件企业,经认定后,在2017年12月31日前自获利年度起计算优惠期,第一年至第二年免征企业所得税,第三年至第五年按照25%的法定税率减半征收企业所得税,并享受至期满为止。

《财政部 国家税务总局关于集成电路设计企业和软件企业2019年度企业所得税汇算清缴适用政策的公告》(财政部 税务总局公告2020年第29号)规定,依法成立且符合条件的集成电路设计企业和软件企业,在2019年12月31日前自获利年度起计算优惠期,第一年至第二年免征企业所得税,第三年至第五年按照25%的法定税率减半征收企业所得税,并享受至期满为止。

《财政部 国家税务总局关于进一步鼓励软件产业和集成电路产业发展企业所得税政策的通知》(财税〔2012〕27号)规定,国家规划布局内的重点软件企业和集成电路设计企业,如当年未享受免税优惠的,可减按10%的税率征收企业所得税。

《财政部 国家税务总局 国家发展和改革委员会 工业和信息化部关于软件和集成电路产业企业所得税优惠政策有关问题的通知》(财税〔2016〕49号)和《财政部 税务总局 国家发展改革委 工业和信息化部关于集成电路生产企业有关企业所得税政策问题的通知》(财税〔2018〕27号)规定,享受优惠的软件企业和集成电路企业应该符合以下条件。

1) 软件企业

软件企业是指以软件产品开发销售(营业)为主营业务并同时符合下列条件的企业:

(1) 在中国境内(不包括中国港、澳、台地区)依法注册的居民企业。

(2) 汇算清缴年度具有劳动合同关系且具有大学专科以上学历的职工人数占企业月平均职工总人数的比例不低于40%,其中研究开发人员占企业月平均职工总数的比例不低于20%。

(3) 拥有核心关键技术,并以此为基础开展经营活动,且汇算清缴年度研究开发费用总额占企业销售(营业)收入(主营业务收入与其他业务收入之和,下同)总额的比例不低于

6%;其中,企业在中国境内发生的研究开发费用金额占研究开发费用总额的比例不低于60%。

(4) 汇算清缴年度软件产品开发销售(营业)收入占企业收入总额的比例不低于50%[嵌入式软件产品和信息系统集成产品开发销售(营业)收入占企业收入总额的比例不低于40%],其中:软件产品自主开发销售(营业)收入占企业收入总额的比例不低于40%[嵌入式软件产品和信息系统集成产品开发销售(营业)收入占企业收入总额的比例不低于30%]。

(5) 主营业务拥有自主知识产权。

(6) 具有与软件开发相适应软硬件设施等开发环境(如合法的开发工具等)。

(7) 汇算清缴年度未发生重大安全、重大质量事故或严重环境违法行为。

国家规划布局内重点软件企业是除符合上述(1)~(7)规定,还应至少符合下列条件中的一项:

① 汇算清缴年度软件产品开发销售(营业)收入不低于2亿元,应纳税所得额不低于1 000万元,研究开发人员占企业月平均职工总数的比例不低于25%。

② 在国家规定的重点软件领域内,汇算清缴年度软件产品开发销售(营业)收入不低于5 000万元,应纳税所得额不低于250万元,研究开发人员占企业月平均职工总数的比例不低于25%,企业在中国境内发生的研究开发费用金额占研究开发费用总额的比例不低于70%。

③ 汇算清缴年度软件出口收入总额不低于800万美元,软件出口收入总额占本企业年度收入总额比例不低于50%,研究开发人员占企业月平均职工总数的比例不低于25%。

2) 集成电路企业

集成电路生产企业,是指以单片集成电路、多芯片集成电路、混合集成电路制造为主营业务并同时符合下列条件的企业:

(1) 在中国境内(不包括中国港、澳、台地区)依法注册并在发展改革、工业和信息化部门备案的居民企业。

(2) 汇算清缴年度具有劳动合同关系或劳务派遣、聘用关系且具有大学专科以上学历职工人数占企业月平均职工总人数的比例不低于40%,其中研究开发人员占企业月平均职工总数的比例不低于20%。

(3) 拥有核心关键技术,并以此为基础开展经营活动,且汇算清缴年度研究开发费用总额占企业销售(营业)收入(主营业务收入与其他业务收入之和,下同)总额的比例不低于2%;其中,企业在中国境内发生的研究开发费用金额占研究开发费用总额的比例不低于60%。

(4) 汇算清缴年度集成电路制造销售(营业)收入占企业收入总额的比例不低于60%。

(5) 具有保证产品生产的手段和能力,并获得有关资质认证(包括ISO质量体系认证)。

(6) 汇算清缴年度未发生重大安全、重大质量事故或严重环境违法行为。

《财政部 税务总局 发展改革委 工业和信息化部关于促进集成电路产业和软件产业高质量发展企业所得税政策的公告》(财政部 税务总局 发展改革委 工业和信息化部公告2020年第45号)第一条规定,国家鼓励的集成电路线宽小于28纳米(含),且经营期在

15年以上的集成电路生产企业或项目,第一年至第十年免征企业所得税;国家鼓励的集成电路线宽小于65纳米(含),且经营期在15年以上的集成电路生产企业或项目,第一年至第五年免征企业所得税,第六年至第十年按照25%的法定税率减半征收企业所得税;国家鼓励的集成电路线宽小于130纳米(含),且经营期在10年以上的集成电路生产企业或项目,第一年至第二年免征企业所得税,第三年至第五年按照25%的法定税率减半征收企业所得税。

对于按照集成电路生产企业享受税收优惠政策的,优惠期自获利年度起计算;对于按照集成电路生产项目享受税收优惠政策的,优惠期自项目取得第一笔生产经营收入所属纳税年度起计算,集成电路生产项目需单独进行会计核算、计算所得,并合理分摊期间费用。

国家鼓励的集成电路生产企业或项目清单由国家发展改革委、工业和信息化部会同财政部、税务总局等相关部门制定。

《财政部 税务总局 发展改革委 工业和信息化部关于促进集成电路产业和软件产业高质量发展企业所得税政策的公告》(财政部 税务总局 发展改革委 工业和信息化部公告2020年第45号)第二条规定,国家鼓励的线宽小于130纳米(含)的集成电路生产企业,属于国家鼓励的集成电路生产企业清单年度之前5个纳税年度发生的尚未弥补完的亏损,准予向以后年度结转,总结转年限最长不得超过10年。

《财政部 税务总局 发展改革委 工业和信息化部关于促进集成电路产业和软件产业高质量发展企业所得税政策的公告》(财政部 税务总局 发展改革委 工业和信息化部公告2020年第45号)第三条规定,国家鼓励的集成电路设计、装备、材料、封装、测试企业和软件企业,自获利年度起,第一年至第二年免征企业所得税,第三年至第五年按照25%的法定税率减半征收企业所得税。

国家鼓励的集成电路设计、装备、材料、封装、测试企业和软件企业条件,由工业和信息化部会同国家发展改革委、财政部、税务总局等相关部门制定。

《财政部 税务总局 发展改革委 工业和信息化部关于促进集成电路产业和软件产业高质量发展企业所得税政策的公告》(财政部 税务总局 发展改革委 工业和信息化部公告2020年第45号)第四条规定,国家鼓励的重点集成电路设计企业和软件企业,自获利年度起,第一年至第五年免征企业所得税,接续年度减按10%的税率征收企业所得税。

国家鼓励的重点集成电路设计和软件企业清单由国家发展改革委、工业和信息化部会同财政部、税务总局等相关部门制定。

《财政部 税务总局 发展改革委 工业和信息化部关于促进集成电路产业和软件产业高质量发展企业所得税政策的公告》(财政部 税务总局 发展改革委 工业和信息化部公告2020年第45号)第五条规定,符合原有政策条件且在2019年(含)之前已经进入优惠期的企业或项目,2020年(含)起可按原有政策规定继续享受至期满为止,如也符合本公告第一条至第四条规定,可按本公告规定享受相关优惠,其中定期减免税优惠,可按本公告规定计算优惠期,并就剩余期限享受优惠至期满为止。符合原有政策条件,2019年(含)之前尚未进入优惠期的企业或项目,2020年(含)起不再执行原有政策。

《财政部 税务总局 发展改革委 工业和信息化部关于促进集成电路产业和软件产业

高质量发展企业所得税政策的公告》(财政部 税务总局 发展改革委 工业和信息化部公告2020年第45号)第六条规定,集成电路企业或项目、软件企业按照本公告规定同时符合多项定期减免税优惠政策条件的,由企业选择其中一项政策享受相关优惠。其中,已经进入优惠期的,可由企业在剩余期限内选择其中一项政策享受相关优惠。

二、申报表填报重点关注

(一)企业所得税年度纳税申报基础信息表

表7-3-1　　企业所得税年度纳税申报基础信息表(A000000)(局部)

206 技术先进型服务企业类型(填写代码)		207 非营利组织	□是	
208 软件、集成电路企业类型(填写代码)		209 集成电路生产项目类型	□130 纳米　□65 纳米　□28 纳米	

(1)"208软件、集成电路企业类型":纳税人按照企业类型从《软件、集成电路企业类型代码表》中选择相应的代码填入本项。软件、集成电路企业若符合相关企业所得税优惠政策条件的,无论是否享受企业所得税优惠,均应填报本项。

表7-3-2　　　　　　软件、集成电路企业类型代码表

代码	类型		
	大类	中类	小类
110	集成电路生产企业	线宽小于0.8微米(含)的企业	
120		线宽小于0.25微米的企业	
130		投资额超过80亿元的企业	
140		线宽小于130纳米(含)的企业	
150		线宽小于65纳米(含)或投资额超过150亿元的企业	
160		线宽小于28纳米(含)的企业	
210	集成电路设计企业	新办符合条件的集成电路设计企业\国家鼓励的集成电路设计企业	
220		符合规模条件的重点集成电路设计企业	
230		符合领域条件的重点集成电路设计企业	
311	软件企业	一般软件企业	符合条件的软件企业\国家鼓励的软件企业
312			符合规模条件的重点软件企业
313			符合领域条件的重点软件企业
314			符合出口条件的重点软件企业
321		嵌入式或信息系统集成软件产品企业	符合条件的软件企业\国家鼓励的软件企业
322			符合规模条件的重点软件企业
323			符合领域条件的重点软件企业
324			符合出口条件的重点软件企业
400	集成电路封装、测试(含封装测试)企业		
500	集成电路材料(含关键专用材料)企业		
600	集成电路装备(含专用设备)企业		

代码说明：

"集成电路生产企业"：符合《财政部 国家税务总局 发展改革委 工业和信息化部关于软件和集成电路产业企业所得税优惠政策有关问题的通知》（财税〔2016〕49号）、《财政部 税务总局 国家发展改革委 工业和信息化部关于集成电路生产企业有关企业所得税政策问题的通知》（财税〔2018〕27号）、《财政部 税务总局 发展改革委 工业和信息化部关于促进集成电路和软件产业高质量发展企业所得税政策的公告》（2020年第45号）等文件规定的集成电路生产企业。具体说明如下：

①"线宽小于0.8微米（含）的企业"是指可以享受第一年至第二年免征企业-13-所得税，第三年至第五年按照25%的法定税率减半征收企业所得税优惠政策的集成电路线宽小于0.8微米（含）的集成电路生产企业。

②"线宽小于0.25微米的企业"是指可以享受第一年至第五年免征企业所得税，第六年至第十年按照25%的法定税率减半征收企业所得税优惠政策的集成电路线宽小于0.25微米的集成电路生产企业。

③"投资额超过80亿元的企业"是指可以享受第一年至第五年免征企业所得税，第六年至第十年按照25%的法定税率减半征收企业所得税优惠政策的投资额超过80亿元的集成电路生产企业。

④"线宽小于130纳米（含）的企业"是指可以享受第一年至第二年免征企业所得税，第三年至第五年按照25%的法定税率减半征收企业所得税优惠政策的集成电路线宽小于130纳米（含）的集成电路生产企业。

⑤"线宽小于65纳米（含）或投资额超过150亿元的企业"是指可以享受第一年至第五年免征企业所得税，第六年至第十年按照25%的法定税率减半征收企业所得税优惠政策的集成电路线宽小于65纳米（含）或投资额超过150亿元的集成电路生产企业。

⑥"线宽小于28纳米（含）的企业"是指可以享受第一年至第十年免征企业所得税优惠政策的集成电路线宽小于28纳米（含）的集成电路生产企业。

"集成电路设计企业"：符合《财政部 国家税务总局 发展改革委 工业和信息化部关于软件和集成电路产业企业所得税优惠政策有关问题的通知》（财税〔2016〕49号）、《财政部 税务总局关于集成电路设计和软件产业企业所得税政策的公告》（财政部 税务总局公告2019年第68号）、《财政部 税务总局关于集成电路设计企业和软件企业2019年度企业所得税汇算清缴适用政策的公告》（财政部 税务总局公告2020年第29号）、《财政部 税务总局 发展改革委 工业和信息化部关于促进集成电路和软件产业高质量发展企业所得税政策的公告》（财政部 税务总局 发展改革委 工业和信息化部公告2020年第45号）等文件规定的集成电路设计企业、重点集成电路设计企业。具体说明如下：

A."新办符合条件的集成电路设计企业\国家鼓励的集成电路设计企业"是指可以享受第一年至第二年免征企业所得税，第三年至第五年按照25%的法定税率减半征收企业所得税优惠政策的集成电路设计企业。

B."符合规模条件的重点集成电路设计企业"是指符合相关规模条件的规定，可以享受第一年至第五年免征企业所得税、接续年度减按10%的税率征收企业所得税优惠政策的国家鼓励的重点集成电路设计企业。

C."符合领域条件的重点集成电路设计企业"是指符合相关领域条件的规定,可以享受第一年至第五年免征企业所得税、接续年度减按10%的税率征收企业所得税优惠政策的国家鼓励的重点集成电路设计企业。

"软件企业":符合《财政部 国家税务总局 发展改革委 工业和信息化部关于软件和集成电路产业企业所得税优惠政策有关问题的通知》(财税〔2016〕49号)、《财政部 税务总局关于集成电路设计和软件产业企业所得税政策的公告》(财政部 税务总局公告2019年第68号)、《财政部 税务总局关于集成电路设计企业和软件企业2019年度企业所得税汇算清缴适用政策的公告》(2020年第29号)、《财政部 税务总局 发展改革委 工业和信息化部关于促进集成电路和软件产业高质量发展企业所得税政策的公告》(财政部 税务总局 发展改革委 工业和信息化部公告2020年第45号)等文件规定的软件企业、重点软件企业。具体说明如下:

①"一般软件企业——符合条件的软件企业\国家鼓励的软件企业"是指可以享受第一年至第二年免征企业所得税,第三年至第五年按照25%的法定税率减半征收企业所得税优惠政策的符合条件的软件企业。

②"一般软件企业——符合规模条件的重点软件企业"是指企业软件产品符合相关规模条件的规定,可以享受第一年至第五年免征企业所得税、接续年度减按10%的税率征收企业所得税优惠政策的国家鼓励的重点软件企业。

③"一般软件企业——符合领域条件的重点软件企业"是指符合相关领域条件的规定,可以享受第一年至第五年免征企业所得税、接续年度减按10%的税率征收企业所得税优惠政策的国家鼓励的重点软件企业。

④"一般软件企业——符合出口条件的重点软件企业"是指符合相关出口条件的规定,可以享受第一年至第五年免征企业所得税、接续年度减按10%的税率征收企业所得税优惠政策的国家鼓励的重点软件企业。

⑤"嵌入式或信息系统集成软件产品企业——符合条件的软件企业\国家鼓励的软件企业"是指可以享受第一年至第二年免征企业所得税,第三年至第五年按照25%的法定税率减半征收企业所得税优惠政策的符合条件的软件企业。

⑥"嵌入式或信息系统集成软件产品企业——符合规模条件的重点软件企业"是指企业嵌入式软件产品和信息系统集成产品符合相关规模条件的规定,可以享受第一年至第五年免征企业所得税、接续年度减按10%的税率征收企业所得税优惠政策的国家鼓励的重点软件企业。

⑦"嵌入式或信息系统集成软件产品企业——符合领域条件的重点软件企业"是指企业嵌入式软件产品和信息系统集成产品符合相关领域条件的规定,可以享受第一年至第五年免征企业所得税、接续年度减按10%的税率征收企业所得税优惠政策的国家鼓励的重点软件企业。

⑧"嵌入式或信息系统集成软件产品企业——符合出口条件的重点软件企业"是指企业嵌入式软件产品和信息系统集成产品符合相关出口条件的规定,可以享受第一年至第五年免征企业所得税、接续年度减按10%的税率征收企业所得税优惠政策的国家鼓励的重点软件企业。

"集成电路封装、测试(含封装测试)企业"：符合《财政部　国家税务总局　发展改革委　工业和信息化部关于进一步鼓励集成电路产业发展企业所得税政策的通知》(财税〔2015〕6号)、《财政部　税务总局　发展改革委　工业和信息化部关于促进集成电路和软件产业高质量发展企业所得税政策的公告》(财政部　税务总局　发展改革委　工业和信息化部公告2020年第45号)文件规定可以享受企业所得税优惠政策的集成电路封装、测试(含封装测试)企业。

"集成电路材料(含关键专用材料)企业"：符合《财政部　国家税务总局　发展改革委　工业和信息化部关于进一步鼓励集成电路产业发展企业所得税政策的通知》(财税〔2015〕6号)、《财政部　税务总局　发展改革委　工业和信息化部关于促进集成电路和软件产业高质量发展企业所得税政策的公告》(财政部　税务总局　发展改革委　工业和信息化部公告2020年第45号)文件规定可以享受企业所得税优惠政策的材料(含集成电路关键专用材料)生产企业。

"集成电路装备(含专用设备)企业"：符合《财政部　国家税务总局　发展改革委　工业和信息化部关于进一步鼓励集成电路产业发展企业所得税政策的通知》(财税〔2015〕6号)、《财政部　税务总局　发展改革委　工业和信息化部关于促进集成电路和软件产业高质量发展企业所得税政策的公告》(财政部　税务总局　发展改革委　工业和信息化部公告2020年第45号)文件规定可以享受企业所得税优惠政策的集成电路装备(含专用设备)企业。

(2)"209集成电路生产项目类型"：纳税人投资集成电路线宽小于130纳米(含)、集成电路线宽小于65纳米(含)或投资额超过150亿元、线宽小于28纳米(含)的集成电路生产项目，项目符合有关文件规定的税收优惠政策条件，且按照项目享受企业所得税优惠政策的，应填报本项。纳税人投资线宽小于130纳米(含)的集成电路生产项目的，选择"130纳米(含)"；投资线宽小于65纳米(含)或投资额超过150亿元的集成电路生产项目的，选择"65纳米"；投资线宽小于28纳米(含)的集成电路生产项目的，选择"28纳米"；同时投资上述两类以上项目的，可同时选择。

纳税人既符合"208软件、集成电路企业类型"项目又符合"209集成电路生产项目类型"项目填报条件的，应当同时填报。

(二)中华人民共和国企业所得税年度纳税申报表(A类)

表7-3-3　中华人民共和国企业所得税年度纳税申报表(A类)(A100000)(局部)

行次	类别	项　　目	金　　额
1	利润总额计算	一、营业收入(填写A101010\101 020\103 000)	
2		减：营业成本(填写A102010\102 020\103 000)	
3		减：税金及附加	
24	应纳税额计算	税率(25%)	
25		六、应纳所得税额(23×24)	
26		减：减免所得税额(填写A107040)	
27		减：抵免所得税额(填写A107050)	

(1)第3行"税金及附加"：填报纳税人经营活动发生的消费税、城市维护建设税、资源

税、土地增值税和教育费附加等相关税费。本行根据纳税人相关会计科目填报。纳税人在其他会计科目核算的税金不得重复填报。

根据财会〔2016〕22号文件的规定,房产税、车船税、土地使用税、印花税由"管理费用"科目调整到"税金及附加"科目中进行核算。

(2)第26行"减免所得税额":填报纳税人按税收规定实际减免的企业所得税额。本行根据《减免所得税优惠明细表》(A107040)填报。

软件企业和集成电路企业所得税优惠最终将会通过本行反映出来。

(三)减免所得税优惠明细表

表7-3-4　　　　　　　　减免所得税优惠明细表(A107040)(局部)

行次	项　目	金　额
6	六、线宽小于0.8微米(含)的集成电路生产企业减免企业所得税(填写A107042)	
7	七、线宽小于0.25微米的集成电路生产企业减按15%税率征收企业所得税(填写A107042)	*
8	八、投资额超过80亿元的集成电路生产企业减按15%税率征收企业所得税(填写A107042)	*
9	九、线宽小于0.25微米的集成电路生产企业减免企业所得税(填写A107042)	
10	十、投资额超过80亿元的集成电路生产企业减免企业所得税(填写A107042)	
11	十一、新办集成电路设计企业减免企业所得税(填写A107042)	
12	十二、国家规划布局内集成电路设计企业可减按10%的税率征收企业所得税(填写A107042)	*
13	十三、符合条件的软件企业减免企业所得税(填写A107042)	
14	十四、国家规划布局内重点软件企业可减按10%的税率征收企业所得税(填写A107042)	*
15	十五、符合条件的集成电路封装测试企业定期减免企业所得税(填写A107042)	
16	十六、符合条件的集成电路关键专用材料生产企业、集成电路专用设备生产企业定期减免企业所得税(填写A107042)	
28.4	(四)国家鼓励的集成电路和软件企业减免企业所得税政策(28.4.1+…+28.4.10)	
28.4.1	1.线宽小于28纳米(含)集成电路生产企业减免企业所得税(填写A107042)	
28.4.2	2.线宽小于65纳米(含)集成电路生产企业减免企业所得税(填写A107042)	
28.4.3	3.线宽小于130纳米(含)集成电路生产企业减免企业所得税(填写A107042)	
28.4.4	4.集成电路设计业减免企业所得税(填写A107042)	
28.4.5	5.重点集成电路设计企业减免企业所得税(填写A107042)	
28.4.6	6.集成电路装备企业减免企业所得税(填写A107042)	
28.4.7	7.集成电路材料企业减免企业所得税(填写A107042)	
28.4.8	8.集成电路封装、测试企业减免企业所得税(填写A107042)	
28.4.9	9.软件企业减免企业所得税(填写A107042)	
28.4.10	10.重点软件企业减免企业所得税(填写A107042)	

(1)第6行"六、线宽小于0.8微米(含)的集成电路生产企业减免企业所得税":根据《财政部　国家税务总局关于进一步鼓励软件产业和集成电路产业发展企业所得税政策的

通知》(财税〔2012〕27号)、《财政部　国家税务总局　发展改革委　工业和信息化部关于软件和集成电路产业企业所得税优惠政策有关问题的通知》(财税〔2016〕49号)、《财政部　税务总局　国家发展改革委　工业和信息化部关于集成电路生产企业有关企业所得税政策问题的通知》(财税〔2018〕27号)、《财政部　税务总局　发展改革委　工业和信息化部关于促进集成电路和软件产业高质量发展企业所得税政策的公告》(财政部　税务总局　发展改革委　工业和信息化部公告2020年第45号)等规定,2017年12月31日前设立的集成电路线宽小于0.8微米(含)的集成电路生产企业,自获利年度起第一年至第二年免征企业所得税,第三年至第五年按照25%的法定税率减半征收企业所得税,符合上述政策条件且在2019年(含)之前已经进入优惠期的企业,2020年(含)起可按政策规定享受至期满为止。表A000000"208软件、集成电路企业类型"填报"110集成电路生产企业[线宽小于0.8微米(含)的企业]",表A107042选择"延续适用原有优惠政策"的纳税人适用本项,本行填报表A107042第11行金额。

(2) 第7行"七、线宽小于0.25微米的集成电路生产企业减按15%税率征收企业所得税":根据《财政部　税务总局　发展改革委　工业和信息化部关于促进集成电路和软件产业高质量发展企业所得税政策的公告》(财政部　税务总局　发展改革委　工业和信息化部公告2020年第45号)等规定,该项政策已停止执行,本行不得填报。

(3) 第8行"八、投资额超过80亿元的集成电路生产企业减按15%税率征收企业所得税":根据《财政部　税务总局　发展改革委　工业和信息化部关于促进集成电路和软件产业高质量发展企业所得税政策的公告》(财政部　税务总局　发展改革委　工业和信息化部公告2020年第45号)等规定,该项政策已停止执行,本行不得填报。

(4) 第9行"九、线宽小于0.25微米的集成电路生产企业减免企业所得税":根据《财政部　国家税务总局关于进一步鼓励软件产业和集成电路产业发展企业所得税政策的通知》(财税〔2012〕27号)、《财政部　国家税务总局　发展改革委　工业和信息化部关于软件和集成电路产业企业所得税优惠政策有关问题的通知》(财税〔2016〕49号)、《财政部　税务总局　国家发展改革委　工业和信息化部关于集成电路生产企业有关企业所得税政策问题的通知》(财税〔2018〕27号)、《财政部　税务总局　发展改革委　工业和信息化部关于促进集成电路和软件产业高质量发展企业所得税政策的公告》(财政部　税务总局　发展改革委　工业和信息化部公告2020年第45号)等规定,2017年12月31日前设立的线宽小于0.25微米的集成电路生产企业,经营期在15年以上的,自获利年度起计算优惠期,第一年至第五年免征企业所得税,第六年至第十年按照25%的法定税率减半征收企业所得税。符合上述政策条件且在2019年(含)之前已经进入优惠期的企业,2020年(含)起可按政策规定享受至期满为止。表A000000"208软件、集成电路企业类型"填报"120集成电路生产企业(线宽小于0.25微米的企业)",且表A107042选择"延续适用原有优惠政策"的纳税人适用本项,本行填报表A107042第11行金额。

(5) 第10行:"十、投资额超过80亿元的集成电路生产企业减免企业所得税":根据《财政部　国家税务总局关于进一步鼓励软件产业和集成电路产业发展企业所得税政策的通知》(财税〔2012〕27号)、《财政部　国家税务总局　发展改革委　工业和信息化部关于软件和集成电路产业企业所得税优惠政策有关问题的通知》(财税〔2016〕49号)、《财政部　税务

总局　国家发展改革委　工业和信息化部关于集成电路生产企业有关企业所得税政策问题的通知》(财税〔2018〕27号)、《财政部　税务总局　发展改革委　工业和信息化部关于促进集成电路和软件产业高质量发展企业所得税政策的公告》(财政部　税务总局　发展改革委　工业和信息化部公告2020年第45号)等规定,2017年12月31日前设立的投资额超过80亿元的集成电路生产企业,经营期在15年以上的,自获利年度起计算优惠期,第一年至第五年免征企业所得税,第六年至第十年按照25%的法定税率减半征收企业所得税。符合上述政策条件且在2019年(含)之前已经进入优惠期的企业,2020年(含)起可按政策规定享受至期满为止。表A000000"208软件、集成电路企业类型"填报"130集成电路生产企业(投资额超过80亿元的企业)"且A107042表选择"延续适用原有优惠政策"的纳税人适用本项,本行填报表A107042第11行金额。

(6) 第11行"十一、新办集成电路设计企业减免企业所得税":根据《财政部　国家税务总局关于进一步鼓励软件产业和集成电路产业发展企业所得税政策的通知》(财税〔2012〕27号)、《财政部　国家税务总局　发展改革委　工业和信息化部关于软件和集成电路产业企业所得税优惠政策有关问题的通知》(财税〔2016〕49号)、《财政部　税务总局关于集成电路设计和软件产业企业所得税政策的公告》(财政部　税务总局公告2019年第68号)、《财政部　税务总局　发展改革委　工业和信息化部关于促进集成电路和软件产业高质量发展企业所得税政策的公告》(财政部　税务总局　发展改革委　工业和信息化部公告2020年第45号)等规定,我国境内新办的集成电路设计企业,自获利年度起计算优惠期,第一年至第二年免征企业所得税,第三年至第五年按照25%的法定税率减半征收企业所得税。符合上述政策条件且在2019年(含)之前已经进入优惠期的企业,2020年(含)起可按政策规定享受至期满为止。表A000000"208软件、集成电路企业类型"填报"210集成电路设计企业(新办符合条件的集成电路设计企业\国家鼓励的集成电路设计企业)",且表A107042选择"延续适用原有优惠政策"的纳税人适用本项,本行填报表A107042第11行金额。

(7) 第12行"十二、国家规划布局内集成电路设计企业可减按10%的税率征收企业所得税":根据《财政部　税务总局　发展改革委　工业和信息化部关于促进集成电路和软件产业高质量发展企业所得税政策的公告》(财政部　税务总局　发展改革委　工业和信息化部公告2020年第45号)等规定,该项政策已停止执行,本行不得填报。

(8) 第13行"十三、符合条件的软件企业减免企业所得税":根据《财政部　国家税务总局关于进一步鼓励软件产业和集成电路产业发展企业所得税政策的通知》(财税〔2012〕27号)、《财政部　国家税务总局　发展改革委　工业和信息化部关于软件和集成电路产业企业所得税优惠政策有关问题的通知》(财税〔2016〕49号)、《财政部　税务总局关于集成电路设计和软件产业企业所得税政策的公告》(财政部　税务总局公告2019年第68号)、《财政部　税务总局关于集成电路设计企业和软件企业2019年度企业所得税汇算清缴适用政策的公告》(财政部　税务总局公告2020年第29号)、《财政部　税务总局　发展改革委　工业和信息化部关于促进集成电路和软件产业高质量发展企业所得税政策的公告》(财政部　税务总局　发展改革委　工业和信息化部公告2020年第45号)等规定,我国境内新办的符合条件的软件企业,自获利年度起计算优惠期,第一年至第二年免征企业所得税,第三年至第五年按照25%的法定税率减半征收企业所得税。符合上述政策条件且在2019年(含)之前已经进入优惠期的企业,2020年(含)起可按政策规定享受至期满为止。表A000000"208软件、集成电路企业类型"填报"311软件企业(一般软件企业—符合条件的软件企业\国家鼓励的软件企业)",且表A107042选择"延续适用原有优惠政策"的纳税人适用本项,本行填报表A107042第11行金额。

(9)第14行"十四、国家规划布局内重点软件企业可减按10%的税率征收企业所得税":根据《财政部 税务总局 发展改革委 工业和信息化部关于促进集成电路和软件产业高质量发展企业所得税政策的公告》(财政部 税务总局 发展改革委 工业和信息化部公告2020年第45号)等规定,该项政策已停止执行,本行不得填报。

(10)第15行"十五、符合条件的集成电路封装、测试企业定期减免企业所得税":根据《财政部 国家税务总局 发展改革委 工业和信息化部关于进一步鼓励集成电路产业发展企业所得税政策的通知》(财税〔2015〕6号)、《财政部 税务总局 发展改革委 工业和信息化部关于促进集成电路和软件产业高质量发展企业所得税政策的公告》(财政部 税务总局 发展改革委 工业和信息化部公告2020年第45号)规定,符合原有政策条件的集成电路封装、测试企业,在2017年(含2017年)前实现获利的,自获利年度起第一年至第二年免征企业所得税,第三年至第五年按照25%的法定税率减半征收企业所得税;2017年前未实现获利的,自2017年起计算优惠期。符合上述政策条件且在已经进入优惠期的企业,2020年(含)起可按政策规定享受至期满为止。表A000000"208软件、集成电路企业类型"填报"400集成电路封装测试(含封装测试)企业",且表A107042选择"延续适用原有优惠政策"的纳税人适用本项,本行填报表A107042第11行金额。

(11)第16行"十六、符合条件的集成电路关键专用材料生产企业、集成电路专用设备生产企业定期减免企业所得税":根据《财政部 国家税务总局 发展改革委 工业和信息化部关于进一步鼓励集成电路产业发展企业所得税政策的通知》(财税〔2015〕6号)、《财政部 税务总局 发展改革委 工业和信息化部关于促进集成电路和软件产业高质量发展企业所得税政策的公告》(财政部 税务总局 发展改革委 工业和信息化部公告2020年第45号)规定,符合条件的集成电路关键专用材料生产企业、集成电路专用设备生产企业,在2017年(含2017年)前实现获利的,自获利年度起第一年至第二年免征企业所得税,第三年至第五年按照25%的法定税率减半征收企业所得税;2017年前未实现获利的,自2017年起计算优惠期。符合上述政策条件且在已经进入优惠期的企业,2020年(含)起可按政策规定享受至期满为止。表A000000"208软件、集成电路企业类型"填报"500集成电路材料(含关键专用材料)""600集成电路装备(含专用设备)企业",且表A107042选择"延续适用原有优惠政策"的纳税人适用本项,本行填报表A107042第11行金额。

(12)第28.4行"(四)国家鼓励的集成电路和软件企业减免企业所得税政策":根据《财政部 税务总局 发展改革委 工业和信息化部关于促进集成电路和软件产业高质量发展企业所得税政策的公告》(财政部 税务总局 发展改革委 工业和信息化部公告2020年第45号)的规定,国家鼓励的集成电路和软件企业可享受一系列企业所得税减免政策,本项为汇总项,纳税人应根据企业享受的具体政策情况在下列项目中选择一项填报:

① 第28.4.1行"1.线宽小于28纳米(含)集成电路生产企业减免企业所得税":根据《财政部 税务总局 发展改革委 工业和信息化部关于促进集成电路和软件产业高质量发

企业所得税政策的公告》（财政部　税务总局　发展改革委　工业和信息化部公告2020年第45号），国家鼓励的集成电路线宽小于28纳米（含）的企业，自获利年度起，第一年至第十年免征企业所得税。表A000000"208软件、集成电路企业类型"填报"160集成电路生产企业（线宽小于28纳米的企业）"，且表A107042选择"适用新出台优惠政策"的纳税人填报本项，本行填报表A107042第11行金额。

② 第28.4.2行"2.线宽小于65纳米（含）集成电路生产企业减免企业所得税"：根据《财政部　税务总局　发展改革委　工业和信息化部关于促进集成电路和软件产业高质量发展企业所得税政策的公告》（财政部　税务总局　发展改革委　工业和信息化部公告2020年第45号），国家鼓励的集成电路线宽小于65纳米（含）的企业，自获利年度起，第一年至第五年免征企业所得税，第六年至第十年按照25%的法定税率减半征收企业所得税。表A000000"208软件、集成电路企业类型"填报"150集成电路生产企业（线宽小于65纳米或投资额超过150亿元的企业）"，且表A107042选择"适用新出台优惠政策"的纳税人填报本项，本行填报表A107042第11行金额。

③ 第28.4.3行"3.线宽小于130纳米（含）集成电路生产企业减免企业所得税"：根据《财政部　税务总局　发展改革委　工业和信息化部关于促进集成电路和软件产业高质量发展企业所得税政策的公告》（财政部　税务总局　发展改革委　工业和信息化部公告2020年第45号），国家鼓励的集成电路线宽小于130纳米（含）的企业，自获利年度起，第一年至第二年免征企业所得税，第三年至第五年按照25%的法定税率减半征收企业所得税。表A000000"208软件、集成电路企业类型"填报"140集成电路生产企业（线宽小于130纳米的企业）"，且表A107042选择"适用新出台优惠政策"的纳税人填报本项，本行填报表A107042第11行金额。

④ 第28.4.4行"4.集成电路设计企业减免企业所得税"：根据《财政部　税务总局　发展改革委工业和信息化部关于促进集成电路和软件产业高质量发展企业所得税政策的公告》（财政部　税务总局　发展改革委　工业和信息化部公告2020年第45号），国家鼓励的集成电路设计企业，自获利年度起，第一年至第二年免征企业所得税，第三年至第五年按照25%的法定税率减半征收企业所得税。表A000000"208软件、集成电路企业类型"填报"210集成电路设计企业（新办符合条件的集成电路设计企业\国家鼓励的集成电路设计企业）"，且表A107042选择"适用新出台优惠政策"的纳税人填报本项，本行填报表A107042第11行金额。

⑤ 第28.4.5行"5.重点集成电路设计企业减免企业所得税"：根据《财政部　税务总局　发展改革委　工业和信息化部关于促进集成电路和软件产业高质量发展企业所得税政策的公告》（财政部　税务总局　发展改革委　工业和信息化部公告2020年第45号），国家鼓励的重点集成电路设计企业，自获利年度起，享受五年免征企业所得税政策后，接续年度减按10%税率征收企业所得税。表A000000"208软件、集成电路企业类型"填报"220集成电路设计企业（符合规模条件的重点集成电路设计企业）""230集成电路设计企业（符合领域条件的重点集成电路设计企业）"，且表A107042选择"适用新出台优惠政策"的纳税人填报本项，本行填报表A107042第11行金额。

⑥ 第28.4.6行"6.集成电路装备企业减免企业所得税"：根据《财政部　税务总局　发展改革委　工业和信息化部关于促进集成电路和软件产业高质量发展企业所得税政策的公

告》（财政部　税务总局　发展改革委　工业和信息化部公告2020年第45号），国家鼓励的集成电路装备企业，自获利年度起，第一年至第二年免征企业所得税，第三年至第五年按照25%的法定税率减半征收企业所得税。表A000000"208软件、集成电路企业类型"填报"600集成电路装备（含专用设备）企业"，且表A107042选择"适用新出台优惠政策"的纳税人填报本项，本行填报表A107042第11行金额。

⑦第28.4.7行"7.集成电路材料企业减免企业所得税"：根据《财政部　税务总局　发展改革委　工业和信息化部关于促进集成电路和软件产业高质量发展企业所得税政策的公告》（财政部　税务总局　发展改革委　工业和信息化部公告2020年第45号），国家鼓励的集成电路材料企业，自获利年度起，第一年至第二年免征企业所得税，第三年至第五年按照25%的法定税率减半征收企业所得税。表A000000"208软件、集成电路企业类型"填报"500集成电路材料（含关键专用材料）企业"，且表A107042选择"适用新出台优惠政策"的纳税人填报本项，本行填报表A107042第11行金额。

⑧第28.4.8行"8.集成电路封装、测试企业减免企业所得税"：根据《财政部　税务总局　发展改革委　工业和信息化部关于促进集成电路和软件产业高质量发展企业所得税政策的公告》（财政部　税务总局　发展改革委　工业和信息化部公告2020年第45号），国家鼓励的集成电路封装、测试企业，自获利年度起，第一年至第二年免征企业所得税，第三年至第五年按照25%的法定税率减半征收企业所得税。表A000000"208软件、集成电路企业类型"填报"400集成电路封装、测试（含封装测试）企业减免企业所得税"，且表A107042选择"适用新出台优惠政策"的纳税人填报本项，本行填报表A107042第11行金额。

⑨第28.4.9行"9.软件企业减免企业所得税"：根据《财政部　税务总局　发展改革委　工业和信息化部关于促进集成电路和软件产业高质量发展企业所得税政策的公告》（财政部　税务总局　发展改革委　工业和信息化部公告2020年第45号），国家鼓励的软件企业，自获利年度起，第一年至第二年免征企业所得税，第三年至第五年按照25%的法定税率减半征收企业所得税。表A000000"208软件、集成电路企业类型"填报"311软件企业（一般软件企业—符合条件的软件企业\国家鼓励的软件企业）""321软件企业（嵌入式或信息系统集成软件—符合条件的软件企业\国家鼓励的软件企业）"，且表A107042选择"适用新出台优惠政策"的纳税人填报本项，本行填报表A107042第11行金额。

⑩第28.4.10行"10.重点软件企业减免企业所得税"：根据《财政部　税务总局　发展改革委　工业和信息化部关于促进集成电路和软件产业高质量发展企业所得税政策的公告》（财政部　税务总局　发展改革委　工业和信息化部公告2020年第45号），国家鼓励的重点软件企业，自获利年度起，享受五年免征企业所得税政策后，接续年度减按10%税率征收企业所得税。表A000000"208软件、集成电路企业类型"填报"312软件企业（一般软件企业—符合规模条件的重点软件企业）""313软件企业（一般软件企业—符合领域条件的重点软件企业）""314软件企业（一般软件企业—符合出口条件的重点软件企业）""322软件企业（嵌入式或信息系统集成软件—符合规模条件的重点软件企业）""323软件企业（嵌入式或信息系统集成软件—符合领域条件的重点软件企业）""324软件企业（嵌入式或信息系统集成软件—符合出口条件的重点软件企业）"，且表A107042选择"适用新出台优惠政策"的纳税人填报本项，本行填报表A107042第11行金额。

（四）软件、集成电路企业优惠情况及明细表

表 7-3-5　　　软件、集成电路企业优惠情况及明细表（A107042）（局部）

税收优惠基本信息			
选择适用优惠政策	□延续适用原有优惠政策　　　□适用新出台优惠政策		
减免方式1		获利年度\开始计算优惠期年度1	
减免方式2…		获利年度\开始计算优惠期年度2…	
税收优惠有关情况			
行次		项　目	金额
1	人员指标	一、企业本年月平均职工总人数	
2		其中：签订劳动合同关系且具有大学专科以上学历的职工人数	
3		研究开发人员人数	
4	研发费用指标	二、研发费用总额	
5		其中：企业在中国境内发生的研发费用金额	
6	收入指标	三、企业收入总额	
7		四、符合条件的销售（营业）收入	
8	其他指标	五、其他1（指标名称：　　　　）	
9		六、其他2（指标名称：　　　　）	
10		七、其他3（指标名称：　　　　）	
11	减免税额		

享受软件、集成电路企业优惠政策的纳税人均需按照企业整体情况填报本表，其中填报《所得减免优惠明细表》（A107020）"七、线宽小于130纳米（含）的集成电路生产项目""八、线宽小于65纳米（含）或投资额超过150亿元的集成电路生产项目""九、线宽小于28纳米（含）的集成电路生产项目减免企业所得税"减免项目的纳税人，应当填报除本表第11行"减免税额"以外的本表其他相应项目。

1. 税收优惠基本信息

企业以前年度符合软件、集成电路税收优惠政策条件且已开始享受优惠政策的，可选择延续适用原有优惠政策；符合最新软件、集成电路税收优惠政策条件的，可选择适用新出台的优惠政策。企业根据实际情况在"选择适用优惠政策"中勾选"□延续适用原有优惠政策"或"□适用新出台优惠政策"。

当集成电路生产企业存在按项目享受时，可根据实际情况填报"减免方式1""减免方式2"…，并同时填报对应的"获利年度\开始计算优惠期年度1"和"获利年度\开始计算优惠期年度2"…。

（1）减免方式：纳税人根据《企业所得税年度纳税申报基础信息表》（A000000）"208软件、集成电路企业类型"填报的企业类型和实际经营情况，从《软件、集成电路企业优惠方式代码表》"代码"列中选择相应代码，填入本项。除集成电路生产企业纳税人存在按项目享受优惠的情况外，纳税人仅可从中选择一项填列；若集成电路生产企业纳税人存在多个项

目的,应将所有享受优惠的项目减免方式等情况填入本表,项目数量可以增加。

(2)"获利年度\开始计算优惠期年度":适用选择"二免三减半""五免五减半""十免"等定期减免类型的纳税人填报。其中,"开始计算优惠期年度"按照财税〔2012〕27号、财税〔2015〕6号、财税〔2018〕27号、《财政部 税务总局 发展改革委 工业和信息化部关于促进集成电路和软件产业高质量发展企业所得税政策的公告》(财政部 税务总局 发展改革委 工业和信息化部公告2020年第45号)等文件的相关规定确定。

2. 税收优惠有关情况

(1)第1行"一、企业本年月平均职工总人数":填报纳税人本年月平均职工总人数。本年月平均职工总人数计算方法:

$$月平均人数=(月初数+月末数)\div 2$$

$$全年月平均职工总人数=全年各月平均数之和\div 12$$

(2)第2行"签订劳动合同关系且具有大学专科以上学历的职工人数":填报纳税人本年签订劳动合同关系且具有大学专科以上学历的职工人数。

(3)第3行"研究开发人员人数":填报纳税人本年研究开发人员人数。

(4)第4行"二、研发费用总额":填报企业按照《财政部 国家税务总局 科技部 关于完善研发费用税前加计扣除政策的通知》(财税〔2015〕119号)、《国家税务总局关于企业研究开发费用税前加计扣除政策有关问题的公告》(国家税务总局公告2015年第97号)、《国家税务总局关于研发费用税前加计扣除归集范围有关问题的公告》(国家税务总局公告2017年第40号)等文件规定口径归集的研发费用。

(5)第5行"企业在中国境内发生的研发费用金额":填报纳税人本年在中国境内发生的研发费用。

(6)第6行"三、企业收入总额":填报纳税人本年以货币形式和非货币形式从各种来源取得的收入总额。包括销售货物收入,提供劳务收入,转让财产收入,股息、红利等权益性投资收益,利息收入,租金收入,特许权使用费收入,接受捐赠收入,其他收入。

(7)第7行"四、符合条件的销售(营业)收入":根据企业类型分析填报,具体如下:

① 集成电路生产企业:填报本年度集成电路制造销售(营业)收入。

② 集成电路设计企业:填报本年度集成电路设计销售(营业)收入。

③ 软件企业:一般软件企业填报本年软件产品开发销售(营业)收入;嵌入式或信息系统集成软件企业填报嵌入式软件产品和信息系统集成产品开发销售(营业)收入。

④ 集成电路封装、测试(含封装测试)企业:填报本年集成电路封装、测试(含封装测试)销售(营业)收入。

⑤ 集成电路材料(含关键专用材料)企业:填报本年集成电路材料(含关键专用材料)销售(营业)收入。

⑥ 集成电路装备(含专用设备)企业:填报本年集成电路装备(含专用设备)销售(营业)收入。

(8)第8~10行"其他指标":填写软件、集成电路企业其他税收优惠有关指标名称及具体情况。

(9)第11行"减免税额":填报本年享受集成电路、软件企业优惠的金额。当减免方式为"项目所得二免三减半(免税)""项目所得二免三减半(减半征收)""项目所得五免五减半(免税)""项目所得五免五减半(减半征收)""项目所得十免(免税)"时,本行无需填报。

【案例7-4】 2016年,A企业认定为新办符合条件的软件企业,2016年,A应纳税所得额为-1 000万元;2017年,应纳税所得额为-2 000万元;2018年,应纳税所得额为3 000万元;2019年,应纳税所得额为2 000万元;请问该企业2018年至2019年需要缴纳多少企业所得税?(不考虑企业以前年度亏损)

【解析】 2018年,企业开始盈利。故2018年至2019年,享受免征企业所得税优惠;2020至2022年享受25%的法定税率减半征收企业所得税优惠。

2018年至2019年企业应纳所得税额为0。

申报表填报如表7-3-6、表7-3-7、表7-3-8所示。

表7-3-6　　企业所得税年度纳税申报基础信息表(A000000)(局部)

206 技术先进型服务企业类型(填写代码)		207 非营利组织	□是		
208 软件、集成电路企业类型(填写代码)	311	209 集成电路生产项目类型	□130纳米	□65纳米	□28纳米

表7-3-7　　软件、集成电路企业优惠情况及明细表(A107042)(局部)

税收优惠基本信息			
减免方式1	110	获利年度\开始计算优惠期年度1	2018
减免方式2		获利年度\开始计算优惠期年度2	

表7-3-8　　减免所得税优惠明细表(A107040)(局部)　　　　　　　单位:元

行次	项　目	金　额
13	十三、符合条件的软件企业减免企业所得税(填写A107042)	5 000 000

三、常见涉税风险

(1)利用税率差,通过关联交易转移企业利润。软件企业利润水平远远高于其关联企业,有可能存在通过关联交易转移利润的涉税风险。

(2)利用假发票、假合同偷逃国家税款。一些软件企业还不同程度地存在"假发票""假合同"等问题。"假发票"的作用在于"冲账",目的是偷逃企业所得税和个人所得税。"假合同"的作用是虚构费用、加大成本,偷逃税款。

(3)改变收入性质,让原本不能享受税收优惠政策的业务,通过虚假合同变成税收优惠范围的业务,从而享受减免税或其他优惠政策。

第四节　动漫企业

动漫企业是极具生机和活力的新兴文化产业,发展动漫产业对于满足人民群众精神文化需求、传播先进文化、丰富群众生活、促进青少年健康成长、进一步优化产业结构、扩大消费和就业、培育新的经济增长点都具有重要意义。国家对动漫企业实行低税率优惠。

一、相关规定

《财政部 国家税务总局关于扶持动漫产业发展有关税收政策问题的通知》(财税〔2009〕65号)第二条规定,经认定的动漫企业自主开发、生产动漫产品,可申请享受国家现行鼓励软件产业发展的所得税优惠政策。

《文化部 财政部 国家税务总局关于印发〈动漫企业认定管理办法(试行)〉的通知》(文市发〔2008〕51号)第十条规定,申请认定为动漫企业的应同时符合以下标准:

(1) 在我国境内依法设立的企业。

(2) 动漫企业经营动漫产品的主营收入占企业当年总收入的60%以上。

(3) 自主开发生产的动漫产品收入占主营收入的50%以上。

(4) 具有大学专科以上学历的或通过国家动漫人才专业认证的、从事动漫产品开发或技术服务的专业人员占企业当年职工总数的30%以上,其中研发人员占企业当年职工总数的10%以上。

(5) 具有从事动漫产品开发或相应服务等业务所需的技术装备和工作场所。

(6) 动漫产品的研究开发经费占企业当年营业收入8%以上。

(7) 动漫产品内容积极健康,无法律法规禁止的内容。

(8) 企业产权明晰,管理规范,守法经营。

《文化部 财政部 国家税务总局关于印发〈动漫企业认定管理办法(试行)〉的通知》(文市发〔2008〕51号)第十一条规定,自主开发、生产的动漫产品,是指动漫企业自主创作、研发、设计、生产、制作、表演的符合本办法第五条规定的动漫产品(不含动漫衍生产品);仅对国外动漫创意进行简单外包、简单模仿或简单离岸制造,既无自主知识产权,也无核心竞争力的除外。

《文化部 财政部 国家税务总局关于印发〈动漫企业认定管理办法(试行)〉的通知》(文市发〔2008〕51号)第十二条规定,申请认定为重点动漫产品的应符合以下标准之一:

(1) 漫画产品销售年收入在100万元(报刊300万元)人民币以上或年销售10万册(报纸1 000万份、期刊100万册)以上的,动画产品销售年收入在1 000万元人民币以上的,网络动漫(含手机动漫)产品销售年收入在100万元人民币以上的,动漫舞台剧(节)目演出年收入在100万元人民币以上或年演出场次50场以上的。

(2) 动漫产品版权出口年收入100万元人民币以上的。

(3) 获得国际、国家级专业奖项的。

(4) 经省级认定机构、全国性动漫行业协会、国家动漫产业基地等推荐的在思想内涵、艺术风格、技术应用、市场营销、社会影响等方面具有示范意义的动漫产品。

《文化部 财政部 国家税务总局关于印发〈动漫企业认定管理办法(试行)〉的通知》(文市发〔2008〕51号)第十三条规定,符合本办法第十条标准的动漫企业申请认定为重点动漫企业的,应在申报前开发生产出1部以上重点动漫产品,并符合以下标准之一:

(1) 注册资本1 000万元人民币以上的。
(2) 动漫企业年营业收入500万元人民币以上,且连续2年不亏损的。
(3) 动漫企业的动漫产品版权出口和对外贸易年收入200万元人民币以上,且自主知识产权动漫产品出口收入占总收入30%以上的。
(4) 经省级认定机构、全国性动漫行业协会、国家动漫产业基地等推荐的在资金、人员规模、艺术创意、技术应用、市场营销、品牌价值、社会影响等方面具有示范意义的动漫企业。

二、申报表填报重点关注

(一) 中华人民共和国企业所得税年度纳税申报表(A类)

表7-4-1　　中华人民共和国企业所得税年度纳税申报表(A类)(A100000)(局部)

行次	类别	项目	金额
1	利润总额计算	一、营业收入(填写A101010\101020\103000)	
2		减:营业成本(填写A102010\102020\103000)	
3		减:税金及附加	
24	应纳税额计算	税率(25%)	
25		六、应纳所得税额(23×24)	
26		减:减免所得税额(填写A107040)	
27		减:抵免所得税额(填写A107050)	

(1) 第3行"税金及附加":填报纳税人经营活动发生的消费税、城市维护建设税、资源税、土地增值税和教育费附加等相关税费。本行根据纳税人相关会计科目填报。纳税人在其他会计科目核算的税金不得重复填报。

根据财会〔2016〕22号文件的规定,房产税、车船税、土地使用税、印花税由"管理费用"科目调整到"税金及附加"科目中进行核算。

(2) 第26行"减免所得税额":填报纳税人按税收规定实际减免的企业所得税额。本行根据《减免所得税优惠明细表》(A107040)填报。

动漫企业所得税优惠最终将会通过本行反映出来。

(二) 减免所得税优惠明细表

表7-4-2　　　　　　　减免所得税优惠明细表(A107040)(局部)

行次	项目	金额
5	五、动漫企业自主开发、生产动漫产品定期减免企业所得税	

第5行"五、动漫企业自主开发、生产动漫产品定期减免企业所得税":根据《财政部 国家税务总局关于扶持动漫产业发展有关税收政策问题的通知》(财税〔2009〕65号)、《文化部 财政部 国家税务总局关于印发〈动漫企业认定管理办法(试行)〉的通知》(文市发〔2008〕51号)、《文化部 财政部 国家税务总局关于实施〈动漫企业认定管理办法(试行)〉有关问题的通知》(文产发〔2009〕18号)等规定,经认定的动漫企业自主开发、生产动漫产

品,享受软件企业所得税优惠政策。自获利年度起,第一年至第二年免征所得税,第三年至第五年按照25%的法定税率减半征收所得税。本行填报根据表A100000第23行计算的免征、减征企业所得税金额。

【案例7-5】 2016年,A企业认定为动漫企业,之后每年都符合动漫企业条件。2016年,A企业应纳税所得额为-300万元;2017年,应纳税所得额为-600万元;2018年,应纳税所得额为800万元;2019年,应纳税所得额为2 000万元;2020年,应纳税所得额为3 000万元,请问该企业2020年需要缴纳多少企业所得税?

【解析】 该企业2016—2017年为亏损,2018年度尚未弥补完亏损,2019年度弥补亏损的应纳税所得额为1 900万元,同时2019年应为获利年度。故优惠期从2019年开始计算,2019年至2020年,享受免征企业所得税优惠;2021至2023年享受25%的法定税率减半征收企业所得税优惠。

2020年企业应纳所得税额为0。减免税额=3 000×25%=750(万元)。

申报表填报如表7-4-3所示。

表7-4-3　　　　　　减免所得税优惠明细表(A107040)(局部)　　　　　　单位:元

行次	项目	金额
5	五、动漫企业自主开发、生产动漫产品定期减免企业所得税	7 500 000

三、常见涉税风险

(1)利用优惠税率,通过关联交易转移利润的风险。动漫企业利润水平远远高于其关联企业,有可能存在通过关联交易转移利润的涉税风险。

(2)虚增研发人数。为达到优惠条件,少缴税款,存在将非研发人员归集至研发人员进行统计。

(3)错误归集动漫产品主营业务收入。存在将非动漫产品收入归集至动漫企业经营动漫产品的主营收入当中,使之符合优惠条件。

第五节　技术先进服务型企业

加快技术先进服务型企业发展,促进大众创业、万众创新,推动从主要依靠低成本竞争向更多以智力投入取胜转变,对于推进结构调整,形成产业升级新支撑、外贸增长新亮点、现代服务业发展新引擎和扩大就业新渠道具有重要意义。国家对技术先进服务型企业实行低税率优惠。

一、相关规定

《财政部　税务总局　商务部　科技部　国家发展改革委关于将技术先进型服务企业所

得税政策推广至全国实施的通知》(财税〔2017〕79号)规定,自2017年1月1日起,在全国范围内实行以下企业所得税优惠政策:

经认定的技术先进型服务企业,减按15%的税率征收企业所得税。

享受本通知第一条规定的企业所得税优惠政策的技术先进型服务企业必须同时符合以下条件:

(1) 在中国境内(不包括中国港、澳、台地区)注册的法人企业。

(2) 从事《技术先进型服务业务认定范围(试行)》中的一种或多种技术先进型服务业务,采用先进技术或具备较强的研发能力。

(3) 具有大专以上学历的员工占企业职工总数的50%以上。

(4) 从事《技术先进型服务业务认定范围(试行)》中的技术先进型服务业务取得的收入占企业当年总收入的50%以上。

(5) 从事离岸服务外包业务取得的收入不低于企业当年总收入的35%。

从事离岸服务外包业务取得的收入,是指企业根据境外单位与其签订的委托合同,由本企业或其直接转包的企业为境外单位提供《技术先进型服务业务认定范围(试行)》中所规定的信息技术外包服务(ITO)、技术性业务流程外包服务(BPO)和技术性知识流程外包服务(KPO),而从上述境外单位取得的收入。

《财政部 税务总局 商务部 科技部 国家发展改革委关于将服务贸易创新发展试点地区技术先进型服务企业所得税政策推广至全国实施的通知》(财税〔2018〕44号)规定,自2018年1月1日起,对经认定的技术先进型服务企业(服务贸易类),减按15%的税率征收企业所得税。本通知所称技术先进型服务企业(服务贸易类)须符合的条件及认定管理事项,按照《财政部 税务总局 商务部 科技部 国家发展改革委关于将技术先进型服务企业所得税政策推广至全国实施的通知》(财税〔2017〕79号)的相关规定执行。其中,企业须满足的技术先进型服务业务领域范围按照本通知所附《技术先进型服务业务领域范围(服务贸易类)》执行。

二、申报表填报重点关注

(一) 企业所得税年度纳税申报基础信息表

表7-5-1 企业所得税年度纳税申报基础信息表(A000000)(局部)

有关涉税事项情况(存在或者发生下列事项时必填)			
206 技术先进型服务企业类型(填写代码)		207 非营利组织	□是
208 软件、集成电路企业类型(填写代码)		209 集成电路生产项目类型	□130纳米　□65纳米 □28纳米

"206 技术先进型服务企业类型":纳税人为经认定的技术先进型服务企业的,从《技术先进型服务企业类型代码表》中选择相应的代码填报本项。本项目中的经认定的技术先进型服务企业是指符合《财政部 税务总局 商务部 科技部 国家发展改革委关于将技术先进型服务企业所得税政策推广至全国实施的通知》(财税〔2017〕79号)、《财政部 税务总局 商务部 科技部 国家发展改革委关于将服务贸易创新发展试点地区技术先进型服务

企业所得税政策推广至全国实施的通知》(财税〔2018〕44号)等文件规定的企业。经认定的技术先进型服务企业无论是否享受企业所得税优惠政策,均应填报本项。

表7-5-2   技术先进型服务企业类型代码表

代码	类型	
	大类	小类
110	服务外包类	信息技术外包服务(ITO)
120		技术性业务流程外包服务(BPO)
130		技术性知识流程外包服务(KPO)
210	服务贸易类	计算机和信息服务
220		研究开发和技术服务
230		文化技术服务
240		中医药医疗服务

(二)中华人民共和国企业所得税年度纳税申报表(A类)

表7-5-3   中华人民共和国企业所得税年度纳税申报表(A类)(A100000)(局部)

行次	类别	项目	金额
1	利润总额计算	一、营业收入(填写A101010\101020\103000)	
2		减:营业成本(填写A102010\102020\103000)	
3		减:税金及附加	
24	应纳税额计算	税率(25%)	
25		六、应纳所得税额(23×24)	
26		减:减免所得税额(填写A107040)	
27		减:抵免所得税额(填写A107050)	

(1)第3行"税金及附加":填报纳税人经营活动发生的消费税、城市维护建设税、资源税、土地增值税和教育费附加等相关税费。本行根据纳税人相关会计科目填报。纳税人在其他会计科目核算的税金不得重复填报。

根据财会〔2016〕22号文件的规定,房产税、车船税、土地使用税、印花税由"管理费用"科目调整到"税金及附加"科目中进行核算。

(2)第26行"减免所得税额":填报纳税人按税收规定实际减免的企业所得税额。本行根据《减免所得税优惠明细表》(A107040)填报。

技术先进型企业所得税优惠最终将会通过本行反映出来。

(三)减免所得税优惠明细表

表7-5-4   减免所得税优惠明细表(A107040)(局部)

行次	项目	金额
19	十九、技术先进型服务企业(服务外包类)减按15%的税率征收企业所得税	
20	二十、技术先进型服务企业(服务贸易类)减按15%的税率征收企业所得	

(1) 第 19 行"十九、技术先进型服务企业（服务外包类）减按 15%的税率征收企业所得税"：根据《财政部　税务总局　商务部　科技部　国家发展改革委关于将技术先进型服务企业所得税政策推广至全国实施的通知》(财税〔2017〕79 号)等规定,对经认定的技术先进型服务企业,减按 15%的税率征收企业所得税。表 A000000"206 技术先进型服务企业类型"填报"110 信息技术外包服务(ITO)""120 技术性业务流程外包服务(BPO)""130 技术性知识流程外包服务(KPO)"的纳税人可以填报本项,本行填报根据表 A100000 第 23 行计算的减征企业所得税金额。

(2) 第 20 行"二十、技术先进型服务企业（服务贸易类）减按 15%的税率征收企业所得税"：根据《财政部　税务总局　商务部　科技部　国家发展改革委关于将服务贸易创新发展试点地区技术先进型服务企业所得税政策推广至全国实施的通知》(财税〔2018〕44 号)等规定,对经认定的技术先进型服务企业(服务贸易类),减按 15%的税率征收企业所得税。表 A000000"206 技术先进型服务企业类型"填报"210 计算机和信息服务""220 研究开发和技术服务""230 文化技术服务""240 中医药医疗服务"的纳税人可以填报本项,本行填报根据表 A100000 第 23 行计算的减征企业所得税金额。

【案例 7-6】 2019 年,A 企业认定为技术先进型服务企业[信息技术外包服务(ITD)代码 110],2020 年,应纳税所得额为 2 000 万元,请问该企业 2020 年应纳所得税额为多少？(不考虑企业以前年度亏损)

【解析】 2020 年应纳所得税额＝2 000×15%＝300(万元)。减免税额＝2 000×(25%－15%)＝200(万元)。

申报表填报如表 7-5-5、表 7-5-6 所示。

表 7-5-5　　　　企业所得税年度纳税申报基础信息表（A000000）（局部）

有关涉税事项情况(存在或者发生下列事项时必填)			
204 有限合伙制创业投资企业的法人合伙人	□是	205 创业投资企业	□是
206 技术先进型服务企业类型(填写代码)	110	207 非营利组织	□是
208 软件、集成电路企业类型(填写代码)		209 集成电路生产项目类型	□130 纳米　□65 纳米 □28 纳米

表 7-5-6　　　　A107040 减免所得税优惠明细表（局部）　　　　单位：元

行次	项目	金额
19	十九、技术先进型服务企业(服务外包类)减按15%的税率征收企业所得税	2 000 000

三、常见涉税风险

(1) 利用优惠税率,通过关联交易转移利润的风险。技术先进服务型企业利润水平高于其关联企业,有可能存在通过关联交易转移利润的涉税风险。

(2) 存在错误归集收入的风险。将非技术先进型服务业务取得的收入归集到技术先进型服务业务收入当中,将非离岸服务外包业务取得的收入归集至离岸服务外包业务取得的收入当中。

第六节　创业投资企业

创业投资企业将技术、资本、人才、管理等创新要素与创业企业有效结合,是推动大众创业、万众创新的重要资本力量,是促进科技创新成果转化的助推器,是落实新发展理念、实施创新驱动发展战略、推进供给侧结构性改革、培育发展新动能和稳增长、扩就业的重要举措。国家对创业投资企业实施抵扣应纳税所得额优惠。

一、相关规定

(一) 一般规定

《企业所得税法》第三十一条规定,创业投资企业从事国家需要重点扶持和鼓励的创业投资,可以按投资额的一定比例抵扣应纳税所得额。

《企业所得税法实施条例》第九十二条规定,企业所得税法第三十一条所称抵扣应纳税所得额,是指创业投资企业采取股权投资方式投资于未上市的中小高新技术企业 2 年以上的,可以按照其投资额的 70% 在股权持有满 2 年的当年抵扣该创业投资企业的应纳税所得额;当年不足抵扣的,可以在以后纳税年度结转抵扣。

(二) 创业投资企业投资于未上市的中小高新技术企业

《财政部　国家税务总局关于执行企业所得税优惠政策若干问题的通知》(财税〔2009〕69 号)第十一条规定,《企业所得税法实施条例》第九十七条所称投资于未上市的中小高新技术企业 2 年以上的,包括发生在 2008 年 1 月 1 日以前满 2 年的投资;所称中小高新技术企业是指按照《高新技术企业认定管理办法》(国科发火〔2008〕172 号)和《高新技术企业认定管理工作指引》(国科发火〔2008〕362 号)取得高新技术企业资格,且年销售额和资产总额均不超过 2 亿元、从业人数不超过 500 人的企业,其中 2007 年年底前已取得高新技术企业资格的,在其规定有效期内不需重新认定。

1. 公司制创业投资企业

《国家税务总局关于实施创业投资企业所得税优惠问题的通知》(国税发〔2009〕87 号)第二条规定,创业投资企业采取股权投资方式投资于未上市的中小高新技术企业 2 年(24 个月)以上,凡符合以下条件的,可以按照其对中小高新技术企业投资额的 70%,在股权持有满 2 年的当年抵扣该创业投资企业的应纳税所得额;当年不足抵扣的,可以在以后纳税年度结转抵扣。

(1) 经营范围符合《创业投资企业管理暂行办法》(以下简称《暂行办法》)规定,且工商登记为"创业投资有限责任公司""创业投资股份有限公司"等专业性法人创业投资企业。

(2) 按照《暂行办法》规定的条件和程序完成备案,经备案管理部门年度检查核实,投资运作符合《暂行办法》的有关规定。

(3) 创业投资企业投资的中小高新技术企业,除应按照科技部、财政部、国家税务总局

《高新技术企业认定管理办法》(国科发火〔2008〕172号)和《高新技术企业认定管理工作指引》(国科发火〔2008〕362号)的规定,通过高新技术企业认定以外,还应符合职工人数不超过500人,年销售(营业)额不超过2亿元,资产总额不超过2亿元的条件。

2007年年底前按原有规定取得高新技术企业资格的中小高新技术企业,且在2008年继续符合新的高新技术企业标准的,向其投资满24个月的计算,可自创业投资企业实际向其投资的时间起计算。

(4) 财政部、国家税务总局规定的其他条件。

《财政部 税务总局 发展改革委 证监会联合制发〈关于中关村国家自主创新示范区公司型创业投资企业有关企业所得税试点政策的通知〉》(财税〔2020〕63号)规定,对示范区内公司型创业投资企业,转让持有3年以上股权的所得占年度股权转让所得总额的比例超过50%的,按照年末个人股东持股比例减半征收当年企业所得税;转让持有5年以上股权的所得占年度股权转让所得总额的比例超过50%的,按照年末个人股东持股比例免征当年企业所得税。

2. 有限合伙制创业投资企业法人合伙人

《国家税务总局关于有限合伙制创业投资企业法人合伙人企业所得税有关问题的公告》(国家税务总局公告2015年第81号)规定,有限合伙制创业投资企业采取股权投资方式投资于未上市的中小高新技术企业满2年(24个月,下同)的,其法人合伙人可按照对未上市中小高新技术企业投资额的70%抵扣该法人合伙人从该有限合伙制创业投资企业分得的应纳税所得额,当年不足抵扣的,可以在以后纳税年度结转抵扣。

所称满2年是指2015年10月1日起,有限合伙制创业投资企业投资于未上市中小高新技术企业的实缴投资满2年。同时,法人合伙人对该有限合伙制创业投资企业的实缴出资也应满2年。

如果法人合伙人投资于多个符合条件的有限合伙制创业投资企业,可合并计算其可抵扣的投资额和应分得的应纳税所得额。当年不足抵扣的,可结转以后纳税年度继续抵扣;当年抵扣后有结余的,应按照《企业所得税法》的规定计算缴纳企业所得税。

有限合伙制创业投资企业的法人合伙人,是指依照《企业所得税法》及其实施条例以及相关规定,实行查账征收企业所得税的居民企业。

(三) 创投企业投资于初创科技型企业

《财政部 税务总局关于创业投资企业和天使投资个人有关税收政策的通知》(财税〔2018〕55号)规定,初创科技型企业,应同时符合以下条件:

(1) 在中国境内(不包括港、澳、台地区)注册成立、实行查账征收的居民企业。

(2) 接受投资时,从业人数不超过200人,其中具有大学本科以上学历的从业人数不低于30%;资产总额和年销售收入均不超过3 000万元。(财税〔2019〕13号文将"从业人数不超过200人"调整为"从业人数不超过300人","资产总额和年销售收入均不超过3 000万元"调整为"资产总额和年销售收入均不超过5 000万元")

(3) 接受投资时设立时间不超过5年(60个月)。

(4) 接受投资时及接受投资后2年内未在境内外证券交易所上市。

(5) 接受投资当年及下一纳税年度,研发费用总额占成本费用支出的比例不低于20%。

1. 公司制创业投资企业

《财政部 税务总局关于创业投资企业和天使投资个人有关税收政策的通知》(财税〔2018〕55号)规定,公司制创业投资企业采取股权投资方式直接投资于种子期、初创期科技型企业(以下简称初创科技型企业)满2年(24个月,下同)的,可以按照投资额的70%在股权持有满2年的当年抵扣该公司制创业投资企业的应纳税所得额;当年不足抵扣的,可以在以后纳税年度结转抵扣。

创业投资企业,应同时符合以下条件:

(1) 在中国境内(不含港、澳、台地区)注册成立、实行查账征收的居民企业或合伙创投企业,且不属于被投资初创科技型企业的发起人。

(2) 符合《创业投资企业管理暂行办法》(发展改革委等10部门令第39号)规定或者《私募投资基金监督管理暂行办法》(证监会令第105号)关于创业投资基金的特别规定,按照上述规定完成备案且规范运作。

(3) 投资后2年内,创业投资企业及其关联方持有被投资初创科技型企业的股权比例合计应低于50%。

《国家税务总局关于创业投资企业和天使投资个人税收政策有关问题的公告》(国家税务总局公告2018年第43号)规定如下:

(1) 财税〔2018〕55号文件第一条所称满2年是指公司制创业投资企业(以下简称公司制创投企业)、有限合伙制创业投资企业(以下简称合伙创投企业)和天使投资个人投资于种子期、初创期科技型企业(以下简称初创科技型企业)的实缴投资满2年,投资时间从初创科技型企业接受投资并完成工商变更登记的日期算起。

(2) 财税〔2018〕55号文件第二条第(一)项所称研发费用总额占成本费用支出的比例,是指企业接受投资当年及下一纳税年度的研发费用总额合计占同期成本费用总额合计的比例。

(3) 财税〔2018〕55号文件第三条第(三)项所称出资比例,按投资满2年当年年末各合伙人对合伙创投企业的实缴出资额占所有合伙人全部实缴出资额的比例计算。

(4) 财税〔2018〕55号文件所称从业人数及资产总额指标,按照初创科技型企业接受投资前连续12个月的平均数计算,不足12个月的,按实际月数平均计算。具体计算公式如下:

月平均数=(月初数+月末数)÷2

接受投资前连续12个月平均数=接受投资前连续12个月平均数之和÷12

(5) 法人合伙人投资于多个符合条件的合伙创投企业,可合并计算其可抵扣的投资额和分得的所得。当年不足抵扣的,可结转以后纳税年度继续抵扣;当年抵扣后有结余的,应按照企业所得税法的规定计算缴纳企业所得税。

2. 有限合伙制创业投资企业法人合伙人

《财政部 税务总局关于创业投资企业和天使投资个人有关税收政策的通知》(财税〔2018〕55号)规定,有限合伙制创业投资企业(以下简称合伙创投企业)采取股权投资方式直接投资于初创科技型企业满2年的,法人合伙人可以按照对初创科技型企业投资额

70%抵扣法人合伙人从合伙创投企业分得的所得;当年不足抵扣的,可以在以后纳税年度结转抵扣。

享受本通知规定税收政策的创业投资企业,应同时符合以下条件:

(1)在中国境内(不含港、澳、台地区)注册成立、实行查账征收的居民企业或合伙创投企业,且不属于被投资初创科技型企业的发起人。

(2)符合《创业投资企业管理暂行办法》(发展改革委等10部门令第39号)规定或者《私募投资基金监督管理暂行办法》(证监会令第105号)关于创业投资基金的特别规定,按照上述规定完成备案且规范运作。

(3)投资后2年内,创业投资企业及其关联方持有被投资初创科技型企业的股权比例合计应低于50%。

享受本通知规定的税收政策的投资,仅限于通过向被投资初创科技型企业直接支付现金方式取得的股权投资,不包括受让其他股东的存量股权。

二、申报表填报重点关注

(一)企业所得税年度纳税申报基础信息表

表 7-6-1　　　　企业所得税年度纳税申报基础信息表(A000000)(局部)

有关涉税事项情况(存在或者发生下列事项时必填)			
201 从事股权投资业务	□是	202 存在境外关联交易	□是
203 境外所得信息	203-1 选择采用的境外所得抵免方式	□分国(地区)不分项　□不分国(地区)不分项	
	203-2 海南自由贸易港新增境外直接投资信息	□是(产业类别:□旅游业 □现代服务业 □高新技术产业)	
204 有限合伙制创业投资企业的法人合伙人	□是	205 创业投资企业	□是

(1)"201从事股权投资业务":纳税人从事股权投资业务的(包括集团公司总部、创业投资企业等),选择"是"。

(2)"204有限合伙制创业投资企业的法人合伙人":纳税人投资于有限合伙制创业投资企业且为其法人合伙人的,选择"是"。本项目中的有限合伙制创业投资企业的法人合伙人是指符合《中华人民共和国合伙企业法》《创业投资企业管理暂行办法》(国家发展和改革委员会令第39号)、《外商投资创业投资企业管理规定》(外经贸部 科技部 工商总局 税务总局 外汇管理局令2003年第2号发布,商务部令2015年第2号修改)、《私募投资基金监督管理暂行办法》(证监会令第105号)关于创业投资基金的特别规定等规定的创业投资企业法人合伙人。有限合伙制创业投资企业的法人合伙人无论是否享受企业所得税优惠政策,均应填报本项。

(3)"205创业投资企业":纳税人为创业投资企业的,选择"是"。本项目中的创业投资企业是指依照《创业投资企业管理暂行办法》(国家发展和改革委员会令第39号)和《外商投资创业投资企业管理规定》(外经贸部 科技部 工商总局 税务总局 外汇管理局令2003年第2号发布,商务部令2015年第2号修改)、《私募投资基金监督管理暂行办法》(证监会令第105号)关于创业投资基金的特别规定等规定,在中华人民共和国境内设立的专门从事创业投资活动的企业或其他经济组织。创业投资企业无论是否享受企业所得税优惠政策,均应填报本项。

(二) 中华人民共和国企业所得税年度纳税申报表(A 类)

表7-6-2　　中华人民共和国企业所得税年度纳税申报表(A类)(A100000)(局部)

行次	类别	项目	金额
1	利润总额计算	一、营业收入(填写 A101010\101020\103000)	
2		减:营业成本(填写 A102010\102020\103000)	
3		减:税金及附加	
24	应纳税额计算	税率(25%)	
25		六、应纳所得税额(23×24)	
26		减:减免所得税额(填写 A107040)	
27		减:抵免所得税额(填写 A107050)	

(1) 第3行"税金及附加":填报纳税人经营活动发生的消费税、城市维护建设税、资源税、土地增值税和教育费附加等相关税费。本行根据纳税人相关会计科目填报。纳税人在其他会计科目核算的税金不得重复填报。

根据财会〔2016〕22号文件的规定,房产税、车船税、土地使用税、印花税由"管理费用"科目调整到"税金及附加"科目中进行核算。

(2) 第22行"抵扣应纳税所得额":填报根据税收规定应抵扣的应纳税所得额。本行根据《抵扣应纳税所得额明细表》(A107030)填报。

创业投资企业所得税优惠最终将会通过本行反映出来。

(三) 抵扣应纳税所得额明细表

表7-6-3　　　　抵扣应纳税所得额明细表(A107030)

行次	项目	合计金额 1=2+3	投资于未上市中小高新技术企业 2	投资于种子期、初创期科技型企业 3
一、创业投资企业直接投资按投资额一定比例抵扣应纳税所得额				
1	本年新增的符合条件的股权投资额			
2	税收规定的抵扣率	70%	70%	70%
3	本年新增的可抵扣的股权投资额(1×2)			
4	以前年度结转的尚未抵扣的股权投资余额		*	*
5	本年可抵扣的股权投资额(3+4)		*	*
6	本年可用于抵扣的应纳税所得额		*	*
7	本年实际抵扣应纳税所得额			
8	结转以后年度抵扣的股权投资余额		*	*

(续表)

行次	项目	合计金额	投资于未上市中小高新技术企业	投资于种子期、初创期科技型企业
		1=2+3	2	3
二、通过有限合伙制创业投资企业投资按一定比例抵扣分得的应纳税所得额				
9	本年从有限合伙创投企业应分得的应纳税所得额			
10	本年新增的可抵扣投资额			
11	以前年度结转的可抵扣投资额余额		*	*
12	本年可抵扣投资额(10+11)		*	*
13	本年实际抵扣应分得的应纳税所得额			
14	结转以后年度抵扣的投资额余额		*	*
三、抵扣应纳税所得额合计				
15	合计(7+13)			

企业同时存在创业投资企业直接投资和通过有限合伙制创业投资企业投资两种情形的,应先填写本表的"二、通过有限合伙制创业投资企业投资按一定比例抵扣分得的应纳税所得额"。

(1)"一、创业投资企业直接投资按投资额一定比例抵扣应纳税所得额":由创业投资企业(非合伙制)纳税人填报其以股权投资方式直接投资未上市的中小高新技术企业和投资于种子期、初创期科技型企业2年(24个月,下同)以上限额抵免应纳税所得额的金额。对于通过有限合伙制创业投资企业间接投资未上市的中小高新技术企业和投资于种子期、初创期科技型企业享受优惠政策填写本表第9行至第14行。具体行次如下:

① 第1行"本年新增的符合条件的股权投资额":填报创业投资企业采取股权投资方式投资于未上市的中小高新技术企业和投资于种子期、初创期科技型企业满2年的,本年新增的符合条件的股权投资额。本行第1列=本行第2列+本行第3列。无论企业本年是否盈利,有符合条件的投资额即填报本表,以后年度盈利时填写第4行"以前年度结转的尚未抵扣的股权投资余额"。

② 第3行"本年新增的可抵扣的股权投资额":本行填报第1×2行金额。本行第1列=本行第2列+本行第3列。

③ 第4行"以前年度结转的尚未抵扣的股权投资余额":填报以前年度符合条件的尚未抵扣的股权投资余额。

④ 第5行"本年可抵扣的股权投资额":本行填报第3+4行的合计金额。

⑤ 第6行"本年可用于抵扣的应纳税所得额合计金额":本行第1列填报表A100000第19-20-21行-本表第13行第1列"本年实际抵扣应分得的应纳税所得额"的金额,若金额小于零,则填报零。

⑥ 第7行"本年实际抵扣应纳税所得额":若第5行第1列≤第6行第1列,则本行第1列=第5行第1列;若第5行第1列>第6行第1列,则本行第1列=第6行第1列。本

行第1列＝本行第2列＋本行第3列。

⑦第8行"结转以后年度抵扣的股权投资余额"：填报本年可抵扣的股权投资额大于本年实际抵扣应纳税所得额时，抵扣后余额部分结转以后年度抵扣的金额。

(2)"二、通过有限合伙制创业投资企业投资按一定比例抵扣分得的应纳税所得额"：企业作为有限合伙制创业投资企业的合伙人，通过合伙企业间接投资未上市中小高新技术企业和种子期、初创期科技型企业，享受有限合伙制创业投资企业法人合伙人按投资额的一定比例抵扣应纳税所得额政策，在本部分填报。

①第9行"本年从有限合伙创投企业应分得的应纳税所得额"：填写企业作为法人合伙人，通过有限合伙制创业投资企业投资未上市的中小高新技术企业或者投资于种子期、初创期科技型企业，无论本年是否盈利、是否抵扣应纳税所得额，只要本年从有限合伙制创业投资企业中分配归属于该法人合伙人的应纳税所得额，需填写本行。本行第1列＝本行第2列＋本行第3列。

②第10行"本年新增的可抵扣投资额"：填写企业作为法人合伙人，通过有限合伙制创业投资企业投资未上市中小高新技术企业和种子期、初创期科技型企业，本年投资满2年符合条件的可抵扣投资额中归属于该法人合伙人的本年新增可抵扣投资额。无论本年是否盈利、是否需要抵扣应纳税所得额，均需填写本行。本行第1列＝本行第2列＋本行第3列。

有限合伙制创业投资企业的法人合伙人对未上市中小高新技术企业和种子期、初创期科技型企业的投资额，按照有限合伙制创业投资企业的投资额和合伙协议约定的法人合伙人占有限合伙制创业投资企业的出资比例计算确定。其中，有限合伙制创业投资企业的投资额按实缴投资额计算；法人合伙人占有限合伙制创业投资企业的出资比例按法人合伙人对有限合伙制创业投资企业的实缴出资额占该有限合伙制创业投资企业的全部实缴出资额的比例计算。

③第11行"以前年度结转的可抵扣投资额"：填写法人合伙人上年度未抵扣，可以结转到本年及以后年度的抵扣投资额。

④第12行"本年可抵扣投资额"：填写本年法人合伙人可用于抵扣的投资额合计，包括本年新增和以前年度结转两部分，等于第10行＋第11行。

⑤第13行"本年实际抵扣应分得的应纳税所得额"：填写本年法人合伙人享受优惠实际抵扣的投资额，本行第1列为第9行第1列"本年从有限合伙创投企业应分得的应纳税所得额"、第12行第1列"本年可抵扣投资额"、主表第19－20－21行的三者孰小值，若金额小于零，则填报零。本行第1列＝第2＋3列。

⑥第14行"结转以后年度抵扣的投资额余额"：本年可抵扣投资额大于应分得的应纳税所得额时，抵扣后余额部分结转以后年度抵扣的金额。

(3)"三、抵扣应纳税所得额合计"：上述优惠合计额，带入表A100000表计算应纳税所得额。

第15行"合计"＝7行＋13行。本行第1列＝本行第2列＋本行第3列。

(4)列次填报：第1列填报抵扣应纳税所得额的整体情况，第2列填报投资于未上市中小高新技术企业部分，第3列填报投资于种子期、初创期科技型企业部分。

【案例7-7】 A创业投资企业于2019年1月1日向B企业(未上市的中小高新技术企业)投资150万元,股权持有到2020年12月31日。A创业投资企业2019年年底结转的尚未抵扣的股权投资余额为20万元,2020年可用于抵扣的应纳税所得额为85万元。

【解析】 (1) 2020年度新增的可抵扣股权投资额为:150×70%=105(万元)。

(2) 本年可抵扣的股权投资额为:105+20=125(万元)。

(3) 本年可用于抵扣的应纳税所得额85万元<可抵扣的股权投资额125万元,本年实际抵扣应纳税所得额则为85万元。

(4) 结转以后年度抵扣的股权投资余额为:125-85=40(万元)。

申报表的填报如表7-6-4所示。

表7-6-4　　　　抵扣应纳税所得额明细表(A107030)　　　　单位:元

行次	项目	合计金额	投资于未上市中小高新技术企业	投资于种子期、初创期科技型企业
		1=2+3	2	3
一、创业投资企业直接投资按投资额一定比例抵扣应纳税所得额				
1	本年新增的符合条件的股权投资额	1 500 000	1 500 000	
2	税收规定的抵扣率	70%	70%	70%
3	本年新增的可抵扣的股权投资额(1×2)	1 050 000	1 050 000	
4	以前年度结转的尚未抵扣的股权投资余额	200 000	200 000	*
5	本年可抵扣的股权投资额(3+4)	1 250 000	1 250 000	*
6	本年可用于抵扣的应纳税所得额	850 000	850 000	
7	本年实际抵扣应纳税所得额	850 000	850 000	
8	结转以后年度抵扣的股权投资余额	400 000	400 000	*

【案例7-8】 合伙创投企业A企业于2018年8月投资于初创科技型企业B,实缴投资额为1 000万元,2020年8月该笔投资满2年。2020年2月,法人合伙人C对A企业出资,实缴出资额为600万元。2020年10月,法人合伙人D对A企业出资,实缴出资额为1 000万元。A企业截至2020年8月收到的各合伙人的实缴出资额为3 000万元,截至2020年12月收到的实缴出资额为4 000万元。假设其他条件均符合政策规定。请问法人合伙人C、D对初创科技型企业的投资额各为多少?

【解析】 财税[2018]55号文件第三条规定,合伙创投企业的合伙人对初创科技型企业的投资额,按照合伙创投企业对初创科技型企业的实缴投资额和合伙协议约定的合伙人占合伙创投企业的出资比例计算确定。国家税务总局公告2018年第43号对"出资比例"界定为"按投资满2年当年年末各合伙人对合伙创投企业的实缴出资额占所有合伙人全部实缴出资额的比例计算"。

法人合伙人C对合伙创投企业的实缴出资额为600万元,占所有合伙人全部实缴出资额4 000万元的15%,则法人合伙人C对初创科技型企业的投资额为150万元(1 000×15%)。

法人合伙人D对合伙创投企业的实缴出资额为1 000万元,占所有合伙人全部实缴出资额4 000万元的25%,则法人合伙人D对初创科技型企业的投资额为250万元(1 000×25%)。

故法人合伙人C对初创科技型企业的投资额为150万元,法人合伙人D对初创科技型企业的投资额为250万元。

【案例7-9】 合伙创投企业A企业于2017年12月投资初创科技型企业B企业,2018年1月完成工商变更登记。法人合伙人C于2019年2月对A企业出资,假设其他条件均符合政策规定。请问法人合伙人C从哪个年度开始享受优惠政策?

【解析】 财税〔2018〕55号文件第一条规定,合伙创投企业采取股权投资方式直接投资于初创科技型企业满2年的,法人合伙人可以按照对初创科技型企业投资额的70%抵扣法人合伙人从合伙创投企业分得的所得;当年不足抵扣的,可以在以后纳税年度结转抵扣。国家税务总局公告2018年第43号对"满2年"进行了界定,是指公司制创投企业、合伙创投企业投资于初创期科技型企业的实缴投资满2年,投资时间从初创科技型企业接受投资并完成工商变更登记的日期算起。

A企业投资B企业的投资时间自2018年1月算起,2020年1月投资满两年,因此C公司从2020年度开始享受优惠政策。

【案例7-10】 甲创业投资企业(以下简称甲企业)有关投资如下:

(1) 2018年10月1日直接投资未上市中小高新技术企业A,实缴投资100万元。

(2) 2018年11月1日,通过有限合伙创投企业B企业间接投资未上市中小高新技术企业C企业,合伙创投B企业对C企业实缴出资800万元,甲实缴出资占比12.5%。

(3) 2018年11月5日,有限合伙创投企业D企业投资初创科技型企业E企业,实缴出资1 500万元,甲企业成为合伙创投D企业的有限合伙人,实缴出资占比30%。

甲企业2020年应纳税所得额有关资料如下:

(1) 自合伙创投企业B企业分得应纳税所得额40万元。

(2) 自合伙创投企业D企业分得应纳税所得额70万元。

(3) 甲企业当年"纳税调整后所得"180万元,以前年度结转的尚可弥补的亏损30万元。

【解析】 假设甲企业符合直接投资与间接投资适用投资抵扣的各项条件,不存在以前年度结转抵扣,也无所得减免,甲企业2020年投资抵扣应纳税所得额计算如下:

(1) 甲企业间接投资C企业、E企业,可以抵扣的投资额=(800×12.5%+1 500×30%)×70%=385(万元)。

(2) 甲企业自合伙创投B、D分得的应纳税所得额=40+70=110(万元)。

(3) 甲企业当年纳税调整后所得−弥补以前年度亏损=180−30=150(万元)。

根据孰小原则,甲企业投资额385万元实际抵扣应分得的应纳税所得额110万元后,尚余275万元(385−110)结转以后年度抵扣。

(4) 甲企业直接投资 A 企业，可以抵扣的投资额＝100×70％＝70(万元)。

可用于抵扣的应纳税所得额＝180－0－30－110＝40(万元)。

甲企业直接投资部分，本年实际抵扣 40 万元，尚余 30 万元结转以后年度抵扣。

(5) 甲企业 2020 年度合计实际抵扣应纳税所得额 110＋40＝150(万元)。

申报表填列如下：

填列"二、通过有限合伙制创投企业投资按一定比例抵扣分得的应纳税所得额"，由于甲企业间接投资 C 企业、E 企业可以抵扣的投资额、自合伙创投 B 企业、D 企业分得的应纳税所得额、当年纳税调整后所得－弥补以前年度亏损金额中，孰小值为 110 万元，故第 13 行"本年实际抵扣应分得的应纳税所得额"填 110 万元。

填列"一、创业投资企业直接投资按投资额一定比例抵扣应纳税所得额"，根据上述计算，第 6 行"本年可用于抵扣的应纳税所得额"填列 40 万元。

申报表填报如表 7-6-5、表 7-6-6 所示。

表 7-6-5　　　　　抵扣应纳税所得额明细表(A107030)(局部)　　　　　单位：元

行次	项目	合计金额	投资于未上市中小高新技术企业	投资于种子期、初创期科技型企业
		1＝2＋3	2	3
一、创业投资企业直接投资按投资额一定比例抵扣应纳税所得额				
1	本年新增的符合条件的股权投资额	1 000 000	1 000 000	
2	税收规定的抵扣率	70％	70％	70％
3	本年新增的可抵扣的股权投资额(1×2)	700 000	700 000	
4	以前年度结转的尚未抵扣的股权投资余额	0	*	*
5	本年可抵扣的股权投资额(3＋4)	700 000	*	*
6	本年可用于抵扣的应纳税所得额	400 000	*	*
7	本年实际抵扣应纳税所得额	400 000	400 000	
8	结转以后年度抵扣的股权投资余额	300 000	*	*
二、通过有限合伙制创业投资企业投资按一定比例抵扣分得的应纳税所得额				
9	本年从有限合伙创投企业应分得的应纳税所得额	1 100 000	400 000	700 000
10	本年新增的可抵扣投资额	3 850 000	700 000	3 150 000
11	以前年度结转的可抵扣投资额余额	0	*	*
12	本年可抵扣投资额(10＋11)	3 850 000		
13	本年实际抵扣应分得的应纳税所得额	1 100 000	400 000	700 000
14	结转以后年度抵扣的投资额余额	2 750 000	*	*
三、抵扣应纳税所得额合计				
15	合计(7＋13)	1 500 000	800 000	700 000

表 7-6-6　中华人民共和国企业所得税年度纳税申报表(A 类)(A100000)(局部)　　单位：元

19	四、纳税调整后所得(13－14＋15－16－17＋18)	1 800 000
20	减：所得减免(填写 A107020)	0
21	减：弥补以前年度亏损(填写 A106000)	300 000
22	减：抵扣应纳税所得额(填写 A107030)	1 500 000
23	五、应纳税所得额(19－20－21－22)	0

三、常见涉税风险

(1) 以认缴的出资额才能作为计算抵扣金额的依据。根据我国法律规定,公司制企业及合伙企业既可以认缴出资,也可以实缴出资。但在享受财税〔2018〕55号文件规定的税收优惠政策时,可以抵扣应纳税所得额的金额,仅限于实缴出资额的70%,未实缴部分不可作为计算抵扣的依据。

(2) 对法人合伙人自合伙企业取得的应纳税所得额确定方法不理解。首先,按该合伙企业合伙协议约定的分配比例确定;其次,合伙协议未约定或约定不明的,由合伙人协商确定;再次,协商不成,由各合伙人按实缴出资比例确定;最后,出资比例难以确定时,就生产经营所得和其他所得按合伙人人数平均计算分摊。

第七节 经营性文化事业单位改制企业

经营性文化事业单位转制为企业,有益于加快构建有文化特色的现代企业制度,积极稳妥推进混合所有制改革,形成有效制衡的公司法人治理结构和灵活高效的市场化经营机制,推动企业做强做优做大。国家对经营性文化单位改制企业实行减免所得税优惠。

一、相关规定

《财政部 国家税务总局 中央宣传部关于继续实施文化体制改革中经营性文化事业单位转制为企业若干税收政策的通知》(财税〔2019〕16号)规定,经营性文化事业单位转制为企业,自转制注册之日起5年内免征企业所得税。2018年12月31日之前已完成转制的企业,自2019年1月1日起可继续免征5年企业所得税。

"经营性文化事业单位",是指从事新闻出版、广播影视和文化艺术的事业单位。转制包括整体转制和剥离转制。其中,整体转制包括(图书、音像、电子)出版社、非时政类报刊出版单位、新华书店、艺术院团、电影制片厂、电影(发行放映)公司、影剧院、重点新闻网站等整体转制为企业。剥离转制包括新闻媒体中的广告、印刷、发行、传输网络等部分,以及影视剧等节目制作与销售机构,从事业体制中剥离出来转制为企业。

"转制注册之日",是指经营性文化事业单位转制为企业并进行企业法人登记之日。对于经营性文化事业单位转制前已进行企业法人登记,则按注销事业单位法人登记之日,或核销事业编制的批复之日(转制前未进行事业单位法人登记的)确定转制完成并享受本通知所规定的税收优惠政策。

"2018年12月31日之前已完成转制",是指经营性文化事业单位在2018年12月31日及以前已转制为企业、进行企业法人登记,并注销事业单位法人登记或批复核销事业编制(转制前未进行事业单位法人登记的)。

享受税收优惠政策的转制文化企业应同时符合以下条件:
(1) 根据相关部门的批复进行转制。

(2) 转制文化企业已进行企业法人登记。

(3) 整体转制前已进行事业单位法人登记的,转制后已核销事业编制、注销事业单位法人;整体转制前未进行事业单位法人登记的,转制后已核销事业编制。

(4) 已同在职职工全部签订劳动合同,按企业办法参加社会保险。

(5) 转制文化企业引入非公有资本和境外资本的,须符合国家法律法规和政策规定;变更资本结构依法应经批准的,需经行业主管部门和国有文化资产监管部门批准。

二、申报表填报重点关注

(一) 中华人民共和国企业所得税年度纳税申报表(A类)

表7-7-1　　中华人民共和国企业所得税年度纳税申报表(A类)(A100000)(局部)

行次	类别	项　目	金　额
1	利润总额计算	一、营业收入(填写A101010\101020\103000)	
2		减:营业成本(填写A102010\102020\103000)	
3		减:税金及附加	
24	应纳税额计算	税率(25%)	
25		六、应纳所得税额(23×24)	
26		减:减免所得税额(填写A107040)	
27		减:抵免所得税额(填写A107050)	

(1) 第3行"税金及附加":填报纳税人经营活动发生的消费税、城市维护建设税、资源税、土地增值税和教育费附加等相关税费。本行根据纳税人相关会计科目填报。纳税人在其他会计科目核算的税金不得重复填报。

根据财会〔2016〕22号文件的规定,房产税、车船税、土地使用税、印花税由"管理费用"科目调整到"税金及附加"科目中进行核算。

(2) 第26行"减免所得税额":填报纳税人按税收规定实际减免的企业所得税额。本行根据《减免所得税优惠明细表》(A107040)填报。

经营性文化单位改制企业所得税优惠最终将会通过本行反映出来。

(二) 减免所得税优惠明细表

表7-7-2　　减免所得税优惠明细表(A107040)(局部)

行次	项　目	金　额
17	十七、经营性文化事业单位转制为企业的免征企业所得税	

第17行"十七、经营性文化事业单位转制为企业的免征企业所得税":根据《财政部 税务总局 中央宣传部关于继续实施文化体制改革中经营性文化事业单位转制为企业若干税收政策的通知》(财税〔2019〕16号)等规定,从事新闻出版、广播影视和文化艺术的经营性文化事业单位转制为企业的,自转制注册之日起5年内免征企业所得税。2018年12月31日之前已完成转制的企业,自2019年1月1日起可继续免征5年企业所得税。本行填报根

据表 A100000 第 23 行计算的免征企业所得税金额。

【案例 7-11】 经营性文化事业单位 A 主要从事新闻出版,于 2018 年 1 月 17 日完成转制注册,2020 年 A 应纳税所得税额为 500 万元,不存在以前年度亏损,2020 年度企业所得税应该如何申报。

【解析】 A 符合经营性文化单位转制为企业的企业所得税优惠条件,由于 2018 年 1 月 17 日完成转制,故 2019 年至 2023 年可以继续免征 5 年企业所得税,2020 年缴纳的企业所得税金额为 0,减免税额＝500×25％＝125(万元)。

申报表填报如表 7-7-3 所示。

表 7-7-3　　　　　　　减免所得税优惠明细表(A107040)(局部)　　　　　　　单位:元

行次	项目	金额
17	十七、经营性文化事业单位转制为企业的免征企业所得税	1 250 000
18	十八、符合条件的生产和装配伤残人员专门用品企业免征企业所得税	

三、常见涉税风险

(1) 对经营性文化事业单位转制之日的含义理解不正确。"转制注册之日",是指经营性文化事业单位转制为企业并进行企业法人登记之日。对于经营性文化事业单位转制前已进行企业法人登记,则按注销事业单位法人登记之日,或核销事业编制的批复之日(转制前未进行事业单位法人登记的)确定转制完成并享受本通知所规定的税收优惠政策。

(2) 对经营性文化事业单位转制优惠条件把握不准。享受税收优惠政策的转制文化企业应同时符合以下条件:

① 根据相关部门的批复进行转制。

② 转制文化企业已进行企业法人登记。

③ 整体转制前已进行事业单位法人登记的,转制后已核销事业编制、注销事业单位法人;整体转制前未进行事业单位法人登记的,转制后已核销事业编制。

④ 已同在职职工全部签订劳动合同,按企业办法参加社会保险。

⑤ 转制文化企业引入非公有资本和境外资本的,须符合国家法律法规和政策规定;变更资本结构依法应经批准的,需经行业主管部门和国有文化资产监管部门批准。

第八节　西部大开发鼓励类企业

对西部大开发鼓励类企业实行有差别的产业优惠政策,是中央对西部地区的特殊关心和支持,有利于西部地区发挥比较优势、大力发展特色优势产业、提升自我发展能力,对于优化全国产业分工格局、促进区域协调发展具有重要意义。国家对西部大开发鼓励类企业实行减免所得税优惠。

一、相关规定

《财政部 海关总署 国家税务总局关于深入实施西部大开发战略有关税收政策问题的通知》(财税〔2011〕58号)规定,自2011年1月1日至2020年12月31日,对设在西部地区的鼓励类产业企业减按15%的税率征收企业所得税。

上述鼓励类产业企业是指以《西部地区鼓励类产业目录》中规定的产业项目为主营业务,且其主营业务收入占企业收入总额70%以上的企业。《西部地区鼓励类产业目录》另行发布。

本通知所称西部地区包括重庆市、四川省、贵州省、云南省、西藏自治区、陕西省、甘肃省、宁夏回族自治区、青海省、新疆维吾尔自治区、新疆生产建设兵团、内蒙古自治区和广西壮族自治区。湖南省湘西土家族苗族自治州、湖北省恩施土家族苗族自治州、吉林省延边朝鲜族自治州,可以比照西部地区的税收政策执行。

《财政部 国家税务总局关于赣州市执行西部大开发税收政策问题的通知》(财税〔2013〕4号)规定,自2012年1月1日至2020年12月31日,对设在赣州市的鼓励类产业的内资企业和外商投资企业减按15%的税率征收企业所得税。

鼓励类产业的内资企业是指以《产业结构调整指导目录》中规定的鼓励类产业项目为主营业务,且其主营业务收入占企业收入总额70%以上的企业。

鼓励类产业的外商投资企业是指以《外商投资产业指导目录》中规定的鼓励类项目和《中西部地区外商投资优势产业目录》中规定的江西省产业项目为主营业务,且其主营业务收入占企业收入总额70%以上的企业。

《财政部 税务总局 国家发展改革委关于延续西部大开发企业所得税政策的公告》(财政部 税务总局 国家发展改革委公告2020年第23号)规定,自2021年1月1日至2030年12月31日,对设在西部地区的鼓励类产业企业减按15%的税率征收企业所得税。本条所称鼓励类产业企业是指以《西部地区鼓励类产业目录》中规定的产业项目为主营业务,且其主营业务收入占企业收入总额60%以上的企业。

本公告所称西部地区包括内蒙古自治区、广西壮族自治区、重庆市、四川省、贵州省、云南省、西藏自治区、陕西省、甘肃省、青海省、宁夏回族自治区、新疆维吾尔自治区和新疆生产建设兵团。湖南省湘西土家族苗族自治州、湖北省恩施土家族苗族自治州、吉林省延边朝鲜族自治州和江西省赣州市,可以比照西部地区的企业所得税政策执行。

二、申报表填报重点关注

(一) 中华人民共和国企业所得税年度纳税申报表(A类)

表7-8-1 中华人民共和国企业所得税年度纳税申报表(A类)(A100000)(局部)

行次	类别	项目	金额
1	利润	一、营业收入(填写A101010\101020\103000)	
2	总额	减:营业成本(填写A102010\102020\103000)	
3	计算	减:税金及附加	

(续表)

行次	类别	项 目	金 额
24	应纳税额计算	税率(25%)	
25		六、应纳所得税额(23×24)	
26		减:减免所得税额(填写 A107040)	
27		减:抵免所得税额(填写 A107050)	

（1）第3行"税金及附加"：填报纳税人经营活动发生的消费税、城市维护建设税、资源税、土地增值税和教育费附加等相关税费。本行根据纳税人相关会计科目填报。纳税人在其他会计科目核算的税金不得重复填报。

根据财会〔2016〕22号文件的规定,房产税、车船税、土地使用税、印花税由"管理费用"科目调整到"税金及附加"科目中进行核算。

（2）第26行"减免所得税额"：填报纳税人按税收规定实际减免的企业所得税额。本行根据《减免所得税优惠明细表》(A107040)填报。

西部大开发鼓励类企业所得税优惠最终将会通过本行反映出来。

（二）减免所得税优惠明细表

表 7-8-2　　　　　　减免所得税优惠明细表(A107040)(局部)

行次	项 目	金 额
21	二十一、设在西部地区的鼓励类产业企业减按15%的税率征收企业所得税(主营业务收入占比＿＿＿＿％)	
22	二十二、新疆困难地区新办企业定期减免企业所得税	

第21行"二十一、设在西部地区的鼓励类产业企业减按15%的税率征收企业所得税（主营业务收入占比＿＿＿＿％）"：根据《财政部　海关总署　国家税务总局关于深入实施西部大开发战略有关税收政策问题的通知》（财税〔2011〕58号）、《国家税务总局关于深入实施西部大开发战略有关企业所得税问题的公告》（国家税务总局公告2012年第12号）、《财政部　海关总署　国家税务总局关于赣州市执行西部大开发税收政策问题的通知》（财税〔2013〕4号）、《西部地区鼓励类产业目录》（中华人民共和国国家发展和改革委员会令第15号）、《国家税务总局关于执行〈西部地区鼓励类产业目录〉有关企业所得税问题的公告》（国家税务总局公告2015年第14号）、《财政部　税务总局　国家发展改革委关于延续西部大开发企业所得税政策的公告》（财政部　税务总局　国家发展改革委公告2020年第23号）等规定,对设在西部地区的鼓励类产业企业减按15%的税率征收企业所得税；对设在赣州市的鼓励类产业的内资和外商投资企业减按15%税率征收企业所得税。本行填报根据表A100000第23行计算的减征企业所得税金额。

跨地区经营汇总纳税企业总机构和分支机构因享受该项优惠政策适用不同税率的,本行填报按照《国家税务总局关于印发〈跨地区经营汇总纳税企业所得税征收管理办法〉的公告》（国家税务总局公告2012年第57号）第十八条规定计算的减免税额。

纳税人填报该行次时,需填报符合《西部地区鼓励类产业目录》的主营业务收入占比,保留至小数点后四位,并按百分数填报。

【案例7-12】 甘肃省某企业A企业,以《西部地区鼓励类产业目录》中规定的产业项目为主营业务,且其主营业务收入占企业收入总额70%以上。2020年,该企业应纳税所得额为300万元,不考虑以前年度亏损,请问该企业2020年企业所得税应该如何申报。

【解析】 企业A符合西部大开发鼓励类企业减免所得税优惠,可以享受15%的税率优惠,故2020年应纳税额=300×15%=45(万元),减免税额=300×(25%-15%)=30(万元)。

申报表填报如表7-8-3所示。

表7-8-3　　　　减免所得税优惠明细表(A107040)(局部)　　　　　　单位:元

行次	项目	金额
21	二十一、设在西部地区的鼓励类产业企业减按15%的税率征收企业所得税(主营业务收入占比＿＿＿%)	300 000

三、常见涉税风险

(1) 利用优惠税率,通过关联交易转移利润的风险。西部大开发鼓励类企业利润水平高于其关联企业,有可能存在通过关联交易转移利润的涉税风险。

(2) 错误归集收入的风险。鼓励类产业企业要求以《西部地区鼓励类产业目录》中规定的鼓励类产业项目为主营业务,且其主营业务收入占企业收入总额70%以上(2021年改为60%以上),部分不符合要求企业存在将非鼓励类产业收入归集到鼓励类产业收当中。

第九节　海南自贸港鼓励类企业

在海南建设自由贸易港,是推进高水平开放,建立开放型经济新体制的根本要求;是深化市场化改革,打造法治化、国际化、便利化营商环境的迫切需要;是贯彻新发展理念,推动高质量发展,建设现代化经济体系的战略选择。国家对海南自贸港鼓励类企业实行低税率优惠。

一、相关规定

《财政部　税务总局关于海南自由贸易港企业所得税优惠政策的通知》(财税〔2020〕31号)规定如下:

(1) 对注册在海南自由贸易港并实质性运营的鼓励类产业企业,减按15%的税率征收企业所得税。

上述所称鼓励类产业企业,是指以海南自由贸易港鼓励类产业目录中规定的产业项目为主营业务,且其主营业务收入占企业收入总额60%以上的企业。所称实质性运营,是指企业的实际管理机构设在海南自由贸易港,并对企业生产经营、人员、账务、财产等实施实质性全面管理和控制。对不符合实质性运营的企业,不得享受优惠。

海南自由贸易港鼓励类产业目录包括《产业结构调整指导目录(2019年本)》《鼓励外商投资产业目录(2019年版)》和海南自由贸易港新增鼓励类产业目录。上述目录在本通知执行期限内修订的,自修订版实施之日起按新版本执行。

对总机构设在海南自由贸易港的符合条件的企业,仅就其设在海南自由贸易港的总机构和分支机构的所得,适用15%税率;对总机构设在海南自由贸易港以外的企业,仅就其设在海南自由贸易港内的符合条件的分支机构的所得,适用15%税率。具体征管办法按照税务总局有关规定执行。

(2)对在海南自由贸易港设立的旅游业、现代服务业、高新技术产业企业新增境外直接投资取得的所得,免征企业所得税。

上述所称新增境外直接投资所得应当符合以下条件:

① 从境外新设分支机构取得的营业利润;或从持股比例超过20%(含)的境外子公司分回的,与新增境外直接投资相对应的股息所得。

② 被投资国(地区)的企业所得税法定税率不低于5%。

上述所称旅游业、现代服务业、高新技术产业,按照海南自由贸易港鼓励类产业目录执行。

(3)对在海南自由贸易港设立的企业,新购置(含自建、自行开发)固定资产或无形资产,单位价值不超过500万元(含)的,允许一次性计入当期成本费用在计算应纳税所得额时扣除,不再分年度计算折旧和摊销;新购置(含自建、自行开发)固定资产或无形资产,单位价值超过500万元的,可以缩短折旧、摊销年限或采取加速折旧、摊销的方法。

上述所称固定资产,是指除房屋、建筑物以外的固定资产。

二、申报表填报重点关注

(一)企业所得税年度纳税申报基础信息表

表7-9-1　　　　企业所得税年度纳税申报基础信息表(A000000)(局部)

有关涉税事项情况(存在或者发生下列事项时必填)				
201 从事股权投资业务		□是	202 存在境外关联交易	□是
203 境外所得信息	203-1 选择采用的境外所得抵免方式	□分国(地区)不分项　　□不分国(地区)不分项		
	203-2 海南自由贸易港新增境外直接投资信息	□是(产业类别:□旅游业　　□现代服务业　　□高新技术产业)		

"203-2 海南自由贸易港新增境外直接投资信息":填报纳税人符合享受境外所得免征企业所得税优惠政策条件的相关信息。本项目由在海南自由贸易港设立的旅游业、现代服务业、高新技术产业且新增境外直接投资的企业填报。"产业类别"填报纳税人经营的产业类别,按"旅游业""现代服务业""高新技术产业"选择填报。

（二）中华人民共和国企业所得税年度纳税申报表（A类）

表7-9-2　　中华人民共和国企业所得税年度纳税申报表（A类）（A100000）（局部）

行次	类别	项目	金额
1	利润总额计算	一、营业收入（填写A101010\101020\103000）	
2		减：营业成本（填写A102010\102020\103000）	
3		减：税金及附加	
24	应纳税额计算	税率（25%）	
25		六、应纳所得税额（23×24）	
26		减：减免所得税额（填写A107040）	
27		减：抵免所得税额（填写A107050）	

（1）第3行"税金及附加"：填报纳税人经营活动发生的消费税、城市维护建设税、资源税、土地增值税和教育费附加等相关税费。本行根据纳税人相关会计科目填报。纳税人在其他会计科目核算的税金不得重复填报。

根据财会〔2016〕22号文件的规定，房产税、车船税、土地使用税、印花税由"管理费用"科目调整到"税金及附加"科目中进行核算。

（2）第26行"减免所得税额"：填报纳税人按税收规定实际减免的企业所得税额。本行根据《减免所得税优惠明细表》（A107040）填报。

海南自贸港鼓励类企业低税率优惠最终将会通过本行反映出来。

（三）减免所得税优惠明细表

表7-9-3　　　　　　减免所得税优惠明细表（A107040）（局部）

行次	项目	金额
28	二十八、其他（28.1+28.2+28.3+28.4+28.5+28.6）	
28.1	（一）从事污染防治的第三方企业减按15%的税率征收企业所得税	
28.2	（二）上海自贸试验区临港新片区的重点产业企业减按15%的税率征收企业所得税	
28.3	（三）海南自由贸易港鼓励类企业减按15%的税率征收企业所得税	

第28.3行"（三）海南自由贸易港鼓励类企业减按15%税率征收企业所得税"：根据《财政部　税务总局关于海南自由贸易港企业所得税优惠政策的通知》（财税〔2020〕31号）的规定，对设在海南自由贸易港地区，符合鼓励类产业企业条件，减按15%的税率征收企业所得税，本行填报根据表A100000第23行计算的减征企业所得税金额。

【案例7-13】　某符合条件的海南自由贸易港鼓励类企业A企业，2020年应纳税所得额为500万元，不考虑以前年度亏损，请问该企业2020年企业所得税可以享受多少减免税额。

【解析】　企业A为符合条件的海南自由贸易港鼓励类企业，可以享受15%的税率优惠，故2020年应纳税额＝500×15%＝75（万元）。

2020年享受减免税额＝500×（25%－15%）＝50（万元）。

申报表填报如表7-9-4所示。

表 7-9-4　　　　　　　　　减免所得税优惠明细表(A107040)(局部)　　　　　单位：元

行次	项目	金额
28	二十八、其他(28.1＋28.2＋28.3＋28.4＋28.5＋28.6)	500 000
28.1	（一）从事污染防治的第三方企业减按15%的税率征收企业所得税	
28.2	（二）上海自贸试验区临港新片区的重点产业企业减按15%的税率征收企业所得税	
28.3	（三）海南自由贸易港鼓励类企业减按15%税率征收企业所得税	500 000

三、常见涉税风险

（1）利用优惠税率，通过关联交易转移利润的风险。海南自由贸易港鼓励类企业利润水平高于其关联企业，有可能存在通过关联交易转移利润的涉税风险。

（2）错误归集收入的风险。海南自由贸易港鼓励类企业要求以海南自由贸易港鼓励类产业目录中规定的产业项目为主营业务，且其主营业务收入占企业收入总额60%以上，部分不符合要求企业存在将非鼓励类产业收入归集到鼓励类产业收当中。

第十节　从事污染防治的第三方企业

环保产业是典型的政策驱动型产业，需要充分发挥政策的引导和激励作用，鼓励污染防治企业专业化、规模化发展，更好支持生态文明建设。国家对从事污染防治的第三方企业实行低税率优惠。

一、相关规定

《财政部　税务总局　国家发展改革委　生态环境部关于从事污染防治的第三方企业所得税政策问题的公告》(财政部公告2019年第60号)规定，对符合条件的从事污染防治的第三方企业(以下简称第三方防治企业)减按15%的税率征收企业所得税。

本公告所称第三方防治企业是指受排污企业或政府委托，负责环境污染治理设施(包括自动连续监测设施，下同)运营维护的企业。

本公告所称第三方防治企业应当同时符合以下条件：

（1）在中国境内(不包括中国港、澳、台地区)依法注册的居民企业。

（2）具有1年以上连续从事环境污染治理设施运营实践，且能够保证设施正常运行。

（3）具有至少5名从事本领域工作且具有环保相关专业中级及以上技术职称的技术人员，或者至少2名从事本领域工作且具有环保相关专业高级及以上技术职称的技术人员；

（4）从事环境保护设施运营服务的年度营业收入占总收入的比例不低于60%。

（5）具备检验能力，拥有自有实验室，仪器配置可满足运行服务范围内常规污染物指标的检测需求。

（6）保证其运营的环境保护设施正常运行，使污染物排放指标能够连续稳定达到国家或者地方规定的排放标准要求。

（7）具有良好的纳税信用，近三年内纳税信用等级未被评定为C级或D级。

二、申报表填报重点关注

（一）中华人民共和国企业所得税年度纳税申报表（A类）

表 7-10-1　　中华人民共和国企业所得税年度纳税申报表（A类）（A100000）（局部）

行次	类别	项　目	金　额
1	利润总额计算	一、营业收入（填写A101010\101020\103000）	
2		减：营业成本（填写A102010\102020\103000）	
3		减：税金及附加	
24	应纳税额计算	税率（25%）	
25		六、应纳所得税额（23×24）	
26		减：减免所得税额（填写A107040）	
27		减：抵免所得税额（填写A107050）	

（1）第3行"税金及附加"：填报纳税人经营活动发生的消费税、城市维护建设税、资源税、土地增值税和教育费附加等相关税费。本行根据纳税人相关会计科目填报。纳税人在其他会计科目核算的税金不得重复填报。

根据财会〔2016〕22号文件的规定，房产税、车船税、土地使用税、印花税由"管理费用"科目调整到"税金及附加"科目中进行核算。

（2）第26行"减免所得税额"：填报纳税人按税收规定实际减免的企业所得税额。本行根据《减免所得税优惠明细表》（A107040）填报。

从事污染防治的第三方企业所得税优惠最终将会通过本行反映出来。

（二）减免所得税优惠明细表

表 7-10-2　　　　　　　　减免所得税优惠明细表（A107040）（局部）

行次	项　目	金　额
28	二十八、其他（28.1+28.2+28.3+28.4+28.5+28.6）	
28.1	（一）从事污染防治的第三方企业减按15%的税率征收企业所得税	
28.2	（二）上海自贸试验区临港新片区的重点产业企业减按15%的税率征收企业所得税	
28.3	（三）海南自由贸易港鼓励类企业减按15%税率征收企业所得税	

第28.1行"（一）从事污染防治的第三方企业减按15%的税率征收企业所得税"：根据《财政部　税务总局　国家发展改革委　生态环境部关于从事污染防治的第三方企业所得税政策问题的公告》（财政部　税务总局　国家发展改革委　生态环境部公告2019年第60号）规定，对符合条件的从事污染防治的第三方企业减按15%的税率征收企业所得税。本行填报根据表A100000第23行计算的减征企业所得税金额。

【案例 7-14】 某符合条件的从事污染防治的第三方企业 A 企业,2020 年应纳税所得额为 300 万元,不考虑以前年度亏损,请问该企业 2020 年企业所得税减免税额多少万元?

【解析】 A 企业为符合条件的从事污染防治的第三方企业,可以享受 15% 的税率优惠,故 2020 年度应纳税额=300×15%=45(万元)。

2020 年度享受减免税额=300×(25%−15%)=30(万元)。

申报表填报如表 7-10-3 所示。

表 7-10-3　　　　　减免所得税优惠明细表(A107040)(局部)　　　　　单位:元

行次	项　目	金　额
28	二十八、其他(28.1+28.2+28.3+28.4+28.5+28.6)	300 000
28.1	(一)从事污染防治的第三方企业减按 15% 的税率征收企业所得税	300 000
28.2	(二)上海自贸试验区临港新片区的重点产业企业减按 15% 的税率征收企业所得税	
28.3	(三)海南自由贸易港鼓励类企业减按 15% 税率征收企业所得税	

三、常见涉税风险

(1) 存在错误归集收入的风险。从事污染防治的第三方企业税收优惠要求,从事环境保护设施运营服务的年度营业收入占总收入的比例不低于 60%。部分不符合条件的企业将非环境保护设施运营服务的年度营业收入归集到环境保护设施运营服务的年度营业收入当中。

(2) 虚增技术人员。将非本单位的技术人员挂靠公司名下,但无个税申报或社保缴费情况。

第十一节　非营利组织

非营利组织是指不以营利为目的的组织,它的目标通常是支持或处理个人关心或者公众关注的议题或事件,它的运作并不是为了获取利益,这一点通常被视为这类组织的主要特性。非营利组织所涉及的领域非常广,包括艺术、慈善、教育、学术、环保等。国家对非营利组织符合条件的收入实行免税优惠。

一、相关规定

《企业所得税法》第二十六条第(四)项规定,企业的下列收入为免税收入:符合条件的非营利组织的收入。

《企业所得税法实施条例》第八十四条规定,企业所得税法第二十六条第(四)项所称符合条件的非营利组织,是指同时符合下列条件的组织:

(1) 依法履行非营利组织登记手续。

(2) 从事公益性或者非营利性活动。

（3）取得的收入除用于与该组织有关的、合理的支出外，全部用于登记核定或者章程规定的公益性或者非营利性事业。

（4）财产及其孳息不用于分配。

（5）按照登记核定或者章程规定，该组织注销后的剩余财产用于公益性或者非营利性目的，或者由登记管理机关转赠给与该组织性质、宗旨相同的组织，并向社会公告。

（6）投入人对投入该组织的财产不保留或者享有任何财产权利。

（7）工作人员工资福利开支控制在规定的比例内，不变相分配该组织的财产。上述规定的非营利组织的认定管理办法由国务院财政、税务主管部门会同国务院有关部门制定。

《企业所得税法实施条例》第八十五条规定，企业所得税法第二十六条第（四）项所称符合条件的非营利组织的收入，不包括非营利组织从事营利性活动取得的收入，但国务院财政、税务主管部门另有规定的除外。

《财政部 国家税务总局关于非营利组织企业所得税免税收入问题的通知》（财税〔2009〕122号）规定，非营利组织的下列收入为免税收入：

（1）接受其他单位或者个人捐赠的收入。

（2）除《企业所得税法》第七条规定的财政拨款以外的其他政府补助收入，但不包括因政府购买服务取得的收入。

（3）按照省级以上民政、财政部门规定收取的会费。

（4）不征税收入和免税收入孳生的银行存款利息收入。

（5）财政部、国家税务总局规定的其他收入。

《财政部 国家税务总局关于非营利组织免税资格认定管理有关问题的通知》（财税〔2018〕13号）规定，认定的符合条件的非营利组织，必须同时满足以下条件：

（1）依照国家有关法律法规设立或登记的事业单位、社会团体、基金会、社会服务机构、宗教活动场所、宗教院校，以及财政部、税务总局认定的其他非营利组织。

（2）从事公益性或者非营利性活动。

（3）取得的收入除用于与该组织有关的、合理的支出外，全部用于登记核定或者章程规定的公益性或者非营利性事业。

（4）财产及其孳息不用于分配，但不包括合理的工资、薪金支出。

（5）按照登记核定或者章程规定，该组织注销后的剩余财产用于公益性或者非营利性目的，或者由登记管理机关采取转赠给与该组织性质、宗旨相同的组织等处置方式，并向社会公告。

（6）投入人对投入该组织的财产不保留或者享有任何财产权利。所称投入人是指除各级人民政府及其部门外的法人、自然人和其他组织。

（7）工作人员工资福利开支控制在规定的比例内，不变相分配该组织的财产，其中，工作人员平均工资、薪金水平不得超过税务登记所在地的地市级（含地市级）以上地区的同行业同类组织平均工资水平的两倍，工作人员福利按照国家有关规定执行。

（8）对取得的应纳税收入及其有关的成本、费用、损失应与免税收入及其有关的成本、费用、损失分别核算。

已认定的享受免税优惠政策的非营利组织有下述情形之一的，应自该情形发生年度起取消其资格：

（1）登记管理机关在后续管理中发现非营利组织不符合相关法律法规和国家政策的。

（2）在申请认定过程中提供虚假信息的。

（3）纳税信用等级为税务部门评定的C级或D级的。

（4）通过关联交易或非关联交易和服务活动，变相转移、隐匿、分配该组织财产的。

（5）被登记管理机关列入严重违法失信名单的。

（6）从事非法政治活动的。

二、申报表填报重点关注

（一）企业所得税年度纳税申报基础信息表

表7-11-1　　　企业所得税年度纳税申报基础信息表（A000000）（局部）

基本经营情况（必填项目）			
206 技术先进型服务企业类型（填写代码）		207 非营利组织	□是
208 软件、集成电路企业类型（填写代码）		209 集成电路生产项目类型	□130纳米　□65纳米 □28纳米

"207非营利组织"：纳税人为非营利组织的，选择"是"。

及时进行复审申请。非营利组织免税优惠资格的有效期为五年。非营利组织应在免税优惠资格期满后六个月内提出复审申请，不提出复审申请或复审不合格的，其享受免税优惠的资格到期自动失效。非营利组织免税资格复审，按照初次申请免税优惠资格的规定办理。

非营利组织必须按照《税收征收管理法》及《税收征收管理法实施细则》等有关规定，办理税务登记，按期进行纳税申报。

取得免税资格的非营利组织应按照规定向主管税务机关办理免税手续，免税条件发生变化的，应当自发生变化之日起15日内向主管税务机关报告；不再符合免税条件的，应当依法履行纳税义务；未依法纳税的，主管税务机关应当予以追缴。

（二）中华人民共和国企业所得税年度纳税申报表（A类）

表7-11-2　　中华人民共和国企业所得税年度纳税申报表（A类）（A100000）（局部）

行次	类别	项　目	金　额
1	利润总额计算	一、营业收入（填写A101010\101020\103000）	
2		减：营业成本（填写A102010\102020\103000）	
3		减：税金及附加	
17	应纳税所得额计算	减：免税、减计收入及加计扣除（填写A107010）	
24	应纳税额计算	税率（25%）	
25		六、应纳所得额（23×24）	
26		减：减免所得税额（填写A107040）	
27		减：抵免所得税额（填写A107050）	

第17行"免税、减计收入及加计扣除":填报属于税收规定免税收入、减计收入、加计扣除金额。本行根据《免税、减计收入及加计扣除优惠明细表》(A107010)填报。

非盈利组织所得税优惠最终将会通过本行反映出来。

(三) 免税、减计收入及加计扣除优惠明细表

表 7-11-3　　免税、减计收入及加计扣除优惠明细表(A107010)(局部)

行次	项目	金额
9	(三)符合条件的非营利组织的收入免征企业所得税	
10	(四)中国清洁发展机制基金取得的收入免征企业所得税	

第9行"(三)符合条件的非营利组织的收入免征企业所得税":填报纳税人根据税法、《财政部　国家税务总局关于非营利组织企业所得税免税收入问题的通知》(财税〔2009〕122号)、《财政部　税务总局关于非营利组织免税资格认定管理有关问题的通知》(财税〔2018〕13号)等相关税收政策规定,认定的符合条件的非营利组织,取得的捐赠收入等免税收入,但不包括从事营利性活动所取得的收入。当表A000000"207非营利组织"选择"是"时,本行可以填报,否则不得填报。

【案例 7-15】 2018年,A企业被认定为非盈利组织。2020年,A企业收入支出明细如下:接受捐赠收入300万元,会费收入50万元,商品销售收入100万元,政府补助收入50万元,投资收益80万元,其他收入30万元,业务活动成本400万元,管理费用30万元,筹资费用50万元,其他费用20万元。请问A企业2020年企业所得税应该如何申报?

【解析】 A企业于2018年认定为非营利组织,非营利组织认定有效期为5年,所以2018年至2022年,A企业接受捐赠、政府补助、会费收入可以享受免税优惠。

申报表填报如表7-11-4、表7-11-5、表7-11-6、表7-11-7所示。

表 7-11-4　　企业所得税年度纳税申报基础信息表(A000000)(局部)

基本经营情况(必填项目)			
206 技术先进型服务企业类型(填写代码)		207 非营利组织	☑是
208 软件、集成电路企业类型(填写代码)		209 集成电路生产项目类型	□130 纳米　□65 纳米 □28 纳米

表 7-11-5　　中华人民共和国企业所得税年度纳税申报表(A100000)(A类)

行次	类别	项目	金额
1	利润总额计算	一、营业收入(填写A101010\101020\103000)	5 000 000
2		减:营业成本(填写A102010\102020\103000)	4 800 000
3		减:税金及附加	
4		减:销售费用(填写A104000)	
5		减:管理费用(填写A104000)	
6		减:财务费用(填写A104000)	
7		减:资产减值损失	

(续表)

行次	类别	项 目	金 额
8	利润总额计算	加：公允价值变动收益	
9		加：投资收益	800 000
10		二、营业利润(1－2－3－4－5－6－7＋8＋9)	1 000 000
11		加：营业外收入(填写 A101010\101020\103000)	300 000
12		减：营业外支出(填写 A102010\102020\103000)	200 000
13		三、利润总额(10＋11－12)	1 100 000
14	应纳税所得额计算	减：境外所得(填写 A108010)	
15		加：纳税调整增加额(填写 A105000)	
16		减：纳税调整减少额(填写 A105000)	
17		减：免税、减计收入及加计扣除(填写 A107010)	4 000 000
18		加：境外应税所得抵减境内亏损(填写 A108000)	
19		四、纳税调整后所得(13－14＋15－16－17＋18)	－2 900 000
20		减：所得减免(填写 A107020)	
21		减：弥补以前年度亏损(填写 A106000)	
22		减：抵扣应纳税所得额(填写 A107030)	
23		五、应纳税所得额(19－20－21－22)	0
24	应纳税额计算	税率(25%)	25%
25		六、应纳所得税额(23×24)	0
26		减：减免所得税额(填写 A107040)	
27		减：抵免所得税额(填写 A107050)	
28		七、应纳税额(25－26－27)	
29		加：境外所得应纳所得税额(填写 A108000)	
30		减：境外所得抵免所得税额(填写 A108000)	
31		八、实际应纳所得税额(28＋29－30)	
32		减：本年累计实际已缴纳的所得税额	
33		九、本年应补(退)所得税额(31－32)	
34		其中：总机构分摊本年应补(退)所得税额(填写 A109000)	
35		财政集中分配本年应补(退)所得税额(填写 A109000)	
36		总机构主体生产经营部门分摊本年应补(退)所得税额(填写 A109000)	

表 7-11-6　事业单位、民间非营利组织收入、支出明细表(A103000)(局部)　　单位：元

行次	项 目	金 额
1	一、事业单位收入(2＋3＋4＋5＋6＋7)	
2	（一）财政补助收入	
3	（二）事业收入	
4	（三）上级补助收入	

(续表)

行次	项目	金额
5	(四)附属单位上缴收入	
6	(五)经营收入	
7	(六)其他收入(8+9)	
8	其中:投资收益	
9	其他	
10	二、民间非营利组织收入(11+12+13+14+15+16+17)	6 100 000
11	(一)接受捐赠收入	3 000 000
12	(二)会费收入	500 000
13	(三)提供劳务收入	0
14	(四)商品销售收入	1 000 000
15	(五)政府补助收入	500 000
16	(六)投资收益	800 000
17	(七)其他收入	300 000
18	三、事业单位支出(19+20+21+22+23)	
19	(一)事业支出	
20	(二)上缴上级支出	
21	(三)对附属单位补助支出	
22	(四)经营支出	
23	(五)其他支出	
24	四、民间非营利组织支出(25+26+27+28)	5 000 000
25	(一)业务活动成本	4 000 000
26	(二)管理费用	300 000
27	(三)筹资费用	500 000
28	(四)其他费用	200 000

表 7-11-7　　免税、减计收入及加计扣除优惠明细表(A107010)(局部)　　单位:元

行次	项目	金额
9	(三)符合条件的非营利组织的收入免征企业所得税	4 000 000
10	(四)中国清洁发展机制基金取得的收入免征企业所得税	

三、常见涉税风险

(1)非营利组织未进行企业所得税申报风险。非营利组织需要正常进行企业所得税申报。

(2) 非营利组织全部收入作为免税收入的风险。认定的非营利组织仅以下几项享受免税优惠：

① 接受其他单位或者个人捐赠的收入。

② 除《企业所得税法》第七条规定的财政拨款以外的其他政府补助收入，但不包括因政府购买服务取得的收入。

③ 按照省级以上民政、财政部门规定收取的会费。

④ 不征税收入和免税收入孳生的银行存款利息收入。

⑤ 财政部、国家税务总局规定的其他收入。

(3) 未经认定直接填报非营利组织免税收入优惠的风险。部分非营利组织没有按税法规定，进行免税资格认定，不能享受非营利组织收入优惠。

第十二节 节能服务公司

节能服务公司主要是采用基于合同能源管理机制运作的、以赢利为目的的专业化公司。培育壮大节能服务公司对生态文明建设、推进绿色发展具有重要意义，是打赢污染防治攻坚战，满足人民优美生态环境需要的基本支撑。国家对节能服务公司实行所得减免优惠。

一、相关规定

《财政部 国家税务总局关于促进节能服务产业发展增值税 营业税和企业所得税政策问题的通知》(财税〔2010〕110号)规定，对符合条件的节能服务公司实施合同能源管理项目，符合企业所得税税法有关规定的，自项目取得第一笔生产经营收入所属纳税年度起，第一年至第三年免征企业所得税，第四年至第六年按照25%的法定税率减半征收企业所得税。"符合条件"是指同时满足以下条件：

(1) 具有独立法人资格，注册资金不低于100万元，且能够单独提供用能状况诊断、节能项目设计、融资、改造（包括施工、设备安装、调试、验收等）、运行管理、人员培训等服务的专业化节能服务公司。

(2) 节能服务公司实施合同能源管理项目相关技术应符合国家质量监督检验检疫总局和国家标准化管理委员会发布的《合同能源管理技术通则》(GB/T 24915—2010)规定的技术要求。

(3) 节能服务公司与用能企业签订《节能效益分享型》合同，其合同格式和内容，符合《合同法》和国家质量监督检验检疫总局和国家标准化管理委员会发布的《合同能源管理技术通则》(GB/T 24915—2010)等规定。

(4) 节能服务公司实施合同能源管理的项目符合《财政部 国家税务总局 国家发展改革委关于公布环境保护节能节水项目企业所得税优惠目录（试行）的通知》(财税〔2009〕166号)"4.节能减排技术改造"类中第一项至第八项规定的项目和条件。

(5) 节能服务公司投资额不低于实施合同能源管理项目投资总额的70%。

(6) 节能服务公司拥有匹配的专职技术人员和合同能源管理人才,具有保障项目顺利实施和稳定运行的能力。

《国家税务总局 国家发展改革委关于落实节能服务企业合同能源管理项目企业所得税优惠政策有关征收管理问题的公告》(国家税务总局 国家发展和改革委员会公告 2013 年第 77 号)规定如下:

(1) 对实施节能效益分享型合同能源管理项目(以下简称项目)的节能服务企业,凡实行查账征收所得税的居民企业并符合企业所得税法和本公告有关规定的,该项目可享受财税〔2010〕110 号规定的企业所得税"三免三减半"优惠政策。如节能服务企业的分享型合同约定的效益分享期短于 6 年的,按实际分享期享受优惠。

(2) 节能服务企业享受"三免三减半"项目的优惠期限,应连续计算。对在优惠期限内转让所享受优惠的项目给其他符合条件的节能服务企业,受让企业承续经营该项目的,可自项目受让之日起,在剩余期限内享受规定的优惠;优惠期限届满后转让的,受让企业不得就该项目重复享受优惠。

(3) 节能服务企业投资项目所发生的支出,应按税法规定作资本化或费用化处理。形成的固定资产或无形资产,应按合同约定的效益分享期计提折旧或摊销。

节能服务企业应分别核算各项目的成本费用支出额。对在合同约定的效益分享期内发生的期间费用划分不清的,应合理进行分摊,期间费用的分摊应按照项目投资额和销售(营业)收入额两个因素计算分摊比例,两个因素的权重各为 50%。

(4) 节能服务企业、节能效益分享型能源管理合同和合同能源管理项目应符合财税〔2010〕110 号第二条第(三)项所规定的条件。

二、申报表填报重点关注

(一) 中华人民共和国企业所得税年度纳税申报表(A 类)

表 7-12-1 中华人民共和国企业所得税年度纳税申报表(A 类)(A100000)(局部)

行次	类别	项目	金额
1	利润总额计算	一、营业收入(填写 A101010\101020\103000)	
2		减:营业成本(填写 A102010\102020\103000)	
3		减:税金及附加	
20	应纳税所得额计算	减:所得减免(填写 A107020)	
24	应纳税额计算	税率(25%)	
25		六、应纳所得税额(23×24)	
26		减:减免所得税额(填写 A107040)	
27		减:抵免所得税额(填写 A107050)	

第 20 行"所得减免":填报属于税收规定的所得减免金额。本行根据《所得减免优惠明

细表》(A107020)填报。

节能服务公司企业所得税优惠最终将会通过本行反映出来。

(二)所得减免优惠明细表

表 7-12-2　　　　　所得减免优惠明细表(A107020)(局部)

行次	减免项目	项目名称	优惠事项名称	优惠方式	项目收入	项目成本	相关税费	应分摊期间费用	纳税调整额	项目所得额		减免所得额
										免税项目	减半项目	
		1	2	3	4	5	6	7	8	9	10	11(9+10×50%)
16	六、符合条件的节能服务公司实施的合同能源管理项目			*								
17				*								
18		小计	*	*								

第 16 行至第 18 行"六、符合条件的节能服务公司实施合同能源管理项目":按照节能服务公司实施合同能源管理的不同项目分别填报,一个项目填报一行,纳税人有多个项目的,可自行增加行次填报。各行相应列次填报金额的合计金额填入"小计"行。根据《财政部　国家税务总局关于促进节能服务产业发展增值税　营业税和企业所得税政策问题的通知》(财税〔2010〕110 号)、《国家税务总局　国家发展改革委关于落实节能服务企业合同能源管理项目企业所得税优惠政策有关征收管理问题的公告》(国家税务总局　国家发展改革委公告 2013 年第 77 号)等相关税收政策规定,符合条件的节能服务公司实施合同能源管理项目,符合税法有关规定的,自项目取得第一笔生产经营收入所属纳税年度起,第一年至第三年免征企业所得税,第四年至第六年按照 25% 的法定税率减半征收企业所得税。本行填报本纳税年度发生的减征、免征企业所得税项目的有关情况。

【案例 7-16】 2017 年,节能服务企业 A 企业从合同能源管理项目甲项目取得第一笔收入,2017 年至 2020 年甲项目相关的收入、成本及费用具体明细如下:

2017 年,A 取得的合同能源项目收入为 6 000 万元,对应成本为 3 600 万元,项目对应的税金及附加 100 万元,应分摊的期间费用为 300 万元。

2018 年,A 取得的合同能源项目收入为 8 000 万元,对应成本为 6 000 万元,项目对应的税金及附加 150 万元,应分摊的期间费用为 450 万元。

2019 年,A 取得的合同能源项目收入为 8 500 万元,对应成本为 6 200 万元,项目对应的税金及附加 160 万元,应分摊的期间费用为 440 万元。

2020 年,A 取得的合同能源项目收入为 9 000 万元,对应成本为 6 500 万元,项目对应的税金及附加 150 万元,应分摊的期间费用为 450 万元。

假设 A 仅从事甲项目,请问该企业 2020 年需要缴纳多少企业所得税?(不考虑企业以前年度亏损)

【解析】 2017 年,企业 A 收到甲项目第一笔收入,故 2017 年至 2019 年,享受免征企业所得税优惠;2020 至 2022 年享受 25% 的法定税率减半征收企业所得税优惠。

2020年企业所得税所得减免＝(9 000－6 500－150－450)×50%＝950(万元)

2020年应纳企业所得税＝950×25%＝237.5(万元)。

申报表填报如表7-12-3、表7-12-4所示。

表7-12-3　　　　　　　　所得减免优惠明细表(A107020)　　　　　　　　单位：元

行次	减免项目	项目名称	优惠事项名称	优惠方式	项目收入	项目成本	相关税费	应分摊期间费用	纳税调整额	项目所得额		减免所得额
										免税项目	减半项目	
		1	2	3	4	5	6	7	8	9	10	11(9＋10×50%)
16	六、符合条件的节能服务公司实施的合同能源管理项目	甲	*	减半征收	90 000 000	65 000 000	1 500 000	4 500 000	0		19 000 000	8 500 000
17			*									
18		小计	*	*	90 000 000	65 000 000	1 500 000	4 500 000	0		19 000 000	8 500 000

表7-12-4　中华人民共和国企业所得税年度纳税申报表(A类)(A100000)(局部)　　单元：元

行次	类别	项　目	金　额
20	应纳税所得额计算	减：所得减免(填写A107020)	8 500 000
24	应纳税额计算	税率(25%)	
25		六、应纳所得税额(23×24)	
26		减：减免所得税额(填写A107040)	
27		减：抵免所得税额(填写A107050)	

三、常见涉税风险

(1)用能企业按照能源管理合同实际支付给节能服务公司的合理支出按照服务费用和资产价款进行税务处理。根据财税〔2010〕110号第三款的规定：用能企业按照能源管理合同实际支付给节能服务公司的合理支出，均可以在计算当期应纳税所得额时扣除，不再区分服务费用和资产价款进行税务处理。

(2)节能服务公司与用能企业办理有关资产的权属转移时，存在重复确认收入的风险。根据财税〔2010〕110号规定，能源管理合同期满后，节能服务公司与用能企业办理有关资产的权属转移时，用能企业已支付的资产价款，不再另行计入节能服务公司的收入。

第十三节　农产品初加工企业

我国农产品加工业有了长足发展，已成为农业现代化的支撑力量和国民经济的重要产业，对促进农业提质增效、农民就业增收和农村一二三产业融合发展，对提高人民群众生活质量和健康水平、保持经济平稳较快增长发挥了十分重要的作用。国家对农产品初级加工企业实行免征企业所得税优惠。

一、相关规定

《企业所得税法》第二十七条第(一)项规定,企业的下列所得,可以免征、减征企业所得税:从事农、林、牧、渔业项目的所得。

《企业所得税法实施条例》第八十六条规定,企业所得税法第二十七条第(一)项规定的企业从事农、林、牧、渔业项目的所得,可以免征、减征企业所得税,是指:

(1) 企业从事下列项目的所得,免征企业所得税:

① 蔬菜、谷物、薯类、油料、豆类、棉花、麻类、糖料、水果、坚果的种植。

② 农作物新品种的选育。

③ 中药材的种植。

④ 林木的培育和种植。

⑤ 牲畜、家禽的饲养。

⑥ 林产品的采集。

⑦ 灌溉、农产品初加工、兽医、农技推广、农机作业和维修等农、林、牧、渔服务业项目。

⑧ 远洋捕捞。

(2) 企业从事下列项目的所得,减半征收企业所得税:

① 花卉、茶以及其他饮料作物和香料作物的种植。

② 海水养殖、内陆养殖。

企业从事国家限制和禁止发展的项目,不得享受本条规定的企业所得税优惠。

《财政部 国家税务总局关于发布享受企业所得税优惠政策的农产品初加工范围(试行)的通知》(财税〔2008〕149号)规定,对《享受企业所得税优惠政策的农产品初加工范围》(以下简称范围)内的种植业类、畜牧业类和渔业类三大门类农产品初加工给予免征企业所得税优惠。

《财政部 国家税务总局关于享受企业所得税优惠的农产品初加工有关范围的补充通知》(财税〔2011〕26号)对财税〔2008〕149号文件《范围》进行了增补和细化。

《国家税务总局关于实施农、林、牧、渔业项目企业所得税优惠问题的公告》(国家税务总局公告2011年第48号)对享受税收优惠的农、林、牧、渔业项目的若干执行口径进行了明确和细化。

《国家税务总局关于"公司+农户"经营模式企业所得税优惠问题的公告》(国家税务总局公告2010年第2号)规定,目前,一些企业采取"公司+农户"经营模式从事牲畜、家禽的饲养,即公司与农户签订委托养殖合同,向农户提供畜禽苗、饲料、兽药及疫苗等(所有权〈产权〉仍属于公司),农户将畜禽养大成为成品后交付公司回收。鉴于采取"公司+农户"经营模式的企业,虽不直接从事畜禽的养殖,但系委托农户饲养,并承担诸如市场、管理、采购、销售等经营职责及绝大部分经营管理风险,公司和农户是劳务外包关系。为此,对此类以"公司+农户"经营模式从事农、林、牧、渔业项目生产的企业,可以按照《中华人民共和国企业所得税法实施条例》第八十六条的有关规定,享受减免企业所得税优惠政策。

二、申报表填报重点关注

(一) 中华人民共和国企业所得税年度纳税申报表(A类)

表 7-13-1　中华人民共和国企业所得税年度纳税申报表(A类)(A100000)(局部)

行次	类别	项目	金额
1	利润总额计算	一、营业收入(填写 A101010\101020\103000)	
2		减：营业成本(填写 A102010\102020\103000)	
3		减：税金及附加	
20	应纳税所得额计算	减：所得减免(填写 A107020)	
24	应纳税额计算	税率(25%)	
25		六、应纳所得税额(23×24)	
26		减：减免所得税额(填写 A107040)	
27		减：抵免所得税额(填写 A107050)	

第 20 行"所得减免"：填报属于税收规定的所得减免金额。本行根据《所得减免优惠明细表》(A107020)填报。

农产品初加工企业所得税优惠最终将会通过本行反映出来。

(二) 所得减免优惠明细表

表 7-13-2　　　　　所得减免优惠明细表(A107020)

行次	减免项目	项目名称	优惠事项名称	优惠方式	项目收入	项目成本	相关税费	应分摊期间费用	纳税调整额	项目所得额		减免所得额
										免税项目	减半项目	
		1	2	3	4	5	6	7	8	9	10	11(9＋10×50%)
1	一、农、林、牧、渔业项目											
2												
3		小计	*	*								

"农、林、牧、渔业项目"在以下优惠事项中选择填报：

(1) 蔬菜、谷物、薯类、油料、豆类、棉花、麻类、糖料、水果、坚果的种植。

(2) 农作物新品种的选育。

(3) 中药材的种植。

(4) 林木的培育和种植。

(5) 牲畜、家禽的饲养。

(6) 林产品的采集。

(7) 灌溉、兽医、农技推广、农机作业和维修等农、林、牧、渔服务业项目。

(8) 农产品初加工。

(9) 远洋捕捞。

（10）花卉、茶以及其他饮料作物和香料作物的种植。

（11）海水养殖、内陆养殖。

（12）其他。

【案例 7-17】 成品粮加工企业 A 企业主要从事稻谷加工生产。2020 年，A 企业取得的农产品初级加工项目收入为 9 000 万元，对应成本为 6 000 万元，项目对应的税金及附加 150 万元，应分摊的期间费用为 450 万元。

假设 A 企业仅从事稻谷初级加工，请问该企业 2020 年需要缴纳多少企业所得税？（不考虑企业以前年度无亏损）

【解析】 由于企业 A 主要从事稻谷加工生产，属于农产品初加工范围，根据税法规定，可以享受从事农、林、牧、渔项目所得企业所得税免税优惠，故 2020 年需要缴纳的企业所得税为 0 元。

申报表填报如表 7-13-3、表 7-13-4 所示。

表 7-13-3　　　　　　　所得减免优惠明细表（A107020）（局部）　　　　　　　单位：元

行次	减免项目	项目名称	优惠事项名称	优惠方式	项目收入	项目成本	相关税费	应分摊期间费用	纳税调整额	项目所得额		减免所得额
										免税项目	减半项目	
		1	2	3	4	5	6	7	8	9	10	11(9+10×50%)
1	一、农、林、牧、渔业项目	甲		免税	90 000 000	60 000 000	1 500 000	4 500 000	0	24 000 000		24 000 000
2												
3		小计	*	*	90 000 000	60 000 000	1 500 000	4 500 000	0	24 000 000		24 000 000

表 7-13-4　中华人民共和国企业所得税年度纳税申报表（A 类）（A100000）（局部）　　单位：元

19	应纳税所得额计算	四、纳税调整后所得（13－14＋15－16－17＋18）	24 000 000
20		减：所得减免（填写 A107020）	24 000 000
23		五、应纳税所得额（19－20－21－22）	0
24	应纳税额计算	税率（25%）	25%
25		六、应纳所得税额（23×24）	0
26		减：减免所得税额（填写 A107040）	
27		减：抵免所得税额（填写 A107050）	

三、常见涉税风险

（1）错误认为免税收入无需进行企业所得税申报。享受免税收入的企业需要进行正常的企业所得税申报。

（2）农产品初加工企业未对减免税收入进行单独核算的风险。企业同时从事适用不同企业所得税待遇的项目的，其优惠项目应当单独计算所得，并合理分摊企业的期间费用；没有单独计算的，不得享受企业所得税优惠。

（3）未列明的农产品初加工错误享受减免税优惠。有关享受企业所得税优惠政策的农产品初加工范围，国家税务总局先后下发了《财政部 国家税务总局关于发布享受企业所得税优惠政策的农产品初加工范围（试行）的通知》（财税〔2008〕149号）、《财政部 国家税务总局关于享受企业所得税优惠的农产品初加工有关范围的补充通知》（财税〔2011〕26号），均明确是按照规定列举的农产品初加工所得享受税收优惠，没有规定的产品的加工所得不享受。

第十四节 提供涉农贷款和保险服务的金融、保险等机构

银行业保险业遵循政府引导与市场主导相结合，服务于乡村振兴和助力脱贫攻坚，聚焦深度贫困地区，大力发展农村普惠金融，实现农村金融与农业农村农民的共赢发展。国家对提供涉农贷款和保险服务的金融、保险等机构实行减计收入优惠。

一、相关规定

《财政部 国家税务总局关于延续支持农村金融发展有关税收政策的通知》（财税〔2017〕44号）规定，自2017年1月1日至2019年12月31日，对金融机构农户小额贷款的利息收入，在计算应纳税所得额时，按90％计入收入总额。

自2017年1月1日至2019年12月31日，对保险公司为种植业、养殖业提供保险业务取得的保费收入，在计算应纳税所得额时，按90％计入收入总额。

所称农户，是指长期（一年以上）居住在乡镇（不包括城关镇）行政管理区域内的住户，还包括长期居住在城关镇所辖行政村范围内的住户和户口不在本地而在本地居住一年以上的住户，国有农场的职工和农村个体工商户。位于乡镇（不包括城关镇）行政管理区域内和在城关镇所辖行政村范围内的国有经济的机关、团体、学校、企事业单位的集体户；有本地户口，但举家外出谋生一年以上的住户，无论是否保留承包耕地均不属于农户。农户以户为统计单位，既可以从事农业生产经营，也可以从事非农业生产经营。农户贷款的判定应以贷款发放时的承贷主体是否属于农户为准。

所称小额贷款，是指单笔且该农户贷款余额总额在10万元（含本数）以下的贷款。

所称保费收入，是指原保险保费收入加上分保费收入减去分出保费后的余额。

《财政部 税务总局关于小额贷款公司有关税收政策的通知》（财税〔2017〕48号）规定，自2017年1月1日至2019年12月31日，对经省级金融管理部门（金融办、局等）批准成立的小额贷款公司取得的农户小额贷款利息收入，在计算应纳税所得额时，按90％计入收入总额。

《财政部 税务总局关于延续实施普惠金融有关税收优惠政策的公告》（财政部 税务总局公告2020年第22号）规定，《财政部 税务总局关于延续支持农村金融发展有关税收政策的通知》（财税〔2017〕44号）、《财政部 税务总局关于小额贷款公司有关税收政策的通知》（财税〔2017〕48号）、《财政部 税务总局关于支持小微企业融资有关税收政策的通知》（财税〔2017〕77号）、《财政部 税务总局关于租入固定资产进项税额抵扣等增值税政策的通知》（财税〔2017〕90号）中规定于2019年12月31日执行到期的税收优惠政策，实施期限

延长至2023年12月31日。

二、申报表填报重点关注

(一) 中华人民共和国企业所得税年度纳税申报表(A表)

表7-14-1　中华人民共和国企业所得税年度纳税申报表(A类)(A100000)(局部)

行次	类别	项目	金额
1	利润总额计算	一、营业收入(填写A101010\101020\103000)	
2		减：营业成本(填写A102010\102020\103000)	
3		减：税金及附加	
17	应纳税所得额计算	减：免税、减计收入及加计扣除(填写A107010)	
24	应纳税额计算	税率(25%)	
25		六、应纳所得税额(23×24)	
26		减：减免所得税额(填写A107040)	
27		减：抵免所得税额(填写A107050)	

第17行"免税、减计收入及加计扣除"：填报属于税收规定免税收入、减计收入、加计扣除金额。本行根据《免税、减计收入及加计扣除优惠明细表》(A107010)填报。

非盈利组织所得税优惠最终将会通过本行反映出来。

(二) 免税、减计收入及加计扣除优惠明细表

表7-14-2　免税、减计收入及加计扣除优惠明细表(A107010)

行次	项目	金额
17	二、减计收入(18+19+23+24)	
18	(一)综合利用资源生产产品取得的收入在计算应纳税所得额时减计收入	
19	(二)金融、保险等机构取得的涉农利息、保费减计收入(20+21+22)	
20	1.金融机构取得的涉农贷款利息收入在计算应纳税所得额时减计收入	
21	2.保险机构取得的涉农保费收入在计算应纳税所得额时减计收入	
22	3.小额贷款公司取得的农户小额贷款利息收入在计算应纳税所得额时减计收入	

(1) 第19行"(二)金融、保险等机构取得的涉农利息、保费减计收入"：填报金融、保险等机构取得的涉农利息、保费收入减计收入的金额，按第20+21+22行金额填报。

(2) 第20行"1.金融机构取得的涉农贷款利息收入在计算应纳税所得额时减计收入"：填报纳税人取得农户小额贷款利息收入总额乘以10%的金额。

(3) 第21行"2.保险机构取得的涉农保费收入在计算应纳税所得额时减计收入"：填报保险公司为种植业、养殖业提供保险业务取得的保费收入总额乘以10%的金额。其中保费

收入总额＝原保费收入＋分保费收入－分出保费。

（4）第22行"3.小额贷款公司取得的农户小额贷款利息收入在计算应纳税所得额时减计收入"：填报根据《财政部 税务总局关于小额贷款公司有关税收政策的通知》（财税〔2017〕48号）等相关税收政策规定，经省级金融管理部门（金融办、局等）批准成立的小额贷款公司取得的农户小额贷款利息收入乘以10%的金额。

【案例7-18】 2020年，A银行共计取得营业收入100 000万元，其中，包括向农户发放贷款取得的利息收入1 000万元，假设全年利润总额为10 000万元，纳税调增额为500万元，纳税调减额为300万元，在不考虑以前年度亏损的情况下，请问企业2020年应纳所得税额为多少？

【解析】 根据题干可知，企业A涉农贷款利息收入1 000万元可以享受减计收入的优惠，故：

2020年应纳所得税额＝(10 000－1 000×10%＋500－300)×25%＝2 525(万元)。

申报表填报如表7-14-3、表7-14-4所示。

表7-14-3　　免税、减计收入及加计扣除优惠明细表（A107010）（局部）　　单位：元

行次	项目	金额
17	二、减计收入(18+19+23+24)	
18	（一）综合利用资源生产产品取得的收入在计算应纳税所得额时减计收入	
19	（二）金融、保险等机构取得的涉农利息、保费减计收入(20+21+22)	
20	1.金融机构取得的涉农贷款利息收入在计算应纳税所得额时减计收入	1 000 000
21	2.保险机构取得的涉农保费收入在计算应纳税所得额时减计收入	
22	3.小额贷款公司取得的农户小额贷款利息收入在计算应纳税所得额时减计收入	

表7-14-4　中华人民共和国企业所得税年度纳税申报表（A类）（A100000）（局部）　　单位：元

行次	类别	项目	金额
1	利润总额计算	一、营业收入（填写A101010\101020\103000）	
2		减：营业成本（填写A102010\102020\103000）	
3		减：税金及附加	
17	应纳税所得额计算	减：免税、减计收入及加计扣除（填写A107010）	1 000 000
24	应纳税额计算	税率(25%)	
25		六、应纳所得税额(23×24)	
26		减：减免所得税额（填写A107040）	
27		减：抵免所得税额（填写A107050）	

三、常见涉税风险

（1）金融和保险机构未对涉农贷款利息和保费收入进行单独核算的风险。企业同时从

事适用不同企业所得税待遇的项目的,其优惠项目应当单独计算所得,并合理分摊企业的期间费用;没有单独计算的,不得享受企业所得税优惠。

(2)在农户认定上存在偏差的风险。农户,是指长期(一年以上)居住在乡镇(不包括城关镇)行政管理区域内的住户,还包括长期居住在城关镇所辖行政村范围内的住户和户口不在本地而在本地居住一年以上的住户,国有农场的职工和农村个体工商户。位于乡镇(不包括城关镇)行政管理区域内和在城关镇所辖行政村范围内的国有经济的机关、团体、学校、企事业单位的集体户;有本地户口,但举家外出谋生一年以上的住户,无论是否保留承包耕地均不属于农户。农户以户为统计单位,既可以从事农业生产经营,也可以从事非农业生产经营。农户贷款的判定应以贷款发放时的承贷主体是否属于农户为准。

第十五节 为社区提供养老、托育、家政等服务的机构

以社区为基本依托,加快发展养老、托幼、家政等服务业,是改善民生、应对人口老龄化、支撑实施全面二孩政策的重要举措,有利于较大力度增加就业、扩大服务消费促内需、推动社会合理分工和经济转型升级。国家对为社区提供养老、托育、家政等服务的机构实行减计收入税收优惠。

一、相关规定

《财政部 税务总局 发展改革委 民政部 商务部 卫生健康委关于养老、托育、家政等社区家庭服务业税费优惠政策的公告》(财政部 税务总局 发展改革委 民政部 商务部 卫生健康委公告2019年第76号)规定,提供社区养老、托育、家政服务取得的收入,在计算应纳税所得额时,减按90%计入收入总额。

本公告所称社区是指聚居在一定地域范围内的人们所组成的社会生活共同体,包括城市社区和农村社区。

为社区提供养老服务的机构,是指在社区依托固定场所设施,采取全托、日托、上门等方式,为社区居民提供养老服务的企业、事业单位和社会组织。社区养老服务是指为老年人提供的生活照料、康复护理、助餐助行、紧急救援、精神慰藉等服务。

为社区提供托育服务的机构,是指在社区依托固定场所设施,采取全日托、半日托、计时托、临时托等方式,为社区居民提供托育服务的企业、事业单位和社会组织。社区托育服务是指为3周岁(含)以下婴幼儿提供的照料、看护、膳食、保育等服务。

为社区提供家政服务的机构,是指以家庭为服务对象,为社区居民提供家政服务的企业、事业单位和社会组织。社区家政服务是指进入家庭成员住所或医疗机构为孕产妇、婴幼儿、老人、病人、残疾人提供的照护服务,以及进入家庭成员住所提供的保洁、烹饪等服务。

二、申报表填报重点关注

（一）中华人民共和国企业所得税年度纳税申报表（A类）

表7-15-1　中华人民共和国企业所得税年度纳税申报表（A类）（A100000）（局部）

行次	类别	项　目	金　额
1	利润总额计算	一、营业收入（填写A101010\101020\103000）	
2		减：营业成本（填写A102010\102020\103000）	
3		减：税金及附加	
17	应纳税所得额计算	减：免税、减计收入及加计扣除（填写A107010）	
24	应纳税额计算	税率（25%）	
25		六、应纳所得税额（23×24）	
26		减：减免所得税额（填写A107040）	
27		减：抵免所得税额（填写A107050）	

第17行"免税、减计收入及加计扣除"：填报属于税收规定免税收入、减计收入、加计扣除金额。本行根据《免税、减计收入及加计扣除优惠明细表》（A107010）填报。

社区提供养老、托育、家政等服务的机构实行减计收入税收优惠最终将会通过本行反映出来。

（二）免税、减计收入及加计扣除优惠明细表

表7-15-2　免税、减计收入及加计扣除优惠明细表（A107010）

行次	项　目	金　额
24	（四）其他（24.1＋24.2）	
24.1	1.取得的社区家庭服务收入在计算应纳税所得额时减计收入	
24.2	2.其他	

第24行"（四）其他"：根据相关行次计算结果填报。本行＝第24.1＋24.2行。第24.1行和第24.2行按照以下要求填报：

第24.1行"1.取得的社区家庭服务收入在计算应纳税所得额时减计收入"：填报纳税人根据《财政部　税务总局　发展改革委　民政部　商务部　卫生健康委关于养老、托育、家政等社区家庭服务业税费优惠政策的公告》（财政部　税务总局　发展改革委　民政部　商务部　卫生健康委公告2019年第76号）等相关税收政策规定,社区养老、托育、家政相关服务的收入乘以10%的金额。

【案例7-19】2020年,家政服务公司A企业共计取得营业收入6 000万元,其中,为社区提供家政服务取得的收入为4 000万元,假设全年利润总额为3 000万元,纳税调增额为100万元,纳税调减额为150万元。在不考虑以前年度亏损的情况下,请问企业2020年应纳所得税额为多少?

【解析】 根据题干可知,A企业涉社区提供养老、托育、家政等服务4 000万元减计收入税收优惠条件,故:

2020年应纳所得税额=(3 000-4 000×10%+100-150)×25%=637.5(万元)。

申报表填报如表7-15-3、表7-15-4所示。

表7-15-3　　　　免税、减计收入及加计扣除优惠明细表(A107010)　　　　单位:元

行次	项目	金额
17	二、减计收入(18+19+23+24)	
24	(四)其他(24.1+24.2)	
24.1	1. 取得的社区家庭服务收入在计算应纳税所得额时减计收入	4 000 000
24.2	2. 其他	

表7-15-4　　　中华人民共和国企业所得税年度纳税申报表(A类)(A100000)　　　单位:元

行次	类别	项目	金额
1	利润总额计算	一、营业收入(填写A101010\101020\103000)	
2		减:营业成本(填写A102010\102020\103000)	
3		减:税金及附加	
17	应纳税所得额计算	减:免税、减计收入及加计扣除(填写A107010)	4 000 000
24	应纳税额计算	税率(25%)	
25		六、应纳所得税额(23×24)	
26		减:减免所得税额(填写A107040)	
27		减:抵免所得税额(填写A107050)	

三、常见涉税风险

(1)错误归集收入的风险。将不能享受减计收入的部分计入为社区提供养老、托育、家政等服务的收入当中。

(2)对社区提供养老、托育、家政的范围鉴定错误。为社区提供养老服务的机构,是指在社区依托固定场所设施,采取全托、日托、上门等方式,为社区居民提供养老服务的企业、事业单位和社会组织。社区养老服务是指为老年人提供的生活照料、康复护理、助餐助行、紧急救援、精神慰藉等服务。为社区提供托育服务的机构,是指在社区依托固定场所设施,采取全日托、半日托、计时托、临时托等方式,为社区居民提供托育服务的企业、事业单位和社会组织。社区托育服务是指为3周岁(含)以下婴幼儿提供的照料、看护、膳食、保育等服务。为社区提供家政服务的机构,是指以家庭为服务对象,为社区居民提供家政服务的企业、事业单位和社会组织。社区家政服务是指进入家庭成员住所或医疗机构为孕产妇、婴幼儿、老人、病人、残疾人提供的照护服务,以及进入家庭成员住所提供的保洁、烹饪等服务。

第八章 重点优惠项目申报表填报分析

本章主要讲述重点优惠项目享受的企业所得税优惠内容、适用范围和条件,以及各项优惠政策的税收处理规定和企业所得税年度申报表填报。

第一节 国债利息收入

国债利息收入,是指投资者持有国务院财政部门发行的国债取得的利息收入。企业应以国债发行时约定应付利息的日期,确认利息收入的实现。国家对企业取得的国债利息收入给予免征企业所得税优惠。

一、相关规定

《企业所得税法》第二十六条第(一)项规定,企业取得的国债利息收入为免税收入。

《企业所得税法实施条例》第八十二条规定,企业所得税法第二十六条第(一)项所称国债利息收入,是指企业持有国务院财政部门发行的国债取得的利息收入。

《国家税务总局关于企业国债投资业务企业所得税处理问题的公告》(国家税务总局公告2011年第36号)规定如下。

1. 关于国债利息收入税务处理问题

1)国债利息收入时间确认

(1)根据《企业所得税法实施条例》第十八条的规定,企业投资国债从国务院财政部门(以下简称发行者)取得的国债利息收入,应以国债发行时约定应付利息的日期,确认利息收入的实现。

(2)企业转让国债,应在国债转让收入确认时确认利息收入的实现。

2)国债利息收入计算

企业到期前转让国债,或者从非发行者投资购买的国债,其持有期间尚未兑付的国债利息收入,按以下公式计算确定:

$$国债利息收入 = 国债金额 \times (适用年利率 \div 365) \times 持有天数$$

上述公式中的"国债金额",按国债发行面值或发行价格确定;"适用年利率"按国债票面年利率或折合年收益率确定;如企业不同时间多次购买同一品种国债的,"持有天数"可按平均持有天数计算确定。

3) 国债利息收入免税问题

根据《企业所得税法》第二十六条的规定,企业取得的国债利息收入,免征企业所得税。具体按以下规定执行:

(1) 企业从发行者直接投资购买的国债持有至到期,其从发行者取得的国债利息收入,全额免征企业所得税。

(2) 企业到期前转让国债,或者从非发行者投资购买的国债,其按上述第②项计算的国债利息收入,免征企业所得税。

2. 关于国债转让收入税务处理问题

1) 国债转让收入时间确认

(1) 企业转让国债应在转让国债合同、协议生效的日期,或者国债移交时确认转让收入的实现。

(2) 企业投资购买国债,到期兑付的,应在国债发行时约定的应付利息的日期,确认国债转让收入的实现。

2) 国债转让收益(损失)计算

企业转让或到期兑付国债取得的价款,减除其购买国债成本,并扣除其持有期间按照第1.条计算的国债利息收入及交易过程中相关税费后的余额,为企业转让国债收益(损失)。

3) 国债转让收益(损失)征税问题

根据《企业所得税法实施条例》第十六条规定,企业转让国债,应作为转让财产,其取得的收益(损失)应作为企业应纳税所得额计算纳税。

3. 关于国债成本确定问题

(1) 通过支付现金方式取得的国债,以买入价和支付的相关税费为成本。

(2) 通过支付现金以外的方式取得的国债,以该资产的公允价值和支付的相关税费为成本。

4. 关于国债成本计算方法问题

企业在不同时间购买同一品种国债的,其转让时的成本计算方法,可在先进先出法、加权平均法、个别计价法中选用一种。计价方法一经选用,不得随意改变。

二、申报表填报重点关注

表 8-1-1　　免税、减计收入及加计扣除优惠明细表(A107010)(局部)

行次	项　目	金　额
1	一、免税收入(2+3+9+…+16)	
2	(一)国债利息收入免征企业所得税	
3	(二)符合条件的居民企业之间的股息、红利等权益性投资收益免征企业所得税(4+5+6+7+8)	

第2行"(一)国债利息收入免征企业所得税":纳税人根据《国家税务总局关于企业国债投资业务企业所得税处理问题的公告》(国家税务总局公告2011年第36号)等相关税收政策规定,填报持有国务院财政部门发行的国债取得的利息收入。

【案例8-1】 2020年1月,甲公司购入1 000张国务院财政部门发行的国债,共计100万元,票面利率4.5%,期限5年,分期付息一次还本,作为持有至到期投资核算,每年年末收取国债利息45 000元。不考虑增值税。

【解析】 (1)会计处理如下:

① 计算国债利息收入时:

借:应收利息　　　　　　　　　　　　　　　　　　　　　　　　　　　45 000
　　贷:投资收益　　　　　　　　　　　　　　　　　　　　　　　　　　45 000

② 实际收到利息时:

借:银行存款　　　　　　　　　　　　　　　　　　　　　　　　　　　45 000
　　贷:应收利息　　　　　　　　　　　　　　　　　　　　　　　　　　45 000

(2)企业所得税处理:2020年度汇算清缴时,国债利息收入45 000元为免税收入,2020年度汇算清缴时通过填报表8-1-2第2行国债利息收入,进行纳税调减,再将第31行数据填入《中华人民共和国企业所得税年度纳税申报表(A类)》(A100000)第17行减:免税、减计收入及加计扣除。

申报表填报如表8-1-2所示。

表8-1-2　　　免税、减计收入及加计扣除优惠明细表(A107010)(局部)　　　单位:元

行次	项　目	金　额
1	一、免税收入(2+3+9+16)	45 000
2	(一)国债利息收入免征企业所得税	45 000
17	二、减计收入(18+19+23+24)	
25	三、加计扣除(26+27+28+29+30)	
31	合计(1+17+25)	45 000

三、常见涉税风险

(1)对国债利息收入的税收确认时点理解有误。企业从市场直接购买的国债持有至到期,按照国债票面约定的年利率和应付利息的日期计提利息收入,实际并未取得利息收入,企业未在企业所得税上确认收入,根据国家税务总局公告2011年第36号文规定,"应以国债发行时约定应付利息的日期,确认利息收入的实现"。

(2)国债收益并非全部免税。企业从一级市场或二级市场购买的国债,于到期日前转让该国债的,其取得的转让收益中全部确认为免税收入。依据"国债利息收入=国债金额

×(适用年利率÷365)×持有天数"计算的国债利息收入确认为免税收入,其余部分确认为应税收入。

第二节 地方政府债券利息收入

地方政府债券收入,是指投资者持有地方政府发行债券取得的收入。地方政府债券一般用于交通、通讯、住宅、教育、医院和污水处理系统等地方性公共设施的建设。地方政府债券一般以当地政府的税收能力作为还本付息的担保。国家对企业取得的符合条件的地方政府债券利息收入给予免征企业所得税优惠。

一、相关规定

《财政部 国家税务总局关于地方政府债券利息所得免征所得税问题的通知》(财税〔2011〕76号)规定如下:

(1)对企业和个人取得的2009年、2010年和2011年发行的地方政府债券利息所得,免征企业所得税和个人所得税。

(2)地方政府债券是指经国务院批准,以省、自治区、直辖市和计划单列市政府为发行和偿还主体的债券。

《财政部 国家税务总局关于地方政府债券利息免征所得税问题的通知》(财税〔2013〕5号)规定如下:

(1)对企业和个人取得的2012年及以后年度发行的地方政府债券利息收入,免征企业所得税和个人所得税。

(2)地方政府债券是指经国务院批准同意,以省、自治区、直辖市和计划单列市政府为发行和偿还主体的债券。

二、申报表填报重点关注

表8-2-1 免税、减计收入及加计扣除优惠明细表(A107010)(局部)

行次	项目	金额
1	一、免税收入(2+3+9+…+16)	
12	(六)取得的地方政府债券利息收入免征企业所得税	
13	(七)中国保险保障基金有限责任公司取得的保险保障基金等收入免征企业所得税	

第12行"(六)取得的地方政府债券利息收入免征企业所得税":填报纳税人根据《财政部 国家税务总局关于地方政府债券利息所得免征所得税问题的通知》(财税〔2011〕76号)、《财政部 国家税务总局关于地方政府债券利息免征所得税问题的通知》(财税〔2013〕5号)等相关税收政策规定,取得的2009年、2010年和2011年发行的地方政府债券利息所

得,2012年及以后年度发行的地方政府债券利息收入。

【案例8-2】 某商业银行2019年4月1日在债券市场认购了某省人民政府发行的2019年债券,票面金额合计80万元,票面注明年利率为1.5%,付息日期为每年4月1日。在2020年4月1日,该银行收到地方政府债券利息收入1.2万元,并于同年7月1日将该债券转让,转让价款合计83.5万元。

【解析】 该商业银行取得的地方政府债券利息收入1.2万元免征企业所得税,转让地方政府债券投资所得3.5万元(83.5－80)应申报纳税。

申报表填报如表8-2-2所示。

表8-2-2　　　　免税、减计收入及加计扣除优惠明细表(A107010)(局部)　　　　单位:元

行次	项目	金额
1	一、免税收入(2+3+9+…+16)	12 000
12	(六)取得的地方政府债券利息收入免征企业所得税	12 000
13	(七)中国保险保障基金有限责任公司取得的保险保障基金等收入免征企业所得税	

三、常见涉税风险

(1)地方债券转让收益误以为属于免税收入。实际上仅地方政府债券的利息收入属于免税范围,地方政府债券的转让收益需要正常申报缴税。

(2)地方政府债券的利息收入免税优惠适用发行主体特定。只有经国务院批准同意,以省、自治区、直辖市和计划单列市政府为发行和偿还主体的债券才符合免税资格,其他地方政府发行的债券不符合免税条件。

第三节　铁路债券利息收入

铁路债券利息收入,是指投资者持有以中国铁路总公司为发行和偿还主体的债券而取得的利息收入。铁路债券主要包括中国铁路建设债券、中期票据、短期融资券等债务融资工具。国家鼓励和支持通过多种融资形式筹集铁路建设资金,以支持国家铁路建设。国家对企业取得的铁路债券利息收入实行减半征收企业所得税优惠。

一、相关规定

《财政部　国家税务总局关于铁路债券利息收入所得税政策问题的通知》(财税〔2011〕99号)规定如下:

(1)对企业持有2011—2013年发行的中国铁路建设债券取得的利息收入,减半征收企业所得税。

(2)中国铁路建设债券是指经国家发展改革委核准,以铁道部为发行和偿还主体的

债券。

《财政部 国家税务总局关于2014—2015年铁路建设债券利息收入企业所得税政策的通知》（财税〔2014〕2号）规定如下：

（1）对企业持有2014年和2015年发行的中国铁路建设债券取得的利息收入，减半征收企业所得税。

（2）中国铁路建设债券是指经国家发展改革委核准，以中国铁路总公司为发行和偿还主体的债券。

《财政部 国家税务总局关于铁路债券利息收入所得税政策问题的通知》（财税〔2016〕30号）[①]规定如下：

（1）对企业投资者持有2016—2018年发行的铁路债券取得的利息收入，减半征收企业所得税。

（2）铁路债券是指以中国铁路总公司为发行和偿还主体的债券，包括中国铁路建设债券、中期票据、短期融资券等债务融资工具。

《财政部 税务总局关于铁路债券利息收入所得税政策的公告》（财政部 税务总局公告2019年第57号）规定如下：

（1）对企业投资者持有2019—2023年发行的铁路债券取得的利息收入，减半征收企业所得税。

（2）铁路债券是指以中国铁路总公司为发行和偿还主体的债券，包括中国铁路建设债券、中期票据、短期融资券等债务融资工具。

二、申报表填报重点关注

表8-3-1　　免税、减计收入及加计扣除优惠明细表（A107010）（局部）

行次	项　　目	金　　额
17	二、减计收入（18＋19＋23＋24）	
23	（三）取得铁路债券利息收入减半征收企业所得税	
24	（四）其他（24.1＋24.2）	

第23行"（三）取得铁路债券利息收入减半征收企业所得税"：填报纳税人根据《财政部 国家税务总局关于铁路建设债券利息收入企业所得税政策的通知》（财税〔2011〕99号）、《财政部 国家税务总局关于2014—2015年铁路建设债券利息收入企业所得税政策的通知》（财税〔2014〕2号）及《财政部 国家税务总局关于铁路债券利息收入所得税政策问题的通知》（财税〔2016〕30号）、《财政部 税务总局关于铁路债券利息收入所得税政策的公告》（财政部 税务总局公告2019年第57号）等相关税收政策规定，持有中国铁路建设铁路债券等企业债券取得的利息收入乘以50％的金额。

---

① 根据《财政部关于废止和失效的财政规章和规范性文件目录（第十三批）的决定》（财政部令第103号），本书中涉及的财税〔2016〕30号文件自2020年1月23日起失效。

【案例8-3】 2019年5月12日,甲银行以100.5万元从中信证券股份有限公司购买了2019年发行的面值为100万元的铁路债券,该债券起息日为2019年4月12日,每年12月31日兑付利息,票面利率为3%。2020年,该银行取得的3万元铁路债券利息收入应该如何申报?

【解析】 该银行取得的铁路债券利息收入享受减半征收企业所得税优惠[30 000×50%=15 000(元)],需要填报《免税、减计收入及加计扣除优惠明细表》(A107010)。

申报表填报如表8-3-2所示。

表8-3-2　　　　免税、减计收入及加计扣除优惠明细表(A107010)(局部)　　　　单位:元

行次	项目	金额
17	二、减计收入(18+19+23+24)	15 000
23	（三）取得铁路债券利息收入减半征收企业所得税	15 000
24	（四）其他(24.1+24.2)	

三、常见涉税风险

(1) 误以为任何年度的铁路债券利息收入都减半征收。根据税收政策规定,2011年以后年度发行的铁路债券利息收入享受减半征收企业所得税。

(2) 铁路债券转让收益误以为属于减半征收企业所得税。实际上仅铁路债券的利息收入属于减半征收范围,铁路债券转让收益需要正常申报缴税。

第四节　股息、红利等权益性投资收益

股息、红利等权益性投资收益,是指企业因权益性投资从被投资方取得的收入。其中,股息指现金股利,红利指公司制企业以留存收益送股。股权投资作为一种直接投资的手段,是服务实体经济的重要方式,更是多层次资本市场的重要组成部分。国家对符合条件的居民企业之间的股息、红利实行免征企业所得税优惠。

一、相关规定

《企业所得税法》第二十六条第(二)项规定,符合条件的居民企业之间的股息、红利等权益性投资收益为免税收入。

《企业所得税法实施条例》第十七条规定,企业所得税法第六条第(四)项所称股息、红利等权益性投资收益,是指企业因权益性投资从被投资方取得的收入。股息、红利等权益性投资收益,除国务院财政、税务主管部门另有规定外,按照被投资方作出利润分配决定的日期确认收入的实现。

《企业所得税法实施条例》第八十三条规定,企业所得税法第二十六条第(二)项所称符

合条件的居民企业之间的股息、红利等权益性投资收益,是指居民企业直接投资于其他居民企业取得的投资收益。企业所得税法第二十六条第(二)项和第(三)项所称股息、红利等权益性投资收益,不包括连续持有居民企业公开发行并上市流通的股票不足12个月取得的投资收益。

《财政部 国家税务总局关于企业清算业务企业所得税处理若干问题的通知》(财税〔2009〕60号)第五条规定,企业全部资产的可变现价值或交易价格减除清算费用、职工的工资、社会保险费用和法定补偿金,结清清算所得税、以前年度欠税等税款,清偿企业债务,按规定计算可以向所有者分配的剩余资产。

被清算企业的股东分得的剩余资产的金额,其中相当于被清算企业累计未分配利润和累计盈余公积中按该股东所占股份比例计算的部分,应确认为股息所得;剩余资产减除股息所得后的余额,超过或低于股东投资成本的部分,应确认为股东的投资转让所得或损失。

《国家税务总局关于贯彻落实企业所得税法若干税收问题的通知》(国税函〔2010〕79号)第四条"关于股息、红利等权益性投资收益收入确认问题"规定,企业权益性投资取得股息、红利等收入,应以被投资企业股东会或股东大会作出利润分配或转股决定的日期,确定收入的实现。被投资企业将股权(票)溢价所形成的资本公积转为股本的,不作为投资方企业的股息、红利收入,投资方企业也不得增加该项长期投资的计税基础。

《国家税务总局关于企业所得税若干问题的公告》(国家税务总局公告2011年第34号)第五条"投资企业撤回或减少投资的税务处理"规定,投资企业从被投资企业撤回或减少投资,其取得的资产中,相当于初始出资的部分,应确认为投资收回;相当于被投资企业累计未分配利润和累计盈余公积按减少实收资本比例计算的部分,应确认为股息所得;其余部分确认为投资资产转让所得。

《财政部 税务总局关于永续债企业所得税政策问题的公告》(财政部 税务总局公告2019年第64号)规定如下:

(1)企业发行的永续债,可以适用股息、红利企业所得税政策。即投资方取得的永续债利息收入属于股息、红利性质,按照现行企业所得税政策相关规定进行处理,其中,发行方和投资方均为居民企业的,永续债利息收入可以适用企业所得税法规定的居民企业之间的股息、红利等权益性投资收益免征企业所得税规定。同时发行方支付的永续债利息支出不得在企业所得税税前扣除。

(2)企业发行符合规定条件的永续债,也可以按照债券利息适用企业所得税政策。即发行方支付的永续债利息支出准予在其企业所得税税前扣除;投资方取得的永续债利息收入应当依法纳税。

(3)本公告第二条所称符合规定条件的永续债,是指符合下列条件中5条(含)以上的永续债:

① 被投资企业对该项投资具有还本义务。
② 有明确约定的利率和付息频率。
③ 有一定的投资期限。
④ 投资方对被投资企业净资产不拥有所有权。
⑤ 投资方不参与被投资企业日常生产经营活动。

⑥ 被投资企业可以赎回,或满足特定条件后可以赎回。

⑦ 被投资企业将该项投资计入负债。

⑧ 该项投资不承担被投资企业股东同等的经营风险。

⑨ 该项投资的清偿顺序位于被投资企业股东持有的股份之前。

(4) 企业发行永续债,应当将其适用的税收处理方法在证券交易所、银行间债券市场等发行市场的发行文件中向投资方予以披露。

(5) 发行永续债的企业对每一永续债产品的税收处理方法一经确定,不得变更。企业对永续债采取的税收处理办法与会计核算方式不一致的,发行方、投资方在进行税收处理时须作出相应纳税调整。

(6) 本公告所称永续债是指经国家发展改革委员会、中国人民银行、中国银行保险监督管理委员会、中国证券监督管理委员会核准,或经中国银行间市场交易商协会注册、中国证券监督管理委员会授权的证券自律组织备案,依照法定程序发行、附赎回(续期)选择权或无明确到期日的债券,包括可续期企业债、可续期公司债、永续债务融资工具(含永续票据)、无固定期限资本债券等。

《国家税务总局关于境外注册中资控股企业依据实际管理机构标准认定为居民企业有关问题的通知》(国税发〔2009〕82号)第四条规定,非境内注册居民企业从中国境内其他居民企业取得的股息、红利等权益性投资收益,按照《企业所得税法》第二十六条和《企业所得税法实施条例》第八十三条的规定,作为其免税收入。非境内注册居民企业的投资者从该居民企业分得的股息红利等权益性投资收益,根据《企业所得税法实施条例》第七条第(四)款的规定,属于来源于中国境内的所得,应当征收企业所得税;该权益性投资收益中符合《企业所得税法》第二十六条和《企业所得税法实施条例》第八十三条规定的部分,可作为收益人的免税收入。

《财政部 国家税务总局 证监会关于沪港股票市场交易互联互通机制试点有关税收政策的通知》(财税〔2014〕81号)规定,内地企业投资者通过沪港通投资香港联交所上市股票的股息、红利所得税。

(1) 对内地企业投资者通过沪港通投资香港联交所上市股票取得的股息、红利所得,计入其收入总额,依法计征企业所得税。其中,内地居民企业连续持有H股满12个月取得的股息、红利所得,依法免征企业所得税。

(2) 香港联交所上市H股公司应向中国结算提出申请,由中国结算向H股公司提供内地企业投资者名册,H股公司对内地企业投资者不代扣股息、红利所得税款,应纳税款由企业自行申报缴纳。

(3) 内地企业投资者自行申报缴纳企业所得税时,对香港联交所非H股上市公司已代扣代缴的股息、红利所得税,可依法申请税收抵免。

《财政部 国家税务总局 证监会关于深港股票市场交易互联互通机制试点有关税收政策的通知》(财税〔2016〕127号)规定,内地企业投资者通过深港通投资香港联交所上市股票的股息、红利所得税。

(1) 对内地企业投资者通过深港通投资香港联交所上市股票取得的股息、红利所得,计入其收入总额,依法计征企业所得税。其中,内地居民企业连续持有H股满12个月取得的股息、红利所得,依法免征企业所得税。

（2）香港联交所上市 H 股公司应向中国结算提出申请,由中国结算向 H 股公司提供内地企业投资者名册,H 股公司对内地企业投资者不代扣股息、红利所得税款,应纳税款由企业自行申报缴纳。

（3）内地企业投资者自行申报缴纳企业所得税时,对香港联交所非 H 股上市公司已代扣代缴的股息、红利所得税,可依法申请税收抵免。

《财政部 国家税务总局 中国证券监督管理委员会关于创新企业境内发行存托凭证试点阶段有关税收政策的公告》（财政部 税务总局 证监会公告 2019 年第 52 号）规定如下：

（1）对企业投资者转让创新企业 CDR 取得的差价所得和持有创新企业 CDR 取得的股息、红利所得,按转让股票差价所得和持有股票的股息、红利所得政策规定征免企业所得税。

（2）对公募证券投资基金（封闭式证券投资基金、开放式证券投资基金）转让创新企业 CDR 取得的差价所得和持有创新企业 CDR 取得的股息、红利所得,按公募证券投资基金税收政策规定暂不征收企业所得税。

（3）对合格境外机构投资者（QFII）、人民币合格境外机构投资者（RQFII）转让创新企业 CDR 取得的差价所得和持有创新企业 CDR 取得的股息、红利所得,视同转让或持有据以发行创新企业 CDR 的基础股票取得的权益性资产转让所得和股息、红利所得征免企业所得税。

二、申报表填报重点关注

表 8-4-1　　　　　　免税、减计收入及加计扣除优惠明细表（A107010）

行次	项　目	金　额
1	一、免税收入(2+3+9+…+16)	
3	（二）符合条件的居民企业之间的股息、红利等权益性投资收益免征企业所得税(4+5+6+7+8)	
4	1. 一般股息红利等权益性投资收益免征企业所得税（填写 A107011）	
5	2. 内地居民企业通过沪港通投资且连续持有 H 股满 12 个月取得的股息红利所得免征企业所得税（填写 A107011）	
6	3. 内地居民企业通过深港通投资且连续持有 H 股满 12 个月取得的股息红利所得免征企业所得税（填写 A107011）	
7	4. 居民企业持有创新企业 CDR 取得的股息红利所得免征企业所得税（填写 A107011）	
8	5. 符合条件的永续债利息收入免征企业所得税（填写 A107011）	

（1）第 3 行"（二）符合条件的居民企业之间的股息、红利等权益性投资收益免征企业所得税"：填报《符合条件的居民企业之间的股息、红利等权益性投资收益优惠明细表》（A107011）第 8 行第 17 列金额。

(2) 第 4 行"1.一般股息红利等权益性投资收益免征企业所得税":填报《企业所得税法实施条例》第八十三条规定的投资收益,不含持有 H 股、创新企业 CDR、永续债取得的投资收益,按表 A107011 第 9 行第 17 列金额填报。

(3) 第 5 行"2.内地居民企业通过沪港通投资且连续持有 H 股满 12 个月取得的股息红利所得免征企业所得税":填报根据《财政部 国家税务总局 证监会关于沪港股票市场交易互联互通机制试点有关税收政策的通知》(财税〔2014〕81 号)等相关税收政策规定,内地居民企业连续持有 H 股满 12 个月取得的股息红利所得,按表 A107011 第 10 行第 17 列金额填报。

(4) 第 6 行"3.内地居民企业通过深港通投资且连续持有 H 股满 12 个月取得的股息红利所得免征企业所得税":填报根据《财政部 国家税务总局 证监会关于深港股票市场交易互联互通机制试点有关税收政策的通知》(财税〔2016〕127 号)等相关税收政策规定,内地居民企业连续持有 H 股满 12 个月取得的股息红利所得,按表 A107011 第 11 行第 17 列金额填报。

(5) 第 7 行"居民企业持有创新企业 CDR 取得的股息红利所得免征企业所得税":根据《财政部 税务总局 证监会关于创新企业境内发行存托凭证试点阶段有关税收政策的公告》(财政部 税务总局 证监会公告 2019 年第 52 号)等相关税收政策规定,居民企业持有创新企业 CDR 取得的股息红利所得,按表 A107011 第 12 行第 17 列金额填报。

(6) 第 8 行"符合条件的永续债利息收入免征企业所得税":填报根据《财政部 税务总局关于永续债企业所得税政策问题的公告》(财政部 税务总局公告 2019 年第 64 号)等相关税收政策规定,居民企业取得的可以适用企业所得税法规定的居民企业之间的股息、红利等权益性投资收益免征企业所得税规定的永续债利息收入,按表 A107011 第 13 行第 17 列金额填报。

【案例 8-4】 A 有限责任公司 2020 年度取得境内子公司分配的税后股息 49 万元和国债利息收入 10 万元。有关信息:境内子公司的名称为 B 公司,统一社会信用代码为 35654321QQ3I2E4S9T,投资成本 490 万元,持股比例为 51%,利润分配时间为 2020 年 6 月 15 日。A 有限责任公司 2020 年度取得上述收入应该如何申报?

【解析】 A 公司取得的股息和国债利息收入属于免税收入,需要填报《免税、减计收入及加计扣除优惠明细表》(A107010)。

申报表填报如表 8-4-2 所示。

表 8-4-2　　　免税、减计收入及加计扣除优惠明细表(A107010)(局部)　　　单位:元

行次	项　目	金　额
1	一、免税收入(2+3+9+…+16)	590 000
2	(一)国债利息收入免征企业所得税	100 000
3	(二)符合条件的居民企业之间的股息、红利等权益性投资收益免征企业所得税(4+5+6+7+8)	490 000
4	1. 一般股息红利等权益性投资收益免征企业所得税(填写 A107011)	490 000

(续表)

行次	项 目	金 额
5	2. 内地居民企业通过沪港通投资且连续持有H股满12个月取得的股息红利所得免征企业所得税(填写A107011)	
6	3. 内地居民企业通过深港通投资且连续持有H股满12个月取得的股息红利所得免征企业所得税(填写A107011)	
7	4. 居民企业持有创新企业CDR取得的股息红利所得免征企业所得税(填写A107011)	
8	5. 符合条件的永续债利息收入免征企业所得税(填写A107011)	

三、常见涉税风险

（1）非直接投资取得的股息、红利所得不能享受免税优惠。根据《企业所得税法实施条例》第八十三条的规定，企业所得税法第二十六条第（二）项所称符合条件的居民企业之间的股息、红利等权益性投资收益，是指居民企业直接投资于其他居民企业取得的投资收益。如果企业采用间接投资方式取得股息、红利，不能作为免税收入。

（2）企业从合伙企业取得的股息、红利收入作为免税收入。由于合伙企业不属于居民企业范畴，因此该股息、红利收入不能免税。

（3）企业以实际取得股息、红利的时间确认免税收入。根据《企业所得税法实施条例》第十七条的规定，股息、红利等权益性投资收益，除国务院财政、税务主管部门另有规定外，按照被投资方作出利润分配决定的日期确认收入的实现。

第五节　资源综合利用取得的收入

资源综合利用，主要是指在矿产资源开采过程中对共生、伴生矿进行综合开发与合理利用；对生产过程中产生的废渣、废水(液)、废气、余热余压等进行回收和合理利用；对社会生产和消费过程中产生的各种废物进行回收和再生利用。为适应经济增长方式转变和实施可持续发展战略和需要，国家鼓励和扶持企业积极开展资源综合利用，对企业开展资源综合利用取得的收入实行减计收入10%的优惠。

一、相关规定

《企业所得税法》第三十三条规定，企业综合利用资源，生产符合国家产业政策规定的产品所取得的收入，可以在计算应纳税所得额时减计收入。

《企业所得税法实施条例》第九十九条规定，企业所得税法第三十三条所称减计收入，是指企业以《资源综合利用企业所得税优惠目录》规定的资源作为主要原材料，生产国家非限制和禁止并符合国家和行业相关标准的产品取得的收入，减按90%计入收入总额。

上述所称原材料占生产产品材料的比例不得低于《资源综合利用企业所得税优惠目

录》规定的标准。

《财政部 税务总局关于执行资源综合利用企业所得税优惠目录有关问题》（财税〔2008〕47号）规定如下：

（1）企业自2008年1月1日起以《资源综合利用企业所得税优惠目录》中所列资源为主要原材料，生产《资源综合利用企业所得税优惠目录》内符合国家或行业相关标准的产品取得的收入，在计算应纳税所得额时，减按90%计入当年收入总额。享受上述税收优惠时，《资源综合利用企业所得税优惠目录》内所列资源占产品原料的比例应符合《资源综合利用企业所得税优惠目录》规定的技术标准。

（2）企业同时从事其他项目而取得的非资源综合利用收入，应与资源综合利用收入分开核算，没有分开核算的，不得享受优惠政策。

（3）企业从事不符合《企业所得税法实施条例》和《资源综合利用企业所得税优惠目录》规定范围、条件和技术标准的项目，不得享受资源综合利用企业所得税优惠政策。

（4）根据经济社会发展需要及企业所得税优惠政策实施情况，国务院财政、税务主管部门会同国家发展改革委等有关部门适时对《资源综合利用企业所得税优惠目录》内的项目进行调整和修订，并在报国务院批准后对《资源综合利用企业所得税优惠目录》进行更新。

二、申报表填报重点关注

表8-5-1　　　免税、减计收入及加计扣除优惠明细表（A107010）（局部）

行次	项　目	金　额
17	二、减计收入（18+19+23+24）	
18	（一）综合利用资源生产产品取得的收入在计算应纳税所得额时减计收入	
19	（二）金融、保险等机构取得的涉农利息、保费减计收入（20+21+22）	

第18行"（一）综合利用资源生产产品取得的收入在计算应纳税所得额时减计收入"：填报纳税人综合利用资源生产产品取得的收入总额乘以10%的金额。

【案例8-5】　甲公司是一家垃圾处理公司，受政府部门委托对居民生活垃圾进行处理，并进行焚烧发电，再将电力销售给电网公司。2020年，甲公司符合条件的综合利用资源生产产品取得的收入总额5 000万元，甲公司2020年度取得上述收入应该如何申报？

【解析】　甲公司取得的资源综合利用收入符合减按90%计入收入总额的企业所得税优惠条件。需要填报《免税、减计收入及加计扣除优惠明细表》（A107010），具体填报如下：

申报表填报如表8-5-2所示。

表8-5-2　　　免税、减计收入及加计扣除优惠明细表（A107010）（局部）　　　单位：元

行次	项　目	金　额
17	二、减计收入（18+19+23+24）	5 000 000
18	（一）综合利用资源生产产品取得的收入在计算应纳税所得额时减计收入	5 000 000
19	（二）金融、保险等机构取得的涉农利息、保费减计收入（20+21+22）	

三、常见涉税风险

（1）资源综合利用产品自用部分视同销售，不能享受减计收入的税收优惠，未作纳税调整。比如常见的资源综合利用项目回收蒸汽、可燃气，用于本企业再生产部分。

（2）存在原材料混淆，人为调高目录原材料比例。资源综合利用取得收入减按90%计入收入总额，前提是规定原材料占生产产品材料的比例不得低于《资源综合利用企业所得税优惠目录》规定的标准。

（3）错误填报表A107010。表A107010第18行的数字应等于资源综合利用收入的10%，企业错误填报导致减计收入大于总收入的10%。

第六节 取得的社区家庭服务收入

随着社会主义市场经济的发展和城镇化进程的加快，城市社区和农村社区在经济社会发展中的地位越来越重要，社区居民对社区服务的需求越来越多，要求越来越高。做好社区服务工作对于提高居民生活质量、扩大就业、化解社会矛盾、促进和谐社会建设都具有重要意义。国家鼓励支持企业开展社区服务，对企业取得的社区家庭服务收入实行减计收入10%的企业所得税优惠。

一、相关规定

《财政部 税务总局 发展改革委 民政部 商务部 卫生健康委关于养老、托育、家政等社区家庭服务业税费优惠政策的公告》（财政部 税务总局 发展改革委 民政部 商务部 卫生健康委公告2019年第76号）规定如下：

（1）为社区提供养老、托育、家政等服务的机构，提供社区养老、托育、家政服务取得的收入，在计算应纳税所得额时，减按90%计入收入总额。

（2）为社区提供养老、托育、家政等服务的机构自有或其通过承租、无偿使用等方式取得并用于提供社区养老、托育、家政服务的房产、土地，免征房产税、城镇土地使用税。

（3）社区是指聚居在一定地域范围内的人们所组成的社会生活共同体，包括城市社区和农村社区。

为社区提供养老服务的机构，是指在社区依托固定场所设施，采取全托、日托、上门等方式，为社区居民提供养老服务的企业、事业单位和社会组织。社区养老服务是指为老年人提供的生活照料、康复护理、助餐助行、紧急救援、精神慰藉等服务。

为社区提供托育服务的机构，是指在社区依托固定场所设施，采取全日托、半日托、计时托、临时托等方式，为社区居民提供托育服务的企业、事业单位和社会组织。社区托育服务是指为3周岁（含）以下婴幼儿提供的照料、看护、膳食、保育等服务。

为社区提供家政服务的机构，是指以家庭为服务对象，为社区居民提供家政服务的企业、事业单位和社会组织。社区家政服务是指进入家庭成员住所或医疗机构为孕产妇、婴幼儿、老人、病人、残疾人提供的照护服务,以及进入家庭成员住所提供的保洁、烹饪等服务。

(4) 本公告自2019年6月1日起执行至2025年12月31日。

二、申报表填报重点关注

表8-6-1　　　　免税、减计收入及加计扣除优惠明细表(A107010)

行次	项目	金额
24	(四) 其他(24.1＋24.2)	
24.1	1. 取得的社区家庭服务收入在计算应纳税所得额时减计收入	
24.2	2. 其他	

第24.1行"1.取得的社区家庭服务收入在计算应纳税所得额时减计收入":填报纳税人根据《财政部　税务总局　发展改革委　民政部　商务部　卫生健康委关于养老、托育、家政等社区家庭服务业税费优惠政策的公告》(财政部　税务总局　发展改革委　民政部　商务部　卫生健康委公告2019年第76号)等相关税收政策规定,社区养老、托育、家政相关服务的收入乘以10%的金额。

【案例8-6】　甲公司是一家社区家庭服务企业,主要从事社区养老、托育、家政服务,2020年,甲公司取得符合条件的社区家庭服务收入为300万元,甲公司2020年度取得上述收入应该如何填报减计收入优惠行次。

【解析】　甲公司取得的符合条件的社区家庭服务收入可以享受减按90%计入收入总额的企业所得税优惠。需要填报《免税、减计收入及加计扣除优惠明细表》(A107010)第24.1行,具体填报如下:

申报表填报如表8-6-2所示。

表8-6-2　　　免税、减计收入及加计扣除优惠明细表(A107010)(局部)　　单位:元

行次	项目	金额
24	(四) 其他(24.1＋24.2)	300 000
24.1	1. 取得的社区家庭服务收入在计算应纳税所得额时减计收入	300 000
24.2	2. 其他	

三、常见涉税风险

(1) 存在社区家庭服务收入与非社区家庭服务收入混淆的风险。将非社区家庭服务收入计入社区家庭服务收入当中,违规享受优惠。

(2) 存在对社区家庭服务机构及服务内容理解不清楚的风险。社区是指聚居在一定地域范围内的人们所组成的社会生活共同体,包括城市社区和农村社区。

为社区提供养老服务的机构,是指在社区依托固定场所设施,采取全托、日托、上门等方式,为社区居民提供养老服务的企业、事业单位和社会组织。社区养老服务是指为老年

人提供的生活照料、康复护理、助餐助行、紧急救援、精神慰藉等服务。

为社区提供托育服务的机构,是指在社区依托固定场所设施,采取全日托、半日托、计时托、临时托等方式,为社区居民提供托育服务的企业、事业单位和社会组织。社区托育服务是指为3周岁(含)以下婴幼儿提供的照料、看护、膳食、保育等服务。

为社区提供家政服务的机构,是指以家庭为服务对象,为社区居民提供家政服务的企业、事业单位和社会组织。社区家政服务是指进入家庭成员住所或医疗机构为孕产妇、婴幼儿、老人、病人、残疾人提供的照护服务,以及进入家庭成员住所提供的保洁、烹饪等服务。

第七节　研发费加计扣除

为适应经济发展新常态,中央作出实施创新驱动发展的战略,全面推动"大众创业、万众创新",研发投入作为衡量创新能力的重要指标,加大研发投入对提高自主创新能力,加快产业结构调整具有重要意义。国家对企业的研发投入实行加计扣除优惠政策。

一、相关规定

《企业所得税法》第三十条第(一)项规定,企业的下列支出,可以在计算应纳税所得额时加计扣除:开发新技术、新产品、新工艺发生的研究开发费用。

《企业所得税法实施条例》第九十五条规定,企业所得税法第三十条第(一)项所称研究开发费用的加计扣除,是指企业为开发新技术、新产品、新工艺发生的研究开发费用,未形成无形资产计入当期损益的,在按照规定据实扣除的基础上,按照研究开发费用的50%加计扣除;形成无形资产的,按照无形资产成本的150%摊销。

《财政部　国家税务总局　科学技术部关于完善研究开发费用税前加计扣除政策的通知》(财税〔2015〕119号)第一条规定:本通知所称研发活动,是指企业为获得科学与技术新知识,创造性运用科学技术新知识,或实质性改进技术、产品(服务)、工艺而持续进行的具有明确目标的系统性活动。

1) 允许加计扣除的研发费用

企业开展研发活动中实际发生的研发费用,未形成无形资产计入当期损益的,在按规定据实扣除的基础上,按照本年度实际发生额的50%,从本年度应纳税所得额中扣除;形成无形资产的,按照无形资产成本的150%在税前摊销[①]。研发费用的具体范围包括:

(1) 人员人工费用。

直接从事研发活动人员的工资、薪金,基本养老保险费,基本医疗保险费,失业保险费,工伤保险费,生育保险费和住房公积金,以及外聘研发人员的劳务费用。

(2) 直接投入费用。

[①] 根据《财政部　税务总局　科技部关于提高研究开发费用税前加计扣除比例的通知》(财税〔2018〕99号),企业开展研发活动中实际发生的研发费用,未形成无形资产计入当期损益的,在按规定据实扣除的基础上,在2018年1月1日至2020年12月31日,再按照实际发生额的75%在税前加计扣除;形成无形资产的,在上述期间按照无形资产成本的175%在税前摊销。

① 研发活动直接消耗的材料、燃料和动力费用。

② 用于中间试验和产品试制的模具、工艺装备开发及制造费,不构成固定资产的样品、样机及一般测试手段购置费,试制产品的检验费。

③ 用于研发活动的仪器、设备的运行维护、调整、检验、维修等费用,以及通过经营租赁方式租入的用于研发活动的仪器、设备租赁费。

(3) 折旧费用。

用于研发活动的仪器、设备的折旧费。

(4) 无形资产摊销。

用于研发活动的软件、专利权、非专利技术(包括许可证、专有技术、设计和计算方法等)的摊销费用。

(5) 新产品设计费、新工艺规程制定费、新药研制的临床试验费、勘探开发技术的现场试验费。

(6) 其他相关费用。

与研发活动直接相关的其他费用,如技术图书资料费、资料翻译费、专家咨询费、高新科技研发保险费,研发成果的检索、分析、评议、论证、鉴定、评审、评估、验收费用,知识产权的申请费、注册费、代理费、差旅费、会议费等。此项费用总额不得超过可加计扣除研发费用总额的10%。

(7) 财政部和国家税务总局规定的其他费用。

2) 活动不适用税前加计扣除政策的活动

(1) 企业产品(服务)的常规性升级。

(2) 对某项科研成果的直接应用,如直接采用公开的新工艺、材料、装置、产品、服务或知识等。

(3) 企业在商品化后为顾客提供的技术支持活动。

(4) 对现存产品、服务、技术、材料或工艺流程进行的重复或简单改变。

(5) 市场调查研究、效率调查或管理研究。

(6) 作为工业(服务)流程环节或常规的质量控制、测试分析、维修维护。

(7) 社会科学、艺术或人文学方面的研究。

《财政部 国家税务总局 科学技术部关于完善研究开发费用税前加计扣除政策的通知》(财税〔2015〕119号)第二条规定如下:

(1) 企业委托外部机构或个人进行研发活动所发生的费用,按照费用实际发生额的80%计入委托方研发费用并计算加计扣除,受托方不得再进行加计扣除。委托外部研究开发费用实际发生额应按照独立交易原则确定。

委托方与受托方存在关联关系的,受托方应向委托方提供研发项目费用支出明细情况。

(2) 企业共同合作开发的项目,由合作各方就自身实际承担的研发费用分别计算加计扣除。

(3) 企业集团根据生产经营和科技开发的实际情况,对技术要求高、投资数额大,需要集中研发的项目,其实际发生的研发费用,可以按照权利和义务相一致、费用支出和收益分享相配比的原则,合理确定研发费用的分摊方法,在受益成员企业间进行分摊,由相关成员企业分别计算加计扣除。

(4) 企业为获得创新性、创意性、突破性的产品进行创意设计活动而发生的相关费用，可按照本通知规定进行税前加计扣除。

创意设计活动是指多媒体软件、动漫游戏软件开发，数字动漫、游戏设计制作；房屋建筑工程设计（绿色建筑评价标准为三星）、风景园林工程专项设计；工业设计、多媒体设计、动漫及衍生产品设计、模型设计等。

《财政部 国家税务总局 科学技术部关于完善研究开发费用税前加计扣除政策的通知》（财税〔2015〕119号）第三条规定如下：

（1）企业应按照国家财务会计制度要求，对研发支出进行会计处理；同时，对享受加计扣除的研发费用按研发项目设置辅助账，准确归集核算当年可加计扣除的各项研发费用实际发生额。企业在一个纳税年度内进行多项研发活动的，应按照不同研发项目分别归集可加计扣除的研发费用。

（2）企业应对研发费用和生产经营费用分别核算，准确、合理归集各项费用支出，对划分不清的，不得实行加计扣除。

《财政部 国家税务总局 科学技术部关于完善研究开发费用税前加计扣除政策的通知》（财税〔2015〕119号）第四条规定，不适用税前加计扣除政策的行业：

（1）烟草制造业。

（2）住宿和餐饮业。

（3）批发和零售业。

（4）房地产业。

（5）租赁和商务服务业。

（6）娱乐业。

（7）财政部和国家税务总局规定的其他行业。

上述行业以《国民经济行业分类与代码（GB/4754—2011）》为准，并随之更新。

《国家税务总局关于企业研究开发费用税前加计扣除政策有关问题的公告》（国家税务总局公告2015年第97号）第二条第三项规定，其他相关费用的归集与限额计算，企业在一个纳税年度内进行多项研发活动的，应按照不同研发项目分别归集可加计扣除的研发费用。在计算每个项目其他相关费用的限额时应当按照以下公式计算：

$$\text{其他相关费用限额} = \frac{\text{《通知》第一条第一项允许加计扣除的研发费用中的第1项至第5项的费用之和} \times 10\%}{1-10\%}$$

当其他相关费用实际发生数小于限额时，按实际发生数计算税前加计扣除数额；当其他相关费用实际发生数大于限额时，按限额计算税前加计扣除数额。

《国家税务总局关于企业研究开发费用税前加计扣除政策有关问题的公告》（国家税务总局公告2015年第97号）第二条第五项规定，财政性资金的处理，企业取得作为不征税收入处理的财政性资金用于研发活动所形成的费用或无形资产，不得计算加计扣除或摊销。

《国家税务总局关于企业研究开发费用税前加计扣除政策有关问题的公告》（国家税务总局公告2015年第97号）第二条第六项规定，不允许加计扣除的费用

法律、行政法规和国务院财税主管部门规定不允许企业所得税前扣除的费用和支出项目不得计算加计扣除。

已计入无形资产但不属于《通知》中允许加计扣除研发费用范围的,企业摊销时不得计算加计扣除。

《国家税务总局关于企业研究开发费用税前加计扣除政策有关问题的公告》(国家税务总局公告2015年第97号)第三条规定,企业委托外部机构或个人开展研发活动发生的费用,可按规定税前扣除;加计扣除时按照研发活动发生费用的80%作为加计扣除基数。委托个人研发的,应凭个人出具的发票等合法有效凭证在税前加计扣除。

《国家税务总局关于企业研究开发费用税前加计扣除政策有关问题的公告》(国家税务总局公告2015年第97号)第四条规定,财税〔2015〕119号文件中不适用税前加计扣除政策行业的企业,是指以财税〔2015〕119号文件所列行业业务为主营业务,其研发费用发生当年的主营业务收入占企业按税法第六条规定计算的收入总额减除不征税收入和投资收益的余额50%(不含)以上的企业。

《国家税务总局关于研发费用税前加计扣除归集范围有关问题的公告》(国家税务总局公告2017年第40号)第一条规定:人员人工费用指直接从事研发活动人员的工资、薪金,基本养老保险费,基本医疗保险费,失业保险费,工伤保险费,生育保险费和住房公积金,以及外聘研发人员的劳务费用。

(1) 直接从事研发活动人员包括研究人员、技术人员、辅助人员。研究人员是指主要从事研究开发项目的专业人员;技术人员是指具有工程技术、自然科学和生命科学中一个或一个以上领域的技术知识和经验,在研究人员指导下参与研发工作的人员;辅助人员是指参与研究开发活动的技工。外聘研发人员是指与本企业或劳务派遣企业签订劳务用工协议(合同)和临时聘用的研究人员、技术人员、辅助人员。

接受劳务派遣的企业按照协议(合同)约定支付给劳务派遣企业,且由劳务派遣企业实际支付给外聘研发人员的工资薪金等费用,属于外聘研发人员的劳务费用。

(2) 工资、薪金包括按规定可以在税前扣除的对研发人员股权激励的支出。

(3) 直接从事研发活动的人员、外聘研发人员同时从事非研发活动的,企业应对其人员活动情况做必要记录,并将其实际发生的相关费用按实际工时占比等合理方法在研发费用和生产经营费用间分配,未分配的不得加计扣除。

《国家税务总局关于研发费用税前加计扣除归集范围有关问题的公告》(国家税务总局公告2017年第40号)第二条规定,直接投入费用指研发活动直接消耗的材料、燃料和动力费用;用于中间试验和产品试制的模具、工艺装备开发及制造费,不构成固定资产的样品、样机及一般测试手段购置费,试制产品的检验费;用于研发活动的仪器、设备的运行维护、调整、检验、维修等费用,以及通过经营租赁方式租入的用于研发活动的仪器、设备租赁费。

(1) 以经营租赁方式租入的用于研发活动的仪器、设备,同时用于非研发活动的,企业应对其仪器设备使用情况做必要记录,并将其实际发生的租赁费按实际工时占比等合理方法在研发费用和生产经营费用间分配,未分配的不得加计扣除。

(2) 企业研发活动直接形成产品或作为组成部分形成的产品对外销售的,研发费用中对应的材料费用不得加计扣除。

产品销售与对应的材料费用发生在不同纳税年度且材料费用已计入研发费用的,可在销售当年以对应的材料费用发生额直接冲减当年的研发费用,不足冲减的,结转以后年度继续冲减。

《国家税务总局关于研发费用税前加计扣除归集范围有关问题的公告》(国家税务总局公告2017年第40号)第三条规定,折旧费用指用于研发活动的仪器、设备的折旧费。

(1)用于研发活动的仪器、设备,同时用于非研发活动的,企业应对其仪器设备使用情况做必要记录,并将其实际发生的折旧费按实际工时占比等合理方法在研发费用和生产经营费用间分配,未分配的不得加计扣除。

(2)企业用于研发活动的仪器、设备,符合税法规定且选择加速折旧优惠政策的,在享受研发费用税前加计扣除政策时,就税前扣除的折旧部分计算加计扣除。

《国家税务总局关于研发费用税前加计扣除归集范围有关问题的公告》(国家税务总局公告2017年第40号)第四条规定,无形资产摊销费用指用于研发活动的软件、专利权、非专利技术(包括许可证、专有技术、设计和计算方法等)的摊销费用。

(1)用于研发活动的无形资产,同时用于非研发活动的,企业应对其无形资产使用情况做必要记录,并将其实际发生的摊销费按实际工时占比等合理方法在研发费用和生产经营费用间分配,未分配的不得加计扣除。

(2)用于研发活动的无形资产,符合税法规定且选择缩短摊销年限的,在享受研发费用税前加计扣除政策时,就税前扣除的摊销部分计算加计扣除。

《国家税务总局关于研发费用税前加计扣除归集范围有关问题的公告》(国家税务总局公告2017年第40号)第五条规定,新产品设计费、新工艺规程制定费、新药研制的临床试验费、勘探开发技术的现场试验费指企业在新产品设计、新工艺规程制定、新药研制的临床试验、勘探开发技术的现场试验过程中发生的与开展该项活动有关的各类费用。

《国家税务总局关于研发费用税前加计扣除归集范围有关问题的公告》(国家税务总局公告2017年第40号)第六条规定,其他相关费用指与研发活动直接相关的其他费用,如技术图书资料费、资料翻译费、专家咨询费、高新科技研发保险费,研发成果的检索、分析、评议、论证、鉴定、评审、评估、验收费用,知识产权的申请费、注册费、代理费,差旅费、会议费,职工福利费、补充养老保险费、补充医疗保险费。此类费用总额不得超过可加计扣除研发费用总额的10%。

《国家税务总局关于研发费用税前加计扣除归集范围有关问题的公告》(国家税务总局公告2017年第40号)第七条规定:

(1)企业取得的政府补助,会计处理时采用直接冲减研发费用方法且税务处理时未将其确认为应税收入的,应按冲减后的余额计算加计扣除金额。

(2)企业取得研发过程中形成的下脚料、残次品、中间试制品等特殊收入,在计算确认收入当年的加计扣除研发费用时,应从已归集研发费用中扣减该特殊收入,不足扣减的,加计扣除研发费用按零计算。

(3)企业开展研发活动中实际发生的研发费用形成无形资产的,其资本化的时点与会计处理保持一致。

(4)失败的研发活动所发生的研发费用可享受税前加计扣除政策。

(5)国家税务总局公告2015年第97号第三条所称"研发活动发生费用"是指委托方实际支付给受托方的费用。无论委托方是否享受研发费用税前加计扣除政策,受托方均不得加计扣除。

委托方委托关联方开展研发活动的,受托方需向委托方提供研发过程中实际发生的研发项目费用支出明细情况。

《财政部 税务总局 科技部关于提高科技型中小企业研究开发费用税前加计扣除比例的通知》(财税〔2017〕34号)规定如下:

(1)科技型中小企业开展研发活动中实际发生的研发费用,未形成无形资产计入当期损益的,在按规定据实扣除的基础上,在2017年1月1日至2019年12月31日,再按照实际发生额的75%在税前加计扣除;形成无形资产的,在上述期间按照无形资产成本的175%在税前摊销。

(2)科技型中小企业享受研发费用税前加计扣除政策的其他政策口径按照《财政部 国家税务总局 科技部关于完善研究开发费用税前加计扣除政策的通知》(财税〔2015〕119号)规定执行。

《财政部 税务总局 科技部关于企业委托境外研究开发费用税前加计扣除有关政策问题的通知》(财税〔2018〕64号)规定:

委托境外进行研发活动所发生的费用,按照费用实际发生额的80%计入委托方的委托境外研发费用。委托境外研发费用不超过境内符合条件的研发费用三分之二的部分,可以按规定在企业所得税前加计扣除。

上述费用实际发生额应按照独立交易原则确定。委托方与受托方存在关联关系的,受托方应向委托方提供研发项目费用支出明细情况。

本通知所称委托境外进行研发活动不包括委托境外个人进行的研发活动。

《财政部 税务总局 科技部关于提高研究开发费用税前加计扣除比例的通知》(财税〔2018〕99号)规定,企业开展研发活动中实际发生的研发费用,未形成无形资产计入当期损益的,在按规定据实扣除的基础上,在2018年1月1日至2020年12月31日,再按照实际发生额的75%在税前加计扣除;形成无形资产的,在上述期间按照无形资产成本的175%在税前摊销。

二、申报表填报重点关注

(一)免税、减计收入及加计扣除优惠明细表

表8-7-1　　免税、减计收入及加计扣除优惠明细表(A107010)(局部)

行次	项目	金额
25	三、加计扣除(26+27+28+29+30)	
26	(一)开发新技术、新产品、新工艺发生的研究开发费用加计扣除(填写A107012)	
27	(二)科技型中小企业开发新技术、新产品、新工艺发生的研究开发费用加计扣除(填写A107012)	
28	(三)企业为获得创新性、创意性、突破性的产品进行创意设计活动而发生的相关费用加计扣除	
29	(四)安置残疾人员所支付的工资加计扣除	
30	(五)其他	

（1）第25行"三、加计扣除"：填报第26＋27＋28＋29＋30行的合计金额。

（2）第26行"（一）开发新技术、新产品、新工艺发生的研究开发费用加计扣除"：当表A000000"210-3"项目未填有入库编号时，填报表A107012第51行金额。本行与第27行不可同时填报。

（3）第27行"（二）科技型中小企业开发新技术、新产品、新工艺发生的研究开发费用加计扣除"：当表A000000"210-3"项目填有入库编号时，填报表A107012第51行金额。本行与第26行不可同时填报。

（4）第28行"（三）企业为获得创新性、创意性、突破性的产品进行创意设计活动而发生的相关费用加计扣除"：填报纳税人根据《财政部　国家税务总局　科技部关于完善研究开发费用税前加计扣除政策的通知》（财税〔2015〕119号）第二条第四项规定，为获得创新性、创意性、突破性的产品进行创意设计活动而发生的相关费用按照规定进行税前加计扣除的金额。

（二）研发费用加计扣除优惠明细表

表8-7-2　　　　　研发费用加计扣除优惠明细表（A107012）

行次	项　　目	金额（数量）
1	本年可享受研发费用加计扣除项目数量	
2	一、自主研发、合作研发、集中研发（3＋7＋16＋19＋23＋34）	
3	（一）人员人工费用（4＋5＋6）	
4	1.直接从事研发活动人员工资薪金	
5	2.直接从事研发活动人员五险一金	
6	3.外聘研发人员的劳务费用	
7	（二）直接投入费用（8＋9＋10＋11＋12＋13＋14＋15）	
8	1.研发活动直接消耗材料费用	
9	2.研发活动直接消耗燃料费用	
10	3.研发活动直接消耗动力费用	
11	4.用于中间试验和产品试制的模具、工艺装备开发及制造费	
12	5.用于不构成固定资产的样品、样机及一般测试手段购置费	
13	6.用于试制产品的检验费	
14	7.用于研发活动的仪器、设备的运行维护、调整、检验、维修等费用	
15	8.通过经营租赁方式租入的用于研发活动的仪器、设备租赁费	
16	（三）折旧费用（17＋18）	
17	1.用于研发活动的仪器的折旧费	
18	2.用于研发活动的设备的折旧费	
19	（四）无形资产摊销（20＋21＋22）	
20	1.用于研发活动的软件的摊销费用	
21	2.用于研发活动的专利权的摊销费用	
22	3.用于研发活动的非专利技术（包括许可证、专有技术、设计和计算方法等）的摊销费用	
23	（五）新产品设计费等（24＋25＋26＋27）	

(续表)

行次	项　　目	金额(数量)
24	1.新产品设计费	
25	2.新工艺规程制定费	
26	3.新药研制的临床试验费	
27	4.勘探开发技术的现场试验费	
28	(六)其他相关费用(29＋30＋31＋32＋33)	
29	1.技术图书资料费、资料翻译费、专家咨询费、高新科技研发保险费	
30	2.研发成果的检索、分析、评议、论证、鉴定、评审、评估、验收费用	
31	3.知识产权的申请费、注册费、代理费	
32	4.职工福利费、补充养老保险费、补充医疗保险费	
33	5.差旅费、会议费	
34	(七)经限额调整后的其他相关费用	
35	二、委托研发（36＋37＋39）	
36	(一)委托境内机构或个人进行研发活动所发生的费用	
37	(二)委托境外机构进行研发活动发生的费用	
38	其中：允许加计扣除的委托境外机构进行研发活动发生的费用	
39	(三)委托境外个人进行研发活动发生的费用	
40	三、年度研发费用小计(2＋36×80％＋38)	
41	(一)本年费用化金额	
42	(二)本年资本化金额	
43	四、本年形成无形资产摊销额	
44	五、以前年度形成无形资产本年摊销额	
45	六、允许扣除的研发费用合计(41＋43＋44)	
46	减：特殊收入部分	
47	七、允许扣除的研发费用抵减特殊收入后的金额(45－46)	
48	减：当年销售研发活动直接形成产品(包括组成部分)对应的材料部分	
49	减：以前年度销售研发活动直接形成产品(包括组成部分)对应材料部分结转金额	
50	八、加计扣除比例(％)	
51	九、本年研发费用加计扣除总额(47－48－49)×50	
52	十、销售研发活动直接形成产品(包括组成部分)对应材料部分结转以后年度扣减金额(当47－48－49≥0,本行＝0;当47－48－49<0,本行＝47－48－49的绝对值)	

(1)第1行"本年可享受研发费用加计扣除项目数量"：填报纳税人本年研发项目中可享受研发费用加计扣除优惠政策的项目数量。

(2)第2行"一、自主研发、合作研发、集中研发"：填报第3＋7＋16＋19＋23＋34行金额。

(3)第3行"(一)人员人工费用"：填报第4＋5＋6行金额。

直接从事研发活动的人员、外聘研发人员同时从事非研发活动的,填报按实际工时占比等合理方法分配的用于研发活动的相关费用。

(4)第4行"1.直接从事研发活动人员工资薪金":填报纳税人直接从事研发活动人员,包括研究人员、技术人员、辅助人员的工资、薪金、奖金、津贴、补贴以及按规定可以在税前扣除的对研发人员股权激励的支出。

(5)第5行"2.直接从事研发活动人员五险一金":填报纳税人直接从事研发活动人员,包括研究人员、技术人员、辅助人员的基本养老保险费、基本医疗保险费、失业保险费、工伤保险费、生育保险费和住房公积金。

(6)第6行"3.外聘研发人员的劳务费用":填报与纳税人或劳务派遣企业签订劳务用工协议(合同)的外聘研发人员的劳务费用,以及临时聘用的研究人员、技术人员、辅助人员的劳务费用。

(7)第7行"(二)直接投入费用":填报第8+9+10+11+12+13+14+15行金额。

(8)第8行"1.研发活动直接消耗材料费用":填报纳税人研发活动直接消耗的材料费用。

(9)第9行"2.研发活动直接消耗燃料费用":填报纳税人研发活动直接消耗的燃料费用。

(10)第10行"3.研发活动直接消耗动力费用":填报纳税人研发活动直接消耗的动力费用。

(11)第11行"4.用于中间试验和产品试制的模具、工艺装备开发及制造费":填报纳税人研发活动中用于中间试验和产品试制的模具、工艺装备开发及制造的费用。

(12)第12行"5.用于不构成固定资产的样品、样机及一般测试手段购置费":填报纳税人研发活动中用于不构成固定资产的样品、样机及一般测试手段购置费用。

(13)第13行"6.用于试制产品的检验费":填报纳税人研发活动中用于试制产品的检验费。

(14)第14行"7.用于研发活动的仪器、设备的运行维护、调整、检验、维修等费用":填报纳税人用于研发活动的仪器、设备的运行维护、调整、检验、维修等费用。

(15)第15行"8.通过经营租赁方式租入的用于研发活动的仪器、设备租赁费":填报纳税人经营租赁方式租入的用于研发活动的仪器、设备租赁费。以经营租赁方式租入的用于研发活动的仪器、设备,同时用于非研发活动的,填报按实际工时占比等合理方法分配的用于研发活动的相关费用。

(16)第16行"(三)折旧费用":填报第17+18行金额。

用于研发活动的仪器、设备,同时用于非研发活动的,填报按实际工时占比等合理方法分配的用于研发活动的相关费用。纳税人用于研发活动的仪器、设备,符合税收规定且选择加速折旧优惠政策的,在享受研发费用税前加计扣除政策时,按照税前扣除的折旧口径填报。

(17)第17行"1.用于研发活动的仪器的折旧费":填报纳税人用于研发活动的仪器的折旧费。

(18)第18行"2.用于研发活动的设备的折旧费":填报纳税人用于研发活动的设备的折旧费。

(19)第19行"(四)无形资产摊销":填报第20+21+22行金额。用于研发活动的无形资产,同时用于非研发活动的,填报按实际工时占比等合理方法在研发费用和生产经营费用间分配的用于研发活动的相关费用。纳税人用于研发活动的无形资产,符合税收规定且选择加速摊销优惠政策的,在享受研发费用税前加计扣除政策时,按照税前扣除的摊销口径填报。

(20) 第20行"1.用于研发活动的软件的摊销费用":填报纳税人用于研发活动的软件的摊销费用。

(21) 第21行"2.用于研发活动的专利权的摊销费用":填报纳税人用于研发活动的专利权的摊销费用。

(22) 第22行"3.用于研发活动的非专利技术(包括许可证、专有技术、设计和计算方法等)的摊销费用":填报纳税人用于研发活动的非专利技术(包括许可证、专有技术、设计和计算方法等)的摊销费用。

(23) 第23行"(五)新产品设计费等":填报第24+25+26+27行金额。新产品设计费、新工艺规程制定费、新药研制的临床试验费、勘探开发技术的现场试验费等由辅助生产部门提供的,填报按照一定的分配标准分配给研发项目的金额。

(24) 第24行"1.新产品设计费":填报纳税人研发活动中发生的新产品设计费。

(25) 第25行"2.新工艺规程制定费":填报纳税人研发活动中发生的新工艺规程制定费。

(26) 第26行"3.新药研制的临床试验费":填报纳税人研发活动中发生的新药研制的临床试验费。

(27) 第27行"4.勘探开发技术的现场试验费":填报纳税人研发活动中发生的勘探开发技术的现场试验费。

(28) 第28行"(六)其他相关费用":填报第29+30+31+32+33行金额。

(29) 第29行"1.技术图书资料费、资料翻译费、专家咨询费、高新科技研发保险费":填报纳税人研发活动中发生的技术图书资料费、资料翻译费、专家咨询费、高新科技研发保险费。

(30) 第30行"2.研发成果的检索、分析、评议、论证、鉴定、评审、评估、验收费用":填报纳税人研发活动中发生的研发成果的检索、分析、评议、论证、鉴定、评审、评估、验收费用。

(31) 第31行"3.知识产权的申请费、注册费、代理费":填报纳税人研发活动中发生的知识产权的申请费、注册费、代理费。

(32) 第32行"4.职工福利费、补充养老保险费、补充医疗保险费":填报纳税人研发活动人员发生的职工福利费、补充养老保险费、补充医疗保险费。

(33) 第33行"5.差旅费、会议费":填报纳税人研发活动发生的差旅费、会议费。

(34) 第34行"(七)经限额调整后的其他相关费用":根据研发活动分析汇总填报。

(35) 第35行"二、委托研发":填报第36+37+39行金额。

(36) 第36行"(一)委托境内机构或个人进行研发活动所发生的费用":填报纳税人研发项目委托境内机构或个人进行研发活动所发生的费用。

(37) 第37行"(二)委托境外机构进行研发活动发生的费用":填报纳税人研发项目委

托境外机构进行研发活动所发生的费用。

(38)第38行"允许加计扣除的委托境外机构进行研发活动发生的费用":填报纳税人按照税收规定允许加计扣除的委托境外机构进行研发活动发生的研发费用。

(39)第39行"(三)委托境外个人进行研发活动发生的费用":填报纳税人委托境外个人进行研发活动发生的费用。本行不参与加计扣除优惠金额的计算。

(40)第40行"三、年度研发费用小计":填报第2行+第36行×80%+第38行金额。

(41)第41行"(一)本年费用化金额":填报纳税人研发活动本年费用化部分金额。

(42)第42行"(二)本年资本化金额":填报纳税人研发活动本年结转无形资产的金额。

(43)第43行"四、本年形成无形资产摊销额":填报纳税人研发活动本年形成无形资产的摊销额。

(44)第44行"五、以前年度形成无形资产本年摊销额":填报纳税人研发活动以前年度形成无形资产本年摊销额。

(45)第45行"六、允许扣除的研发费用合计":填报第41+43+44行金额。

(46)第46行"特殊收入部分":填报纳税人已归集计入研发费用,但在当期取得的研发过程中形成的下脚料、残次品、中间试制品等特殊收入。

(47)第47行"七、允许扣除的研发费用抵减特殊收入后的金额":填报第45-46行金额。

(48)第48行"当年销售研发活动直接形成产品(包括组成部分)对应的材料部分":填报纳税人当年销售研发活动直接形成产品(包括组成部分)对应的材料部分金额。

(49)第49行"以前年度销售研发活动直接形成产品(包括组成部分)对应材料部分结转金额":填报纳税人以前年度销售研发活动直接形成产品(包括组成部分)对应材料部分结转金额。

(50)第50行"八、加计扣除比例":根据有关政策规定填报。

(51)第51行"九、本年研发费用加计扣除总额":填报第(47-48-49)行×第50行的金额,当第47-48-49行<0时,本行填报0。

(52)第52行"十、销售研发活动直接形成产品(包括组成部分)对应材料部分结转以后年度扣减金额":当第47-48-49行≥0时,填报0;当第47-48-49行<0时,填报第47-48-49行金额的绝对值。

【案例8-7】 为了提升产品竞争力,树立行业内品牌优势,2020年年初,某公司启动了A项目的研发工作。至11月底,该项目已完成研发,但未取得专利权,会计上全部计入"研发支出——费用化支出"并做了费用结转处理,结转后该科目账面余额为0(该公司以前年度的研发项目未形成无形资产)。相关资料如下:

A项目本年归集的研发费用为2 468万元(含因实施股权激励计划核算的金额50万元)。其中,研发活动直接消耗的材料费用800万元,耗用燃料费用200万元,支付内部研发人员工资、薪金600万元(含为研发活动服务的后勤人员工资10万元),"五险一金"100

万元(含为研发活动服务的后勤人员的 1.5 万元),研发人员福利费 50 万元,工会经费 8 万元,职工教育经费 10 万元,支付外聘研发人员的劳务费用 200 万元;支付研发人员补充养老保险、补充医疗保险合计 25 万元,用于研发活动的房屋折旧费 250 万元,设备折旧费 30 万元(企业账面计提折旧 30 万元,税收上因享受加速折旧优惠政策税前扣除金额为 50 万元),用于研发活动的软件、专利权摊销费用 50 万元(各 25 万元),资料和翻译费用 20 万元,差旅费 20 万元,会议费 15 万元,业务招待费 40 万元。

补充资料:

1. 2018 年 12 月 1 日经该公司股东大会批准,实施股权激励计划,向其 10 名高级研发人员每人授予 1 万股股票期权,这些人员从 2020 年 1 月 1 日起作该公司连续服务 3 年,即可以 4 元每股购买 1 万股 A 公司普通股股票(面值为 1 元),该期权在授予日的公允价格为 15 元。年末,该公司估计 10 名高级研发人员在服务期满前均不会离开,2020 年公司因该项股权激励计划在"管理费用"中计入 50 万元(归集至研发费用中)。

2. 2020 年 12 月取得研发过程中形成的下脚料收入 5 万元。

3. 2021 年 2 月因该项研发活动直接形成的产品对外销售,取得销售收入 200 万元,经财务人员确认,其对应材料成本 90 万元。

4. 2020 年因该项研发活动获得政府相关部门研发补助资金 100 万元,会计处理时直接冲减了研发费用,且在年度申报时未将其确认为应税收入。

在研发过程中,该公司研发人员(不含外聘人员)还参与了部分行政管理和产品生产工作,用于研发的无形资产、设备也同时用于了企业产品的生产。为此,该公司对相关情况进行了记录,如下列表 8-7-3 所示。

表 8-7-3　　　　　　　　　工作使用情况记录表　　　　　　　　　单位:小时

日期	研发项目实际工时	占比(%)	其他实际工时	占比(%)
2020 年 1~11 月	1 001	45.5	1 199	54.5

【解析】 该企业 2020 年因研发活动获得政府相关部门研发补助资金 100 万元,由于其在会计处理时将该项补助直接冲减了研发费用,且在年度申报时未其确认为应税收入,因此应以冲减后的余额即 2 468 万元为基础调整计算加计扣除金额。

第一步,将可加计扣除金额在研发活动和非研发活动间进行合理分配。

题中企业实施的股权激励计划,从内容分析,其性质属于以权益结算的股份支付。2020 年为等待期的第一年,其计入管理费用的 50 万元按规定应做纳税调增处理,不属于规定的"可以在税前扣除的对研发人员股权激励的支出",因此不能计算加计扣除。支付为研发服务的后勤人员的工资 10 万元不得加计扣除,不参与分配,且外聘人员劳务费用 200 万元在表中单独计算,所以待分配工资、薪金为 600-10=590(万元);支付为研发费用的后勤人员的"五险一金"1.5 万元不得加计扣除,不参与分配,故待分配"五险一金"为 100-1.5=98.5(万元);职工工会经费 8 万元,教育经费 10 万元,业务招待费 40 万元均不得加计扣除,不参与分配;用于研发活动的房屋计提的折旧费 250 万元不得加计扣除,不参与分配,企业用于研发活动的仪器、设备,符合规定且选择加速折旧优惠政策的,在享受研发费用税前加计扣除政策时,就税前扣除的折旧部分计算加计扣除,因此待分配的折旧费为 50 万元。分配情况如表 8-7-4 所示。

表 8-7-4　　　　　　　研发项目费用分配表(局部)　　　　　　　单位：元

序号	待分配项目		待分配金额	分配比例(%)	A 项目分配金额
1	一、人员人工费用小计		8 885 000		5 132 675
1.1	本单位人员	工资薪金	5 900 000	45.5	2 684 500
1.2		五险一金	985 000	45.5	448 175
1.3	外聘人员劳务费用		2 000 000	100	2 000 000
2	二、直接投入费用小计		10 000 000		10 000 000
2.1	研发活动直接消耗	材料	8 000 000	100	8 000 000
2.2		燃料	2 000 000	100	2 000 000
3	三、折旧费用小计		500 000		227 500
3.1	用于研发活动的设备的折旧费		500 000	45.5	227 500
4	四、无形资产摊销小计		500 000		227 500
4.1	软件的摊销费用		250 000	45.5	113 750
4.2	专利权的摊销费用		250 000	45.5	113 750
5	五、新产品设计费等小计		0		0
6	六、其他相关费用小计		1 300 000		1 300 000
6.1	资料和翻译费用		200 000	100	200 000
6.2	差旅费		200 000	100	200 000
6.3	会议费		150 000	100	150 000
6.4	补充养老保险、补充医疗保险		250 000	100	250 000
6.5	福利费		500 000	100	500 000
	合计		21 185 000		16 887 675

第二步，将研发项目分配的可加计扣除金额填入自主研发"研发支出"辅助账，如表 8-7-5 所示。

表 8-7-5　　　　　　　自主研发"研发支出"辅助账(局部)　　　　　　　单位：元

费用明细(借方)										
一、人员人工费			二、直接投入费用		三、折旧费用	四、无形资产摊销		六、其他相关费用		
直接从事研发活动人员		外聘研发人员的劳务费用	研发活动直接消耗		用于研发活动的设备的折旧费	用于研发活动的软件的摊销费用	用于研发活动的专利权的摊销费用	资料和翻译费用	差旅费、会议费	职工福利费、补充养老保险、补充医疗保险费
工资薪金	五险一金		材料	燃料						
1.1	1.2	1.3	2.1	2.2	3.1	4.1	4.2	6.1	6.2	6.3
2 684 500	448 175	2 000 000	8 000 000	2 000 000	227 500	113 750	113 750	200 000	350 000	750 000

表 8-7-6　　　　　　　　　"研发支出"辅助账汇总表(局部)　　　　　　　　单位：元

直接从事研发活动人员		外聘研发人员的劳务费用	研发活动直接消耗		用于研发活动的设备的折旧费	用于研发活动的软件的摊销费用	用于研发活动的专利权的摊销费用	资料和翻译费用	差旅费、会议费	职工福利费、补充养老保险、补充医疗保险费	允许加计扣除的研发费用中的第1至5类费用合计(1+2+3+4+5)	其他相关费用限额=序号8×10%/(1-10%)	当期费用化支出可加计扣除总额
工资薪金	五险一金		材料	燃料									
1.1	1.2	1.3	2.1	2.2	3.1	4.1	4.2	6.1	6.2	6.3	8	8.1	9
2 684 500	448 175	2 000 000	8 000 000	2 000 000	227 500	113 750	113 750	200 000	350 000	750 000	15 587 675	1 731 964	*
2 684 500	448 175	2 000 000	8 000 000	2 000 000	227 500	113 750	113 750	200 000	350 000	750 000			16 887 675

"允许加计扣除的研发费用中的第 1 至 5 类费用合计"金额 15 587 675 元，源于"允许加计扣除的研发费用中的第 1 至 5 类费用合计"金额 15 587 675 元，源于表 8-7-4 研发项目费用分配表 A 研发项目分配金额合计数 16 887 675 元减去表 8-7-5 自主研发"研发支出"辅助账"六、其他相关费用小计"1 300 000 元(200 000＋3 500 00＋750 000)。

"当期费用化支出可加计扣除总额"16 887 675 元等于表 8-7-6 主研发"研发支出"辅助账"六、其他相关费用小计"1 300 000 元与"其他相关费用限额"1 731 964 元相比的较小值 1 300 000 元加上"允许加计扣除的研发费用中的第 1 至 5 类费用合计"之和。(1 300 000＋15 587 675)

第三步，根据"研发支出"辅助账汇总表相关数据填报纳税申报表见下列表 8-7-8 免税、减计收入及加计扣除优惠明细表(A107010)、表 8-7-7 研发费用加计扣除优惠明细表(A107012)。

其中表 8-7-7 研发费用加计扣除优惠明细表(A107012)第 2 至 39 行的数据分别按照表 8-7-6 自主研发"研发支出"辅助账的相应金额填报，填报后第 40 行"三、年度研发费用小计"为 16 887 675 元。

由于企业本年研发费用全部做了费用化处理，因此第 41 行"(一)本年费用化金额"与第 40 行"三、年度研发费用小计"相等，即 16 887 675 元。因为其本年及以前年度的研发活动均未形成无形资产，因此第 45 行"六、允许扣除的研发费用合计"也为 16 887 675 元。

该企业 2020 年 12 月取得研发过程中形成的下脚料收入 50 000 元，因此第 46 行"减：特殊收入部分"应填入 50 000 元，作为研发费用的冲减。

该企业虽然销售因 A 研发活动直接形成的产品取得收入 200 万元，其对应材料成本 90 万元也已确认，但由于销售行为发生在 2021 年，与研发活动分属不同年度，因此该材料成本 90 万元应直接冲减 2021 年的研发费用，不足冲减的，结转以后年度继续冲减。

最终，计算出该企业 2020 年度研发费用加计扣除金额为 12 628 256 元(16 837 675×75%)，将该数据填至第 51 行"九、本年研发费用加计扣除总额"(见表 8-7-7)，汇总填入《免税、减计收入及加计扣除优惠明细表》。

申报表填报如表 8-7-7 所示。

表 8-7-7 研发费用加计扣除优惠明细表(A107012)(局部)　　　　　单位:元

行次	项　　目	金额(数量)
1	本年可享受研发费用加计扣除项目数量	1
2	一、自主研发、合作研发、集中研发(3+7+16+19+23+34)	16 887 675
3	（一）人员人工费用(4+5+6)	5 132 675
4	1. 直接从事研发活动人员工资薪金	2 684 500
5	2. 直接从事研发活动人员五险一金	448 175
6	3. 外聘研发人员的劳务费用	2 000 000
7	（二）直接投入费用(8+9+10+11+12+13+14+15)	10 000 000
8	1. 研发活动直接消耗材料费用	8 000 000
9	2. 研发活动直接消耗燃料费用	2 000 000
16	（三）折旧费用(17+18)	227 500
18	2. 用于研发活动的设备的折旧费	227 500
19	（四）无形资产摊销(20+21+22)	227 500
20	1. 用于研发活动的软件的摊销费用	113 750
21	2. 用于研发活动的专利权的摊销费用	113 750
28	（六）其他相关费用(29+30+31+32+33)	1 300 000
29	1. 技术图书资料费、资料翻译费、专家咨询费、高新科技研发保险费	200 000
32	4. 职工福利费、补充养老保险费、补充医疗保险费	750 000
33	5. 差旅费、会议费	350 000
34	（七）经限额调整后的其他相关费用	1 300 000
40	三、年度研发费用小计(2+36×80%+38)	16 887 675
41	（一）本年费用化金额	16 887 675
45	六、允许扣除的研发费用合计(41+43+44)	16 887 675
46	减：特殊收入部分	50 000
47	七、允许扣除的研发费用抵减特殊收入后的金额(45-46)	16 837 675
50	八、加计扣除比例(%)	75
51	九、本年研发费用加计扣除总额(47-48-49)×50	12 628 256

表 8-7-8 免税、减计收入及加计扣除优惠明细表(A107010)(局部)　　　　　单位:元

行次	项　　目	金　额
25	三、加计扣除(26+27+28+29+30)	12 628 256
26	（一）开发新技术、新产品、新工艺发生的研究开发费用加计扣除(填写 A107012)	12 628 256
31	合计(1+17+25)	12 628 256

三、常见涉税风险

(1) 擅自扩大研究开发费用扣除范围。并非所有研发费用都可以税前扣除,企业在申报研发费用加计扣除时一定注意把握好可以加计扣除的研发费用范围,以防止因随意扩大研发费用范围或者对研发费用掌握不准确可能带来的税收风险。

(2) 奖励补助收入未有冲减研发费用。不征税收入财政性资金用于研发的,不得计入研究开发费用加计扣除。研究开发费中如果包括财政拨款,由于财政拨款可能属于不征税收入,其作为不征税收入处理时,相应的支出也不得扣除,也不得作为研究开发费加计扣除的计算基数。

(3) 研究开发费用支出划分不清、核算不实。一是企业未设立专门的研发机构或企业研发机构同时承担生产经营任务的,应对研发费用和生产经营费用分开进行核算,准确、合理的计算各项研究开发费用支出,对划分不清的,不得实行加计扣除。二是企业必须对研究开发费用实行专账管理,同时必须按照本办法附表的规定项目,准确归集填写年度可加计扣除的各项研究开发费用实际发生金额。企业应于年度汇算清缴所得税申报时向主管税务机关报送相关规定的相应资料。申报的研究开发费用不真实或者资料不齐全的,不得享受研究开发费用加计扣除,主管税务机关有权对企业申报的结果进行合理调整。三是企业研究开发费各项目的实际发生额归集不准确、汇总额计算不准确的,主管税务机关有权调整其税前扣除额或加计扣除额。

第八节 安置残疾人员就业加计扣除

就业是民生之本,对于大部分残疾人来说就业的意义重大,不仅仅在生活上可以体现自食其力,更重要的是能够在心理上有获得感,对于全社会的进步都是有益的。国家积极引导企业安置残疾人就业,对企业安置残疾人员所支付的工资实施加计100%扣除。

一、相关规定

《企业所得税法》第三十条第(二)项规定,企业的下列支出,可以在计算应纳税所得额时加计扣除:安置残疾人员及国家鼓励安置的其他就业人员所支付的工资。

《企业所得税法实施条例》第九十六条规定,企业所得税法第三十条第(二)项所称企业安置残疾人员所支付的工资的加计扣除,是指企业安置残疾人员的,在按照支付给残疾职工工资据实扣除的基础上,按照支付给残疾职工工资的100%加计扣除。残疾人员的范围适用《中华人民共和国残疾人保障法》的有关规定。

企业所得税法第三十条第(二)项所称企业安置国家鼓励安置的其他就业人员所支付的工资的加计扣除办法,由国务院另行规定。

《财政部 国家税务总局关于安置残疾人员就业有关企业所得税优惠政策问题的通知》(财税〔2009〕70号)规定如下:

（1）企业安置残疾人员的，在按照支付给残疾职工工资据实扣除的基础上，可以在计算应纳税所得额时按照支付给残疾职工工资的100%加计扣除。

企业就支付给残疾职工的工资，在进行企业所得税预缴申报时，允许据实计算扣除；在年度终了进行企业所得税年度申报和汇算清缴时，再依照本条第一款的规定计算加计扣除。

（2）残疾人员的范围适用《中华人民共和国残疾人保障法》的有关规定。

（3）企业享受安置残疾职工工资100%加计扣除应同时具备如下条件：

① 依法与安置的每位残疾人签订了1年以上（含1年）的劳动合同或服务协议，并且安置的每位残疾人在企业实际上岗工作。

② 为安置的每位残疾人按月足额缴纳了企业所在区县人民政府根据国家政策规定的基本养老保险、基本医疗保险、失业保险和工伤保险等社会保险。

③ 定期通过银行等金融机构向安置的每位残疾人实际支付了不低于企业所在区县适用的经省级人民政府批准的最低工资标准的工资。

④ 具备安置残疾人上岗工作的基本设施。

二、申报表填报重点关注

表8-8-1　　　　免税、减计收入及加计扣除优惠明细表（A107010）（局部）

行次	项目	金额
25	三、加计扣除（26＋27＋28＋29＋30）	
26	（一）开发新技术、新产品、新工艺发生的研究开发费用加计扣除（填写A107012）	
27	（二）科技型中小企业开发新技术、新产品、新工艺发生的研究开发费用加计扣除（填写A107012）	
28	（三）企业为获得创新性、创意性、突破性的产品进行创意设计活动而发生的相关费用加计扣除	
29	（四）安置残疾人员所支付的工资加计扣除	
30	（五）其他	

第29行"（四）安置残疾人员所支付的工资加计扣除"：填报纳税人根据《财政部　国家税务总局关于安置残疾人员就业有关企业所得税优惠政策问题的通知》（财税〔2009〕70号）等相关税收政策规定安置残疾人员的，按照支付给残疾职工工资的100%加计扣除的金额。

【案例8-8】甲企业是一家服装加工企业，安置符合条件的残疾职工安置共有30人，2020年，该企业全年累计支付残疾职工工资90万元，请问该笔工资支出应该如何在年度申报时享受加计扣除优惠？

【解析】甲企业可以在年度终了进行企业所得税年度申报时，按照支付给残疾职工工资的100%计算加计扣除90万元。具体填报表A107010第29行。

申报表填报如表8-8-2所示。

表 8-8-2　免税、减计收入及加计扣除优惠明细表（A107010）（局部）　　　　单位：元

行次	项目	金额
25	三、加计扣除（26＋27＋28＋29＋30）	900 000
26	（一）开发新技术、新产品、新工艺发生的研究开发费用加计扣除（填写 A107012）	
27	（二）科技型中小企业开发新技术、新产品、新工艺发生的研究开发费用加计扣除（填写 A107012）	
28	（三）企业为获得创新性、创意性、突破性的产品进行创意设计活动而发生的相关费用加计扣除	
29	（四）安置残疾人员所支付的工资加计扣除	900 000
30	（五）其他	

三、常见涉税风险

（1）将不符合条件的残疾人员工资纳入加计扣除范围。纳入残疾人工资加计扣除范围必须符合以下条件：

① 依法与安置的每位残疾人签订了 1 年以上（含 1 年）的劳动合同或服务协议，并且安置的每位残疾人在企业实际上岗工作。

② 为安置的每位残疾人按月足额缴纳了企业所在区县人民政府根据国家政策规定的基本养老保险、基本医疗保险、失业保险和工伤保险等社会保险。

③ 定期通过银行等金融机构向安置的每位残疾人实际支付了不低于企业所在区县适用的经省级人民政府批准的最低工资标准的工资。

④ 具备安置残疾人上岗工作的基本设施。

（2）支付给残疾人员的工资具体包含内容存在疑虑。在判断工资范围时，可以根据如下两项税收规定来判别：

① 根据《企业所得税法实施条例》第三十四条的规定，企业发生的合理的工资、薪金支出，准予扣除。上述所称工资、薪金，是指企业每一纳税年度支付给在本企业任职或者受雇的员工的所有现金形式或者非现金形式的劳动报酬，包括基本工资、奖金、津贴、补贴、年终加薪、加班工资，以及与员工任职或者受雇有关的其他支出。

② 根据《国家税务总局关于企业工资薪金及职工福利费扣除问题的通知》（国税函〔2009〕3 号）规定，《企业所得税法实施条例》第四十、四十一、四十二条所称的"工资、薪金总额"，是指企业按照本通知第一条规定实际发放的工资薪金总和，不包括企业的职工福利费、职工教育经费、工会经费，以及养老保险费、医疗保险费、失业保险费、工伤保险费、生育保险费等社会保险费和住房公积金。属于国有性质的企业，其工资、薪金，不得超过政府有关部门给予的限定数额；超过部分，不得计入企业工资、薪金总额，也不得在计算企业应纳税所得额时扣除。

第九节 安置建档立卡贫困人口就业

就业是贫困人口依靠劳作获得幸福生活的关键路径。落实就业扶贫是推进精准扶贫各项政策的重要环节,抓住重点,强化措施,落实主动的就业政策,实现贫困人口充分就业,是确保贫困群众如期脱贫的根源性举措。国家对企业安置建档立卡贫困人口就业实行扣减企业所得税优惠。

一、相关规定

《财政部 税务总局 人力资源社会保障部 国务院扶贫办关于进一步支持和促进重点群体创业就业有关税收政策的通知》(财税〔2019〕22号)规定,2019年1月1日至2021年12月31日,企业招用建档立卡贫困人口,以及在人力资源社会保障部门公共就业服务机构登记失业半年以上且持《就业创业证》或《就业失业登记证》(注明"企业吸纳税收政策")的人员,与其签订1年以上期限劳动合同并依法缴纳社会保险费的,自签订劳动合同并缴纳社会保险当月起,在3年内按实际招用人数予以定额依次扣减增值税、城市维护建设税、教育费附加、地方教育附加和企业所得税优惠。定额标准为每人每年6 000元,最高可上浮30%。

税收扣减额应在企业当年实际应缴纳的增值税、城市维护建设税、教育费附加、地方教育附加和企业所得税税额中扣减,当年扣减不完的,不得结转下年使用。

企业招用就业人员既可以适用本通知规定的税收优惠政策,又可以适用其他扶持就业专项税收优惠政策的,企业可以选择适用最优惠的政策,但不得重复享受。

本通知规定的税收政策执行期限为2019年1月1日至2021年12月31日。纳税人在2021年12月31日享受本通知规定税收优惠政策未满3年的,可继续享受至3年期满为止。

二、申报表填报重点关注

表8-9-1　　　　　　　减免所得税优惠明细表(A107040)(局部)

行次	项　目	金　额
30	三十、支持和促进重点群体创业就业企业限额减征企业所得税(30.1+30.2)	
30.1	(一)企业招用建档立卡贫困人口就业扣减企业所得税	
30.2	(二)企业招用登记失业半年以上人员就业扣减企业所得税	

第30行"三十、支持和促进重点群体创业就业企业限额减征企业所得税":根据《财政部 税务总局 人力资源社会保障部 国务院扶贫办关于进一步支持和促进重点群体创业就业有关税收政策的通知》(财税〔2019〕22号)等规定,企业招用建档立卡贫困人口,以及在人力资源社会保障部门公共就业服务机构登记失业半年以上且持《就业创业证》或《就业失业登记证》(注明"企业吸纳税收政策")的人员,与其签订1年以上期限劳动合同并依法缴纳

社会保险费的,自签订劳动合同并缴纳社会保险当月起,在3年内按实际招用人数予以定额依次扣减增值税、城市维护建设税、教育费附加、地方教育附加和企业所得税优惠。定额标准为每人每年6 000元,最高可上浮30%,各省、自治区、直辖市人民政府可根据本地区实际情况在此幅度内确定具体定额标准。本行填报企业纳税年度终了时实际减免的增值税、城市维护建设税、教育费附加和地方教育附加小于核定的减免税总额部分,在企业所得税汇算清缴时扣减的企业所得税金额。当年扣减不完的,不再结转以后年度扣减。本行填报第30.1+30.2行的合计金额。

企业招用建档立卡贫困人口就业扣减企业所得税填报第30.1行。

【案例8-9】 A企业是一家食品加工企业,于2019年招用了30名符合条件的建档立卡的贫困员工,2020年,企业未出现人员变动情况,A企业已依次已扣减增值税、城市维护建设税、教育费附加、地方教育附加10万元,2020年度企业所得税应纳税税额为10万元,请问安置建档立卡贫困人口就业的企业所得税优惠应该如何申报?

【解析】 A企业可以享受安置建档立卡贫困人口就业减免所得税优惠,按7 800元/人依次扣减增值税、城市维护建设税、教育费附加、地方教育附加、企业所得税。

可以扣减企业所得税额度=7 800×30-100 000=134 000(元)>100 000元。

故2020年度可以抵扣企业所得税100 000元。

申报表填报如表8-9-2所示。

表8-9-2　　　　减免所得税优惠明细表(A107040)(局部)　　　　单位:元

行次	项　目	金　额
30	三十、支持和促进重点群体创业就业企业限额减征企业所得税(30.1+30.2)	100 000
30.1	(一)企业招用建档立卡贫困人口就业扣减企业所得税	100 000
30.2	(二)企业招用登记失业半年以上人员就业扣减企业所得税	

三、常见涉税风险

(1)将不符合条件的员工纳入安置建档立卡贫困人口就业所得税减免范围。企业享受安置建档立卡贫困人口就业所得税减免优惠需要符合以下条件:一是招工对象为建档立卡贫困人口;二是要与其签订1年以上期限劳动合同并依法缴纳社会保险费的;三是自签订劳动合同并缴纳社会保险当月起,在3年内按实际招用人数予以定额依次扣减增值税、城市维护建设税、教育费附加、地方教育附加和企业所得税优惠。

(2)企业在抵减税过程中没有考虑税种的抵减顺序。企业自签订劳动合同并缴纳社会保险当月起,在3年内按实际招用人数予以定额依次扣减增值税、城市维护建设税、教育费附加、地方教育附加和企业所得税。当年扣减不完的,不得结转下年使用。

(3)该政策定额标准在各省、自治区、直辖市不尽相同。定额标准为每人每年6 000元,最高可上浮30%,各省、自治区、直辖市人民政府可根据本地区实际情况在此幅度内确定具体定额标准。

第十节　安置登记失业半年以上人员就业

下岗职工再就业涉及企业深化改革和经济结构调整,有利于经济发展与社会稳定。下岗再就业充分体现了社会主义制度下劳动者利益得到充分重视和保护的制度特征,它不仅是当前及今后一段时期的一项重要经济工作,也是一项意义十分重大的政治工作。国家对企业安置登记失业半年以上人员就业实行扣减企业所得税优惠。

一、相关规定

《财政部　税务总局　人力资源社会保障部　国务院扶贫办关于进一步支持和促进重点群体创业就业有关税收政策的通知》(财税〔2019〕22号)规定,2019年1月1日至2021年12月31日,企业招用建档立卡贫困人口,以及在人力资源社会保障部门公共就业服务机构登记失业半年以上且持《就业创业证》或《就业失业登记证》(注明"企业吸纳税收政策")的人员,与其签订1年以上期限劳动合同并依法缴纳社会保险费的,自签订劳动合同并缴纳社会保险当月起,在3年内按实际招用人数予以定额依次扣减增值税、城市维护建设税、教育费附加、地方教育附加和企业所得税优惠。定额标准为每人每年6 000元,最高可上浮30%。

税收扣减额应在企业当年实际应缴纳的增值税、城市维护建设税、教育费附加、地方教育附加和企业所得税税额中扣减,当年扣减不完的,不得结转下年使用。

企业招用就业人员既可以适用本通知规定的税收优惠政策,又可以适用其他扶持就业专项税收优惠政策的,企业可以选择适用最优惠的政策,但不得重复享受。

本通知规定的税收政策执行期限为2019年1月1日至2021年12月31日。纳税人在2021年12月31日享受本通知规定税收优惠政策未满3年的,可继续享受至3年期满为止。

二、申报表填报重点关注

表8-10-1　　　　　减免所得税优惠明细表(A107040)(局部)

行次	项　　目	金　　额
30	三十、支持和促进重点群体创业就业企业限额减征企业所得税(30.1+30.2)	
30.1	(一)企业招用建档立卡贫困人口就业扣减企业所得税	
30.2	(二)企业招用登记失业半年以上人员就业扣减企业所得税	

第30行"三十、支持和促进重点群体创业就业企业限额减征企业所得税":根据《财政部　税务总局　人力资源社会保障部　国务院扶贫办关于进一步支持和促进重点群体创业就业有关税收政策的通知》(财税〔2019〕22号)等规定,企业招用建档立卡贫困人口,以及在人力资源社会保障部门公共就业服务机构登记失业半年以上且持《就业创业证》或《就业失业登记证》(注明"企业吸纳税收政策")的人员,与其签订1年以上期限劳动合同并依法缴纳

社会保险费的,自签订劳动合同并缴纳社会保险当月起,在3年内按实际招用人数予以定额依次扣减增值税、城市维护建设税、教育费附加、地方教育附加和企业所得税优惠。定额标准为每人每年6 000元,最高可上浮30%,各省、自治区、直辖市人民政府可根据本地区实际情况在此幅度内确定具体定额标准。本行填报企业纳税年度终了时实际减免的增值税、城市维护建设税、教育费附加和地方教育附加小于核定的减免税总额部分,在企业所得税汇算清缴时扣减的企业所得税金额。当年扣减不完的,不再结转以后年度扣减。本行填报第30.1+30.2行的合计金额。

企业招用登记失业半年以上人员就业扣减企业所得税填报第30.2行。

【案例8-10】 A企业是一家食品加工企业,于2019年招用了20名符合条件的失业人员。2020年,企业未出现人员变动情况,A企业已依次已扣减增值税、城市维护建设税、教育费附加、地方教育附加10万元,2020年度企业所得税应纳税税额为10万元,请问安置登记失业半年人员就业的企业所得税优惠应该如何申报?

【解析】 A企业可以享受安置建登记失业半年人员就业扣减企业所得税优惠,按7 800元/人依次扣减增值税、城市维护建设税、教育费附加、地方教育附加、企业所得税。

可以抵扣企业所得税额度=7 800×20−100 000=56 000(元)<100 000元。

故2020年度可以扣减企业所得税56 000元,具体申报如下:

申报表填报如表8-10-2所示。

表8-10-2　　　　　减免所得税优惠明细表(A107040)(局部)　　　　　单位:元

行次	项　　目	金　　额
30	三十、支持和促进重点群体创业就业企业限额减征企业所得税(30.1+30.2)	56 000
30.1	(一)企业招用建档立卡贫困人口就业扣减企业所得税	
30.2	(二)企业招用登记失业半年以上人员就业扣减企业所得税	56 000

三、常见涉税风险

(1)将不符合条件的员工纳入安置登记失业半年以上人员就业所得税减免范围。企业享受安置登记失业半年人员就业所得税减免优惠需要符合以下条件:一是招工对象在人力资源社会保障部门公共就业服务机构登记失业半年以上且持《就业创业证》或《就业失业登记证》(注明"企业吸纳税收政策")的人员;二是要与其签订1年以上期限劳动合同并依法缴纳社会保险费的;三是自签订劳动合同并缴纳社会保险当月起,在3年内按实际招用人数予以定额依次扣减增值税、城市维护建设税、教育费附加、地方教育附加和企业所得税优惠。

(2)企业在税收抵减税过程中没有考虑税种的抵减顺序。企业自签订劳动合同并缴纳社会保险当月起,在3年内按实际招用人数予以定额依次扣减增值税、城市维护建设税、教育费附加、地方教育附加和企业所得税。当年扣减不完的,不得结转下年使用。

(3)该政策定额标准在各省、自治区、直辖市不尽相同。定额标准为每人每年6 000元,最高可上浮30%,各省、自治区、直辖市人民政府可根据本地区实际情况在此幅度内确定具体定额标准。

第十一节　安置自主就业退役士兵就业

退役士兵是退役军人的重要组成部分，妥善安置这些人员，对贯彻落实改革强军战略，推进国防和军队建设；对维护政治社会大局稳定，全面建成小康社会具有重要意义。国家对企业安置自主就业退役士兵就业实行扣减企业所得税优惠。

一、相关规定

《财政部　税务总局　退役军人部关于进一步扶持自主就业退役士兵创业就业有关税收政策的通知》（财税〔2019〕21号）规定，企业招用自主就业退役士兵，与其签订1年以上期限劳动合同并依法缴纳社会保险费的，自签订劳动合同并缴纳社会保险当月起，在3年内按实际招用人数予以定额依次扣减增值税、城市维护建设税、教育费附加、地方教育附加和企业所得税优惠。定额标准为每人每年6 000元，最高可上浮50%，各省、自治区、直辖市人民政府可根据本地区实际情况在此幅度内确定具体定额标准。

企业按招用人数和签订的劳动合同时间核算企业减免税总额，在核算减免税总额内每月依次扣减增值税、城市维护建设税、教育费附加和地方教育附加。企业实际应缴纳的增值税、城市维护建设税、教育费附加和地方教育附加小于核算减免税总额的，以实际应缴纳的增值税、城市维护建设税、教育费附加和地方教育附加为限；实际应缴纳的增值税、城市维护建设税、教育费附加和地方教育附加大于核算减免税总额的，以核算减免税总额为限。

纳税年度终了，如果企业实际减免的增值税、城市维护建设税、教育费附加和地方教育附加小于核算减免税总额，企业在企业所得税汇算清缴时以差额部分扣减企业所得税。当年扣减不完的，不再结转以后年度扣减。

自主就业退役士兵在企业工作不满1年的，应当按月换算减免税限额。计算公式为：企业核算减免税总额=Σ每名自主就业退役士兵本年度在本单位工作月份÷12×具体定额标准。

城市维护建设税、教育费附加、地方教育附加的计税依据是享受本项税收优惠政策前的增值税应纳税额。

本通知所称自主就业退役士兵是指依照《退役士兵安置条例》（国务院　中央军委令第608号）的规定退出现役并按自主就业方式安置的退役士兵。

二、申报表填报重点关注

表8-11-1　　　　　减免所得税优惠明细表（A107040）（局部）

行次	项目	金额
31	三十一、扶持自主就业退役士兵创业就业企业限额减征企业所得税	

第31行"三十一、扶持自主就业退役士兵创业就业企业限额减征企业所得税":根据《财政部 税务总局 退役军人部关于进一步扶持自主就业退役士兵创业就业有关税收政策的通知》(财税〔2019〕21号)等规定,企业招用自主就业退役士兵,与其签订1年以上期限劳动合同并依法缴纳社会保险费的,自签订劳动合同并缴纳社会保险当月起,在3年内按实际招用人数予以定额依次扣减增值税、城市维护建设税、教育费附加、地方教育附加和企业所得税优惠。定额标准为每人每年6 000元,最高可上浮50%,各省、自治区、直辖市人民政府可根据本地区实际情况在此幅度内确定具体定额标准。本行填报企业纳税年度终了时实际减免的增值税、城市维护建设税、教育费附加和地方教育附加小于核定的减免税总额部分,在企业所得税汇算清缴时扣减的企业所得税金额。当年扣减不完的,不再结转以后年度扣减。

【案例8-11】 A企业是一家食品加工企业,于2019年招用了10名符合条件的自主就业退役士兵。2020年,企业未出现人员变动情况,A企业已依次已扣减增值税、城市维护建设税、教育费附加、地方教育附加3万元,2020年度企业所得税应纳税税额为10万元,请问安置自主就业退役士兵就业的税收优惠应该如何申报?

【解析】 A企业可以享受安置建登记失业半年人员就业减免所得税优惠,按9 000元/人依次扣减增值税、城市维护建设税、教育费附加、地方教育附加、企业所得税。

可以抵扣企业所得税额度＝9 000×10－30 000＝60 000(元)＜100 000元。

故2020年度可以扣减企业所得税60 000元。

申报表填报如表8-11-2所示。

表8-11-2　　　　　减免所得税优惠明细表(A107040)(局部)　　　　　　　　单位:元

行次	项　目	金　额
31	三十一、扶持自主就业退役士兵创业就业企业限额减征企业所得税	60 000

三、常见涉税风险

(1) 将不符合条件的员工纳入安置自主就业退役士兵就业所得税减免范围。企业享受安置自主就业退役士兵就业所得税减免优惠需要符合以下条件:一是自主就业退役士兵是指依照《退役士兵安置条例》(国务院 中央军委令第608号)的规定退出现役并按自主就业方式安置的退役士兵;二是要与其签订1年以上期限劳动合同并依法缴纳社会保险费的;三是自签订劳动合同并缴纳社会保险当月起,在3年内按实际招用人数予以定额依次扣减增值税、城市维护建设税、教育费附加、地方教育附加和企业所得税优惠。

(2) 企业在税收抵减税过程中没有考虑税种的抵减顺序。企业自签订劳动合同并缴纳社会保险当月起,在3年内按实际招用人数予以定额依次扣减增值税、城市维护建设税、教育费附加、地方教育附加。纳税年度终了,如果企业实际减免的增值税、城市维护建设税、教育费附加和地方教育附加小于核算减免税总额,企业在企业所得税汇算清缴时以差额部分扣减企业所得税。当年扣减不完的,不再结转以后年度扣减。

第十二节　农林牧渔业项目

发展农业是适应新世纪新阶段农业和农村经济发展的需要,这对调整产业结构,增加农民收入,全面建成小康社会,振兴区域经济,促进农业和农村经济可持续性发展有着十分重要的意义。国家对企业从事农林牧渔项目实行所得减免优惠。

一、相关规定

《企业所得税法》第二十七条第(一)项规定,企业从事农、林、牧、渔业项目的所得,可以免征、减征企业所得税。

《企业所得税法实施条例》第八十六条规定,企业所得税法第二十七条第(一)项规定的企业从事农、林、牧、渔业项目的所得,可以免征、减征企业所得税,是指:

(1) 企业从事下列项目的所得,免征企业所得税:

① 蔬菜、谷物、薯类、油料、豆类、棉花、麻类、糖料、水果、坚果的种植。

② 农作物新品种的选育。

③ 中药材的种植。

④ 林木的培育和种植。

⑤ 牲畜、家禽的饲养。

⑥ 林产品的采集。

⑦ 灌溉、农产品初加工、兽医、农技推广、农机作业和维修等农、林、牧、渔服务业项目。

⑧ 远洋捕捞。

(2) 企业从事下列项目的所得,减半征收企业所得税:

① 花卉、茶以及其他饮料作物和香料作物的种植;

② 海水养殖、内陆养殖。

企业从事国家限制和禁止发展的项目,不得享受本条规定的企业所得税优惠。

《财政部　国家税务总局关于发布享受企业所得税优惠政策的农产品初加工范围(试行)的通知》(财税〔2008〕149号)和《财政部　国家税务总局关于享受企业所得税优惠的农产品初加工有关范围的补充通知》(财税〔2011〕26号)对符合免税的农产品初加工范围进行了界定和细化。

《国家税务总局关于"公司＋农户"经营模式企业所得税优惠问题的公告》(国家税务总局公告2010年第2号)规定,目前,一些企业采取"公司＋农户"经营模式从事牲畜、家禽的饲养,即公司与农户签订委托养殖合同,向农户提供畜禽苗、饲料、兽药及疫苗等[所有权(产权)仍属于公司],农户将畜禽养大成为成品后交付公司回收。鉴于采取"公司＋农户"经营模式的企业,虽不直接从事畜禽的养殖,但系委托农户饲养,并承担诸如市场、管理、采购、销售等经营职责及绝大部分经营管理风险,公司和农户是劳务外包关系。为此,对此类以"公司＋农户"经营模式从事农、林、牧、渔业项目生产的企业,可以按照《企业所得税法实施条例》第八十六条的有关规定,享受减免企业所得税优惠政策。

二、申报表填报重点关注

表8-12-1　　　　　　　所得减免优惠明细表(A107020)(局部)

行次	减免项目	项目名称	优惠事项名称	优惠方式	项目收入	项目成本	相关税费	应分摊期间费用	纳税调整额	项目所得额 免税项目	项目所得额 减半项目	减免所得额
		1	2	3	4	5	6	7	8	9	10	11(9＋10×50%)
1	一、农、林、牧、渔业项目											
2												
3		小计	*	*								

列次填报：

(1) 第1列"项目名称"：填报纳税人享受减免所得优惠的项目在会计核算上的名称。项目名称以纳税人内部规范称谓为准。

(2) 第2列"优惠事项名称"：按照该项目享受所得减免企业所得税优惠事项的具体政策内容选择填报。具体说明如下：

"一、农、林、牧、渔业项目"。在以下优惠事项中选择填报：①蔬菜、谷物、薯类、油料、豆类、棉花、麻类、糖料、水果、坚果的种植；②农作物新品种的选育；③中药材的种植；④林木的培育和种植；⑤牲畜、家禽的饲养；⑥林产品的采集；⑦灌溉、兽医、农技推广、农机作业和维修等农、林、牧、渔服务业项目；⑧农产品初加工；⑨远洋捕捞；⑩花卉、茶以及其他饮料作物和香料作物的种植；⑪海水养殖、内陆养殖；⑫其他。

(3) 第3列"优惠方式"：填报该项目享受所得减免企业所得税优惠的具体方式。该项目享受免征企业所得税优惠的,填报"免税"；项目享受减半征税企业所得税优惠的,填报"减半征收"。

(4) 第4列"项目收入"：填报享受所得减免企业所得税优惠项目取得的收入总额。

(5) 第5列"项目成本"：填报享受所得减免企业所得税优惠项目发生的成本总额。

(6) 第6列"相关税费"：填报享受所得减免企业所得税优惠项目实际发生的有关税费总额,包括除企业所得税和允许抵扣的增值税以外的各项税金及其附加、合同签订费用、律师费等相关费用及其他支出。

(7) 第7列"应分摊期间费用"：填报享受所得减免企业所得税优惠项目合理分摊的期间费用总额。合理分摊比例可以按照投资额、销售收入、资产额、人员工资等参数确定,一经确定,不得随意变更。

(8) 第8列"纳税调整额"：填报纳税人按照税收规定需要调整减免税项目收入、成本、费用的金额,纳税调减以"－"号填列。

(9) 第9列"项目所得额\免税项目"：填报享受所得减免企业所得税优惠的纳税人计

算确认的本期免税项目所得额。本列根据第 3 列分析填报,第 3 列填报"免税"的,填报第 4－5－6－7＋8 列金额,当第 4－5－6－7＋8 列＜0 时,填报 0。

（10）第 10 列"项目所得额\减半项目":填报享受所得减免企业所得税优惠的纳税人本期经计算确认的减半征收项目所得额。本列根据第 3 列分析填报,第 3 列填报"减半征税"的,填报第 4－5－6－7＋8 列金额,当第 4－5－6－7＋8 列＜0 时,填报 0。

（11）第 11 列"减免所得额":填报享受所得减免企业所得税优惠的企业,该项目按照税收规定实际可以享受免征、减征的所得额,按第 9 列＋第 10 列×50％金额填报。

行次填报:

第 1 行至第 3 行"一、农、林、牧、渔业项目":按农、林、牧、渔业项目的优惠政策具体内容分别填报,一个项目填报一行,纳税人有多个项目的,可自行增加行次填报。各行相应列次填报金额的合计金额填入"小计"行。根据《财政部 国家税务总局关于发布享受企业所得税优惠政策的农产品初加工范围（试行）的通知》（财税〔2008〕149 号）、《国家税务总局关于黑龙江垦区国有农场土地承包费缴纳企业所得税问题的批复》（国税函〔2009〕779 号）、《国家税务总局关于"公司＋农户"经营模式企业所得税优惠问题的公告》（国家税务总局公告 2010 年第 2 号）、《财政部 国家税务总局关于享受企业所得税优惠的农产品初加工有关范围的补充通知》（财税〔2011〕26 号）、《国家税务总局关于实施农 林 牧 渔业项目企业所得税优惠问题的公告》（国家税务总局公告 2011 年第 48 号）等相关税收政策规定,填报本纳税年度发生的减征、免征企业所得税项目的有关情况。

【案例 8-12】 甲企业从事蔬菜、花卉种植,2020 年实现蔬菜种植收入 200 万元,花卉种植收入 40 万元,企业对两项种植项目合理划分不同项目的成本,发生相应的成本分别为 130 万元和 20 万元。全年发生管理费用 40 万元,销售费用 20 万元,企业选择按照收入比例分摊相关费用,无纳税调整项目,请问上述两项种植项目如何申报减免所得优惠?

【解析】 （1）甲企业从事蔬菜种植项目享受免征企业所得税优惠。

项目收入为 200 万元。

项目成本为 130 万元。

应分摊的期间费用＝200×(40＋20)÷(200＋40)＝50(万元)。

项目所得＝200－130－50＝20(万元)。

项目减免所得为 20 万元。

（2）甲企业从事花卉种植项目享受减半征收企业所得税优惠。

项目收入为 40 万元。

项目成本为 20 万元。

应分摊的期间费用＝40×(40＋20)÷(200＋40)＝10(万元)。

项目所得＝40－20－10＝10(万元)。

项目减免所得＝10×50％＝5(万元)。

申报表填报如表 8-12-2 所示。

表 8-12-2　　　　所得减免优惠明细表(A107020)(局部)　　　　单位：元

行次	减免项目	项目名称	优惠事项名称	优惠方式	项目收入	项目成本	相关税费	应分摊期间费用	纳税调整额	项目所得额 免税项目	项目所得额 减半项目	减免所得额
		1	2	3	4	5	6	7	8	9	10	11(9+10×50%)
1	一、农、林、牧、渔业项目	蔬菜种植	蔬菜、谷物、薯类、油料、豆类、棉花、麻类、糖料、水果、坚果的种植；	免税	2 000 000	1 300 000	0	500 000		200 000		200 000
2		花卉种植	花卉、茶以及其他饮料作物和香料作物的种植；	减半征收	400 000	200 000	0	100 000			100 000	50 000
3		小计	*	*	2 400 000	1 500 000	0	600 000		200 000	100 000	250 000

三、常见涉税风险

(1) 企业将销售外购农产品的所得错误归入享受减免所得范畴。《国家税务总局关于实施农、林、牧、渔业项目企业所得税优惠问题的公告》(国家税务总局公告 2011 年第 48 号)第十条规定，企业购买农产品后直接进行销售的贸易活动产生的所得，不能享受农、林、牧、渔业项目的税收优惠政策。《国家税务总局关于实施农、林、牧、渔业项目企业所得税优惠问题的公告》(国家税务总局公告 2011 年第 48 号)第九条规定，企业委托其他企业或个人从事《企业所得税法实施条例》第八十六条规定农、林、牧、渔业项目取得的所得，可享受相应的税收优惠政策。企业受托从事《企业所得税法实施条例》第八十六条规定农、林、牧、渔业项目取得的收入，比照委托方享受相应的税收优惠政策。因此，企业销售外购农产品的所得，不能享受农、林、牧、渔业项目的税收优惠政策。

(2) 企业既从事符合条件的农林牧渔业项目又符合小型微利企业条件，未充分享受优惠。《企业所得税法》第五条规定，企业每一纳税年度的收入总额，减除不征税收入、免税收入、各项扣除及允许弥补的以前年度亏损后的余额，为应纳税所得额。从年度纳税申报表填报顺序来看，应纳税所得额为纳税调整后所得减掉所得减免、抵扣应纳税所得额及弥补亏损后的金额，即年度纳税申报表主表第 23 行"五、应纳税所得额"的数据。企业在享受农、林、牧、渔业项目所得减免后，如仍符合小型微利企业条件的，则可以继续享受小型微利企业所得税优惠政策。有的企业只享受了小型微利企业优惠，未再享受农、林、牧、渔业项目所得减免优惠。

(3) 企业购入农产品再种植、养殖未经过一定的生长周期即销售，错误享受税收优惠。根据《国家税务总局关于实施农、林、牧、渔业项目企业所得税优惠问题的公告》(国家税务总局公告 2011 年第 48 号)第七条的规定，企业将购入的农、林、牧、渔产品，在自有或租用的场地进行育肥、育秧等再种植、养殖，经过一定的生长周期，使其生物形态发生变化，且并非由于本环节对农产品进行加工而明显增加了产品的使用价值的，可视为农产品的种植、养殖项目享受相应的税收优惠。主管税务机关对企业进行农产品的再种植、养殖是否符合上述条件难以确定的,可要求企业提供县级以上农、林、牧、渔业政府主管部门的确认意见。

(4) 将农、林、牧、渔企业所得减免优惠误认为减免项目收入优惠。有的纳税人误认为农林牧渔业减免税是项目收入全额免税或者减半。实际上农、林、牧、渔业减免税是针对项目收入减去项目成本、相关税费、应分摊期间费及纳税调整以后的项目所得额免征或者减半征收。

(5) 农产品初加工的产品未合理划分收入、成本。根据《财政部 国家税务总局关于发布享受企业所得税优惠政策的农产品初加工范围(试行)的通知》(财税〔2008〕149号)的规定,享受企业所得税优惠政策的农产品初加工是按产品列举的,造成理解出现偏差。在实际工作中,农产品初加工一般是联产品加工,一种农产品往往生产出多种产品,比如棉籽初加工项目,产成品有棉籽油、棉粕、棉壳、棉短绒。《企业所得税法实施条例》第一百零二条规定,企业同时从事适用不同企业所得税待遇的项目的,其优惠项目应当单独计算所得,并合理分摊企业的期间费用;没有单独计算的,不得享受企业所得税优惠。有关享受企业所得税优惠政策的农产品初加工范围,财政部、国家税务总局先后下发了《关于发布享受企业所得税优惠政策的农产品初加工范围(试行)的通知》(财税〔2008〕149号)、《关于享受企业所得税优惠的农产品初加工有关范围的补充通知》(财税〔2011〕26号),均明确是按照规定列举的农产品所得享受税收优惠,没有规定的产品的所得不享受。因此,对于享受企业所得税优惠的企业应合理划分不同农产品初加工项目各项产品的成本、费用支出,分别核算所得,并各按适用的企业所得税政策进行纳税申报。

第十三节　国家重点扶持的公共基础设施项目

公共基础设施是指为社会生产和居民生活提供公共服务的物质工程设施,是用于保证国家或地区社会经济活动正常进行的公共服务系统。一个国家或地区的基础设施是否完善,是其经济是否可以长期持续稳定发展的重要基础。企业从事国家重点扶持的公共基础设施项目可享受所得减免优惠。

一、相关规定

《企业所得税法》第二十七条第(二)项规定,企业的下列所得,可以免征、减征企业所得税:从事国家重点扶持的公共基础设施项目投资经营的所得。

《企业所得税法实施条例》第八十七条规定,企业所得税法第二十七条第(二)项所称国家重点扶持的公共基础设施项目,是指《公共基础设施项目企业所得税优惠目录》规定的港口码头、机场、铁路、公路、城市公共交通、电力、水利等项目。企业从事上述规定的国家重点扶持的公共基础设施项目的投资经营的所得,自项目取得第一笔生产经营收入所属纳税年度起,第一年至第三年免征企业所得税,第四年至第六年减半征收企业所得税。企业承包经营、承包建设和内部自建自用本条规定的项目,不得享受本条规定的企业所得税优惠。

《企业所得税法实施条例》第八十九条规定,依照本条例第八十七条和第八十八条规定享受减免税优惠的项目,在减免税期限内转让的,受让方自受让之日起,可以在剩余期限内享受规定的减免税优惠;减免税期限届满后转让的,受让方不得就该项目重复享受减免税优惠。

《企业所得税法实施条例》第一百零一条规定,本章第八十七条、第九十九条、第一百条规定的企业所得税优惠目录,由国务院财政、税务主管部门商国务院有关部门制订,报国务院批准后公布施行。

《财政部 国家税务总局 国家发展和改革委员会关于公布〈公共基础设施项目企业所得税优惠目录(2008年版)〉的通知》(财税〔2008〕116号)规定,《公共基础设施项目企业所得税优惠目录(2008年版)》已经国务院批准,现予以公布,自2008年1月1日起施行。

《财政部 国家税务总局关于公共基础设施项目和环境保护节能节水项目企业所得税优惠政策问题的通知》(财税〔2012〕10号)规定,根据《企业所得税法》和《企业所得税法实施条例》的有关规定,现就企业享受公共基础设施项目和环境保护、节能节水项目企业所得税优惠政策问题通知如下:

(1)企业从事符合《公共基础设施项目企业所得税优惠目录》规定、于2007年12月31日前已经批准的公共基础设施项目投资经营的所得,以及从事符合《环境保护、节能节水项目企业所得税优惠目录》规定、于2007年12月31日前已经批准的环境保护、节能节水项目的所得,可在该项目取得第一笔生产经营收入所属纳税年度起,按新税法规定计算的企业所得税"三免三减半"优惠期间内,自2008年1月1日起享受其剩余年限的减免企业所得税优惠。

(2)如企业既符合享受上述税收优惠政策的条件,又符合享受《国务院关于实施企业所得税过渡优惠政策的通知》(国发〔2007〕39号)第一条规定的企业所得税过渡优惠政策的条件,由企业选择最优惠的政策执行,不得叠加享受。

《财政部 国家税务总局关于执行公共基础设施项目企业所得税优惠目录有关问题的通知》(财税〔2008〕46号)规定如下:

(1)企业从事《公共基础设施项目企业所得税优惠目录》内符合相关条件和技术标准及国家投资管理相关规定,于2008年1月1日后经批准的公共基础设施项目,其投资经营的所得,自该项目取得第一笔生产经营收入所属纳税年度起,第一年至第三年免征企业所得税,第四年至第六年减半征收企业所得税。

第一笔生产经营收入,是指公共基础设施项目已建成并投入运营后所取得的第一笔收入。

(2)企业同时从事不在《公共基础设施项目企业所得税优惠目录》范围内的项目取得的所得,应与享受优惠的公共基础设施项目所得分开核算,并合理分摊期间费用,没有分开核算的,不得享受上述企业所得税优惠政策。

(3)企业承包经营、承包建设和内部自建自用公共基础设施项目,不得享受上述企业所得税优惠。

《国家税务总局关于实施国家重点扶持的公共基础设施项目企业所得税优惠问题的通知》(国税发〔2009〕80号)第一条规定,对居民企业(以下简称企业)经有关部门批准,从事符合《公共基础设施项目企业所得税优惠目录》规定范围、条件和标准的公共基础设施项目的投资经营所得,自该项目取得第一笔生产经营收入所属纳税年度起,第一年至第三年免征企业所得税,第四年至第六年减半征收企业所得税。

企业从事承包经营、承包建设和内部自建自用《公共基础设施项目企业所得税优惠目录》规定项目的所得,不得享受上述规定的企业所得税优惠。

《国家税务总局关于实施国家重点扶持的公共基础设施项目企业所得税优惠问题的通知》(国税发〔2009〕80号)第二条规定,本通知所称第一笔生产经营收入,是指公共基础设施项目建成并投入运营(包括试运营)后所取得的第一笔主营业务收入。

《国家税务总局关于实施国家重点扶持的公共基础设施项目企业所得税优惠问题的通知》(国税发〔2009〕80号)第三条规定,本通知所称承包经营,是指与从事该项目经营的法人主体相独立的另一法人经营主体,通过承包该项目的经营管理而取得劳务性收益的经营活动。

《国家税务总局关于实施国家重点扶持的公共基础设施项目企业所得税优惠问题的通知》(国税发〔2009〕80号)第四条规定,本通知所称承包建设,是指与从事该项目经营的法人主体相独立的另一法人经营主体,通过承包该项目的工程建设而取得建筑劳务收益的经营活动。

《国家税务总局关于实施国家重点扶持的公共基础设施项目企业所得税优惠问题的通知》(国税发〔2009〕80号)第五条规定,本通知所称内部自建自用,是指项目的建设仅作为本企业主体经营业务的设施,满足本企业自身的生产经营活动需要,而不属于向他人提供公共服务业务的公共基础设施建设项目。

《国家税务总局关于实施国家重点扶持的公共基础设施项目企业所得税优惠问题的通知》(国税发〔2009〕80号)第六条规定,企业同时从事不在《公共基础设施项目企业所得税优惠目录》范围的生产经营项目取得的所得,应与享受优惠的公共基础设施项目经营所得分开核算,并合理分摊企业的期间共同费用;没有单独核算的,不得享受上述企业所得税优惠。

期间共同费用的合理分摊比例可以按照投资额、销售收入、资产额、人员工资等参数确定。上述比例一经确定,不得随意变更。凡特殊情况需要改变的,需报主管税务机关核准。

《国家税务总局关于实施国家重点扶持的公共基础设施项目企业所得税优惠问题的通知》(国税发〔2009〕80号)第九条规定,企业在减免税期限内转让所享受减免税优惠的项目,受让方承续经营该项目的,可自受让之日起,在剩余优惠期限内享受规定的减免税优惠;减免税期限届满后转让的,受让方不得就该项目重复享受减免税优惠。

《财政部 国家税务总局关于公共基础设施项目享受企业所得税优惠政策问题的补充通知》(财税〔2014〕55号)规定如下:

企业投资经营符合《公共基础设施项目企业所得税优惠目录》规定条件和标准的公共基础设施项目,采用一次核准、分批次(如码头、泊位、航站楼、跑道、路段、发电机组等)建设的,凡同时符合以下条件的,可按每一批次为单位计算所得,并享受企业所得税"三免三减半"优惠:

(1)不同批次在空间上相互独立。

(2)每一批次自身具备取得收入的功能。

(3)以每一批次为单位进行会计核算,单独计算所得,并合理分摊期间费用。

《国家税务总局关于电网企业电网新建项目享受所得税优惠政策问题的公告》(国家税务总局公告2013年第26号)第一条规定,根据《企业所得税法》及其实施条例的有关规定,居民企业从事符合《公共基础设施项目企业所得税优惠目录(2008年版)》规定条件和标准的电网(输变电设施)的新建项目,可依法享受"三免三减半"的企业所得税优惠政策。基于企业电网新建项目的核算特点,暂以资产比例法,即以企业新增输变电固定资产原值占企业总输变电固定资产原值的比例,合理计算电网新建项目的应纳税所得额,并据此享受"三免三减半"的企业所得税优惠政策。电网企业新建项目享受优惠的具体计算方法如下:

(1)对于企业能独立核算收入的330KV以上跨省及长度超过200KM的交流输变电新建项目和500KV以上直流输变电新建项目,应在项目投运后,按该项目营业收入、营业成本等单独计算其应纳税所得额;该项目应分摊的期间费用,可按照企业期间费用与分摊比例计算确定,计算公式为:

应分摊的期间费用=企业期间费用×分摊比例

第一年分摊比例=该项目输变电资产原值/[(当年企业期初总输变电资产原值+当年企业期末总输变电资产原值)/2]×(当年取得第一笔生产经营收入至当年年底的月份数/12)

第二年及以后年度分摊比例=该项目输变电资产原值/[(当年企业期初总输变电资产原值+当年企业期末总输变电资产原值)/2]

(2)对于企业符合优惠条件但不能独立核算收入的其他新建输变电项目,可先依照企业所得税法及相关规定计算出企业的应纳税所得额,再按照项目投运后的新增输变电固定资产原值占企业总输变电固定资产原值的比例,计算得出该新建项目减免的应纳税所得额。享受减免的应纳税所得额计算公式为:

当年减免的应纳税所得额=当年企业应纳税所得额×减免比例

减免比例=[当年新增输变电资产原值/(当年企业期初总输变电资产原值+当年企业期末总输变电资产原值)/2]×1/2+(符合税法规定、享受到第二年和第三年输变电资产原值之和)/[(当年企业期初总输变电资产原值+当年企业期末总输变电资产原值)/2]+[(符合税法规定、享受到第四年至第六年输变电资产原值之和)/(当年企业期初总输变电资产原值+当年企业期末总输变电资产原值)/2]×1/2

《财政部 国家税务总局关于继续实行农村饮水安全工程税收优惠政策的公告》(财政部 税务总局公告2019年第67号)第五条规定,对饮水工程运营管理单位从事《公共基础设施项目企业所得税优惠目录》规定的饮水工程新建项目投资经营的所得,自项目取得第一笔生产经营收入所属纳税年度起,第一年至第三年免征企业所得税,第四年至第六年减半征收企业所得税。

《财政部 国家税务总局关于继续实行农村饮水安全工程税收优惠政策的公告》(财政部 税务总局公告2019年第67号)第六条规定,本公告所称饮水工程,是指为农村居民提供生活用水而建设的供水工程设施。本公告所称饮水工程运营管理单位,是指负责饮水工程运营管理的自来水公司、供水公司、供水(总)站(厂、中心)、村集体、农民用水合作组织等单位。

符合条件的饮水工程运营管理单位自行申报享受减免税优惠,相关资料留存备查。

二、申报表填报重点关注

表 8-13-1　　　　　　　所得减免优惠明细表（A107020）（局部）

行次	减免项目	项目名称	优惠事项名称	优惠方式	项目收入	项目成本	相关税费	应分摊期间费用	纳税调整额	项目所得额 免税项目	项目所得额 减半项目	减免所得额
		1	2	3	4	5	6	7	8	9	10	11(9+10×50%)
4	二、国家重点扶持的公共基础设施项目											
5												
6		小计	*	*								

列次填报：

(1) 第 1 列"项目名称"：填报纳税人享受减免所得优惠的项目在会计核算上的名称。项目名称以纳税人内部规范称谓为准。

(2) 第 2 列"优惠事项名称"：按照该项目享受所得减免企业所得税优惠事项的具体政策内容选择填报。具体说明如下：

"二、国家重点扶持的公共基础设施项目"在以下优惠事项中选择填报：①港口码头项目；②机场项目；③铁路项目；④公路项目；⑤城市公共交通项目；⑥电力项目；⑦水利项目（不含农村饮水安全工程）；⑧农村饮水安全工程；⑨其他项目。

(3) 第 3 列"优惠方式"：填报该项目享受所得减免企业所得税优惠的具体方式。该项目享受免征企业所得税优惠的，填报"免税"；项目享受减半征税企业所得税优惠的，填报"减半征收"。

(4) 第 4 列"项目收入"：填报享受所得减免企业所得税优惠项目取得的收入总额。

(5) 第 5 列"项目成本"：填报享受所得减免企业所得税优惠项目发生的成本总额。

(6) 第 6 列"相关税费"：填报享受所得减免企业所得税优惠项目实际发生的有关税费总额，包括除企业所得税和允许抵扣的增值税以外的各项税金及其附加、合同签订费用、律师费等相关费用及其他支出。

(7) 第 7 列"应分摊期间费用"：填报享受所得减免企业所得税优惠项目合理分摊的期间费用总额。合理分摊比例可以按照投资额、销售收入、资产额、人员工资等参数确定，一经确定，不得随意变更。

(8) 第 8 列"纳税调整额"：填报纳税人按照税收规定需要调整减免项目收入、成本、费用的金额，纳税调减以"－"号填列。

(9) 第 9 列"项目所得额\免税项目"：填报享受所得减免企业所得税优惠的纳税人计算确认的本期免税项目所得额。本列根据第 3 列分析填报，第 3 列填报"免税"的，填报 4－5－6－7＋8 列金额，当第 4－5－6－7＋8 列＜0 时，填报 0。

(10) 第 10 列"项目所得额\减半项目"：填报享受所得减免企业所得税优惠的纳税人本期经计算确认的减半征收项目所得额。本列根据第 3 列分析填报，第 3 列填报"减半征税"的，填报第4－5－6－7＋8列金额,当第4－5－6－7＋8列＜0时,填报0。

(11) 第11列"减免所得额":填报享受所得减免企业所得税优惠的企业,该项目按照税收规定实际可以享受免征、减征的所得额,按第9列＋第10列×50％金额填报。

行次填报:

第4行至第6行"二、国家重点扶持的公共基础设施项目":按国家重点扶持的公共基础设施项目具体内容分别填报,一个项目填报一行,纳税人有多个项目的,可自行增加行次填报。各行相应列次填报金额的合计金额填入"小计"行。根据《财政部 国家税务总局关于执行公共基础设施项目企业所得税优惠目录有关问题的通知》(财税〔2008〕46号)、《财政部 国家税务总局 国家发展改革委关于公布公共基础设施项目企业所得税优惠目录(2008年版)的通知》(财税〔2008〕116号)、《国家税务总局关于实施国家重点扶持的公共基础设施项目企业所得税优惠问题的通知》(国税发〔2009〕80号)、《财政部 国家税务总局关于公共基础设施项目和环境保护节能节水项目企业所得税优惠政策问题的通知》(财税〔2012〕10号)、《国家税务总局关于电网企业电网新建项目享受所得税优惠政策问题的公告》(国家税务总局公告2013年第26号)、《财政部 国家税务总局关于公共基础设施项目享受企业所得税优惠政策问题的补充通知》(财税〔2014〕55号)、《财政部 税务总局关于继续实行农村饮水安全工程税收优惠政策的公告》(财政部 税务总局公告2019年第67号)等相关税收政策规定,从事《公共基础设施项目企业所得税优惠目录》规定的港口码头、机场、铁路、公路、城市公共交通、电力、水利等项目的投资经营的所得,自项目取得第一笔生产经营收入所属纳税年度起,第一年至第三年免征企业所得税,第四年至第六年减半征收企业所得税,不包括企业承包经营、承包建设和内部自建自用该项目的所得。本行填报本纳税年度发生的减征、免征企业所得税项目的有关情况。

【案例8-13】 甲企业从事国家重点扶持的公共基础设施项目运营,目前有两个国家重点扶持的公共基础设施项目,分别是A项目和B项目,A项目处于免税期间,B项目处于减半征收期间。2020年,A项目实现收入8 000万元,B项目实现收入2 000万元。企业对两项公共基础设施项目合理划分不同项目的成本,发生相应的成本分别为6 000万元和1 000万元,分别发生相关税费为200万元和50万元,全年发生管理费用250万元,销售费用100万元。企业选择按照收入比例分摊相关费用,无纳税调整项目,请问上述项目应该如何申报减免所得优惠?

【解析】 (1) 甲企业从事A项目享受免征企业所得税优惠。

项目收入为8 000万元。

项目成本为6 000万元。

相关税费为200万元。

应分摊的期间费用＝8 000×(250＋100)÷(8 000＋2 000)＝280(万元)。

项目所得＝8 000－6 000－200－280＝1 520(万元)。

项目减免所得为1 520万元。

(2) 从事B项目享受减半征收企业所得税优惠。

项目收入为2 000万元。

项目成本为1 000万元。

应分摊的期间费用=2 000×(250+100)÷(8 000+2 000)=70(万元)。

项目所得=2 000-1 000-50-70=880(万元)。

项目减免所得=880×50%=440(万元)。

申报表填报如表8-13-2所示。

表8-13-2　　　　　所得减免优惠明细表(A107020)(局部)　　　　　单位：元

行次	减免项目	项目名称	优惠事项名称	优惠方式	项目收入	项目成本	相关税费	应分摊期间费用	纳税调整额	项目所得额		减免所得额
										免税项目	减半项目	
		1	2	3	4	5	6	7	8	9	10	11(9+10×50%)
4	二、国家重点扶持的公共基础设施项目	A项目	国家重点扶持的公共基础设施项目	免税	80 000 000	60 000 000	2 000 000	2 800 000		15 200 000		15 200 000
5		B项目	国家重点扶持的公共基础设施项目	减半征收	20 000 000	10 000 000	500 000	700 000			8 800 000	4 400 000
6		小计	*	*	100 000 000	70 000 000	2 500 000	3 500 000		15 200 000	8 800 000	19 600 000

三、常见涉税风险

(1) 混淆非减免税项目与减免税项目的收入、成本，以及费用等。将非减免税收入计入减免税收入，将减免税项目的成本费用等计入非减免税项目当中，从而达到少缴税甚至不缴税的目的。

(2) 将减免税的范围认定为减免税项目收入。认为直接是项目收入全额免税或者减半征收。实际上所谓的免税或者减半征收是针对项目收入减去项目成本、相关税费、应分摊期间费用及纳税调整以后的项目所得额免征或者减半征收。

(3) 国家重点扶持的公共基础设施项目转让，受让方重复享受减免税优惠。根据《企业所得税法实施条例》第八十九条的规定，依照本条例第八十七条和第八十八条规定享受减免税优惠的项目，在减免税期限内转让的，受让方自受让之日起，可以在剩余期限内享受规定的减免税优惠；减免税期限届满后转让的，受让方不得就该项目重复享受减免税优惠。

(4) 不清楚采用一次核准、分批次建设的公共基础设施项目应该如何享受减免税优惠。同时符合以下条件的，可按每一批次为单位计算所得，并享受企业所得税"三免三减半"优惠：

① 不同批次在空间上相互独立。
② 每一批次自身具备取得收入的功能。
③ 以每一批次为单位进行会计核算，单独计算所得，并合理分摊期间费用。

其他的一般需要把整个项目作为整体享受优惠。

第十四节 符合条件的环境保护、节能节水项目

良好生态环境是实现中华民族永续发展的内在要求,是增进民生福祉的优先领域。当前,生态文明建设正处于压力叠加、负重前行的关键期,已进入提供更多优质生态产品以满足人民日益增长的优美生态环境需要的攻坚期,也到了有条件有能力解决突出生态环境问题的窗口期。国家对企业符合条件的环境保护、节能节水项目实行所得减免优惠。

一、相关规定

《企业所得税法》第二十七条第(三)项规定,企业的下列支出,可以在计算应纳税所得额时加计扣除:从事符合条件的环境保护、节能节水项目的所得。

《企业所得税法实施条例》第八十八条规定,企业所得税法第二十七条第(三)项所称符合条件的环境保护、节能节水项目,包括公共污水处理、公共垃圾处理、沼气综合开发利用、节能减排技术改造、海水淡化等。项目的具体条件和范围由国务院财政、税务主管部门商国务院有关部门制订,报国务院批准后公布施行。企业从事上述规定的符合条件的环境保护、节能节水项目的所得,自项目取得第一笔生产经营收入所属纳税年度起,第一年至第三年免征企业所得税,第四年至第六年减半征收企业所得税。

《企业所得税法实施条例》第八十九条规定,依照本条例第八十七条和第八十八条规定享受减免税优惠的项目,在减免税期限内转让的,受让方自受让之日起,可以在剩余期限内享受规定的减免税优惠;减免税期限届满后转让的,受让方不得就该项目重复享受减免税优惠。

《财政部 国家税务总局 国家发展改革委关于公布环境保护节能节水项目企业所得税优惠目录(试行)的通知》(财税〔2009〕166号)规定,《环境保护、节能节水项目企业所得税优惠目录(试行)》,已经国务院批准,现予以公布,自2008年1月1日起施行。

《环境保护、节能节水项目企业所得税优惠目录(试行)》详见财税〔2009〕166号附件,此处略。

《财政部 国家税务总局关于公共基础设施项目和环境保护节能节水项目企业所得税优惠政策问题的通知》(财税〔2012〕10号)规定如下:

(1)企业从事符合《公共基础设施项目企业所得税优惠目录》规定、于2007年12月31日前已经批准的公共基础设施项目投资经营的所得,以及从事符合《环境保护、节能节水项目企业所得税优惠目录》规定、于2007年12月31日前已经批准的环境保护、节能节水项目的所得,可在该项目取得第一笔生产经营收入所属纳税年度起,按新税法规定计算的企业所得税"三免三减半"优惠期间内,自2008年1月1日起享受其剩余年限的减免企业所得税优惠。

(2)如企业既符合享受上述税收优惠政策的条件,又符合享受《国务院关于实施企业所得税过渡优惠政策的通知》(国发〔2007〕39号)第一条规定的企业所得税过渡优惠政策的条件,由企业选择最优惠的政策执行,不得叠加享受。

《财政部　国家税务总局　国家发展改革委关于垃圾填埋沼气发电列入〈环境保护、节能节水项目企业所得税优惠目录(试行)〉的通知》(财税〔2016〕131号)规定如下：

(1)将垃圾填埋沼气发电项目列入《财政部　国家税务总局　国家发展改革委关于公布环境保护节能节水项目企业所得税优惠目录(试行)的通知》(财税〔2009〕166号)规定的"沼气综合开发利用"范围。

(2)企业从事垃圾填埋沼气发电项目取得的所得，符合《环境保护、节能节水项目企业所得税优惠目录(试行)》规定优惠政策条件的，可依照规定享受企业所得税优惠。

二、申报表填报重点关注

表8-14-1　　　　　　　　所得减免优惠明细表(A107020)(局部)

行次	减免项目	项目名称	优惠事项名称	优惠方式	项目收入	项目成本	相关税费	应分摊期间费用	纳税调整额	项目所得额		减免所得额
										免税项目	减半项目	
		1	2	3	4	5	6	7	8	9	10	11(9+10×50%)
7	三、符合条件的环境保护、节能节水项目											
8												
9		小计	*	*								

列次填报：

(1)第1列"项目名称"：填报纳税人享受减免所得优惠的项目在会计核算上的名称。项目名称以纳税人内部规范称谓为准。

(2)第2列"优惠事项名称"：按照该项目享受所得减免企业所得税优惠事项的具体政策内容选择填报。具体说明如下：

"三、符合条件的环境保护、节能节水项目"在以下优惠事项中选择填报：①公共污水处理项目；②公共垃圾处理项目；③沼气综合开发利用项目；④节能减排技术改造项目；⑤海水淡化项目；⑥其他项目。

(3)第3列"优惠方式"：填报该项目享受所得减免企业所得税优惠的具体方式。该项目享受免征企业所得税优惠的，填报"免税"；项目享受减半征税企业所得税优惠的，填报"减半征收"。

(4)第4列"项目收入"：填报享受所得减免企业所得税优惠项目取得的收入总额。

(5)第5列"项目成本"：填报享受所得减免企业所得税优惠项目发生的成本总额。

(6)第6列"相关税费"：填报享受所得减免企业所得税优惠项目实际发生的有关税费总额，包括除企业所得税和允许抵扣的增值税以外的各项税金及其附加、合同签订费用、律师费等相关费用及其他支出。

(7)第7列"应分摊期间费用"：填报享受所得减免企业所得税优惠项目合理分摊的期间费用总额。合理分摊比例可以按照投资额、销售收入、资产额、人员工资等参数确定，一经确定，不得随意变更。

(8)第8列"纳税调整额"：填报纳税人按照税收规定需要调整减免税项目收入、成本、费用的金额,纳税调减以"—"号填列。

(9) 第9列"项目所得额\免税项目":填报享受所得减免企业所得税优惠的纳税人计算确认的本期免税项目所得额。本列根据第3列分析填报,第3列填报"免税"的,填报第4－5－6－7+8列金额,当第4－5－6－7+8列<0时,填报0。

第9列"四、符合条件的技术转让项目"的"小计"行:当第4－5－6－7+8列≤500万元时,填报第4－5－6－7+8列金额(超过500万元部分的金额填入第10列);当第4－5－6－7+8列<0时,填报0。

(10) 第10列"项目所得额\减半项目":填报享受所得减免企业所得税优惠的纳税人本期经计算确认的减半征收项目所得额。本列根据第3列分析填报,第3列填报"减半征税"的,填报第4－5－6－7+8列金额,当第4－5－6－7+8列<0时,填报0。

第10列"四、符合条件的技术转让项目"的"小计"行:填报第4－5－6－7+8列金额超过500万元的部分。

(11) 第11列"减免所得额":填报享受所得减免企业所得税优惠的企业,该项目按照税收规定实际可以享受免征、减征的所得额,按第9列+第10列×50%金额填报。

行次填报:

第7行至第9行"三、符合条件的环境保护、节能节水项目":按符合条件的环境保护、节能节水项目的具体内容分别填报,一个项目填报一行。纳税人有多个项目的,可自行增加行次填报。各行相应列次填报金额的合计金额填入"小计"行。根据《财政部 国家税务总局 国家发展改革委关于公布环境保护节能节水项目企业所得税优惠目录(试行)的通知》(财税〔2009〕166号)、《财政部 国家税务总局关于公共基础设施项目和环境保护节能节水项目企业所得税优惠政策问题的通知》(财税〔2012〕10号)等相关税收政策规定,从事符合条件的公共污水处理、公共垃圾处理、沼气综合开发利用、节能减排技术改造、海水淡化等环境保护、节能节水项目的所得,自项目取得第一笔生产经营收入所属纳税年度起,第一年至第三年免征企业所得税,第四年至第六年减半征收企业所得税。本行填报本纳税年度发生的减征、免征企业所得税项目的有关情况。

【案例8-14】 甲自来水公司从事符合条件的公共污水处理项目。目前有两个公共污水处理项目,分别是A项目和B项目,A处于免税期间,B项目处于减半征收期间。2020年,A项目实现收入2 000万元,B项目实现收入3 000万元,企业对两项公共污水处理项目合理划分不同项目的成本,发生相应的成本分别为1 200万元和2 100万元,分别发生相关税费为100万元和150万元,全年发生管理费用200万元,销售费用300万元,企业选择按照收入比例分摊相关费用,无纳税调整项目,请问上述项目应该如何申报减免所得税优惠?

【解析】

(1) 甲企业从事A项目享受免征企业所得税优惠。

项目收入为2 000万元。

项目成本为1 200万元。

相关税费为100万元。

应分摊的期间费用＝2 000×(200＋300)÷(2 000＋3 000)＝200(万元)。

项目所得＝2 000－1 200－100－200＝500(万元)。

项目减免所得为 500 万元。

(2) 甲企业从事 B 项目享受减半征收企业所得税优惠。

项目收入为 3 000 万元。

项目成本为 2 100 万元。

相关税费为 150 万元。

应分摊的期间费用＝3 000×(200＋300)÷(2 000＋3 000)＝300(万元)。

项目所得＝3 000－2 100－150－300＝450(万元)。

项目减免所得＝450×50％＝225(万元)。

申报表填报如表 8-14-2 所示。

表 8-14-2　　　　　　所得减免优惠明细表(A107020)(局部)　　　　　　单位：元

行次	减免项目	优惠事项名称	优惠方式	项目收入	项目成本	相关税费	应分摊期间费用	纳税调整额	项目所得额		减免所得额
									免税项目	减半项目	
	1	2	3	4	5	6	7	8	9	10	11(9＋10×50％)
7	三、符合条件的环境保护、节能节水项目	A项目	公共污水处理项目	免税	20 000 000	12 000 000	1 000 000	2 000 000		5 000 000		5 000 000
8		B项目	公共污水处理项目	减半征收	30 000 000	21 000 000	1 500 000	3 000 000			4 500 000	2 250 000
9		小计	＊	＊	50 000 000	33 000 000	2 500 000	5 000 000		5 000 000	4 500 000	7 250 000

三、常见涉税风险

(1) 混淆非减免税项目与减免税项目的收入、成本，以及费用等。将非减免税收入计入减免税收入，将减免税项目的成本费用等计入非减免税项目当中，从而达到少缴税甚至不缴税的目的。

(2) 将减免税的范围认定为减免税项目收入。认为直接是项目收入全额免税或者减半征收。实际上所谓的免税或者减半征收是针对项目收入减去项目成本、相关税费、应分摊期间费及纳税调整以后的项目所得额免征或者减半征收。

(3) 符合条件的环境保护、节能节水项目转让，受让方重复享受减免税优惠。根据《企业所得税法实施条例》第八十九条的规定，依照本条例第八十七条和第八十八条规定享受减免税优惠的项目，在减免税期限内转让的，受让方自受让之日起，可以在剩余期限内享受规定的减免税优惠；减免税期限届满后转让的，受让方不得就该项目重复享受减免税优惠。

第十五节 符合条件的技术转让项目

科学技术是重要的生产要素,技术市场是我国现代市场体系和国家创新体系的重要组成部分。对于加快技术市场化对于促进科技成果资本化产业化、提升国家创新体系整体效能、激发全社会创新创业活力、促进科技与经济紧密结合具有重要意义。国家对企业符合条件的技术转让项目实行所得减免优惠。

一、相关规定

《企业所得税法》第二十七条第(四)项规定,企业的下列所得,可以免征、减征企业所得税:符合条件的技术转让所得。

《企业所得税法实施条例》第九十条规定,企业所得税法第二十七条第(四)项所称符合条件的技术转让所得免征、减征企业所得税,是指一个纳税年度内,居民企业技术转让所得不超过500万元的部分,免征企业所得税;超过500万元的部分,减半征收企业所得税。

《国家税务总局关于技术转让所得减免企业所得税有关问题的通知》(国税函〔2009〕212号)规定如下:

(1) 根据《企业所得税法》第二十七条第(四)项规定,享受减免企业所得税优惠的技术转让应符合以下条件:

① 享受优惠的技术转让主体是企业所得税法规定的居民企业。
② 技术转让属于财政部、国家税务总局规定的范围。
③ 境内技术转让经省级以上科技部门认定。
④ 向境外转让技术经省级以上商务部门认定。
⑤ 国务院税务主管部门规定的其他条件。

(2) 符合条件的技术转让所得应按以下方法计算:

$$技术转让所得=技术转让收入-技术转让成本-相关税费$$

技术转让收入是指当事人履行技术转让合同后获得的价款,不包括销售或转让设备、仪器、零部件、原材料等非技术性收入。不属于与技术转让项目密不可分的技术咨询、技术服务、技术培训等收入,不得计入技术转让收入。

技术转让成本是指转让的无形资产的净值,即该无形资产的计税基础减除在资产使用期间按照规定计算的摊销扣除额后的余额。

相关税费是指技术转让过程中实际发生的有关税费,包括除企业所得税和允许抵扣的增值税以外的各项税金及其附加、合同签订费用、律师费等相关费用及其他支出。

(3) 享受技术转让所得减免企业所得税优惠的企业,应单独计算技术转让所得,并合理分摊企业的期间费用;没有单独计算的,不得享受技术转让所得企业所得税优惠。

《财政部 国家税务总局关于居民企业技术转让有关企业所得税政策问题的通知》(财税〔2010〕111号)规定如下:

（1）技术转让的范围，包括居民企业转让专利技术、计算机软件著作权、集成电路布图设计权、植物新品种、生物医药新品种，以及财政部和国家税务总局确定的其他技术。

其中，专利技术，是指法律授予独占权的发明、实用新型和非简单改变产品图案的外观设计。

（2）本通知所称技术转让，是指居民企业转让其拥有符合本通知第一条规定技术的所有权或5年以上（含5年）全球独占许可使用权的行为。

（3）技术转让应签订技术转让合同。其中，境内的技术转让须经省级以上（含省级）科技部门认定登记，跨境的技术转让须经省级以上（含省级）商务部门认定登记，涉及财政经费支持产生技术的转让，需省级以上（含省级）科技部门审批。

居民企业技术出口应由有关部门按照商务部、科技部发布的《中国禁止出口限制出口技术目录》（商务部 科技部令2008年第12号）进行审查。居民企业取得禁止出口和限制出口技术转让所得，不享受技术转让减免企业所得税优惠政策。

（4）居民企业从直接或间接持有股权之和达到100%的关联方取得的技术转让所得，不享受技术转让减免企业所得税优惠政策。

《国家税务总局关于技术转让所得减免企业所得税有关问题的公告》（国家税务总局公告2013年第62号）规定，可以计入技术转让收入的技术咨询、技术服务、技术培训收入，是指转让方为使受让方掌握所转让的技术投入使用、实现产业化而提供的必要的技术咨询、技术服务、技术培训所产生的收入，并应同时符合以下条件：

（1）在技术转让合同中约定的与该技术转让相关的技术咨询、技术服务、技术培训。

（2）技术咨询、技术服务、技术培训收入与该技术转让项目收入一并收取价款。

《财政部 国家税务总局关于将国家自主创新示范区有关税收试点政策推广到全国范围实施的通知》（财税〔2015〕116号）第二条"关于技术转让所得企业所得税政策"规定如下：

（1）自2015年10月1日起，全国范围内的居民企业转让5年以上非独占许可使用权取得的技术转让所得，纳入享受企业所得税优惠的技术转让所得范围。居民企业的年度技术转让所得不超过500万元的部分，免征企业所得税；超过500万元的部分，减半征收企业所得税。

（2）本通知所称技术，包括专利（含国防专利）、计算机软件著作权、集成电路布图设计专有权、植物新品种权、生物医药新品种，以及财政部和国家税务总局确定的其他技术。其中，专利是指法律授予独占权的发明、实用新型，以及非简单改变产品图案和形状的外观设计。

《国家税务总局关于许可使用权技术转让所得企业所得税有关问题的公告》（国家税务总局公告2015年第82号）规定如下：

（1）自2015年10月1日起，全国范围内的居民企业转让5年（含，下同）以上非独占许可使用权取得的技术转让所得，纳入享受企业所得税优惠的技术转让所得范围。居民企业的年度技术转让所得不超过500万元的部分，免征企业所得税；超过500万元的部分，减半征收企业所得税。

所称技术包括专利（含国防专利）、计算机软件著作权、集成电路布图设计专有权、植物新品种权、生物医药新品种，以及财政部和国家税务总局确定的其他技术。其中，专利是指法律授予独占权的发明、实用新型,以及非简单改变产品图案和形状的外观设计。

(2) 企业转让符合条件的5年以上非独占许可使用权的技术,限于其拥有所有权的技术。技术所有权的权属由国务院行政主管部门确定。其中,专利由国家知识产权局确定权属;国防专利由总装备部确定权属;计算机软件著作权由国家版权局确定权属;集成电路布图设计专有权由国家知识产权局确定权属;植物新品种权由农业部确定权属;生物医药新品种由国家食品药品监督管理总局确定权属。

(3) 符合条件的5年以上非独占许可使用权技术转让所得应按以下方法计算:

技术转让所得=技术转让收入-无形资产摊销费用-相关税费-应分摊期间费用

技术转让收入是指转让方履行技术转让合同后获得的价款,不包括销售或转让设备、仪器、零部件、原材料等非技术性收入。不属于与技术转让项目密不可分的技术咨询、服务、培训等收入,不得计入技术转让收入。技术许可使用权转让收入,应按转让协议约定的许可使用权人应付许可使用权使用费的日期确认收入的实现。

无形资产摊销费用是指该无形资产按税法规定当年计算摊销的费用。涉及自用和对外许可使用的,应按照受益原则合理划分。

相关税费是指技术转让过程中实际发生的有关税费,包括除企业所得税和允许抵扣的增值税以外的各项税金及其附加、合同签订费用、律师费等相关费用。

应分摊期间费用(不含无形资产摊销费用和相关税费)是指技术转让按照当年销售收入占比分摊的期间费用。

二、申报表填报重点关注

表8-15-1　　　　　　所得减免优惠明细表(A107020)(局部)

行次	减免项目	项目名称	优惠事项名称	优惠方式	项目收入	项目成本	相关税费	应分摊期间费用	纳税调整额	项目所得额 免税项目	项目所得额 减半项目	减免所得额
		1	2	3	4	5	6	7	8	9	10	11(9+10×50%)
10	四、符合条件的技术转让项目		*	*						*	*	*
11			*	*						*	*	*
12		小计		*								

列次填报:

(1) 第1列"项目名称":填报纳税人享受减免所得优惠的项目在会计核算上的名称。项目名称以纳税人内部规范称谓为准。

(2) 第2列"优惠事项名称":按照该项目享受所得减免企业所得税优惠事项的具体政策内容选择填报。具体说明如下:

"四、符合条件的技术转让项目":本列无需填报。

(3) 第3列"优惠方式":填报该项目享受所得减免企业所得税优惠的具体方式。该项目享受免征企业所得税优惠的,填报"免税";项目享受减半征税企业所得税优惠的,填报

"减半征收"。

（4）第4列"项目收入"：填报享受所得减免企业所得税优惠项目取得的收入总额。

（5）第5列"项目成本"：填报享受所得减免企业所得税优惠项目发生的成本总额。

（6）第6列"相关税费"：填报享受所得减免企业所得税优惠项目实际发生的有关税费总额，包括除企业所得税和允许抵扣的增值税以外的各项税金及其附加、合同签订费用、律师费等相关费用及其他支出。

（7）第7列"应分摊期间费用"：填报享受所得减免企业所得税优惠项目合理分摊的期间费用总额。合理分摊比例可以按照投资额、销售收入、资产额、人员工资等参数确定，一经确定，不得随意变更。

（8）第8列"纳税调整额"：填报纳税人按照税收规定需要调整减免税项目收入、成本、费用的金额，纳税调减以"－"号填列。

（9）第9列"项目所得额\免税项目"：填报享受所得减免企业所得税优惠的纳税人计算确认的本期免税项目所得额。本列根据第3列分析填报，第3列填报"免税"的，填报第4－5－6－7+8列金额，当第4－5－6－7+8列＜0时，填报0。

第9列"四、符合条件的技术转让项目"的"小计"行：当第4－5－6－7+8列≤500万元时，填报第4－5－6－7+8列金额（超过500万元部分的金额填入第10列）；当第4－5－6－7+8列＜0时，填报0。

（10）第10列"项目所得额\减半项目"：填报享受所得减免企业所得税优惠的纳税人本期经计算确认的减半征收项目所得额。本列根据第3列分析填报，第3列填报"减半征税"的，填报第4－5－6－7+8列金额，当第4－5－6－7+8列＜0时，填报0。

第10列"四、符合条件的技术转让项目"的"小计"行：填报第4－5－6－7+8列金额超过500万元的部分。

（11）第11列"减免所得额"：填报享受所得减免企业所得税优惠的企业，该项目按照税收规定实际可以享受免征、减征的所得额，按第9列＋第10列×50％金额填报。

行次填报：

第10行至第12行"四、符合条件的技术转让项目"：按照不同技术转让项目分别填报，一个项目填报一行，纳税人有多个项目的，可自行增加行次填报。各行相应列次填报金额的合计金额填入"小计"行。根据《国家税务总局关于技术转让所得减免企业所得税有关问题的通知》（国税函〔2009〕212号）、《财政部 国家税务总局关于居民企业技术转让有关企业所得税政策问题的通知》（财税〔2010〕111号）、《国家税务总局关于技术转让所得减免企业所得税有关问题的公告》（国家税务总局公告2013年第62号）、《国家税务总局关于许可使用权技术转让所得企业所得税有关问题的公告》（国家税务总局公告2015年第82号）等相关税收政策规定，一个纳税年度内，居民企业将其拥有的专利技术、计算机软件著作权、集成电路布图设计权、植物新品种、生物医药新品种，以及财政部和国家税务总局确定的其他技术的所有权或5年以上（含5年）全球独占许可使用权、5年以上（含5年）非独占许可使用权转让取得的所得，不超过500万元的部分，免征企业所得税；超过500万元的部分，减半征收企业所得税。居民企业从直接或间接持有股权之和达到100％的关联方取得的技术转让所得，不享受技术转让减免企业所得税优惠政策。本行填报本纳税年度发生的减征、免征企业所得税项目的有关情况。

【案例8-15】 A企业是某电子元器件生产企业,2020年有一项符合条件的技术转让项目,取得技术转让收入800万元,技术转让成本为190万元,相关税费为1万元,分摊期间费用5万元,纳税调整额10万元。另单独收取受让方后期技术服务收入100万元,服务期5年。请问企业享受技术转让收入减免税优惠的部分应该如何申报?

【解析】 甲企业技术转让收入部分可以享受减免税优惠,但是单独收取的后期技术服务费不能享受减免税优惠。具体如下:

项目收入为800万元。

项目成本为190万元。

相关税费为1万元。

分摊期间费用为5万元。

纳税调整额为10万元。

项目所得=800-190-1-5-10=594(万元)。

申报表填报如表8-15-2所示。

表8-15-2　　　　所得减免优惠明细表(A107020)(局部)　　　　单位:元

行次	减免项目	项目名称	优惠事项名称	优惠方式	项目收入	项目成本	相关税费	应分摊期间费用	纳税调整额	项目所得额		减免所得额
										免税项目	减半项目	
		1	2	3	4	5	6	7	8	9	10	11(9+10×50%)
10	四、符合条件的技术转让项目		*	*	8 000 000	1 900 000	10 000	50 000	100 000	*	*	*
11			*	*						*	*	*
12		小计	*		8 000 000	1 900 000	10 000	50 000	100 000	5 000 000	940 000	5 470 000

三、常见涉税风险

(1)企业技术转让在计算可享受企业所得税的税收优惠时不包含设备价款等收入。根据《国家税务总局关于许可使用权技术转让所得企业所得税有关问题的公告》(国家税务总局公告2015年第82号)的规定,符合条件的5年以上非独占许可使用权技术转让所得应按以下方法计算:

技术转让所得=技术转让收入-无形资产摊销费用-相关税费-应分摊期间费用

技术转让收入是指转让方履行技术转让合同后获得的价款,不包括销售或转让设备、仪器、零部件、原材料等非技术性收入。不属于与技术转让项目密不可分的技术咨询、服务、培训等收入,不得计入技术转让收入。因此不包含设备款。

(2)企业技术转让在计算可享受企业所得税的税收优惠时对技术咨询、技术服务、技术培训收入应视情况而定。根据《国家税务总局关于技术转让所得减免企业所得税有关问题的公告》(国家税务总局公告2013年第62号)的规定,可以计入技术转让收入的技术咨询、技术服务、技术培训收入,是指转让方为使受让方掌握所转让的技术投入使用、实现产业化而提供的必要的技术咨询、技术服务、技术培训所产生的收入,并应同时符合以下条件:

① 在技术转让合同中约定的与该技术转让相关的技术咨询、技术服务、技术培训。
② 技术咨询、技术服务、技术培训收入与该技术转让项目收入一并收取价款。

第十六节 清洁发展机制项目

清洁发展机制是根据《京都议定书》第十二条建立的发达国家与发展中国家合作减排温室气体的灵活机制。它允许工业化国家的投资者在发展中国家实施有利于发展中国家可持续发展的减排项目,从而减少温室气体排放量,以履行发达国家在《京都议定书》中所承诺的限排或减排义务。国家对企业清洁发展机制项目实行所得减免优惠。

一、相关规定

《财政部 国家税务总局关于中国清洁发展机制基金及清洁发展机制项目实施企业有关企业所得税政策问题的通知》(财税〔2009〕30号)规定,经国务院批准,现就中国清洁发展机制基金(以下简称清洁基金)和清洁发展机制项目(以下简称CDM项目)实施企业的有关企业所得税政策明确如下:

1) 关于清洁基金的企业所得税政策

对清洁基金取得的下列收入,免征企业所得税:

(1) CDM项目温室气体减排量转让收入上缴国家的部分。
(2) 国际金融组织赠款收入。
(3) 基金资金的存款利息收入、购买国债的利息收入。
(4) 国内外机构、组织和个人的捐赠收入。

2) 关于CDM项目实施企业的企业所得税政策

(1) CDM项目实施企业按照《清洁发展机制项目运行管理办法》(发展改革委 科技部 外交部 财政部令第37号)的规定,将温室气体减排量的转让收入,按照以下比例上缴给国家的部分,准予在计算应纳税所得额时扣除:

① 氢氟碳化物(HFC)和全氟碳化物(PFC)类项目,为温室气体减排量转让收入的65%。
② 氧化亚氮(N_2O)类项目,为温室气体减排量转让收入的30%。
③《清洁发展机制项目运行管理办法》第四条规定的重点领域及植树造林项目等类清洁发展机制项目,为温室气体减排量转让收入的2%。

(2) 对企业实施的将温室气体减排量转让收入的65%上缴给国家的HFC和PFC类CDM项目,以及将温室气体减排量转让收入的30%上缴给国家的N_2O类CDM项目,其实施该类CDM项目的所得,自项目取得第一笔减排量转让收入所属纳税年度起,第一年至第三年免征企业所得税,第四年至第六年减半征收企业所得税。

企业实施CDM项目的所得,是指企业实施CDM项目取得的温室气体减排量转让收入扣除上缴国家的部分,再扣除企业实施CDM项目发生的相关成本、费用后的净所得。

企业应单独核算其享受优惠的CDM项目的所得,并合理分摊有关期间费用,没有单独核算的,不得享受上述企业所得税优惠政策。

二、申报表填报重点关注

表8-16-1　　　　　　　所得减免优惠明细表(A107020)(局部)

行次	减免项目	项目名称	优惠事项名称	优惠方式	项目收入	项目成本	相关税费	应分摊期间费用	纳税调整额	项目所得额 免税项目	项目所得额 减半项目	减免所得额
		1	2	3	4	5	6	7	8	9	10	11(9+10×50%)
13	五、清洁发展机制项目		*									
14			*									
15		小计	*	*								

列次填报:

(1)第1列"项目名称":填报纳税人享受减免所得优惠的项目在会计核算上的名称。项目名称以纳税人内部规范称谓为准。

(2)第2列"优惠事项名称":按照该项目享受所得减免企业所得税优惠事项的具体政策内容选择填报。具体说明如下:

"五、清洁发展机制项目":本列无需填报。

(3)第3列"优惠方式":填报该项目享受所得减免企业所得税优惠的具体方式。该项目享受免征企业所得税优惠的,填报"免税";项目享受减半征税企业所得税优惠的,填报"减半征收"。

(4)第4列"项目收入":填报享受所得减免企业所得税优惠项目取得的收入总额。

(5)第5列"项目成本":填报享受所得减免企业所得税优惠项目发生的成本总额。

(6)第6列"相关税费":填报享受所得减免企业所得税优惠项目实际发生的有关税费总额,包括除企业所得税和允许抵扣的增值税以外的各项税金及其附加、合同签订费用、律师费等相关费用及其他支出。

(7)第7列"应分摊期间费用":填报享受所得减免企业所得税优惠项目合理分摊的期间费用总额。合理分摊比例可以按照投资额、销售收入、资产额、人员工资等参数确定,一经确定,不得随意变更。

(8)第8列"纳税调整额":填报纳税人按照税收规定需要调整减免税项目收入、成本、费用的金额,纳税调减以"－"号填列。

(9)第9列"项目所得额\免税项目":填报享受所得减免企业所得税优惠的纳税人计算确认的本期免税项目所得额。本列根据第3列分析填报,第3列填报"免税"的,填报第4－5－6－7+8列金额,当第4－5－6－7+8列<0时,填报0。

(10) 第 10 列"项目所得额\减半项目"：填报享受所得减免企业所得税优惠的纳税人本期经计算确认的减半征收项目所得额。本列根据第 3 列分析填报，第 3 列填报"减半征税"的，填报第 4－5－6－7＋8 列金额，当第 4－5－6－7＋8 列<0 时，填报 0。

(11) 第 11 列"减免所得额"：填报享受所得减免企业所得税优惠的企业，该项目按照税收规定实际可以享受免征、减征的所得额，按第 9 列＋第 10 列×50％金额填报。

行次填报：

第 13 行至第 15 行"五、清洁发展机制项目"：按照实施的清洁发展机制的不同项目分别填报，一个项目填报一行，纳税人有多个项目的，可自行增加行次填报。各行相应列次填报金额的合计金额填入"小计"行。根据《财政部 国家税务总局关于中国清洁发展机制基金及清洁发展机制项目实施企业有关企业所得税政策问题的通知》（财税〔2009〕30 号）等相关税收政策规定，企业实施的将温室气体减排量转让收入的 65％上缴给国家的 HFC 和 PFC 类 CDM 项目，以及将温室气体减排量转让收入的 30％上缴给国家的 N_2O 类 CDM 项目，其实施该类 CDM 项目的所得，自项目取得第一笔减排量转让收入所属纳税年度起，第一年至第三年免征企业所得税，第四年至第六年减半征收企业所得税。本行填报本纳税年度发生的减征、免征企业所得税项目的有关情况。

【案例 8-16】 A 企业从事符合条件的 PFC 类 CDM 项，目前处于减半征收期。2020 年，取得项目收入 1 000 万元，项目成本为 490 万元，相关税费为 17 万元，分摊期间费用 50 万元，纳税调整额 10 万元，请问企业上述收入应该如何申报？

【解析】 甲企业的 PFC 类 CDM 项可以享受清洁发展机制项目减免税优惠，根据目前所处阶段属于减半征收期。具体如下：

项目收入为 1 000 万元。

项目成本为 490 万元。

相关税费为 17 万元。

分摊期间费用为 50 万元。

纳税调整额为 10 万元。

项目所得＝1 000－490－17－50－10＝433（万元）。

具体申报如下：

申报表填报如表 8-16-2 所示。

表 8-16-2　　　　　　　所得减免优惠明细表(A107020)(局部)　　　　　　　单位：元

行次	减免项目	项目名称	优惠事项名称	优惠方式	项目收入	项目成本	相关税费	应分摊期间费用	纳税调整额	项目所得额		减免所得额
										免税项目	减半项目	
		1	2	3	4	5	6	7	8	9	10	11(9＋10×50％)
13	五、清洁发展机制项目	PFC 类 CDM 项	*	减半征收	10 000 000	4 900 000	170 000	500 000	100 000		4 330 000	2 165 000
14			*									
15		小计	*	*	10 000 000	4 900 000	170 000	500 000	100 000	2 165 000	4 330 000	2 165 000

三、常见涉税风险

（1）混淆非减免税项目与减免税项目的收入、成本，以及费用等。将非减免税收入计入减免税收入，将减免税项目的成本费用等计入非减免税项目当中，从而达到少缴税甚至不缴税的目的。

（2）将减免税的范围认定为减免税项目收入。认为直接是项目收入全额免税或者减半征收。实际上所谓的免税或者减半征收是针对项目收入减去项目成本、相关税费、应分摊期间费及纳税调整以后的项目所得额免征或者减半征收。

（3）未单独核算清洁发展机制项目的所得而享受了对应税收优惠。根据《财政部 国家税务总局关于中国清洁发展机制基金及清洁发展机制项目实施企业有关企业所得税政策问题的通知》（财税〔2009〕30号）的规定，企业应单独核算其享受优惠的CDM项目的所得，并合理分摊有关期间费用，没有单独核算的，不得享受上述企业所得税优惠政策。

第十七节 专用设备抵免

企业使用环境保护、节能节水、安全生产等专用设备有利于以人为本和可持续发展。国家鼓励企业购置用于环境保护、节能节水、安全生产等专用设备。国家对企业购置专用设备的支出，给予税额抵免优惠。

一、相关规定

《企业所得税法》第二十七条规定，企业购置用于环境保护、节能节水、安全生产等专用设备的投资额，可以按一定比例实行税额抵免。

《企业所得税法实施条例》第一百条规定，企业所得税法第三十四条所称税额抵免，是指企业购置并实际使用《环境保护专用设备企业所得税优惠目录》《节能节水专用设备企业所得税优惠目录》和《安全生产专用设备企业所得税优惠目录》规定的环境保护、节能节水、安全生产等专用设备的，该专用设备的投资额的10%可以从企业当年的应纳税额中抵免；当年不足抵免的，可以在以后5个纳税年度结转抵免。享受上述规定的企业所得税优惠的企业，应当实际购置并自身实际投入使用前款规定的专用设备；企业购置上述专用设备在5年内转让、出租的，应当停止享受企业所得税优惠，并补缴已经抵免的企业所得税税款。

《财政部 国家税务总局关于执行企业所得税优惠政策若干问题的通知》（财税〔2009〕69号）第十条规定，《企业所得税实施条例》第一百条规定的购置并实际使用的环境保护、节能节水和安全生产专用设备，包括承租方企业以融资租赁方式租入的、并在融资租赁合同中约定租赁期届满时租赁设备所有权转移给承租方企业，且符合规定条件的上述专用设备。凡融资租赁期届满后租赁设备所有权未转移至承租方企业的，承租方企业应停止享受抵免企业所得税优惠，并补缴已经抵免的企业所得税税款。

《财政部 税务总局 国家发展改革委工业和信息化部 环境保护部关于印发节能节水

和环境保护专用设备企业所得税优惠目录(2017年版)的通知》(财税〔2017〕71号)第一条规定,对企业购置并实际使用节能节水和环境保护专用设备享受企业所得税抵免优惠政策的适用目录进行适当调整,统一按《节能节水专用设备企业所得税优惠目录(2017年版)》和《环境保护专用设备企业所得税优惠目录(2017年版)》执行。

《财政部 税务总局 应急管理部关于印发〈安全生产专用设备企业所得税优惠目录(2018年版)〉的通知》(财税〔2018〕84号)第一条规定,对企业购置并实际使用安全生产专用设备享受企业所得税抵免优惠政策的适用目录进行适当调整,统一按《安全生产专用设备企业所得税优惠目录(2018年版)》执行。

《财政部 国家税务总局关于执行环境保护专用设备企业所得税优惠目录、节能节水专用设备企业所得税优惠目录和安全生产专用设备企业所得税优惠目录有关问题的通知》(财税〔2008〕48号)规定如下:

(1)企业自2008年1月1日起购置并实际使用列入《安全生产专用设备企业所得税优惠目录》范围内的环境保护、节能节水和安全生产专用设备,可以按专用设备投资额的10%抵免当年企业所得税应纳税额;企业当年应纳税额不足抵免的,可以向以后年度结转,但结转期不得超过5个纳税年度。

(2)专用设备投资额,是指购买专用设备发票价税合计价格,但不包括按有关规定退还的增值税税款,以及设备运输、安装和调试等费用。

(3)当年应纳税额,是指企业当年的应纳税所得额乘以适用税率,扣除依照企业所得税法和国务院有关税收优惠规定,以及税收过渡优惠规定减征、免征税额后的余额。

(4)企业利用自筹资金和银行贷款购置专用设备的投资额,可以按企业所得税法的规定抵免企业应纳所得税额;企业利用财政拨款购置专用设备的投资额,不得抵免企业应纳所得税额。

(5)企业购置并实际投入适用、已开始享受税收优惠的专用设备,如从购置之日起5个纳税年度内转让、出租的,应在该专用设备停止使用当月停止享受企业所得税优惠,并补缴已经抵免的企业所得税税款。转让的受让方可以按照该专用设备投资额的10%抵免当年企业所得税应纳税额;当年应纳税额不足抵免的,可以在以后5个纳税年度结转抵免。

(6)根据经济社会发展需要及企业所得税优惠政策实施情况,国务院财政、税务主管部门会同国家发展改革委、安监总局等有关部门适时对《安全生产专用设备企业所得税优惠目录》内的项目进行调整和修订,并在报国务院批准后对《安全生产专用设备企业所得税优惠目录》进行更新。

《国家税务总局关于环境保护节能节水安全生产等专用设备投资抵免企业所得税有关问题的通知》(国税函〔2010〕256号)规定,根据《财政部 国家税务总局关于全国实施增值税转型改革若干问题的通知》(财税〔2008〕170号)的规定,自2009年1月1日起,增值税一般纳税人购进固定资产发生的进项税额可从其销项税额中抵扣。因此,自2009年1月1日起,纳税人购进并实际使用《环境保护专用设备企业所得税优惠目录》《节能节水专用设备企业所得税优惠目录》和《安全生产专用设备企业所得税优惠目录》范围内的专用设备并取得增值税专用发票的,在按照《财政部 国家税务总局关于执行环境保护专用设备企业所得税优惠目录节能节水专用设备企业所得税优惠目录和安全生产专用设备企业所得税优惠目录有关问题的通知》(财税〔2008〕48号)第二条规定进行税额抵免时,如增值税进项税额允许抵扣,其专用设备投资额不再包括增值税进项税额;如增值税进项税额不允许抵扣,其专用设备投资额应为增值税专用发票上注明的价税合计金额。

企业购买专用设备取得普通发票的,其专用设备投资额为普通发票上注明的金额。

二、申报表填报重点关注

表 8-17-1　　　　　　　　税额抵免优惠明细表(A107050)

行次	项目		年度	本年抵免前应纳税额	本年允许抵免的专用设备投资额	本年可抵免税额	以前年度已抵免额						本年实际抵免的各年度税额	可结转以后年度抵免的税额
							前五年度	前四年度	前三年度	前二年度	前一年度	小计		
			1	2	3	4 (3×10%)	5	6	7	8	9	10(5+…+9)	11	12(4−10−11)
1	前五年度													*
2	前四年度						*							
3	前三年度						*	*						
4	前二年度						*	*	*					
5	前一年度						*	*	*	*				
6	本年度						*	*	*	*	*			
7	本年实际抵免税额合计													*
8	可结转以后年度抵免的税额合计													
9	专用设备投资情况	本年允许抵免的环境保护专用设备投资额												
10		本年允许抵免节能节水的专用设备投资额												
11		本年允许抵免的安全生产专用设备投资额												

(1)第1列"年度":填报公历年份。第6行为本年,第5行至第1行依次填报。

(2)第2列"本年抵免前应纳税额":填报纳税人《中华人民共和国企业所得税年度纳税申报表(A类)》(A100000)第25行"应纳所得税额"减第26行"减免所得税额"后的额。2012和2013年度的"当年抵免前应纳税额":填报《企业所得税年度纳税申报表(A类)》(2008年版)第27行"应纳所得税额"减第28行"减免所得税额"后的余额。2014、2015和2016年度的"当年抵免前应纳税额":填报纳税人《中华人民共和国企业所得税年度纳税申报表(A类)》(2014年版)第25行"应纳所得税额"减第26行"减免所得税额"后的余额。

(3)第3列"本年允许抵免的专用设备投资额":填报纳税人本年购置并实际使用《环境保护专用设备企业所得税优惠目录》《节能节水专用设备企业所得税优惠目录》和《安全生产专用设备企业所得税优惠目录》规定的环境保护、节能节水、安全生产等专用设备的发票价税合计金额,但不包括允许抵扣的增值税进项税额、按有关规定退还的增值税税款,以及设备运输、安装和调试等费用。

(4)第4列"本年可抵免税额":填报第3列×10%的金额。

(5) 第 5 列至第 9 列 "以前年度已抵免额"：填报纳税人以前年度已抵免税额,其中前五年度、前四年度、前三年度、前二年度、前一年度与"项目"列中的前五年度、前四年度、前三年度、前二年度、前一年度相对应。

(6) 第 10 列 "以前年度已抵免额—小计"：填报第 5+6+7+8+9 列的合计金额。

(7) 第 11 列 "本年实际抵免的各年度税额"：第 1 行至第 6 行填报纳税人用于依次抵免前 5 个年度及本年尚未抵免的税额,第 11 列小于等于第 4−10 列,且第 11 列第 1 行至第 6 行合计金额不得大于第 6 行第 2 列的金额。

(8) 第 12 列 "可结转以后年度抵免的税额"：填报第 4−10−11 列的余额。

(9) 第 7 行第 11 列 "本年实际抵免税额合计"：填报第 11 列第 1+2+…+6 行的合计金额。

(10) 第 8 行第 12 列 "可结转以后年度抵免的税额合计"：填报第 12 列第 2+3+…+6 行的合计金额。

(11) 第 9 行 "本年允许抵免的环境保护专用设备投资额"：填报纳税人本年购置并实际使用《环境保护专用设备企业所得税优惠目录》规定的环境保护专用设备的发票价税合计价格,但不包括允许抵扣的增值税进项税额、按有关规定退还的增值税税款以及设备运输、安装和调试等费用。

(12) 第 10 行 "本年允许抵免节能节水的专用设备投资额"：填报纳税人本年购置并实际使用《节能节水专用设备企业所得税优惠目录》规定的节能节水等专用设备的发票价税合计价格,但不包括允许抵扣的增值税进项税额、按有关规定退还的增值税税款以及设备运输、安装和调试等费用。

(13) 第 11 行 "本年允许抵免的安全生产专用设备投资额"：填报纳税人本年购置并实际使用《安全生产专用设备企业所得税优惠目录》规定的安全生产等专用设备的发票价税合计价格,但不包括允许抵扣的增值税进项税额、按有关规定退还的增值税税款,以及设备运输、安装和调试等费用。

【案例 8-17】 甲企业 2015—2020 年各年度抵免前应纳税额与当年允许抵免的专用设备投资额如表 8-17-2 所示。

表 8-17-2 2015—2020 年各年抵免前应纳税额与当年允许抵免的专用设备投资额统计表

单位：元

年度	抵免前应纳税额	当年允许抵免的专用设备投资额
2015	5 000 000	120 000 000
2016	5 000 000	50 000 000
2017	6 000 000	60 000 000
2018	70 000 000	70 000 000
2019	3 000 000	80 000 000
2020	6 000 000	90 000 000

请问企业 2020 年专用设备抵免应该如何申报？

【解析】 甲企业可以享受专用设备抵免税收优惠。需要填报《税额抵免优惠明细表》(A107050),填报过程如下：

假设甲企业进行2020年度企业所得税申报,则前五年度填写2015年,前四年度填写2016年,前三年度填写2017年,前二年度填写2018年,前一年度填写2019年,本年度填写2020年。

2015年当年抵免前应纳税额为500万元,当年允许抵免的专用设备投资额为12 000万元,则其当年可抵免税额为1 200万元(12 000×10%),则2015年度当年度可抵免数为500万元(500万元填入第1行"前五年度"列),余下700万元结转至以后年度抵免。

2016年当年抵免前应纳税额为500万元,当年允许抵免的专用设备投资额为5 000万元,则其当年可抵免税额为500万元(5 000×10%),由于2015年度尚余700万元待抵免,则500万元先抵免2015年度余下的700万元(500万元填入第1行"前四年度"列),最终2015年尚余200万元结转以后年度抵免,2016年尚余500万元结转以后年度抵免。

2017年当年抵免前应纳税额为600万元,当年允许抵免的专用设备投资额为6 000万元,则其当年可抵免税额为600万元(6 000×10%),先抵免2015年度结转至今的200万元(200万元填入第1行"前三年度"列),余下400万元(600-200)抵免2016度结转数(400万元填入第2行"前三年度"列),最终2016年尚余100万元结转以后年度抵免,2017年尚余600万元结转以后年度抵免。

2018年当年抵免前应纳税额为7 000万元,当年允许抵免的专用设备投资额为7 000万元,则其当年可抵免税额为700万元(700×10%),先抵免2016年结转至今的100万元(100万元填入第2行"前二年度"列),再抵免2017年结转至今的600万元(600万元填入第3行"前二年度"列),最后抵免2017年度当年可抵免数700万元(700万元填入第4行"前二年度"列)。

2019年当年抵免前应纳税额为300万元,当年允许抵免的专用设备投资额为8 000万元,则其当年可抵免税额为800万元(8 000×10%),当年可抵免数为300万元(300万元填入第5行"前一年度"列),尚余500万元(800-300)结转以后年度抵免。

2020年当年抵免前应纳税额为600万元,当年允许抵免的专用设备投资额为9 000万元,则其当年可抵免税额为900万元(9 000×10%),先抵免2019年度结转的500万元(500万元填入第5行"本年度实际抵免的各年度税额"列),再抵免今年的可抵免数100万元(600-500)(100万元填入第6行"本年度实际抵免的各年度税额"列),本年度尚余800万元(900-100)结转以后年度抵免(填入第6行"可结转本年以后年度抵免的税额"列)。

申报表填报如表8-17-3所示。

表8-17-3 税额抵免优惠明细表(A107050)(局部) 单位:元

行次	项目	年度	本年抵免前应纳税额	本年允许抵免的专用设备投资额	本年可抵免税额	以前年度已抵免额						本年实际抵免的各年度税额	可结转以后年度抵免的税额
						前五年度	前四年度	前三年度	前二年度	前一年度	小计		
		1	2	3	4(3×10%)	5	6	7	8	9	10(5+…+9)	11	12(4-10-11)
1	前五年度	2015	5 000 000	120 000 000	12 000 000	5 000 000	5 000 000	2 000 000			12 000 000	0	*

（续表）

行次	项目	年度	本年抵免前应纳税额	本年允许抵免的专用设备投资额	本年可抵免税额		以前年度已抵免额						本年实际抵免的各年度税额	可结转以后年度抵免的税额
							前五年度	前四年度	前三年度	前二年度	前一年度	小计		
			1	2	3	4(3×10%)	5	6	7	8	9	10(5+…+9)	11	12(4-10-11)
2	前四年度	2016	5 000 000	50 000 000		5 000 000	*		4 000 000	1 000 000		5 000 000	0	0
3	前三年度	2017	6 000 000	60 000 000		6 000 000	*			6 000 000		6 000 000		0
4	前二年度	2018	70 000 000	70 000 000		7 000 000	*	*	*	7 000 000		7 000 000		0
5	前一年度	2019	3 000 000	80 000 000		8 000 000	*	*	*		3 000 000	3 000 000	5 000 000	0
6	本年度	2020	6 000 000	90 000 000		9 000 000	*	*	*	*	*	*	1 000 000	8 000 000
7	本年实际抵免税额合计												6 000 000	*
8	可结转以后年度抵免的税额合计													8 000 000
9	专用设备投资情况	本年允许抵免的环境保护专用设备投资额											40 000 000	
10		本年允许抵免节能节水的专用设备投资额											50 000 000	

三、常见涉税风险

（1）对企业购置环境保护、节能节水和安全生产专用设备，安装完成后即享受优惠。根据《财政部 国家税务总局关于执行环境保护专用设备企业所得税优惠目录、节能节水专用设备企业所得税优惠目录和安全生产专用设备企业所得税优惠目录有关问题的通知》（财税〔2008〕48号）的规定，企业自2008年1月1日起购置并实际使用列入《安全生产专用设备企业所得税优惠目录》范围内的环境保护、节能节水和安全生产专用设备，可以按专用设备投资额的10%抵免当年企业所得税应纳税额；企业当年应纳税额不足抵免的，可以向以后年度结转，但结转期不得超过5个纳税年度，专用设备投资额，是指购买专用设备发票价税合计价格，但不包括按有关规定退还的增值税税款，以及设备运输、安装和调试等费用。因此是在企业实际投入使用才能享受。

（2）专用设备在5年内转让、出租的是否可以继续享受抵免税款优惠。根据《企业所得税法实施条例》第一百条的规定，企业购置上述专用设备在5年内转让、出租的，应当停止享受企业所得税优惠，并补缴已经抵免的企业所得税税款。

第九章 税前扣除凭证管理

企业所得税汇算清缴事项中,税前扣除凭证的管理既是一项基础性工作,也是一项非常重要的防控涉税风险工作。准确把握税前扣除凭证管理的精髓,方能开展好汇算清缴和防范相关涉税风险。

第一节 基本规定

《企业所得税法》第八条规定,企业实际发生的与取得收入有关的、合理的支出,包括成本、费用、税金、损失和其他支出,准予在计算应纳税所得额时扣除。

企业实际发生的成本、费用等各项支出在申报税前扣除时,除要遵循税前扣除原则,还应该提供该成本、费用的合法有效凭证。企业在会计上要根据合法、有效凭证记账,进行核算。关于合法有效凭证的会计、税收规定主要有以下内容。

一、会计规定

(一)《中华人民共和国会计法》的规定

《中华人民共和国会计法》(以下简称《会计法》)第九条规定,各单位必须根据实际发生的经济业务事项进行会计核算,填制会计凭证,登记会计账簿,编制财务会计报告。任何单位不得以虚假的经济业务事项或者资料进行会计核算。

《会计法》第十条规定,下列经济业务事项,应当办理会计手续,进行会计核算:
(1)款项和有价证券的收付。
(2)财物的收发、增减和使用。
(3)债权债务的发生和结算。
(4)资本、基金的增减。
(5)收入、支出、费用、成本的计算。
(6)财务成果的计算和处理。
(7)需要办理会计手续、进行会计核算的其他事项。

《会计法》第十三条规定,会计凭证、会计账簿、财务会计报告和其他会计资料,必须符合国家统一的会计制度的规定。使用电子计算机进行会计核算的,其软件及其生成的会计凭证、会计账簿、财务会计报告和其他会计资料，也必须符合国家统一的会计制度的规定。任何单位和个人不得伪造、变造会计凭证、会计账簿及其他会计资料，不得提供虚假的财务会计报告。

《会计法》第十四条规定，会计凭证包括原始凭证和记账凭证。办理本法第十条所列的经济业务事项，必须填制或者取得原始凭证并及时送交会计机构。会计机构、会计人员必须按照国家统一的会计制度的规定对原始凭证进行审核，对不真实、不合法的原始凭证有权不予接受，并向单位负责人报告；对记载不准确、不完整的原始凭证予以退回，并要求按照国家统一的会计制度的规定更正、补充。原始凭证记载的各项内容均不得涂改；原始凭证有错误的，应当由出具单位重开或者更正，更正处应当加盖出具单位印章。原始凭证金额有错误的，应当由出具单位重开，不得在原始凭证上更正。记账凭证应当根据经过审核的原始凭证及有关资料编制。

（二）《会计基础工作规范》的规定

《会计基础工作规范》第四十八条规定，原始凭证的基本要求是：

（1）原始凭证的内容必须具备：凭证的名称；填制凭证的日期；填制凭证单位名称或者填制人姓名；经办人员的签名或者盖章；接受凭证单位名称；经济业务内容；数量、单价和金额。

（2）从外单位取得的原始凭证，必须盖有填制单位的公章；从个人取得的原始凭证，必须有填制人员的签名或者盖章。自制原始凭证必须有经办单位领导人或者其指定的人员签名或者盖章。对外开出的原始凭证，必须加盖本单位公章。

（3）凡填有大写和小写金额的原始凭证，大写与小写金额必须相符。购买实物的原始凭证，必须有验收证明。支付款项的原始凭证，必须有收款单位和收款人的收款证明。

（4）一式几联的原始凭证，应当注明各联的用途，只能以一联作为报销凭证。一式几联的发票和收据，必须用双面复写纸（发票和收据本身具备复写纸功能的除外）套写，并连续编号。作废时应当加盖"作废"戳记，连同存根一起保存，不得撕毁。

（5）发生销货退回的，除填制退货发票外，还必须有退货验收证明；退款时，必须取得对方的收款收据或者汇款银行的凭证，不得以退货发票代替收据。

（6）职工公出借款凭据，必须附在记账凭证之后。收回借款时，应当另开收据或者退还借据副本，不得退还原借款收据。

（7）经上级有关部门批准的经济业务，应当将批准文件作为原始凭证附件。如果批准文件需要单独归档的，应当在凭证上注明批准机关名称、日期和文件字号。

《会计基础工作规范》第四十九条规定，原始凭证不得涂改、挖补。发现原始凭证有错误的，应当由开出单位重开或者更正，更正处应当加盖开出单位的公章。

《会计基础工作规范》第五十条规定，会计机构、会计人员要根据审核无误的原始凭证填制记账凭证。记账凭证可以分为收款凭证、付款凭证和转账凭证，也可以使用通用记账凭证。

《会计基础工作规范》第五十一条规定，记账凭证的基本要求是：

（1）记账凭证的内容必须具备：填制凭证的日期；凭证编号；经济业务摘要；会计科目；金额；所附原始凭证张数；填制凭证人员、稽核人员、记账人员、会计机构负责人、会计主管人员签名或者盖章。收款和付款记账凭证还应当由出纳人员签名或者盖章。以自制的原始凭证或者原始凭证汇总表代替记账凭证的,也必须具备记账凭证应有的项目。

(2)填制记账凭证时,应当对记账凭证进行连续编号。一笔经济业务需要填制两张以上记账凭证的,可以采用分数编号法编号。

(3)记账凭证可以根据每一张原始凭证填制,或者根据若干张同类原始凭证汇总填制,也可以根据原始凭证汇总表填制。但不得将不同内容和类别的原始凭证汇总填制在一张记账凭证上。

(4)除结账和更正错误的记账凭证可以不附原始凭证外,其他记账凭证必须附有原始凭证。如果一张原始凭证涉及几张记账凭证,可以把原始凭证附在一张主要的记账凭证后面,并在其他记账凭证上注明附有该原始凭证的记账凭证的编号或者附原始凭证复印件。

(5)如果在填制记账凭证时发生错误,应当重新填制。已经登记入账的记账凭证,在当年内发现填写错误时,可以用红字填写一张与原内容相同的记账凭证,在摘要栏注明"注销某月某日某号凭证"字样,同时再用蓝字重新填制一张正确的记账凭证,注明"订正某月某日某号凭证"字样。如果会计科目没有错误,只是金额错误,也可以将正确数字与错误数字之间的差额,另编一张调整的记账凭证,调增金额用蓝字,调减金额用红字。发现以前年度记账凭证有错误的,应当用蓝字填制一张更正的记账凭证。

(6)记账凭证填制完经济业务事项后,如有空行,应当自金额栏最后一笔金额数字下的空行处至合计数上的空行处划线注销。

《会计基础工作规范》第五十二条规定,填制会计凭证,字迹必须清晰、工整,并符合下列要求:

(1)阿拉伯数字应当一个一个地写,不得连笔写。阿拉伯金额数字前面应当书写货币币种符号或者货币名称简写和币种符号。币种符号与阿拉伯金额数字之间不得留有空白。凡阿拉伯数字前写有币种符号的,数字后面不再写货币单位。

(2)所有以元为单位(其他货币种类为货币基本单位,下同)的阿拉伯数字,除表示单价等情况外,一律填写到角分;无角分的,角位和分位可写"00",或者符号"——";有角无分的,分位应当写"0",不得用符号"——"代替。

(3)汉字大写数字金额如零、壹、贰、叁、肆、伍、陆、柒、捌、玖、拾、佰、仟、万、亿等,一律用正楷或者行书体书写,不得用0、一、二、三、四、五、六、七、八、九、十等简化字代替,不得任意自造简化字。大写金额数字到元或者角为止的,在"元"或者"角"字之后应当写"整"字或者"正"字;大写金额数字有分的,分字后面不写"整"或者"正"字。

(4)大写金额数字前未印有货币名称的,应当加填货币名称,货币名称与金额数字之间不得留有空白。

(5)阿拉伯金额数字中间有"0"时,汉字大写金额要写"零"字;阿拉伯数字金额中间连续有几个"0"时,汉字大写金额中可以只写一个"零"字;阿拉伯金额数字元位是"0",或者数字中间连续有几个"0"、元位也是"0"但角位不是"0"时,汉字大写金额可以只写一个"零"字,也可以不写"零"字。

《会计基础工作规范》第五十三条规定,实行会计电算化的单位,对于机制记账凭证,要认真审核，做到会计科目使用正确，数字准确无误。打印出的机制记账凭证要加盖制单人员、审核人员、记账人员及会计机构负责人、会计主管人员印章或者签字。

《会计基础工作规范》第五十四条规定，各单位会计凭证的传递程序应当科学、合理，具体办法由各单位根据会计业务需要自行规定。

《会计基础工作规范》第五十五条规定，会计机构、会计人员要妥善保管会计凭证。

（1）会计凭证应当及时传递，不得积压。

（2）会计凭证登记完毕后，应当按照分类和编号顺序保管，不得散乱丢失。

（3）记账凭证应当连同所附的原始凭证或者原始凭证汇总表，按照编号顺序，折叠整齐，按期装订成册，并加具封面，注明单位名称、年度、月份和起讫日期、凭证种类、起讫号码，由装订人在装订线封签外签名或者盖章。对于数量过多的原始凭证，可以单独装订保管，在封面上注明记账凭证日期、编号、种类，同时在记账凭证上注明"附件另订"和原始凭证名称及编号。各种经济合同、存出保证金收据，以及涉外文件等重要原始凭证，应当另编目录，单独登记保管，并在有关的记账凭证和原始凭证上相互注明日期和编号。

（4）原始凭证不得外借，其他单位如因特殊原因需要使用原始凭证时，经本单位会计机构负责人、会计主管人员批准，可以复制。向外单位提供的原始凭证复制件，应当在专设的登记簿上登记，并由提供人员和收取人员共同签名或者盖章。

（5）从外单位取得的原始凭证如有遗失，应当取得原开出单位盖有公章的证明，并注明原来凭证的号码、金额和内容等，由经办单位会计机构负责人、会计主管人员和单位领导人批准后，才能代作原始凭证。如果确实无法取得证明的，如火车、轮船、飞机票等凭证，由当事人写出详细情况，由经办单位会计机构负责人、会计主管人员和单位领导人批准后，代作原始凭证。

二、税收规定

（一）《税收征收管理法》的规定

《税收征收管理法》第十九条规定，纳税人、扣缴义务人按照有关法律、行政法规和国务院财政、税务主管部门的规定设置账簿，根据合法、有效凭证记账，进行核算。

《税收征收管理法》第二十四条规定，从事生产、经营的纳税人、扣缴义务人必须按照国务院财政、税务主管部门规定的保管期限保管账簿、记账凭证、完税凭证及其他有关资料。账簿、记账凭证、完税凭证及其他有关资料不得伪造、变造或者擅自损毁。

《税收征收管理法》第三十四条规定，税务机关征收税款时，必须给纳税人开具完税凭证。扣缴义务人代扣、代收税款时，纳税人要求扣缴义务人开具代扣、代收税款凭证的，扣缴义务人应当开具。

《税收征收管理法》第六十三条规定，纳税人伪造、变造、隐匿、擅自销毁账簿、记账凭证，或者在账簿上多列支出或者不列、少列收入，或者经税务机关通知申报而拒不申报或者进行虚假的纳税申报，不缴或者少缴应纳税款的，是偷税。对纳税人偷税的，由税务机关追缴其不缴或者少缴的税款、滞纳金，并处不缴或者少缴的税款50%以上5倍以下的罚款；构成犯罪的，依法追究刑事责任。扣缴义务人采取前款所列手段，不缴或者少缴已扣、已收税款,由税务机关追缴其不缴或者少缴的税款、滞纳金,并处不缴或者少缴的税款 50% 以上 5 倍以下的罚款;构成犯罪的,依法追究刑事责任。

(二)《税收征收管理法实施细则》的规定

《税收征收管理法实施细则》第二十七条规定,账簿、会计凭证和报表,应当使用中文。民族自治地方可以同时使用当地通用的一种民族文字。外商投资企业和外国企业可以同时使用一种外国文字。

《税收征收管理法实施细则》第二十九条规定,账簿、记账凭证、报表、完税凭证、发票、出口凭证以及其他有关涉税资料应当合法、真实、完整。账簿、记账凭证、报表、完税凭证、发票、出口凭证,以及其他有关涉税资料应当保存 10 年;但是,法律、行政法规另有规定的除外。

(三)《发票管理办法》的规定

《发票管理办法》第十九条规定,销售商品、提供服务,以及从事其他经营活动的单位和个人,对外发生经营业务收取款项,收款方应当向付款方开具发票;特殊情况下,由付款方向收款方开具发票。

《发票管理办法》第二十条规定,所有单位和从事生产、经营活动的个人在购买商品、接受服务,以及从事其他经营活动支付款项,应当向收款方取得发票。取得发票时,不得要求变更品名和金额。

《发票管理办法》第二十一条规定,不符合规定的发票,不得作为财务报销凭证,任何单位和个人有权拒收。

《发票管理办法》第三十三条规定,单位和个人从中国境外取得的与纳税有关的发票或者凭证,税务机关在纳税审查时有疑义的,可以要求其提供境外公证机构或者注册会计师的确认证明,经税务机关审核认可后,方可作为记账核算的凭证。

(四)相关税收文件的规定

《国家税务总局关于加强企业所得税管理的意见》(国税发〔2008〕88 号)规定,不符合规定的发票不得作为税前扣除凭据。

《国家税务总局关于印发〈进一步加强税收征管若干具体措施〉的通知》(国税发〔2008〕114 号)规定,未按规定取得的合法有效凭据不得在税前扣除。

《国家税务总局关于发布〈企业所得税税前扣除凭证管理办法〉的公告》(国家税务总局公告 2018 年第 28 号,以下简称 28 号公告)就税前扣除凭证的定义、适用范围、管理原则、种类、基本情况税务处理和特殊情况税务处理等作出了具体规定。

综合上述会计和税收规定,可以得出三个结论:

第一,企业税前扣除事项必须是实际发生的经济业务事项。税法中的实际发生原则类似于会计信息质量要求中的可靠性。这一原则要求企业应当以实际发生的交易或事项为依据进行各项扣除的确认和申报,应当将符合税法内容的各项扣除及其他相关信息如实反映在纳税申报表中,保证纳税申报信息真实可靠、内容完整。真实性是高质量纳税申报信息的重要基础和关键所在,如果企业以虚假的经济业务进行各项扣除的确认和申报,会严重损害纳税申报信息质量。

第二,企业应根据合法、有效凭证记账,不符合规定的发票,不得作为财务报销凭证。

这是对会计核算的基本要求,而会计核算是企业所得税纳税申报的基础,财务报销是税前扣除的前提,很难得出这样的结论,即企业实际发生的支出,财务上不得报销而允许在税前扣除。

第三,企业应当按规定取得合法有效凭证。对于不符合规定的发票和其他凭证,或者是未按规定取得的合法有效凭据,不得在税前扣除。

第二节 税前扣除凭证定义与种类

28号公告对于税前扣除凭证的定义与种类进行了详细规定。

一、税前扣除凭证的定义

28号公告第二条规定,税前扣除凭证是指企业在计算企业所得税应纳税所得额时,证明与取得收入有关的、合理的支出实际发生,并据以税前扣除的各类凭证。

28号公告第八条明确,税前扣除凭证按照来源分为内部凭证和外部凭证。

需要注意的是,有的扣除项目既需要外部凭证,也需要内部凭证。例如,外购固定资产折旧,既需要外购固定资产的发票,也需要计提折旧的内部凭证。

二、内部凭证的种类

内部凭证又称"自制凭证",是指企业内部经办业务的部门或个人(包括财务部门本身)自制用于成本、费用、损失和其他支出核算的会计原始凭证,如折旧单、摊销凭证等。内部凭证的填制和使用应当符合国家会计法律、法规等相关规定。企业在境内发生的支出项目不属于应税项目的,对方为个人的,以内部凭证作为税前扣除凭证。

常见的内部凭证有:

(1)企业仓库部门填制的"材料验收单""产品入库验收单""销售发货票""发出材料汇总表"。

(2)生产车间及其他部门申请领料时填制的"领料单"。

(3)企业职工出差向单位借款填制的"借支单"。

(4)财会部门编制的"工资费用结算单""制造费用分配表"等。

内部凭证按其填制手续不同,又可分为一次凭证、累计凭证、汇总原始凭证和记账编制凭证四种。

三、外部凭证的种类

外部凭证是指企业发生经营活动和其他事项时,从其他单位、个人取得的用于证明其支出发生的凭证,包括但不限于发票(包括纸质发票和电子发票)、财政票据、完税证明、收款凭证、分割单等。

（一）发票

发票是指在购销商品、提供或者接受服务及从事其他经营活动中，开具、收取的收付款凭证。

1. 发票类型

发票类型包括增值税专用发票、增值税普通发票、机动车销售统一发票、增值税电子普通发票、卷式发票、门票、过路（过桥）费发票、定额发票、客运发票和二手车销售统一发票等。

2. 基础信息

税务发票应具有税务监制章。

购买方名称必须是全称、无错字。定额发票、过路过桥费发票除外。

购买方纳税人识别号填写正确，多写、少写、错写都不行。

其余购买方信息如果是普通发票没有强制要求填写，一旦填写必须准确。

发票专用章盖必须完整、清晰，不允许加盖多个不同发票专用章，不得在同一处重复盖章，不得加盖单位公章或财务专用章。

发票专用章的纳税人识别号与销售方信息栏中的纳税人识别号一致。

3. 发票规范

增值税专用发票不能压线、错格，不仅是密码区，全部打印区内容都不能压线、错格，所有信息填写完整、准确，销售方的开票人和复核人原则上不能是同一个人，专用发票也必须查验真伪，认证只是抵扣的程序不代表发票合规。

通用机打发票、增值税普通发票、增值税电子普通发票的审核标准参照增值税专用发票。

手填税务发票，严格按照机打发票标准填写，发票内容和金额必须在同一行，手填发票一定要确保验真后再支付。

定额发票，包含了地铁充值发票、过路过桥费发票、停车票、部分地区的餐费发票等，严防假票。

4. 税务风险

纳税人通过增值税发票管理新系统开具的增值税发票，其"货物或应税劳务、服务名称"栏为"＊编码简称＊名称"，其中编码简称须按照《商品和服务税收分类与编码》填写，且与实际业务相符、与税率相符，名称可自主填写，发票内容必须根据实际业务开具，内容较多可以汇总开具（如显示：详见销货清单），根据具体明细在税控系统中开具清单（非增值税新系统开具的发票参照审核，如通用机打发票等，下同）。

发票上的规格型号、单位、数量、单价，按税法规定依次据实填写，且必须与实际业务相符，服务及劳务如无规格型号、单位、数量、单价，相关信息可不填。

适用税目和税率应正确，与实际业务相符。

差额计税差额开票适用正确。

2018年1月1日之后开具的增值税发票需显示编码简称，该项要求逐步推行。目前允许部分税务机关代开发票没有编码简称，其余纳税人在新系统开具的增值税发票必须显示编码简称。

5. 备注栏信息

建筑服务发票,应在发票的备注栏注明建筑服务发生地县(市、区)名称及工程名称。

不动产销售发票,应在发票"货物或应税劳务、服务名称"栏填写不动产名称及房屋产权证书号码(无房屋产权证书的可不填写),"单位"栏填写面积单位,备注栏注明不动产的详细地址。

不动产租赁发票,应在备注栏注明不动产的详细地址。

货物运输发票,应备注起运地、到达地、车种车号以及运输货物信息等内容。

保险服务发票(代收车船税),如果是保险机构作为车船税扣缴义务人,在代收车船税并开具增值税发票时,应在增值税发票备注栏中注明代收车船税税款信息。具体包括保险单号、税款所属期、代收车船税金额、滞纳金金额、金额合计等。保险单号、税款所属期(详细至月)、代收车船税金额、滞纳金金额、金额合计等。该增值税发票可作为纳税人缴纳车船税及滞纳金的会计核算原始凭证。

差额开票应在备注栏自动打印"差额征税"字样,发票开具不应与其他应税行为混开。

6. 其他要求

企业经营地址和注册地址不一致,开具增值税专用发票时应按照税务登记证(统一社会信用代码证)上的地址开具。

增值税专用发票"开户行及账号",应填写企业基本开户行及账号。

销售方开具发票时,应如实开具与实际经营业务相符的发票,购买方取得发票时,不得要求变更品名和金额。

严格按照《商品和服务税收分类与编码》开具发票,采用增值税发票管调新系统开具的发票不能出现如"办公用品""材料一批""礼品"等类似的笼统开具行为。比如《商品和服务税收分类与编码》中有一个明细类别是"纸制文具及办公用品",因此发票摘要写"纸制文具及办公用品"是符合规范的,但是只写"办公用品"是不符合规范的。

由于开票时有限额,销售货物不能一次性全开,分开开具发票时,会出现数量是小数,比如0.4台,只要分开开具的发票数量总额与实际销售数量相符即可。

成品油增值税专用发票在发票的左上角有"成品油"三个字。

火车票、汽车票、飞机票等乘坐交通工具的票据可以作为税前扣除凭证。飞机票、火车票、汽车票等必须注意结合业务审核。例如,差旅费用审批单、行程、出差人员等信息,飞机票(电子客票行程单)可登录"中国民用航空局网站行程单验真模块"(http://www.caac.gov.cn/INDEX/HLFW/DZKPYZ/)查验真伪。

(二) 财政票据

财政票据,是指由财政部门监(印)制、发放、管理,国家机关、事业单位、具有公共管理或者公共服务职能的社会团体及其他组织(以下统称行政事业单位)依法收取政府非税收入或者从事非营利性活动收取财物时,向公民、法人和其他组织开具的凭证。

财政票据是财务收支和会计核算的原始凭证,包括电子和纸质两种形式。财政电子票据和纸质票据具有同等法律效力,是财会监督、审计监督等的重要依据。

1. 票据类型

财政票据包括如下类型:非税收入通用票据;非税收入一般缴款书;资金往来结算票

据;公益事业捐赠票据;医疗收费票据;社会团体会费票据;其他应当由财政部门管理的票据。

2. 规范要求

财政票据应当包括票据名称、票据编码、票据监制章、项目、标准、数量、金额、交款人、开票日期、开票单位、开票人、复核人等内容。财政票据应当套印全国统一式样的财政票据监制章。财政票据应当按照规定填写,做到字迹清楚、内容完整真实、印章齐全、各联次内容和金额一致。填写错误的,应当另行填写。填写财政票据应当统一使用中文。财政票据以两种文字监(印)制的,可以同时使用另一种文字填写。财政票据应当按照规定使用。不按规定使用的,付款单位和个人有权拒付款项,财务部门不得报销。纸质票据一般包括存根联、收据联、记账联。存根联由开票方留存,收据联由支付方收执,记账联由开票方留做记账凭证。财政票据使用单位和付款单位应当准确、完整、有效接收和读取财政电子票据,并按照会计信息化和会计档案等有关管理要求归档入账。

(三)完税凭证

完税凭证也称"税收票证"。税收票证是指税务机关、扣缴义务人依照法律法规,代征代售人按照委托协议,征收税款、基金、费、滞纳金、罚没款等各项收入(以下统称税款)的过程中,开具的收款、退款和缴库凭证。税收票证是纳税人实际缴纳税款或者收取退还税款的法定证明。税收票证包括纸质形式和数据电文形式。数据电文税收票证是指通过横向联网电子缴税系统办理税款的征收缴库、退库时,向银行、国库发送的电子缴款、退款信息。

自2019年1月1日起,《税收完税证明》不再作为税收票证管理,不再套印"国家税务总局税收票证监制章",加盖的税务机关印章由"征税专用章"调整为"业务专用章"。

(四)收款凭证

28号公告第九条规定,企业在境内发生的支出项目属于增值税应税项目,对方为依法无需办理税务登记的单位或者从事小额零星经营业务的个人,其支出以税务机关代开的发票或者收款凭证及内部凭证作为税前扣除凭证,收款凭证还应载明收款单位名称、个人姓名及身份证号、支出项目、收款金额等相关信息。

(五)分割单

《会计基础工作规范》第五十一条规定,一张原始凭证所列支出需要几个单位共同负担的,应当将其他单位负担的部分,开给对方原始凭证分割单,进行结算。原始凭证分割单必须具备原始凭证的基本内容:凭证名称、填制凭证日期、填制凭证单位名称或者填制人姓名、经办人的签名或者盖章、接受凭证单位名称、经济业务内容、数量、单价、金额和费用分摊情况等。

28号公告规定,企业与其他企业(包括关联企业)、个人在境内共同接受应纳增值税劳务(以下简称应税劳务)发生的支出,采取分摊方式的,应当按照独立交易原则进行分摊,企业以发票和分割单作为税前扣除凭证,共同接受应税劳务的其他企业以企业开具的分割单作为税前扣除凭证。企业与其他企业、个人在境内共同接受非应税劳务发生的支出,采取分摊方式的,企业以发票外的其他外部凭证和分割单作为税前扣除凭证,共同接受非应税劳务的其他企业以企业开具的分割单作为税前扣除凭证。

第三节 税前扣除凭证的管理规定

一、28号公告的适用范围

28号公告第三条规定,《税前扣除凭证管理办法》适用于《企业所得税法》及其实施条例规定的居民企业和非居民企业。

二、税前扣除凭证的管理原则

28号公告第四条规定,税前扣除凭证管理中遵循真实性、合法性、关联性原则。税前扣除凭证的基础是真实性,核心是合法性、关联性。

(1) 真实性是指税前扣除凭证反映的经济业务真实,且支出已经实际发生。经济业务真实须通过费用支出过程中的事项申请、合同协议、支出依据及付款凭证等证明材料判断业务支出是否真实发生;支出已经实际发生是指相关成本费用已经发生,且取得合法有效凭证。

(2) 合法性是指税前扣除凭证的形式、来源符合国家法律、法规等相关规定,包括但不限于《会计法》《会计基础工作规范》等对原始凭证的规定;《发票管理办法》及实施细则中对发票的规定;增值税专用发票、电子普通发票、红字发票等的特殊规定,《财政票据管理办法》中对于财政票据的规定等。

(3) 关联性是指税前扣除凭证与其反映的支出相关联且有证明力。税前扣除不只是依据一张张发票、财政票据、完税证明等孤立的凭证,还要与一条条与支出相关联的完整证据链相印证,如会议费的税前列支。除了会议费发票之外,还需要会议申请、会议通知、会议纪要、会议签到簿等具有证明力的佐证材料。

三、税前扣除凭证的管理要求

依据28号公告第五条至第七条的规定,企业发生支出,应取得税前扣除凭证,作为计算企业所得税应纳税所得额时扣除相关支出的依据。企业应在当年度《企业所得税法》规定的汇算清缴期结束前取得税前扣除凭证。企业应将与税前扣除凭证相关的资料,包括合同协议、支出依据、付款凭证等留存备查,以证实税前扣除凭证的真实性。

四、一般情况税务处理

《税前扣除凭证管理办法》第九条至第十二条规定了一般情况下支出项目税前扣除凭证的要求。

(一) 境内支出项目的扣除凭证要求

境内支出项目又分是否属于增值税应税项目两种情况。

1. 境内支出项目属于增值税应税项目

企业在境内发生的支出项目属于增值税应税项目（以下简称应税项目）的，对方为已办理税务登记的增值税纳税人，其支出以发票（包括按照规定由税务机关代开的发票）作为税前扣除凭证；对方为依法无需办理税务登记的单位或者从事小额零星经营业务的个人，其支出以税务机关代开的发票或者收款凭证及内部凭证作为税前扣除凭证，收款凭证还应载明收款单位名称、个人姓名及身份证号、支出项目、收款金额等相关信息。

小额零星经营业务的判断标准是个人从事应税项目经营业务的销售额不超过增值税相关政策规定的起征点。考虑到小规模增值税纳税人符合条件可以享受免征增值税优惠政策，根据《中华人民共和国增值税暂行条例》及实施细则、《财政部 税务总局关于实施小微企业普惠性税收减免政策的通知》（财税〔2019〕13号）的规定，小额零星经营业务可按以下标准判断：按月纳税的，月销售额不超过10万元；按次纳税的，每次（日）销售额不超过300～500元。目前全国各地均按照最高额度确定起征点。自然人享受小规模纳税人月销售额10万元以下免税政策，需要根据其业务实际情况进行判断。如果自然人持续开展经营业务的，如办理了税务登记，并选择按期纳税，履行按期申报纳税义务，则可以按规定享受小规模纳税人月销售额10万元以下免税政策；自然人不经常发生应税行为的，如未办理税务登记，或只选择了按次纳税，则应按规定享受按次纳税的起征点政策。

需要注意的是，已办理税务登记的增值税纳税人，不分是否从事小额零星经营业务；依法无需办理税务登记的单位，不分是否从事小额零星经营业务；从事小额零星经营业务的个人，一般理解为包括未登记为一般纳税人的个体工商户和自然人。在这里，未登记为一般纳税人的个体工商户不排除已办理税务登记，因此，应作为已办理税务登记的增值税纳税人的另外情况。

2. 境内支出项目不属于增值税应税项目

企业在境内发生的支出项目不属于应税项目的，对方为单位的，以对方开具的发票以外的其他外部凭证作为税前扣除凭证；对方为个人的，以内部凭证作为税前扣除凭证。

企业在境内发生的支出项目虽不属于应税项目，但按国家税务总局规定可以开具发票的，可以发票作为税前扣除凭证。如《国家税务总局关于增值税发票管理若干事项的公告》（国家税务总局公告2017年第45号）附件《商品和服务税收分类编码表》中规定的不征税项目等。

1) 不征税发票的定义

不征税发票本身不是一个法定概念，主要是指在符合规定的情况下，针对未发生增值税应税行为的不征税项目，在税控系统2.0开票软件中开具的税率栏为"不征税"字样的增值税普通发票。

不征税发票只能开具普通发票，票面税率栏显示"不征税"，税额栏显示"＊＊＊"。

2) 开具不征税收入发票的16种情形

《国家税务总局关于营改增试点若干征管问题的公告》（国家税务总局公告2016第53号）规定，6开头的分类编码为"未发生销售行为的不征税项目"，用于纳税人收取款项但未发生销售货物、应税劳务、服务、无形资产或不动产的情形。使用"未发生销售行为的不征税项目"编码，发票税率栏应填写"不征税"，不得开具增值税专用发票。

601 预付卡销售和充值；602 销售自行开发的房地产项目预收款；603 已申报缴纳营业税未开票补开票；604 代收印花税；605 代收车船税；606 融资性售后回租业务中承租方出售资产；607 资产重组涉及的房屋等不动产；608 资产重组涉及的土地使用权；609 代理进口免税货物货款；610 有奖发票奖金支付；611 不征税自来水；612 建筑服务预收款；613 代收民航发展基金；614 拍卖行受托拍卖文物艺术品代收货款；615 与销售行为不挂钩的财政补助收入；616 资产重组涉及的货物。

3）不征税发票作为税前扣除凭证注意事项

28 号公告第九条规定，税务总局对应税项目开具发票另有规定的，以规定的发票或者票据作为税前扣除凭证。其后国家税务总局对该办法做了解读，明确指出，"企业在境内发生的支出项目虽不属于应税项目，但按国家税务总局规定可以开具发票的，可以以发票作为税前扣除凭证，如《国家税务总局关于增值税发票管理若干事项的公告》（国家税务总局公告 2017 年第 45 号）附件《商品和服务税收分类编码表》中规定的不征税项目等"。

虽然目前 16 类增值税不征税项目可以开具普通发票，但其中 602、606、610 和 612 由于不涉及企业所得税扣除，也就不属于企业所得税需要的扣除凭证。因此，符合规定的 12 类不征税发票可以作为企业所得税税前扣除凭证，包括：601 预付卡销售和充值；603 已申报缴纳营业税未开票补开票；604 代收印花税；605 代收车船税；607 资产重组涉及的房屋等不动产；608 资产重组涉及的土地使用权；609 代理进口免税货物货款；611 不征税自来水；613 代收民航发展基金；614 拍卖行受托拍卖文物艺术品代收货款；615 与销售行为不挂钩的财政补助收入；616 资产重组涉及的货物。

不征税收入发票作为扣除凭证，还要与证明业务真实的其他内部凭证相佐证，包括合同协议、支出依据、付款凭证等。

（二）境外支出项目的扣除凭证

企业从境外购进货物或者劳务发生的支出，以对方开具的发票或者具有发票性质的收款凭证、相关税费缴纳凭证作为税前扣除凭证。

（三）不合规外部凭证不得作为税前扣除凭证

企业取得私自印制、伪造、变造、作废、开票方非法取得、虚开、填写不规范等不符合规定的发票（以下简称不合规发票），以及取得不符合国家法律、法规等相关规定的其他外部凭证（以下简称不合规其他外部凭证）不得作为税前扣除凭证。不合规发票和不合规其他外部凭证可统称为不合规外部凭证。

因此，企业要做好企业所得税税前扣除管理工作，需要更多了解取得、开具发票和其他外部凭证（如财政票据）的有关规定。

五、特殊情况税务处理

《税前扣除凭证管理办法》第十三条至第十九条规定了特殊情况下支出项目税前扣除凭证的要求。大致上可以分两类情况：应当取得而未取得外部凭证或不合规外部凭证的处理；共同支出的税前扣除凭证。

（一）应当取得而未取得外部凭证或取得不合规外部凭证的处理

1. 在汇算清缴期结束前的处理

企业应当取得而未取得发票、其他外部凭证或者取得不合规发票、不合规其他外部凭证的,若支出真实且已实际发生,应当在当年度汇算清缴期结束前,要求对方补开、换开发票、其他外部凭证。补开、换开后的发票、其他外部凭证符合规定的,可以作为税前扣除凭证。

由此可以看出支出真实且已实际发生这一条件的重要性。

企业在补开、换开发票、其他外部凭证过程中,因对方注销、撤销、依法被吊销营业执照、被税务机关认定为非正常户等特殊原因无法补开、换开发票、其他外部凭证的,可凭以下资料证实支出真实性后,其支出允许税前扣除：

（1）无法补开、换开发票、其他外部凭证原因的证明资料（包括工商注销、机构撤销、列入非正常经营户、破产公告等证明资料）。

（2）相关业务活动的合同或者协议。

（3）采用非现金方式支付的付款凭证。

（4）货物运输的证明资料。

（5）货物入库、出库内部凭证。

（6）企业会计核算记录以及其他资料。

其中,第(1)项至第(3)项为必备资料。

需要提醒的是,相关业务活动的合同或者协议最好不是口头合同或者协议;现金式支付不属于证实支出真实性的资料;对方如正常经营、未注销、撤销、依法被吊销营业执照、被税务机关认定为非正常户等,则不能适用凭相关资料证实支出真实性的规定,只能要求对方补开、换开发票、其他外部凭证。

依据28号公告第十六条的规定,企业在当年度汇算清缴期结束前;能补开、换开符合规定的发票、其他外部凭证,并且未能按照28号公告第十四条的规定提供相关资料证实其支出真实性的,相应支出不得在发生年度税前扣除。这里应该是相关支出"暂"不得在发生年度税前扣除,不排除以后年度取得符合规定的发票、其他外部凭证或者按照28号公告第十四条的规定提供可以证实其支出真实性的相关资料,相应支出可以在5年内追补扣除。

2. 汇算清缴期结束后的处理

汇算清缴期结束后,税务机关发现企业应当取得而未取得发票、其他外部凭证或取得不合规发票、不合规其他外部凭证并且告知企业的,企业应当自被告知之日起60日补开、换开符合规定的发票、其他外部凭证。其中,因对方特殊原因无法补开、换开发票、其他外部凭证的,企业应当按照28号公告第十四条的规定,自被告知之日起60日内提供可以证实其支出真实性的相关资料。

企业在规定的期限未能补开、换开符合规定的发票、其他外部凭证,并且未能按照28号公告第十四条的规定提供相关资料证实其支出真实性的,相应支出不得在发生年度税前扣除。

需要注意的是,属于"汇算清缴期结束后税务机关发现"这种情形的,企业在规定期限之后即使补开、换开了符合规定的发票、其他外部凭证,相关支出既不得在发生年度税前扣除,也不得在以后年度追补扣除。

除发生28号公告第十五条规定的情形(即"汇算清缴期结束后税务机关发现"的情形)外,企业以前年度应当取得而未取得发票、其他外部凭证,且相应支出在该年度没有税前扣除的,在以后年度取得符合规定的发票、其他外部凭证或者按照28号公告第十四条的规定提供可以证实其支出真实性的相关资料,相应支出可以追补至该支出发生年度税前扣除,但追补年限不得超过5年。

28号公告关于应当取得而未取得外部凭证或取得不合规外部凭证处理,实际上改变了有关文件中不符合规定的发票和其他凭证、未按规定取得的合法有效凭证不得在税前扣除的规定。

(二) 共同支出的税前扣除凭证的税务处理

1. 共同接受应税劳务支出的税前扣除凭证

企业与其他企业(包括关联企业)、个人在境内共同接受应纳增值税劳务(以下简称应税劳务)发生的支出,采取分摊方应当按照独立交易原则进行分摊,企业以发票和分割单作为税前扣除凭证,共同接受应税劳务的其他企业以企业开具的分割单作为税前扣除凭证。

需要提醒的是,应纳增值税劳务并不仅仅是加工、修理修配劳务,在营业税改征增值税后,应该包括原营业税改征增值税的应税服务。如取得发票的企业给共同接受应税劳务的其他企业开具发票,则共同接受应税劳务的其他企业应以取得的发票作为税前扣除凭证,并不是只能以分割单为税前扣除凭证。

2. 共同接受非应税劳务支出的税前扣除凭证

企业与其他企业、个人在境内共同接受非应税劳务发生的支出,采取分摊方式的,企业以发票外的其他外部凭证和分割单,作为税前扣除凭证。共同接受非应税劳务的其他企业以企业开具的分割单作为税前扣除凭证。

3. 租用资产共同支出的税前扣除凭证

企业租用(包括企业作为单一承租办公、生产用房等资产发生的水、电、燃气、冷气、暖气、通信线路、有线电视、网络等费用),出租方作为应税项目开具发票的,企业以发票作为税前扣除凭证;出租方采取分摊方式的,企业以出租方开具的其他外部凭证作为税前扣除凭证。

参 考 文 献

[1] 陈玉琢,叶美萍.企业所得税政策与申报实务深度解析(2020年版)[M].北京:中国经济出版社,2020.
[2] 高金平.企业所得税法与企业会计准则差异分析[M].北京:中国财政经济出版社,2018.
[3] 马泽方.企业所得税实务与风险防控[M].3版.北京:中国市场出版社,2020.
[4] 企业所得税纳税申报表丛书编写组.企业所得税汇算清缴疑难问题解析(2020年版)[M].上海:立信会计出版社,2020.
[5] 企业所得税纳税申报表丛书编写组.企业所得税汇算清缴实务年度纳税申报表项目解析与填报(2020年版)[M].上海:立信会计出版社,2020.
[6] 杜春法.企业所得税实务财税处理大全[M].上海:立信会计出版社,2019.
[7] 企业所得税纳税申报表丛书编写组.企业所得税政策法规汇编大全[M].北京:法律出版社,2020.
[8] 中国银行业协会.银行业纳税管理指南[M].北京:中国金融出版社,2020.
[9] 曹越,何振华,郭建华. 新收入准则与企业所得税法差异分析[M]. 北京:中国人民大学出版社,2020.
[10] 曹越,谭光荣,曹燕萍.税法[M].4版.北京:中国人民大学出版社,2021.
[11] 谭光荣,曹越.税收学[M].3版.北京:清华大学出版社,2021.
[12] 企业会计准则编审委员会.企业会计准则详解与实务(2020年版)[M].北京:人民邮电出版社,2020.
[13] 小企业会计准则编审委员会.小企业会计准则案例详解与实务(2020年版)[M].北京:人民邮电出版社,2020.
[14] 于芳芳.企业所得税与会计准则差异分析及案例讲解[M].上海:立信会计出版社,2017.
[15] 《企业所得税实用指南》编委会.企业所得税实用指南.优惠篇[M].北京:中国金融出版社,2019.
[16] 黄学迅,叶飞燕.企业所得税税前扣除凭证与会计实务解析[M].上海:立信会计出版社,2019.
[17] 企业所得税纳税申报表丛书编写组.企业所得税特殊事项39讲[M].上海:立信会计出版社,2018.
[18] 《企业所得税实用指南》编委会.企业所得税实用指南.扣除篇[M].北京:中国金融出版社,2019.
[19] 《企业所得税实用指南》编委会.企业所得税实用指南.收入篇[M].北京:中国金融出版社,2019.